Michael Mueller
Leo Müller
Rudolf Lambrecht
Peter F. Müller

Der Fall Barschel

»Liebe zur Wahrheit ist Schwäche
in den Augen unbedingter Parteilichkeit.«

THOMAS MANN

Inhalt

Prolog: Der Fall 9
Der Absturz 20
Der Patient 27
Der Aufsteiger 44
Der Politiker 55
Der Deal 85
Die Tarnung 101
Die Vertuschung 114
Die Krise 158
Die Falle 189
Der Tänzer auf dem Vulkan 201
Der Kämpfer und der Verräter 206
Der Geschlagene 214
Das Opfer 237
Der Tote 260
Das Rätsel 294
Falsche Spuren 311
Das Gift 323
Das Schweigekartell 361
Epilog: Der Mord 370

Anmerkungen 375
Material und Literatur 415
Personenregister 423

Prolog: Der Fall

»Mörder! Mörder! Mörder!«

Sie wurden lauter. An langen Tischreihen saßen die Parteimitglieder des CDU-Kreisverbandes Lauenburg. Vor ihnen standen Saft, Mineralwasser und Bier. Sie zählten sich zu den gestandenen Mitgliedern der Gesellschaft – Kleinunternehmer, Beamte, Bauern, leitende und einfache Angestellte. Im großen, verrauchten Gasthaus-Saal des Städtchens Schwarzenbek bei Hamburg herrschte Ausnahmezustand. Sie hatten gerade eine Landtagswahl hinter sich und dabei die Mehrheit im schleswig-holsteinischen Landesparlament verloren. Nun mussten sie sich auf eine Neuwahl vorbereiten: Ihr Wahlkreiskandidat Uwe Barschel war beschuldigt worden, den Wahlkampf mit illegalen Tricks geführt zu haben. Unter dem Druck der Medien und seiner Parteifreunde hatte er als Ministerpräsident zurücktreten müssen. Dann hatte die Nachricht von seinem seltsamen Tod das ganze Land erschüttert. Uwe Barschel war in der Badewanne eines Genfer Luxushotels tot aufgefunden worden. Mit Hemd und Hose bekleidet. Von einem Reporter des Hamburger Nachrichtenmagazins *Stern* fotografiert. Das Bild hatte sich bei allen eingebrannt:

Wie er im Wasser lag, sein Kopf niedergesunken auf ein weißes Handtuch, das um seinen Arm gewickelt war.

Vorne im Saal erhob sich Eberhard Dall'Asta, Landtagsabgeordneter und stellvertretender Parteivorsitzender. Gerhard Stoltenberg, der Parteichef, hatte ihn an diesem Samstagnachmittag abkommandiert, um sich die Prügel vom Parteivolk abzuholen.

»Sie müssen dahin«, hatte Stoltenberg zu dem Politik-Professor gesagt, weil er sich in dieser aufgewühlten Stimmung selbst nicht den Parteimitgliedern stellen mochte.

Für die Versammelten war Dall'Asta nun der Prügelknabe. Er war für sie einer aus der Landtagsfraktion, der sich nicht mit Barschels Rücktritt zufriedengab, sondern auch noch verlangte, dass er sein Landtagsmandat niederlege. Die Parteileute machten ihn für den Tod des Ministerpräsidenten mitverantwortlich: Weil er zu Spitzenpolitikern der Landespartei gehörte, die sich plötzlich – so schien es – kalt von Uwe Barschel distanziert, ihren Spitzenmann von einem auf den

anderen Tag herzlos fallen gelassen und den verzweifelten Politiker in den Selbstmord getrieben hatten.
»Mörder! Mörder! Mörder!«
Ihre Sprechchöre rissen nicht ab. Stundenlang versuchte Dall'Asta mit allen Mitteln – mit Argumenten, mit Leidenschaft und mit Lautstärke –, sich gegen die Vorwürfe zu verteidigen. Er konnte die Menschen nur mit großer Mühe beruhigen.[1]

Der Fall Barschel ist nicht erledigt. Auch heute, im Jahr 2007, nicht. Barschels Tod erschütterte das Land und riss Wunden, die niemals verheilt sind. Das Bild des toten Politikers, vor zwanzig Jahren, am 11. Oktober 1987 im Genfer Hotel »Beau Rivage« aufgenommen, gibt noch immer Rätsel auf. Barschels erbärmliches Ende, mit Blitzlicht ausgeleuchtet, wurde seither zur Chiffre für das schmutzige Geschäft der Politik. Alles schien möglich zu sein: der Selbstmord eines verzweifelten Karrierepolitikers, der mit seinen verwerflichen Wahlkampfmethoden gescheitert war. Oder Mord.

Weshalb aber blieben immer Zweifel? Weshalb blieb die Wahrheit im Dunkeln? Freya Barschel, die Witwe, stellte im Oktober 2006 den Ex-Kanzler Helmut Kohl vor die Frage, ob es sich um einen »Mord aus Staatsraison« gehandelt hatte. Das war hochgegriffen. Es ist ehrenrührig, und darin steckt womöglich ein strafrechtlich relevanter Vorwurf. Aber auch dieser harte Angriff löste keine Reaktion aus.[2]

Der Kieler Skandal um die schmutzigen Tricks des Barschel-Wahlkampfes gebar weitere Affären, als sich Politiker und andere Akteure eifrig bemühten, mit Vertuschungsmanövern den Schaden zu begrenzen. Und jedes Mal wurde das Publikum neuerlich Zeuge bis dahin unglaublicher Vorgänge. Jedes Schurkenstück schien denkbar, zu viele Politikerlügen hatten die Menschen bereits erlebt. So erinnern sich viele noch an die Kieler »Schubladenaffäre«, die als prominentes Opfer auch Barschels Widersacher Björn Engholm in den Abgrund riss. Engholm war Barschel im Amt des Ministerpräsidenten von Schleswig-Holstein nachgefolgt und als Kanzlerkandidat der große Hoffnungsträger der SPD.[3] Auch er stürzte, ohne jegliche Chance auf ein Comeback.

Unsere Recherche zum Fall Barschel war ein journalistisches Mammutprojekt. Dieses Buch beruht auf Hunderten Stunden Interviews und Hintergrundgesprächen mit mehr als 150 Personen: Familienangehörige und Verwandte, Weggefährten, politische Freunde und Gegner; Mitarbeiter und Minister; Ermittlungsbeamte, Gerichtsmediziner, Toxikologen und Pharmakologen; Angehörige der Nachrichtendienste, Rüstungsmanager und Lobbyisten; Anwälte und Reporter.

Die befragten Personen waren bereit, sich den oft bohrenden, manchmal unangenehmen Fragen der Autoren auszusetzen. Bei allen, die damit zum Gelingen des Buches beigetragen haben, möchten sich die Autoren bedanken. Insbesondere dafür, dass sie auf eine Spur hinwiesen, die zu neuen Erkenntnissen führte.

In den Kernfragen, also dazu, in welchen Schlingen Uwe Barschel sich in Wahrheit verfangen hatte, konnte nur ein enger Kreis von Personen wirklich weiterhelfen. Vorweg die Experten – Toxikologen, Pharmakologen, Gerichtsmediziner, Staatsanwälte, Kriminologen und Kriminaltechniker. Dann Insider aus dem Mikrokosmos des internationalen Rüstungsgeschäfts, deren Namen den Autoren erst bei den Recherchen zu diesem Buch bekannt wurden, Vermittler, Lobbyisten und Händler, die oft nur unter der Zusage absoluter Vertraulichkeit aussagten und von denen einige erst vor wenigen Monaten zu einem Gespräch bereit waren. Sie hatten nahezu 20 Jahre lang geschwiegen.

»Was Sie wissen wollen, ist noch immer eine heiße Sache«, sagte einer, der regelmäßig zwischen Afrika und Europa pendelt. Barschel ist tot, aber diejenigen, die ihn wirklich auf dem Gewissen haben, leben noch.

Die Autoren haben sich seit dem Tag des Todes von Uwe Barschel immer wieder und in unterschiedlicher Intensität mit dem Fall beschäftigt. Sie haben für Nachrichtenmagazine und Fernsehredaktionen recherchiert und vielfach über den Fall berichtet.

Uwe Barschels Ende blieb ein Geheimnis, das wie eine deutsche Miniatur des ungeklärten Präsidentenmordes an John Fitzgerald Kennedy in den Vereinigten Staaten anmutet, über den bis heute Hunderte von Büchern verfasst wurden. Über Uwe Barschel sind inzwischen auch mehr als ein Dutzend Bücher publiziert worden, allein die

Kopien der Zeitungs- und Zeitschriftenberichte füllen einen Aktenschrank.[4] Und wie im Fall JFK gab es nur ganz wenige ernstzunehmende Veröffentlichungen, während das Gros, sei es in Form von Büchern, Filmen, Zeitungs- oder Zeitschriftenbeiträgen, eher Verwirrung stiftete.

Die Spurensuche der Autoren wurde durch manche publizistische Arbeit erschwert, darunter Elaborate von »Experten«, die ihre vermeintlich aufklärenden Werke zusammengeschrieben haben, in dem sie alte Veröffentlichungen – ob verifiziert, falsifiziert oder auch nicht – neu komponierten. Dabei erkannten wir mitunter unsere eigenen Recherchen und Berichte wieder, die nunmehr verdreht, verändert oder nach den politischen und ideologischen Neigungen der jeweiligen Autoren umgestaltet worden waren.

Insgesamt ist dieses Feld ein Morast für Zeitgeschichtler. Eine unwegsame und unübersichtliche Sumpflandschaft aus Verschwörungstheorien, dunklen Spionage-Geschichten, schmuddeligen Presseschlachten und kaum noch durchschaubaren Aufklärungsbemühungen von Politikern, Staatsanwälten und Hobby-Detektiven. Oder, wie die Norddeutschen sagen, es ist ein Modder, in dem man schnell versinken kann.

Neue Aufmerksamkeit erregte der unerledigte Kriminalfall durch einen besonderen, für alle Betroffenen einmaligen Vorgang. Im Herbst 1993 rollte die Lübecker Staatsanwaltschaft das Todesermittlungsverfahren in Sachen Uwe Barschel auf und bestätigte im Dezember 1994, dass auch in Richtung Mord ermittelt würde, weil es »zureichende tatsächliche Anhaltspunkte für das Vorliegen eines Tötungsdeliktes« gebe. Die Ermittler analysierten auch die bis dahin erschienenen Medienberichte zum Fall.[5] Daraufhin baten sie etliche Journalisten, darunter auch die Autoren des vorliegenden Buches, um Unterstützung.

Eine heikle Situation. Wir konnten und wollten den Ermittlungsbehörden keinen Einblick in unsere »Spurenakten« geben. Der gesetzlich gesicherte journalistische Quellenschutz verbietet solch ein Vorgehen. Andererseits stand die journalistische Glaubwürdigkeit auf dem Spiel, denn eine Totalverweigerung war vor der Öffentlichkeit und von der Sache her kaum zu rechtfertigen. Zudem erwogen Staatsanwälte auch, Recherche-Unterlagen zu beschlagnahmen. Viele Journalisten unterstützten deshalb die Arbeit der Staatsanwaltschaft Lübeck mit Hinweisen aus ihrem Recherchewissen. Teils gaben sie Indizien weiter, ohne aber deren Urheber zu offenbaren. Teils übermittelten sie ihren Informanten den Wunsch der Staatsanwälte nach einer Zeugenvernehmung. Die meisten willigten ein.

Allerdings wurden bei diesem Verfahren von uns und von anderen Journalisten auch ungesicherte Hinweise und Spuren an die Staatsanwaltschaft weitergegeben: Manchmal waren es gutgemeinte Rekonstruktionen, die auf falschen Vorgaben beruhten; im schlimmsten Fall handelte es sich um Abenteuergeschichten, Märchen und Legenden von Hinweisgebern, denen wohl der ein oder andere Spionagethriller zu Kopf gestiegen war. Darunter waren aber auch Kopfgeburten von Spurenlegern, die das politische Intrigenspiel mit einer weiteren Version zu bereichern gedachten. Und es wurden gefälschte Dokumente von geheimdienstlich geschulten Dunkelmännern auf den Markt gebracht, von Leuten, die vorgeschickt wurden, um die Ermittlungen in die falsche Richtung zu lenken. Es kostete nicht nur die Redaktionen, sondern auch die Staatsanwaltschaft viel Zeit, Energie und auch Geld, bis solche geschickt angelegten Irreführungen durchschaut waren.

So vergingen Hunderte »Mann-Stunden« wertvoller Ermittlungszeit mit der Abklärung von Nonsens. Schlimmer noch: Die Ermittler gerieten immer wieder unter Erwartungsdruck, weil es die Erfinder falscher Geschichten nicht selten schaffften, ihre Phantasieprodukte ungeprüft über die Massenmedien in die Öffentlichkeit zu lancieren.

Dies gelang etwa in folgenden Fällen:
– Das Genfer Nachrichtenmagazin *L'Hebdo* brachte wenige Wochen nach dem Tod Uwe Barschels den Fall mit den zeitnahen Todesfällen des österreichischen Rüstungsmanagers Heribert Apfalter und eines saudischen Waffenhändlers in Verbindung. Das Blatt berief sich auf den Informationsdienst einer Politsekte unter der Führung des amerikanisch-deutschen Ehepaares LaRouche, das Desinformations-Geschichten mit nachrichtendienstlichen Methoden verbreitete.[6]
– Wenige Tage nach dem Tod Barschels setzte ein Unternehmer aus Hannover eine Belohnung von einer Million Mark für Hinweise zur Aufklärung des Falles aus. Er wurde von einem Unternehmer unterstützt, der im Polizeidienst gescheitert war und nun Bräunungsanlagen für Sonnenstudios verkaufte. Wie viele Zeugen sich dort meldeten,

ist unbekannt. Sechs Anrufe wurden den Untersuchungsbeamten weitergegeben. Waren sie gefiltert? Warum wurde die Aktion nicht zusammen mit der Staatsanwaltschaft gestartet? Die übermittelten Resultate waren jedenfalls nicht sachdienlich. Sie stammten unter anderem von Wahrsagerinnen, und die ausgelobte Million wurde nie gezahlt.[7]

– Der Gelegenheitsjournalist Andreas Holst meldete sich im November 1994 mit einer heißen Spur bei einem Untersuchungsausschuss des Kieler Landtages. Für Holst verwendete sich Volker Foertsch, damals Abteilungsleiter für Sicherheit und Abwehr des Bundesnachrichtendienstes (BND), bei den Lübecker Staatsanwälten. Holst war nämlich Informant des BND. Dies sei »besonders vertraulich zu behandeln«, schrieb Foertsch. Der Mann mit Wohnsitz in Belgien brachte seine Geschichten zugleich bei Bonner Politikern in Umlauf, bettelte bei Redaktionen um Geld für seine Aktionen. Schließlich animierte er das nur wenige Monate lang erscheinende Magazin *Tango* zu einer Story über einen hohen Polizeioffizier aus Saudi-Arabien, der angeblich beobachtet haben wollte, »wie Barschel gegen vier Uhr morgens von zwei Männern in sein Hotelzimmer getragen wurde«. Die Geschichten waren Unfug, wie Staatsanwälte und Abgeordnete in dem Untersuchungsausschuss rasch bemerkten.[8]

– An Silvester 1994 überraschte die *Bild*-Zeitung ihre Leser mit einem Phantombild auf der Titelseite, das der BND angeblich den Lübecker Ermittlern übergeben habe. »Barschels Mörder?« titelte das Boulevardblatt und garnierte die Story mit einer gruseligen Zeichnung, die einen jungen Mann mit markantem Schnurrbart zeigte. Die Vorlage für das Phantombild hatte wieder Andreas Holst, der BND-Informant aus Belgien, geliefert. Im RTL-Extra-Magazin durfte Holst erläutern, wie er den mysteriösen Informanten getroffen haben will, der möglicherweise Barschel unter dem Namen »Robert Roloff« nach Genf gelockt hat. Zeuge Holst beschrieb »seinen« Bartträger Roloff ziemlich einfältig: »Ja, so dunkelblond halt. So wie ich auch.« Zwei Monate später beschäftigte Holst die Landtagsabgeordneten des Kieler Untersuchungsausschusses. Sie schüttelten verwirrt den Kopf.

– Eine Frau Dr. Hannelore M. aus München, nach eigenen Angaben früher Stasi-Agentin, wurde nicht müde, verschiedene deutsche Nachrichtendienste, Ermittlungsbehörden und Journalisten mit seitenlangen, randvoll geschriebenen Elaboraten über eine angebliche

Stasi-Verwicklung in den Fall Barschel zu bombardieren. Ihre Angaben waren ganz offensichtlich das Resultat einer geistigen Verwirrung. Dennoch erlangten ihre Hinweise Bedeutung, weil sie vom Bundesnachrichtendienst an die Ermittler weitergereicht wurden.[9]

– Auch die Berliner Journalistin Christina Wilkening beschäftigte Justiz und Medien mit allerhand Geheimdienstspuren. Sie suchte den Schlüssel zur Aufklärung des Falles in der Slowakei und in Moskau. Anlass ihrer Erkundungen war ein mysteriöser, mehrwöchiger Aufenthalt Barschels im slowakischen Kurbad Piešťany, der auch den Staatsanwälten zu denken gab. Sie reicherte ihre Erkenntnisse mit allerhand Geheimdienstler-Latein an. Jahre später wurde der Verdacht publik, dass sie zu DDR-Zeiten unter der Registernummer XV 1100/84 für die Ost-Berliner Staatssicherheit westdeutsche Medienleute zu betreuen hatte. Ihre Erzählungen führten ins Nichts.[10]

– Der in Kanada lebende Autor Victor Ostrovsky vermarktete in seinem 1994 erschienenen Buch »Geheimakte Mossad« seine Erlebnisse beim israelischen Geheimdienst. Bei der Vorbereitung der Veröffentlichung erschien ein Kapitel über Barschel als förderlich für den deutschsprachigen Absatzmarkt. Ostrovskys Problem war allerdings: Er wusste viel zu wenig. Er war Anfang der achtziger Jahre beim Mossad ausgebildet worden, doch seine Lehrjahre endeten bald und abrupt. So musste er sich aufs Spekulieren verlegen. In englischsprachigen Pressearchiven fand er Beiträge über eine angeblich von Iranern inszenierte Waffenhandels-Affäre, die am schleswig-holsteinischen Kleinflugplatz Hartenholm spielte. Der Informant für diese Geschichte hatte seine »Erkenntnisse« zuvor auch schon mehreren deutschen Nachrichtenmagazinen angeboten; *Focus* hatte angebissen. Doch die Sache verhielt sich völlig anders, als vom Informanten erzählt: Nicht iranische Geschäftspartner, wie er behauptete, waren in eine illegale Ausfuhr von Rüstungsgerät nach Teheran verwickelt. Er selbst war es und wollte mit seinen Erzählungen von sich ablenken. Mit Barschel hatte der Fall gar nichts zu tun. Als Ostrovsky auf die Ungereimtheiten seiner Darstellung aufmerksam gemacht wurde, schrieb er sein Barschel-Kapitel flugs noch einmal um.[11]

– Im Oktober 1994 veröffentlichte die *Berliner Zeitung* ein geheimes Telegramm der CIA, das die Stasi angeblich abgefangen hätte. Die Nachricht erregte tagelang die Gemüter, sogar die *New York Times* berichtete. Die Papiere waren täuschend echt im Format der geheimen, kodierten Computer-Nachrichtenübermittlung gehalten, wie sie von US-Botschaften verwendet wurde. Sie waren den Autoren bereits Jahre zuvor zugespielt worden. Urheber war ein Mann, der sich seiner Verbindungen zum US-Geheimdienst CIA rühmte und später wegen einer Fälschungsaktion in anderer Sache eine Gefängnisstrafe absitzen musste. Der Nachrichtenhändler hatte eine glänzende akademische Karriere, unter anderem an der Universität Tübingen und in der US-Armee durchlaufen, bevor er nach Deutschland versetzt wurde. Nach mehreren kryptologischen Prüfungen war klar: Das Dokument war eine Totalfälschung. Dieser Desinformant tauchte wiederholt im Umfeld vermeintlicher Enthüllungen auf, die westliche Geheimdienste und Militärs hätten belasten sollen. Er hatte auch zahlreiche amerikanische Journalisten in die Irre geführt.[12]

– Schließlich packte der Autor Wolfram Baentsch »nach jahrelanger Recherche« im Jahr 2006 ein Sammelsurium von Geschichten unterschiedlichster Qualität zwischen zwei Buchdeckel. Baentsch, der etwa bei der Darstellung eines Rüstungsgeschäfts die Funktion des Bundessicherheitsrats mit der des UN-Sicherheitsrats in New York durcheinanderbringt, findet auch Gefallen an den Märchen des ehemaligen iranischen Präsidenten Bani Sadr, der in Paris im Exil lebt und in ständiger Angst um sein Leben ist. Bani Sadr berichtete den Lübecker Ermittlern, er glaube, dass Barschel von den Häschern des Mullah-Regimes in Teheran umgebracht worden sei. Die hätten ihn in Genf in die Falle gelockt, weil er von der iranischen Regierung Millionen Dollar erpressen wollte für sein weiteres Schweigen über die Lieferung von amerikanischem Rüstungsmaterial über Schleswig-Holstein nach Teheran. Bani Sadr legte zum Beweis seines Insider-Wissens ein Papier mit der Namensliste von hochrangigen Vertretern des Regimes aus Teheran vor, mit denen sich Barschel angeblich in Genf getroffen habe. Auf die Frage, woher das Dokument stamme, erklärte der ehemalige Präsident, das habe er von einem deutschen Journalisten erhalten. Bani Sadr wurde in Paris vernommen, allerdings ohne brauchbares Ergebnis.[13]

Die Veröffentlichungen konnten noch so verrückt sein – sie zeitigten Wirkung. Zumindest sorgten sie für Verwirrung beim Publikum und behinderten die seriöse Aufklärung. Die Justiz geriet zunehmend unter Druck. So beschwerte sich denn auch der Leiter der Kieler Staatsanwaltschaft im Januar 1995 über »noch laufend eingehende Schreiben von ›Ratgebern‹, ›Eingeweihten‹ und ›Trittbrettfahrern‹«.[14]

Journalisten sind keine Staatsanwälte, phantasiereiche Hinweise können sie schnell verwerfen und im Register »Unsinn« ablegen. Die Lübecker Ermittler hingegen hatten es schwerer. Denn sie waren durch die Strafprozessordnung gehalten, alle möglichen Hinweise, ob belastend oder entlastend, zu prüfen und deren Werthaltigkeit für alle Verfahrensbeteiligten in ihren Akten nachvollziehbar zu erfassen. So wurden neben all den wichtigen auch allerhand skurrile Darstellungen im April 1997 in einen Zwischenbericht aufgenommen, den der damals amtierende Kieler Justizminister Gerd Walter angefordert hatte und schließlich in anonymisierter Form öffentlich machte. Der Eindruck war erwartungsgemäß ebenso verheerend wie falsch. Den Ermittlern wurde vorgeworfen, sich weitgehend mit Spinnereien zu befassen.

Auf Druck des Justizministers und des Generalstaatsanwaltes ließ sich der Leiter der Lübecker Staatsanwaltschaft Heinrich Wille auf eine folgenreiche Erklärung ein: »Alle Beteiligten stimmen darin überein, dass die jetzt vorliegenden Ermittlungsergebnisse keine eindeutigen Belege für die Mordthese ergaben. Und insbesondere gibt es keine Hinweise auf einen möglichen Tatverdächtigen und sein Motiv.«

So wollte es der »General«, der auf dem Höhepunkt der Aufklärungsarbeit die Einstellung der Ermittlung »mit sofortiger Wirkung« befahl, so passte es auch dem sozialdemokratischen Justizminister Gerd Walter. Die Ermittler wollten weitermachen, sie steckten mitten in der Arbeit und waren inzwischen vom Mord überzeugt. Sie erreichten aber nur noch einen faulen Kompromiss, der ihnen gerade noch erlaubte, die unzureichend ausgewerteten Akten zu schließen.[15]

Fortan diente der Walter-Bericht vielen Publizisten als ergiebiger Steinbruch für ihre Veröffentlichungen. Sie mixten daraus ihre jeweilige verwirrende Melange – bis in die jüngste Zeit.

Daher gilt für die Autoren der Grundsatz: In diesem Buch werden vor allem Erkenntnisse und Einschätzungen veröffentlicht, die wir selbst recherchiert und geprüft haben. Die Erkenntnisse der Ermittlungsbehörden und Regierungsstellen wurden sorgfältig gewichtet und entsprechend für den Leser nachvollziehbar gekennzeichnet. Aus stilistischen Gründen im Dialog verfasste Passagen des Buches orientieren sich an Originaldokumenten, Vernehmungsprotokollen von Untersuchungsausschüssen und Justizbehörden, an Aufzeichnungen und Erinnerungen der Beteiligten sowie Interviews der Autoren mit den Zeugen.

Wir haben uns bei unserer Beurteilung der Vorgänge um eine größtmögliche Nähe zu den dramatischen Vorgängen und eine höchstmögliche Annäherung an die Wahrheit bemüht. Wir haben versucht, Widersprüche und Ungereimtheiten aufgrund eines umfassenden Quellen-Studiums zu bewerten. Und wir haben unser Urteil unabhängig von jeglicher Parteipolitik gefällt.

Das Ergebnis ist die detaillierte Geschichte einer politischen Tragödie, die in der bundesdeutschen Nachkriegsgeschichte beispiellos ist. Der Tragödie eines Doppellebens, das auch heute noch, 20 Jahre später, viele Geheimnisse birgt.

Des Rätsels Lösung muss wohl in der Richtung gesucht werden, die der Freiburger Politikwissenschaftler Wilhelm Hennis vorgibt. Der emeritierte Professor, eine Koryphäe seiner Zunft, sieht die Ursache des Falles in der Gier der Parteien nach Geld und Wählerstimmen: »Wer verstehen will, warum unsere Parteien so maßlos geldgierig geworden sind, muss verstehen, dass sie einen tagtäglichen Krieg führen – alle, ohne jeden Unterschied, gegen uns, die Menschen draußen im Lande. Jeden Einzelnen möchte man einfangen, damit er da sein Kreuz hinsetzt, wo es hingehört. Nur in der Skrupellosigkeit der Mittelbeschaffung zur Auffüllung der Kriegskasse unterscheiden sich unsere Parteien allenfalls noch ein wenig. In diesem Krieg hat es schon Tote gegeben: Jürgen Möllemann und Uwe Barschel auf jeden Fall.«[16]

Geld, Sex und Macht – jeder Kriminalbeamte weiß um die überwältigende Triebkraft, die dieses zuweilen tödliche Gemisch freisetzen kann. Und dort, wo sich auch noch hohe Politik mit illegaler Geschäftemacherei verbindet, sitzen zwangsläufig die Geheimdienste mit im Boot. Wir haben vor diesem Hintergrund neu recherchiert und sind im Fall Barschel beim damals illegalen U-Boot-Geschäft der Kieler HDW-Werft mit Südafrika fündig geworden.

Gerhard Stoltenberg, Barschels Ziehvater, Amtsvorgänger als Ministerpräsident und langjähriger Landesvorsitzender der CDU, wurde in den dramatischen Tagen vor dem Tod Uwe Barschels bedrängt, sein

Wissen über Barschels Verstrickungen zu offenbaren. Stoltenberg, damals in Bonn Bundesminister der Finanzen, war für Krisengespräche nach Kiel gereist. Fast täglich hatte er mit Barschel vertrauliche Gespräche geführt, bis dieser seinen Rücktritt erklärte. Doch Stoltenberg blieb selbst in Parteisitzungen hinter verschlossener Tür stumm. Die CDU war in keiner beneidenswerten Lage. Im Landesvorstand und in der Fraktion gab es mehr Spekulationen als Informationen, weil Uwe Barschel sich abgekapselt hatte und mit der vollen Wahrheit hinterm Berg hielt. Er wollte mit seinen Parteifreunden nicht viel diskutieren und sorgte so für Misstrauen in den eigenen Reihen.

Stoltenbergs Stellvertreter Eberhard Dall'Asta gehörte zu denen in der Partei, die endlich aus dem Dunst von Verdächtigungen und Gerüchten herauswollten, um nach einer klaren Analyse die richtige Verteidigungsstrategie zu entwickeln. Unbegreiflich für ihn war, dass Barschel seine Leute zu Hause in einem Sumpf von Anschuldigungen sitzen ließ, während er selbst einen Erholungsurlaub auf Gran Canaria avisiert hatte.

Es war am Rande einer der vielen Krisensitzungen des Landesvorstandes, an der auch Barschel teilnahm, als Dall'Asta den zögerlichen Parteivorsitzenden Gerhard Stoltenberg aufforderte, Barschel endlich die richtigen Fragen zu stellen: »Wir sollten ihn zwingen, daß er uns die Wahrheit sagt.« Stoltenberg aber wiegelte ab: »Es hat doch keinen Sinn, Herr Dall'Asta. Gehen Sie mal davon aus, daß er von vielen beobachtet wurde.«

Dall'Asta vergaß dieses kurze Gespräch mit Stoltenberg nicht. Später hat er mit Parteifreunden darüber gesprochen und darüber nachgedacht, was Stoltenberg gemeint, ob er Wissen aus anderen Quellen geschöpft habe. Dabei kann Dall'Asta, wie gesagt, heute auch den Bundesnachrichtendienst (BND) nicht ausschließen.

Dall'Asta gab sich mit Stoltenbergs Auskunft zufrieden. Er fragte nie wieder nach.[17]

Wir tun es.

Der Absturz

31. Mai 1987, Bonn – Lübeck
Eigentlich wollte er erst am Montag zurückfliegen, aber das Gespräch im Kanzler-Bungalow war kürzer als erwartet. Uwe Barschel nahm den Platz in der Mitte der Kabine. Vier Fensterluken gaben den Blick auf das hell erleuchtete Feld am Flughafen Köln-Bonn frei. Das Wetter war schlecht, schon den ganzen Tag kam kein Sonnenschein durch. Es regnete wie so oft im Rheinland, der Wind war kaum zu spüren. Aus seinem Ledersessel konnte Barschel im Lichtstrahl beobachten, wie die Tropfen auf die rechte Tragfläche der Cessna 501 Citation niederprasselten. Alles lief wie immer, als der kompakte, zweistrahlige Business-Jet mit dem orange-schwarzen Heck gegen 22.15 Uhr abhob und sich schnell durch die Wolkendecke bohrte.[1]

Sein Begleiter von der »Sicherheit«, Personenschützer Bernd Hansen, nahm den Sitzplatz gegenüber der Einstiegstür. Die restlichen drei Sitze blieben leer. Im Cockpit saß Michael Heise. Der schnauzbärtige Pilot war vor zwei Monaten Vater geworden, mit 39 Jahren. Ein ruhiger, introvertierter Typ. In »seiner« Citation mit sechs Sitzplätzen hatte er schon viele Hamburger Prominente und Politiker befördert. Rudolf Augstein zum Beispiel, den legendären Gründer des Nachrichtenmagazins *Spiegel*. Oder Jan Philipp Reemtsma, den schöngeistigen Erben des Tabakkonzerns. Neben Heise saß Co-Pilotin Elisabeth Friske, mit 47 eine sehr erfahrene Fliegerin, einst die erste deutsche Frau im Cockpit eines Düsenjets. Auf ihrem Notizblock standen die Wetterdaten für Lübeck, die ihnen in Köln-Bonn mitgeteilt worden waren: »3 Kilometer Sicht im Regen, Temperatur 12, Taupunkt 11, $^5/_8$ in 800 Fuß, $^8/_8$ in 1800 Fuß.«[2]

Es war ein langer Tag. In gut einer Stunde, kurz nach 23.00 Uhr, sollte Barschel in Lübeck ankommen. Es blieb ihm noch etwas Zeit zum Nachdenken. Noch vor zwei Stunden hatte er bei Bundeskanzler Helmut Kohl gesessen. Es war nicht sein Terrain.

Seit Wochen saß er fast jeden Tag in Flugzeugen und Hubschraubern. Es war Wahlkampfzeit in Schleswig-Holstein. Am Freitag, dem 29. Mai, war Barschel um elf auf dem Sportplatz von Glücksburg an der Flensburger Förde gelandet, zur Jubiläumsfeier für den Bürgermeister, einen CDU-Mann. Über Mittag brachte ihn der Helikopter ins Landeshaus nach Kiel, für eine Dreiviertelstunde ins MP-Büro, seine Ministerpräsidentenzentrale. Dann musste er schon wieder aufsteigen. Landung auf dem Sportplatz von Lauenburg, dem malerischen Elbstädtchen im Südosten. Danach ins nahe Schloss Steinhorst. Und am Sonnabend ging es mit dem Hubschrauber auf die Inseln Föhr und Amrum, dann zurück an die Küste in den Badeort St. Peter-Ording, wo ihn Landesparteichef Gerhard Stoltenberg um 17.30 Uhr zum Gespräch in seinem Ferienhaus erwartete.[3] Es war ein harter Wahlkampf, von Anfang an. Es drohte, knapp zu werden. Björn Engholm, sein Gegenkandidat von der SPD, gewann zunehmend Sympathien bei den Wählern, vor allem bei den Wählerinnen, an der Waterkant.

Barschels Auftritte waren geschickt inszeniert. Vor allem sein Spruch über die Gegner: »Rot-Grün wählen, das heißt Schleswig-Holstein quälen«, kam an.[4] Die Zeitungen hatten den Satz aufgenommen. Aber er war kein Politiker mit Herz. In seiner Pressemappe mit den sorgsam ausgeschnittenen Zeitungsartikeln über den Wahlkampf steckte eine Analyse der Journalistin Nina Grunenberg, die Barschel als Warnzeichen verstehen musste. In der *Zeit* war ihre Analyse überschrieben: »Aufgalopp im hohen Norden. Hamburg und Rheinland-Pfalz haben gewählt. Nun blickt Bonn auf Schleswig-Holstein.« Die renommierte Autorin brachte die Gefechtslage auf den Punkt: »Wenig stabil« seien die Verhältnisse in Schleswig-Holstein.

Das Bundesland im hohen Norden wurde seit 37 Jahren von der CDU regiert. »Doch Schicksal muß das nicht bleiben«, schrieb Grunenberg nun. Barschel müsse mit Aufsässigkeit rechnen. Große Schwierigkeiten gebe es in der Wirtschaft, bei den Bauern, den Werften, besonders bei den Kieler Howaldtswerken HDW, wo 10 000 Arbeitsplätze auf dem Spiel stünden. HDW – wenn er wollte, konnte Barschel jeden Tag vom Landeshaus aus die blauen Stahlbrücken der Werft sehen, die sich über die Förde spannen.

Und dann folgten bittere Zeilen über sein persönliches Verhältnis zu Helmut Kohl, das die Autorin »schwierig« nannte. Schwere Verluste der CDU bei den schleswig-holsteinischen Kommunalwahlen im März 1986, die Barschel zu verantworten habe, kamen zur Sprache. Und sein grober parteitaktischer Fehler: »Er tat, was nahelag, aber unklug war: Er gab Bonn die Schuld. Besonders gut ist ihm das nicht bekommen.« Grunenbergs Resümee: »Zurück blieb nur der Eindruck, es habe sich da einer in seinen Möglichkeiten verschätzt.«[5] So kannte ihn Kohl.

Der Kanzler hielt nicht viel von ihm. »Von Anfang an«, so erinnert sich der Machtmensch Helmut Kohl später, sei er gegenüber dem »Karrieremenschen Uwe Barschel« immer sehr reserviert gewesen: »Mehr noch, ich gehörte zu seinen entschiedenen Gegnern und war gegen seine Berufung zum Nachfolger Gerhard Stoltenbergs im Amt des schleswig-holsteinischen Ministerpräsidenten. Barschel galt allenthalben als glänzender Verkäufer von Politik, er trat mediengerecht auf, hatte einen Doktor in Jura und einen in Politikwissenschaft, kurz, er war ein Überflieger, aber kein Politiker zum Anfassen, der auf die Menschen zwanglos und offen zugehen konnte.« Auf Kohl wirkte er »verklemmt und spätestens nach der dritten Begegnung eher betulich und ein bisschen langweilig«.

In der Partei wurde er zu der Zeit neben dem Berliner Eberhard Diepgen und dem Schwaben Lothar Späth als ein potentieller Nachfolger Kohls gehandelt. Doch der Kanzler verschwendete damals keine Zeit an Nachfolgefragen. »Mich ließen solche Spekulationen ziemlich kalt. Mein Gefühl sagte mir, dass er in Bonn nicht ministrabel war, und schon gar nicht eignete er sich für das Amt des Bundeskanzlers.«[6]

Barschel ließ die Spekulationen über seine Zukunft in Bonn stets unkommentiert. Sie schmeichelten ihm, aber er hatte sich innerlich wohl von diesem Karriereziel verabschiedet. Sogar der Studienfreund Thian-Fong Tjan, sein »Leibarzt«, wie er spaßeshalber sagte, hatte ihn auf Kanzlerallüren angesprochen, die in den Zeitungen kolportiert wurden. Barschel hatte abgewunken: Nichts ziehe ihn nach Bonn. Er redete über ganz andere Pläne – eine Rechtsprofessur, einen Posten in der Wirtschaft. Und er träumte hin und wieder von der Auswanderung nach Kanada, von weiten Wäldern, rauschenden Flüssen und romantischen Seen.[7]

Nachdem er von Gerhard Stoltenberg, der in Kohls Kabinett eingetreten war, vergeblich den Landesvorsitz der CDU gefordert hatte, konnte er in Bonn erst recht nichts mehr werden. Es gab freilich noch etwas ganz anderes, über das im Hamburger Wochenblatt nichts stand: Zehn Tage vor dem Gespräch im Kanzlerbungalow hatte sich in Bonn der parlamentarische Untersuchungsausschuss des Deutschen Bundestages zur Aufklärung des U-Boot-Geschäftes mit Südafrika konstituiert. Gegenstand der Untersuchung waren geheime Lieferungen der Kieler HDW-Werft und des Ingenieurkontors Lübeck (IKL). Die Firmen standen im Verdacht, sich an einem millionenschweren Rüstungsdeal beteiligt und wesentliche Komponenten zum Bau von U-Booten geliefert zu haben, obwohl jegliche Waffengeschäfte mit Südafrika völkerrechtlich und strafrechtlich strikt untersagt waren. Die Anschuldigungen erstreckten sich auch auf Schmiergelder und den Verdacht der verdeckten Parteienfinanzierung von CDU und CSU. Ein ziemlich schmutziger Rüstungsdeal also. Und Uwe Barschel wusste, dass er entgegen aller bislang angestellten Erklärungen tief in die Sache verstrickt war. Die Untersuchung drohte aus dem Ruder zu laufen. In jedem Fall war das Thema für die SPD ein Wahlkampfgeschenk.[8]

Barschel griff nach dem Entwurf eines Redemanuskripts, feilte daran herum.[9] Im Cockpit zeigte die Uhr auf 22:58:40. Die Lotsen vom Hamburg-Radar funkten: Noch 6 Meilen, rund 11 Kilometer, von Lübeck entfernt. Die Hamburger überwachten und kontrollierten den Sinkflug. Die Crew bestätigte und nahm die Freigabe zum Landeanflug auf 3000 Fuß entgegen. Wenig später kam aus Hamburg die Sinkflugfreigabe auf 2000 Fuß. Das war der letzte Funkspruch aus Hamburg, nun war Lübeck zuständig.

Pilot Heise musste im Sichtflug landen, ein Instrumentenanflug war in Lübeck nicht möglich. Als er den Funkraum des Hamburger Flughafens verlassen hatte, nahm er Kontakt auf mit dem Lübecker Tower, klar und störungsfrei.[10]

»Noch 5 Meilen«, meldete sich Lübeck. Die Uhr zeigte 22:58:52.

»Haben Sie den Platz in Sicht?«

»Noch nicht, wir melden uns wieder«, sagte Pilot Heise.

Das Wetter wurde von Minute zu Minute schlechter. Die Sicht ist grenzwertig, dachte Antje Klein im Tower von Lübeck-Blankensee. Aber sie kannte Heise lange. Sie wusste, dass er ein umsichtiger Pilot war. Wenngleich er eine sportliche Marotte hatte: Er flog meist zu tief. Dann wirkte die Landung für die Passagiere rasanter.[11]

Zwei Minuten später fragte die Lotsin erneut, ob der Pilot die Landebahnbefeuerung bereits sehe.

»Nein. Noch nicht. Ich rufe Sie«, sagte Heise. Es war 23:01:10 Uhr. 20 Sekunden später funkte er: »Lights in sight.«[12]

Um 23:01:34 Uhr meldete sich Heise zum kurzen Endanflug auf die

Bahn 07. Die Wolken hingen tief. Regen drückte die Sicht teilweise unter 2000 Meter.[13]

Karl-Heinz Prosch wartete in einem gepanzerten blauen BMW der Siebener-Reihe vor dem Flugplatz. Prosch, ein sportlicher Mittvierziger, verband eine Hassliebe mit der schweren Regierungslimousine. Sie gab ihm ein Gefühl von Unverletzlichkeit, ja Übermacht. Gleichzeitig war das übergewichtige Fahrzeug mit seinen 1,8 Tonnen sehr schwerfällig und gegenüber möglichen Unfallbeteiligten so beängstigend gefährlich. Prosch stieg aus, die Maschine mit seinem Chef sollte bald eintreffen. Eine halbe Stunde Fahrzeit würde er dann noch mit dem »MP« vor sich haben, die Landstraße am Ratzeburger See entlang Richtung Süden nach Mölln, zu der Gründerzeitvilla auf einem Hügel im Wald über dem Schmalsee.

Am Lotsenstand des Towers sollte die Citation aus Köln-Bonn für Antje Klein und ihre Kollegen die letzte Maschine an diesem Sonntag sein. 180 Starts und Landungen waren tagsüber abgefertigt worden, alle problemlos.

»High intensity«, funkte Heise, um eine starke Beleuchtung zu erhalten.

Flugleiterin Klein drehte die Leuchtfeuer für die Anflug- und Landebahnbeleuchtung und die Gleitwinkelbefeuerung hoch.

»Dim the Light«, rief Heise dann ins Mikrofon – »Dreh das Licht runter.«

Für die Lotsin war dies das Signal, dass Heise die Maschine für den Endanflug auf die Landebahn 07 vorbereitete und ausreichend Orientierung hatte. Die Uhr zeigte 23:01:57. Nach Vorschrift verminderte Frau Klein nun die Lichtstärke auf 30 Prozent.

»Der Wind ist still«, meldete sie dem Piloten auf Deutsch.

»Danke«, funkte Heise. Es war sein letztes Wort. Die Uhr zeigte 23:02:07 Uhr. Und die Katastrophe war nicht mehr aufzuhalten.

Die Cessna streifte einen Funkfeuermast, der 700 Meter vor der Landebahn stand. Die Maschine sackte ab. Heise gab nochmals kräftig Schub, um das beschädigte Flugzeug hochzuziehen, doch er schaffte es nicht. Die Citation schwenkte in die Seitenlage und schlug Sekunden später auf dem Flugfeld auf. Ein Feuerball erleuchtete den Himmel. Die brennende Maschine brach auseinander. Der Rumpf schob sich über die abgerissene Pilotenkanzel. Pilot Heise und Co-Pilotin Friske wurden in dem Metallknäuel begraben. Sie waren sofort tot.[14]

Elisabeth Friske hatte schon einmal einen schweren Crash überlebt. Sie saß im Cockpit, als 1971 ein Paninternational-Jet auf der Autobahn Hamburg–Bad Bramstedt notlanden musste und in eine Brücke raste. Dabei starben 21 Passagiere und ein Crew-Mitglied. Damals war sie mit einem schweren Beinbruch davongekommen.[15]

Uwe Barschel erinnerte sich später an einen dumpfen Knall, als die Maschine mit der linken Tragfläche den Sendemast streifte. Die Turbinen hätten aufgeheult, als Pilot Heise verzweifelt Schub gab. Direkt vor Barschels Augen riss beim Aufprall das Cockpit ab. Sicherheitsmann Hansen, der vorn saß, wurde mit seinem Sessel aus dem offenen Flugzeugrumpf herausgeschleudert. Er lag zwei Meter neben der Steuerbordseite. Sein Aktenkoffer flog etliche Meter weiter und begrub seine Dienstpistole unter sich.

Sirenen heulten. Die Feuerwehr rückte aus. Zwei herangeeilte Helfer konnten den schwerverletzten und bewusstlosen Beamten gerade noch vor den herannahenden Flammen wegschleppen.[16]

Barschel selbst spürte den Aufprall nur als harten Stoß. Ein Wunder, das er der besonderen Unfalldynamik zu verdanken hatte. Ein Rechtsmediziner schrieb später im Stil seiner Zunft: »Allein seine Sitzposition konnte eine relativ hohe Überlebenschance gewährleisten, da sich im Mittelrumpfabschnitt keine Zerstörungen entwickeln konnten. Dieser Bereich wäre hier vergleichbar mit dem Drehpunkt einer Balkenwaage, bei der selbst heftige Bewegungen der Wägebalkenenden mit eventuellen Anprallanstößen, dem Drehpunkt nur geringe Stoßenergie mitteilen.«[17]

»Ich hörte plötzlich einen Riesenkrach. Dann dröhnten schon die Alarmanlagen. Die Sirenen heulten. Am Himmel ein roter Feuerschein.«[18] Chauffeur Prosch rannte los, durch die kleine Halle über das Vorfeld. Die Flammen, das Wrack – die fürchterliche Unfallszene war ihm jetzt ganz nah. Er lief weiter, fand Barschel zehn Meter vor dem brennenden Flugzeug im nassen Gras liegen. Helfer hatten auch ihn von der Maschine weggetragen. Es sah so aus, als sei er aus dem Wrack geschleudert worden. Der Ministerpräsident klagte über starke Schmerzen in der Leistengegend und am Bauch.

Feuerwehrmänner gestikulierten rundum, es stank nach verbranntem Kerosin. Barschel sah Reste des brennenden Fliegers. Rauch, der den Himmel verdeckte. Schaum, den die Wehrmänner versprühten. Und Karl-Heinz Prosch, »Kalli«, seinen vertrauten Chauffeur, den

Mann, der in den vergangenen Jahren häufiger in seiner Nähe gewesen war als jeder andere. Barschel wendete sich zu Prosch hin und wurde pathetisch: »Sagen Sie's bitte meiner Frau!« Er wirkte seltsam gefasst und sprach ganz sicher. Eine Erscheinung, die Mediziner bei Unfallopfern kennen.

Ein Notfallarzt kniete sich neben Barschel und wies die Rettungsleute an, den Patienten auf eine Trage zu legen. Einer von ihnen erklärte ihm, er müsse ihm den Ehering abziehen wegen der später notwendigen Röntgenaufnahmen. Prosch nahm Barschels persönliche Sachen an sich, den Ehering, die Aktentasche mit den Unterlagen für das Gespräch mit dem Bundeskanzler. Der Chauffeur fuhr damit nach Mölln, um sie Barschels Ehefrau Freya zu geben. Als Prosch aus Barschels Blickfeld verschwunden war, schoben die Retter Barschel in den Notarztwagen. Er sah nur noch den Ventilator am Autohimmel, Infusionsbeutel und Schläuche. Von vorn hörte er die krächzenden Stimmen des Rettungsfunks. Alles ging sehr schnell. Nach wenigen Fahrminuten wurde er schon herausgeschoben und durch lange, neonbeleuchtete Korridore gerollt. Dann erblickte er das gedämpfte Licht der Intensivstation Nr. 15 in der Chirurgie des Lübecker Universitätsklinikums.

Der Patient

1. Juni 1987, Lübeck

Am Tag danach erinnerte Barschel sich nur vage an das, was passiert war – der Unfallschock. Er meinte, angeschnallt im Ledersessel im offenen Wrack gesessen zu haben. Vor ihm der verregnete Himmel und die Landebahn. An der linken Außenhaut und den abgebrochenen Tragflächen lodernde Flammen. Wie er dem Inferno entkommen war, rekonstruierte er aus der Erinnerung so: Er öffnete die Gurtschnalle, kroch an den Rand des abgerissenen Rumpfes, ließ sich aus dem Wrack fallen und robbte auf dem nassen Gras davon. Dann setzte der Filmriss ein.

Freya war in der Nacht bei den vier Kindern geblieben. Beim Frühstück erzählte sie ihnen, was passiert war. Am Montagmorgen eilte sie kurz vor zehn in die Chirurgie; Prosch hatte sie chauffiert und begleitete sie auf die Station. Professor Friedrich Schildberg, der Chefchirurg, erläuterte ihr die Situation, bevor sie ans Krankenbett vorgelassen wurde: Kreuzbein-Fraktur, Prellungen, Blutergüsse, keine inneren Verletzungen. Ihr Mann sollte mindestens drei Wochen lang sein verletztes Bein im Gips tragen.

»Er will seinen Ehering haben«, rief ein Arzt lächelnd, der durch die weiße Schwingtür kam. »Ich fahre nach Mölln und hole den Ring«, sagte Prosch, der im Korridor auf einem der üblichen orangefarbenen Schalensitze aus Hartplastik wartete. Er lieferte die zerschrammte Aktentasche ab, die er mitgebracht hatte. Dann drückte er einem Personenschützer die Montagszeitungen und den *Spiegel* für seinen Chef in die Hand. Am Bett besprach sich Barschel schon mit seinem Wirtschaftsminister Manfred Biermann und Staatssekretär Hanns-Günther Hebbeln. Das erste »Wording« – die Sprechformel – wurde entwickelt, mit der die Regierung in Kiel die Fragen der Journalisten beantworten sollte. »Ich bange jetzt nur um das Leben meines Sicherheitsbeamten«, soll Barschel am Krankenbett gesagt haben. Zur »Kieler Woche«, den Mitte Juni stattfindenden Segelregatten, wolle er wieder fit sein. Und er denke schon wieder an sein Amt.

Sein Sicherheitsbeamter Bernd Hansen lag noch immer bewusstlos ein paar Türen weiter auf der Intensivstation und rang mit dem Tod: Schädelbasisbruch, Gehirnblutungen, schwere Verbrennungen.[1]

Die Pressestrategie ging auf. Am Abend gaben die Tageszeitungsleute die Schlagzeile in Druck: »Der Ministerpräsident regiert vom Krankenbett.«[2]

1. Juni 1987, Ost-Berlin

Nachdenklich saß der Mann ohne Namen an seinem Schreibtisch aus Plastikfurnier. In seinem Büro mit Nylongardinen und grauem Linoleum-Boden studierte der Stasi-Offizier an diesem Montagmorgen verschiedene Berichte, die er nochmals aus der Akte gezogen hatte. Das Papier sah aus wie ein ausgefüllter Lückentext für Sprachschüler, in dem die Vokabeln in die mit Pünktchen versehenen Felder eingetragen waren. Inmitten der handschriftlich eingefügten Wörter las er »Uwe Barschel«.

Der Mann hatte eine nachrichtendienstliche Meldung in Händen, einen Spitzelbericht. Die Personennamen waren wie immer nachträglich mit Kugelschreiber über den Pünktchen eingefügt. Ein Geheimdienstoffizier hatte die Lücken erst nach dem Diktat mit der Hand ausgefüllt, um die Namen vor der Schreibkraft zu verbergen. So waren die Regeln für die Geheimhaltung und die innere Abschottung. Immerhin arbeiteten in diesen grauen Büros rund um die Ost-Berliner Normannenstraße und überall in der DDR 91 000 Mitarbeiter für das Ministerium für Staatssicherheit. Aus Furcht, eine Sekretärin könnte als Maulwurf für den Gegner arbeiten, mussten alle wichtigen Berichte und Meldungen äußerst diskret behandelt werden. Jenseits von Mauer und Stacheldraht bildeten die namenlosen Offiziere das Rückgrat der Macht im Staat. Wenige hundert Meter Luftlinie vom Frontverlauf des Kalten Krieges in Berlin entfernt hatten sie ihr Imperium von Jahr zu Jahr ausgebaut.

Der Stasi-Mann war wie alle seine Kollegen stolz auf diese Agenten-Berichte. Sie schienen Auskunft über fast jede Bewegung ihrer Gegner im »nichtsozialistischen Wirtschaftsgebiet« zu geben, wie der Westen im Regierungsjargon der Ostdeutschen genannt wurde. Die tristen Büros waren den Männern und Frauen der Stasi einerlei, der Informationsstoff war ihr Lebenselixier.

27. Mai 1987 stand als Datum auf einem Blatt in dem Dokumentenstapel vor dem Ost-Berliner Geheimdienstoffizier. Es war die In-

formation Nr. 34/5/87, nicht einmal eine Woche alt. In dem Zirkular las er die jüngsten Informationen über Barschels Aktivitäten, die von seinen Kollegen der Abteilung III des MfS in Magdeburg kamen. »Gegen 10.00 Uhr wurde der vermutliche Terminplan des schleswig-holsteinischen Ministerpräsidenten Barschel für das Wochenende bekannt«, stand dort. Barschels Flugreisen vom Freitag und Samstag waren mit exakten Terminen verzeichnet – die üblichen Wahlkampf-Touren. Nichts Auffallendes. Die wichtigste Nachricht in dieser geheimen Meldung aus Magdeburg war, dass Barschel an diesem Montag, dem 1. Juni, im Kanzleramt in Bonn hätte sein sollen.[3]

Am Unfallort analysierten die Fachleute vom Luftfahrtbundesamt aus Braunschweig an diesem Tag Wrackteile, Überreste im Boden und den abgebrochenen Funkmasten. Beamte der Spurensicherung und der Berufsfeuerwehr ermittelten. Harry Kleinschmidt, der 66-jährige Geschäftsführer des Flughafens, hatte die Nacht durchgemacht, und ihm waren Zweifel gekommen, die er gegenüber Journalisten preisgab. Er konnte sich nicht vorstellen, dass die Ursache des Unglücks in einem simplen Pilotenversagen liege.

Spekulationen über Sabotage beim Absturz der Barschel-Maschine sind bis heute nicht verstummt. Doch die Unfalluntersuchungen ergaben dafür kein Indiz. Weil ein Politiker an Bord war, wurde der Fall auf höchster Ebene analysiert. Manfred Küppers, der Chef der Untersuchungskommission beim Luftfahrtbundesamt, leitete die detektivische Puzzle-Arbeit am Wrack persönlich. Die Triebwerke wurden in Schweden untersucht: Sabotage? »Die Überprüfung der Wrackteile, auch durch entsprechende Spezialisten der Polizei, ergab keine Hinweise darauf.«[4] Das Luftfahrtbundesamt errechnete, dass Pilot Heise mit Sicherheit keinen vorschriftsmäßigen Landeanflug durchgeführt hat. Er war zu nah an der Landebahn, zu tief und zu schnell. Fazit: Ein Pilotenfehler hatte den Absturz verursacht.[5]

Fluglotsin Klein kannte Barschel. Sie bat darum, ihn im Krankenhaus besuchen zu dürfen; nur kurz wollte sie mit ihm sprechen. Es wurden zwei Stunden, die sie ihr Leben lang nicht vergessen wird. Barschel erkundigte sich nach ihrer beruflichen Situation, bot ihr Hilfe an, weil sie am Flughafen nur einen Zeitvertrag hatte und bis zur Klärung der Unfallsache ohne Bezüge beurlaubt worden war. Dann die schockierende Überraschung: »Das war der erste Anschlag.«[6] Leise sprach Barschel diesen Satz, der sie bis heute nicht loslässt.

»Das war der erste Anschlag« – eine falsche Deutung, die seiner inneren Verfassung entsprach. Seit Jahren lebte der politische Draufgänger Uwe Barschel mit einer rätselhaften Angst. Aber warum hatte er Angst vor einem Attentat? Und wo waren seine Gegner zu suchen? Unter Terroristen, Agenten oder Gangstern? Aus dem In- oder Ausland? Gab es in Barschels Leben noch eine andere Welt als die der Konferenzen, Empfänge und Gelage? Der Ministerpräsident gab keinen Hinweis. Offensichtlich wollte und konnte er darüber nicht sprechen.

Nichts war mehr so selbstverständlich wie in jenen schönen Tagen, als er in die Regierung des Landes Schleswig-Holstein berufen worden war. Damals schien ihm alles in den Schoß zu fallen. Ministerpräsident Gerhard Stoltenberg nahm ihn als Finanzminister ins Kabinett. Es war der Dank dafür, dass Barschel bei der unangenehmen Aufgabe geholfen hatte, Stoltenbergs Vorgänger Helmut Lemke endlich aufs verdiente Altenteil zu schieben. Stoltenberg schätzte Barschel – damals. Vor allem war er beeindruckt von seiner schnellen Auffassungsgabe und Entschlusskraft. Schon ein halbes Jahr später, im Juli 1979, machte ihn Stoltenberg – nach der gewonnenen Landtagswahl – zum Landesinnenminister. Er sollte der Partei wieder ein kämpferisch-konservatives Profil geben. Barschel nahm den linken Vorsitzenden des Bundesverbandes der Bürgerinitiativen (BBU) wegen einer verbotenen Demonstration gegen den Bau des Kernkraftwerks Brokdorf an der Unterelbe aufs Korn. Er propagierte ein Vermummungsverbot bei Demos und machte sich für den Einsatz von chemischem Reizgas gegen die Demonstranten stark. Den FDP-Bundesinnenminister Gerhart-Rudolf Baum beschimpfte er als »liberalistisch«.

Das war der Geist von Franz Josef Strauß, Barschels großem politischem Vorbild. Der oft grob auftretende, aber hochintelligente Metzgersohn aus München kam wie das Flüchtlingskind Barschel aus kleinen Verhältnissen und dann ganz groß raus. Von unbändigem Ehrgeiz getrieben. »Was Strauß macht, das ist Politik«, sagte Barschel zu Parteifreunden, wenn die sich in der politischen Auseinandersetzung mal wieder nicht trauten, auf den Putz zu hauen. Ihm imponierte es, dass Strauß seinen »Männerfreund« Kohl und dessen Anhang in der berüchtigten »Wiener-Wald-Rede« vor der Jungen Union in München als politische »Pygmäen« tituliert hatte. Und er täuschte sich in Kohl auch genauso wie Strauß, der dem Pfälzer prophezeit hatte, dass er nie Kanzler werde. Mit Strauß gemeinsam hatte Barschel auch noch etwas ganz anderes: das Faible für Militärstrategie. Er ließ sich als einer der jüngsten Politiker in die militärpolitisch wichtige Nordatlantische Versammlung, die politische Organisation der NATO, berufen. »Ich habe dort geheime Dinge erfahren, da kann mir keiner mehr«, protzte er in einem Gespräch mit Professor Dall'Asta.

Als im Oktober 1982 Helmut Kohl die Macht in Bonn übernahm und Stoltenberg sein Finanzminister wurde, da führte an Barschel als Ministerpräsident in Kiel kein Weg vorbei. Er hatte mehr Biss als seine älteren Kabinettskollegen. Henning Schwarz, Karl Eduard Claussen, Rudolf Titzck, Jürgen Westphahl, Roger Asmussen – an allen war er vorbeigezogen. Mit sämtlichen 37 Stimmen der CDU-Fraktion wurde er zum Ministerpräsidenten von Schleswig-Holstein gewählt. Und im Herbst 1983, bei seiner ersten Landtagswahl als frischer Ministerpräsident, holte er 49 Prozent der Stimmen für seine Partei. FDP und Grüne kamen nicht mehr in den Landtag. Barschel war ein Star. Er schrieb sich den Sieg zu, auch wenn er seinen Erfolg eher günstigen bundespolitischen Umständen zu verdanken hatte, für die er nicht verantwortlich war.[7]

Aber diesmal, vier Jahre später, kostete ihn der Wahlkampf Nerven. Täglich musste er zuschauen, wie Björn Engholms Bild immer mehr Glanz bekam. Nur keine Zeit verlieren! Die Ärzte machten Barschel wenig Hoffnung, schnell wieder auf die politische Bühne zurückkehren zu können. Sie rechneten mit zwei Monaten stationärer Behandlung. Also machte Barschel Wahlkampf vom Krankenzimmer aus, während die Angst sein treuer Begleiter blieb. In einem Nebenzimmer hielten sich immer zwei Sicherheitsbeamte auf, die ihn auf Schritt und Tritt in der Klinik begleiten mussten. Selbst wenn er nur ein paar Meter über den Flur von einem Zimmer in ein anderes ging.

Sein zweiter Regierungssprecher Herwig Ahrendsen, der erst seit Oktober 1986 im Amt war, wurde nun sein Verbindungsmann in die Staatskanzlei. Ahrendsen kam mit den Akten ans Krankenbett. Er war gut 1,80 Meter groß, ehemals Handballspieler beim THW Kiel. Neben dem eher schmächtigen Barschel wirkte er fast wie ein Riese. Ahrendsen, der Sonnyboy, war ein treuer Helfer, loyal, fleißig und immer zur Stelle, wenn der Chef ihn brauchte. Er brachte die Post mit den vielen Genesungswünschen. Doch nach einer Woche kam er mit schlechten Nachrichten: Der beim Absturz schwer verletzte Sicherheitsbeamte war verstorben.[8] Und dann schockierte er Barschel auch noch mit der Hiobs-Botschaft, dass sein Wirtschaftsminister unter schweren Druck geraten sei. Durch einen Bericht im Nachrichtenmagazin *Stern* über »Schmutzige Wäsche im Hafenamt«. Wirtschaftsminister Manfred Biermann, ein wichtiger Mann in Barschels Kabinett, wurde darin schwer belastet. Er war es, der am Tag nach seinem Unfall zusammen mit Staatssekretär Hebbeln in der Klinik erschienen war, um über die wichtigsten Aufgaben zu sprechen. Wochenlang hatte Biermann in der Affäre gemauert, aber dann kamen weitere Enthüllungen des *Stern*. Als Steuerberater und Wirtschaftsprüfer hatte Biermann der Firma eines Millionen-Betrügers falsche Bilanzen testiert. Er hatte sogar für seinen Mandanten, der inzwischen mit internationalem Haftbefehl gesucht wurde, Nummernkonten in der Schweiz geführt.[9]

Das war zuviel, zumal Biermann für die CDU als Direktkandidat in Lübeck kämpfen sollte. Am 9. Juni, sechs Tage nach der *Stern*-Enthüllung, zog Biermann schließlich die Konsequenzen und trat als Wirtschaftsminister zurück. Barschel entschied in der Klinik, den Posten bis zum Wahltag nicht mehr neu zu besetzen. Er bat seinen Finanzminister Roger Asmussen, den Job mit zu übernehmen. Mit Ahrendsen vereinbarte er den üblichen Spruch, den man in einer solchen Situation den Journalisten liefert: »Die Vorwürfe sind nicht geeignet, die persönliche Integrität von Dr. Biermann in Zweifel zu ziehen.«[10]

In Bonn hingegen ging es derweil um weitaus mehr Sprengstoff. Die Oppositionsparteien SPD und Grüne bestimmten im Deutschen Bundestag mit dem neuen Untersuchungsausschuss zur U-Boot-Affäre die politische Diskussion. Der offizielle Titel des Ausschusses klang gestelzt: »Aufklärung des Zustandekommens der rechtswidrigen Lieferung von Konstruktionszeichnungen für den Unterseebootsbau durch bundesdeutsche Unternehmen an die Republik Südafrika, insbesondere Mitwirkung und Mitwissen von Mitgliedern der Bundesregierung.« Für Barschel war diese Angelegenheit brisant. Denn die Grünen hatten auch ihn im Visier. Sie wollten wissen, in welcher Weise die zwei Ministerpräsidenten Franz Josef Strauß und Uwe Barschel in den Fall verwickelt waren.

Auslöser der U-Boot-Affäre war eine Enthüllung in den *Kieler Nachrichten*, die im November 1986 in Redaktionszentralen und Abgeordnetenbüros wie eine Bombe einschlug. Das Blatt berichtete über Ermittlungen der Oberfinanzdirektion Kiel wegen des Verdachts, dass die Kieler HDW-Werft und IKL Blaupausen zum Bau von U-Booten nach Südafrika geliefert hätten. Ausgerechnet an das Apartheidregime am Kap, das seit 1977 aufgrund eines Sanktionsbeschlusses der Vereinten Nationen nicht mehr mit Kriegsgerät beliefert werden durfte. Die Dokumente seien für 45 Millionen Mark nach Südafrika verkauft worden, schrieb die Zeitung. Es handle sich um Know-how, das unter dem Geheimschutz der NATO stehe, strategisch höchst sensibles Kriegsgerät, das zum Bau extrem leiser und kaum aufzuspürender Unterwasserboote geeignet sei.[11]

HDW-Konzernchef Klaus Ahlers hatte die Geschichte rasch heruntergespielt, ein »alter Hut«, sagte er im Norddeutschen Rundfunk. Und Barschel hatte sich auch sogleich herausgewunden: Er habe von der Sache nichts gewusst, und auch im Kabinett sei nie darüber gesprochen worden, ließ er im Landtag erklären.

Barschel wusste, dass dies gelogen war. Seit 1983 hatten Barschel und sein Kabinett von dem geplanten Geschäft gewusst.[12] Er verschwieg, dass er in diesem Jahr seinen Wirtschaftsminister Jürgen Westphal mit Unternehmern nach Südafrika geschickt hatte. Westphal, der auch für die Landesregierung im Aufsichtsrat von HDW saß, setzte sich bei einem Gespräch im südafrikanischen Verteidigungsministerium für das U-Boot-Geschäft ein und versprach die Unterstützung durch die Regierung Barschel. HDW-Vorstand Peter Hansen-Wester notierte sich, dass mit dem Projekt »hochgestellte Vertreter der Bundes- und Landesregierung befasst« seien.[13] Nun wurden auch noch geheime amtliche Vermerke und Protokolle über die politische Gestaltung – oder besser: Betreuung – des Deals publik, und sie offenbarten dreiste Vertuschungsversuche der beteiligten Politiker.

Stoltenberg redete sich damit heraus, er sei von einer legalen Abwicklung des Geschäfts ausgegangen, habe aber den Firmen geraten, die Finger von dem Projekt zu lassen.[14]

»Die Unterlagen gehen als Mikrofilm im Diplomatengepäck über die Grenze (werden abgeholt)«, hieß es in einem Memo, mit dem Bundesfinanzminister Gerhard Stoltenberg über den geplanten verdeckten Transport der Konstruktionszeichnungen unterrichtet worden war.

»Das ist die Sprache der Mafia«, kommentierte der Kieler SPD-Bundestagsabgeordnete Norbert Gansel das Memo. Noch blieb in der Öffentlichkeit die Frage offen, wieweit Barschel persönlich in diesen Fall verwickelt war. Das sollte nach der Regie der CDU-Spitze in Bonn so lange wie möglich auch so bleiben, sonst hätte man die Landtagswahlen gleich verloren geben können.

Am 15. Tag des Spitalaufenthaltes erschien Ahrendsen wieder mit brisanten Neuigkeiten im Patientenzimmer. Er reichte Barschel das Pressedossier des Tages. Barschel blätterte durch die Liste mit dem Nachrichtenüberblick, durch die Agenturmeldungen und die Zeitungsausschnitte. Die beherrschenden Meldungen kamen aus Bonn, es ging wieder um den U-Boot-Ausschuss.

Die CDU hatte an diesem 15. Juni zusammen mit der FDP die Zeugenladung des Rüstungslobbyisten und Anwaltes Siegfried Zoglmann abgelehnt, weil ihrer Meinung nach das Thema Provisionszahlungen und Schmiergelder nicht zum Untersuchungsauftrag des Ausschusses gehöre. Die ersten öffentlichen Zeugenvernehmungen sollten erst am 17. September 1987 stattfinden, vier Tage nach der Landtagswahl in Schleswig-Holstein. CDU und FDP waren in Sorge, dass andernfalls ihre Wahlchancen in Kiel gefährdet würden. Und weiter setzten die Koalitionspartner in Bonn durch, dass die Ministerpräsidenten Uwe Barschel und Franz Josef Strauß vom Untersuchungsausschuss nicht befragt werden durften. Das sei Ländersache, der Bundestag dafür nicht zuständig. Damit war der Fall parteipolitisch erst einmal abgedichtet. Barschel hatte eine Verschnaufpause. Mehr nicht. Denn die Opposition würde keine Ruhe geben und später sicherlich untersuchen, ob auch an ihn Schmiergeldzahlungen geflossen waren.[15]

Da tat Zuspruch gut: »Das ist deine zweite Geburt«, tröstete ihn sein Studienfreund. »Wenn man eine solche Katastrophe überlebt hat, dann wird man ganz groß werden«, erklärte ihm Thian-Fong Tjan Weisheiten der chinesischen Mythologie. Barschel wollte davon nichts wissen. Er dachte an Rücktritt, er hatte es satt. In seiner politischen Karriere waren Zeiten mit so schwerem Seegang nicht eingeplant.

Tjan saß an Barschels Bett. Der alte Freund war aus Schwarzenbek, wo er eine HNO-Praxis hatte, herüber in die Klinik gekommen. Zum »Schnacken«, wie der Chinese immer auf norddeutsch sagte, wenn er mit seinem Vertrauten über Gott und die Welt diskutieren wollte.

Barschels Hausarzt diente ihm oft mehr mit politischen als mit medizinischen Ratschlägen. Tjan holte seinen Patienten immer wieder aus dem Höhenrausch des Politikerlebens auf den Boden der Tatsachen zurück. Der Landarzt hatte ein gutes Gefühl für die Stimmung unter den Wählern. Die Bauern wären mit der CDU und mit Barschels Politik überhaupt nicht einverstanden, erzählte Tjan. Barschel müsse bei der Wahl mit einem Denkzettel rechnen.[16]

Bald inszenierte sich Barschel wieder, veranstaltete repräsentative Auftritte im Patientenzimmer. Er machte sich fein, richtete sich im Bett auf, um den Dirigenten Leonard Bernstein zu empfangen, dem er das Bundesverdienstkreuz für sein Engagement beim Schleswig-Holstein-Musikfestival überreichte. Tjan war bei der Ordensverleihung an Bernstein zugegen. »Eine sehr bewegende Szene«, fand der Arzt.[17] Mit dem Klassik-Festival, das in ganz Deutschland Beachtung fand – es war seine Erfindung –, brachte Barschel die große Kulturwelt in das platte Bundesland. Er nahm Schleswig-Holstein den Muff des Provinziellen. Für sich selbst hatte er damit eine Bühne geschaffen, sich als Landesvater weltmännisch im Kreis der berühmten Künstler ins Scheinwerferlicht zu stellen. Justus Frantz, der Hamburger Stardirigent, beriet ihn und wurde Festival-Leiter.

Juni 1987, Luganer See
Vico Morcote ist ein Ort der Gelassenheit: der Blick über den Luganer See, der sich nach Süden öffnet, das milde Klima, die ruhigen Abende auf der Terrasse. Von den Dörfern an den Berghängen des anderen Ufers spiegeln sich die Lichter wie in einem nächtlichen Traumgemälde. Hierher hatte sich Irmgard Heise mit ihrem Lebensgefährten zurückgezogen. Sie konnte es noch immer nicht fassen, dass ihr Sohn bei dem Absturz ums Leben gekommen war. Barschel sei schuld am Tod ihres Sohnes, sagte sie ihrem Freund. Barschel müsse ihn gezwungen haben, bei schlechtem Wetter nach Lübeck zu fliegen. Ihr Sohn sei immer so umsichtig gewesen.

Sie wollte das den Ministerpräsidenten wissen lassen und schrieb sich ihren Groll in einem Brief von der Seele. In der Nacht von Sonntag auf Montag, den 22. Juni, warf sie das Schreiben auf dem Dorfplatz von Morcote in den Briefkasten. Sie notierte als Absender nur den Namen ihres Lebensgefährten, mit der Urlaubsanschrift in Morcote. Barschel werde wohl den Brief nicht öffnen, wenn er ihren

Namen lese, dachte sie. Oder seine Aufpasser würden ihm den Brief vielleicht gar nicht erst aushändigen.

Wieder zu Hause in Pinneberg, wartete sie auf eine Antwort des Ministerpräsidenten. Vergeblich.[18] Ihr Brief war im Apparat der Staatskanzlei hängen geblieben.

Kiel, Ende Juni 1987
Im Landeshaus, einem dreistöckigen rotbraunen Backsteinbau an der Kieler Förde, herrschte Alltag. Parlament und Regierungschef waren hier unter einem Dach untergebracht. In dem klassizistischen Gebäude, einst als Militärakademie für die kaiserliche Marine erbaut, herrschte eine eigentümliche Atmosphäre. Das großzügige Treppenhaus erinnerte an den Glanz der Preußenzeit, der hölzern knirschende Paternoster an das Wirtschaftswunder der sechziger Jahre und das Wärterhäuschen mit dem Portier an den miefigen Charme einer deutschen Amtsstube. In einem schmucklosen Zimmer am Flur der Pressestelle der Landesregierung saß Referent Reiner Pfeiffer, ein Mann mit schütterem Haar und oft glasigem Blick. Er war als Verstärkung für den Wahlkampf mit einem Zeitvertrag eingestellt worden, der bis zum 31. Dezember 1987 lief. So wurde das auch schon zu einigen Wahlkämpfen unter Barschels Vorgänger Stoltenberg gehandhabt: Man holte sich einen Journalisten aus dem Verlagshaus Axel Springer in Hamburg. Es war so etwas wie eine freundliche Leihgabe des konservativ geprägten Medienhauses, um den Wahlkampf der Christdemokraten in Kiel zu unterstützen. Man blieb politisch sozusagen in der Familie.

Die Leute vom Springer-Verlag hatten Reiner Pfeiffer geschickt, weil auf dessen Mitwirkung in Hamburg verzichtet werden konnte. Pfeiffer hatte schon einiges hinter sich. Mal half er in einer Eisdiele aus, mal schlug er sich als Grabredner durch. In Bremen hatte er zuvor im CDU-Magazin *Weser Report* ein paar heiße Geschichten veröffentlicht, die entweder falsch oder völlig überdreht waren, jedoch immer große Sprengkraft entwickelten. So hatte er in einer Story den Bremer Bausenator Stefan Seifriz beschuldigt, als 17-Jähriger Antisemitisches publiziert zu haben, und tat dabei so, als habe der Politiker dies verheimlichen wollen. Der Senator hatte zwar aus seinen Jugendsünden nie einen Hehl gemacht, dennoch musste er zurücktreten, um seine Partei zu schützen. Allerdings hatte auch Pfeiffer den *Weser Report* verlassen müssen, als die Klagen überhand nahmen. Mehr als ein Dutzend Verfahren wegen Beleidigung hatte er seinem Blatt eingehandelt. Aber er schaffte es immer wieder, mit großen Gesten und frisierten Lebensläufen einen neuen Arbeitgeber zu begeistern. Als er seinen Job in Kiel aufnahm, war er alkoholkrank.[19]

Jeden Morgen um halb zehn trafen sich die Mitarbeiter der Pressestelle im Kieler Landeshaus bei ihrem Chef im Büro. Staatssekretär Gerd Behnke hatte Pfeiffer rekrutiert. Im November 1987 war ihm sein neuer Referent im Büro von Günther Prinz, dem Chefredakteur der *Bild*-Zeitung im Hamburger Springer-Haus, vorgestellt worden.

In der Morgenrunde saßen Behnke, sein Stellvertreter Herwig Ahrendsen mit den Pressereferenten Pfeiffer, Klaus-Dieter Seelig und der Referentin Ulrike Schumacher zusammen. Auch Ulrike Schumacher war kurz zuvor als Verstärkung ins Team geholt worden. Sie saß ein paar Bürotüren weiter im Landeshaus-Zimmer 103, gleich neben dem Vorzimmer von Herwig Ahrendsen. Die promovierte und erfahrene Pressereferentin kam aus der Kieler Landesvertretung beim Bund in Bonn. Die Aufgaben waren locker verteilt: Seelig sollte sich um die Kontakte zu den Journalisten kümmern, Frau Schumacher war so etwas wie ein Mädchen für alles, und Pfeiffer sollte scharfe Presseerklärungen für die Ministerien verfassen, Grußworte und Texte für Artikel redigieren, die Medien beobachten und an einer Wahlzeitung mitarbeiten. Eine formelle Arbeitsplatzbeschreibung gab es für Pfeiffer nicht, aber es war klar, dass er eher als Mann fürs Grobe geholt worden war, der Barschels Wahlkampf ein schärferes Profil geben sollte.

Hin und wieder gab es Krach im Team. Ahrendsen und Schumacher hatten Schwierigkeiten mit manchen Formulierungen in Pfeiffers Presseerklärungen. Als sie dies mit ihm besprechen wollten, reagierte Pfeiffer heftig, wie immer, wenn er kritisiert wurde. Dazu kam das Alkoholproblem. Schumacher erwischte ihn, als sie einmal unvermittelt sein Büro betrat. Pfeiffer nahm fix die Flasche vom Pult, um sie im Schreibtisch zu verstecken. »Eines Tages, es war am späten Nachmittag, stand ich in meinem Zimmer«, erinnert sich Ulrike Schumacher an eine peinliche Szene. »Herr Ahrendsen stand in seinem Zimmer. Ich hörte Pfeiffer auf dem Flur grölen. Er öffnete die Tür zum Vorzimmer von Ahrendsen und fiel ihm um den Hals.« »Ich bewundere dich, dass du so viel Geduld aufbringst bei einem Besoffenen«, sagte sie zu Ahrendsen, nachdem Pfeiffer wieder gegangen war.[20]

In den Ministerien mokierten sich Beamte über das traurige Bild, das Barschels Pressestelle abgab. Sie wunderten sich über Weinrunden, die morgens im Büro begannen und mittags in der Kantine fortgesetzt wurden. Einige im Team wie der Pressemann Seelig hielten sich von den Saufrunden fern.[21]

Pfeiffer hatte nicht viele Freunde im Landeshaus. Er fand festen Halt bei Jutta Schröder, einer Dame aus dem Schreibteam. Schon bald nach seinem Job-Antritt wurden sie ein Paar. Sie kamen und gingen gemeinsam, sie machten zusammen Pause, und Pfeiffer war für die Kollegen unter ihrer Privatrufnummer erreichbar.[22]

Pfeiffer beschäftigte sich oft in seinem Büro mit Barschels Terminlisten. »Er war immer sehr daran interessiert, welche Termine der Ministerpräsident hatte«, sagt Ulrike Schumacher. Er ließ sich die Daten morgens um 9.30 Uhr bei Behnke in der Morgenbesprechung mitteilen. Es kam auch vor, dass »seine« Schreibkraft Jutta Schröder im Zimmer von Referentin Schumacher erschien, um sich die aktuelle Terminliste zu kopieren. Niemand dachte sich etwas dabei, obwohl es für seinen Job überflüssig war.

Pfeiffer suchte auch direkten Kontakt zum Ministerpräsidenten, aber Barschel war für diese Nähe nicht zu haben. Einige Male nur war Pfeiffer vor dem Flugzeugabsturz zusammen mit seinem Vorgesetzten Ahrendsen ins MP-Vorzimmer vorgelassen worden. Pfeiffer hatte freilich nur eine untergeordnete Rolle in der Pressestelle. Er war ein »Mann aus der zweiten Reihe«, wie Barschels persönlicher Referent sagte. Zuletzt war er Anfang Mai 1987 dem Ministerpräsidenten bei einem Mitarbeitertreffen in einem Hamburger Fisch-Restaurant begegnet, doch im Krankenhaus lehnte Barschel Pfeiffers Besuchswünsche ab.[23]

In der Klinik erlebte der Ministerpräsident hautnah, dass politische Macht nicht alles ist. Wie jeder andere Patient musste er sich den freundlichen, aber bestimmten Befehlen von Oberschwester Gisela und Krankengymnastin Ingeborg Gärtner unterwerfen. Dehn- und Belastungsübungen wurden ihm verordnet. Die Regeln der Pfleger waren einzuhalten, und er fügte sich. Als ein wenig unordentlich empfand Frau Gärtner ihren Patienten. Er ließ seine Kleider einfach dort liegen, wo er sie gerade ausgezogen hatte. Doch beim Abtreten der Schuhe, das war ihr gleich aufgefallen, zeigte Barschel geradezu eine Reinigungsmanie. Ingeborg Gärtner registrierte Barschels »Abtretungsbedürfnis« etwas verwundert. Er trat seine Schuhe selbst innerhalb der Klinik jedes Mal beim Betreten eines Raumes ab. Als sie ihn darauf ansprach, erzählte er, dass seine Frau ihm immer sehr böse gewesen sei, wenn er nach der Rückkehr von Waldspaziergängen die Schuhe nicht ordentlich gereinigt habe.[24]

Physiotherapeutin Gärtner spürte bei dem Patienten eine große Angst, dass ihn jemand umbringen könne. Als sie mit ihm im Klinikgelände einen Spaziergang unternahm, mussten ihm seine zwei Personenschützer auf Schritt und Tritt folgen. Ihr schien das übertrieben. Barschel bat dann die Bodyguards, mehr Abstand zu halten, aber dennoch »sehr gut aufzupassen«. Als bei einem Bewegungstraining plötzlich ein unbekannter Arzt im Bad erschien, geriet der Patient in Panik. »Der hätte mich auch erschießen können«, fuhr Barschel seine Therapeutin an, die ihn für einen Augenblick allein gelassen hatte.[25]

Der kleine Vorfall ließ Barschel keine Ruhe. Ausführlich erzählte er seiner Schwester Folke Junker die Geschichte, als sie ihn in der Klinik besuchte. Sie hielt sich für seine einzige wirkliche Vertraute. Folke schaute mitfühlend, aber auch mit einer gewissen Distanz auf die politischen Geschäfte ihres Bruders. Sie war eine gestandene Frau, die seit fast zehn Jahren ihren Sohn allein aufzog, nachdem ihre Ehe mit einem Staatsanwalt geschieden worden war. Ihr gegenüber offenbarte Uwe teilweise seine Ängste, auch hinter dem Rücken seiner Frau. Er konnte nicht begreifen, dass an zwei Personenschützern vorbei, die das Bad bewachen sollten, jemand eindringen konnte, nur weil er einen weißen Kittel trug.

»Wie deutest du das?«, fragte Folke.

»Ich weiß es nicht«, antwortete Uwe.[26]

Barschels Schwester machte sich Sorgen. Womöglich war der Flugzeugabsturz doch die Folge eines Attentats gewesen.

»Hältst du es für möglich, dass es ein Anschlag war?«, fragte sie.

Barschel schwieg, schaute sie nachdenklich an, ganz lange. Da war es wieder – dieses merkwürdige Verhalten, dachte Folke. »Er hätte nie ›ja‹ gesagt.« Folke wertete sein nachdenkliches Schweigen aber als Zustimmung.

Er hatte sich verändert seit dem Unfall, bemerkte seine Schwester. Sie spürte seine Angst. Er wurde noch verschlossener und noch zurückhaltender, als er ohnehin schon war.[27]

25. Juni 1987, Kiel, Landeshaus
Hanns-Günther Hebbeln kam zu spät zur verabredeten Sitzung mit Frau Schumacher im Landeshaus. Der Staatssekretär war in schlechter Stimmung.

»Was ist denn los?«, fragte die Referentin. Hebbeln antwortete darauf nicht, sondern ging frostig zur Tagesordnung über. Er hatte den Brief von Irmgard Heise gelesen, der am Morgen eingegangen war. Sein ausgeprägtes politisches Gespür sagte ihm, dass dieser Brief Barschel in eine schlimme Situation bringen könnte. Hebbeln drückte das Schreiben Ahrendsen in die Hand, damit der es dem Ministerpräsidenten ins Krankenhaus bringe. Ahrendsens Sekretärin machte eine Kopie für die Referenten Pfeiffer und Seelig. Pfeiffer sollte sich darum bemühen, die korrekte Anschrift von Frau Heise für ein Antwortschreiben zu ermitteln.[28]

Einen Tag später, am 26. Juni, tippte Pfeiffer eine Hamburger Rufnummer in den Apparat. Es war der Anschluss von Irmgard Heise. Doch ein Gespräch wurde nicht geführt.[29]

Unterdessen erschien Ahrendsen mit dem Original des Briefes am Krankenbett. Barschel war getroffen. Die beiden beratschlagten, wie sie auf den Brief reagieren sollten. Ahrendsen meinte zunächst, es sei das Beste, gar nicht zu antworten.

Das war nicht klug. Wenige Tage später rief Irmgard Heise im Krankenhaus an. Sie wurde in das Zimmer der Sicherheitsbeamten durchgestellt, in dem auch Ahrendsen saß. Barschels Sprecher ließ sich den Hörer reichen. Frau Heise wollte wissen, ob der Brief angekommen war. Ahrendsen hörte der ziemlich aufgeregten Piloten-Mutter gelassen zu. Als ihre Stimme versagte, setzte er das Gespräch mit ihrem Lebensgefährten fort. Ahrendsen versprach, sich um die Sache zu kümmern und machte daraufhin Barschel den Vorschlag, die Frau zu besuchen. Vier Tage später griff er zum Hörer.

»Ahrendsen, Landesregierung.« Freundlich bat er Frau Heise darum, vorbeikommen zu dürfen, gleich am nächsten Tag.[30]

Ahrendsen stand mit einem Strauß Blumen an der Wohnungstür. »Wenn der von Herrn Barschel kommt, dann will ich ihn nicht«, giftete Irmgard Heise. Ahrendsen hatte es nicht leicht, aber er konnte die Mutter des toten Flugkapitäns schließlich doch davon überzeugen, dass Uwe Barschel keine Schuld an dem Unfall trug. Eine große Hilfe war ihm dabei ihr Lebensgefährte, der sich bemühte zu vermitteln. Ahrendsen schenkte dem Paar zwei Eintrittskarten für das Schleswig-Holstein-Musikfestival. Frau Heise war beeindruckt: Ahrendsen erschien ihr »sehr sympathisch, nett, taktvoll«.

16. Juli 1987, Kiel
Zwei Wochen nach Ahrendsens Besuch bei der Pilotenmutter kam es im Kieler Gewerkschaftshaus zu einer merkwürdigen Begegnung. Reiner Pfeiffer traf sich dort am 16. Juli heimlich mit einem Mann aus den Reihen des politischen Gegners. Klaus Nilius war der Typ Genosse, wie man ihn auf Parteitagen und Gewerkschaftskongressen im Dutzend erleben konnte: Vollbart, unscheinbare Krawatte, Cordhose, SPD-Nadel am Revers, eine Art Klassenkämpfer in Büro-Sandalen. Als Journalist hatte er sich in Hamburg in der Pressestelle von Mobil-Oil und bei der Mitgliederzeitung der Handwerkskammer versucht – ohne Erfolg. Über die Gewerkschaftsschiene stieß er zur Parteiarbeit und wurde schließlich Leiter der Pressestelle für die Kieler SPD-Landtagsfraktion und den Landesverband. Seine Sekretärin pflegte eine kollegiale Freundschaft über die Korridore des Landeshauses hinweg zu Jutta Schröder, Pfeiffers neuer Liebe in der Schreibstube der Staatskanzlei.[31] Eine folgenreiche Allianz.

Mitten im Wahlkampf steckten also die beiden Vertreter gegnerischer Lager die Köpfe zusammen – um zu kooperieren. Ganz »privat und vertraulich« empfand Nilius diese Verbindung mit Pfeiffer.[32] Für seine Partei und für seinen Vorsitzenden und Ministerpräsidentenkandidaten Björn Engholm war sie jedenfalls nützlich.[33]

Zwei Tage später, am 18. Juli, einem Samstag, besuchte Pfeiffer Nilius in dessen Hamburger Wohnung. Am Montag der folgenden Woche traf sich Pfeiffer erneut mit dem SPD-Mann. Noch am selben Tag erzählte er einem Genossen im Beisein des Spitzenkandidaten Engholm von einem »Informanten in der Staatskanzlei«.[34]

Und noch einmal trafen die beiden sich am Montag, dem 27. Juli. Das »private« Bündnis sollte bald Früchte tragen. Bei einem dieser Treffen erhielt Nilius als Einstandsgeschenk eine Kopie des Heise-Briefes und traf Vorbereitungen, um den Brief publikumswirksam zu platzieren. Pfeiffer heckte indes schon eine neue Aktion aus. Tags darauf, am 28. Juli, griff er zum Telefon.[35]

»Können Sie mir eine Wanze besorgen?«, fragte Pfeiffer den Bremer Polizeipräsidenten Ernst Dieckmann. Er kannte den Behördenchef aus seinen Bremer Tagen, als er auch zu SPD-Leuten gute Kontakte gepflegt hatte. Doch Pfeiffer scheiterte. Dieckmann lehnte ab.

Der Anruf war ein raffinierter Trick Pfeiffers. Ihm war es nur darum gegangen, eine Spur zu legen, die sich später nutzen ließ. Und die Anwahl eines Anschlusses über den Regierungsapparat war eine perfekte Spur. Denn die Daten über die Gesprächskontakte wurden zentral gespeichert und langfristig dokumentiert.[36]

»Zu den politischen Taktiken gehört das Spurenlegen«, sagte Pfeiffer zu seiner Arbeitsweise. Wenn er eine Veröffentlichung plane, lege er Spuren bei verschiedenen Personen, bei denen das dann abgefragt werden könne.[37]

Barschel hatte sich einen ausgekochten Intriganten in seine Staatskanzlei geholt, der gegen ihn operierte. Und Barschel war dem bösen Spiel ahnungslos ausgesetzt.

Am 27. Juli verließ Barschel die Klinik. Jetzt sollte es wieder richtig losgehen. Da traf ihn der nächste Schlag. »Wie können Sie noch ruhig schlafen?«, posaunte die *Hamburger Morgenpost* am 29. Juli los. In dicken Lettern stand da: »Mutter: Mein Sohn starb, weil Barschel Zeit sparen wollte.« Das Nachrichtenmagazin *Stern*, das schon gedruckt war, kam mit der gleichen Schlagzeile heraus. Am nächsten Tag mussten die Presseleute von Barschel kontern. Im *Hamburger Abendblatt*, einer Zeitung aus dem Springer-Verlag, hielt Barschel dagegen: »Mich trifft keine Schuld.« Doch wen interessierte das?

Pfeiffer hatte die Geschichte schon am 25. Juni dem *Spiegel* angedient. Den Weg dorthin hatte er über einen Redakteur im Düsseldorfer Büro des Magazins gesucht, den er bei einem kurzzeitigen Job in der Pressestelle des Krupp-Konzerns kennengelernt hatte. Aber die Chefredakteure in Hamburg lehnten ab. »Das ist Quatsch, das machen wir nicht«, meinten sie. Selbst wenn sie zugestimmt hätten – spätestens ihr Patron und Herausgeber Rudolf Augstein hätte die Story scheitern lassen.

»Ich glaube, mit diesem Piloten ist niemand mehr gefahren als ich, oder sagen wir mal geflogen«, sagte Augstein. »Das ist ein Mann, dem kann man nicht sagen, du hast jetzt hier zu landen, der hört das gar nicht. Der macht das, was er für richtig hält, nicht das, was ein Minister oder ein Herausgeber ihm sagt. So hätte also die Geschichte ohnehin nicht erscheinen können, weil ich es einfach herausgenommen hätte. Aber die Chefredakteure waren der gleichen Meinung schon ohne mich.«[38]

Pfeiffers perfide Aktion gegen seinen eigenen Arbeitgeber war dennoch gelungen. Die Blätter der Republik waren voll von der Story über den Vorwurf, er habe den Piloten auf dem Nachtflug bedrängt, trotz schlechter Wetterlage in Lübeck zu landen. Das Bild vom gewissenlosen Karrierepolitiker war in den Köpfen angekommen.

Die Woche war für die Mannschaft in der Pressestelle der Staatskanzlei katastrophal verlaufen. Im Zimmer von Referent Seelig saßen Frau Schumacher und Pfeiffer. Seelig telefonierte.

»Wie ist dieser Brief in die *Stern*-Redaktion gekommen?«, wollte Frau Schumacher wissen, eine Frage, die alle plagte – außer Pfeiffer.

Pfeiffer lieferte ungerührt eine wirre Geschichte. Er habe, nachdem er die Kopie des Briefes erhalten habe, unter dem Namen »Morgenstern« bei Frau Heise angerufen. Deren Lebensgefährte habe ihm dann bereitwillig den Brief Wort für Wort vorgelesen. Jutta Schröder habe das Telefonat mitgehört und stenographiert. »Ihr könnt es lesen, wenn ihr wollt«, sagte er.[39]

Es klang verrückt. Warum hätte Pfeiffer sich den Brief vorlesen, noch dazu stenographieren lassen sollen, wo er diesen doch in Kopie auf dem Tisch hatte? Und was hatte das alles mit dem *Stern* zu tun?

Barschels Presse-Profis hätte Pfeiffers Gerede hellhörig machen müssen. Doch sie blieben arglos. Der Verstellungskünstler wusste nun, dass er ein leichtes Spiel hatte. Kollege Pfeiffer war nicht nur Maulwurf. Er war der Teufel im System, der Barschels Wahlkampagne weiter torpedieren konnte. Und das Telefon war seine schärfste Waffe beim Spurenlegen.

»In deiner Staatskanzlei ist etwas faul«, warnte Thian-Fong Tjan den Rekonvaleszenten, nachdem er den Wirbel um die *Stern*-Geschichte mitbekommen hatte. »Das kann doch nicht mit rechten Dingen zugehen, wenn so ein Brief an die Öffentlichkeit gelangt.« Aber Barschel ignorierte die Warnung.[40]

Der Aufsteiger

»Der großartige Vater! Vaters Gedenken! Ich kann es nicht mehr hören. Was für ein Vater!«, schrie Uwe.

»Was hast du?«, fragte Eike.

So hatte Eike Barschel seinen Bruder noch nie erlebt. Uwe war nicht nur erbost, er schien ganz von Sinnen.

»Schau dir das hier an!«, erwiderte Uwe und schleuderte ihm ein Bündel Papiere, die in einer alten Mappe lagen, entgegen.

Der Text war voll von völkischem und antisemitischem Gedankengut. Blut und Boden über alles, das war die Botschaft der Schrift. Das Manuskript stammte vom Vater. Seinem Vater, den er ehren sollte. Er wusste nie, wie das gehen sollte mit einem Vater, der einfach verloren gegangen war, als er noch nicht einmal ein Jahr alt war.[1] Schlicht verschwunden, für immer.

»Vermisst« musste er immer erklären, wenn er nach seinem Papa gefragt wurde. Sein Vater war seit den letzten Kriegswirren im April 1945 verschollen.

Für Eike, den drei Jahre älteren Bruder, war Uwes Entrüstung nur schwer verständlich.[2] Eike interessierte sich nicht besonders für die Geschichte des Vaters. Für den jugendlichen Uwe jedoch war es eine Schlüsselfrage: Wer war dieser Mann, den er nie erlebt hat?

Vater Heinrich Barschel war ein überzeugter Nationalsozialist gewesen. In Quedlinburg war er aufgewachsen. Er hatte kein Geld, um sein Studium zu beenden, verdingte sich als Privatlehrer. Als die wirtschaftlichen Verhältnisse schlimmer wurden, wanderte er nach Chile aus. Erst unter den Nazis bekam er eine »ordentliche« Arbeit, als Beamter in der Berliner Landesarbeitsverwaltung, wurde dort Abteilungsleiter. Als linientreuer Vollstrecker des Hitler-Wahns musste er so zunächst nicht in den Krieg ziehen.

Am 12. Mai 1944, einen Tag vor Uwes Geburt, begannen die alliierten Kriegsgegner gerade mit einer Luftoffensive gegen deutsche Chemiewerke, um die Treibstoffversorgung der Wehrmacht zu zerschlagen; von der Adria bis zum Tyrrhenischen Meer zogen sich deutsche Truppen zurück. Die Alliierten bereiteten ihre Invasion an der Küste der Normandie vor. Und aus dem besetzten Ungarn deportierten die

SS-Schergen vom »Sonderkommando Eichmann« noch Hunderttausende Juden, die sie in das Todeslager von Auschwitz schickten. Im Warschauer Ghetto kam es zum Aufstand der Verzweifelten.

Als Vater Heinrich im Oktober 1944 zum Kriegsdienst für Hitlers letztes Gefecht eingezogen wurde, war er 36 Jahre alt. Niemand weiß etwas Genaueres über seinen weiteren Weg.

Die Briten nahmen das Emsland und die Lüneburger Heide ein, stießen bis in die Hansestadt Lübeck vor, während die Rote Armee am 16. April zum Großangriff auf Berlin überging – das war der Todesmonat des Vaters. Ihren letzten Luftangriff auf Berlin flogen die Alliierten am 19. April. Sechs Tage später reichten sich amerikanische und sowjetische Soldaten auf einer kleinen Eisenbrücke über der Elbe bei dem Garnisonsstädtchen Torgau die Hand. Am 30. April erschoss sich Hitler im Bunker der Berliner Reichskanzlei. Am nächsten Tag folgte Großadmiral Karl Dönitz den Weisungen in Hitlers Testament. Der Oberbefehlshaber der Kriegsmarine übernahm die Nachfolge als Staatsoberhaupt.[3] Er wirkte als letzter deutscher »Reichspräsident« wie eine Karikatur. Aber Dönitz meinte es ernst. Erst ein gezielter massiver Bombenhagel auf sein letztes Refugium bei Flensburg konnte ihn schließlich zur Unterzeichnung der Kapitulation bewegen. Noch bis zum Schluss hatte er den heldenhaften Kampf seiner U-Boot-Flotte gefeiert. Der Zweite Weltkrieg endete in Europa mit einer Bilanz von 55 Millionen Toten und der Zerstörung Nazi-Deutschlands.

Mutter Marie-Elisabeth Barschel hörte nie wieder von ihrem Heinrich. Als Tochter eines pommerschen Gutsverwalters war sie aufgewachsen, und nun war alles zerstört, ihre Heimat von der russischen Armee überrollt. Hochschwanger war sie noch im April 1945 aus dem zerbombten Berlin geflohen. Eike war vier, Uwe noch nicht einmal ein Jahr alt. Sie zog Richtung Norden, in das Städtchen Börnsen im Herzogtum Lauenburg, wo sie Unterschlupf bei den Großeltern fand. Wenige Wochen später, am 28. Mai 1945, kam die Tochter zur Welt. Sie nannte das Kind Folke.

Die alleinerziehende Mutter schuftete als Näherin, um die drei Kinder durchzubringen und ihnen eine ordentliche Schulbildung zu ermöglichen. Sie sollten es einmal besser haben.

Mit 16 wurde Uwe Barschel Mitglied der Jungen Union, der Nachwuchsorganisation der CDU. An seinem Gymnasium in Geesthacht wurde er Schulsprecher. Mit einer denkwürdigen Provokation blieb er Lehrern wie Mitschülern in Erinnerung. Als 18-Jähriger lud er im Januar 1963, zusammen mit einem Lehrer, »Großadmiral« Karl Dönitz zur Geschichtsstunde.[4] Dönitz war bei den Nürnberger Prozessen der Alliierten als Kriegsverbrecher zu zehn Jahren Gefängnis verurteilt und 1956 aus der Haft in Berlin-Spandau entlassen worden. Zeitlebens sah sich der Führer der U-Boot-Flotte als untadeligen Marinesoldaten. Der Umstand, in Hitlers Testament als Nachfolger ernannt worden zu sein, schien ihn nicht zu bekümmern. »Wenn ich vom Führer kam, dann habe ich mich immer wie ein Würstchen gefühlt«, berichtete Dönitz aus der Höhle des Wahnsinns.[5] Für die Marinekameraden war er immer noch eine U-Boot-Führer-Legende. Dass er von 36 000 Mann U-Boot-Besatzung 30 000 in den Tod geschickt hatte, war bald wieder vergessen. Er hatte sie noch aufs Meer getrieben, als jede Fahrt den sicheren Untergang bedeutete, weil die feindliche Funkpeilung jedes Boot orten konnte.[6]

Der 16-jährige Uwe Barschel suchte Halt. Vaterlos und ohne die tägliche Stütze seines Bruders, der nun zum Studium weggezogen war, brauchte er Vorbilder und Orientierung – ein bisschen Dönitz.

Eike Barschel studierte Ökonomie in Hamburg, Saarbrücken und Würzburg, wurde Diplom-Kaufmann und promovierte zum Dr. rer. pol. an der Eidgenössischen Technischen Hochschule in Zürich und im schweizerischen Neuchâtel.[7] Er ging weniger verbissen, aber deutlich mobiler, vielleicht auch leichter seinen Weg, dennoch nicht ohne Ehrgeiz. Eike musste arbeiten, um sich während des Studiums über Wasser zu halten. Zehn Jahre lang mühte er sich deshalb mit seiner Dissertation ab. Er jobbte als Versicherungsagent. Aber um seinen Traum vom Studium an der renommierten, internationalen Managementschule in Fontainebleau bei Paris wahr zu machen, wanderte er schließlich kurzerhand nach Kanada aus, um zunächst einmal sein Englisch aufzubessern. So schaffte er tatsächlich die Aufnahmeprüfung für das Elite-Institut.

Nach dem MBA-Abschluss, den er dort erwarb, bekam er sofort einen attraktiven Managerposten beim amerikanischen Technologiekonzern General Telephone & Electronics (GTE). Es war der Beginn einer glänzenden Karriere als Finanzmanager, die ihn rund um den

Globus führte und auf wichtige Posten in Konzernorganisationen mit mehr als zehntausend Beschäftigten bringen sollte. Ein moderner Wanderarbeiter des Top-Managements, der seinen Wohnsitz mal am St. Lorenz-Strom in Kanada, im US-Bundesstaat Connecticut, im norditalienischen Mailand und am Genfer See in der Schweiz nehmen sollte. Für seinen Bruder war er das unerreichbare Vorbild des erfolgreichen, modernen Managers.

Schwester Folke blieb die verlässliche Konstante in Uwes Nähe, sie wurde Realschullehrerin für Französisch und Geographie in Kiel, heiratete einen Staatsanwalt und wurde Mutter eines Sohnes.[8]

Uwe Barschel entschied sich 1964 nach dem Abitur in Geesthacht für die Rechtswissenschaft. Als ehrgeiziger Student, im Hörsaal stets in vorderster Reihe, legte er bereits nach acht Semestern im Februar 1968 die erste juristische Staatsprüfung in Kiel ab. Bis 1971 lernte er als Gerichtsreferendar die juristische Praxis kennen. Nebenher wurde er an der Pädagogischen Hochschule in Kiel Lehrbeauftragter für politische Bildung.

Die Kulturrevolution der 68er erlebte er aus der Perspektive des konservativen Establishments. In den Parteiorganisationen der Union machte er schnell Karriere. Mit 20 Jahren wurde er Landesvorsitzender des Ringes Politischer Studentenverbände (RCDS); 1967 Landesvorsitzender der Jungen Union, ein Jahr später stellvertretender CDU-Kreisvorsitzender im Herzogtum Lauenburg. 1969, mit 25 Jahren, war Barschel bereits stellvertretender Landesvorsitzender der CDU. Ein Jahr später legte er seine erste Dissertation in der Rechtswissenschaftlichen Fakultät vor: »Theoretische Möglichkeiten und Grenzen der Strafrechtspolitik einer politischen Partei«. Im Januar 1971 folgte die Große juristische Staatsprüfung und im gleichen Jahr die zweite Dissertation mit einem wegweisenden Titel: »Die Stellung des Ministerpräsidenten von Schleswig-Holstein unter besonderer Berücksichtigung der Lehre der Gewaltenteilung«.[9]

Barschel war ein exzellenter Jurist. Er hatte die Gabe, selbst komplizierte juristische Vorgänge aus dem Stand sachgerecht zu beurteilen und die Ergebnisse druckreif zu formulieren. Mit 27 Jahren war er Doppeldoktor. »Baby Doc Doc« frotzelten seine Kommilitonen.

Im Gleichklang ging es auf der politischen Bühne voran. Barschel wurde einer der jüngsten Abgeordneten im schleswig-holsteinischen

Landtag. Nach nur zwei Jahren im Parlament, mit 29 Jahren, übernahm er bereits die Führung der CDU-Fraktion. Immer der jüngste, immer der schnellste, Uwe Barschel kannte noch keine Niederlagen.

»Vielleicht werde ich mal Präsident der Vereinigten Staaten von Europa«, sagte der junge Fraktionschef im Fernsehinterview, als er nach seinen Zukunftsplänen befragt wurde.[10] Wie so viele Politiker erlag er dem Höhenrausch. Nichts schien ihm mehr im Weg zu stehen. Auch beruflich ging es flott bergauf. Mit dem zweiten Staatsexamen in der Hand meldete er sich als Rechtsanwalt in Kiel an.

Barschel zog in die Kanzlei des Parteifreundes Hans-Michael Moll ein, der in der konservativen Studentenschaft der Kieler Juristen-Fakultät eine bekannte Nummer war. Moll hatte bereits Anfang der sechziger Jahre eine Gruppe des Ringes Wehrpolitischer Hochschulgruppen (RWPH) gegründet, ein Sammelbecken konservativ-kämpferischer, akademischer Bundeswehr-Fans. Man traf sich bei Tagungen der Gesellschaft für Wehrkunde in Bonn, Würzburg, Kiel oder München, lud Offiziere zum Vortrag und verfasste verteidigungspolitische Schriften. Moll war zeitweise Bundesvorsitzender dieses unionsnahen Studentenclubs mit etwas mehr als einem Dutzend Hochschulgruppen.

Moll hatte bei den RWPH-Hochschulgruppen und später bei der wehrpolitischen Gesellschaft einen Freund, der ihn auf seinem weiteren Berufsweg besonders aufmerksam begleiten sollte. Dieter Joachim Haase war einer der Gründer der wehrpolitischen Hochschulgruppen und studierte in Würzburg beim rechtslastigen Professor Friedrich August Freiherr von der Heydte, der ihn – wie viele gleichgesinnte Studenten – dem Bundesnachrichtendienst (BND) in Pullach bei München zuführte.

Was weder Moll noch von der Heydte wussten und auch die Agentenführer vom BND nicht ahnten: Haase war Agent der ostdeutschen Stasi. Darauf konnte auch kaum jemand kommen, denn Haase gehörte zu einer seltenen Spezies aus dem Stand der Spione. Er war mitteilsam bis zur Ermüdung seiner Gesprächspartner und schusselig wie ein komödiantischer Held in der britischen Parodie eines Spionagethrillers. »Ein sehr schwer zu führender Mann«, meinte später ein Stasioffizier, aber er habe dennoch massenhaft Material angeschleppt.[11]

Haase sollte aus den rechten Zirkeln Studenten für den Bundesnachrichtendienst anwerben. »Ich habe darüber mit meinem Freund

Hans-Michael Moll gesprochen«, berichtete Haase später, »und ich weiß von ihm, dass das der Beginn eines fortdauernden intensiven Kontaktes zwischen ihm und dem Bundesnachrichtendienst war.« Moll habe die klandestine Beziehung »zu einer regelrechten Mitarbeit« ausgebaut und er habe auch Interessantes aus der Welt des geheimen Waffenhandels zu berichten gehabt.

Je aggressiver Uwe Barschel seinen stramm-rechten Weg in der CDU ging, umso weltoffener und liberaler entwickelte sich sein Bruder Eike. In Paris erlebte er mit Neugier die Studentenrevolte, er wurde kein Linker, aber die Sprüche seines jüngeren Bruders in der lauenburgischen Heimatprovinz wurden ihm fremd, obwohl er es war, der den jüngeren Bruder in die Kreise der CDU eingeführt hatte. Ihm erschien Uwe als engstirniger Parteigänger; das war nicht seine Welt. Das Verhältnis der beiden verschlechterte sich. Sie mussten lernen, mit diesen unterschiedlichen Meinungen vernünftig umzugehen, ohne bei jeder Gelegenheit einen Familienstreit zu provozieren. Über viele Jahre sprachen die beiden überhaupt nicht miteinander.

Der Auftritt des Jungpolitikers Barschel war in der Lokalzeitung angekündigt worden. Auf die 25-jährige Fremdsprachenkorrespondentin Freya von Bismarck wirkte er kämpferisch, intelligent, geschliffen. Ein interessanter Mann. Ihr Bruder, ebenfalls ein politisch begeisterter Student, hatte sie mitgenommen. »Wenn du einen Politiker erleben willst, der klar sagt, worauf es ankommt, dann musst du dir Uwe Barschel anhören«, hatte er gesagt. Freya hörte auf ihren Bruder, fing Feuer und ging auf Barschel zu. Eine stolze von Bismarck war sie, eine entfernte Verwandte des berühmten Kanzlers. Schnell wurde aus der Begegnung mehr als eine Bekanntschaft.

Am 31. März 1973 gaben sie sich das Eheversprechen. Am 6. Juli 1973 heirateten sie, und ein Jahr später kam das erste Kind zur Welt, eine Tochter. Zwei Jahre später folgte ein Sohn.

Landesjustizminister Henning Schwarz überreichte Uwe Barschel am 29. September 1976 im Landeshaus die Urkunde zur Bestellung als Notar für den Oberlandesgerichtsbezirk Schleswig.[12] Ein Ticket zum Gelddrucken, sagt der Volksmund. Doch die Realität des Notarberufes ist eine andere. Jeder Jungnotar muss sein Terrain im Wettbewerb mit den bereits etablierten Kollegen des Gerichtsbezirks aufbauen,

Mandanten gewinnen, begeistern und halten. Dabei werden natürlich die großen Unternehmen besonders umworben, die regelmäßig Kaufurkunden, gesellschaftsrechtliche Verträge oder lukrative Grundstücksgeschäfte zu erledigen haben. Barschel war dafür als Politiker der unternehmerfreundlichen Partei sicherlich in einer guten Ausgangslage, doch auch sein Notariatsgeschäft blieb eine Nebentätigkeit. Er bestellte die Urkunden für seine Mandanten weitestgehend von zu Hause aus.[13] Oder er suchte seine Klienten in deren Büros auf, um die Urkunden zu besprechen.

Sein rundes Notars-Siegel mit dem Aufdruck »Dr. Dr. Uwe Barschel« brachte er nur selten zum Einsatz, zum Beispiel bei der am Ende dann doch scheiternden Gründung einer »stillen Gesellschaft« für einen libyschen Geschäftsmann, der seine Erträge offenbar heimlich sichern wollte.[14]

Seine junge Ehefrau hatte gerade das zweite Kind geboren, kümmerte sich zu Hause um Babynahrung und Wickelkommode und schützte Uwes Bücherregale vor dem Zugriff der dreijährigen Erstgeborenen, als er von einer lukrativen Beurkundung berichtete. Lukrativ, das bedeutet im Notariatsgeschäft eine Urkunde über einen Vorgang mit sehr hohem Umsatz oder aber einen juristisch komplexen Vorgang. Freya schnappte auf, dass er von einem Geschäft im Nahen Osten sprach. Libyen, Israel, für die junge Mutter war dies einerlei, sie hatte andere Sorgen. Und Details erzählte ihr Uwe ohnehin nicht. Klientennamen waren zu Hause tabu.[15]

Der größer werdende Haushalt benötigte Einkünfte, die Vergütung für das Mandat als Landtagsabgeordneter war nicht so opulent, dass damit große Investitionen möglich waren. Wie zum Beispiel die dringend notwendige Renovierung ihres Hauses.

Geld und Politik, das erlebte Barschel nun hautnah, standen in einer merkwürdigen Beziehung, die wenig mit den Normen, Regeln und Gesetzen gemein hatte, die er in den Staatsrechts-Vorlesungen seiner Professoren an der Uni gelernt hatte. Manchmal schien sich das ganze Politgeschäft nur noch ums Geld zu drehen, um Abgeordnetenvergütungen, Parteispenden, Wahlkampfkosten, aber auch und nicht zuletzt um die finanziellen, ganz privaten Begehrlichkeiten der Politiker. Auch Barschel lernte schnell die Kostenseite der politischen Karriere kennen.

Schließlich wollte er auch wie seine politischen Vorbilder Staat machen, als politische Persönlichkeit anerkannt werden.«So wie Franz Josef Strauß muss man Politik machen«, sagte Barschel öfter zu seinen Vertrauten im Landeshaus. Der Bayer, bei dem sich Politik und Geschäft mischten, imponierte ihm. Besonders, wenn Strauß über den CDU-Vorsitzenden Kohl lästerte:»Der wird nie Kanzler werden. Der ist total unfähig, ihm fehlen alle charakterlichen, geistigen und politischen Voraussetzungen. Ihm fehlt alles.«[16] Barschel schwärmte für den barocken Bayern, für den auf den Plakaten zwei Worte genügten, um Stadtsäle und Bierhallen zu füllen:»Strauß spricht«. Einer, über den man nach seinem Tod sagen wird:»Wie eine Eiche ist er vor uns gestanden, kraftvoll, lebendig, unverwüstlich.«[17]

Barschel machte sich im Landeshaus einen Namen als streitbarer Debattenredner, obwohl ihm rhetorischer Schliff und Witz fehlten. Er musste und konnte straff führen, die Fraktion zusammenhalten, weil sie seit den Landtagswahlen von 1975 nur einen Stimmenvorsprung von einem Mandat hatte. Er musste Abweichler und Querdenker zur Räson bringen, alle auf eine, auf seine Linie verpflichten, um Abstimmungsniederlagen zu verhindern.

Gerhard Stoltenberg war zufrieden mit seiner Arbeit. Sein Landesvorsitzender, 16 Jahre älter, war die strenge Führungspersönlichkeit der Partei im Norden. Der Pastorensohn war kein Politiker »zum Anfassen«. Regelmäßig zog er sich zum Golfspielen in den Nordseekurort St. Peter-Ording zurück, wo er einen bescheidenen Ferienbungalow bewohnte. Stoltenberg, promovierter Historiker, hatte bereits eine glänzende politische Karriere hinter sich, in der Landes- wie in der Bundespolitik. Er war in den Wirtschaftswunderjahren der Republik Minister in der Regierung des CDU-Kanzlers Ludwig Erhard gewesen, und er saß auch am Kabinettstisch des Unionskanzlers Kurt-Georg Kiesinger, bis dieser die Wahlen verlor. Er regierte als Ministerpräsident seit einem grandiosen Wahlergebnis seiner Partei im April 1971. Zunächst nahm er wieder eine bundespolitische Position ins Visier, aber nach dem schlechten Ausgang der Landtagswahl im Jahr 1976 musste er sich auf die Landespolitik konzentrieren, während – mit seiner Stimme – in Bonn Helmut Kohl als Kanzlerkandidat der CDU nominiert wurde. Doch Kohl verlor die Bundestagswahl.

Es war die Zeit der harten, polemisch geführten Kämpfe. Der charismatische Sozialdemokrat Willy Brandt war als Kanzler über die Enttarnung des DDR-Spions an seiner Seite, Günther Guillaume, gestürzt.

Es wurde ernsthaft diskutiert, ob Brandt wegen amouröser Abenteuer erpressbar wäre. Ein schwerer Ölpreisschock hatte eine wirtschaftliche Rezession ausgelöst. Und die Anschläge der Terroristen von der »Rote Armee Fraktion« erreichten ihren Höhepunkt, als sie 1977 den Generalbundesanwalt Siegfried Buback, den Dresdner-Bank-Chef Jürgen Ponto und den Arbeitgeberpräsidenten Hanns-Martin Schleyer ermordeten. Der baden-württembergische Ministerpräsident Hans Filbinger musste seinen Hut nehmen, nachdem der Schriftsteller Rolf Hochhuth dessen Todesurteile als Marinerichter in Hitlers Wehrmacht publik gemacht hatte.[18] Und Franz Josef Strauß hatte sich mit dem Verdacht herumzuschlagen, er habe sich vom amerikanischen Lockheed-Konzern beim Kauf von Starfighter-Jets für die Bundeswehr bestechen lassen. Er überstand den Skandal trotz peinlicher Enthüllungen aus einem abgehörten Telefongespräch.

Am Neujahrstag 1979 hatte Barschel es mit 35 Jahren endlich geschafft: Stoltenberg rief ihn als Landesfinanzminister in sein Kabinett, nachdem der Vorgänger Gerd Lausen auf den Chefposten der Schleswig-Holsteinischen Landesbank gewechselt war – ein damals und heute nicht unüblicher und typischer Schritt, eine Ausgeburt der parteipolitischen Pfründenwirtschaft. Barschel wollte eigentlich Innenminister werden, doch der Posten war nicht frei. Noch nicht. Aber immerhin konnte er es nun auch seinem älteren Bruder beweisen, der inzwischen Finanzchef einer Konzerngruppe von mehr als 12 000 Beschäftigten mit Hauptquartier im mondänen Mailand war.

Im Landeshaus bezog Barschel sein Ministerbüro. Ihm stand nun eine Dienstlimousine zu. Karl-Heinz Prosch, der vier Jahre ältere Mitarbeiter des Fahrdienstes, wurde zu seinem bevorzugten Chauffeur. Barschel studierte die Glückwunschpost, die in den ersten Tagen nach Bekanntgabe seiner Ernennung eintraf. Darunter ein Brief von einem Kunstmaler aus Gelsenkirchen, der ihm von befreundeten Barschel-Familien in Kanada und in Meerbusch berichtete. Er war völlig überrascht, zum ersten Mal hörte er davon, dass es außer seinen Geschwistern noch weitere Barschels gab.

Zu Hause erlebte Freya Barschel bald immer häufiger, wie sich der frisch gebackene Landesminister ins Arbeitszimmer zurückzog, um sich seinem neuen Hobby zu widmen. Er beschäftigte sich nun mit der Geschichte seiner Familie, mit Ahnenforschung. Freya konnte sein Hobby als eine geborene Bismarck gut verstehen. Die Suche nach dem verschwundenen Vater schien damit wohl ein neues Ventil gefunden zu haben. Er betrieb die Sache mit viel Fleiß und nahm auch Kontakt zu den Barschels in Übersee auf. Im Juni 1979 stand eine Barschel-Familie aus Kanada vor seiner Haustür. Sein Bruder hatte aus dem amerikanischen Norden Briefe nach Mölln weitergeleitet, die ihm irgendwelche Barschels zugeschickt hatten, nachdem er dort als Manager in der Presse häufiger genannt worden war. Aus allen Teilen Kanadas erhielt er Anrufe und Bilder.

»Hirnrissig«, dachte Eike. Er glaubte nicht, dass diese Leute etwas mit seiner Familie zu tun hatten. Es interessierte ihn auch nicht. Er hatte in seinem Technologiekonzern genug um die Ohren.

»Mein Bruder, der sehr viel arbeitswilliger gewesen ist als ich, was die Privatbelange anbelangte, hat das alles aufgenommen, hat das alles recherchiert, und siehe da, all die Kontakte, die man mit mir herstellen wollte, waren tatsächlich eine direkte Linie zu unserer Familie, wie auch eine andere Linie in Amerika«, sagte Eike später.

»In einem Land wie Kanada könnte ich auch leben«, meinte Uwe einmal zu seinem Bruder. Für Uwe erschien es wie ein Fluchtpunkt, ein Traum, um dem Politalltag zu entfliehen.[19] Er schrieb nun zu Hause an einer Familienchronik.[20]

Landesvorstand, Fraktionssitzung, Landtagsdebatte, Fraktionsvorstand, Kabinettssitzung. Der Ministeralltag nahm seinen Lauf. Im Juli 1979, ein halbes Jahr nach Barschels Berufung zum Finanzminister, bildete Gerhard Stoltenberg sein Kabinett um. Barschels Wechsel auf den Posten des Landesinnenministers war reine Formsache, schließlich drängte er schon länger auf diesen Posten. Er nutzte die Gelegenheit, um sich als Mann des »law and order« zu präsentieren, eine in seiner Partei traditionell naheliegende Attitüde. Und er hatte genügend Themen, diese Haltung auszuleben. Atomkraftgegner demonstrierten in Brokdorf nordwestlich von Hamburg, Hausbesetzer machten Altstadtviertel in Nürnberg wie in West-Berlin unsicher, und Friedensdemonstranten forderten in Bonn die Rücknahme der Nato-Aufrüstungsbeschlüsse.

Der Wagen holperte endlos über schlecht verarbeitete Betonplatten. Jede Fugenkante versetzte der Karosserie einen Schlag, der die Fahrt zur ermüdenden Tortur werden ließ. Als seine Limousine die Autobahn verließ, hatte er teilweise Kopfsteinpflaster unter den Rädern. Es kam ihm wie eine Reise in eine andere Zeit vor. Barschel war im August 1979, kurz nach seiner Bestellung zum Landesinnenminister, auf dem Weg nach Karl-Marx-Stadt, dem früheren und heutigen Chemnitz. Die DDR-Tour galt der Familienforschung. Er reiste weiter nach Dresden, Cottbus und Leipzig.[21] Im Städtchen Hohenstein-Ernstthal entdeckte er bei Verwandten in der Chronik eines Herbert Barschel, dass die Familie bis 1660 nachgewiesen werden konnte.[22] Und die Staatssicherheit der DDR entdeckte Uwe Barschel.

Der Politiker

Magdeburg

»Dr. Uwe Barschel« tippte der Mann mit seiner abgenutzten Schreibmaschine auf die Karteikarte.

»Grösse: 170–174 cm, Gestalt: schlank, Kopfform: rechteckig, Gesicht: – Farbe: gebräunt, Fülle: voll, Falten: Augen- und Nasenfalten, Nase – Rücken: geradlinig, Besonderheiten: Nasenscheidewand sichtbar, Ohr – Form: groß, rechteckig, Läppchen: freihängend«.

Der Stasi-Mann saß in seinem überhitzten Büro, die Luft war stickig. Im ganzen Gebäude waren die Temperaturen an den Heizkörpern nicht regulierbar. Uralte DDR-Technik eben, man hatte sich an den Muff aus der Gründerzeit der sozialistischen Republik gewöhnt. Der Offizier füllte die Personenbeschreibung in seinen »Beobachtungsbericht«, so wie es ihm beigebracht worden war. Alles sollte mit Akribie erfasst werden, was über Uwe Barschel zu erfahren war. Bei der Stasi galt er nun als wichtiger Landespolitiker aus dem NSW, dem »Nichtsozialistischen Wirtschaftsgebiet«.[1]

4. Februar 1980, Mölln

»Dr. Uwe Barschel« notierte Dr. Fereydun Hezar-Khani auf das erste Blatt der Patientenkarteikarte, daneben das Aufnahmedatum. Vor dem Möllner Nervenarzt saß der Landesinnenminister und berichtete von seinen Beschwerden. »Flugangst«, sagte Barschel.

»Angstsymptomatik beim Fliegen« trug der Mediziner auf der Karte ein. Sein neuer Patient sollte es erst einmal mit Tolvin versuchen. Tolvin, ein Antidepressivum, wirkt ausgleichend, beruhigend und angstlösend.[2]

Ende des Monats erschien Barschel wieder bei Hezar-Khani, berichtete darüber, wie es ihm nun geht. Er fühlte sich nicht besser.

»Demetrin Tabl./50«, schrieb der Nervenarzt diesmal auf seinen Rezeptblock.[3] Auf dem Beipackzettel stand: »Es wirkt beruhigend, angstlösend und entspannend. Demetrin dient zur Behandlung von Angst- und Spannungszuständen, Erregung und Unruhe, gesteigerter Reizbarkeit, starken Stimmungsschwankungen sowie bei körperlichen Störungen, die durch nervöse Verspannungen bedingt sind.«[4]

Im Sitzungssaal des schleswig-holsteinischen Landeskabinetts an der Kieler Förde war Uwe Barschel der starke Mann. Mit juristischer Präzision hakte er die Tagesordnung ab, hier musste er nicht auffallen, nichts inszenieren. Seine Ministerkollegen betrachtete er mitunter als faul, behäbig, schwach. Geschäftsmäßig und humorlos brachte er die Sitzungen hinter sich. Es zählte bei ihm ohnehin fast nur das, was er selbst auf die Beine gestellt hatte. Und die wichtigen Entscheidungen fielen nicht immer in der Ministerrunde. Stress gab es hier nicht.[5]

1. April 1980, Uniklinikum Kiel
Uwe Barschel erschien zu einen Termin bei Professor Arnold Bernsmeier, einem Allround-Internisten der alten Schule. Barschel wollte sich durchchecken lassen. Bernsmeier, Anfang 60, ein Mann mit einem gütigen Blick, befragte seinen neuen Patienten. Barschel erzählte, und Bernsmeier kritzelte auf die neue Patientenkarte:
»Jetzt Wohlbefinden. Der Patient fühlt sich gut, kommt zur Vorsorgeuntersuchung, nimmt keine ständigen Medikamente. Nichtraucher«.
In der folgenden Woche, am Dienstag, war Uwe Barschel wieder bei Dr. Hezar-Khani in Mölln. Diesmal verordnete der Nervenarzt Tavor, einen Tranquilizer, der bereits in einem äußerst niedrigen Dosenbereich wirksam ist.[6] Das Medikament mit dem Wirkstoff Lorazepam wird unter anderem eingesetzt gegen Unruhestörungen und Panikattacken. Es wirkt etwa 12 bis 15 Stunden. Die Substanz ist wesentlich stärker als zum Beispiel der Wirkstoff Diazepam, der in dem bekannten Medikament Valium enthalten ist. Tavor soll bei krankhaften Angstsymptomen eingesetzt werden, zum Beispiel bei Angstneurosen, Zwangsneurosen oder Phobien.[7]

Mai 1980, Mölln
»Liebe Barschels, heute bin ich endlich soweit«, schrieb der eifrige Hobby-Genealoge. »Möge meine kleine Familienchronik allen Barschels ein Gefühl der Zusammengehörigkeit geben. Möge sie dazu

beitragen, dass wir gemeinsam mehr Licht in das geschichtliche Dunkel unserer Familie bringen. Möge sie uns und unseren Nachkommen helfen, unsere Vorfahren zu verstehen und zu uns selbst zu finden.«

Uwe Barschel schickte seine 83 Seiten lange Chronik an die Verwandten in den USA, Kanada und in die DDR. Seiner neu entdeckten Familie legte er besonders die Lektüre eines Prologs nahe, den der 1959 verstorbene Herbert Barschel zu Papier gebracht hatte.

»Die Geschichte unserer Familie soll aber auch immer und immer daran mahnen«, hatte dieser Mann in der DDR geschrieben, »daß jeder einzelne unlösbar mit der Nation verknüpft ist, daß das Schicksal des deutschen Volkes Schicksal der Familie ist.«

Das ist nationalistischer Schwulst. Doch darin erkannte sich Uwe Barschel wieder, in seiner Seelenlandschaft hatte eine dumpfe nationalistische Gefühligkeit ihren Platz.

Und so ging es weiter:

»Denkt daran, wenn ihr lest, wie mancher durch Energie und Zähigkeit in einer Zeit deutscher Aufwärtsentwicklung vorankam, denkt daran, wenn ihr erfahrt, welche Vermögen in der sinnlosen Zeit der Inflation für unsere Familie verlorengingen. Erkennt, daß kein Opfer zu groß ist, wenn es um Deutschland geht! Ziel unseres Lebens soll es sein, die Familie zu geistiger Größe und Ansehen zu entwickeln.«

Seitenlang schrieb Uwe Barschel in seiner Chronik über entfernte Verwandte, über seinen Vater brauchte er danach nicht mehr viele Zeilen:

»Er studierte Geschichte, Mathematik und Philosophie, mußte aus finanziellen Gründen sein Studium abbrechen, wurde Hauslehrer unter anderem in Südamerika und später Abteilungsleiter beim Arbeitsamt Berlin. Er ist seit April 1945 vermißt, nachdem er erst im Oktober 1944 zum Kriegsdienst eingezogen worden war. Heinrich Barschel heiratete Marie-Elisabeth Inter, Tochter des pommerschen Gutsverwalters Johann Inter. Aus der Ehe gingen drei Kinder hervor, Eike, Uwe und Folke.«[8]

Juli 1980
Im Landeshaus kündigte sich für Barschel die Chance zu einer Veränderung an. Jetzt ging es ums Ganze, um den Posten des Ministerpräsidenten des Landes. Amtsinhaber Gerhard Stoltenberg war wieder in Bonn gefragt. Franz Josef Strauß, der bayerische CSU-Haudegen, wurde als Kanzlerkandidat nominiert und stellte Stoltenberg als Mitglied seines Schattenkabinetts vor.[9] Barschel sah sich seinem Ziel näher, er wollte jetzt MP werden und sagte das in der Landtagsfraktion auch klipp und klar.

Stoltenberg war geneigt, Barschels Drängen nachzugeben. Doch bald stieß er in seiner Fraktion auf Widerstand. Einige Abgeordnete hatten damals Zweifel, ob Barschel schon die charakterliche Reife für das Amt besitze. Zu ihnen gehörte Heiko Hoffmann, der Fraktionsvorsitzende. Der geradlinige, praktizierende Protestant hatte zu Barschel einen guten Draht, aber innerlich hielt er Distanz. Barschels Rücksichtslosigkeit, sein ungehemmter Machtdrang und seine kolportierten Ausflüge in die Damen-Welt missfielen Hoffmann. Der Fraktionschef warnte den Pfarrerssohn Stoltenberg, Barschel zu seinem Nachfolger vorzuschlagen, falls er denn bei einem guten Wahlausgang nach Bonn ins Bundeskabinett wechseln sollte. Er berichtete ihm vom Rumoren in der Landtagsfraktion, die ja nur über eine Stimme Mehrheit im Landesparlament verfügte. »Ich weiß ganz genau von drei Abgeordneten in unserer Fraktion, die Uwe Barschel nicht wählen werden«, sagte Hoffmann seinem Ministerpräsidenten Stoltenberg. Aber die Frage stellte sich noch nicht. Zunächst einmal musste die Bundestagswahl gewonnen werden, und das war mit dem Kandidaten Strauß alles andere als sicher.[10]

Zu Hause ging es bei Barschels in gutbürgerlichen Bahnen weiter. Am 21. Juli brachte Freya das dritte Kind zur Welt, einen Sohn. Wie für jedes Kind legte Uwe bei seinem Vertreter von der Allianz-Versicherung eine Ausbildungs-Police an, jedes seiner Kinder sollte später rund 40 000 D-Mark haben, um zu studieren.[11]

3. Oktober 1980
Klapptische waren aufgestellt. Es gab Brötchen mit Büsumer Krabben und Pils. Die Senioren des Ingenieurkontors Lübeck waren mit ihren Ehefrauen zum Zeltfest auf das Werksgelände gekommen. Sie erzählten sich an diesem Nachmittag die Geschichten aus der Zeit, als

sie ihr Ingenieurkontor IKL groß und erfolgreich machten, und sie ließen die guten alten Tage hochleben, als ihr Firmengründer Ulrich Gabler noch für die Flotte von Großadmiral Dönitz U-Boote konstruiert hatte. Dönitz persönlich hatte ihn bis zum Kriegsende für die U-Boot-Entwicklung freigestellt. Schiffbauingenieur Gabler zählte nun auch seit zwei Jahren zu den IKL-Rentnern.[12]

Gabler, Jahrgang 1913, war als fronterfahrener Schiffsbauer für die Konstruktion neuer, »revolutionärer« Unterwasserboote verpflichtet worden. Die Prototypen hatten sie bei den Kieler Howaldtswerken in Auftrag gegeben, bald folgte eine große Serie. Gabler steuerte selbst die Prototypen und feierte mit Geschwindigkeiten von 26 Knoten einen Weltrekord unter Wasser. Hitlers Kriegsmarine sollte im Eiltempo hochgerüstet werden. 1945, als die Alliierten das Ende des Hitlerregimes herbeibombten, ging nochmals eine »Großserie« in Bau. Als die britischen Truppen vor Wilhelmshaven standen, versenkte Gabler in einer Schleusenanlage des Hafens innerhalb von drei Stunden 22 eigene U-Boote, damit sie nicht dem Feind in die Hände fielen. Damit gehorchte er einem Befehl von Dönitz.[13]

Bereits wenige Monate nach Kriegsende ließ Gabler einige der U-Boote heben, um sie für neue Konstruktionen zu nutzen. Es sollte weitergehen im stolzen deutschen U-Boot-Bau. Doch Deutschland schied zunächst als Auftraggeber aus, neue Märkte mussten erschlossen werden. Anfang der fünfziger Jahre konstruierte er für die italienische Marine, dann für Brasilien und Chile. Und bald, nach Unterzeichnung der »Pariser Verträge«, die Deutschland im Rahmen der Nato kleinere U-Boote für den Küsteneinsatz erlaubten, keimte ein »Hoffnungsschimmer für die deutschen U-Boot-Konstrukteure« auf.[14] 1957 kam tatsächlich der erste U-Boot-Auftrag vom neuen Verteidigungsminister Franz Josef Strauß.

Es folgten lukrative Aufträge, unter anderem von den Militärregimes in Griechenland und der Türkei, von Diktaturen in Südamerika und Portugal, von Indien, Malaysia, Süd-Korea, Singapur, Indonesien, den Philippinen und vom persischen Schah. Die von IKL konstruierten Boote wurden meistens von den Howaldtswerken in Kiel gebaut, zunehmend jedoch auch in den Werften der Empfängerländer.

Kaum ein Land benötigte wirklich U-Boote. Es waren stets waffengeile Admiräle, machtversessene Herrscher, die den Kauf forcierten, und in der Branche wusste man, dass nicht selten Offiziere oder Regierungsmitglieder bestochen werden mussten, damit sie die Staatskasse für den Auftrag öffneten. Für diese sehr spezielle Vertriebsarbeit verbündeten sich die Ingenieure vom IKL mit Verkaufsprofis vom Essener Ferrostaal-Konzern, die das Bestechungsgeschäft beherrschten. Sie durften damals in Deutschland ganz offiziell und legal die Kosten für diese Schmiergelder als »nützliche Aufwendungen« in der Bilanz und in der Steuererklärung deklarieren. Die Finanzämter erkannten diese Beträge als steuermindernden Betriebsaufwand an.[15] »Unterstützung bei der Finanzierung« nannte man dies in den offiziellen Verlautbarungen. IKL, Ferrostaal und HDW als Bauwerft waren das erfolgreiche Dreigestirn des deutschen U-Boot-Geschäfts.[16]

Das waren die guten alten Zeiten, von denen die IKL-Senioren schwärmten. Doch wenn sie auf die jüngste Geschäftspolitik von Gablers Nachfolger Lutz Nohse zu sprechen kamen, dann konnten sie sorgenvolle Mienen aufsetzen. Was wird noch bei IKL konstruiert, fragten sie sich mit bedauerndem Unterton. Rettungskugeln, Seekabel-Technik, Tiefseesonden. Aber wo bleiben die U-Boote, mit denen das große Geld gemacht wird, fragten sie sich. Ausgerechnet aus Nohses Büro für den Entwurf und die Konstruktion von U-Booten kam nichts Neues.

Die Führer der argentinischen Militärdiktatur ließen nun schon seit zwei Jahren die Boote ihrer zweiten Generation in Emden bei den Nordseewerken entwickeln. Ein Boot war komplett geliefert worden. Als es durch den Ärmelkanal fuhr, wurde es von der britischen Marine geortet. Nur mit großem Glück entging es einem Angriff und konnte unbeschädigt seinen Heimathafen jenseits des Atlantiks erreichen. Um solche Zwischenfälle zu vermeiden, lieferten die Nordseewerke für die weiteren Boote Bauteile, die in Buenos Aires zusammengeschweißt werden sollten. IKL ging dabei leer aus und auch die HDW-Werft. Nur wenige Eingeweihte wussten, dass HDW mit Israel eine geheime Vereinbarung zur Lieferung von U-Booten der IKL-Typklasse 1650 geschlossen hatte. Aber es war noch nicht klar, wann und wo diese Schiffe gebaut werden sollten.[17]

Jedenfalls hatten sie beim IKL offiziell nur 12 Boote für HDW in den Büchern, zum Teil mit unsicheren Verträgen – allenfalls Aufträge für die kommenden drei Jahre, wussten die Senioren vom Ingenieurkontor Lübeck, als sie am Abend auseinandergingen. Wer würde sie dann noch zum Werksfest einladen? Ein Ausweg aus der Werftenkrise war nicht in Sicht.

Zwei Tage später, am 5. Oktober 1980, gingen die Deutschen zur Wahlurne. Franz Josef Strauß verlor die Bundestagswahl. Stoltenberg sollte erst einmal »Landesvater« Schleswig-Holsteins bleiben und Barschel sein Innenminister.

Januar 1981
»Wir stehen so dicht, dass man kaum die Arme bewegen kann«, berichtete der Autor Heinrich Jaenecke von der Dönitz-Beisetzung in Aumühle. »Seit einer Stunde schiebt sich die Schlange auf das Portal der Friedhofskapelle zu, in der Dönitz aufgebahrt ist. Wir rücken zentimeterweise vor. Es ist ein schöner Januarmorgen, leichter Frost, Sonne, glitzernder Schnee auf den Bäumen. Sie sind alle feierlich erregt. Keine Trauer, sondern eine stolze Feststimmung. Sie sind selbst überrascht, dass so viele gekommen sind, mehr, als sie erwarteten, 5000 sicher.«

Rund die Hälfte waren Marine-Veteranen. Sie trugen die Mützen des Deutschen Marinebundes und des U-Boot-Fahrer-Verbandes. Die U-Boot-Leute hatten die Organisation übernommen, um dem verurteilten Kriegsverbrecher die letzte Ehre zu erweisen. Karl Dönitz, der U-Boot-Befehlshaber aus dem untergegangenen Reich, war am Weihnachtsabend in seiner Wohnung an Herzversagen gestorben und wurde am 6. Januar 1981 beigesetzt.[18]

Uwe Barschel, der Innenminister des Landes Schleswig-Holstein, war dabei. Er hatte nichts Besseres zu tun, als hinzueilen zu dieser Versammlung von Unverbesserlichen. Um ihn herum war »ein Geheimbund ohne Statuten« zusammengekommen, wie Jaenecke berichtete, »aber mit feinster Witterung für den, der nicht dazugehört. Hier kannten sich fast alle. Die alte Garde hat sich noch einmal versammelt.« Er schilderte seine Eindrücke:

»Ich stelle mir die alten Herren vor, wie sie damals in diesen schwimmenden Särgen zusammengepfercht waren. Da konnte niemand raus, da durfte niemand durchdrehen, da musste sich jeder auf den anderen verlassen können. Es gingen nur Freiwillige auf die Boote. Es ist klar, dass sie nicht zweifelten. Ein U-Boot lässt keinen Zweifel zu. Der Mann, der sie hinausschickte auf den Atlantik und der jetzt dort aufgebahrt liegt, war ihr persönlicher Führer. Für sie, die U-Boot-Leute, ist seine Beerdigung eine Familienfeier.«[19]

Warum musste Barschel hier aufkreuzen? Aus Trotz, zur Provokation, zur Anbiederung an die U-Boot-Helden in Kiel und Lübeck? Seit seiner Zeit als Schülersprecher hatte er offenbar nichts dazugelernt. Was sollte dieses öffentliche Bekenntnis zu Hitlers Nachfolger?

Barschel provozierte gern. Er wurde »Django des Nordens« gerufen, und offensichtlich gefiel er sich in der Scharfmacherrolle. Ein Franz Josef Strauß des Nordens, das faszinierte ihn, auch wenn seine Auftritte manchen Parteikollegen zunehmend missfielen. Sie bemerkten, dass Barschel um jeden Preis auffallen wollte, die Inszenierung schien ihm wichtiger als die politische Substanz. Hin und wieder kamen seine effektvollen Auftritte an, doch immer wieder mussten die Kollegen den Scherbenhaufen zusammenkehren, wenn Barschel wieder einmal ohne Abstimmung und Absprache eine Einzelaktion durchzog.[20]

Barschel gewöhnte sich an das Tavor. Das Tablettenröhrchen trug er in der Hosentasche mit sich. Seinen Chauffeur Prosch wies er auf den Heimfahrten alle paar Wochen an, in Mölln beim Nervenarzt vorbeizufahren, um ein neues Rezept abzuholen. Prosch bemerkte, dass sein Chef nicht mehr so oft »aus der Haut« fuhr.[21]

Anfang 1981, Durban, Südafrika
Die militärische Sperrzone am Hafenbecken von Durban machte einen martialischen Eindruck. Kilometerweit nur Stacheldrahtzäune, Überwachungskameras und Kontrollposten, die das Areal der Marine und der staatlichen Rüstungsbetriebe des Armscor-Konzerns eingrenzten – Baracken, Kasernen, Hangars für die Wasserflugzeuge der Navy. Lutz Nohse vom Ingenieurkontor Lübeck, ein sportlicher, schmaler Typ mit großer Hornbrille, träumte davon, hier U-Boote nach IKL-Zeichnungen bauen zu lassen. Schon Gabler, sein Firmengründer, der ihm immer noch als Rentner beratend zur Seite stand, träumte vom Standort Südafrika. Hier könnten auch neue Technologien erprobt werden.

Weiße Villen, hohe Mauern, säuberlich geschnittener Rasen. Karl-Friedrich Albrecht wohnte im bürgerlichen Viertel von Cape Town, in einem weißen Quartier. Nohse suchte den deutschstämmigen Rüstungslobbyisten auf, um den Kontakt zum Rassistenregime am Kap aufzubauen.

»Herzlich willkommen in Kapstadt.« Albrecht, ein professoral wirkender Typ, war Deutscher, er lebte seit 1949 im Apartheidstaat. In den Kriegsjahren von 1940 bis 1942 hatte er dem Nazi-Regime im Reichsverkehrsministerium gedient und danach bis zum Kriegsende in der Wehrmacht. Er war in den dreißiger Jahren bereits auf wichtigen Posten bei den Schifffahrtsgesellschaften Hamburg-Amerika-Linie, Norddeutscher Lloyd und bis Kriegsbeginn bei der Südamerika-Südafrika-Linie.[22] Albrecht war mit Franz Josef Strauß befreundet, der eine starke Affinität zum südafrikanischen Regime pflegte. Er arbeitete für die Firma Liebenberg & Stander in Kapstadt, eine Tochtergesellschaft des großen staatlichen Rüstungskonzerns Armscor.[23]

Die Südafrikaner hatten ihre U-Boot-Flotte 1970 aufgebaut, mit drei Booten der französischen Daphne-Klasse. Die waren nun veraltet.[24] Weitere Bestellungen für U-Boote und Korvetten, sogar unterschriebene Lieferverträge, waren von Frankreich annulliert worden, nachdem die Vereinten Nationen 1977 gegen das Apartheidregime ein Waffenembargo verhängt hatten.[25] Der UN-Sicherheitsrat hatte mit der Resolution 418 alle Mitgliedsstaaten verpflichtet, »ab sofort die Lieferung von Waffen und dazugehörigem Material aller Art nach Südafrika einzustellen ... einschließlich des Verkaufs oder der Weitergabe von Waffen und Munition, von Militärfahrzeugen und -ausrüstungen von paramilitärischer Polizeiausrüstung sowie von Ersatzteilen für die vorgenannten Gegenstände«. Zudem wurde den Staaten auferlegt, dass sie »gleichermaßen sowohl die Bereitstellung aller Arten von Ausrüstungen und Materialien und die Gewährung von Lizenzvereinbarungen für die Herstellung oder die Wartung der vorgenannten Rüstungsgegenstände einzustellen haben«.[26]

Außerdem wurden alle Staaten aufgefordert, zur Durchsetzung der Ziele der Resolution die entsprechenden »vertraglichen Vereinbarungen« mit Südafrika »auf deren Beendigung zu überprüfen«.

Nohses Pläne fielen eindeutig unter dieses Lieferverbot. Doch die völkerrechtliche Verbindlichkeit dieser Resolution war weder unter der sozialliberalen Regierung Schmidt noch unter der Regierung Kohl in ihrer ganzen Schärfe in deutsches Recht umgesetzt worden. Das deutsche Außenwirtschaftsgesetz und die Außenwirtschaftsverordnung stellten »die Ausfuhr von Rüstungsgütern nach Südafrika lediglich unter einen Genehmigungsvorbehalt«. Das Gesetz bestimmte unter der Rubrik »Schutz der Sicherheit der auswärtigen Interessen«: »(1) Rechtsgeschäfte und Handlungen im Außenwirtschaftsverkehr können beschränkt werden, um (...) 2. eine Störung des friedlichen

Zusammenlebens der Völker zu verhüten und 3. zu verhüten, daß die auswärtigen Beziehungen der Bundesrepublik Deutschland erheblich gestört werden.«

Die entsprechende Ausfuhrliste führte unter den genehmigungspflichtigen Waren sowohl Lizenzen und Software auf als auch »Kampfschiffe oder für Angriffs- oder Verteidigungshandlungen (über oder unter Wasser) konstruierte Schiffe, auch wenn für nichtmilitärische Zwecke umgebaut und ungeachtet ihres derzeitigen Reparaturzustands oder ihrer Betriebsfähigkeit, sowie Schiffskörper oder Teile von Schiffskörpern für solche Schiffe«.[27]

Demnach war der Export jeglicher Unterlagen für die Fertigung von U-Booten oder von U-Boot-Bauteilen genehmigungspflichtig. Es war aber zugleich aufgrund des völkerrechtlich bindenden UN-Embargos ausgeschlossen, dass eine Ausfuhrgenehmigung erteilt werden konnte. Eine unlogische Norm, aber die Lücken in den Exportregelungen gehörten zur verborgenen Tradition der deutschen Nachkriegsgesetzgebung. Augenzwinkernd ließen die Politiker stets ein Türchen offen. Das waren sie den Rüstungsindustriellen schuldig, die schließlich ihre Parteiarbeit mit Spendengeldern finanzierten.

Nohse hätte also wissen müssen, dass ein Rüstungsgeschäft mit Südafrika auf legalem Wege niemals zu realisieren war. Die Sache musste aber absolut geheim abgewickelt werden, wie zum Beispiel beim Bau von Panzerfahrzeugen in Südafrika, die mit Hilfe deutscher Motoren- und Getriebetechnik von der Zahnradfabrik Friedrichshafen (ZF), von BMW oder von Daimler gebaut wurden. Verschiedene Varianten waren nun denkbar. IKL konnte Lizenzen und Konstruktionspläne liefern, nach denen dann in Südafrika im Geheimen gebaut würde. Dafür bot sich die Werft Sandock Austral in Durban an, UN-Waffenembargo hin oder her.

Oder man bestellte die Fertigungsteile für die Boote über Drittstaaten, wie zum Beispiel Israel. Denn mit Israel hatte Südafrika eine verdeckte Waffenbrüderschaft aufgebaut. Die Israelis bauten den Südafrikanern mit der Sandock-Austral-Werft eine Schiffbauindustrie auf. Sie trainierten südafrikanische Matrosen in Haifa, und sie erlaubten den Südafrikanern, israelische Fregatten bei Sandock Austral in Lizenz nachzubauen. In einem anderen Fall half die israelische Regierung als »Vermittler« für Verhandlungen mit der italienischen Rüstungsschmiede Oto Melara.

Auch in Deutschland orderte Israel Kriegsmaterial und verkaufte es teuer an Südafrika weiter. Zum Beispiel ein Schnellboot der Klasse S 143. Die Militärs vom Kap gaben den Schiffsklassen eigene Namen, alles sollte nach einem südafrikanischen Produkt aussehen.[28] »Bündnis der einsamen Wölfe« nannte der israelische Professor Benjamin Beit-Hallami diese ungewöhnliche Symbiose, es sei das bis dahin »bestgehütete Tabu in der Medienberichterstattung« gewesen.[29] Ingenieur Lutz Nohse kannte die Umwege, mit denen verbotene Rüstungslieferungen dennoch zum Empfänger gelangten. Doch er wusste auch, dass es etwas kostete, die Regierungsmitglieder davon zu begeistern. In Südafrika, das lernte er schnell, war dies keine Hürde. Lobbyist Albrecht erläuterte ihm die Lage in seiner Wahlheimat.

Die Politiker der Apartheid-Regierung suchten jeden Weg, um Rüstungsgüter ins Land zu schaffen. Wenn Vertreter von Armscor mit ausländischen Geschäftspartnern verhandelten, lautete die Frage nicht: »Was kostet es?«, sondern: »Könnt ihr liefern?«. Geld war vorhanden, aber wie schaffte man die Ware trotz Embargo ins Land? Die Südafrikaner waren in einer Situation wie einst das durch die Alliierten von den Rohstofflieferanten abgeschnittene Nazi-Deutschland, und sie bauten sich ihren Untergrundhandel ganz ähnlich auf. Dafür gründeten sie Tarnorganisationen in Südafrika und auch im Ausland. Um dem Embargo die Wirkung zu nehmen, taten sie alles, um sich eine eigene Rüstungsindustrie aufzubauen.

Karl Friedrich Albrecht kam zur Sache. Er war bereit, bei der Vermittlung für den heiklen Deal einzuspringen. Eine Provision wollte er natürlich dafür haben. Nohse und Albrecht einigten sich auf fünf Prozent des Auftragswertes. Sie dachten an U-Boote und auch an ein großes Kriegsschiff, das als mobile Kommandostation auf hoher See operieren konnte.

Gadebusch, DDR
»13. Mai 1944«. Seine neue Zielperson war nur drei Monate älter als er. Auf der Zielkontrollkarte las er den Namen »Dr. Uwe Barschel«, ein Landesminister von drüben, aus Schleswig-Holstein. Dietrich Laaß stellte sich auf die Abhörarbeit ein. Es dauerte lange, bis er ihn zum ersten Mal in seinem Kopfhörer identifizierte. Die Stimme kannte er bereits, er hatte sie schon häufiger am Ohr gehabt. Doch Barschel

meldete sich am Autotelefon nicht mit seinem Namen. Laaß musste warten, bis ihn ein Gesprächspartner mit Namen ansprach.

Seit 1979 saß Laaß schon auf dem Horchposten im »Stützpunkt Herberg«, der Stasi-Funkaufklärungsstation bei Gadebusch, irgendwo im Niemandsland zwischen Schwerin und der Grenze. Bis nach Mölln waren es gerade einmal 30 Kilometer. Theoretisch. Denn dazwischen lag die unüberwindliche Grenze, die Ost und West für immer und ewig zu trennen schien. Laaß war für den Raum Hamburg und den »Einzugsbereich Schleswig-Holstein« zuständig. »Funkmäßig bearbeiten« musste er alles, was zwischen der DDR und Hamburg über Funknetze gesendet wurde. Er hatte den »Bereich Politik unter Kontrolle«. Zu jedem wichtigen Politiker hatte er spezielle Zielkontrollaufträge. Erst wurden die Gespräche automatisch auf Tonband aufgezeichnet und später von einem Sachbearbeiter nachgearbeitet. Dafür hatte er auf seiner Karteikarte einige Eckdaten festgehalten, die ihm seine vorgesetzten Offiziere vorschrieben. Er hatte auch Gefallen an dieser Arbeit, die eigentlich sehr stupide war. Über den Kopfhörer tauchte Laaß in eine völlig andere Welt ein, irgendwie eine Traumwelt. Und es sah ganz danach aus, dass er Barschel noch lange Zeit begleiten würde.[30]

11. Mai 1981, Kiel
Uwe Barschel nahm an seinem Schreibtisch die Telex-Meldungen über die Ermordung Heinz Herbert Karrys in die Hand. An diesem Montagmorgen, dem 11. Mai 1981, war wieder Alarmstimmung. In seinem Innenministerium trudelten die Lageberichte ein, vom Bundeskriminalamt in Wiesbaden, von seinem Landeskriminalamt, vom Bundesinnenminister. FDP-Bundesschatzmeister Karry war kaltblütig erschossen worden, die Waffe war nachts durchs offene Schlafzimmerfenster auf ihn gerichtet worden. Man fand ein Bekennerschreiben der »Revolutionären Zellen«, doch keine Spur von den Tätern.

Es gab Spekulationen, dass ein ganz anderes Motiv hinter der Tat stecken könnte, das Bekennerschreiben also nur hinterlegt wurde, um die Ermittler auf eine falsche Fährte zu führen. Denn Karry, zugleich Wirtschaftsminister in Hessen, war als »Spendensammler« seiner Partei gegenüber manchen Unternehmern sehr aggressiv aufgetreten; außerdem war davon die Rede, dass er bei Schmiergeld-Deals überzogen hatte.

Karry wurde erschossen zu Beginn eines Parteispendenskandals, der immer weitere Kreise zog und einige Jahre später Politiker aller großen Parteien in den Abgrund riss. Sein Tod dürfte allerdings für manche eine stille Genugtuung gebracht haben, weil nun über seine Geldgeschäfte nicht mehr ermittelt werden durfte. Um die Jahreswende 1980/81 hatten Staatsanwälte Hunderte von Firmen wegen des Verdachts der Steuerhinterziehung durchsuchen lassen. Im Zentrum stand anfangs der Flick-Konzern, doch bald entdeckten die Fahnder, dass zahlreiche Konzerne ihnen nahe stehende Politiker über Tarnvereinigungen mit Geld fütterten und dafür im Gegenzug Spendenquittungen von angeblich gemeinnützigen Vereinen bekamen, mit denen sie ihre Zahlungen wiederum bei der Steuer absetzen konnten.

Allein eine dieser Geldwaschanlagen, die »Staatsbürgerliche Vereinigung«, hatte in zehn Jahren mehr als 200 Millionen Mark am Fiskus vorbeigeschleust. Das Geld floss stets über Schweizer Konten. Über eines dieser Konten mit der Nummer 3846 beim Bankhaus Gutzwiller in Basel war Karry verfügungsberechtigt gewesen.[31] In der Union waren zahlreiche wichtige Funktionsträger von den Ermittlungen betroffen, wie zum Beispiel auch Karrys Schatzmeisterkollege Walther Leisler Kiep, der Millionen über Schweizer Konten transferieren ließ, um sie seinen Parteioberen zukommen zu lassen.

Die Praktiken des politischen Geschäfts, wie sie auch Barschel kennengelernt hatte, waren zum gefährlichen Spiel geworden. Seinen Kollegen in Bonn drohte nicht nur der politische Absturz. Es drohten sogar Gefängnisstrafen. Damit war für den Fall zu rechnen, dass die Staatsanwälte und Steuerfahnder ungebremst weiterermitteln und anklagen konnten.

24. August 1981, Kiel
Uwe Barschel öffnete den Füllfederhalter und zog ein Blatt seines persönlichen Briefpapiers aus der Schreibtischschublade. Es war ein schöner, sonniger Tag.[32] »Liebe Freya!«, schrieb er in einem gleichmäßigen, gut leserlichen Schriftzug: »Dieser Brief ist mein Testament. Ich schreibe ihn für den Fall, daß mir etwas zustoßen sollte. Du weißt, daß ich seit einiger Zeit damit rechne. Aber ich muß meinen Weg weitergehen. Ich habe keine Angst vor dem Tod. Ich glaube fest an Gott.«

Am Ende schrieb er: »Gott schütze Euch alle. Betet für mich! Dein Uwe.« Sobald Barschel in Not geriet, brachte er den Allerhöchsten ins

Spiel. Barschel war labiler, als es nach außen sichtbar war.[33] Er fühlte sich bedroht, sprach gegenüber Freya davon, dass er als Innenminister auch von den Terroristen umgebracht werden könnte.[34] Überhaupt: die ständige Angst; er suchte nach Erklärungen. Seinem Arzt Thian-Fong Tjan, den er seit gemeinsamer Zeit im Studentenwohnheim kannte, erzählte er, dass er als Kind häufiger Tage und Nächte im Bombenkeller verbringen musste und sein Trauma, eine Art Platzangst, daher rühre.[35] Nachvollziehbar ist das allerdings nicht. Denn Barschel war bei Kriegsende nicht einmal ein Jahr alt. Hinter der Angst steckte offensichtlich etwas, das er nicht offenbaren wollte.

April 1982, Weldegraan bei Pretoria, Südafrika
»Delta G Scientific« war auf einem unscheinbaren, fabrikähnlichen Gelände in Weldegraan untergebracht, einem schmuddeligen Vorort von Pretoria. Nur die strengen Zugangskontrollen und Sicherheitszäune deuteten darauf hin, dass hier eines der geheimsten Projekte des Apartheidstaates versteckt war. Fotografieren war streng verboten. Es war als »National Keypoint« eingestuft, als nationales Schlüsselobjekt mit besonderen Sicherheitsvorkehrungen wie weiter westlich das Forschungszentrum Pelindaba bei Hartbeespoort Dam, wo die unterirdischen Bunker für den Bau der Atombomben untergebracht waren. Ursprünglich sollte das Programm »Delta G« im Rüstungskonzern Armscor angesiedelt werden, doch den Managern des Unternehmens war die Sache zu »sensitiv«.

Im April 1982 zogen die ersten Forscher und Offiziere der Special-Forces-Einheiten ein, um an ihrem neuen Entwicklungs- und Produktionsprogramm für Chemiegifte zu arbeiten. Diese erste Phase des Geheimprojekts sollte bis März 1988 laufen, es sollte eines der bestausgerüsteten Labors Südafrikas werden, in dem man nahezu jede Chemikalie synthetisieren oder produzieren könnte.[36]

Jeder Forscher saß in einem streng abgeschotteten Labor, so dass die einen Kollegen nicht erfuhren, woran die anderen tüftelten. Das Gespräch über die eigene Forschungsarbeit war streng verboten. Es galt das geheimdienstliche Prinzip des »need to know«: Jeder weiß nur so viel wie nötig, um seinen eigenen Auftrag zu erfüllen. Einer arbeitete an Reizgasen, die gegen Aufständische eingesetzt werden sollten, ein anderer an stimmungsverändernden Narkotika wie Kokain, Ecstasy oder LSD.

Ein dritter arbeitete an einer großen Zahl verschiedener, hochgiftiger Stoffe, die nur für einen individuellen Killereinsatz geeignet waren, darunter Kantharidin, ein starkes Nervengift, das bei einer Dosis von 30 Milligramm bereits tödlich wirkt und schon im antiken Griechenland zur Vollstreckung der Todesstrafe benutzt wurde. Oder Digoxin, das Gift des Fingerhutes, der Kampfstoff Paraoxon, eine dem »Schwiegermuttergift« E-605 verwandter Kontaktstoff, der über die Haut verabreicht tödlich wirken kann. Oder das seltene, aber rasch zum Tod führende »Aryl-Silatrone«, das sie in winzige Ampullen mit Nadelspitzen abfüllten, um damit nach alter Agentensitte einen Regenschirm zu bewaffnen. Und auch das Schwermetall Thallium, von dem 800 Milligramm verabreicht werden müssten, um den Tod zu bringen.

Einige Gifte testeten sie an Tieren auf dem Farmgelände des Roodeplaat-Forschungslabors nördlich von Pretoria, ihrer militärischen Schwestereinrichtung. Und sie hatten auch Labors, um Blut- und Urinproben darauf zu untersuchen, ob und wie viel von diesen Giften darin nachgewiesen werden kann.[37] Premierminister Pieter Willem Botha hatte sich auf einen langen Krieg gegen seine Feinde eingerichtet, deren er sich auch durch den Einsatz von Chemie entledigen wollte.

Mai 1982, »Russische Stuben«,
Hotel »Neptun«, Warnemünde
»Erstinformation« diktierte Oberst Erhard Wilke seiner Sekretärin am 2. Februar 1982 in seinem Büro in der Schnellerstraße in Berlin-Treptow. Der stellvertretende Leiter der Hauptabteilung VI war bei der Staatssicherheit für Tourismus und Passkontrollen zuständig.[38] Uwe Barschel, so formulierte Wilke, »beabsichtigt, in der Zeit vom 11. bis 16. Mai 1982 in Begleitung weiterer Persönlichkeiten des BRD-Landes Schleswig-Holstein in die DDR einzureisen.« Geplant seien Übernachtungen in Warnemünde, Stralsund und Saßnitz. Alle Mitreisenden gab er mit Geburtsdaten, Wohnadressen und Funktionen an: Justizminister Karl-Eduard Claussen, die Landtagsabgeordneten Heiko Hoffmann, Günter Friedrich und Leopold Spaeth, die Staatssekretärin Annemarie Schuster sowie die Fahrer Manfred Steffen und Karl-Heinz Prosch. Als »Verteiler« seiner »Erstinformation« ließ Wilke seine Sekretärin die »Zentrale Auswertungs- und Informations-

gruppe ZAIG, den Zentralen Operativstab ZOS in der Normannenstraße, den Leiter der Rostocker Bezirksverwaltung, seinen Hauptabteilungsleiter und Generalmajor Gerhard Neiber, den Stellvertreter des Ministers, als Adressaten eintragen. Der Apparat wusste Bescheid.

Am 30. April diktierte Oberstleutnant Baaske einen vierseitigen »Maßnahmenplan« für die erwartete Reisegruppe aus dem Feindesland. »Aktion Ebene« nannten sie bei der Stasi ihre »politisch-operative Sicherung« der Touristen. Er listete zehn Maßnahmen mit den für die Durchführung jeweils verantwortlichen Offizieren und »Inoffiziellen Mitarbeitern« (IM), wie sie ihre Spitzel nannten, sowie den Operationsterminen auf. Die wichtigsten: »Einsatz eines IM-Ehepaares im Unterkunftsobjekt«, Einsatz der Agenten »Winfried« und »Neptun«, »Sicherung des Informationsflusses zu den festgesetzten Bewegungsabläufen von der Einreise bis zu Ausreise« und die »Vorbereitung und Einleitung von B-Maßnahmen während des Gesamtaufenthaltes«. Damit meinte er spezielle Überwachungsmaßnahmen wie die Raumüberwachung mit Mikrofonen. Für Uwe Barschel suchten sie im Hotel »Neptun« das schöne Appartement Nr. 1217 aus. Aus der 12. Etage des modernen Betonhochhauses sollte er einen weiträumigen Ausblick auf die Ostsee haben. Alles war gerichtet, nichts sollte ihnen entgehen.

Es war garantiert, dass jeder politisch bedeutsame Hotelgast, wie Uwe Barschel es war, in einem gründlich »verdrahteten« Zimmer untergebracht wurde, damit er rund um die Uhr abgehört und observiert werden konnte. So war es den führenden Stasi-Leuten bekannt, und auch die Abteilung »Kommerzielle Koordinierung« (Koko) des Oberst Schalck-Golodkowski hatte für ihre Tarngeschäfte auf Dauer im Hotel »Neptun« Appartements angemietet.[39] Sie wussten auch, dass dazu Embargo-Geschäfte gehörten – die Belieferung von Empfängerländern mit Rüstungswaren, in Fällen, in denen ihre Lieferung völkerrechtlich verboten war.[40] Nur wenige führende Agenten der KoKo-Einheit waren darüber im Bilde, dass auch ihre Kollegen von der anderen Seite, die Agenten vom Bundesnachrichtendienst (BND), über diese Waffengeschäfte unterrichtet waren.[41]

So wurde zum Beispiel Munition über Schweden und Finnland sowohl durch die Bundesrepublik und Österreich als auch durch die DDR in den Iran geliefert. Die Aktionen waren hochbrisant, und sie waren nach der Kenntnis der Stasi-Agenten »mit der Deckung des

BND erfolgt«. Handelspartner der Stasi-Tarnorganisation war zum Beispiel die schwäbische Rüstungsfabrik Heckler & Koch, die Maschinengewehre für die ganze Welt lieferte und deren Geschäfte laufend vom BND überwacht wurden.

Solche Deals zwischen den Ländern der verfeindeten Machtblöcke des Kalten Krieges liefen stets unter den Augen der Geheimdienste, oft wurden sie von den Agenten komplett gesteuert. In der DDR wurden diese Geheimprojekte nicht nur von der Staatssicherheit »abgedeckt«, sondern organisiert. Diese West-Ost-Transaktionen waren über viele Jahre hinweg aufgebaut worden. Nur ein kleiner Personenkreis in Ost und West wusste Bescheid, auch darüber, dass sie dabei nicht selten die Gesetze verletzten.[42]

Im Beobachtungsbericht »Ebene II« war Uwe Barschel die »Nr.1«. Am zweiten Reisetag, so notierte Oberstleutnant Krase, Leiter der Abteilung VIII, in seinem 19 Seiten langen Bericht, verließ Barschel um 15.50 Uhr das Hotel »Neptun« und ging durch die Kurhausstraße und den Kurpark bis zum Kirchenplatz. Er nahm an der Rügenrundfahrt seiner Gruppe nicht teil. Die Stasi hatte ihn im Visier:

»Nachdem die Nr. 1 den Kirchenplatz gegen 15.54 Uhr erreicht hatte, versuchte er, durch das Haupttor der Kirche einzutreten. Das Tor war jedoch verschlossen. Die Nr. 1 ging dann einmal um den gesamten Kirchenplatz und blieb anschließend wieder in der Nähe des Haupttores der Kirche stehen. Die Nr. 1 ging desöfteren hin und her und betrachtete seine Umgebung. Es hatte den Anschein, als ob er auf jemanden wartete. Um 16.35 begrüßte die Nr. 1 eine weibliche Person durch Handschlag und Umarmung. Bei dieser Person handelte es sich um Deckname: ›Berg‹.«

Frau »Berg« wurde genau beschrieben, sie war Mitte dreißig, dunkelblond, schlank, höchstens 1,70 groß, sie hatte eine Kurzhaarfrisur mit rechtem Scheitel, und sie trug Jeans mit hellgrauem Pulli und blauweißem Sakko. Barschel hatte sie am ersten Abend in der »Sky-Bar« des Hotels »Neptun« kennengelernt.

Die Stasi-Beobachter blieben dran, sie notierten, wie die beiden »Arm in Arm durch die Anastasistraße, Hermannstraße zum Kurpark gingen. Während des Weges durch den Kurpark blieben die beiden

Personen desöfteren stehen, umarmten sich und tauschten Zärtlichkeiten aus. Nachdem sie die Kurhausstraße erreicht hatten, verabschiedete sich Nr. 1 von ›Berg‹ durch Handschlag und betrat anschließend um 16.35 Uhr das Hotel.«

Die Dame mit dem Decknamen »Berg« wurde »weiter beobachtet«, wie sie einen weinroten Trabi Typ 601 bestieg und später in einer Rostocker Wohnung verschwand. In den Abendstunden unterbrachen die Beobachter von Oberstleutnant Krase diskret ihre Arbeit.[43]

Auch Fahrer Steffen wurde mit einer Ost-Dame beobachtet: »Es wurde festgestellt, daß sich beide an den Händen hielten.« Auch bei ihm unterbrachen die Spitzen von der Abteilung VIII am Abend ihre »Beobachtung«. Die Stasikollegen aus Rostock kannten sie als eine frühere Bardame des Hotels »Neptun«, die mit einem Ex-Mitarbeiter von der Rostocker Stasi verheiratet war.[44]

Am Abend des 13. Mai hatten die Stasi-Lauscher akustische Probleme. Ihre Nr. 1 war mit der Reisegruppe in der Russischen Stube, einem Restaurant des »Neptun«, verabredet: »Es begann ein sehr stimmungsvolles Abendessen. Das Abendessen wurde durch viele Unterhaltungen unterbrochen, die jedoch aufgrund der Lautstärke nicht voll wahrgenommen werden konnten.« Die Gruppe stimmte Lieder an, und der Spitzel musste sich in seinem Bericht politisch korrekt distanzieren: »Die Art, wie diese Lieder interpretiert wurden, erinnerte an Lieder der faschistischen Zeit.« Um 1.15 Uhr mahnte der Kellner an die Polizeistunde. Der Spitzel hörte Barschel erwidern: »Es tut mir leid, daß ich hier nichts zu sagen habe. Sonst würde ich diese Polizeistunde aufheben.« Der Kellner legte Barschel die Rechnung vor. Er blickte erstaunt. 1300 D-Mark lautete die Summe auf dem Zettel. So viel hatte Barschel nicht im Portemonnaie. Seine Gäste liehen ihm den Rest.[45]

»Zu den einzelnen männlichen Teilnehmern wurde bekannt, daß sie prinzipiell nichts gegen sexuelle Kontakte mit Bürgerinnen der DDR hätten«, resümierte Oberst Wilke in einer »Nachinformation« an den stellvertretenden Minister des MfS, die er ein paar Tage später seiner Sekretärin in Treptow diktierte: »Dr. Barschel wird durch die eingesetzten inoffiziellen Mitarbeiter als ein unterhaltsamer und geselliger Typ eingeschätzt, der dem Alkohol gegenüber nicht abgeneigt ist.«[46] Der Stasi-Oberst war elektrisiert. Speziell für weitere Reisen von Uwe Barschel wurde »der Einsatz weiblicher inoffizieller Mitarbeiter aus den Verantwortungsbereichen der Bezirksverwaltung Rostock vorbereitet«.[47]

Barschel war es offenbar gleichgültig, dass die Stasi ihn beobachtete. Er gab sich ungeniert, er zählte ganz offensichtlich darauf, eine große Narrenfreiheit zu haben. Politisch konnte er gegen die DDR poltern, und gleichzeitig fürchtete er sich bei seinen Aufenthalten in Ostdeutschland nicht, in kompromittierenden Situationen entdeckt zu werden. Anders als viele Westpolitiker zeigte er keinerlei Furcht, dass er erpresst werden könnte. Es musste eine spezielle Verbindung zur DDR-Führung geben, die ihm dieses Gefühl der Sicherheit vermittelte.

Juli 1982, Kiel
In der Finanzabteilung der HDW wickelten die Manager eine vertrauliche Transaktion ab. Die letzte Rate des Bestechungsgeldes für den Indien-Deal floss im Juli 1982 in die Schweiz auf das Konto der Doreland Inc., einer liberianischen Briefkastenfirma. Die Buchhalter bei der HDW trugen den Betrag von 9,9 Millionen D-Mark in der Rubrik »Akquisitionsaufwendungen« ein. So machten sie es immer, wenn die Schmiere für irgendwelche Politiker verbucht werden musste, die sich für das Ja-Wort zu einem Großauftrag bezahlen ließen. Seit November waren es damit mehr als 100 Millionen D-Mark, die über den Schweizer Kanal in liberianische Firmen gezahlt wurden. Die Buchhalter dachten sich weiter nicht viel dabei. Schließlich haben ihnen die Leute vom Vertrieb erzählt, dass nur so die Kaufverträge für die U-Boote in Neu-Delhi zustande kamen. Die Sache blieb vorerst geheim.

Am 17. September 1982 zerbrach in Bonn die sozial-liberale Koalition. Der Machtwechsel war zum Greifen nah, für Barschel auch der Sessel des Ministerpräsidenten. Am 1. Oktober 1982 wurde Helmut Kohl tatsächlich durch ein konstruktives Misstrauensvotum im deutschen Bundestag zum neuen Bundeskanzler gewählt. Es war klar, dass Stoltenberg als neuer Bundesfinanzminister nach Bonn gehen würde. Der scheidende Ministerpräsident schlug Barschel als seinen Nachfolger vor, und am 14. Oktober wurde er gewählt – mit allen Stimmen seiner Fraktion. Freya schaute zu, wie er feierlich vereidigt wurde. Sie war im sechsten Monat schwanger. Nun war er Ministerpräsident von

Schleswig-Holstein. Mit 39 Jahren. Der Jüngste, der Beste. Und bald der Landesvater mit vier Kindern.

Jetzt gab es neue Privilegien. Zuerst ließ er das Ministerpräsidentenbüro neu einrichten. Die Möbel von Stoltenberg mochte er darin nicht sehen. Montagmorgen stellte sich Horst Rißmann bei ihm als sein neuer Chef-Fahrer vor. Barschel setzte sich routiniert in den Fond der neuen Regierungslimousine, eines dunkelblauen gepanzerten Mercedes. Ein Monstrum. Er wollte zur ehemaligen Bundeswehrkaserne nach Mölln gefahren werden.

»Hier ist Ihr Quartier«, sagte Barschel. Rißmann schaute sich erstaunt um. Hier? Ein Feldbett mit Metallgestell. Ein Spind, wie er es aus seiner Wehrdienstzeit kannte. Es roch nach Industrie-Reiniger. Rißmann war entsetzt.

»Ich brauche Sie in meiner Nähe, wenn ich nachts mal schnell nach München, Heidelberg oder nach Rostock muss«, erklärte ihm Barschel.

Nachts nach Rostock? Rißmann musste sich zusammenreißen. Er hatte nun schon viel auf seinen Touren erlebt. Zuletzt hatte er immerhin Stoltenberg chauffiert, aber von einem Nachttrip in die DDR hatte er noch nie etwas gehört. Das geht doch gar nicht … Na, das wird ja munter werden, dachte er sich.[48]

16. November 1982, Mölln

»Guten Tag, Herr Rißmann«, meldete sich die Zentrale. »Der Ministerpräsident verlangt sie. Sie sollen ihn sofort zu Hause abholen am Schmalsee!«

Am Nachmittag vor Buß- und Bettag kam die Order. »Rissi«, wie er von seinem neuen Chef genannt wurde, machte sich sofort auf den Weg. Barschel durfte er nicht warten lassen, sonst riskierte er einen Anschiss. Und für den Job als MP-Fahrer gab es immerhin 550 D-Mark Zulage. In seinem Alter, mit 46, da war das angemessen. Also los. Er hatte keine Ahnung, was Barschel von ihm wollte. Und nachdem er das Telefon aufgelegt hatte, fiel ihm ein, dass er gar nicht wusste, wohin es gehen sollte und wie lange. Und ob er sich für die Fahrt mit einer Kleidertasche für eine Übernachtung rüsten sollte. Aber wenn er nichts sagt, kann es ja keine weite Tour sein, dachte er sich.[49]

Vor seinem Haus stieg Barschel ein. Er hatte ein schwarzes Köfferchen dabei, mit zwei Zahlenschlössern. Rißmann gab Gas. Schwerfällig setzte sich die Panzerlimousine durch den Waldweg in Bewegung. »Fahren Sie Richtung Lübeck.«

Das kannte er schon. Ständig machte der Chef das so. Barschel gab öfter das Fahrtziel nicht an, manchmal nur die Richtung. Es war diese rätselhafte Geheimniskrämerei, die Barschels ganzes Leben durchzog. Von Personenschutz war heute einmal mehr keine Rede.

Als er in Lübeck am Kreisel in der Nähe des Gerichtsgebäudes ankam, gab Barschel die nächste Anweisung. Knapp wie immer: »Fahren Sie Richtung Grenze!«

In die DDR? Rißmann war völlig konsterniert. »Aber, Herr Ministerpräsident, ich habe gar kein Visum für die DDR«, sagte er. Barschel musste doch wissen, dass man für die DDR ein Visum benötigt, dachte er sich.

»Sie brauchen kein Visum. Fahren Sie«, erwiderte Barschel. Er fragte, ob Rißmann genug Benzin im Tank hätte. »Ich möchte nicht, dass Sie in der DDR tanken«, sagte er. »Keine Tankstelle, keine Quittungen, die ins Fahrtenbuch kommen«, dachte sich Rißmann. Und tatsächlich, Barschel erklärte ihm, dass er diese Reise nicht ins Fahrtenbuch eintragen dürfe.

Rißmann gehorchte. Für ihn war eine Tour in die DDR noch immer eine Weltreise. Er kannte die Prozedur aus der Zeit mit Stoltenberg: Wochenlange Vorbereitungen über die Staatskanzlei, Visa-Anträge bei der Ständigen Vertretung der DDR, der inoffiziellen Botschaft Ost-Berlins in Bonn, diplomatische Abstimmungen des Reiseweges. Doch jetzt war alles anders.

Rißmann fuhr zum Grenzübergang Schlutup. Mit seinem Ex-Chef hatte er diesen Grenzübergang häufiger passiert. »Mit Stoltenberg war es so, dass wir die Diplomatenspur benutzten und dann, auf für mich normale Weise, abgefertigt wurden. Wir mussten unsere Pässe vorweisen, und nach der Passkontrolle konnten wir dann weiterfahren. Es war auch üblich, dass der Begleitschutz an der Grenze umkehren musste, weil die mit ihren Waffen nicht durchreisen sollten.«

Diesmal wurden sie nicht in die Diplomatenspur eingewiesen. Der Grenzbeamte winkte ihren Wagen durch. Einfach so. Rißmann musste nicht anhalten, und es gab auch keine Passkontrolle. Rißmann kam sich vor wie in einem schlechten Agentenfilm. Aber es war die Wirklichkeit.

Nachdem sie die Grenze passiert hatten, gab Barschel eine neue Anweisung: Richtung Rostock. Kurz vor der Stadt gab Barschel eine neue

Order: zum Rathausmarkt. Am Rathaus hielt Rißmann an. Er sah in etwa 30 Meter Entfernung von seiner Limousine eine Männergruppe stehen. Barschel stieg mit seiner Aktentasche aus und ging zu den Männern hinüber. Rißmann fragte ihn noch beim Aussteigen, wie lange es in etwa dauern würde. Wortlos schlug Barschel die Wagentür zu. Da war wieder diese verächtliche Art, die er bei Barschel eigentlich immer erlebte.

Rißmann stieg ebenfalls aus und rauchte eine Zigarette. Er war verzweifelt darüber, dass Barschel ihn wieder hängen ließ und er nicht wusste, wie es weitergehen sollte. Nach einer Viertelstunde kam von der Gruppe vor dem Rathausplatz ein korpulenter Mann im Anzug, etwa Mitte fünfzig, auf ihn zu.

»Herr Rißmann, Sie können nach Schleswig-Holstein zurückfahren. Den Ministerpräsidenten bringen wir.«

Rißmann war zunächst erleichtert. Er war froh, ohne seinen Chef die Heimreise anzutreten. Und weil der Mann ihn mit Namen ansprach, schien ihm die Sache in Ordnung zu sein.[50] Doch auf dem Rückweg plagte Rißmann die Vorstellung, nun aber allein und ohne Visum bei den DDR-Grenzern vorfahren zu müssen. Und wieder geschah das Wunder: Schlagbaum hoch und durch.[51]

Wie und wann Barschel nach Hause kam, weiß bis heute niemand – außer den Offizieren der Stasi, die ihn auf seiner DDR-Reise beobachteten, und wohl auch die Beamten der westdeutschen Nachrichtendienste, die damals die Grenze zur DDR natürlich ebenfalls genau im Visier hatten.

Ende November 1982
Diesmal ließ Barschel sich von Rißmann zum Hamburger Flughafen bringen. Der mysteriöse Rostock-Trip war von ihm nie wieder thematisiert worden. Barschel kam aus Kiel und wollte von Hamburg aus nach Bonn fliegen. Als er am Flughafen ausstieg, übergab er Rißmann eine kleine schwarze Reisetasche. Er müsse diese Tasche »mit schmutziger Wäsche« nach Mölln bringen.

Rißmann hielt das für Unsinn. Weil er wusste, dass Barschel am folgenden Tag zurückkehren sollte und ohnehin von ihm dann nach Mölln gefahren wurde, hätte er die schmutzige Wäsche auch dann mit nach Mölln nehmen können. Dafür war keine eigene Fahrt notwen-

dig. Zumal es für Rißmann ein großer Umweg im dichten Feierabendverkehr war. Er opponierte nachdrücklich.
Das hätte er nicht tun sollen. »Ich bin der Ministerpräsident. Sie haben meinen Anordnungen Folge zu leisten«, fauchte Barschel ihn an. Rißmann machte sich also mit der Tasche auf den Weg nach Mölln. Als er auf den Waldweg am Grundstück der Barschels einbog und sich dem eisernen Tor näherte, war es bereits dunkel. Plötzlich kam ein Mann auf ihn zu, der ihm ein Handzeichen gab. Er war sich sicher, diesen Mann bereits zu kennen. Es war der gleiche korpulente Mann, der ihn vor gut einer Woche in Rostock angewiesen hatte, alleine nach Hause zu fahren. Rißmann hielt an.
»Die Tasche können Sie mir geben«, sagte der Mann aus Rostock. Rißmann händigte die Reisetasche aus. Er war zuerst froh, dass er sie los war. Aber auf der Rückfahrt nach Kiel ging ihm die Tasche nicht aus dem Kopf. Rißmann konnte sich nicht vorstellen, dass darin nur Schmutzwäsche war. Die Tasche musste etwas sehr Wichtiges enthalten – vielleicht heikle Dokumente. Rißmann realisierte, dass sein Chef nicht nur den gewöhnlichen Geschäften eines Landespolitikers nachging. »Rissi« kam sich vor, als sei er in die Dienste von James Bond eingetreten.[52]

Uwe Barschel war noch keine vier Wochen auf dem Posten des Regierungschefs. Und schon gab es in seinem Terminkalender eine Art doppelte Buchführung – eine offizielle im Ministerpräsidentenbüro und eine heimliche, persönliche Agenda, die nicht auf Papier verewigt wurde. Ebenso gab es Fahrtenbücher für die Dienstreisen des MP, aber auch Fahrten, die nicht verzeichnet wurden. Als Zeugnisse seines Abtauchens in eine mysteriöse Parallelwelt hinterließ Barschel allenfalls ein weißes Blatt im Terminkalender oder eine Seite, in der sämtliche Termine eines Tages gestrichen waren. Niemand wusste, was der Ministerpräsident an diesen Tagen trieb. Uwe Barschel war ein Meister des professionellen Verschwindens. Sein Bewegungsprofil sollte für andere nicht nachvollziehbar sein.

»Wenn es ihm gerade nicht passte, hielt Barschel die vereinbarten Termine nicht ein«, so erlebte es Rißmann. »Durch sein Verhalten nötigte er mich praktisch dazu, seiner Ehefrau Angaben zu machen, die nicht stimmten.« Das hing auch damit zusammen, dass er unfreiwillig Zeuge von Seitensprüngen seines Chefs wurde.[53]

Einmal fuhr er seinen Chef in den Kieler Stadtteil Schilksee zur Wohnung von dessen Schwester Folke Junker. Drei Polizeibeamte waren zum Schutz des Ministerpräsidenten auf der Tour im Einsatz. Am Wohnhaus seiner Schwester stieg Barschel aus, ging zur Haustür, klingelte und verschwand im Haus. Rißmann und den Personenschützern gab er keine weiteren Anweisungen. Sie warteten. Stundenlang.

Erst viel später, als in dem Wohnhaus die Lampen bereits erloschen waren, ging Rißmann zur Haustür und läutete bei Barschels Schwester. Folke Junker hatte sich schon bettfertig gemacht. Irritiert erklärte sie dem Fahrer, dass ihr Bruder bereits eine halbe Stunde nach seiner Ankunft das Haus wieder verlassen hatte – wohl durch den Hinterausgang über die Terrasse. Sie wusste nicht, wohin er gegangen war.

Die Beamten wurden panisch, denn sie waren für Barschels Sicherheit verantwortlich. Eine Suchaktion wurde angekurbelt. Rißmann fuhr zum Haus B am Kieler Regierungssitz, wo Barschel eine Dienstwohnung hatte. Kurz vor Mitternacht klingelte er. Als Barschel ihm öffnete, erschien er Rißmann sichtlich betrunken.

»Sie sind das größte Arschloch, das hier herumläuft«, sagte Barschel.

»Danke gleichfalls, Herr Ministerpräsident«, erwiderte der Fahrer.[54]

Rißmann chauffierte zunehmend verstimmt den Ministerpräsidenten. Bald kam es erneut zum Krach zwischen den beiden. An einem Samstagabend holte Rißmann die Barschels nach dem Ende des Presseballs im Kieler Schloss ab, um sie nach Mölln zu chauffieren. Auf dem Beifahrersitz nahm ein Personenschützer Platz, das Ehepaar setzte sich auf den Rücksitz. Freya nahm den Platz hinter dem Fahrer, sie war im achten Monat schwanger. Uwe platzierte sich hinten rechts. Rißmann lenkte den Wagen umsichtig bei starkem Schneetreiben über die Bundesstraße 404 an Bad Segeberg vorbei Richtung Tremsbüttel, als er von Barschel nach einer Aktentasche gefragt wurde, die er ihm am frühen Abend in ein Tageszimmer ins Kieler Hotel »Maritim« gebracht hatte. Barschel hatte sich dort eingemietet, um sich den Smoking für den Ball anzuziehen.

Rißmann hatte das Gefühl, dass sein Chef wieder angetrunken war. Barschel vermisste die Aktentasche und machte Rißmann Vorwürfe, dass er sich nicht darum gekümmert habe. Rißmann verteidigte sich, dass er ihm doch diese Tasche persönlich überreicht habe und somit dafür nicht verantwortlich zu machen wäre. Barschel habe es sich selbst zuzuschreiben, dass die Tasche fehle.

Das war zuviel. Barschel beugte sich plötzlich nach vorne zu Rißmann hinüber und versetzte ihm einen Faustschlag an die rechte Wange. Dann ließ er sich in seinen Sitz zurückfallen und redete kein Wort mehr. Der Beamte vom Personenschutz starrte nach vorne, ignorierte den Vorfall. Im Rückspiegel sah Rißmann Freya Barschel an. Sie weinte.

Daheim in Mölln lief Uwe Barschel ganz schnell die Stufen zum Hauseingang der Villa hoch. Er schloss wortlos die Tür auf. Als das Begleitfahrzeug der Polizei eintraf, kam ein Beamter mit der Aktentasche zum Eingang und übergab sie Barschel.

»Sie sehen doch, dass das völlig unnötig war«, sagte Rißmann. Barschel blieb stumm. Er schubste Rißmann von der Tür weg. Daraufhin griff ihm der Fahrer an die Fliege und drehte sie senkrecht.

»Sie bleiben hier!«, sagte Barschel plötzlich, und Rißmann hatte den Eindruck, dass sein Chef wieder nüchtern war. Dennoch stieg er in die Panzerlimousine. Barschel lief ihm hinterher und schlug mit der Faust auf den Kofferraumdeckel des anfahrenden Wagens.

Am folgenden Montagmorgen meldete sich Fahrer Horst Rißmann bei seiner Dienststelle im Innenministerium und bat um Ablösung als Barschels Chauffeur. Nach sechs Wochen hatte er den Job satt.[55]

Dezember 1982, Pretoria, Südafrika
In Pretoria war es in diesem Dezember angenehm warm, in Südafrika war Sommer. Im Geheimlabor von Delta G Scientific war Colonel Johan Theron eingetroffen. Er hatte den Befehl für eine Sondermission erhalten. Oberst Theron glaubte an das Apartheidregime. Als Offizier für Gegenspionage der südafrikanischen Special Forces war er bereit, für die Herrschaft der Weißen zu kämpfen. Er war im Krieg gegen die Schwarzen, gegen die Feinde in den Nachbarstaaten, gegen die Feinde in Europa. Dafür kämpfte er. Jetzt war er für die »Operation Duel« im Einsatz. Die Leute von dem Delta G-Labor gaben ihm starke Muskel-Relaxant-Ampullen, die die Widerstandskräfte des Körpers abbauen. Therons Einheit tötete rund 200 politische Häftlinge, Mitglieder der namibischen Befreiungsbewegung SWAPO, die bei Aufständen festgenommen worden waren. Ihre Körper warfen sie aus Flugzeugen ins offene Meer. Einige von den Häftlingen hatten sie vorher mit dem Mittel Vesparax eingeschläfert, das die starken Schlafmittel-Wirkstoffe Secobarbital, Brollobarbital und Hydoxyzin enthält.[56]

17. Januar 1983, Zürich
Der 17. Januar 1983 war in Barschels Leben nicht amtlich verzeichnet. An diesem kalten und grauen Montag wurde er im Kieler Landeshaus vermutet, bei der Verrichtung seiner ordentlichen Amtsgeschäfte.[57] Doch der Ministerpräsident war nicht in Kiel. Er war auf einer Maschine von Hamburg nach Zürich gebucht, in das weltgrößte Finanzzentrum für diskrete, grenzüberschreitende Geldgeschäfte. Er hinterließ über seine Reise so gut wie keine Spuren.[58]
Zwei Wochen später kam das vierte Kind von Freya und Uwe Barschel zur Welt. Zu Hause in Mölln hatte der Vater seinen Kleinen ein romantisches Naturidyll eingerichtet. Er hielt auf dem Grundstück rund um die Gründerzeitvilla Schafe und Ponys. Ameisenhaufen hegte er sorgfältig mit Drahtgitter ein, damit sie nicht aus Unachtsamkeit zerstört würden. Die heimlichen Sehnsüchte eines Getriebenen und Gehetzten?

Ende Februar 1983, Kiel, Landeshaus
In der Posteingangsmappe von Barschels Wirtschaftsminister Jürgen Westphal lag ein Schreiben, das viel Ärger bedeuten konnte. Der Brief vom 21. Februar 1983 kam von Ernst Pieper, dem mächtigen Vorstandsvorsitzenden der Salzgitter AG, einem Bundesunternehmen. Pieper war gleichzeitig auch der Herr der Manager bei Howaldtswerke/Deutsche Werft AG (HDW), weil die Salzgitter AG 75 Prozent der Aktien an der Werft besaß, während das Bundesland Schleswig-Holstein die restlichen 25 Prozent der Anteile hielt.
HDW war so gut wie pleite. Die Arbeiten im Dietrichsdorfer Werk am Kieler Ostufer mussten eingestellt, 3000 Leute entlassen werden. Und es herrschte Wahlkampf. Barschel setzte alles daran, um dem bedrohten Riesen zu helfen. Trotz miserabler Haushaltslage sorgte er für eine sensationelle Entscheidung im Kabinett: Das Land Schleswig-Holstein stellte 90 Millionen Mark für eine Kapitalerhöhung zur Verfügung, um die HDW zu stützen. Der Bund schoss seinerseits 270 Millionen zu. Fürs erste war HDW gerettet. Aber das war nur eine kurzfristige und angesichts der Auftragslage äußerst instabile Lösung. Am Überleben von HDW hing auch die politische Zukunft der Landesregierung.
Salzgitter-Chef Pieper klärte den Wirtschaftsminister nun darüber auf, dass der Werftenkonzern, um U-Boote nach Indien zu verkaufen,

»111,9 Millionen Mark an Akquisitionsaufwendungen« gezahlt hatte. Die Zahlungen seien in der »Zeit von November 1981 bis Juli 1982 ... wie folgt geleistet worden: 91,4 Millionen Mark in elf Teilbeträgen unterschiedlicher Höhe auf Konten Schweizer Banken«. Der HDW-Vorstand habe ihm die Auskunft erteilt, dass die »Mundothea Investment Corporation Monrovia« die Zahlungen erhalten habe. Weitere 9,9 Millionen Mark seien »im Juli 1982 auf das Konto einer Schweizer Bank« geflossen. Empfänger sei die Doreland Inc. in Monrovia gewesen.

Das Geld für die »Akquisitionsaufwendungen« war offensichtlich Bestechungsgeld für verschiedene Endempfänger. Möglicherweise indische Politiker, die sich über ein Konto der liberianischen Briefkastenfirma in der Schweiz schmieren ließen. Diese Zahlungen wurden gewöhnlich auf den Kaufpreis aufgeschlagen und konnten als Betriebsausgaben, sogenannte »nützliche Aufwendungen«, wieder von der Steuer abgesetzt werden.

Pieper schloss mit dem Hinweis, dass er über die »Akquisitionsaufwendungen« für das Indien-Geschäft »nur mündlich unterrichtet worden« war.[59]

Die Indien-U-Boote waren nicht das einzige heiße Eisen bei der Staatswerft. Ein Geschäft mit dem Iran war geplatzt. 253 Millionen Mark, die noch der Schah als Vorkasse gezahlt hatte, waren zum größten Teil als Schmiergeld verteilt worden. Das meiste ging in den Iran zurück. Was war in Deutschland hängen geblieben? Merkwürdigerweise hatte die Bundesregierung die Lieferung der U-Boote an das Mullah-Regime in Teheran verboten, aber die Produktions-Erlaubnis jahrelang nicht zurückgezogen.[60]

Seitdem Helmut Kohl Kanzler war, bemühten sich die Konstrukteure vom Ingenieurkontor Lübeck und die Manager von HDW um die politische Hilfe bei einem Geschäft, das von vornherein verboten war – dem Export nach Südafrika. Zuerst fühlten sie bei der Landesregierung in Kiel vor, beim Wirtschaftsminister. Aber auch der Ministerpräsident wurde eingeweiht.

»Ich kann mir nicht vorstellen, dass ich mit Barschel nicht über das U-Boot-Geschäft gesprochen habe«, sagt Jürgen Westphal, Barschels früherer Wirtschaftsminister. »Warum hätte ich solche Gespräche verschweigen sollen? Es ging uns allen um die Sanierung der größten Werft des Landes und die Rettung von Arbeitsplätzen.« Dafür war das

Südafrika-Geschäft ein wesentlicher Beitrag. Die Kompetenz der Landesregierung reichte allerdings nicht aus, um einen U-Boot-Deal mit Südafrika zu realisieren. Deshalb wandte sich IKL auch an die Bundesregierung.[61]

April 1983, Kiel

Carl Hermann Schleifer bezog sein neues, größeres Arbeitszimmer. Der promovierte, damals noch parteilose Jurist war von Barschel zum Staatssekretär im Finanzministerium berufen worden, nachdem er sich während elf Jahren in der Finanzverwaltung des Landes einen Namen gemacht hatte. Der Steuerfachmann war kein verschlafener Beamter, eher ein Managertyp, der seine Dossiers schnell und effizient dem Minister vorlegte, in einem entscheidungsreifen Zustand. Nun war er selbst in der Position, sich die Vorlagen von den Beamten kommen zu lassen. Schon in den ersten Tagen fand er Schriftstücke und Korrespondenzen über ein Projekt der Howaldtswerke vor, über das er sich nicht ausreichend informiert fühlte. Es drehte sich um Südafrika. Er bat seine Beamten im Referat für die Landesbeteiligungen, zu denen HDW zählte, nachzuforschen.

Wenige Tage später bat der Referent Schleifers Sekretärin um Einlass. Sie fragte kurz ihren Chef, ob der Mann hineindürfe. Etwas verzagt trat der an den Schreibtisch des frisch inthronisierten Staatssekretärs, der ihn erwartungsvoll durch seine unauffällige Brille anblickte. Der Referent stand mit leeren Händen da.

»Herr Staatssekretär. Ich habe nicht viel gefunden. Die Sache liegt federführend beim Wirtschaftsministerium«, entschuldigte sich der Referent.

Schleifer sprach daraufhin Jürgen Westphal an, den Landeswirtschaftsminister. Der Hamburger war wie Schleifer Jurist, ein schnörkelloser hanseatischer Kaufmannstyp. Westphal blickte schon auf zehn Ministerjahre in Kiel zurück. Zuvor war er als Anwalt sowie als Chefsyndikus bei der Hamburger Werft Blohm & Voss tätig. Ein Mann vom Fach.

»Was wollen Sie damit?«, fragte Westphal den Staatssekretär wie einen, der sich ungefragt in etwas einmischt, was nicht zu seinem Terrain gehört.

»Ich will wissen, was da los ist. Die Landesbeteiligungen gehören ja in mein Ressort«, erwiderte Schleifer.

»Überlassen Sie das mir. Ich kümmere mich um diese Sache«, beschied Westphal knapp. Doch Schleifer behielt die Sache im Auge. Er informierte Staatssekretär Hebbeln, Barschels Bürochef und engsten Vertrauten in der Staatskanzlei. Barschel sollte erfahren, was da ablief.[62]

Mai 1983, Rosenheim, Kiel
Das Gästehaus des Fleischhändlers Josef März im oberbayerischen Söchtenau am kleinen Simssee war für Ministerpräsident Franz Josef Strauß ein Ort der stillen Begegnungen. Er traf dort zu Geheimgesprächen mit Personen zusammen, mit denen er nicht in der Öffentlichkeit gesehen werden wollte. Im Mai 1983 saß ihm der DDR-Abgesandte Alexander Schalck-Golodkowski gegenüber.[63] Der Geheimdienstmann im Rang eines Offiziers im besonderen Einsatz – Stasi-Kürzel OibE – war die Schlüsselfigur der DDR-Tarnorganisation »Kommerzielle Koordinierung«, die für verdeckte Geschäfte mit dem westlichen, angeblich feindlichen Ausland eingesetzt wurde – auch mit der Republik Südafrika. 1970 hatte der Stasi-Oberst seine streng geheime Doktorarbeit an der Stasi-Hochschule über sein Lebensthema verfasst: »Vermeidung ökonomischer Verluste und Erwirtschaftung zusätzlicher Devisen«.[64]

Von dem Treffen mit dem Außenhändler der DDR durfte nur ein handverlesener Kreis wissen. Der Rosenheimer Fleischfabrikant Josef März gehörte dazu, weil er bereits seit den sechziger Jahren mit der DDR Geschäfte machte – lukrative Geschäfte. »Da ging es nur ums Geld«, schrieb ein ehemaliger HVA-Oberst, »die Märzens hätten uns auch ihre Großmutter in Zahlung gegeben.«[65]

Diesmal ging es um einen Milliardenkredit westdeutscher Banken, der durch Garantien oder eine Bürgschaft des Bundes abgesichert werden sollte. Dafür musste Strauß Bundesfinanzminister Stoltenberg überzeugen, der letztlich für derlei Zusagen seine Unterschrift geben musste. Der bayerische Antikommunist als Kreditvermittler der DDR, das war – politisch – nicht leicht zu verstehen und löste eine schwere Krise in der CSU aus.

»Viele verstehen FJS und die Welt nicht mehr«, sagte Friedrich Voss, ein Weggefährte und enger Freund von Strauß, der dessen Interessen damals in Bonn als Staatssekretär in Stoltenbergs Finanzministerium wahrnahm. Auch Voss selbst geriet in Misskredit: »Besonders böswillige Zeitgenossen meinen, FJS sei von der DDR bestochen worden und fragen, wieviel Provision ich denn bekommen werde. Einfach lächerlich.«[66]

Anfang Mai 1983 ging es Uwe Barschel nicht gut. Zunächst suchte er seinen Nervenarzt Hezar-Khani auf, berichtete ihm von Kopfschmerzen und Übelkeit. Der Arzt legte ihm Elektroden auf der Kopfhaut an und maß seine Gehirnströme. Ohne Befund. Auch eine Ultraschalluntersuchung erbrachte keinen Hinweis auf ein organisches Problem. Drei Wochen später, am 30. Mai, nahm Barschel auf dem Patientenstuhl im Sprechzimmer von Professor Bernsmeier Platz. Barschel schilderte dem Internisten seine Beschwerden. Er berichtete, dass seine Frau an eine larvierte oder maskierte Depression dachte, eine Form, bei der die seelischen Störungen durch körperliche Beschwerden verdeckt sind, zum Beispiel durch Schlafstörungen, wie sie bei ihm auftraten.

»Schlafstörungen, morgendliche Antriebsstörungen, starker Wechsel der Symptome, Leergefühl im Kopf, insbesondere nach längerem Lesen«, notierte Arnold Bernsmeier auf der Patientenkarte.[67]

Im Juni 1983 führte Uwe Barschel seinen neuen persönlichen Referenten im MP-Büro ein. Der hagere, hochgewachsene junge Mann sollte seine Termine und Reisen organisieren, hin und wieder ihn auch bei politischen Terminen begleiten. Doch schon bald bemerkte Gerd-Harald Friedersen, dass er oft gar nicht erwünscht war. Und häufig musste er im Kalender des Ministerpräsidenten kurzfristig Termine ersatzlos und ohne Angabe von Gründen streichen. Sein Chef ließ ihn immer wieder im Dunkeln, was er unternahm. Bald erlebte auch Friedersen, wie der Ministerpräsident eine Agenda im Schatten führte, vorbei an seinen Referenten, Assistentinnen und Staatssekretären.

Der Deal

1. Juni 1983, Bonn, Kanzleramt
In Bonn waren in einer vertraulichen kleinen Runde einige strittige Themen zwischen den Führern der drei Koalitionsparteien auf den Tisch gekommen. »Ich muss jetzt gehen«, erklärte Helmut Kohl und erhob sich. Außenminister Hans-Dietrich Genscher war froh, als der Bundeskanzler das Dreiergespräch nach zweieinhalb Stunden abrupt abbrach. Man hatte sich nicht einigen können, und vor allem der bayerische Ministerpräsident Franz Josef Strauß war unzufrieden. Erregt hatte sich Strauß gegen die allzu große Vorsicht beim Waffenexport nach Südafrika gewandt. Seine Kritik zielte vor allem auf die Haltung Genschers, der bei diesem Thema stets mit großer Raffinesse die vornehme Zurückhaltung demonstrierte.[1] Doch die Sache war in Bonn noch nicht entschieden.

7. Juni 1983, Johannesburg (Südafrika)
Eine kleine Gruppe Männer in leichten Mänteln bestieg die Fluggasttreppe, um dann im vorderen Teil des Flugzeugs Platz zu nehmen. In Johannesburg war es kühl, normal für die südafrikanische Jahreszeit. Die Delegation war am Flughafen von einem Chauffeur des Rüstungskonzerns Armscor abgesetzt worden. Willem Venter, der Konzernchef, und seine Leute waren auf dem Weg nach Hamburg. Die Chefs von HDW und IKL hatten ein dreitägiges Treffen organisiert. Am Ende des Gesprächs-Marathons stand eine erste Übereinkunft: Grundlage des Geschäfts sollte zunächst eine mündliche Genehmigung der Bundesregierung sein, wie es bereits einmal bei dem U-Boot-Geschäft mit Israel praktiziert worden war. Eine Art augenzwinkernde Zustimmung auf Handschlagbasis – mehr war ohnehin nicht zu erwarten.

Sollte die Regierungsgenehmigung die Lieferung von kompletten U-Boot-Komponenten nicht einschließen, war ein offizieller Vertrag über rund 60 Millionen Mark vorgesehen. HDW und IKL wollten in jedem Fall Experten zur Verfügung stellen und Komponenten liefern. Von einer Umweg-Lieferung der Komponenten über ein Drittland nahm man zunächst Abstand. Sie wurde aber auch nicht ausgeschlossen, sollte doch die Variante des Exports über ein Drittland der Bundesregierung später die Entscheidung über die Genehmigung des Geschäfts erleichtern. Bei schnellem Fortgang der Verhandlungen und der Vorbereitungen gingen die Delegationen davon aus, dass bereits 1985 mit dem Bau der U-Boote begonnen werden könne.[2] Der Plan für das Schurkenstück war gefasst.

In einer geheimen Notiz beschrieb ein IKL-Manager die Absprachen über das weitere Vorgehen:

»Bei der zweiten Besprechung informierten wir HDW über die besonderen Vorschriften für den Export in dieses Land. In der ersten und dritten Besprechung erläuterten wir relativ allgemein unseren Plan mit einem ›grünen Licht‹ von seiten unserer Regierung. Auf der zweiten Besprechung haben wir dieses HDW genauer erklärt und miteinander diskutiert. Wir haben ferner erläutert, wie wir seinerzeit das Vorhaben IK 80 (Israel) mit ebenfalls grünem Licht begonnen haben. Es bestand zwischen HDW und IKL Übereinstimmung, daß solch ein Weg versucht werden sollte. Erste Schritte hat IKL im Wirtschaftsministerium in Kiel eingeleitet.«[3]

Zufrieden machten sich die Südafrikaner auf den Weg zu ihrem nächsten Gesprächspartner. Venter und seine Begleiter wollten auch mit dem HDW-Konkurrenten Thyssen Nordseewerke in Emden über den Bau von U-Booten sprechen.[4]

Am 13. Juni war Uwe Barschel wieder inkognito unterwegs, wieder mit einer Linienmaschine von Hamburg nach Zürich. Währenddessen saß im Ministerpräsidentenbüro sein persönlicher Referent Gerd-Harald Friedersen – ahnungslos. Barschel sagte ihm nichts über den Trip. Zweck und Ziel der Reise hatte er nirgendwo verzeichnet, sie wurde auch nicht über die Landesregierung abgerechnet.[5]

24. Juni 1983, Salzgitter

Der Kreis der Spitzenpolitiker, die in das geplante U-Boot-Geschäft mit Südafrika eingeweiht waren und sich damit zu befassen hatten, wurde immer größer. An diesem Freitag reiste Bundesfinanzminister Gerhard Stoltenberg als zuständiges Mitglied der Bundesregierung zu einem Eigentümergespräch zum Vorstand der staatseigenen Salzgitter AG. Als Bundesfinanzminister war er praktisch der Chairman des Unternehmens mit Sitz im Südosten von Niedersachsen, nahe der Zonengrenze zur DDR. Stoltenberg wurde von seinem Staatssekretär Hans Tietmeyer und einem Abteilungsleiter begleitet.

Ernst Pieper, der Vorstandsvorsitzende des Staatskonzerns, begrüsste die Bonner Delegation und die weiteren Sitzungsteilnehmer freundlich. Aus Kiel waren ein Vertreter der Landesregierung und Klaus Ahlers, der Vorstandsvorsitzende der HDW, angereist. Pieper begann mit seinem Bericht über die Finanzlage und über die wichtigen Geschäfte.[6]

Ende der sechziger Jahre war Pieper als Referent im Bonner Bundeswirtschaftsministerium für die Beteiligungen des Bundes verantwortlich, später wurde er Abteilungsleiter für die industriellen Beteiligungen des Bundes im Finanzministerium. Der Wirtschaftswissenschaftler aus der Eifel war mehr Manager als Beamter und bald mit großer Machtfülle ausgestattet. Pieper erklärte: Seit 1982 mache die Salzgitter AG Verluste. Schuld daran sei nicht unwesentlich die Beteiligung an den Howaldtswerken in Kiel. Und dann weihte er seinen Minister in die U-Boot-Pläne mit den Südafrikanern ein. Das sei die Chance, die prekäre Lage zu verbessern.[7] Stoltenberg antwortete den Konzernchefs, dass sie für ein solches Geschäft keine Genehmigung erwarten könnten. Aber festlegen wollte er sich nicht.

Sein Abteilungsleiter verfasste anschließend den obligatorischen Vermerk über das Eigentümergespräch. In dem zwölfseitigen Papier fehlte der Hinweis auf die Pläne mit den Südafrikanern. Das Thema war demnach entweder ohne Bedeutung für den Protokollanten – oder zu heikel für das amtliche Dokument.[8]

Drei Tage später war das Eigentümergespräch bei der Salzgitter AG mit Stoltenberg ein Thema im Vorstand der Tochtergesellschaft HDW. Der Vorstandsassistent protokollierte: »Für das Süd-Afrika-Geschäft hat es im Ministergespräch eine ziemlich klare Absage gegeben. Herr Tietmeyer will sich jedoch auch mit diesem Fall weiter beschäftigen.«[9] Die Chefs von Salzgitter und HDW hatten die Absage des Ministers auf ihre Weise interpretiert: Die Tür war nicht zu.

Niemand kam jetzt auf die Idee, das Projekt zu beerdigen.

Anfang Juli 1983, Bonn
Die HDW-Manager engagierten nun Siegfried Zoglmann, einen versierten Lobbyisten, um die Sache voranzubringen – wieder ein Mann mit brauner Vergangenheit. Zoglmann war ein treuer Diener des Hitler-Regimes gewesen, er leitete eine Verbindungsstelle im Propaganda-Amt des Reichsjugendführers, und nach der Okkupation Böhmens und Mährens wurde er Gebietsführer der Hitlerjugend und Abteilungsleiter beim »Reichsprotektor« im besetzten Prag. Seit 1943 war er Mitglied der Waffen-SS. Nach dem Zweiten Weltkrieg gehörte Zoglmann zu einem stramm rechten Zirkel innerhalb der FDP, anfangs war er Geschäftsführer der Bundestagsfraktion und Bundestagsabgeordneter der FDP. 1970 verließ er die Partei, um die Splitterpartei »Nationalliberale Aktion« zu gründen – ein Sammelbecken Ewiggestriger. Danach wechselte er zur CSU.[10]

Rüstungslobbyist Siegfried Zoglmann zeigte sich sehr rührig. Er suchte mehrfach das Gespräch mit Hans-Dietrich Genscher, um ihn von der Durchführbarkeit des Geschäfts zu überzeugen.[11] Zoglmann ließ nicht locker. Mehrfach traf er Genscher zu verschiedenen Anlässen, um den Außenminister umzustimmen. Genscher hielt sich bedeckt.

»Das geht nicht«, sagte er. »Ich kann mir auch nicht vorstellen, dass das nur an mir hängt, sondern gehe davon aus, dass von keiner Seite hier eine Zustimmung beabsichtigt ist.«[12]

Zoglmann erklärte Genscher nicht explizit, dass er für seine Werbungsarbeit saftige Provisionen erhielt. Das war auch nicht nötig. Der erfahrene Außenminister wusste, wie die Geschäfte liefen. »Ich bin wie selbstverständlich davon ausgegangen, dass es sich nicht um eine humanitäre Massnahme handeln kann«, sagte Hans-Dietrich Genscher.[13]

In diesen Wochen und Monaten traf Zoglmann im Rahmen seines Einsatzes auch mehrfach mit Franz Josef Strauß zusammen, den er nicht mehr von der Wichtigkeit des U-Boot-Baus in Südafrika überzeugen musste. Das hatte bereits Lutz Nohse getan.

11. Juli 1983, Genf, Salzgitter, Bonn, Zürich
Uwe Barschel stand an diesem Tag erneut auf der Passagierliste einer Linienmaschine von Hamburg nach Genf. Wieder hatte er die Reise in seinem Büro geheim gehalten.[14]

Am gleichen Tag hatte sich an der Eisenhüttenstraße 99 in Salzgitter der Vorstand des Staatskonzerns versammelt. Für die Manager war es eine existenzielle Angelegenheit. Der Vorstandsassistent notierte die Gesprächsergebnisse:

»Ohne die Akquisition eines U-Bootes und eines ›packages‹ für Brasilien ist die Beschäftigung im U-Boot-Bau für das nächste Jahr nur zu zwei Drittel und für das übernächste Jahr zu einem Drittel gesichert. Vollbeschäftigt wäre die U-Boot-Kapazität von HDW, wenn die 6 Boote für den Iran gebaut und Boote nach Südafrika geliefert werden könnten. Wenn keine zufriedenstellende Beschäftigung beim U-Boots-Bau erreicht wird, muß in drei Jahren eine Liquidation von HDW erwogen werden, weil dann die für diesen Bereich im HDW-Konzept geplanten Gewinne nicht realisierbar sind.«[15]

Tags darauf trafen Salzgitter-Chef Ernst Pieper, IKL-Chef Lutz Nohse und HDW-Vorstandsmitglied Jochen Rohde im Bonner Finanzministerium ein. Sie hatten einen Termin bei Hans Tietmeyer. Wieder ging es darum, einen Trick zu finden, wie man das U-Boot-Geschäft realisieren könnte. Pieper machte deutlich: Wenn der Deal nicht zustande käme, müsste HDW in drei Jahren liquidiert werden.

Nach der Sommerpause häuften sich Barschels Geheimtrips in die Schweiz. Er war am 23. August, einem Dienstag, nach Zürich gebucht, am darauffolgenden Dienstag nach Genf, zwei Tage später wieder nach Zürich und schließlich am 7. September, einem Mittwoch, wieder nach Zürich. Und am Folgetag ging die Reise nach Warnemünde bei Rostock. Im Hotel »Neptun« war für ihn wieder die Suite 1624/25 reserviert – und die Stasi war vorbereitet.

8. September 1983, Warnemünde

Um 9.10 Uhr des 8. September 1983 rollte die Regierungslimousine mit dem Kennzeichen SH 3–1 auf den Grenzübergang Selmsdorf zu. Am Lenkrad saß Karl-Heinz Prosch, der nach dem Rückzug von Rißmann Barschels wichtigster Fahrer war. Rechts im Fond saß Uwe Barschel, neben ihm Gerd-Harald Friedersen, sein »Persönlicher«. Im Kontrollhaus nahm ein Stasi-Offizier den kantigen Hörer des Fernsprechapparates aus Hartplastik der DDR-Werkkunst in die Hand. Er wählte zuerst die Kollegen in der Stasi-Abteilung VIII/LZ an. Dann meldete er die Einreise des Fahndungsobjektes Nummer 533 002 seinen Genossen Leirich und Wagner in der Hauptabteilung VI/OLZ sowie dem Oberstleutnant Thimm.

Um 11.15 Uhr meldete Offizier Leirich, dass der »PKW mit Barschel von Rostock in Richtung Stralsund« fährt. Er verständigte den Genossen Koch von der Stasi-Kreisdienststelle Stralsund. Um 12.15 Uhr wurde Barschels Ankunft im Bahnhofshotel von Stralsund zum Mittagessen gemeldet.

»Sind hier keine Diener?«, fragte Barschel in der Halle. Ein Stasi-Mann notierte die Worte in seinen Notizblock.

Barschel traf dort auf seine 79-köpfige CDU-Besuchergruppe, die, angeführt von Ministerkollegen und Abgeordneten seiner Landtagsfraktion, bereits zwei Tage zuvor eingereist waren. Über den Reiseverlauf wurden vier Hauptabteilungen der Stasi, die »Zentrale Auswertungs- und Informationsgruppe« des »Zentralen Operativstabs« in Berlin, vier Leiter von Stasi-Bezirksverwaltungen, ein Generalmajor der Auslandspionage namens Mittag und an der Spitze Generalmajor Gerhard Neiber, der Stellvertreter des Ministers, auf dem Laufenden gehalten. Alles folgte dem Maßnahmeplan mit der Dok-Nummer 195/83.

Offizier Leirich bezog seine Observationszentrale im Appartement 1719 im Hotel »Neptun«, eine Etage über Uwe Barschel. Aus dem Einsatzzimmer dirigierten die Stasi-Offiziere ihre Spitzeltruppe. Sie war im Stärkeverhältnis 1 : 2 auf die 80 Zielpersonen der Besuchergruppe angesetzt. Leirich studierte nochmals den Einsatzplan, so wie er von Generalmajor Mittag bestätigt worden war. Unter Punkt 6 las er:

»Als Gäste werden im Untersuchungsobjekt Neptun (Hallenbar und Sky-Bar) ausgewählte weibliche Inoffizielle Mitarbeiter wie
IMS ›Janina Müller‹   Ref. VI/4
IMS ›Elisabeth‹   Ref. VI/4
IMS ›Beatrice Schiller‹ Ref. VI/1
mit der Zielstellung der Erarbeitung von Informationen zu möglichen Bewegungsabläufen, Erkennen und Personifizierung geschlossener Kontakte zu Bürgern der DDR und zu möglichen demonstrativen Verhaltensweisen der Alleinvertretungspolitik seitens der BRD-Persönlichkeiten. Zur Realisierung dieser Maßnahme ist ein Sondertreffplan zu erarbeiten.«

Als »zuverlässige Betreuungskräfte« waren im Hotel zudem die Spitzel »Helene« und »Hänisch« eingesetzt. Barschels Regierungslimousine war »besonders zu beachten«. Die Abteilung 26, zuständig für Telefonüberwachung, hatte »operativ-technische Maßnahmen mit sofortiger Wirkung im Untersuchungsobjekt« eingeleitet. Das hieß, dass die Telefone in den Hotelzimmern in Echtzeit überwacht wurden. Entlang der Reisestrecke war in den Kreisen Wismar, Bad Doberan, Rostock, Stralsund und Rügen eine »Sonderleerung« durch die Abteilung M angeordnet. Im Klartext: Aus allen Briefkästen wurde die Post abgefischt.[16]

Doch Uwe Barschel war nicht ganz ahnungslos. Er durchsuchte sein Appartement auf der 16. Etage des Hotels »Neptun« nach auffälligen Dingen. Im Kleiderschrank vermutete er eine Abhöranlage, eingebaut in einer Art Luftschacht.[17]

An einem der folgenden Tage in Warnemünde wartete Fahrer Karl-Heinz Prosch nach dem Frühstück im blauen BMW 728 auf dem Parkplatz vor dem Hotel »Neptun«. Barschel hatte ihm gesagt, dass erst für den Nachmittag wieder etwas auf dem Programm stand.[18]

Für Prosch überraschend kam Barschel mit zwei Männern mittleren Alters aus dem Hotel, die er nicht kannte. Die beiden unauffällig bekleideten Begleiter stiegen auf dem Parkplatz in eine Limousine Marke Lada, in dem ein Chauffeur am Steuer wartete. Das Auto mit DDR-Kennzeichen war in stumpfem bräunlich-beigem Farbton lakkiert. Der Fahrer war zivil gekleidet. Barschel stieg zu Prosch in seinen Dienstwagen und wies ihn an, dem Lada zu folgen. Hallenchef Hans-Joachim Siewert bemerkte ebenfalls, wie Barschel am Vormittag, zwischen etwa 9.30 und 10 Uhr, mit Prosch in seinem Dienstwagen einem Lada hinterherfuhr. Er glaubte sich noch zu erinnern, dass er Barschel auf den Parkplatz hinausbegleitet hatte.[19]

Die Fahrt ging über eine Landstraße. Nach etwa 20 Minuten bog der Lada nach rechts ab. Prosch folgte dem DDR-Mobil erst über einen Sandweg, dann rollten sie über einen Weg mit Betonplatten weiter. Es war dort ziemlich einsam. Ein paar Siedlungshäuser standen am Wegerand, sonst nichts. Dann hielt der Lada vor einem Gelände, das hoch mit Maschendraht umzäunt war. Vor dem Zaun stand eine Holzbaracke, die seltsam blau, weiß und gelb in senkrechten Abteilungen gestrichen war.

Barschel stieg aus und auch die beiden Männer im Lada. Er ging mit ihnen auf das gesicherte Gelände und betrat dort eine große, mit Eternit gebaute Halle. Prosch blieb in seinem BMW sitzen und kam ins Grübeln. Die Anlage wirkte auf ihn nicht unbedingt militärisch, eher wie eine Landwirtschaftliche Produktionsgenossenschaft der DDR. Aber es war kein bäuerliches Gerät zu sehen. Er sah auf dem Gelände einige Männer, auch sie in Zivil.

Sein Chauffeurskollege im Lada blieb stumm am Steuer sitzen. Prosch wusste, dass er nicht mit Westpersonen sprechen durfte, also unterließ auch er jeden Kontaktversuch. Durch das geöffnete Tor der Halle konnte er nicht blicken, weil sein Wagen zu weit abseits stand.

Nach etwa 20 Minuten kam Uwe Barschel mit den beiden Begleitern aus der Halle zurück. Die Männer im Lada lotsten sie zurück zum Hotel »Neptun«.

Barschel hat seinem Fahrer gegenüber zu diesem merkwürdigen Vorfall nie ein Wort verloren. Er ließ sich in aller Seelenruhe zurück nach Warnemünde chauffieren. Auch die Stasi hinterließ kein einziges Dokument über diese Reise, an die sich Karl-Heinz Prosch so exakt erinnert. Die Halle konnte nie gefunden werden, womöglich auch, weil sie zu den vielen Behelfsgebäuden zur Lagerung von Embargogütern gehörte, die nur kurzfristig erstellt und, nachdem sie ihren Dienst getan hatten, wieder demontiert wurden. Wie vom Erdboden verschluckt.[20]

Im gleichen Monat trafen sich Franz Josef Strauß und Helmut Kohl zu einer Wanderung in den Bergen am Tegernsee. Der Bundeskanzler war erleichtert, dass er Strauß aus seinem Kabinett hatte fernhalten können. Die beiden verliefen sich bei ihrer Tour, die vier Stunden dauern sollte. Es wurde ein Marsch von acht Stunden, der dem 68-jährigen Strauß schwer zusetzte. Er machte »schlapp«, und der 15 Jahre jüngere Kohl freute sich sichtlich.[21]

22. September 1983, Südafrika
Nach zehn Stunden Flug setzte die Maschine auf der Landebahn des Jan-Smuts-Flughafens in Johannesburg auf. Der Hamburger Passagier und seine Begleiter betraten die dunkle Transithalle. Dem marineblau uniformierten Grenzbeamten zeigte er seinen Pass, der ihn als Mitglied der Regierung des Landes Schleswig-Holstein aus-

wies. Wirtschaftsminister Jürgen Westphal war nach Absprache mit Uwe Barschel ans Kap geflogen. Er hatte eine Wirtschaftsdelegation des Landes dabei. Und er hatte einen speziellen Auftrag, den er gern erfüllte: Auf Bitten der HDW sollte er das U-Boot-Geschäft vorantreiben. Westphal blieb volle zwölf Tage, vom 22. September bis zum 2. Oktober, in Südafrika. Er traf dabei den Rüstungslobbyisten Karl Friedrich Albrecht, der ihm einen Termin beim südafrikanischen Verteidigungsminister Magnus Malan vermittelt hatte. Westphal hatte eine offizielle Botschaft aus Kiel mitgebracht: »Ich versicherte dem Verteidigungsminister, daß die Landesregierung von Schleswig-Holstein die Lieferung von U-Booten unterstütze und sich bei der Bundesregierung dafür einsetzen werde.« Minister Malan vernahm es mit Befriedigung.[22]

3. Oktober 1983, Lübeck
Wirtschaftsminister Westphal musste gleich nach seiner Rückkehr in seine Heimat einen wichtigen Repräsentationstermin wahrnehmen. Im Lübecker Traditionslokal »Schiffergesellschaft« feierten die Ingenieure vom IKL den 70. Geburtstag ihres Firmengründers. Zierliche Blumengedecke standen auf den Tischen aus Mahagoni-Furnier. Apollinaris-Flaschen waren aufgereiht, neben auf den Kopf gestellten Wassergläsern. Ulrich Gabler, der einstige Haudegen aus der U-Boot-Flotte des Admirals Dönitz, trug eine braun-weiß-beige gestreifte Krawatte. An seiner Linken saß seine Gattin in einem unauffälligen, hellbraunen Kostüm mit langer Perlenkette. Es sah aus wie beim Dienstjubiläum eines Oberstudienrates.

Die Begrüßungsworte sprach Lutz Nohse, es folgten Ansprachen eines Ministerialdirigenten vom Bundesverteidigungsministerium, eines Flottillenadmirals als offiziellem Vertreter der Bundesmarine in blauer Festuniform mit Ordensbehang und von HDW-Vorstandsmitglied Peter Hansen-Wester. Militärs aus Norwegen, Griechenland und Israel waren zum Grußwort erschienen. Und Jürgen Westphal beehrte Gabler als Vertreter der Kieler Landesregierung mit einer Rede. Den fachlichen Abschluss steuerte IKL-Ingenieur Klaus Knaack mit einem Vortrag über das Thema »Neue Entwicklungen auf dem Gebiet des außenluftunabhängigen Antriebes« bei. Die Herren vom U-Boot-Bau waren froh gestimmt. In Südafrika ging die Sache voran.[23]

93

Drei Tage später bestellte Lutz Nohse in seinem Vorstandsbüro die Sekretärin zum Diktat. Er wollte die wichtigsten Verhandlungsergebnisse zum U-Boot-Deal zusammenfassen.»Argumente IK 97« sollte die Sekretärin als Titelzeile darüberschreiben. Das Papier sollte nun als Gesprächsgrundlage dienen, das er zunächst Ernst Pieper nach Salzgitter schickte:

»Vertraulich
Notiz
Argumente IK 97
1) Aufgrund schlechter Erfahrungen will der Kunde die Fahrzeuge im eigenen Land bauen. Voruntersuchungen haben ergeben, daß er hierzu in der Lage ist. Auch die Lieferung von U-Booten oder Sektionen über Drittländer wird vom Kunden abgelehnt. Der Kunde ist lediglich bereit, in geringem Umfang Stahlbauteile und evtl. nackte Sektionen zu kaufen, sofern im Hinblick auf die schlechte Beschäftigung der deutschen Werften uns hiermit ein ›Gefallen‹ getan wird.
2) Die Einbauteile werden zum größten Teil im eigenen Land hergestellt oder aus anderen Ländern importiert.
3) Gespräche auf Ministerebene haben ergeben, daß die Mittel in den nächsten Haushalten vorhanden sind.
4) Die gleichen Gespräche haben ergeben, daß man jetzt nur noch exklusiv mit IKL/HDW verhandelt.
5) Man will einen Satz Fertigungsunterlagen der Boote, die bei HDW nach IKL-Zeichnungen für Indien im Bau sind, kaufen.
6) Die Unterlagen gehen als Mikrofilme im Diplomatengepäck über die Grenze (werden abgeholt).
7) 40 Mio. DM gehen an HDW. HDW will sich damit Handelsschiffsaufträge zur Sicherung von Arbeitsplätzen ›kaufen‹.
8) 10 Mio. DM gehen an IKL. IKL will damit vor allem Eigenentwicklungen für deutschen U-Bootsbau (Bundesmarine und Export) finanzieren.
9) Es ist außerdem erforderlich: eine begrenzte Umkonstruktion des oben genannten Bootes durch IKL, weil man Komponenten aus dem Kundenland einzubauen hat. Außerdem würde das IKL die Aufbauten verändern, um ›deutsches Design‹ zu vermeiden.
10) Diese Unterlagen würden in gleicher Weise wie unter Punkt 6 erwähnt, abgeholt werden.

11) HDW und IKL müssten durch Entsendung von Spezialisten im begrenzten Umfang Bauhilfe geben.
12) Verwiesen wird auf § 5 Abs. 1 und § 45 Abs. 3 der Verordnung zur Durchführung des Außenwirtschaftsgesetzes (s. Anlagen).
Anfang der 70er Jahre sind in England (bei Vickers) 3 Unterseeboote für Israel ähnlich der deutschen Bundesmarine-Klasse 206 gebaut worden. IKL hat hierfür die Entwürfe und Bauzeichnungen geliefert. Die damalige Bundesregierung hat das IKL hierzu mündlich aufgefordert und ›Rückendeckung‹ zugesichert, für den Fall, daß sich Schwierigkeiten ergeben würden. Dieser Fall ist dann später auch eingetreten, und das Bauvorhaben wurde ohne weitere Schwierigkeiten abgewickelt.
Im Falle einer regierungsseitigen Zustimmung zu dem neuen Bedarfsfall würde es für IKL ausreichend sein, wenn ein leitender Beamter eine ähnliche Erklärung, wie seinerzeit im Falle Israel, dem IKL gegenüber abgeben würde.
Die mit dem Kunden geführten Gespräche haben ergeben, dass man gegebenenfalls in Anbetracht der besonderen und beim Kunden bekannten Problematik bis zu einer endgültigen Entscheidung mehrere Monate Geduld zeigen würde.
(Unterschrift Nohse)«[24]

Das Papier gab den exakten Fahrplan für den verdeckt abzuwickelnden Deal vor. Während in der Nohse-Notiz noch von »regierungsseitiger Zustimmung« die Rede war, tauchte in Firmenunterlagen zu diesem Zeitpunkt längst der Begriff »grünes Licht« auf, das von der Bundesregierung gegeben werden sollte, bevor man zu einem Vertragsabschluss mit den Südafrikanern schreiten wollte. »Grünes Licht« bedeutet, dass den U-Boot-Bauern bereits eine mündliche Erklärung eines leitenden Beamten reichen würde, um aktiv zu werden.[25] Der Hinweis, dass die U-Boote in Teilen umkonstruiert werden sollten, um sie nicht als deutsche Produkte kenntlich zu machen, zeigte, dass die Unternehmen wussten, wie fragwürdig ihre Pläne waren.

Auch dass sich HDW für seinen Anteil Aufträge »kaufen« und IKL für den geringen Betrag von 10 Millionen Mark Entwicklung betreiben wollte, machte kaum verklausuliert deutlich, wofür die erhofften Gelder tatsächlich gebraucht wurden.

In Bonn machten im Oktober 1983 Gerüchte über eine bevorstehende Anklage gegen Wirtschaftsminister Otto Graf Lambsdorff wegen seiner Verwicklung in den Flick-Parteispendenskandal die Runde. Über seinen Rücktritt wurde bereits spekuliert.

Vom 19. bis 21. Oktober trafen sich die Ministerpräsidenten der Bundesländer zu ihrer jährlichen Konferenz. Diesmal war Stuttgart als Treffpunkt auserkoren. Auch Horst Rißmann war in Stuttgart im Einsatz, inzwischen als Fahrer des CDU-Politikers und stellvertretenden Ministerpräsidenten Henning Schwarz. Ihm fiel eine Begegnung des Jahrestreffens besonders ins Auge: Er beobachtete, wie freundlich, ja herzlich Franz Josef Strauß auf Barschel zuging und ihn begrüßte. Ihm kam erneut eine andere Begebenheit aus diesem Jahr in den Sinn. Er hatte Barschel zum Hotel »Atlantic« in Hamburg gefahren. Lange hatte Rißmann in seinem Wagen gesessen und vergeblich auf die Rückkehr seines Chefs gewartet. Er glaubt sich zu erinnern, damals Franz Josef Strauß als Besucher in dem Nobelhotel gesehen zu haben.

Was trieb den bayerischen Landesfürsten in den hohen Norden? Hatte er eine Verabredung mit Barschel?

Am 28. Oktober schickte Salzgitter-Aufsichtsratschef Ernst Pieper das Nohse-Papier vom 6. Oktober mit einem persönlich-vertraulichen Anschreiben an Finanzminister Stoltenberg: »... absprachegemäß übersende ich Ihnen in der Anlage einen Vermerk über das südafrikanische Projekt, das bei uns unter der Bezeichnung IK 97 läuft. Ein gleichlautender Vermerk ist Herrn Minister Genscher vor wenigen Tagen übergeben worden.«[26]

»Mir geht es wieder viel besser«, schrieb Uwe Barschel am 1. November. Mit seinem Füllfederhalter verfasste er einen persönlichen Brief an Professor Bernsmeier von der Kieler Uniklinik – einen Bittbrief: »Mit den Tabletten, die ich seit langem nur noch sporadisch – nach besonders anstrengenden Tagen – einnehme, sind meine Schlafstörungen und morgendlichen Anlaufschwierigkeiten weitgehend behoben. Ganz ohne Tavor 1 mg geht es aber noch nicht.« Er bittet um ein Rezept für neue Tabletten. Ohne den Tranquilizer konnte er nicht mehr leben.[27]

2.–4. November 1983, Dukuduku, Südafrika

Das geheime Areal in der Nähe der Militärbasis des 5. Aufklärungsregiments bei Dukuduku war ein Experimental-Labor – und es war ein Todeslager. Hier arbeitete auch der bereits erwähnte Johan Theron.[28] Er hatte mit seinem »Kollegen« Dr. J. S. »Kobus« Bothma einen neuen Auftrag: Die drei schwarzen Gefangenen vor ihnen hatten bereits kaltes Soda trinken müssen, das mit Midazolam – einem Benzodiazepan(Valium)-haltigen Beruhigungsmittel – versetzt war. Nun banden sie ihre Opfer an einen Baum und schmierten sie mit einer geleeartigen Salbe ein.[29]

Die Salbe hatten sie von Oberstleutnant Dr. Wouter Basson erhalten. Basson war vieles: Militärarzt, Kardiologe, Leibarzt des Präsidenten Pieter Willem Botha, ein brillanter Mediziner, ein geschätzter Kollege – und seit mehr als einem Jahr der Leiter des streng geheimen »Project Coast«. Das »Project Coast« betrieb die Aufrüstung des Rassisten-Regimes mit biologischen und chemischen Waffen. Im Hinterland von Pretoria lag das »Navorsingsinstituut vir Plantbeskerming«, das Institut für Pflanzenschutz. Doch auf diesem Gelände hatte 1982 etwas anderes seinen Betrieb aufgenommen: die als Staatsgeheimnis geltenden Roodeplaat Research Laboratories. Hier arbeiteten Mikrobiologen, Molekularbiologen, Toxikologen und Biochemiker mit den gefährlichsten Krankheitserregern, Nervengiften und chemischen Kampfstoffen der Welt. Hier wurden Pläne geschmiedet, diese Substanzen im Kampf gegen die schwarze Bevölkerung einzusetzen, gegen die Rebellen in den Nachbarstaaten – sowie gegen Gegner des Apartheidregimes im afrikanischen und außerafrikanischen Ausland. Hierzu wurde aber auch typisches Agentenwerkzeug fabriziert: mit Thallium präparierte Kronkorken, mit Anthrax versetzte Zigarettenfilter und Klebestreifen von Briefumschlägen sowie Paratyphusbazillen in Deodorants und Zyanid in Lippenstiften.[30]

Johan Theron und Dr. Kobus Bothma betrachteten ihre an den Baum gefesselten Opfer. Sollte die präparierte Salbe sie nicht umbringen, hatte Bothma noch andere Mittel dabei. Am Ende würde Theron ihnen vorbereitete tödliche Injektionen verabreichen.[31]

November 1983, Durban, Südafrika

Am 15. und 23. November 1983 schloss das IKL mit der südafrikanischen Liebenberg Stander Maritime schließlich zwei Verträge über sogenannte Ausführungsstudien für ein Forschungstauchboot und ein weiteres Tauchboot, das auf diesem aufbaute. Die Spezifizierungen sahen vor, dass diese U-Boote einen Antrieb besitzen sollten, der ihnen einen Aktionsradius von 6000 Seemeilen erlaubte. Des Weiteren sollten die Boote über vier Abschussvorrichtungen für Kurzstreckenraketen verfügen, die über und unter Wasser abgefeuert werden konnten. Zwei Kampftaucher-Unterstützungsfahrzeuge sollten mitgeführt werden, die in 35 Meter Tiefe ausgesetzt und auch wieder an Bord genommen werden konnten. In den Mini-U-Booten fanden im Ernstfall Kampftaucher Platz, die von dort aus zu Sabotageeinsätzen starten sollten. Diese Ausführungsbestimmungen machten recht deutlich, dass die Südafrikaner die U-Boote nicht nur wie offiziell behauptet zur Landesverteidigung, sondern auch oder gerade für Angriffs- und Sabotageeinsätze gegen die feindlichen Nachbarn einsetzen wollten.[32] Bei den Vorstandssitzungen von HDW in Kiel war das geplante U-Boot-Projekt mit Südafrika regelmäßiger Tagesordnungspunkt. Im Protokoll der Sitzung vom 12. Dezember notierte der Assistent: »D [Hinter dem Kürzel verbarg sich der Vorstandsvorsitzende Klaus Ahlers, d. Verf.] teilt mit, daß die Herren Genscher und Botha ein Gespräch über dieses Projekt geführt haben. HDW wird keinen Vertrag mit den Kunden abschließen, solange keine Ermächtigung dazu aus Bonn gegeben wurde.«[33] HDW wartete also noch auf eine wie auch immer zu erteilende Erlaubnis aus Bonn, während die Gespräche des IKL mit den Verantwortlichen am Kap bereits zu konkreten Vereinbarungen geführt hatten.

9. Dezember 1983, Bonn
In der Hochphase der Flick-Affäre waren neun Staatsanwälte mit den Ermittlungen befasst, die nun fast zwei Jahre gedauert hatten. Vier Staatsanwälte hatten sich um die illegale Parteispenden-Praxis gekümmert, fünf in dem Komplex um Friedrich Karl Flick ermittelt. Bis zum Schluss war Wirtschaftsminister Otto Graf Lambsdorff überzeugt, um eine Anklage herumkommen zu können. Kohl hatte mit Genscher abgesprochen, den Grafen auch bei einer möglichen Anklage im Amt zu belassen, um die Koalitionsarithmetik nicht zu gefährden. Ein Herausbrechen des FDP-Wirtschaftsministers konnte ein Einfallstor für Strauß werden, doch noch auf einen Ministerposten in Bonn zu gelangen. Strauß hatte noch im Sommer öffentlich Öl

ins Feuer gegossen. Er wusste wohl, dass Lambsdorff entgegen seinen Beteuerungen noch Anfang 1983 unterwegs gewesen war, um für die FDP Geld zu sammeln – auch bei Flick. In einer Art letztem Gefecht schickte Lambsdorff noch einmal zwei Zeugen an die Front, die seine Unschuld bezeugen sollten. Einer von ihnen war sein Parteichef Außenminister Hans-Dietrich Genscher. Doch die Staatsanwälte hatten ihre Schriftsätze fertig. Am 9. Dezember wurde Otto Graf Lambsdorff angeklagt. Zuvor waren bereits die Anklageschriften gegen Ex-Wirtschaftsminister Hans Friderichs wegen Verdachts der Bestechlichkeit und gegen Flick-Manager Eberhard von Brauchitsch wegen Verdachts der Bestechung verschickt worden. Die Staatsanwälte hatten herausgefunden, dass zwischen 1968 und 1980 auf dem Weg der illegalen Parteispenden-Praxis rund 250 Millionen Mark am deutschen Fiskus vorbeigeschleust worden waren.[34]

Dezember 1983, Zürich, Genf

Im Dezember des Jahres 1983 entfaltete Uwe Barschel eine rege Reisetätigkeit mit geheim gehaltenem Hintergrund. Sowohl am 10. Dezember als auch am 15. Dezember saß Barschel erneut in einem Flugzeug mit Ziel Zürich-Kloten. Insgesamt war Barschel in diesem Jahr nun zehnmal in die Schweiz gereist. Achtmal nach Zürich und zweimal nach Genf.[35] Im Kieler Landeshaus wusste offiziell niemand, wen er dort traf. Ein leitender Manager eines großen deutschen Rüstungskonzerns erfuhr damals von seinem südafrikanischen Geschäftspartner in Diensten des Staatsunternehmens Armscor, dass Uwe Barschel in die geheimen Verhandlungen über das U-Boot-Geschäft eingeschaltet war. Verhandlungen zum Einfädeln des Deals wurden nach übereinstimmender Aussage von Beteiligten aus den südafrikanischen und deutschen Unternehmen auch in der Schweiz geführt, unter anderem in Zürich.[36]

Am 21. Dezember fertigte Staatssekretär Hans Tietmeyer im Bonner Finanzministerium einen Vermerk. Er hatte soeben in einem Telefongespräch mit Ernst Pieper noch einmal die offizielle Haltung Stoltenbergs deutlich gemacht. Der Bundesfinanzminister sah keine Möglichkeit, eine Genehmigung für den geplanten Export von Kriegswaffentechnologie nach Südafrika zu erhalten. Er ließ Tietmeyer ausrichten, dass er HDW dringend rate, die Finger von dem Geschäft zu lassen und es nicht weiter zu betreiben.[37]

Den Jahreswechsel verbrachte Uwe Barschel mit der Familie im hohen Norden Deutschlands. Sie feierten gemeinsam mit der Familie seines Freundes Rolf Lechner. Die beiden Familien hatten eine enge Beziehung entwickelt, und auch die Kinder kamen gut miteinander aus. Eine Barschel-Tochter war im gleichen Alter wie die Tochter Lechners. Diese gemeinsamen Silvesterfeiern wurden in den folgenden drei Jahren zu einer Familientradition.[38]

Die Tarnung

Januar 1984, Simonstown, Südafrika
Im Marinestützpunkt von Simonstown am westlichen Kap von Südafrika tat sich etwas. Der Komplex wurde gewaltig ausgebaut. Bislang konnten dort nur die veralteten U-Boote der französischen Daphne-Klasse bis zu 1000 Tonnen ins Dock, jetzt passten Boote bis zu 3000 Tonnen hinein. Oppositionsgruppen des African National Congress (ANC) mutmaßten, dass dort mit israelischer Hilfe atomgetriebene U-Boote gebaut werden sollten. Europäische Militärexperten beobachteten die geheimen Aktivitäten mit Argwohn.[1]

Während in Bonn aus dem Finanzministerium das vermeintlich klare Signal gekommen war, von dem Südafrika-Deal Abstand zu nehmen, arbeiteten die Verantwortlichen bei HDW und IKL unverdrossen weiter. HDW-Vorstand Hansen-Wester vermerkte zwei Tage nach der Vorstandssitzung, am 23. Januar 1984: »Mit diesem Projekt sind hochgestellte Vertreter der Bundes- und Landesregierung befaßt.« Außerdem habe sich der Aufsichtsratsvorsitzende Ernst Pieper intensiv eingeschaltet.[2] Ohne politische Rückendeckung hätten sich die Manager wohl kaum die Finger schmutzig gemacht.

Anfang 1984, Bonn
In der Bundeshauptstadt drehte sich in diesen Tagen alles um eine bizarre Homosexuellen-Affäre. Bundesverteidigungsminister Manfred Wörner geriet von Tag zu Tag stärker unter Druck. Sein Vier-Sterne-General Günter Kießling, als stellvertretender Oberbefehlshaber der Nato eine zentrale Figur der Bundeswehr, war durch den Militärischen Abschirmdienst (MAD) belastet worden, er verkehre regelmäßig in Kölner Schwulenlokalen. Schmierige Zeugen aus den Kneipen »TomTom« und »Café Wüsten« identifizierten auf Kießling-Fotos ihren »Günter von der Bundeswehr«. Die Schmuddel-Dossiers der Militärgeheimdienstler reichten Verteidigungsminister Manfred Wörner, um den General als »Sicherheitsrisiko« in den vorzeitigen Ruhestand zu schicken. Doch bald kehrte sich die Sache gegen Wörner, weil seine Haltung nicht mehr als zeitgemäß empfunden wurde. Wochenlang beherrschte der Fall die Schlagzeilen: »Eine Schmieren-

komödie«, »Treibjagd auf einen General« und »Der Lack ist ab«, titelte der *Stern*.[3]

Während der Kießling-Affäre ließ sich Barschel in einem Businessjet der Firma Travel-Air vom Flughafen Köln-Bonn nach Lübeck fliegen. Im Cockpit saß Horst Schmidt, ein 41-jähriger Pilot aus dem Kreis Dithmarschen an der Nordsee. Schmidts Ehefrau Susanne, eine 29-jährige Hamburgerin, besorgte den Service. Sie wechselte mit dem Ministerpräsidenten ein paar Worte über die aktuelle *Stern*-Geschichte zum Fall Kießling. Barschel wollte offenbar ihre Einschätzung hören.

Flugbegleiterin Susanne Schmidt erinnerte sich an einen zweiten prominenten Fluggast, der mit Barschel nach Lübeck flog: Walther Leisler Kiep, Bundesschatzmeister der CDU. Der gebürtige Hamburger machte seit Jahren negative Schlagzeilen, weil er vielfach in den Verdacht geraten war, Bestechungsgelder für Partei und Politiker entgegengenommen zu haben.[4]

Kiep kontrollierte die Schatzmeisterei seiner Partei nun schon 13 Jahre lang, er war der Herr der Parteikasse und genoss in diesem Amt das besondere Vertrauen von Helmut Kohl. Denn in Kieps Aktenkoffer wurden die Informationen über die geheimen Spender und Sponsoren der CDU-Politiker gehortet, und Kiep war der Mann, der für die Partei ein klandestines, gesetzeswidriges System von Schwarzgeldkonten in der Schweiz steuerte.

»Hummel« nannten die Stasi-Offiziere den Hanseaten, und sie verfolgten seine Geschäfte, so gut sie lauschen konnten. Sie versprachen sich Erkenntnisse über den innersten Machtzirkel im deutschen Westen.[5] Die umtriebigen Geldsammler der CDU hatten Anfang der achtziger Jahre in Vaduz die Stiftung »Norfolk Foundation« gegründet, um geheime Vermögen auf Zürcher Konten bei der Schweizerischen Bankgesellschaft (SBG) zu bunkern. Die Stiftung war nach dem größten Kriegshafen der US-Marine im Bundesstaat Virginia benannt worden.

Anfang Februar 1984, Kiel

In Lübeck und Kiel nahm das heimliche U-Boot-Projekt Fahrt auf. Am 3. Februar erhielt HDW Post von IKL. Die Ingenieure teilten mit, dass vom 1. März an fünf Mitarbeiter des IKL sowie vier der HDW gebraucht würden, um auch in Südafrika mit der Arbeit beginnen zu können: »Zur Hälfte können die Arbeiten in der Bundesrepublik gemacht werden, zur anderen Hälfte müssen die Leute nach Südafrika.«[6] Der Vorstand von HDW beschloss drei Tage später, die Federführung bei den Verhandlungen in Bonn über die benötigten Genehmigungen zu übernehmen.[7] IKL-Chef Nohse verfasste unter dem Datum des 14. Februar ein zweites Memorandum für die Bundesregierung. Nun stellte er auch klar, dass es nicht nur um die Lieferung von U-Boot-Plänen und Expertenhilfe in Höhe von insgesamt 116 Millionen Mark gehen sollte, sondern auch um die Lieferung von U-Boot-Komponenten. Das Geschäft war jetzt 275 Millionen Mark wert. Das Papier war überschrieben »Arbeitspapier zur Vorlage im Sicherheitsrat« und sollte noch einmal als politische Argumentationsgrundlage dienen.[8] Das Memorandum ging in der Folgezeit an das Bundeskanzleramt, das Wirtschaftsministerium, das Verteidigungsministerium und ans Auswärtige Amt. Der Abteilungsleiter im Wirtschaftsministerium, Ministerialdirektor Schomerus, erhielt das Argumentationspapier von HDW-Chef Ahlers. Schomerus, zu dieser Zeit auch im Aufsichtsrat der HDW, teilte Ahlers seine persönliche Beurteilung mit: Er hielt das Geschäft aus politischen und rechtlichen Gründen weder für genehmigungsfähig noch überhaupt für durchführbar. Auch beim zuständigen Vortragenden Legationsrat im Außenministerium Henze holte sich Ahlers eine Abfuhr: Henze teilte mit, »daß das Projekt für ausgeschlossen gehalten werde«.[9]

Das alles focht bei IKL und HDW niemanden wirklich an. Am 16. Februar erhielten die mit dem Südafrika-Projekt betrauten Mitarbeiter des IKL eine »Sicherheitsbelehrung«, in der es hieß: »Sie sind bzw. werden demnächst an Arbeiten tätig sein, die unter der Arbeitsnummer IK 97 – in Abstimmung mit dem Bundesverteidigungsministerium – abgewickelt werden. Wir haben dem Kunden zusichern müssen, diese Arbeiten unter strengster Geheimhaltung durchzuführen.«[10]

3. April 1984, Kiel

An diesem Dienstag erschien Uwe Barschel zur Kontrolluntersuchung bei Professor Bernsmeier in der Uniklinik. Zwei Wochen zuvor hatte er seinem Arzt wieder einen Bittbrief geschickt: »Sind Sie so gut und verschreiben mir Tavor 1,0 mg? Die beiden Dosen sind nun leer. Oder sollte ich mich vorstellen? Das Medikament bekommt mir gut.

Mir selbst geht es gut, jedenfalls besser als vor einem Jahr ...« Im Sprechzimmer erzählte Barschel, und der Arzt notierte in die Patientenkartei:»Gelegentlich noch gewisse Vitalitätsstörung. Tavor hilft und macht nicht müde ...« Er tastete den Oberkörper seines Patienten ab, entdeckte nichts Auffälliges, außer leichten Druckschmerzen bei tiefer Inspiration, als er unter dem rechten Rippenbogen die Leber prüfte.

Barschel konnte ohne die Tranquilizer nicht mehr leben. Und das von ihm verwendete Tavor war ein sehr starkes Mittel, etwa fünfmal so stark wie zum Beispiel das häufiger eingesetzte Valium. Barschels durchschnittliche Tagesdosis Tavor lag nun schon bei 3,2 mg – um die Hälfte höher, als seine Dosis war, als er begonnen hatte, das Medikament einzunehmen. Es war viel zuviel, längst nicht mehr durch situative Angstzustände wie Flugangst zu begründen. Uwe Barschel war auf dem Weg, medikamentenabhängig zu werden.[11]

»Er litt unter sehr starkem Stress, den ich persönlich niemals ertragen könnte«, erinnerte sich einmal seine Ehefrau, und seinen Chauffeur Karl-Heinz Prosch machte Barschels Verhalten zeitweise »während der Fahrt so nervös, dass er sich nicht mehr richtig auf seine Aufgabe konzentrieren konnte«.

Offensichtlich nutzte Barschel das Heilmittel, um einen Druck aushalten zu können, dessen Ursache keiner kannte. Weder seine Ärzte noch die Politikerkollegen und auch nicht seine Ehefrau. Das wahre Motiv seiner Ängste blieb im Dunkeln.

6. April 1984, Lübeck

Die Einfahrt zum vierstöckigen, weiß gestrichenen Verwaltungsbau des Ingenieurkontors Lübeck hätte auch zu einer Autowerkstätte führen können. Nichts deutete darauf hin, dass hier an hochgeheimen Militärprojekten gearbeitet wurde. Rechts ein Besucherparkplatz für vier Wagen, geradeaus eine einfache, elektrische Schranke, dahinter ein halbes Dutzend weiße Firmenwagen und links der nüchterne Eingang zur neuen Osterweiterung des IKL-Hauptgebäudes, einem schnörkellosen Bau aus den sechziger Jahren. In den Werkshallen dahinter arbeiteten technische Zeichner, Konstrukteure und Forschungsingenieure an den leistungsfähigsten konventionellen Unterseebooten der westlichen Welt.

Geschäftsführer Lutz Nohse war in seinem Büro vom üblichen

Werks-Nippes umgeben: Handliche Plexiglas-Vitrinen mit schwarz lackierten U-Boot-Modellen auf einem Eichenholzsockel, Fotos von Erprobungsfahrten und Tauffeierlichkeiten mit Admirälen und ihren Gattinnen, Tischfähnchen mit den Nationalflaggen für die Besprechungen mit den Besuchern, von Argentinien bis Venezuela mehr als 20 Länder-Serien. In diesen Tagen konzentrierte sich die Aufmerksamkeit des IKL-Chefs erneut auf den Kunden, den er gar nicht beliefern durfte – Südafrika.

Es war geplant, dass Nohse Anfang Mai ans Kap fliegen sollte, um die Verhandlungen voranzutreiben. Die Zeit drängte. Anfang Juni sollte der südafrikanische Präsident Pieter Willem Botha zu einem Staatsbesuch nach Bonn reisen. Er sollte den U-Boot-Deal bei dieser Gelegenheit auf allerhöchster Ebene ansprechen.

24.–28. April 1984, DDR

Uwe Barschel war wieder einmal »drüben«. Auf einer Rundreise von Dresden über Karl-Marx-Stadt und Jena nach Ost-Berlin standen Besichtigungen, Betriebsbesuche und Gespräche mit wichtigen Betriebsdirektoren auf dem Programm. Auch ein Gespräch mit dem DDR-Wirtschaftsminister Günter Mittag war geplant.[12]

Auf der Reise wurde Barschel von seinem persönlichen Referenten Friedersen und seinem Unternehmerfreund Karl-Josef Ballhaus, Geschäftsführer der Schwarzkopf GmbH, begleitet. Ebenso war meist ein Mitarbeiter der ständigen Vertretung in Ost-Berlin mit von der Partie. Wie immer würde jeder Schritt von der Stasi akribisch überwacht werden. Ein Oberstleutnant der Berliner Zentrale zeichnete im Rahmen der Besuchsvorbereitungen ein Charakter-Bild von Barschel:

»Im persönlichen Umgang kennzeichnen ihn Schlagfertigkeit und trockener Humor. Es kann eingeschätzt werden, daß er dem weiblichen Geschlecht und dem Alkohol zugetan ist. Er ist kontaktfreudig, unterhaltsam und gesellig. Sein allgemeines Auftreten ist elegant und vornehm. Entsprechend genannten Neigungen zu Frauen ist der Einsatz weiblicher inoffizieller Mitarbeiter aus den Verantwortungsbereichen der Bezirksverwaltungen Dresden, Karl-Marx-Stadt und Berlin bzw der Hauptabteilung VI, Abteilung Objektsicherung und Tourismus vorzubereiten.«

Die Observierung der Reisegruppe erhielt von den Stasi-Oberen die Bezeichnung Aktion »Hecht«.[13] Barschel war für die Stasi zum Hecht im Karpfenteich geworden. Jahre zuvor war er noch unter dem Namen des schönen Vogels »Pirol« durch die Karteien des MfS gesegelt. Es waren vor allem Termine zu absolvieren, die der wirtschaftlichen und gesellschaftlichen Kontaktpflege dienten. Erstes Ziel der Reisegruppe war Dresden. Minutengenau protokollierten die Observationsteams der Stasi jeden Schritt Barschels und seiner Begleiter: »Bei dem Besuch der Gemäldegalerie ›Alte Meister‹ und des Albertinums wurden durch die Besucher keine Fragen gestellt und/oder Diskussionen geführt.«[14]

Das änderte sich am Abend in der HO-Gaststätte »Meißner Weinkeller«. Schon um halb sieben nahmen Barschel und seine Begleiter in dem Lokal Platz. Auch hier spitzten die Lauscher an den Nebentischen die Ohren. Sie registrierten, dass Barschel sich entgegen der Berliner Charakterisierung gegenüber dem Kellner arrogant verhielt und sich als Wortführer gerierte. Die Gruppe bestellte vor allem Dinge, von denen sie wohl annahm, dass sie in der DDR nicht zu bekommen waren. So fragte Barschel den Kellner, welcher Kaviar im Angebot sei. Die Stasi notierte: »Als der Kellner ihm antwortete, daß es sich um Seehasenrogen handelt, sagte Dr. Dr. Barschel wortwörtlich: ›Ist das die schwarze Kaninchenscheiße, nein danke.‹«[15]

Es wurde auch über politische Themen gesprochen. Die Gruppe, zu der erneut ein Mitarbeiter der Ständigen Vertretung mit seinem Fahrer gestoßen war, diskutierte die aktuellen Probleme der »Ost-West-Besuche«, aber auch die Gespräche Honeckers mit Strauß und die sich daraus ergebende »Bedeutung für das BRD-Land Schleswig-Holstein wurden angesprochen«. Der Protokollant der Stasi konnte hier nicht weiter ins Detail gehen. Die heimlichen Zuhörer bekamen nicht alles mit. Es war zu laut im »Meißner Keller«.[16] Dafür registrierten sie genau, dass sich ab 22 Uhr alle in leicht angetrunkenem Zustand befanden. Barschel und seine Begleiter hielten aber noch ein wenig durch. Als sie gegen halb zwölf das Lokal verließen, hatten sie 13 Flaschen Bier und eine Flasche Sekt getrunken. Die Rechnung von 564,25 Mark beglich der Mitarbeiter der Ständigen Vertretung. Ein Plan der Stasi war allerdings gescheitert: »Eine zielgerichtete Kontaktaufnahme von einem eingesetzten weiblichen IM konnte aufgrund der örtlichen Gegebenheiten nicht realisiert werden.«[17]

Am nächsten Morgen besichtigte die Reisegruppe Barschel auf besonderen Wunsch des Ministerpräsidenten die Semper-Oper. Dann ging die Fahrt weiter Richtung Karl-Marx-Stadt und Jena. Die nächste Stasi-Bezirksverwaltung übernahm die Beschattung.

26. *April 1984, Jena*
Die beiden Männer traten zum wiederholten Mal auf den Balkon der Wohnung in der Leninstraße Nr. 6. Die Beobachter der Stasi, die im Wagen vor dem Haus saßen und warteten, erkannten, dass die beiden demonstrativ zu ihnen hinuntersahen, während sie sich unterhielten. Es war eine angeregte Unterhaltung, die Uwe Barschel mit seinem Verwandten Bernd Barschel führte. Ihre beiden Großväter waren Cousins gewesen, und Uwe Barschel hatte bei seinen Familienrecherchen den Aufenthalt Bernds ausfindig gemacht. Die beiden Männer standen sich nun zum ersten Mal gegenüber. Bei einer DDR-Reise Anfang der 80er Jahre hatte Uwe vergeblich versucht, einen Kontakt herzustellen. Bernd Barschel war sieben Jahre älter und arbeitete als promovierter Indologe und Sprachforscher an der Universität Jena, die an diesem Tag auch auf dem Besuchsprogramm stand. Doch dieses Gespräch war angeblich rein privat. Familienerinnerungen sollen es vor allem gewesen sein, die sie interessierten. Ein deutsch-deutscher Familienplausch, der unter normalen Umständen wahrscheinlich nie zustande gekommen wäre. Bernd Barschel war kein Reisekader, ein Besuch im Westen für ihn so gut wie ausgeschlossen. Uwe und Bernd stellten durchaus Gemeinsamkeiten fest. So waren beide stark an allen Themen des Naturschutzes interessiert.[18]

Zwei Stunden hockten die Stasi-Observierer in ihrem auffällig unauffälligen Wagen, bis Uwe Barschel seinen Besuch beendete. Für die Stasi in Jena war Großkampftag. Sie hatte extra Unterstützung von der Bezirksverwaltung Gera angefordert. Zwei feste Beobachtungspunkte waren eingerichtet worden, von denen aus man den Turm der Friedrich-Schiller-Universität und das Hauptgebäude im Blick hatte. »Mit Maskierungsmitteln präparierte« und mit Funk ausgerüstete Autos waren zur Beschattung eingesetzt, dazu kam das übliche Fußvolk. So wurde Barschel bei seinen Besuchen im VEB Carl Zeiss Jena und in der Universität wieder auf Schritt und Tritt beobachtet.[19]

Nach diesem Besuchsprogramm machte sich die Delegation auf den Weg nach Ost-Berlin. Am Abend war ein Empfang hoch über der

Stadt, im 37. Stockwerk des Hotels »Stadt Berlin« angesetzt. Eingeladen hatten Vertreter des Ministeriums für Außenhandel, der Forum GmbH, der Asimex Import-Export und des VEB Berlin-Chemie. Zumindest beim Empfang hoch über Berlin wurde Barschel eingehend von dem Inoffiziellen Mitarbeiter »Schreiber« unter die Lupe genommen, der in Begleitung des Kombinatsdirektors erschien. »Schreiber« war beeindruckt. »In seinem Auftreten war er außerordentlich locker, jedoch gewissenhaft, was die Einhaltung der Termine anbelangte ... B. würdigte außerordentlich wohlwollend die Leistungen der DDR auf kulturellem Gebiet, zum Beispiel der Restaurierung der Semperoper etc. Genossen Honecker würdigte er als bedeutenden Staatsmann, dem er größte Achtung zolle. IM »Schreiber« notierte, wie positiv Barschel sich über die Gespräche bei seinen diversen Firmenbesuchen, aber auch über das Treffen mit Bernd Barschel äußerte. Offen und ehrlich sei geredet worden, bei der Beantwortung seiner Fragen habe es keine Zurückhaltung gegeben. Er müsse wohl sein Bild über die DDR korrigieren, tönte Barschel diesmal versöhnlich.

Es waren die zwei Gesichter des Uwe Barschel, die auf dieser Reise wieder einmal sichtbar wurden. Herablassend, ja einschüchternd und demütigend konnte er gegen Rangniedere und Angestellte sein, eloquent, witzig und glatt auf gesellschaftlichem Parkett. Aber auch jetzt wurde wieder deutlich, wie sicher und unbekümmert er sich in der DDR unter den allgegenwärtigen Augen der Staatssicherheit bewegte. So, als ob er alle in der Tasche habe. Er schimpfte über den Arbeiter- und Bauernstaat, legte sich mit Bediensteten an, versuchte sogar zweimal, eine Dame zu kontaktieren, die er bei seinem vorhergehenden Besuch kennengelernt hatte.

IM »Schreiber« aber lernte an Barschel noch eine besondere, ganz private Seite kennen. Mit frappierender Offenheit gab der Ministerpräsident dem Stasi-Zuträger Gelegenheit, sich ein Bild von seiner finanziellen Ausstattung zu machen. Die habe gelitten, seit er die Anwalts-Kanzlei und das Notariat aufgegeben habe, jammerte Barschel. Irgendwann werde er vielleicht mal wieder in seinen früheren Beruf zurückkehren, verkündete er.[20] Denn das Verlangen nach dem großen Geld muss Barschel stark beschäftigt haben. Einem befreundeten CSU-Kreisvorsitzenden hatte er ungeniert anvertraut, dass er als Notar viel Geld mit libyschen Ölkontrakten gemacht habe.

3. Mai 1984, Durban, Südafrika
»Decoto Involvement Plan« hieß das Papier, das unter dem Datum des 3. Mai 1984 verfasst wurde. Den beteiligten Verhandlungs- und Vertragspartnern war das Geschäft zu brisant, als dass es weiter im Klartext behandelt werden konnte. »Decotor« stand für IKL. Alle beteiligten Firmen, andere Stellen und die einzelnen Projektschritte erhielten nun Tarnnamen. Zukünftig stand »Karate« für Südafrika, »Tjello« für Deutschland, HDW war »Laokoon«.[21] Für U-Boote stand nun »Gravy«, die Werft Sandock Austral hieß »Eyebolt«. Im April und Mai ließen die Firmen ein Rechtsgutachten durch den IKL-Anwalt Sepp-Jörg Zoglmann, den Sohn des Lobbyisten Siegfried Zoglmann, erstellen. Sie suchten nach einem rechtlich abgesicherten Schlupfloch, um das Geschäft politisch abzudecken. Nach wie vor ging es ihnen um die mündliche Zusage eines Ministers oder Staatssekretärs.[22]

Die U-Boot-Bauer waren sich also sehr wohl bewusst, auf wie dünnem Eis sie sich bewegten, doch sie hielten dies noch immer für tragfähig genug. Die Gespräche auf der Ebene der Ministerialbeamten liefen weiter, und auch die Verhandlungen zwischen IKL/HDW und den Verantwortlichen in Südafrika wurden unverdrossen fortgesetzt.[23]

Gleichzeitig wurden auch am Kap die Vorbereitungen vorangetrieben. In der ersten Maiwoche war der IKL-Mitarbeiter und Chef-Unterhändler Gerd Ingwersen nach Südafrika gereist. Im Gepäck hatte er erste Bauanweisungen, Werkstattzeichnungen und einzelne Netz- und Balkenpläne der U-Boote, die 1984 für Chile und 1986 für Indien gebaut worden waren. Es war Anschauungsmaterial. Die IKL-Boote, die für diverse Länder gebaut wurden, hatten verschiedene Bezeichnungen, basierten aber auf demselben Grundtyp. Von der letzten Maiwoche bis Mitte Juni sollten sich deutsche Elektriker am Kap aufhalten; von Ende Juni bis Mitte Juli war der Aufenthalt von Schiffs- und Maschinenbauern der HDW in Durban terminiert.[24]

Rüstungslobbyist Zoglmann hatte sich telefonisch angemeldet. Am 23. Mai 1984 saß er im Kanzleramt Ministerialdirektor Horst Teltschik gegenüber. Teltschik war einer der wichtigsten Männer in Kohls Mannschaft. Seit Oktober 1982 leitete er die außenpolitische Abteilung und damit auch die Geschäftsführung des für Rüstungsexportgeschäfte zuständigen Bundessicherheitsrates. Teltschik war aber auch der zuständige Beamte für die Vorbereitung des unmittelbar bevorstehenden Besuches des südafrikanischen Präsidenten Botha.[25]

Zoglmann informierte Teltschik über den Wunsch von IKL und HDW, Fertigungspläne für U-Boote an den Apartheidstaat zu verkaufen. Teltschik sagte später aus, er habe dem Rüstungslobbyisten bei diesem informellen Gespräch – wie es im Kanzleramt an der Tagesordnung gewesen sei – von Anfang an seine Skepsis deutlich gemacht. Er habe es auch vor dem Hintergrund seiner Erfahrungen, die er im Zusammenhang mit Verhandlungen über Geschäfte mit Saudi Arabien gemacht hatte, nicht für möglich gehalten, ein solches Geschäft zu realisieren.[26]

Dessen ungeachtet traf sich Teltschik bis Januar 1985 einmal monatlich mit Vertretern von IKL oder HDW. Unmittelbar vor dem Staatsbesuch Bothas nahm auch Zoglmann wieder Kontakt zu Teltschik auf, um ihm anzukündigen, dass der südafrikanische Präsident bei Kohl das U-Boot-Geschäft ansprechen wolle. Teltschik informierte umgehend Helmut Kohl.[27]

Einen Tag nach dem Besuch des Rüstungslobbyisten Zoglmann im Bundeskanzleramt meldete sich IKL-Chef Nohse aus Südafrika. Er berichtete HDW-Vorstand Peter Hansen-Wester vom Stand der Verhandlungen. Hansen-Wester notierte: »Der Vertrag soll unter dem Vorbehalt abgeschlossen werden, daß Bonn grünes Licht erteilt. Hiermit ist der Kunde einverstanden.«[28]

5. Juni 1984, Bonn

Helmut Kohl war vorgewarnt. Deshalb wusste er sofort, worum es ging, als Präsident Botha nach einer allgemeinen Einleitung über die industrielle Kooperation zwischen Deutschland und Südafrika und seinen Gesprächen mit Vertretern der deutschen Wirtschaft zur Sache kam: »Herr Bundeskanzler, ich möchte ein Problem ansprechen. Es wird zur Zeit ein Projekt verhandelt – mit dem Industriekontor Lübeck.« Eine Mitarbeiterin des Auswärtigen Amtes dolmetschte. Der allgegenwärtige Teltschik hörte aufmerksam zu, als Botha fortfuhr. »Nach meiner Kenntnis können diese Verhandlungen nur fortgesetzt werden, wenn der Bundessicherheitsrat zustimmt. Von der Industrieseite her sind die Verhandlungen so weit fortgeschritten, daß man zu einem Abschluß kommen kann. Ich möchte Sie, Herr Bundeskanzler, davon überzeugen, wie wichtig dieses Projekt für Südafrika ist, und an Sie appellieren, baldmöglichst eine positive Entscheidung zu treffen.«[29]

Kohl hatte verstanden, dass es um die U-Boote ging. »Ich werde mich persönlich darum kümmern«, antwortete der Kanzler dem südafrikanischen Präsidenten.[30]

Kohl und Teltschik wussten also nun, dass die beteiligten Unternehmen ihre Verhandlungen weitgehend abgeschlossen hatten und zu einer Vertragsunterzeichnung schreiten konnten. Doch zur Eile bei der persönlichen Befassung mit dem Thema drängte es sie angeblich nicht. Der Bundeskanzler erteilte Teltschik und dessen Vorgesetztem, Kanzleramtsminister Waldemar Schreckenberger, Amtsjargon »Schrecki«, den Auftrag, »sich die Sache einmal anzusehen«.[31]

15. Juni 1984

Die Herren schüttelten sich zufrieden Hände. Soeben hatten Lutz Nohse für das IKL, Klaus Ahlers und Peter Hansen-Wester für HDW sowie Trevor Rex Gibbon für LSM/Armscor ihre Unterschriften unter den Vertrag gesetzt. IKL als Hauptauftragnehmer und HDW als Unterauftragnehmer vereinbarten mit dem südafrikanischen Rüstungskonzern die Lieferung von Fertigungsunterlagen und Lizenzen sowie die Umkonstruktion des U-Boot-Typs 1650 auf den Typ 1650 M. Dazu kam die Expertenhilfe für den Bau von vier U-Booten. Es war die kleine Lösung mit einem Auftragsvolumen von 116 Millionen Mark. 60 Millionen für die Fertigungsunterlagen, das Modell im Maßstab 1:5 und die Baulizenz. 56 Millionen Mark sollten die Expertenhilfe und die Umkonstruktion des Bootes kosten. Das U-Boot-Modell, für das eine Kaufsumme von 2 Millionen Mark in den Vertrag aufgenommen wurde, sollte »free on board« über Hamburg nach Südafrika verschifft werden, allerdings nicht vor dem 1. Juli 1987. Auch Lizenzgebühren für die in Südafrika zu bauenden Boote wurden vereinbart: 2 Millionen Mark für die ersten beiden Boote, danach abgestufte Gebühren für jedes weitere Boot.[32]

Dem Vertragswerk waren umfangreiche Listen beigefügt, in denen die zu liefernden Fertigungsunterlagen erläutert waren: komplette Bauspezifikationen, Bestelldokumente für die Schiffsausrüstung, Zeichnungen für Fertigungsvorrichtungen, Zeichnungen für den U-Boot-Bau, Baustandards, Dokumente für die Produktionsplanung, die Logistikdokumentation, Vertragsbedingungen, das Testprogramm und ein Qualitätssicherungshandbuch. Am Ende wären fast zwei Zentner Papierdokumente zusammengekommen, doch man hatte sich für eine handlichere Lieferversion entschieden: Die Botschaftsrepräsentanten Südafrikas sollten die Unterlagen auf Mikrofilm ausgehändigt bekommen.

Für alle Fälle sorgten die Geschäftspartner vor. Sie verpflichteten sich, auch bei Schwierigkeiten an ihrem Vorhaben festzuhalten. In den Paragraphen 20 und 21 des Vertrags hieß es: »Sollte IKL aus irgendeinem Grund an der Durchführung seines Teils der Vereinbarung gehindert sein, vereinbaren die Parteien ein Treffen mit dem Ziel, alternative Wege zu finden, um Geist und Absicht dieser Vereinbarung Wirksamkeit zu verleihen und/oder alternative Lieferungsmethoden für die Unterlagen oder das Entwurfsmodell zu arrangieren.«[33] Der Einstieg in das verbotene Geschäft war geschafft.

Kanzleramtsminister Schreckenberger erinnerte sich, von Bundeskanzler Helmut Kohl den Auftrag bekommen zu haben, die Angelegenheit zu prüfen. Kohl legte dabei Wert darauf, dass er ein großes Interesse an der Sicherung der Arbeitsplätze bei HDW habe. Wenn die Genehmigung eines solchen Projekts rechtlich und politisch möglich wäre, dann – so überlegte der Kanzler – sei es doch sinnvoller, U-Boote in Kiel zu produzieren und zu exportieren. Dies sei sicher ein größerer Beitrag zur Sicherung von Arbeitsplätzen als nur der Verkauf von »Blaupausen«.[34]

Wie Kohl, der das UN-Embargo kannte, von der Lieferung ganzer U-Boote ausgehen konnte, ist kaum anders zu erklären, als dass im Hintergrund andere Interessen eine Rolle spielten. Er musste also wissen, dass die U-Boote gar nicht lieferbar waren, und er konnte daher so auch keine Arbeitsplätze sichern. Das war auch der Regierung Barschel bewusst, die Kohls Überlegungen trotzdem unterstützte. Wie Ersatzlösungen legal funktionieren sollten, war ebenfalls nicht ersichtlich. Es war also von Anfang an klar: Die Südafrikaner wurden an der Nase herumgeführt.

Die Unternehmen verfolgten insgeheim weiter ihre Pläne, mehr als nur Konstruktionsunterlagen zu liefern und technische Hilfe zu leisten. Am 16. Juli setzte sich IKL-Chef Nohse noch einmal an seinen

Schreibtisch, um einen Brief für das Kanzleramt aufzusetzen. Dieser Vermerk erhält den Zusatz »Für Bundesregierung/Bundessicherheitsrat«. Nohse erläutert noch einmal die drei Varianten, die bei einer Realisierung des Südafrika-Deals zur Debatte standen. Da war zum einen die »kleine Lösung«, das war der Vertrag über 116 Millionen Euro. Die U-Boot-Teile sollten zentral über IKL/HDW beschafft und exportiert werden. Damit würde die Erteilung von Einzelgenehmigungen entfallen, und die Zulieferanten würden den eigentlichen Endverbraucher nicht erfahren.«[35]

Die Gesamtsumme der erwarteten Zulieferungen wurde zwischen 307 und 745 Millionen Mark beziffert; in Anlage zwei zu seinem Vermerk listete Nohse bereits die in Frage kommenden Zulieferbetriebe mit ihren möglichen Beiträgen auf. In dieser Anlage kam er bereits auf eine Summe von rund 475 Millionen Mark. Ausdrücklich negativ beurteilte Nohse – anders als Kohl und die Regierung Barschel – den Bau ganzer U-Boote in Kiel und ihren Export nach Südafrika. Das war zwar ein Auftrag, der für IKL und HDW unter Umständen ein Volumen von mehreren Milliarden Mark erreichen konnte, bei dem aber die Gefahr der Aufdeckung am größten war. Ganze U-Boote nach Südafrika zu schaffen wäre nicht zu verbergen gewesen. Nohse: »U. U. würde auch der übrige U-Boot-Export aus Kiel beeinträchtigt.«[36] Nohse war Realist.

Die Vertuschung

»Last Name: Barschel.
First Name: Uwe
Date of Birth: May 13, 1944
Place of Birth: Glienicke near Berlin.«

Die Offiziere des südafrikanischen Nachrichtendienstes füllten das Dossier Uwe Barschel kontinuierlich mit neuen Erkenntnissen. Barschel war von den Geheimdienstlern des Apartheidregimes zur wichtigen Zielperson erklärt worden. Sie ließen den Mann, der den Südafrikanern die Lieferungen der Boote garantiert hatte, ausspionieren: seine politischen Beziehungen, seine finanziellen und privaten Verhältnisse, seine Gewohnheiten, seine geschäftlichen Verbindungen und seine internationalen Kontakte.[1]

31. Juli 1984, München
An diesem Morgen diktierte Franz Josef Strauß in der Staatskanzlei einen wichtigen vertraulichen Brief. Wie so oft bei solchen Schreiben wies er die Sekretärin an, das Datum wegzulassen. Um 9.45 Uhr legte die Sekretärin den Brief auf die Telefaxmaschine und sandte ihn an das Bonner Büro von Strauß mit der Bitte: »Bitte Brief sofort in Umschlag Ministerpräsident und durch Boten mit dem Vermerk sofort aushändigen an Bundeskanzler.«[2] Der Brief selbst trug den Aufdruck »Sofort auf den Tisch«. Strauß ordnete an, eine Kopie des Briefes noch am gleichen Tag dem Lobbyisten Zoglmann zuzusenden.

»Sehr geehrter Herr Bundeskanzler, lieber Helmut«, hatte Strauß diktiert. »Wir haben uns mehrmals über Aufträge aus Südafrika unterhalten. Ich habe das letzte Mal bei unserem gemeinsamen Spaziergang darauf hingewiesen, daß der Vertrag über Software in der Höhe von etwa 116 Millionen Mark DM zwischen dem südafrikanischen Partner und IKL/HDW mit der Klausel abgeschlossen worden ist, daß er nur wirksam wird, wenn bis 15. August der Sicherheitsrat die Genehmigung erteilt. Daher ist größte Eile geboten!

Du hast [...] bei unserem Spaziergang darauf hingewiesen, dass Dir eine große Lösung mit Lieferung von Hardware, die nicht nur finanzielle Entlastung, sondern auch Produktionsaufträge mit sich bringen würde, lieber wäre. Premierminister Botha beruft sich darauf, daß er Dir überhaupt kein Schreiben zu schicken braucht, weil Du dem Vorhaben – offengelassen, ob dem kleineren oder größeren – zustimmst. Dieselbe Meinung scheint auch Ministerialdirektor Teltschik gegenüber Herrn Zoglmann vertreten zu haben. Vor unserem Spaziergang habe ich, wie ich Dir auch berichtet habe, von den Schwierigkeiten berichtet, die anscheinend abermals das Auswärtige Amt mit Auswirkungen auf das Kanzleramt macht. [...] Ich halte die große Lösung genauso wie Du natürlich für die bessere. Sie ist auch erzielbar. Ihr Vertragswert ist etwa 475 Millionen Mark, ein namhafter Auftrag in unserer Wirtschaftslage. Ich bitte Dich, sich dieser Angelegenheit anzunehmen und das Weitere zu veranlassen.
Mit freundlichen Grüßen
Dein
F. J. Strauß«[3]

Die von Strauß skizzierte Lösung kam den südafrikanischen Überlegungen nahe. Die Regierung Botha wollte die U-Boote am Kap bauen, um selbst das Know-how zu erwerben und für die Zukunft zu sichern.[4] Und die Ingenieure vom IKL unterstützten diese Variante. Sie entdeckten für ihr Unternehmen die Chance, über Südafrika neue Kunden auf dem Weltmarkt zu finden, unbehelligt von deutschen Exportrestriktionen.

Strauß hatte für sein Schreiben den richtigen Tag gewählt. Helmut Kohl hatte gerade seinen Urlaub wegen einer Sondersitzung des Bundestages unterbrochen und war nach Bonn geeilt. An Einzelheiten mochte sich Kohl aber, wie so oft, später nicht mehr erinnern. Bei den Zeugenbefragungen im Untersuchungsausschuss zur U-Boot-Affäre fiel er denn auch mit einer bewährten Schwäche auf – dem tiefgreifenden Gedächtnisverlust bei heiklen Themen. Er wollte nicht ausschließen, allenfalls eine Kopie des Strauß-Schreibens am 31. Juli oder später gesehen zu haben. An das, was Strauß in dem Brief beschrieben hatte, wollte sich keine Erinnerung einstellen. Kohls Erklärung vor den Abgeordneten zum Strauß-Brief war ein Meisterstück der politisch-juristischen Rabulistik:»Zum Inhalt des Briefs bemerkte er, der bayerische Ministerpräsident habe die Gewohnheit gehabt, hin und wieder nach einer Besprechung, die ohne inhaltlichen Abschluß zu Ende ging, ein nachfolgendes Schreiben zu verfassen, das den Eindruck erweckte, eine Abmachung zu bestätigen, die noch nicht endgültig getroffen war.«[5]

Kohl hatte nach eigenem Zeugnis auch keine Kenntnis darüber, dass sein Kanzleramtschef Schreckenberger ausgerechnet an diesem 31. Juli zum Telefonhörer griff, um erst mit IKL-Chef Nohse und danach mit HDW-Chef Ahlers zu sprechen. Nohse notierte sich, dass im Gespräch mit Schreckenberger »alle Punkte angesprochen« worden seien: »Bundeskanzler und Min.-Präsident Strauß haben ein Interesse daran, daß HDW und IKL den Vorgang IK 97 ausführen können, und zwar aus folgenden Gründen: Finanzielle Situation im Schiffbau und bei HDW speziell; Beschäftigungslage in der Zulieferindustrie und dabei in speziellen Bereichen mit hoher Arbeitslosenquote; Strategische Bedeutung für die Bundesmarine.«

Und weiter:»Entsprechend meinem Papier vom 16. Juli 1984 soll die große Lösung nicht verfolgt werden, dagegen die mittlere. Der im Vertrag vom 15. Juni 1984 genannte Termin für das Rechtskräftigwerden (15. August) muß aufgrund der besonderen Situation beim Kunden (negative Goldpreisentwicklung, wirtschaftliche Lage beim Kunden, Haushaltsplanungen) unbedingt eingehalten werden ... Eine endgültige Genehmigung, für die sich der Bundeskanzler und Min. Präsident Strauß einsetzen werden, kann erst nach den Parlamentsferien und nach Durchsprache im Bundessicherheitsrat erteilt werden.«[6]

Er habe Schreckenberger gesagt, schrieb sich Nohse auf, diese Erklärungen seien für das IKL die ersten ermutigenden Auskünfte von höchster Stelle:»Wir werden – vorausgesetzt, daß unser Partner HDW zustimmt – dieses Telefongespräch und die Nachricht vom 28. Juli 1984 aus München zum Anlaß nehmen, dem Kunden gegenüber zu erklären, daß für uns der Vertrag rechtskräftig geworden ist und daß wir jetzt die Arbeiten aufnehmen.« Doch dem Chef des Kanzleramts, einem Staatsrechtsprofessor, schien nicht ganz wohl bei diesem Telefonat zu sein, wie auch Nohse spürte:»Prof. S. betonte mehrfach während des Telefongesprächs, das Äußerste für HDW/IKL in der Angelegenheit IK 97 zu tun. Seine Aussage in diesem Gespräch

könnte jedoch für uns nicht Grundlage sein, die Bundesregierung schadenersatzpflichtig zu machen.«[7] Dennoch heißt es in einer weiteren Notiz von IKL an diesem Tag, das »grüne Licht« sei nun »in geeigneter Weise« vorhanden.[8]
Professor Schreckenberger sah es ganz anders und distanzierte sich später vor dem Untersuchungsausschuss von Nohse. Er habe den Unternehmen lediglich mitteilen wollen, dass die Prüfung der Angelegenheit noch Zeit brauche. Ein »grünes Licht«, eine Zustimmung, hatte es nach Ansicht und Absicht des Juristen nicht gegeben. Nohse habe sich daraus seine eigene Version zurechtgelegt, sagte Schreckenberger den Abgeordneten.[9]
Aber HDW-Vorstandschef Ahlers, dem auf Bitten Nohses der nächste Anruf gegolten hatte, verstand den Kanzleramtsleiter genauso wie der IKL-Chef. Er notierte: »Herr Staatssekretär Dr. Schreckenberger hat uns im Auftrag von Herrn Bundeskanzler Kohl telefonisch mitgeteilt, daß der Bundeskanzler und Franz Josef Strauß unserem Projekt IK 97 in der mittleren Lösung, d. h. Blaupausen-Export und Zulieferung von Teilen ihre Zustimmung erteilen.«[10]
Ahlers hielt fest, dass eine entsprechende Entscheidung im Bundessicherheitsrat aus technischen Gründen erst im September herbeigeführt werden könne. Dann fuhr er fort: »Im Hinblick auf die Terminlage der Erklärungsfrist zum 15. August 1984 hat es Herr Staatssekretär Dr. Schreckenberger als sein ausdrückliches Anliegen bezeichnet, die positive Einstellung des Herrn Bundeskanzlers und des Ministerpräsidenten Strauß zu betonen, um die Einleitung des Geschäfts zu ermöglichen.«
Man kann es drehen und wenden, wie man will: Das Kanzleramt ließ die Zügel locker, und die Firmen reimten sich daraus eine Zustimmung zu ihren illegalen Plänen zusammen. Warum auch nicht?
Ahlers notierte: »Über die Ingangsetzung des Vertrages ... erbittet Staatssekretär Dr. Schreckenberger eine Information wegen seiner Urlaubsabwesenheit an Staatssekretär Teltschik.«
Teltschik war zwar damals nur Ministerialdirektor, aber in der Wahrnehmung seiner unmittelbaren Umgebung musste er sehr viel wichtiger gewesen sein. Auch die Südafrikaner wussten, dass an diesem Spitzenbeamten vorbei in Kohls Kanzleramt nichts von Bedeutung durchzusetzen war. Horst Teltschik war bereits seit 1972 an der Seite Kohls tätig und zählte seitdem zu dessen engstem Beraterkreis.

Zuerst arbeitete er für den damaligen Ministerpräsidenten von Rheinland-Pfalz als Referent in der Staatskanzlei in Mainz. Als Kohl Chef der CDU-Fraktion im Deutschen Bundestag geworden war, machte er Teltschik zu seinem Büroleiter, und 1983 holte er ihn als zweiten Mann ins Kanzleramt.

Der südafrikanische Armscor-Abgesandte Rex Trevor Gibbon hatte sich während der entscheidenden Verhandlungsphase in Deutschland aufgehalten. Er wurde unverzüglich darüber informiert, dass Bonn »grünes Licht« gegeben habe. Dafür schickte er einen Dankesbrief an IKL-Chef Nohse. Hocherfreut zeigte sich der Südafrikaner über die Tatsache, dass der Rest des gemeinsamen Programms nun ohne Schwierigkeiten über die Bühne gehen könne.[11]

August 1984, Kiel, Gästehaus der Landesregierung
Sie saßen in dem großen Appartement im Gästehaus der Kieler Landesregierung neben dem Parlamentsgebäude. Uwe Barschel und sein Bruder redeten die ganze Nacht hindurch. Es kam selten genug vor, dass Eike die weite Reise von Genf antrat, um seinen Bruder in Kiel zu besuchen. Erst seit dem vergangenen Jahr war ihr Kontakt wieder intensiver geworden. Nach einem Streit hatten sie jahrelang nicht mehr zu einem ausführlichen Gespräch zusammengefunden. Eike war inzwischen von Mailand nach Genf übergesiedelt, wo er Finanzchef der Europadivision der Digital Equipment Computer Company (DEC) geworden war. Danach hatten die Geschwister verabredet, dass die Kinder – auch der Sohn von Schwester Folke – einmal im Jahr ihre Ferien bei Eike am Genfer See verbringen würden.[12]

»Ich muss wirklich nicht für immer in der Politik bleiben«, brach es aus Uwe Barschel heraus. Eike hörte mit wachsender Verblüffung zu, wie sein Bruder über seine persönliche Zukunft sprach. Er war davon ausgegangen, dass die Politik seinen Bruder lange, wenn nicht für sein Leben binden würde. Doch Uwe Barschel spekulierte über andere Möglichkeiten.

»Eine akademische, wissenschaftliche Laufbahn und Karriere würde mich sehr reizen«, sagte er. »Ich könnte mir aber auch vorstellen, auf eine Position in der Wirtschaft zu wechseln.« Uwe Barschel erinnerte an einen ehemaligen Minister, der an die Spitze der Landesbank Schleswig-Holstein gewechselt war. Doch Eike schüttelte nur den Kopf. Das war ihm dann doch zu wenig für seinen ehrgeizigen Bruder: »Das bringt dich wirklich nicht weiter. Als Chef einer Landeszentralbank hast du doch keinerlei Einfluß in der Bundesrepublik.«[13] Und er wusste als Manager eines Weltkonzerns natürlich, dass auf dem Posten der kleinen Provinzbank das große Geld nicht zu verdienen war.

Eike Barschel glaubte, seinen Bruder gut zu kennen. Er hatte ein vielschichtiges Bild von ihm. Da war einerseits der Ministerpräsident, der sich über Einsatz und Leistungswillen das Image des Machers zugelegt hatte, und andererseits war da der Familienmensch, für den Frau und Kinder eine zentrale Bedeutung hatten. Für den klugen Rechner Eike Barschel ging es in der Politik um die Ausübung und Erhaltung sozialer Macht.[14]

Die Stunden vergingen. Das Gespräch nahm eine Wende, als Uwe Barschel es auf seinen Vorgänger in Kiel, Gerhard Stoltenberg, lenkte. Er vermittelte kein positives Bild seines Wegbereiters. Weder privat noch beruflich. Er ging zunächst nicht ins Detail, doch Eike merkte, dass sein Bruder von Stoltenberg enttäuscht war, dass ihr Verhältnis sich mittlerweile deutlich verschlechtert zu haben schien. Dann wurde Uwe Barschel doch etwas konkreter.

»Er hat Dinge in die Wege geleitet, die ich als Schleswig-Holsteinischer Ministerpräsident – und damit bin ich zuständig für die HDW oder für unseren Anteil an der HDW – zu verantworten habe, ohne mich zu informieren oder mich gar um Rat zu fragen.«[15]

Eike Barschel war erstaunt. Er konnte damit nicht viel anfangen, er war nun wirklich kein Experte in norddeutscher Wirtschafts- und Landespolitik. Uwe Barschel ging auch hier nicht in die Einzelheiten, aber Eike bemerkte, wie sehr ihn das Thema beschäftigte.

»Stoltenberg macht, was er will«, sagte Uwe Barschel. »Er übergeht mich, aber am Ende bin ich der Ministerpräsident, ich stehe in der Öffentlichkeit, ich muß meinen Kopf für alles hinhalten.«[16] Worauf Uwe Barschel hinauswollte, blieb unklar. Vieles konnte hinter seinen Worten stecken. Jedenfalls hatte sich Stoltenberg nicht in dem Maße wie er für das U-Boot-Geschäft starkgemacht.

Eike hörte zu. Er spürte, dass sein Bruder das Bedürfnis hatte zu reden. Viel beitragen konnte Eike zu diesem Teil des Gespräches nicht, aber er hörte zu, als sein Bruder sich etwas von der Seele reden wollte. Es saßen sich zwei Brüder gegenüber, es saßen sich aber auch ein Berufspolitiker und ein erfahrener Finanzmanager gegenüber. Sie respektierten sich, und Eike wusste, dass sein Bruder nicht in die Einzelheiten gehen würde. Er erzählte immer nur so viel, wie er glaubte, seinem Gesprächspartner offenbaren zu müssen. Er war ein großer Geheimnistuer, und wenn er erzählte, dann gab er oft nur dunkle Andeutungen preis. Und: Uwe Barschel verstand sich als geschickter Politiker darauf, etwas zu inszenieren. Eike fragte nicht weiter nach.

6. August 1984, Durban/Pretoria, Südafrika
Die Ankunftshalle wirkte wie ein dunkles Loch. Wenn man aus dem Jumbo stieg, wurde man erst vom starken Licht der südlichen Sonne geblendet, bevor man über das Flugfeld in den Ankunftsbereich des Jan-Smuts-Airports von Johannesburg gelangte. Klaus Ahlers, der HDW-Vorstandsvorsitzende, war mit seinen südafrikanischen Kunden verabredet. Seine Unterschrift war gefragt. An diesem 6. August sollte er für die Partner HDW und IKL eine Vereinbarung über das Inkrafttreten des Vertrages mit Liebenberg Stander Maritime unterzeichnen. Seine Leute hatten zu der erwarteten Genehmigung durch die Bundesregierung in das Vertragswerk einen klaren Satz hineingeschrieben: »Die Genehmigung liegt nun in ausreichender Form vor.«[17]

Unmittelbar nach Ahlers' Rückkehr vom Kap tagten in Kiel die Vorstände der Firmen. Sie wollten keine Zeit verlieren. Es ging darum, einen Termin bei Ministerialdirektor Horst Teltschik im Kanzleramt vorzubereiten. Ahlers berichtete von seiner Reise und erklärte, er gehe davon aus, dass die geplante Inkraftsetzung des Vertrages in Bonn auf Zustimmung stoßen werde.

Auch bei der Tarnung der Geschäfte kamen die Manager angesichts des juristischen Restrisikos voran. »Energy« war nun der Name für die angepeilte Lösung. Und sie legten fest, wer die Hauptlieferanten sein sollten. Mit im Boot waren Siemens, MTU, MBB und der langjährige Kieler HDW-Zulieferer MaK.[18]

Einen Tag zuvor erhielt HDW die Mitteilung, dass Provisionen in Höhe von 2 610 000 Mark vom IKL und von 2 100 000 Mark von HDW abzuführen seien.[19] Die tatsächlichen Empfänger dieser Gelder wurden dabei geheim gehalten. Kein Vermerk, keine Notiz, kein Beleg. Rüstungslobbyisten und Zürcher Anwälte dienten als Vermittler, um die Gelder vertraulich weiterzuleiten. Die Endempfänger blieben somit durch das Anwaltsgeheimnis geschützt.

10. September 1984, Kiel, Bonn
Ahlers und Nohse fuhren gemeinsam nach Bonn. Es war ihr erstes Zusammentreffen mit Horst Teltschik, der die Federführung in der U-Boot-Angelegenheit von Staatssekretär Schreckenberger übernommen hatte. Teltschik sagte später, dass er »von Anfang an klar gemacht« habe, er sehe »keine Möglichkeit« für die von den Firmen angestrebte Abwicklung des Geschäfts.[20]
Aber das Spiel ging weiter. Teltschik traf sich am 10. September wieder mit Siegfried Zoglmann. Der Rüstungslobbyist habe ihm lediglich mitteilen wollen, wie die andernorts geführten Gespräche gelaufen waren. Darunter konnte man viel verstehen. Die Oppositionsparteien im Untersuchungsausschuss wollten wissen, ob es bei der Unterhaltung mit Zoglmann auch um »Provisionszahlungen« und »Parteispenden« gegangen sei. Das anzunehmen, hatten sie guten Grund. Teltschik wollte davon nichts gehört haben: »In meiner Gegenwart war dieses Thema nie ein Gegenstand.«[21]

13. September 1984, Kiel
Nur drei Tage nach diesem angeblich so belanglosen Gespräch zwischen Teltschik und Zoglmann, am 13. September 1984, verfasste HDW-Vorstand Hansen-Wester ein streng vertrauliches Papier, das seine Kollegen über den Sachstand der U-Boot-Angelegenheit unterrichten sollte:

»Sachstand:
a) Das Gespräch Zo./Teltschik am 10. 09. 84 hat stattgefunden.
Ergebnis:
In der nächsten Woche wird K [sehr wahrscheinlich Kohl selbst, wie aus der weiteren Verwendung des Kürzels abzuleiten ist, d. Verf.] uns bzw. Zo. über Teltschik darüber informieren, wie das Procedere bezüglich der Genehmigung ablaufen soll.
In der darauffolgenden Woche (39. Wo.) sollen Dr. Abels/Nohse sowie D/M [Ahlers/Hansen-Wester, d. Verf.] nach Bonn zitiert wer-

den. Es ist vorgesehen, daß uns das Einverständnis des BSR [Bundessicherheitsrat, d. Verf.] durch einen Staatssekretär (Rühl?) und Teltschik mitgeteilt wird. Bei der Zustimmung des BSR werden sich G. [Genscher, d. Verf.] und B. [Bangemann, d. Verf.] der Stimme enthalten ... Als ständiger Drängler im Hintergrund betätigt sich FJS, insbesondere bei K. FJS kennt die oben genannte Terminsituation und die wesentlichen Zusammenhänge genau.«[22]

Für Strauß-Freund und Rüstungslobbyist Siegfried Zoglmann – aber auch für andere nicht näher genannte Personen oder interessierte Kreise – sollte sich das ganze Antichambrieren richtig lohnen, wie der zweite Teil des Hansen-Wester-Vermerks bestätigt:

»2. Provisionen:
a) Die Provision in Höhe von 3,5 % auf den Vertragspreis von 60 Mio. DM habe ich Zo. definitiv bestätigt. Zo. will hierüber keinerlei schriftliche Bestätigung haben. Zo.: ›Ich habe Ihr (M!) Wort und – darauf vertraue ich!‹
Zo. geht davon aus, daß die Provisionszahlungen auf ein ausländisches Konto (Schweiz oder Lichtenstein) geleistet werden, d h es dürfen keine Steuern anfallen. Das Konto wird Zo. uns noch aufgeben. Ich habe ihn nochmals darauf hingewiesen, das diesbezügliche Procedere direkt mit C [HDW-Vorstand Jochen Rohde, d. Verf.] abzustimmen.
Bezüglich des Auszahlungsmodus wird Zo. von seinen Freunden bedrängt, die vielen kleinen Raten zusammen zu fassen zu möglichst 2, max. 3 größeren Raten. Vor allem aber möchte man, daß bis etwa Mitte 1985 alle Zahlungen geleistet sind:
›Politische Ämter sind oft kurzlebig‹.«[23]

Ungenierter konnte man kaum formulieren, dass hinter dem Rüstungslobbyisten Zoglmann Politiker standen, die nicht genannt werden sollten und ein Interesse an möglichst zügiger Überweisung der Provisionen hatten. In den Gesprächen zwischen Zoglmann und Hansen-Wester mussten die Provisionen sogar eine ganz entscheidende Rolle gespielt haben. Als Hansen-Wester ihn darauf hinwies, dass bei einem Auftragsvolumen von 400 Millionen Mark 3,5 Prozent

Provision nicht realisierbar seien, stimmte Zoglmann zu. Er wies allerdings darauf hin, dass bei einer zu geringen Provision das Interesse seiner Freunde an dem Geschäft erlöschen könne.

Für alle Lieferungen, die über ein Volumen von 60 Millionen Mark hinausgingen, bot Hansen-Wester daraufhin 1 Prozent Provision, was aber Zoglmann zu wenig war. Er hielt 1,5 Prozent für »auskömmlich«. Bei 400 Millionen Mark machte das rund sechs Millionen Mark für ihn und seine Hintermänner.

Bei den Firmen ging es hemmungslos weiter. Die Vertreter von HDW und IKL berieten mit Armscor-Unterhändler Willem Venter und einem südafrikanischen »Sicherheitsexperten« weitere Details. Eine erste Lieferung von Blaupausen sollte in der Woche vom 5. bis 11. Oktober erfolgen. Es wurde abgesprochen, die mikroverfilmten Pläne mit dem Pkw nach Bonn zu schaffen und in der südafrikanischen Botschaft zu übergeben. Nicht genehmigungspflichtige Komponenten sollten direkt nach Südafrika geliefert werden, für andere fasste man die Lieferung über Drittländer ins Auge, falls die erwartete Exportgenehmigung verweigert werde.[24]

Eine zentrale Rolle bei den Verhandlungen spielten die Geheimhaltung und die Tarnung. Besonders die Südafrikaner waren über mögliche Komplikationen besorgt. Sie legten Wert darauf, dass keine Andeutungen über Verbindungen zu Drittländern wie Israel oder Taiwan gemacht würden. Die Ansprache der Zulieferer von Siemens, MTU oder MaK sollte zunächst auf Vorstandsebene erfolgen, um die Geheimhaltung zu gewährleisten. Dann entwickelten die Partner eine komplett neue Cover-Story für ihr Unternehmen. Das Kürzel IK 97 sollte durch »IK 91 (USA)« ersetzt werden. Jetzt war nicht mehr Südafrika das Kundenland, sondern es waren angeblich die Vereinigten Staaten. Neue Sprachregelung: »Zusammenarbeit mit einer US-Werft«. Aus den Plänen, die im Oktober an die südafrikanische Botschaft in Bonn geliefert werden sollten, waren die »HDW-Bezeichnungen aus Sicherheitsgründen« zu entfernen.[25]

Echtes Unrechtsbewusstsein brauchten die Firmen nicht zu haben, denn in Bonn ließen die beteiligten Ministerien und das Kanzleramt weiter die Zügel schleifen. Barschel und seiner Landesregierung konnte das nur recht sein. Und in dieser Zeit machte auch Barschel keinen Muckser gegen Kohl. Da fuhr er, wie in seinem Kalender nachzulesen ist, immer brav zu den Sitzungen der CDU-Spitze nach Bonn und parlierte mit dem Kanzler.

Die beiden U-Boot-Geschwister IKL/HDW und Armscor vereinbarten indes, dass die Südafrikaner zum 1. Januar 1985 ein mit acht Mann besetztes Verbindungsbüro in Hamburg einrichten sollten. Aufgabe war die Koordinierung der Ausbildung des südafrikanischen U-Boot-Personals bei IKL und HDW, die Beschaffung des Tieftauchsimulators über MBB in Bremen, die Weiterleitung von Dokumenten nach Südafrika und die Reisebegleitung von Besuchern vom Kap. Im Gegenzug war geplant, ein ähnliches Büro durch das IKL in Südafrika einzurichten.[26]

1.–10. Oktober 1984, Pretoria/Durban, Südafrika

Auf die Gespräche in Kiel und Hamburg folgte ein Besprechungsmarathon am Kap, der volle zehn Tage dauerte und im wesentlichen noch einmal die bereits besprochenen Kernpunkte zum Thema hatte. Nun sicherten die Vertreter von HDW dem Armscor-Konzern zu, dass das erste U-Boot bei der südafrikanischen Marine am 1. Juli 1992 von Stapel laufen könne. Es wurde verabredet, dass ein HDW-Repräsentant – der Ingenieur Gerd Rademann – zur Unterstützung der Bauwerft Sandock Austral für volle fünf Jahre sein Domizil am Kap aufschlagen werde. Sechs bis zwölf weitere Spezialisten für Schiffbau, Elektrik, Elektronik und Ingenieurswesen sollten entsandt werden. Bei Bedarf konnte weitere Unterstützung folgen. Komponenten sollten in sogenannten *packages* zu jeweils rund 8000 Teilen geliefert werden. Insgesamt waren sechs Materialpakete avisiert. Es wurde festgelegt, das Waffenleitsystem durch die United Electronic Company – Deckname Gooseberry – installieren zu lassen. Erste Unterlagen waren dafür bereits übergeben worden.[27]

Da es unumgänglich war, auf künftigen Reisen ans Kap Unterlagen mitzunehmen, empfahl die südafrikanische Botschaft den Emissären einen zweiten – also falschen – Pass, den sie selber ausstellen würde. Ein »guide« (Führer), den die Botschaft stellen wollte, hatte die Aufgabe, die Einsichtnahme der Zollbehörden bei der Einreise zu verhindern. Es wurde noch einmal ausdrücklich darauf hingewiesen, die U-Boot-Zeichnungen unbedingt von HDW-Hinweisen zu reinigen.[28]

10. Oktober 1984, Kiel/Bonn

An diesem Tag wurden Blaupausen für U-Boote des Typs 1650 im IKL gegen Auslieferungsnoten an Kuriere übergeben, die sie in die Botschaft Südafrikas brachten. Von dort aus wurden sie wie vereinbart im Diplomatengepäck außer Landes gebracht.[29]

Nur einen Tag später schrieb HDW-Vorstand Jochen Rohde folgende Notiz: »Herr Staatssekretär Dr. Schreckenberger hat D und mir am 8. 10. erklärt, daß er uns im Augenblick keine positive Entscheidung zu Gunsten des Geschäfts geben könne, da ein Gespräch hierüber zwischen dem Bundeskanzler und dem Bundesaußenminister ohne Ergebnis geblieben sei.«[30]

Das Prinzip blieb immer dasselbe: Es wurde amtlich stets erklärt und sorgsam protokolliert, das Geschäft gehe nicht. Und zwei Tage später saß man wieder zusammen und redete weiter. So sollte man meinen, der Terminplan eines Außenministers lasse es nicht zu, dauernd über Dinge zu reden, die er längst abgelehnt hatte. Doch am 14. Oktober saß er schon wieder in Sachen U-Boote am Verhandlungstisch. Diesmal erneut mit Rüstungslobbyist Zoglmann.[31]

*17. Oktober 1984, Bonn,
Kanzleramt*

Bundeskanzler Helmut Kohl war unterrichtet und einverstanden. Staatssekretär Schreckenberger hatte den Termin vereinbart, und nun saß er mit Horst Teltschik dem IKL Chef-Nohse, HDW-Chef Ahlers und Lobbyist Zoglmann gegenüber. Das Gespräch nahm offiziell einen merkwürdigen Verlauf. Teltschik und Schreckenberger teilten den Unternehmen im Auftrag des Kanzlers ihre Missbilligung des Vertragsabschlusses mit und forderten die Unternehmen auf, »das wieder in Ordnung zu bringen«.[32] Die Unternehmen nahmen das nicht ernst. Sie verhandelten einfach weiter. Die Missbilligung des Kanzlers war in ihren Augen nur für die Aktenablage.[33]

Ein Zurück gab es für die U-Boot-Bauer nicht. Der Leiter der Abteilung Vertrieb und Marketing bei HDW teilte seinem Vorstand Hansen-Wester und IKL-Chef Nohse mit, die wichtigsten Pläne könnten noch in diesem Jahr vollständig ausgeliefert werden – auch geheim eingestufte Unterlagen. Das U-Boot-Modell im Maßstab 1 : 5 – zentraler Bestandteil des Vertrages, da unerlässlich für den Bau eines

»echten« U-Bootes – sollte über den Flugplatz Lübeck-Blankensee ausgeliefert und exportiert werden.[34]

Wenig später entnahmen auf einem streng gesicherten Werksgelände die südafrikanischen Ingenieure und ihre deutschen Gehilfen die Teile des Modells, gut verpackt aus mehreren Überseecontainern. Das ließ sie hoffen, dass ihr Geheimprojekt auf einem guten Weg sei. Doch noch immer hing die Genehmigung, die es nicht geben durfte, bei den deutschen Politikern in der Luft.[35]

22. Oktober 1984, Pretoria/Durban, Südafrika
Die Manager von Armscor wurden allmählich ärgerlich, weil die offizielle Genehmigung aus Bonn nicht kam, obwohl schon eine Menge Geld als Anzahlung geflossen war. Doch genau wie bei IKL und HDW dachte niemand daran, das Geschäft zu begraben oder wenigstens ein Ausstiegsszenario zu erarbeiten. Im Gegenteil, es wurde nun an einer noch massiveren Verschleierungs- und Desinformationsstrategie gearbeitet, um für den Fall der Fälle gewappnet zu sein. Am 22. Oktober verfasste Willem Venter in Pretoria einen Brief an den IKL-Chef, der an Deutlichkeit nichts zu wünschen übrig ließ:

»Lieber Herr Nohse,
Sie werden sich erinnern, daß während meines letzten Besuches die Sicherheitssituation, die unser Programm umgibt, der Länge und Breite nach diskutiert wurde und daß wir bestimmte grundlegende Entscheidungen getroffen haben in bezug auf Verfahrensweisen, die wir befolgen müssen, um unnötige Risiken bei der zukünftigen Abwicklung des Projekts zu vermeiden.
Um diese Grundlinien, auf die wir uns geeinigt haben, in die Tat umzusetzen, haben wir hier bei uns gewisse Schritte unternommen, um sicherzustellen, daß – was uns angeht – eine ausreichende Kontrolle über die Situation ausgeübt werden kann.
Um nunmehr sicherzustellen, daß die nötige Koordination bei unserer Kooperation mit Ihnen und HDW gewährleistet ist, habe ich im folgenden eine Strategie entworfen, deren Befolgung wir vorschlagen. Damit sollten Sie in der Lage sein, gleichlautende Verfahren auf Ihrer Seite umzusetzen, wo die nötig wird.
Die Strategie
Wir schlagen die folgende Herangehensweise vor:

a) Durch einen Prozeß des subtilen Ausstreuens von falschen Informationen muss der Eindruck erweckt werden, daß sich die Bauphase dieses Programms auf unbestimmte Zeit verzögert hat.

b) Unter keinen Umständen darf in dieser Hinsicht eine formelle Ankündigung gemacht werden.

c) Alle Personen und Parteien, die an der verdeckten Fortführung des Programms beteiligt sein werden, müssen umfassend und vollständig über die Situation unterrichtet werden. Sie müssen spezifische Instruktionen erhalten, wie sie mit Anfragen von Leuten umgehen sollen, die ein Interesse an der Angelegenheit haben.

d) Der Vertrag über das sogenannte Paket muß ohne Unterbrechung in der gegenwärtigen verdeckten Weise fortgeführt werden.

e) Es muß ein Register mit den Namen derjenigen Personen geführt werden, die über die tatsächliche Situation unterrichtet sind. Dieses Register muß immer auf dem neuesten Stand sein.

f) Für IKL/HDW besteht die Notwendigkeit, in selektiver Weise einzelne Personen der westdeutschen Regierung über diese Angelegenheit zu informieren und ihnen insbesondere erneut zu versichern, daß dieses Verfahren angewendet wird, um alle nur denkbaren Risiken einer Enttarnung auszuschließen. Diese Individuen müssen ferner darüber informiert werden, daß sich das Programm in Wirklichkeit nicht verzögert, sondern daß im Gegenteil sogar die Hoffnung besteht, daß die Bauphase beschleunigt werden kann.

Die Erklärung

Bei Anfrage von Leuten, die berechtigt sind, über den Stand des Programms informiert zu werden, muß die folgende Erklärung gegeben werden:

›Während einer kürzlichen Überprüfung der südafrikanischen Verteidigungsplanung und der zukünftigen Haushaltsanforderungen wurde neben anderen Projekten das vorgeschlagene U-Boot-Bau-Programm auf unbestimmte Zeit verschoben. Wenn das Programm wieder aufgenommen wird, werden die interessierten Stellen entsprechend informiert werden.‹

Ich hoffe, daß die oben vorgeschlagenen Strategien Ihre Zustimmung findet und daß Sie Verfahren anwenden können, um entsprechend dieser Strategie zu handeln. Wir werden Sie regelmäßig informieren, wenn Anpassungen der Strategie nötig werden.

W. Venter«[36]

Dieser Brief des Leiters des südafrikanischen U-Boot-Programms an den IKL-Chef ist als Schlüsseldokument der gesamten Affäre bezeichnet worden.[37] Er formulierte die ausgebuffte, geheimdienstliche Doppelstrategie zur Vertuschung des Ganovenstücks, wie sie selbst einem versierten Autor von Spionagethrillern nicht so leicht in den Sinn gekommen wäre: Die Beteiligten fertigten Beschlüsse für die Akten. Und praktizierten das Gegenteil davon. Das Geschäft nahm nun endgültig die Form einer veritablen Verschwörung an.

Noch am gleichen Tag sandte IKL-Chef Nohse ein Telex an Willem Venter, in dem er sich mit der neuen Strategie einverstanden erklärte.[38] Die Herren wollten kein Risiko eingehen.

5. November 1984, München
Der Bayerische Ministerpräsident hielt die Zeit für reif, sich wieder einmal um seine Lieblingsthemen Südafrika und die Rüstung zu kümmern. Vor allem hielt er die Zeit für knapp. Wieder einmal diktierte er einen Brief an den Kanzler:

»Sehr geehrter Herr Bundeskanzler,
lieber Helmut!
In meinem Schreiben an Dich vom 31. Juli 1984 habe ich darauf hingewiesen, daß Du mit mir der Auffassung warst, das Anliegen, das Dir und mir von dem damaligen Ministerpräsidenten und jetzigen Staatspräsidenten des betreffenden Landes vorgeschlagen wurde, positiv zu entscheiden, wobei es nur noch offen war, ob es zu einer kleinen (soft ware) oder großen (hard ware) Lösung kommt ...«

Strauß erinnerte Kohl eindringlich an die Bemühungen der Firmen und fuhr mit drohendem Unterton fort:

»Da die Auswirkungen des Rücktrittes vom Vertrag im Kundenland – Dein Gesprächspartner (Botha) hat sich vor kurzem erneut persönlich in die Sache eingeschaltet – schwerwiegende Folgen auslösen würden, haben die Herren Nohse und Ahlers Professor Schreckenberger und Herrn Teltschik vorgeschlagen, die endgültige Genehmigung zwar jetzt in Aussicht zu stellen, aber erst nach Ablauf eines halben Jahres vorzunehmen. Beide Herren glauben, daß sie die auftretenden Probleme bei einer derartigen Lösung auf-

fangen können. Das könnte auch bedeuten, daß in der Zwischenzeit Software geliefert werden könnte.
Ich halte dies für einen Weg, die Sache zu einem guten Abschluß zu bringen. Auch Herr Genscher kann einer solchen Lösung zustimmen. Die Angelegenheit eilt sehr, bitte informiere mich über den Fortgang.
Mit freundlichen Grüßen
F. J. Strauß«[39]

Pieter Willem Botha war im September einstimmig zum neuen Präsidenten Südafrikas gewählt worden, nachdem er zuvor das Amt des Ministerpräsidenten inne gehabt hatte. Franz Josef Strauß stand in persönlichem Kontakt zum neuen Staatsoberhaupt am Kap, um Bewegung und Beschleunigung in die deutsch-südafrikanischen Rüstungsgeschäfte zu bringen.[40]

Nach dem Einzug Bothas in das höchste Staatsamt griff die Korruption in Südafrika weiter um sich. Längst hing das weiße Herrschaftsregime am Geldtropf der südafrikanischen Konzerne, die dafür bezahlten, dass die Schwarzen von der Macht ferngehalten wurden. Vor allem die Rüstungsindustrie setzte auf die Entourage von PW Botha, der seine politische Karriere als Verteidigungsminister begonnen hatte. Mitglieder aus Bothas Verteidigungsrat saßen gleichzeitig im Aufsichtsrat wichtiger Rüstungskonzerne. Das Land befand sich in der Hand des militärisch-industriellen Komplexes. Durch das Öl-Embargo der UNO und das Verbot der Rüstungslieferungen war die Wirtschaft des Landes durch eine Schattenökonomie unter Staatsregie ersetzt worden, die einen idealen Nährboden für Korruption bildete. Zunächst setzte Südafrika geheime Beschaffungsagenten ein, um das Land über Rohölhändler in der Schweiz mit dem lebenswichtigen Rohstoff zu versorgen, über den es nicht selbst verfügte.
»Jede Entspannung der Geheimhaltung, wie geringfügig auch immer, kann unsere Feinde befähigen, unsere Freunde und Partner zu identifizieren, die uns beliefern«, warnte Bothas Minister Frederik Willem de Klerk. Wer solchen Leuten in die Quere kam, war schon so gut wie tot. Im staatlichen Auftrag wurden für das Tarnsystem Geheimkonten in der Schweiz eingerichtet, während die Schweizer Banken eine Schlüsselrolle bei der Vermarktung des südafrikanischen

Goldes spielten.[41] Und über Tarnkonten wurden auch die Geheimoperationen des Staates finanziert, bis hin zu den Killereinsätzen der Todesschwadronen.[42]

Um spezielle Finanzbeziehungen zu arrangieren, reiste Botha 1984 in die Schweiz, und er erreichte, dass die eidgenössischen Banken vier Staatskredite organisierten.[43]

Unter Botha als Chef des Staatlichen Sicherheitsrates breitete sich auch das Klima der Gewalt weiter aus. Menschenrechtsverletzungen wurden zum politischen Alltag, verübt von staatlichen Sicherheitskräften, geheimen Polizeieinheiten und militärischen Organisationen. Und die Justiz deckte die Terroraktionen. Wie zum Beispiel im Fall des 63-jährigen Ndara Kapitango, der 1984 von zwei Soldaten der südwestafrikanischen Territorialarmee (SWATF) über offenem Feuer »gebraten« wurde. Die Täter mussten eine Strafe von 50 Rand bezahlen – ein Taschengeld.

Gleichzeitig wuchs die internationale Isolierung des Regimes. Vor allem die amerikanischen Konzerne gingen zunehmend auf Distanz.

13. November 1984, Bonn, Kanzleramt
Schon vier Wochen nachdem sie sich das »definitive Nein« abgeholt hatten, saßen IKL-Chef Nohse, HDW-Vorstand Hansen-Wester und Rüstungslobbyist Zoglmann wieder im Kanzleramt bei Teltschik. Die Drei vom U-Boot-Bau versuchten, dem Ministerialdirektor diesmal eine alternative Lösung für den Rüstungsdeal schmackhaft zu machen. Sie erläuterten Teltschik eine Möglichkeit, ohne Einschaltung des Bundessicherheitsrates und der zuständigen Ämter, aber mit Zustimmung verschiedener Behörden und Ministerien, ein solches Geschäft über ein Drittland abzuwickeln.[44] Das Ansinnen verwies Teltschik – nach eigenen Aussagen – in den Bereich der Illusion.[45]

Zwei Tage später gab es eine wichtige Veränderung an der Spitze des Bundeskanzleramts. Wolfgang Schäuble löste Waldemar Schreckenberger als Chef ab. Der neue Mann ließ sich sehr schnell mit dem U-Boot-Geschäft vertraut machen. Am 11. Dezember saßen nun Nohse, Hansen-Wester und Zoglmann dem neuen Kanzleramtschef gegenüber. Sie erläuterten Schäuble ihre bisherigen Bemühungen, an eine Genehmigung für die Lieferung der Konstruktionsunterlagen zu kommen. Schäuble machte keine weiteren Zusagen.[46]

Dennoch gingen die Unterhändler anscheinend optimistisch nach

Hause. Wenige Tage später hatte der HDW-Vorstandsvorsitzende Ahlers ein Gespräch mit Armscor-Emissär Rex Trevor Gibbon. Die Notiz, die er hierüber fertigte, verriet vor allem, dass die Südafrikaner bereits Geld gezahlt hatten, das sie im Fall der Fälle – den Ahlers nicht sah – zurückhaben wollten:

»Mr. Gibbon hat bestätigt, daß im Falle nach Mitte Januar für dieses Projekt ›die Welt zusammenbricht‹, die Unterlagen zurückgegeben werden. Er geht allerdings davon aus, daß auch dann die Finanzmittel weitestgehend zurückerstattet werden.

Dennoch habe ich ihm zu verstehen gegeben, daß unser bisheriger Wissensstand uns glauben läßt, daß bis Mitte Januar mit einer vertragsgemäßen Zustimmung gerechnet werden kann.«[47]

Die Vorkasse für die U-Boote war der gefährliche Punkt. Die Südafrikaner dachten nun häufiger darüber nach, was im Fall des Scheiterns aus ihrem Geld würde, das sie den Deutschen bereits gezahlt hatten. Und alle, die etwas eingesteckt hatten, mussten sich Sorgen machen.

22. November 1984, Lübeck – Tel Aviv
Ingenieur Lutz Nohse hatte gute Erinnerungen an seine Dienstreisen nach Israel. Schon im Sommer 1970 hatte er in Caesarea am Mittelmeer über Bootslieferungen verhandelt. In dem Ort mit seinen noblen Villenvierteln wohnte Ezer Weizmann, Reederei-Manager, späterer Verteidigungsminister und Staatspräsident. Ganz entspannt saß Nohse mit seinem Chef Ulrich Gabler auf einer Sonnenterrasse, um das Projekt IK 80 zu besprechen, die erste U-Boot-Entwicklung für die israelische Marine. Gabler trug wie stets eine Krawatte, seinen weißen Sommerhut und hatte die Ärmel hochgekrempelt. Und er erinnerte sich an 1976, an die Feierlichkeiten im Marinehafen von Haifa, an der Küste entlang eine halbe Autostunde weiter nördlich, als das fertiggestellte U-Boot »Gal« auftauchte, mit den salutierenden Matrosen an Deck. Das Ehepaar Gabler war angereist, und Tamara Dror taufte das Schiff. Sie war die Ehefrau des israelischen Kapitäns, der mit seinem Seemannsbart und seiner stattlichen Uniform wie ein Admiral aus einem skandinavischen Land aussah.

Die israelischen Militärs, die schon lange spezielle Kontakte nach Südafrika pflegten, waren gute Kunden, aber die Verhandlungen dauerten oft Jahre, denn bezahlen mussten andere. Zum Beispiel die Amerikaner aus geostrategischer Solidarität und die Deutschen, die sich seit den fünfziger Jahren durch einen geheimen Waffenhilfe-Vertrag gebunden hatten, den der damalige Verteidigungsminister Franz Josef Strauß ausgehandelt hatte.

Am 22. November 1984, nur wenige Monate nach der Vereinbarung mit Südafrika, schloss Nohse für das IKL mit der israelischen Marine einen Vertrag, um ein neues, größeres und moderneres U-Boot zu konzipieren. Sie nannten das Projekt IK 800.[48] Es war eine Variante des südafrikanischen Konzepts.

23. November 1984, Eisenach

Silvia R. meldete sich pünktlich um 14.00 Uhr beim Volkspolizeikreisamt in Eisenach. Im Vernehmungszimmer der Kriminalpolizei warteten Offizier Nowatzki und ein gewisser Herr Robus. Der Treffpunkt war eine geheimdienstliche Tarnung; zur »Legendierung« war Frau R. mit einer Vorladungskartei der Eisenacher Verkehrspolizei zum Termin bestellt worden. Nowatzki hatte die Karte persönlich in ihren Briefkasten geworfen.

Nowatzki wollte Silvia R. »zur konspirativen Zusammenarbeit mit den Sicherheitsorganen der DDR« bewegen. Im Klartext: Sie sollte als Stasi-Spitzel angeworben werden. Denn die Kellnerin Silvia R. wusste interessante Dinge über Uwe Barschel, den sie einmal getroffen hatte. Jetzt sollte sie den Ministerpräsidenten intensiver ausforschen. Das Besprechungszimmer war zuvor von der Stasi präpariert worden, und Herr Robus, der seine Funktion nicht erklärte, war in Wirklichkeit Major des MfS in Eisenach.

Silvia R. musste zuerst von ihrem Kontakt zu Uwe Barschel berichten. Dann griff Robus ein und zweifelte ihre Aussagen an. Das war ein Vernehmungstrick, mit dem Robus ihre Reaktion prüfen wollte.

»Dann kann ich ja gleich wieder gehen«, erwiderte die Zeugin selbstsicher. Damit hatte sie den Test bestanden.

»Nur ein Scherz«, beruhigte Robus und bat sie, genauer zu berichten. Die Kellnerin ließ sich nicht aus der Ruhe bringen. Sie war eine gestandene Persönlichkeit mit klaren Zielen, »aufgeschlossen und selbstbewußt«, notierte Nowatzki, ihr Auftreten »ruhig, aber konsequent«. Eine stolze Besitzerin eines Trabant, für den sie das Geld durch ihre Arbeit zusammengespart hatte. Silvia R. hatte Pläne: In Leipzig wollte sie die Hotelfachschule besuchen, und sie träumte davon, später ihre eigene kleine Gaststätte zu eröffnen.

Ob sie ein weiteres Mal Barschel getroffen habe, fragte der Offizier. »Nein«, sagte Silvia R., aber von ihrer Freundin Claudia R. habe sie gehört, dass Barschel im Oktober für eine Nacht im Hotel »Neptun« in Warnemünde gewesen war. Claudia war Rezeptionistin im »Neptun«. Sie stammte auch aus Eisenach. Die beiden Frauen waren seit ihrer Schulzeit befreundet und hatten zusammen das Abitur gemacht. Nur durch Zufall habe ihre Freundin von dem Besucher aus Kiel erfahren, weil es keine Zimmerbuchung gegeben habe, sagte Silvia R. Selbst der Hotel-Leiter sei nach den Aussagen einer Kollegin von Barschels Ankunft überrascht worden. Er habe ihm aus dem »Sonderkontingent« des Hotels ein Zimmer überlassen und dann in Berlin angerufen.

Barschel habe keinen Hotelmeldeschein ausgefüllt, hatte Silvia von ihrer Freundin erfahren. Er sei mit zwei Männern aus Ost-Berlin zusammengetroffen, die in einem dunkelblauen Citroën BX angereist waren, der feinen Dienstlimousine, die über die DDR-Straßen rollte. Die beiden hätten sich als Mitarbeiter des DDR-Außenhandelsministeriums ausgegeben und seien wie Barschel im Hotel nicht angemeldet gewesen.

Claudia R. wusste auch zu berichten, dass Barschel schon mehrfach im Hotel »Neptun« mit den Herren aus Ost-Berlin zusammengetroffen war. Sie vermutete allerdings, dass die Männer, deren Namen sie nie erfuhr, in Wirklichkeit von der Stasi waren. Denn ihr sei ein merkwürdiger Vorfall bekannt geworden. Eine Kollegin habe einmal den Hotel-Leiter wegen der Abrechnung der Kosten für die Herren befragt. Daraufhin sei sie einige Tage später in das Interhotel nach Rostock versetzt worden. Ein Abstieg, dem man keinem Hotelangestellten wünschen konnte.

Rezeptionistin Claudia habe, wie es in dem Stasi-Papier heißt, zudem von einem Gespräch mit dem Bar-Leiter des »Neptun«-Hotels berichtet, der mit ihr ein Verhältnis hatte. Im Bett habe er ihr anvertraut, dass er für die Stasi arbeite und dafür ein Extrahonorar erhalte. Er habe ihr warnend mitgeteilt, die Stasi habe wenig Interesse daran, dass Barschels Besuche im Hotel bekannt würden.

So habe die Rezeptionistin viele Details über Barschels geheime Aufenthalte im Hotel »Neptun« erfahren. Zum Beispiel, dass der Politiker aus dem Westen »immer Wert auf Kontakte zu attraktiven jungen Frauen« gelegt habe, »die er auch mit auf sein Zimmer nehme«. Und dass neben den zwei Ost-Berliner Herren »bei diesen Zusammenkünften auch Personen aus der BRD« anwesend gewesen seien, »die aber keine Zimmer im Neptun gebucht hätten«. Der Bar-Mann habe bereits zwei dieser Herren aus dem Westen kennengelernt, von denen er vermute, dass sie aus Süddeutschland kamen.

Vernehmer Nowatzki notierte mit Akribie, was Silvia R. erzählte. Immer detaillierter gab sie die Berichte ihrer Kollegen vom Hotel »Neptun« wieder. Einen Tag später verfasste Nowatzki eine vierseitige »Leiterinformation« über das Gespräch. Einer der Bundesbürger sei »von Dr. Barschel mit Herr Schreiber angesprochen« worden, der andere habe »einen komischen Namen, Muxelberg o. ä.«. Der wohne in Frankfurt am Main und habe dort eine Firma.

Dann gab er die Berichte des Barkeepers wieder, so wie diese unter den Freundinnen weitergegeben wurden: »Die Stasi würde bei jeder wichtigen Person aus der BRD das ganze Hotel besetzen. Alles würde vorher und hinterher kontrolliert. Bei Dr. B. wäre das überhaupt nicht der Fall. Im Gegenteil, alle täten so, als ob es das nicht gebe. Nur Dr. Barschel selber halte sich nicht an die Geheimhaltung. Unter Alkoholeinfluß habe er schon mehrfach seine Identität preisgegeben.«

»Er bemerkte noch«, notierte Nowatzki über die Einschätzung des Barkeepers von der Staatssicherheit, »es sei mit Sicherheit keine saubere Sache, die zwischen Barschel, den Westbürgern und den DDR-Leuten abliefe. Die DDR-Leute jedenfalls seien beim MfS.«

»Überheblich, geltungssüchtig und geil« sei Barschel in den Augen des Spitzels hinterm Bartresen gewesen.

»Der Dr. B fahre auch manchmal mit den DDR-Leuten in deren PKW weg und käme erst nach Stunden zurück«, habe der Bar-Leiter beobachtet, und vom Hotel-Leiter habe dieser »ihm im Vertrauen und mit Hinweis auf die absolute Geheimhaltung erzählt, Dr. B. würde illegale Geschäfte mit der DDR im Auftrag der BRD-Regierung vorbereiten. Er vermute, diese laufen über das MfS. Jedenfalls habe er schon gesehen, wie Diplomatentaschen ausgetauscht würden, allerdings nicht mit Dr. B., sondern mit den BRD-Personen.«

Der Hotel-Leiter habe seinem Barkeeper dies anvertraut, um ihn zu warnen. »Er müsse im Bar-Bereich vorsichtig mit diesen Leuten umgehen, keine Fragen stellen. Sonst bekäme er Ärger.«

Uwe Barschel – ein Pendler zwischen Ost und West. Er glaubte, alle in der Hand zu haben; für Bonn und Ost-Berlin so wichtig zu sein, dass selbst die Stasi vor ihm kuschen musste. Eigentlich wäre der Landespolitiker, dem Honecker und Konsorten die Damen ins Bett legten, ein klassischer Fall für Erpressungs-Manöver gewesen. Doch es passierte nichts. Auf diesem gefährlich glatten Parkett, das von den Nachrichtendiensten kontrolliert wird, kam er nicht ins Rutschen. Keine Enthüllungen in den Zeitungen des Westens, wie sie etliche Male von der Stasi ausgelöst worden waren. Anders als andere CDU-Politiker, die auf diese Weise mit deftigen Affären konfrontiert wurden, schien Barschel für beide deutsche Regierungen unverzichtbar. Hier, in dieser abgeschirmten Welt, fühlte er sich wohl als der Größte und ließ es alle spüren.

Generalmajor Robus wollte von Zeugin Silvia R. wissen, für wie glaubwürdig sie ihre Freundin hielt. Die Kellnerin sagte dazu, dass sie beide schon zu viel zusammen erlebt hätten, als dass sie an ihrer Freundin zweifeln müsse. Robus war zufrieden und überreichte Silvia R. 200 Ost-Mark. Für ihre »Auslagen«.

Die Eignungsprüfung zum Stasi-Spitzel hatte sie bestanden. Nowatzki einigte sich nach dem Gespräch mit Robus, wie weiter zu verfahren sei. In einem 10-Punkte-Programm hielten sie die nachfolgenden Schritte schriftlich fest. Die Informationen sollten nach oben gemeldet werden, »unter strengster Einhaltung der Konspiration«, wie der Generalmajor seinem Kollegen mehrfach einschärfte.

»Zum Komplex Dr. Barschel dürfen keinerlei Informationen in der Akte der R. auftauchen«, hielten die beiden fest. Selbst ihr künftiger Führungsoffizier durfte über das Thema Barschel nichts erfahren. Nowatzki sollte eine Handakte anlegen, die in seinem Panzerschrank zu deponieren war. Alle weiteren Treffs mit der neuen Agentin sollten außerhalb des Kreisgebiets von Eisenach stattfinden. Ihre Erkenntnisse über Barschels Besuche im Warnemünder Hotel »Neptun« wurden bis heute in den Stasi-Archiven nicht entdeckt. Nowatzkis Vernehmungsprotokoll blieb das einzige Zeugnis davon.

Für den Fall, dass andere Mitarbeiter Fragen stellen, überlegten sich Robus und Nowatzki eine »Legende« – eine Agentenlüge. Dann sei Silvia R. als »negativ-dekadente Person, indifferent und wenig glaubwürdig darzustellen«.

Und zu guter Letzt sorgte Robus dafür, dass Nowatzki zur Belohnung vom Amtsleiter sofort eine Prämie erhalten sollte.[49]

In dieser Zeit, als die Stasi Zeugenhinweise über Barschels Geheimtreffs mit westlichen und östlichen Geschäftspartnern in Warnemünde wegschloss, bereisten südafrikanische Einkäufer und Lobbyisten den Westen Deutschlands. Sie bauten Kontakte zu deutschen Politikern auf, die für ihre Einkaufswünsche hilfreich waren. Der Armscor-Mann C. F. zum Beispiel war oft dabei, oder auch B. E., der in Kapstadt als Vertreter für das deutsche Rüstungsunternehmen Motoren- und Turbinen-Union (MTU) arbeitete. B. E., gebürtiger Augsburger, war im deutschen und südafrikanischen Rüstungsgeschäft eine bekannte Größe. Beide hatten Zugang zum Machtzirkel um Präsident Botha, und sie handelten die Verträge mit deutschen Rüstungsmanagern aus.

C. F. war kein Schwätzer, sondern ein vorsichtiger Händler-Typ, der nur langsam auftaute und Vertrauen fasste. Dann aber war er zugänglich und im Umgang ein echter Kumpel.

Zu den bevorzugten Adressen von F. hatte auch der Thyssen-Konzern in Düsseldorf gehört, dessen Chef damals Werner Bartels war, ein Südafrika-Fan. So erfuhr er von einem Krisenfall im Thyssen-Konzern, dessen Werft, die Nordseewerke in Emden, ein komplettes U-Boot, getauft auf den Namen »Santa Cruz«, an die Militärdiktatoren in Argentinien geliefert hatte, nebst Bauteilen für zwei weitere. Allerdings schafften es die Argentinier nicht, daraus U-Boote zusammenzuschweißen. Thyssen blieb auf rund 100 Millionen Mark Baukosten sitzen, weil die Militärs aus Buenos Aires nichts mehr zahlten. Deshalb suchten Thyssen-Manager weltweit nach einem neuen Abnehmer für die nach Argentinien gelieferten U-Boot-Komponenten – auch in Südafrika.

Eingeschaltet war auf Thyssen-Seite Winfried Haastert, der den Kontakt zwischen F. und den Argentiniern hergestellt hat, wie sich F. erinnert. Haastert bestätigte nur, dass Südafrikaner in Düsseldorf aufgetaucht waren, deren Namen ihm allerdings nicht mehr einfielen. Bartels, meinte Haastert vorsichtig, »könnte versucht haben, etwas nach Südafrika zu verkaufen. Thyssen hatte Geldforderungen und wollte den Argentiniern helfen zu verkaufen. Ich hatte die Sache geerbt und habe sie in gegenseitigem Einvernehmen geregelt.«[50] Die

Südafrikaner waren trotz eifrigen Bemühens des Thyssen-Konzerns mit den Argentiniern aber nicht ins Geschäft gekommen. F. hatte nach einigen Verhandlungsrunden abgewunken. Die U-Boote des Typs TR 1700 entsprachen nicht seinen Anforderungen. Er wollte moderneres Gerät. Haastert war ein Manager, der später noch viel von sich reden machte. Ihm war die Justiz auf den Fersen, weil er in den bislang größten deutschen Schmiergeld-Skandal im Rüstungsgeschäft verwickelt war – die von der Regierung Kohl genehmigte Lieferung von Spürpanzern des Typs »Fuchs« von Thyssen-Henschel nach Saudi-Arabien. Zwischen 1991 und 1994 waren rund 220 Millionen Mark, die aus der saudischen Staatskasse kamen, unter Einschaltung panamesischer Briefkastenfirmen über Konten in der Schweiz und Liechtenstein in dunklen Kanälen versickert. Die Sache wurde nie ganz aufgeklärt. Einen Teil des Geldes hatte der Rüstungslobbyist und ehemalige Thyssen-Mitarbeiter Karlheinz Schreiber verteilt; Haastert hatte von ihm aus dem Schmiergeldtopf 1,2 Millionen Mark bekommen.[51]

Ministerpräsident Uwe Barschel war bei den Beamten des Personenschutzes zum Risikofall geworden, sagte Siegfried Lohse, der Leiter des Personenschutzes in Schleswig-Holstein. Immer häufiger bereitete Barschel den Männern, die für seine Sicherheit verantwortlich waren, wirkliche Sorgen. Manchmal entwischte er den ratlosen Polizisten, manchmal schickte er sie unvermittelt weg. Ihm war es in den Jahren vor seinem Flugzeugabsturz oft lästig, einen der Personenschützer vorn in der Dienstlimousine sitzen zu haben. Barschel hatte Angst, dass die Beamten zuviel mitbekommen.

Lohse konnte sich keinen Reim auf die Zurückweisung der Sicherheitsbeamten aus Kiel machen. Er musste mit dem Ministerpräsidenten das Thema besprechen, doch er biss auf Granit. Einen einleuchtenden Grund erfuhr er nicht. Lapidar notierte er sich in seiner Akte: »Mangelndes Vertrauensverhältnis zu den Personenschutzbeamten«.[52]

1. Januar 1985, Kiel

Den Jahreswechsel haben Uwe und Freya Barschel mit den Kindern zum zweiten Mal gemeinsam mit den befreundeten Lechners gefeiert. Der Ministerpräsident tauchte danach wieder in den politischen

Alltag ein – und in sein stressiges Schattenleben. Seine gesundheitliche Verfassung war unverändert belastet. Am 7. Januar schrieb er in einem handschriftlichen Brief an Professor Bernsmeier: »Mir geht es gut, jedenfalls subjektiv. Die objektiven Werte können Sie besser interpretieren. Ich nehme – unregelmäßig, also bei ›Bedarf‹ – wie ›vereinbart‹ am Tage Tavor und zur Schlafanbahnung Lexotanil. Darf ich Sie bitten, mir auf diesem Wege ein neues Rezept zu geben.«[53]

19. Januar 1985, Hamburg
Für diesen Samstag war im Terminkalender von Barschels Büroleiter Friedersen um 11 Uhr ein Termin im Hamburger Hotel »Vierjahreszeiten« eingetragen. »HH, Vierjahreszeiten«, hatte der Referent notiert, doch über die Gesprächspartner und das Thema des Meetings gab es keine Angaben.[54] Wieder einmal hatte Barschel Friedersen die Details verheimlicht.

27. Februar 1985, Pretoria/Kiel
Geld regiert die Welt, vor allem auch die kleine Welt der Ahlers, Nohses und Co. Eine IKL-Notiz vom 27. Februar hielt stolz fest, dass »bei HDW und IKL bisher 22 Millionen DM eingegangen sind. Wir erwarten Ende März noch 17,3 Millionen DM.«[55] Am gleichen Tag traf sich IKL-Chef Nohse mit dem südafrikanischen Rüstungslobbyisten Karl-Friedrich Albrecht. Ihr Thema war selbstverständlich auch das Geld, die fälligen Provisionen. Nohse erklärte, dass Albrecht Anspruch auf bisher 1,6 Millionen Mark habe, die aber erst nach »der endgültigen Klärung der Lage – nach Nohses Einschätzung im Sommer – ausgezahlt werden könnten.[56]

April 1985, Lübeck
Monatelang hatten die HDW-Ingenieure am Kap gemessen, gerechnet und gezeichnet. Am 1. April 1985 nahm Willem Venter von Armscor in Kiel ihre Machbarkeits-Studie zum U-Boot-Bau in Südafrika in Empfang. Am 29. April schlossen HDW und IKL eine Zusatzvereinbarung zum Vertrag vom Juni des Vorjahres. Danach war vorgesehen, den ursprünglichen Verkaufspreis für die Konstruktionsunterlagen von 60 Millionen Mark auf 57,4 Millionen Mark zu reduzieren. Die bisher noch nicht gelieferten Materialien könnten gestrichen werden, da alles bisher Gelieferte für die südafrikanischen Pläne ausreiche. Spä-

ter werden HDW und IKL gegenüber Bonn und der Oberfinanzdirektion in Kiel argumentieren, man habe eine Notbremse eingebaut für den Fall, dass das »grüne Licht« aus Bonn noch auf sich warten lasse, und deshalb alle geheim eingestuften Unterlagen im Wert von 2,6 Millionen Mark vorerst nicht ausgeliefert werden sollten.[57] Das Ganze war nichts anderes als ein selbstgefertigtes Alibi für den Fall einer strafrechtlichen Untersuchung. An der Vertragssumme änderte sich gar nichts. Die Firmen fügten einen geheimen Zusatz an, in dem es hieß:

»Ungeachtet irgendeiner gegensätzlichen Vereinbarung, wo auch immer in diesem Vertrag enthalten, soll der ... aufgeführte Betrag als Barzahlung an die von IKL bevollmächtigten Vertreter geleistet werden, an einem Ort und zu einer Zeit, die von den Parteien zu vereinbaren ist.«[58]

2,6 Millionen Mark in bar. Wofür? Wer waren die bevollmächtigten Vertreter?

Geld, immer wieder das Geld. Die Südafrikaner hatten genügend. »Die fragten nicht, was es kostet, sondern nur ›Könnt ihr liefern?‹«, sagte der Vertreter von MTU, B. E.

Die Flüsse der vereinbarten Zahlungen waren verwirrend, wie immer, wenn geschmiert wird. Millionen in bar von den Südafrikanern an IKL-Beauftragte. Gleichzeitig Millionen per Verrechnungsscheck über die Schweiz von IKL an provisionsberechtigte Lobbyisten. Doch auch die behielten nicht alles, was sie bekamen: Karl-Friedrich Albrecht, der südafrikanische Rüstungslobbyist, erhielt 2,1 Millionen Mark Schmiergeld. Die ersten beiden Raten gingen am 2. Mai und 28. Juni 1985 über IKL nach Zürich, die dritte Rate folgte im Oktober 1986. Der Zürcher Rechtsanwalt Peter Alther leitete das Geld im Auftrag von IKL an Albrecht weiter. Nur 500 000 Mark waren dabei angeblich für Albrecht selbst bestimmt. Für wen waren die restlichen 1,6 Millionen gewesen?[59]

Ostern 1985
Uwe Barschel brauchte Ruhe. Er verbrachte die Osterfeiertage mit seinen zwei ältesten Kindern im Ferienressort Bahía Feliz auf Gran Ca-

naria, das seinem Berliner Freund Rolf Lechner gehörte. Zehn Tage wohnte er dort bei »herrlichem Sonnenschein«, wie er seinen Verwandten in einem ausführlichen Brief berichtete. »Freya ist mit den beiden Kleinen zu Hause geblieben«, schrieb Barschel an die »Lieben Barschels in Kanada, in den USA, in der DDR und in der Bundesrepublik Deutschland!«. Zur Erklärung fügte er hinzu: »Der Versuch, dass wir alle Sechs auf den Kanarischen Inseln uns erholen, ist 1983 im Herbst gescheitert, weil wir nämlich festgestellt haben, daß insbesondere für Freya dies keine Erholung bedeutet.«[60]

3. Juni 1985, Kiel
Im Sommer 1985 lief das südafrikanische Kreuzfahrtschiff »Astor I« ins große Dock der HDW ein. Die südafrikanische Reederei Safmarine hatte das Schiff im Februar 1984 von der Hamburger Hafendampfschiffahrts-AG (Hadag) gekauft. Der Dampfer mit der Bau-Nummer 165 war Anfang der achtziger Jahre von HDW gebaut worden. Safmarine hatte 130,5 Millionen D-Mark bezahlt. Hinzu waren Umbaukosten von rund 15 Millionen D-Mark gekommen; unterm Strich hatte das Schiff, einst als ZDF-Traumschiff auf großer Fahrt, 145,5 Millionen gekostet.[61] Doch der Dampfer sollte nicht mehr länger in südafrikanischen Händen bleiben, sondern an die DDR verkauft werden. Die DDR-Oberen waren scharf auf den Luxus-Liner, um ihr Schiff »Völkerfreundschaft«, das der Freie Deutsche Gewerkschaftsbund (FDGB) für gepflegte Kreuzfahrten der Genossen benutzte, zu ersetzen. Doch der Schiffsverkauf hatte Schlagseite.

Zunächst gab es ein Problem für die Käufer. Offiziell kaufte die DDR nichts aus Südafrika, der Handel mit dem Apartheidstaat war in den sozialistischen Ländern tabu. Und außerdem verfügte der Arbeiter-und-Bauern-Staat nicht über genügend West-Devisen, um das Schiff zu erwerben.

Als Problemlöser betätigten sich Salzgitter-Chef und HDW-Aufsichtsrat Ernst Pieper auf der einen und Stasi-Offizier Alexander Schalck-Golodkowski auf der anderen Seite. Innerhalb weniger Wochen einigten sie sich über einen Deal. Zunächst trat die Deutsche Afrika-Linie (DAL), eine traditionsreiche Hamburger Reederei, als Zwischenkäufer des südafrikanischen Schiffes auf – für wenige Tage zur Tarnung.[62] Sozusagen, um den Apartheid-Geruch loszuwerden. Dann erst war die DDR am Zug und der Handel politisch korrekt.

Der Stasi-Mann Schalck am Verhandlungstisch mit dem Chef bundesdeutscher Staatsbetriebe? Was im Rückblick beinahe normal erscheint, hätte damals bei einer Publizierung wohl einen Skandal ausgelöst. Doch so ungleich, wie die Partner nach außen hin erschienen, waren sie in Wirklichkeit auch wieder nicht. Auch im Staatskonzern Salzgitter kannte man das geheime Gewerbe bestens. Man empfing die Agenten des Bundesnachrichtendienstes, um sie über seine Ostgeschäfte zu informieren.[63]

Die nächste Hürde war der hohe Preis. Safmarine verlangte 185 Millionen Mark als Kaufpreis. Das mochte Schalck nicht akzeptieren. Südafrika war zu einem Kuhhandel bereit und kaufte bei den HDW ein neues Passagierschiff, das den Projektnamen »Astor II« bekam. Dieses Geschäft hatte unter anderem Barschels Minister Westphal 1983 in Johannesburg vorbereitet, damals, als er auch dem südafrikanischen Verteidigungsminister die Unterstützung seiner Landesregierung für das U-Boot-Geschäft versprochen hatte.

So wurden die südafrikanischen Geschäftspartner ein zweites Mal missbraucht, um mit einer Goodwill-Aktion über den zivilen Auftrag das unrealistische militärische Geschäft finanziell abzusichern.

Schalck schrieb nun an Günter Mittag, seinen vorgesetzten Minister, zugleich Wirtschaftssekretär im Politbüro, dass der »Kauf in Höhe von 168 Millionen DM« ermöglicht wurde, weil »Pieper für diesen Auftrag 20,0 Mio. Subventionen bezahlt«. Hinzu komme, dass »durch spezielle Finanztransaktionen ein Endpreis von 145 Mio.« gegenüber ursprünglich 185 Millionen erreicht werden könne.

In Kiel begannen die Schiffsbauingenieure bei der HDW mit dem Bau der »Astor II«, die die Bau-Nummer 218 erhielt. Diesmal war die South African Marine Corporation Ltd. (Samco) der Auftraggeber. Im Januar 1987, nach 1 006 000 Fertigungsstunden, lief das Kreuzfahrtschiff vom Stapel. Für sich genommen war der Bau für die Kieler Werft ein schlechtes Geschäft. Darüber herrschte im Aufsichtsrat Einvernehmen. Am 3. Juni 1985 hatten die Aufsichtsräte der HDW, darunter die Vertreter der Landes- und der Bundesregierung, dem Bau als »Verlustauftrag« jedoch zugestimmt. Der Kaufpreis betrug 205 Millionen D-Mark; die Baukosten beliefen sich aber auf 220,5 Millionen D-Mark. Das Ergebnis dieses »Geschäfts« war also mit 15,5 Millionen D-Mark negativ.[64]

Also »subventionierte« Pieper schon wieder, diesmal für die südafrikanischen Bauherren. Hauptsache, es gab Arbeit.

Tatsächlich geisterte das Wort »Gegengeschäft« durch die Akten, ohne dass erläutert wurde, um welches Geschäft es sich dabei handelte. Jahre später enthüllte ein hochrangiger Stasi-Mitarbeiter, der über eine Zwischenstation beim KGB zum westdeutschen Bundesamt für Verfassungsschutz überlief, dass bei Schalcks Geschäften »ein Zusammenhang mit der U-Boot-Affäre vermutet werde«. Und ein Führungsoffizier vom Verfassungsschutz, bei dem er unter dem Decknamen »Glasschüssel« registriert war, protokollierte, dass »auch die U-Boot-Affäre über Schalck-Golodkowski gelaufen sei«.[65]

»Sinn macht dieser Hinweis nur«, so folgerte das Nachrichtenmagazin *Spiegel*, als der Glasschüssel-Vermerk bekannt wurde, »wenn zu Lebzeiten Barschels zwischen Kiel, Rostock und Pretoria ein geschickt getarntes Dreiecksgeschäft gelaufen ist – ein streng geheimer Ost-West-Deal in der Grauzone zwischen Nachrichtendiensten, Industriekonzernen und Regierungszentralen, die in hohem Maße Thriller-Qualitäten hätte.«[66] Und sogleich erinnerte das Blatt an nicht verstummende »Gerüchte, dass Provisionen oder Schmiergelder aus dem U-Boot-Geschäft über Mittelsmänner an Unionsfreunde oder auf Parteikonten flossen«.

Ein Dreiecksgeschäft hätte jedenfalls allen genutzt. Noch aber waren Kosten und Leistung nicht verteilt. In Bonn ging das alte Spiel weiter.

18.–28. Juni 1985, Bonn
Es war ein merkwürdiges Treffen im Bundeswirtschaftsministerium. IKL-Chef Nohse und Siegfried Zoglmann hatten einen Termin mit Wirtschaftsminister Martin Bangemann und Staatssekretär Dieter von Würzen. Thema war die Lieferung von Fregatten nach Portugal. Doch dann kamen Nohse und Zoglmann plötzlich auch auf den U-Boot-Deal zu sprechen. Der Sachverhalt sei im Bundeskanzleramt bei Schreckenberger und Teltschik, im Verteidigungsministerium und in der bayerischen Staatskanzlei bekannt. Nach Rücksprache mit dem Kanzleramt sei 1984 ein Vertrag mit Südafrika ausgehandelt worden. Lieferungen nach Südafrika seien bereits erfolgt. Anschließend versuchten Nohse und Zoglmann offenbar, durch eine plumpe Mogelei, Bangemann in ihr Boot zu ziehen. Jurist von Würzen, ein gebürtiger Hamburger, notierte dazu später: »Das Bundeskanzleramt hätte

sie jedoch darüber unterrichtet, daß es nunmehr politische Schwierigkeiten für diese Ausfuhr gäbe. Sie beabsichtigten daher, den Rest des Vertrages über die Türkei abzuwickeln. Dazu sei eine Änderung der Verfahrensvorschriften beim BAW [Bundesamt für Wirtschaft, d. Verf.] nötig.«[67] Bangemann und von Würzen fragten nach, ob das Bundesamt für Wirtschaft denn den ersten Teil der Lieferungen genehmigt hätte. Nohse und Zoglmann gaben zu, dass das nicht der Fall gewesen war. Der Wirtschaftsminister erklärte seinen Gesprächspartnern, wegen der UNO-Sanktionen kämen auch Genehmigungen für den Umweg über die Türkei nicht in Betracht.[68]
Einen Tag nach dem Gespräch bei Bangemann ging die letzte Teillieferung von Unterlagen an Südafrika. Der südafrikanische stellvertretende Verteidigungsattaché und Geheimdienstmitarbeiter Jan Albertus Steenkamp holte die Pläne bei IKL ab und unterbreitete zugleich einen Vorschlag für die Tagesordnung eines vom 24. bis zum 28. Juni bei IKL geplanten Treffens, bei dem es um weitere Vertragsänderungen gehen sollte.[69] Damals hielten sich Vertreter von HDW und der Essener Verkaufsfirma Ferrostaal zu Gesprächen in Südafrika auf. Thema: »Technische Besprechungen, betreffend das Projekt IK 97.« Sie war wie MTU eine Tochter der MAN AG und wurde von den U-Boot-Bauern als Vertriebsagentur eingesetzt. Teilnehmer der Reise war auch HDW-Oberingenieur Gerd Rademann, der die Abteilung Fertigung und Montage bei HDW leitete und der zur Begleitung des U-Boot-Baus ans Kap übersiedeln sollte.

Am 28. Juni schrieb IKL-Chef Nohse mal wieder einen Brief nach Kapstadt. Empfänger war Lobbyist Karl-Friedrich Albrecht. Nohse teilte mit, dass Albrecht für seine Vermittlertätigkeit 500 000 Mark erhalte. Wieder wurde die »Lieferung« über den Zürcher Rechtsanwalt Alther angekündigt. Alther war als Wirtschaftsanwalt eine Institution an der Zürcher Bahnhofstraße, wo er sein Domizil wenige Fußminuten vom See und dem traditionsreichen Hotel »Baur au Lac« hatte. Er saß in Verwaltungsräten von Finanz-, Handels- und Vermögensverwaltungsgesellschaften.[70]
Diesmal wurde Nohse deutlich: Er erinnerte Albrecht daran, dass das Geld absprachegemäß »ausschließlich zur Weiterleitung bestimmt« sei. Gleichzeitig begründete Nohse den umständlichen Weg.

Durch die Übermittlung der Verrechnungsschecks über Alther »wird eine Steuerzahlung seitens IKL vermieden«.[71] An wen sollte Albrecht das Geld weiterleiten? Dass es letztlich über Albrecht und Alther an deutsche Politiker beziehungsweise in deutsche Parteikassen fließen sollte, darüber ist schon früh spekuliert worden.[72]

In den Jahren 1984 bis 1986, als der geheime U-Boot-Deal in der heißen Phase war, tauchte auch Uwe Barschel mehrfach im näheren oder weiteren Umfeld grauer Geschäftemacher auf, die sich als Grenzgänger zwischen Ost und West tummelten und ihren Profit aus politisch heiklen Deals zogen. Diese Zeugnisse deuten darauf hin, dass Barschel in eine Schattenlinie involviert war, die neben der offiziellen Gesprächsebene zwischen Kiel, Bonn und Pretoria verlief.

So behauptete der Schweizer Treuhänder S., damals im Restaurant des Genfer Hotels »Noga Hilton« Bekanntschaft mit Uwe Barschel gemacht zu haben. Der professionelle Geldverwalter war ein mit allen Wassern gewaschener Haudegen seiner Zunft. Er zog die Fäden bei diskreten Vertragsverhandlungen und fungierte als Gelddrehscheibe in Dreiecksgeschäften zwischen Südafrika, der DDR und westeuropäischen Ländern. Aus der neutralen Schweiz, die noch nicht Mitglied der Vereinten Nationen war, hatte er ein leichtes Spiel. Problemlos konnte er zum Beispiel die DDR besuchen.

Er erinnerte sich, dass Barschel damals in Genf mit einem seiner Kunden und Geschäftspartner, einem norddeutschen Händler, verabredet war. Der Hanseat war ebenfalls ein Mann aus der Dunkelzone und schon einmal im Visier von Scotland Yard, wegen Waffenlieferungen in den Iran. Er residierte in einem Schweizer Bergort und in der Nähe von Kiel. Und er war wie sein Treuhänder als Makler zwischen deutschen und nahöstlichen Geschäftsinteressen aktiv. Er hatte beispielsweise in den siebziger Jahren die Fäden zwischen der libyschen Regierung und einer Gruppe deutscher Rohölhändler gesponnen, die mit libyschem Öl und der politischen Rückendeckung von Franz Josef Strauß den Mineralölkonzern Avia zum deutschen Gegenstück von Multis wie Esso und Shell aufbauen wollte.[73]

»Ich habe Uwe Barschel zufällig in Ost-Berlin bei einer Gelegenheit gesehen, als es um ein durchaus menschliches Bedürfnis ging«, erzählte der Augsburger Kaufmann Leonhard M., ebenfalls ein Mann der Grauzonengeschäfte. »Das war im dritten Stock des Außenhandelsministeriums in Ost-Berlin, einer abgeschirmten Etage.«

Dieser Grenzgänger erinnerte sich auch, wie er mit Direktor Dieter Klengel, seinem Verhandlungspartner im Außenhandelsministerium, über Uwe Barschel sprach. »Den haben wir aus Rostock mit dem Hubschrauber abgeholt«, habe Klengel gesagt. »Gleich fliegen wir den dahin wieder aus.« Klengel habe auch von Meetings im Warnemünder Hotel »Neptun« berichtet.[74] Tatsächlich war das Außenhandelsministerium neben der »Kommerziellen Koordinierung« des Alexander Schalck-Golodkowski eine Zentrale für die Tarngeschäfte der DDR.

Der Augsburger Händler war häufiger in Ost-Berlin, weil er ein Geschäft einfädelte, das der DDR Devisen beschaffen sollte. Er lieferte DDR-Zement nach Südafrika, das aufgrund des Embargo-Drucks seine Nachfrage nach dem Baustoff nur schwer befriedigen konnte. M. wickelte den Deal über eine Schweizer Firmenkonstruktion ab. In einem anderen Fall half er, südafrikanische Waren, die dem Handelsboykott der UNO unterlagen, als angebliche DDR-Produkte auf den Weltmarkt zu bringen. Chrom-Erz zum Beispiel, das fortan über die DDR in die Hochöfen von Thyssen und Mannesmann wanderte, obwohl jeder Fachmann wissen musste, dass es in der DDR keine Chromerzvorkommen gab. Umgekehrt wurden westdeutsche Stahlpressen in die DDR geliefert und von dort nach Demontage der Hersteller-Schilder an ein südafrikanisches Rüstungsunternehmen weitergeliefert.

Die Geld- und Waren-Pipeline über die DDR nach Südafrika war geöffnet. Und über viele dieser geheimen Transaktionen wurden keine amtlichen Schriftstücke angelegt, wie Schalcks Rüstungshändler Wolfgang Kotz bezeugte.

Der Geist dieser alten Zeiten stieg erneut empor, als Wolfgang Kotz nach der Wende kurzzeitig wegen des Verdachts illegaler Rüstungslieferungen inhaftiert wurde. Plötzlich erhielt er anonyme Drohanrufe: »Wenn du deine Schnauze nicht hältst, dann müssen wir sie dir zustopfen«, hörte er am Telefon. »Ich möchte von diesem Kram nichts mehr hören«, sagte Wolfgang Kotz.

In der Stasi-Bezirksverwaltung in Rostock erhielt ein Offizier zufällig Hinweise auf geheime Verhandlungen mit Uwe Barschel, von denen er eigentlich nichts erfahren sollte. Er war bei einer Kontrolltruppe im Einsatz, die Stichproben der Spitzelberichte ihrer Agenten auf Hinweise prüften, ob diese möglicherweise mit dem Feind konspirierten. So untersuchte er auch Claus-Dieter Junge, den promovierten Generaldirektor der Rostocker Firma »Schiffscommerz GmbH«, der bei der Stasi als Inoffizieller Mitarbeiter unter dem Decknamen »Kröger« geführt wurde und seine Berichte sehr professionell auf Tonband ablieferte.

»Unter anderem ist mir in meiner Tätigkeit beim Ministerium für Staatssicherheit ein Bericht von Dr. Claus-Dieter Junge bzw. IM Kröger über mindestens ein Gespräch zwischen Junge und dem ehemaligen, verstorbenen Ministerpräsidenten Dr. Dr. Uwe Barschel zur Kenntnis gekommen«, erklärte der Offizier nach der Wende schriftlich »in Kenntnis der Bedeutung einer Eidesstattlichen Versicherung und in Kenntnis der Strafbarkeit bei Abgabe einer falschen Versicherung an Eides Statt«. Das Gespräch zwischen Junge und Barschel habe nach seiner Erinnerung in Kiel stattgefunden: »Dem Inhalt des IM-Berichtes entnahm ich, daß mindestens ein weiteres Gespräch dieser Art in Rostock stattgefunden haben muß«, erklärte der Rostocker Stasi-Controller.[75]

Er wusste aus den IM-Berichten, dass Junge ein Spitzenmann der Stasi war, ausgestattet mit allen erdenklichen Sondergenehmigungen für Geschäfte im Westen. »Junge führte mehrere Konten und Firmen des Bereichs Kommerzielle Koordinierung in der Schweiz. Zur Regelung finanzieller Vorgänge reiste er nach meiner dienstlichen Kenntnis mindestens zweimal nach Lausanne«, versicherte der Stasi-Zeuge.

Einmal geriet dabei Junge sogar in einen bösen Verdacht. Der Kontrolleur bekam den Reisebericht einer inoffiziellen Mitarbeiterin der Rostocker Stasi auf den Tisch, die Junge beruflich kannte. Die Agentin »hatte Junge zufällig auf einer Dienstreise in Hamburg gesehen«, erklärte der Offizier. Beide seien unabhängig voneinander nach Hamburg gereist. Die Frau »brachte in dem Bericht ihre Verwunderung darüber zum Ausdruck, dass die von ihr beobachtete Geschäftsbesprechung von Junge in einem für solche Besprechungen unüblichen Ort im Bereich des Hamburger Hafens stattfand«, erklärte er. »Ich erhielt diesen Bericht zur Kenntnis, um diesen Vorgang zu überprüfen. Als ich Herrn Dr. Claus-Dieter Junge auf diesen Vorgang ansprach, zeigte er mir als Begründung für seinen Aufenthalt in Hamburg mehrere Prospekte über Infanteriewaffen westlicher Herkunft (unter anderem Granaten, Schnellfeuergewehre und kleine Helikopter) sowie ein Muster von Spezialpapier, das nach seiner Aussage zum Druck von Fremdwährungen für ein Drittland benutzt würde.«[76] Stasi-Händler Claus-Dieter Junge erwiderte, ebenfalls mit einer eidesstattlichen Erklärung, nachdem er mit diesen Aussagen konfrontiert worden war: »Mir ist nicht bewußt, daß ich jemals mit Dr. Barschel, dem verstorbenen Ministerpräsidenten von Schleswig-Holstein, zusammengetroffen bin.«[77] Junge gehörte zu denjenigen Stasi-Männern, die sich seit der Wende nur an die reguläre, offizielle Seite ihres Geschäfts erinnerten. So erklärte er in einer kriminalpolizeilichen Befragung im Dezember 1989: »Zu Schalck-Golodkowski gab es insofern keine spezifischen Verbindungen«. Er habe den mächtigen KoKo-Chef gelegentlich bei der Leipziger Messe gesehen, ohne Handschlag. Er habe »keine tieferen persönlichen Kontakte zu ihm« gehabt.

Schalck jedenfalls erinnerte sich, dass es Junge war, der ihn mit dem Salzgitter-Chef und HDW-Aufsichtsrat Ernst Pieper zusammengebracht hatte, um den Kauf der »Astor I« einzufädeln.[78] Und immerhin verhielt es sich so, dass Schalck ihn zum Chefunterhändler bestimmt hatte, um das Schiff zu inspizieren und die konkreten Kaufverhandlungen zu führen. Junge: »Schalck hat absolut darauf bestanden, daß ich über diese ganze Aktion dem Außenhandelsminister Beil kein Wort erzähle. Ich habe mich auch daran gehalten.«[79]

1. Juli 1985, Bonn

Die Offenbarung möglicher illegaler Handlungen Nohses und Zoglmanns bei Wirtschaftsminister Bangemann hatte für einige Aufregung gesorgt. Bangemann hatte seinen Staatssekretär von Würzen angewiesen, sich um die Angelegenheit zu kümmern. Er selbst hatte angesichts der Brisanz und Dringlichkeit persönlich mit den Ministerkollegen Schäuble und Genscher gesprochen. Von Würzen ging erst einmal intern an die juristische Prüfung des Sachverhalts. Es stand in Frage, ob eine Pflicht zur Anzeigeerstattung bestehe, da man nun Kenntnis von einem strafverdächtigen Sachverhalt – einem möglichen Verstoß gegen das Kriegswaffen-Kontroll-Gesetz und/oder das Außenwirtschaftsgesetz – erhalten hatte. Die Juristen wägten ab. Bei einem Verstoß gegen das Kriegswaffenkontrollgesetz müssten schon erhebliche Gründe vorliegen, um noch von einem Ermessensspielraum zu sprechen, so ihre Expertise. Bei einem Verstoß gegen das

Außenwirtschaftsgesetz könnte dieser Ermessensspielraum – auch wegen der Zuständigkeit des Bundesamtes für Wirtschaft, der Zollbehörden und der Oberfinanzdirektion – nach Meinung der Juristen etwas größer sein.[80]
Am 1. Juli unterrichtete Staatssekretär von Würzen seinen Kollegen vom Auswärtigen Amt, Jürgen Ruhfus. Der wiederum eilte zu Genscher und hielt am gleichen Tag in einem Vermerk fest, dass der Vorgang im Wirtschaftsministerium wegen der möglichen Involvierung höchster politischer Persönlichkeiten – Ministerpräsident Strauß, Bundeskanzler und Verteidigungsminister – nur auf höchster Ebene und sehr vertraulich behandelt werde. Das Wirtschaftsministerium beabsichtige, keinen Strafantrag zu stellen.[81]
Zwei Tage später war man sich im Auswärtigen Amt sicher, dass die Staatsanwaltschaft würde ermitteln müssen, da ein Vergehen nicht von vornherein ausgeschlossen werden konnte. Es sei allerdings Sache des Wirtschaftsministeriums als federführendem Ressort, über die Einschaltung der Strafverfolgungsbehörden zu entscheiden. Die Diplomaten sahen düstere Wolken am Himmel aufziehen: »Falls der unterstellte Sachverhalt zutrifft und in der Öffentlichkeit bekannt wird, sind heftige Reaktionen von verschiedenen Seiten vorherzusehen, die der Bundesregierung Verstoß gegen das UN-Waffenembargo und Unterstützung der Apartheid-Politik Südafrikas vorwerfen werden.«[82] Im Falle eines Ermittlungsverfahrens fürchtete man auch die Frage, ob dieses denn von offizieller Seite eingeleitet worden war, bevor die Öffentlichkeit Wind von der Sache bekommen hatte, oder erst danach.

17. Juli 1985, Bonn
Es war eine der routinemäßigen Beratungen zwischen dem Bundeskanzler und seinem Außenminister. Genscher plante, das U-Boot-Geschäft wieder zur Sprache zu bringen. Er hatte sich gut vorbereitet. Am Tag zuvor hatte ihm sein Staatssekretär Ruhfus in einem Vermerk die Kernpunkte der neuesten Entwicklung aufgelistet. Dort hieß es: »Um Vertraulichkeit zu wahren, habe BM Bangemann nicht das BAW [Bundesamt für Wirtschaft, d. Verf.], sondern einen erfahrenen und zuverlässigen Referatsleiter seines Hauses mit Aufklärung beauftragt ... Angesichts der politischen Sensibilität müsse offenbleiben, wie weit das BMWi die Vertreter des Ingenieurkontors zu Aussagen

über die Vorgeschichte drängen wird, da dies das BMWi möglicherweise hinsichtlich der Einleitung strafrechtlicher Schritte in Zugzwang bringen könnte.«[83] Ruhfus konnte sich später nicht mehr daran erinnern, was ihn »in der Eile« zu dieser Aussage veranlasst hatte.[84] Ruhfus riet seinem obersten Vorgesetzten Genscher, er könne Kohl auf die außenpolitische Brisanz hinweisen: »Das Bekanntwerden deutscher Beiträge zum Aufbau von Rüstungskapazitäten in Südafrika würde international schärfste Reaktionen hervorrufen. Diese (Beiträge) stünden im Widerspruch zu einer Reihe von Resolutionen der Vereinten Nationen.«[85] Genscher ließ es sich nicht nehmen, den Kanzler darauf hinzuweisen, dass Gefahr in Verzug sei. Er berichtete Kohl, dass offenbar ohne Genehmigung Lieferungen erfolgt seien. Kohl zeigte sich unwissend. Über die Lieferungen sei er nicht unterrichtet.[86]

Am gleichen Tag traf sich der angesprochene, mit der »Aufklärung« beauftragte »zuverlässige Referatsleiter« des Wirtschaftsministeriums mit IKL-Chef Nohse. Als der Referent nachfragte, inwieweit das Exportgeschäft bereits abgewickelt sei, fertigte Nohse den Beamten mit der Bemerkung ab, dass er »keinen Grund zu einer Auskunftserteilung sehe«.[87] Er habe bereits seit Mitte 1984 die Einzelheiten des Geschäfts an höchster Stelle im Kanzleramt und im Verteidigungsministerium vorgetragen. Auch Genscher sei durch den HDW-Vorstandsvorsitzenden Ahlers unterrichtet worden und habe sich nicht ablehnend gezeigt. Außerdem habe er – Nohse – die telefonische Zustimmung des Kanzleramts erhalten.[88] Der Außenwirtschaftsexperte des Ministeriums belehrte den Industriemanager über die Genehmigungserfordernisse nach den Bestimmungen des Außenwirtschaftsgesetzes und über den Fakt, dass das »Bundesamt für Wirtschaft keine Genehmigungen für Rechtsgeschäfte oder Handlungen erteile, die mit dem UN-Embargo gegen Südafrika nicht vereinbar seien«.[89]

Nohse steckte gehörig in der Klemme, denn der »erfahrene und zuverlässige Referent« war alles andere als schlecht informiert. Er hatte bereits Ende Juni klar geurteilt: »Bei Kenntnis von schwereren Verstößen würde ich das BMWi allerdings im Hinblick darauf, daß es die vorgesetzte Behörde einer der Überwachungsbehörden (BAW) ist, für grundsätzlich verpflichtet halten, Anzeige zu erstatten.«[90] Das hieß im Klartext: Bei dem, was das Wirtschaftsministerium erfahren hatte, musste es die Staatsanwaltschaft einschalten. Der gleiche wohlinformierte Referent hatte aber auch im Auftrag seines Staatssekretärs von Würzen wegen der Aktivitäten des IKL Kontakt mit dem zuständigen Bundesamt für Wirtschaft aufgenommen, das dem Wirtschaftsministerium unterstellte Amt für die Exportbewilligungen. Er äußerte zwei Bitten: Erstens, »bei Genehmigungsanträgen der Firma insbesondere den Endverbleib genau zu prüfen«, und zweitens, »die Ausfuhrkontrollstellen (Zoll) zu ersuchen, bei der Abfertigung von Ausfuhren der oben angeführten Firma besonders sorgfältig vorzugehen.«[91]

Kurios. Dem BAW wurde der Hinweis auf U-Boote vorenthalten. Und HDW kam gar nicht vor. Hinter der Art, wie das Bundesamt für Wirtschaft eingeschaltet wurde, steckte Absicht. Man wollte Aktivität vortäuschen. Erstens interpretierte das BAW die Bitte so, dass erst bei Eingang eines Antrags Kontakt mit dem Zoll aufgenommen werde sollte. Da der U-Boot-Deal von der Bundesregierung nicht genehmigt war, konnte nicht damit gerechnet werden, dass überhaupt je ein Antrag auf Ausfuhrgenehmigung gestellt wurde. Zweitens war das BAW für die Information der Ausfuhrkontrollstellen beim Zoll gar nicht zuständig. Dies musste über das Bundesfinanzministerium oder direkt über das Zollkriminalamt erfolgen.[92]

Der Referent rief eigens den Präsidenten des Bundesamtes für Wirtschaft an, um ihn auf die Weisung in Bezug auf IKL aufmerksam zu machen. Auf die Nachfrage des Behördenchefs, was denn konkret dahinter stecke, erhielt er von dem Mann aus dem Ministerium die Antwort, dazu könne und wolle er nichts sagen.

August 1985
Mitte August antwortete IKL-Chef Nohse auf eine schriftliche Anfrage des Experten aus dem Wirtschaftsministerium, den er Mitte Juli noch so rüde abgefertigt hatte, dass ein Satz Werkstattzeichnungen auf Mikrofilm geliefert worden war. Aber weder Handbücher, Beschreibungen und Betriebsvorschriften noch die Unterlagen für eine Umkonstruktion der Boote nach den speziellen Wünschen der Südafrikaner seien exportiert worden. Auch das Konstruktionsmodell im Maßstab 1 : 5 sei nicht ausgeliefert worden, und geheimhaltungsbedürftige Unterlagen habe man zurückgehalten. Alles nach der Methode »Rette sich, wer kann«. Nohse blieb bei der bekannten Strategie der Vorne-Verteidigung, als er schrieb:

»Ich berichte Ihnen außerdem über die ausführlichen Unterredungen, die wir mit der Bundesregierung führten, sowie über den besonderen Zeitdruck, unter welchem der Vertragsschluß und die ersten Auslieferungen standen. Diese Gespräche veranlaßten uns, einen Vertrag für dieses Exportgeschäft abzuschließen und eine Teilauslieferung – wie oben beschrieben – vorzunehmen. Hierzu sahen wir uns berechtigt, da wir die Überzeugung gewonnen hatten, daß wir mit unserem Vorhaben den politischen Vorstellungen der Bundesregierung entsprachen und die von uns vorgeschlagene Verfahrensweise der Abwicklung des Exportgeschäfts gebilligt wurde. Nach unserer Auffassung lag damit die Zusage zur nachträglichen Erteilung auch der formellen Genehmigung vor. Die Lieferung und entsprechende Zahlungen erfolgten unter Vorbehalt. Aus diesem Grund ist nach diesen Unterlagen auch noch nicht gebaut worden. Die jüngsten Gespräche veranlassen uns, nun an den Kunden heranzutreten, um das Geschäft rückgängig zu machen.«[93]

Am 26. August 1985 gab Vorstandsmitglied Peter Hansen-Wester bei HDW intern die Anweisung, sämtliche Arbeiten sofort einzustellen und die Restabwicklung zu prüfen. In dem entsprechenden Vermerk heißt es:

»Projekt IK 97
Der Vertrag für dieses Projekt wurde mit sofortiger Wirkung beendet. Sämtliche Arbeiten an diesem Projekt sind ab sofort einzustellen.«[94]

Nun kam es zwischen HDW/IKL und den südafrikanischen Geschäftspartnern zu ersten Auseinandersetzungen. Bereits am 16. August informierte Nohse die Südafrikaner telefonisch über die Haltung von Wirtschaftsminister Bangemann. Der hatte das Geschäft abgelehnt und sofort die Rückabwicklung gefordert. Nohse teilte dem südafrikanischen Kunden deshalb mit, dass das Geschäft beendet werde, da es keine Genehmigung der Bundesregierung gab und auch keine geben werde.[95] Für Barschel musste diese Entwicklung alarmierend sein. Es zeichnete sich ab, dass die Bundesregierung mit ihrem Lavieren nicht mehr weiterkommen würde und eine klare Entscheidung gegen das Projekt fällen musste.

Die Südafrikaner schwankten. Mal wollten sie die bereits gelieferten Blaupausen zurückgeben und ihr dafür gezahltes Geld wiederhaben, mal wollten sie die Blaupausen behalten und weitermachen. IKL und HDW wollten generell nichts zurückzahlen, wie es in einem vertraulichen Vermerk von HDW heißt. Sie argumentierten, eine wirkliche Rückgabe der Konstruktionsunterlagen sei nicht gewährleistet, denn die Blaupausen könne man kopieren.[96] Dies gestand letztlich auch der südafrikanische Vertragspartner ein, der aus diesem Grunde – man hatte bereits eine große Zahl von Kopien für die verschiedensten Stellen gemacht – auch gegen eine Rückabwicklung des Geschäfts war.[97] Die Südafrikaner aber verlangten Leistung, und das bedeutete: weitermachen. Nur die schweigsamen Beteiligten wussten, wie viel Geld wirklich über welche Wege und Länder in die Kassen von Firmen, Vermittlern, Hintermännern und Politikern geflossen war. Es gab in der Folge ein munteres Versteckspiel mit Zahlen, Zahlungen und Rückzahlungen, mit Konten im In- und Ausland.

12. September 1985, Kiel

Uwe Barschel saß wieder einmal bei seinem Freund und »Leibarzt« Thian-Fong Tjan. In der Praxis des Mediziners in Schwarzenbek redeten sie ein wenig über Barschels allgemeine Befindlichkeit. Verbessert haben konnte sich die persönliche Anspannung des schleswig-holsteinischen Ministerpräsidenten nicht, denn die Dosis seiner gewohnten Mittel wurde wieder erhöht. Tjan verschrieb den Angstlöser Tavor nun schon in der Dosierung 50 Tabletten zu je 2,5 Milligramm Wirkstoff. Das war eine ganz erhebliche Dosis des Antidepressivums. Dazu verschrieb er wieder Barschels bevorzugtes Mittel zur »Schlafanbahnung«: 50 Lexotanil à 6 Mg.[98]

1985, Sunnyside, Pretoria, Südafrika

General Andreas Jacobus »Kat« Liebenberg, Leiter der Special Forces und später Chef der südafrikanischen Streitkräfte, gehörte zur sogenannten Steuerungsgruppe von »Project Coast«. Damit war er einer der Vorgesetzten des obersten südafrikanischen Giftmischers, Wouter Basson. 1985 fasste General Liebenberg einen Mordplan. Peter Tanyengenge Kalangula, hochrangiges Mitglied der Verwaltung des Ovambolandes in Namibia, sollte umgebracht werden. Das Ovamboland im Norden Namibias an der Grenze zu Angola war seit den sechziger und siebziger Jahren eines der Zentren des Befreiungskampfes der SWAPO. Als Mörder Kalagulas ausersehen war Trevor Floyd, ein Agent der Special Forces, der später verantwortlich für Operationen im weiter entfernten Ausland, speziell in Europa, werden sollte. In Sunnyside, Pretoria, händigte »Dr. Tod«, alias Wouter Basson, Floyd sein Handwerkszeug aus: schwarze Gummihandschuhe, Chirurgenhandschuhe, eine giftige Substanz und ein entsprechendes Gegengift. Der Plan war denkbar simpel: Floyd sollte die giftige Substanz, die durch die Haut des Opfers eindringen konnte und keine forensisch nachweisbaren Spuren hinterließ, auf den Türgriff von Kalagulas Auto schmieren. Floyd packte alles ein und machte sich auf die Reise nach Oshakati, dem Hauptort des Ovambolandes, der auch einen Flughafen besaß. Doch der Agent konnte seinen Mordplan nicht ausführen, ihre Killertricks waren noch nicht ausgereift.[99]

30. September – 2. Oktober 1985,
Lübeck/Travemünde

Die Rüstungsmanager in Lübeck und Kiel waren längst viel zu weit gegangen, sie konnten nicht mehr zurück. Schließlich hatten sie Vorauskasse gemacht. Die Südafrikaner, die sich inzwischen entschieden hatten, nicht aus dem Geschäft auszusteigen, hatten die Deutschen in der Hand. Zwar hatte IKL-Chef Nohse Mitte August die Südafrikaner informiert, dass der Wirtschaftminister die Beendigung des Geschäftes verlangte. Und Ende August hatte der HDW-Vorstand vermerkt, dass alle Arbeiten eingestellt wurden. Dennoch saß man nun wieder in Travemünde mit den Südafrikanern am Verhandlungstisch, um über das weitere Vorgehen zu beratschlagen.

IKL-Chef Nohse erklärte später, man sei zu einer »mündlichen Kooperationsvereinbarung« zwischen IKL, HDW und Liebenberg Stander Maritime (LSM) gekommen. Die dann auch schriftlich fixierten Verabredungen waren weitreichend und detailliert: IKL und HDW sagten zu, dass Südafrika noch einen »Satz Fotos« vom ersten, für Indien gebauten U-Boot als »Hilfestellung« erhalten sollte. Ein zweiter Satz Fotos von dem U-Boot für Israel sollte ebenfalls geliefert werden sowie die Aufstellung eines »Materialmengengerüsts« für dieses Modell.

Die Vertragspartner beschlossen weiter, das Konstruktionsmodell im Maßstab 1 : 5 nicht wie ursprünglich geplant in Lübeck zu bauen, sondern bei LSM in Kapstadt. Dies allerdings mit Unterstützung von IKL. Aus einem späteren Vermerk ergab sich freilich eine ganz andere Lage: »Die ersten Lieferungen sind erfolgt, weitere liegen zum Abholen bereit«, hieß es dort.[100] Das Modell war tatsächlich in Einzelteile zerlegt und in Container verpackt nach Südafrika verfrachtet worden.

Auch personell schraubten die Rüstungsmanager nicht zurück. Man vereinbarte, dass der IKL-Gründer und derzeitige Firmenberater, Professor Ulrich Gabler, höchstpersönlich ans Kap reisen sollte. Geplant war eine einwöchige Vorlesung und ein »Design-Training« für die Mitarbeiter der südafrikanischen Werft. Als wichtigster Verhandlungspartner für die deutschen U-Boot-Bauer in Kapstadt diente diesmal der frühere IKL-Konstrukteur Karl Stülpner, der in die Dienste von LSM getreten war.[101]

10.–14. Oktober 1985, Kiel/Durban

Eine Woche nach den Verhandlungen in Lübeck und Travemünde verschiffte HDW ein schweres Paket. Empfänger war die Werft Sandock Austral in Durban. Verpackt hatten die Kieler U-Boot-Bauer 5,34 Tonnen des U-Boot-Spezialstahls HY 80, den die Südafrikaner für Schweißversuche benötigten, wie HDW-Vorstand Hansen-Wester später erklärte.[102] Da Südafrika plante, einen Teil des benötigten U-Boot-Spezialstahls selbst herzustellen, hatte HDW inzwischen auch dessen chemische Formel an die Ingenieure vom Kap weitergegeben.[103]

Nur vier Tage später, am 14. Oktober, wurde – wie bei diesem Geschäft so oft – wieder getrickst und getäuscht. IKL-Chef Nohse schickte einen Brief nach Pretoria, in dem er mitteilte, dass die deutschen Unternehmen nun gezwungen seien, das Geschäft aufzukündigen, da es keine Regierungsgenehmigungen gebe. Nohse erklärte, die deutschen U-Boot-Bauer wollten mit ihren südafrikanischen Partnern nun in Verhandlungen eintreten, um das Geschäft rückgängig zu machen.

Mit diesem Schreiben wollte man sich für eine spätere öffentliche und juristische Diskussion wappnen. Auch die Staatsanwaltschaft Kiel kam später zu dem Schluss, dass die Firmen »den tatsächlichen Umfang des Geschäfts durch interne Vermerke und Schriftverkehr mit anderen Partnern, u. a. auch mit dem südafrikanischen Geschäftspartner, getarnt« hätten, um so einen »angeblichen Abbruch des Projektes im Sommer 1985« vorzutäuschen.[104]

Am 6. November versicherten die IKL-Manager Abels und Nohse dem südafrikanischen Rüstungslobbyisten Karl-Friedrich Albrecht: »Alle Software-Lieferungen sind vertragsgemäß erfolgt, so dass der Kunde seine Arbeiten termingerecht aufnehmen kann.«

November 1985, Bonn
Eine wichtige politische Vorentscheidung war bereits Anfang September gefallen. Nach der Rückkehr aus seinem Urlaub hatte sich Bundeswirtschaftsminister Bangemann mit Außenminister Genscher besprochen und daraufhin den »Originalvorgang« des U-Boot-Geschäftes persönlich an Finanzminister Stoltenberg übergeben, damit dieser ihn an die Oberfinanzdirektion in Kiel weiterleiten konnte. Bangemann folgte damit der Absicht seiner Ministerialbeamten, die Angelegenheit nicht an die Staatsanwaltschaft abzugeben.[105]

Jetzt ging es in Bonn vor allem um Schadensbegrenzung und Vertuschung. Anfang November entschied Finanzminister Stoltenberg, die Oberfinanzdirektion Kiel mit den Ermittlungen im U-Boot-Geschäft zu beauftragen. Damit war klar, dass die Absprachen zwischen den Bundesministerien mit dem Ziel, die Staatsanwaltschaft nicht einzuschalten, jetzt umgesetzt wurden. Der Bundesfinanzminister ließ damit in einer Angelegenheit, die auch ihn direkt betraf, eine ihm selbst nachgeordnete und unterstellte Behörde die sensiblen Ermittlungen aufnehmen.

Am 13. November trafen sich die Oberfinanzpräsidenten – darunter auch der Präsident der Oberfinanzdirektion Kiel, Svend Olaf Hansen, zu einer Konferenz im Finanzministerium. Nun erhielt Hansen erste Informationen und erste Direktiven. Am nächsten Tag übergab ihm Staatssekretär Günter Obert einen verschlossenen Umschlag, in dem sich einige Unterlagen zum U-Boot-Geschäft befanden. Hansen wurde nun mit der »ordnungsgemäßen Durchführung« der Angelegenheit beauftragt.

Vom Staatsunternehmen HDW war bei diesen Besprechungen keine Rede. Warum sollten sich die Herren bei ihren schwarzen Geschäften auch selbst entlarven? Entsprechend den Anweisungen an das Bundesamt für Wirtschaft war es auch hier nur das Industriekontor, das überprüft werden sollte. HDW blieb weiter außen vor. Bis IKL-Chef Nohse eine erste schriftliche Aufforderung zur Stellungnahme erhielt, sollte ein knapper weiterer Monat vergehen.

Zum Jahreswechsel wurde der HDW-Aufsichtsratsvorsitzende Pieper darüber informiert, dass Ermittlungen gegen das IKL liefen und dass nicht auszuschließen sei, dass der HDW-Vorstand in das U-Boot-Geschäft involviert war. Das war, als ob der Staatsanwalt einem Verdächtigen telefonisch eine geplante Hausdurchsuchung ankündigen würde.

Diese Art Eiertanz war nicht mehr damit zu erklären, dass sich die beteiligten Politiker darum sorgten, Arbeitsplätze zu retten. Längst ging es nur noch darum, ihre Haut zu retten. Für die Akten – und somit für die Nachwelt – präsentierten sie sich nun als solide Bedenkenträger. So musste Staatssekretär Tietmeyer im Auftrag Stoltenbergs Ernst Pieper mitteilen, ein mögliches rechtswidriges Verhalten von HDW könne nicht gebilligt werden und müsse auch in Zukunft verhindert werden.[106]

In Bonn und Kiel waren routinierte Praktiker am Werk. Jetzt suchten sie die Sündenböcke, die aber dann unter Schonung durch die Ermittlungsbehörden und unter Wahrung ihrer finanziellen Interessen davonkommen sollten. So entstand das Schweigekartell.

25. November 1985, Hamburg
»15.00 Uhr, HH, 4 Jahresz.«, hatte Barschels Büroleiter Friedersen in den MP-Kalender gekritzelt. Sein Chef war einmal mehr zu einem vertraulichen Treffen ins Hamburger Hotel »Vierjahreszeiten« gefahren. Wieder war nichts über die Gesprächspartner und das Thema vermerkt.[107]

Dezember 1985, Kiel
Am Montag, dem 9. Dezember 1985, traf Uwe Barschel in Ost-Berlin bei Günter Mittag ein. Ein offizieller Besuch.[108]

IKL-Chef Nohse erhielt Mitte Dezember 1985 Post aus Südafrika – die Antwort auf seine Rückzugsabsicht. Die Reaktion war wenig erfreulich. Es gab sogar eine versteckte Drohung: Man sei lediglich bereit, HDW und IKL aus ihren vertraglichen Verpflichtungen zu entlassen, wenn die Firmen in Südafrika selbst weiter beim Bau der U-Boote helfen würden. Wenn es um ihr Geld ging, verstanden die Südafrikaner keinen Spaß. Sie wollten zumindest ein wenig Leistung sehen.[109]

Uwe Barschel verlor in der gleichen Woche einen verlässlichen Mitstreiter, auch im U-Boot-Geschäft: Sein Wirtschaftsminister Jürgen Westphal trat am 16. Dezember 1985 zurück. Viele in Kiel, auch in der CDU, rätselten über seine Motive. Sie meinten, Westphal habe schon länger geplant, als Bankier in die Privatwirtschaft einzusteigen. Andere spekulierten später, es habe Krach wegen des U-Boot-Geschäfts gegeben.

Der vornehme Anwalt aus Hamburg, der die leisen Töne in der Politik bevorzugte, und der rauhbeinige, unberechenbare Egomane Barschel hatten sich aber nicht wegen Streitereien über das U-Boot-Geschäft getrennt. Die Chemie stimmte nicht. [110]

Die Krise

7. Januar 1986, Bonn,
Kanzleramt

»Ich habe mit dem Projekt jetzt nichts mehr zu tun.«[1] Ministerialdirektor Horst Teltschik, bislang der wichtigste Mann für die U-Boote an der Seite von Helmut Kohl, wirkte entschlossen. Ihm gegenüber saß wieder einmal der Rüstungslobbyist Siegfried Zoglmann. Teltschik erläuterte die neuesten Überlegungen zur Krisenprävention im Kanzleramt, an denen offenbar auch Amtschef Schäuble beteiligt war: Der ganze Vorgang solle über einen Strafbefehl offiziell zum Abschluss gebracht werden. Es galt alles zu vermeiden, was öffentliches Aufsehen erregt hätte. Zoglmann berichtete am nächsten Tag HDW über seinen Besuch in Bonn und trug vor, auch Teltschik halte eine solche Lösung für die eleganteste.[2] Schäuble war dabei, für Kohl die Kastanien aus dem Feuer zu holen.

Mit diesen Überlegungen, mit denen man im Bundeskanzleramt liebäugelte, wäre die Angelegenheit »elegant« aus der Welt zu schaffen gewesen: Juristisch wäre alles in Ruhe bereinigt worden, bevor sich etwas zu einem Skandal hätte auswachsen können. Die Firmen hätten sich durch eine Strafgeldzahlung zu einem geringen Gesetzesverstoß bekannt, womit der Sumpf zubetoniert worden wäre. Bliebe die Frage, ob die Betonung eines »offiziellen Abschlusses« weitere inoffizielle Aktivitäten unausgesprochen mit einschloss.

Zoglmann kündigte nun an, gemeinsam mit CSU-Landesgruppenchef Waigel ein Gespräch mit Schäuble führen zu wollen. Die Unternehmen wollten mehr über die Aktivitäten der Oberfinanzdirektion herausfinden und ein mögliches weiteres Procedere – wohl im Sinne der »offiziellen« Erledigung – absprechen. Zoglmann stellte sich vor, dass er ein solches Gespräch auf der anstehenden jährlichen Klausurtagung der CSU-Fraktion in Wildbad Kreuth herbeiführen könne.[3]

15. Januar 1986, Bonn, Oldenburg

Schon wieder war Zoglmann in Bonn unterwegs. Diesmal traf er Kanzleramtschef Schäuble. Details dieses Gespräches wurden nicht bekannt. Schäuble gab viel später lediglich schriftlich zu, er habe

Zoglmann »auf die laufenden Verfahren und die für diese gegebenen Zuständigkeiten hingewiesen«.[4]

In jener Zeit, als die U-Boot-Verhandlungen ins Stocken geraten waren, tauchte der Botschafts-Attaché und Mitarbeiter des südafrikanischen Geheimdienstes Steenkamp bei einem Oldenburger Ingenieur auf, der Spezialist für Tarnanstriche war. Steenkamp hatte Erfahrung im Geschäft, da er ebenso wie sein Kollege Primslov Blaupausen in seinem Diplomatengepäck nach Südafrika transportiert hatte. Die Südafrikaner suchten nach einem speziellen Überzug des Stahlkörpers der Boote, um eine Ortung zu verhindern. Der Ingenieur wollte sichergehen, dass er sich bei der Mitwirkung an dem Projekt nicht strafbar mache und fragte, ob die Sache von der Bundesregierung genehmigt sei. Bei einem darauf folgenden Besuch in der südafrikanischen Botschaft wurden ihm nach seiner Darstellung Aktenvermerke mit den Unterschriften von Kohl, Stoltenberg, Strauß und Barschel gezeigt, um ihm zu demonstrieren, dass er nichts zu befürchten habe. Eine Zusammenarbeit mit Südafrika kam dann allerdings nicht zustande. Und Steenkamp wurde später auf politischen Druck wegen der Untersuchungen im Bundestag aus Deutschland abberufen.

16. Januar 1986, Paris

Die Stimmung war angespannt. Die Geschäftspartner hatten vertraglich vereinbart, im Krisenfall gemeinsam nach alternativen Lösungen zu suchen, wie sie an »Geist und Absicht« ihrer Vereinbarung festhalten konnten. Dieser Fall war nun eingetreten, und IKL-Chef Nohse, der HDW-Vorstandsvorsitzende Ahlers und Willem Venter, der Leiter des südafrikanischen U-Boot-Baus, saßen in Paris zusammen, um ihren Deal noch zu retten.

Am Ende unterschrieben sie in Paris ein sogenanntes »Aide memoire«. Einer der Kernpunkte: Die Südafrikaner erklärten, mit den bisher gelieferten Unterlagen bereits zu arbeiten. Es wurde beschlossen, das Projekt gemeinsam fortzusetzen. Auch zusätzliche Lieferungen wurden vereinbart. Die Firmen fühlten sich sicher, wie von einer unsichtbaren Hand geschützt. Und die Südafrikaner wollten auf die Boote nicht verzichten.

Sie machten eine Offerte, deren Zusammenhang mit dem U-Boot-Geschäft nur für Eingeweihte zu erkennen war. Südafrika bot den Firmen an, sich am Mosselbay-Gas- und Ölexplorationsprojekt zu beteiligen, der geplanten Erschließung großer Gas- und Erdölvorkommen vor der südafrikanischen Küste. Dadurch sollten finanzielle Differenzen im U-Boot-Geschäft beseitigt werden. Der später mit der Kontrolle der OFD-Ermittlungen beauftragte Uwe Wewel aus Stoltenbergs Bundesfinanzministerium fand die Begründung für diese Beteiligung völlig unglaubwürdig. Da passte offensichtlich nichts zusammen.[5]

Was sollten U-Boote mit den Gas- und Öl-Bohrungen zu tun haben? Vor allem: Um welche finanziellen Differenzen ging es wirklich? Wenn überhaupt, dann konnte die Koppelung mit dem Mosselbay-Projekt von Anfang an nur Sinn machen, wenn es als Tarnung für die Fortführung des U-Boot-Deals gedacht war, »um für die Restabwicklung von IK 97 einen Arbeitstitel zu haben«.[6]

Exakt das steckte auch hinter der Pariser Übereinkunft: Die für die U-Boote benötigten Antriebsaggregate sollten laut einer Einkaufsliste von der MTU (»Antriebsaggregate Friedrichshafen«) kommen. Und vor allem für diese Lieferungen benötigte man eine schlüssige Tarnung. Die großen Dieselmotoren wurden als »Pumpenantriebs-Aggregate für die Gas-Exploration« nach Südafrika geschafft.

Unter diesem Titel hatten die Südafrikaner 100 Millionen Mark zusätzlich zu den Zahlungen an IKL und HDW aus dem Staatshaushalt herausgeschleust und zunächst auf eine Bank in Zürich transferiert. Das Geld wurde zur Tarnung aus den Mitteln verschiedener Ministerien zusammengetragen. In Zürich wurde ein kleiner Teil des Geldes gebunkert, der Rest ging an eine Firma »Marine Services« auf der Kanalinsel Jersey. Laut interner IKL-Aufstellung lag der Preis für die Schiffs-Dieselmotoren gerade einmal bei 10 Millionen Mark. Die restlichen 90 Millionen waren frei für ein parallel laufendes Geschäft mit Schnellbootmotoren sowie für beträchtliche Schmiergeldzahlungen in Südafrika und in der Bundesrepublik.

Damit waren die Motoren schon vergoldet, denn ein Schiffsdiesel kostete damals normalerweise etwa eine halbe Million Mark. Zum Vergleich die normalen Marktverhältnisse: Beim Verkaufswert eines U-Boot-Diesels von MTU von etwa 500 000 Mark hätte man für 100 Millionen Mark 200 Motoren bekommen, ausreichend für die Bestückung von 100 U-Booten. So viele gab es in ganz Afrika nicht, sagte der MTU-Insider.[7]

Der involvierte Vermittler B. E. bestätigte später, dass die Aggregate tatsächlich nach Südafrika geliefert wurden. Die Maschinen seien aber in Durban bei der Werft Sandock Austral, wo schließlich die Boote gebaut werden sollten, eingemottet worden. Später sei der U-Boot-Bau wegen der sich abzeichnenden Umwälzungen der politischen Verhältnisse in Südafrika aufgegeben worden. Erfolglos habe Sandock Austral dann versucht, die Motoren auf dem Weltmarkt zu verkaufen, ergänzte C. F. Die Schwierigkeit habe darin gelegen, dass man nach dem Auffliegen der Affäre sehr vorsichtig operieren musste. Es sollte verhindert werden, dass durch Verkaufsverhandlungen bekannt wurde, wozu MTU die Motoren ans Kap geschafft hatte, sagte der mit diesem Geschäft vertraute Manager. Für die Bundesregierung und die Firma hätte eine Aufdeckung unabsehbare wirtschaftliche und politische Folgen gehabt.

Der Bundesnachrichtendienst (BND) war selbstverständlich über die gesamte Entwicklung informiert. Er war am Kap gut vertreten und kooperierte schon aus weltpolitischen Gründen damals eng mit dem südafrikanischen Geheimdienst. Vertreter Südafrikas, die das U-Boot-Geschäft in Deutschland voranbrachten, waren Mitarbeiter des Geheimdienstes in ihrem Heimatland. Das U-Boot-Geschäft lief in einer Zeit, in der die Sowjetunion in Afrika ihre Interessensphäre ausweitete und in Südafrikas Nachbarstaaten Angola und Mozambique kommunistische Regime ans Ruder gebracht hatte. In beiden Ländern hatten von Südafrika und auch von deutschen Unions-Politikern unterstützte rechte Rebellenbewegungen den Kampf gegen die Regierungen aufgenommen. Franz Josef Strauß, der sich immer wieder auf Erkenntnisse des BND berief, stellte sich öffentlich an die Seite der südafrikanischen Regierung und der Rebellen-Bewegungen. Pretoria habe die schwere Aufgabe, in Afrika die westliche Sicherheit gegen die vordringende »rote Flut« zu verteidigen.

Andererseits hatte der BND ganz offiziell in den Rüstungsbetrieben – so auch bei HDW, IKL und MTU – seine Kontaktleute im Vertriebs- und Entwicklungsbereich. Und man darf davon ausgehen, dass auch in den Lagebesprechungen im Kanzleramt vom BND über die U-Boote berichtet wurde, zumal die Bundesregierung involviert war. Schon zur eigenen Absicherung musste Bonn darauf achten, dass der Dienst den Fall im Griff hatte.

Wieviel Geld für das Geschäft und als Schmiere insgesamt aus Südafrika geflossen ist, konnte nie ermittelt werden. Die Vereinbarungen wurden mehrmals geändert, Leistungen verlagert, geheime zusätzliche Lieferungen organisiert. Zahlungen von 42,6 Millionen DM stellte die Oberfinanzdirektion (OFD) Kiel bei einer Betriebsprüfung fest. Sie stützte sich allerdings nur auf Unterlagen, die ihr von den Firmen freiwillig zur Verfügung gestellt worden waren. Die Kieler OFD ließ sich alles Erdenkliche vorsetzen.

Nohse behauptete nun sogar, es seien nur gut 37 Millionen von den Südafrikanern gezahlt worden. C. F., der auf südafrikanischer Seite an den U-Boot-Verhandlungen beteiligt war, erklärte, 150 Millionen Mark seien aus Südafrika gekommen. Außer den 100 Millionen, die aus Anlaß des Motorengeschäfts lockergemacht wurden, seien 50 Millionen an HDW und IKL gezahlt worden. Deren Lieferungen von Soft- und Hardware waren dies aber keinesfalls wert. Die Firmen, so wurde später im Untersuchungsausschuss des Bundestages aufgrund eines Prüfvermerks aus Stoltenbergs Finanzministerium festgestellt, führten »Tarnkonten«, denen die OFD aber nicht sonderlich akribisch auf den Grund ging. Das Krisenmanagement funktionierte.

C. F. sprach von umfassenden Schmiergeldzahlungen an Firmenvertreter und Parteien in München, Bonn und Kiel. Damals sei der Fleischhändler Josef März aus Rosenheim in Südafrika aufgetaucht und habe angeboten, Provisionszahlungen abzuwickeln. Das Geld könne verdeckt über die DDR in die Bundesrepublik geschleust werden. März, der mit Franz Josef Strauß befreundet war, hatte langjährige Geschäftsbeziehungen zur DDR und unterhielt im afrikanischen Togo Rinderfarmen. Der Rosenheimer Unternehmer kam aber nicht zum Zug.

Auch Barschel soll mit einer Millionensumme aus dem südafrikanischen Geldtopf bedient worden sein. Rüstungsmanager A. V. sagte, er habe von seinen südafrikanischen Gesprächspartnern die Information bekommen, dass sich Barschel in das U-Boot-Geschäft eingeschaltet und sich für die Lieferung der notwendigen Komponenten verbürgt habe. Die Südafrikaner hätten gezahlt, um Barschel und seine Partei an der Macht zu halten.

Mehr als 20 Jahre lang blieben diese Informationen vor der Öffentlichkeit und vor den Untersuchungsbehörden verborgen. »Barschel ist tot, aber die anderen leben«, begründet ein südafrikanischer U-

Boot-Unterhändler das Schweigen und seine immer noch wache Angst vor unabsehbaren Folgen, falls sein Name als Informant offenbart würde. Schließlich gehe es um einen Todesfall und um Leute, die zu allem fähig sind. Und er verweist auf die extremistischen Killer- und Sabotagetrupps aus den geheimdienstlichen Organisationen, die auch nach der Regierungsübernahme durch den ANC-Führer Nelson Mandela das Land verunsicherten.

22.–24. Januar 1986, Kiel
Das Geheimtreffen in Paris zeitigte unmittelbare Konsequenzen. HDW und IKL waren entschlossen, ihren Part der Vereinbarungen einzuhalten. In der HDW-Vorstandssitzung vom 22. Januar 1986 wurde beschlossen, Peter Hansen-Wester, der inzwischen aus dem Vorstand ausgeschieden war, auf Honorarbasis als Koordinator zu reaktivieren.[8]

Uwe Barschel saß an diesem Tag einmal mehr bei Professor Bernsmeier zur Vorsorgeuntersuchung. Der Mediziner notierte in der Krankenakte: »Keine besonderen Beschwerden oder Erkrankungen, gutes Befinden.« Die Leberwerte, die er beim Ministerpräsidenten bei dieser Untersuchung feststellte, lagen allerdings zum Teil erheblich über der Norm. Sein Chauffeur Prosch nahm die Untersuchungen in der Uniklinik als Routine-Check wahr. Als »Hunderttausender-Kundendienst« bezeichnete er den Termin in seiner ruppigen Automobilistensprache.[9]

Zwei Tage später bekam IKL-Chef Lutz Nohse Besuch: Der zuständige Gruppenleiter und eine Referentin der Oberfinanzdirektion Kiel hatten sich angesagt. Nohse wurde zum ersten Mal offiziell zu den Vorgängen vernommen und hatte vorsichtshalber Firmenanwalt Jörg-Sepp Zoglmann, den Sohn des Lobbyisten, zur Unterstützung hinzugebeten. Die hohen Finanzbeamten hörten nun persönlich, was sich Nohse zu seiner Verteidigung zurechtgelegt hatte.

Nohse erklärte, im Rahmen des Vertrages über die so genannte »kleine Lösung« – Fertigungsunterlagen und Lizenzen für 160 Millionen Mark und Komponenten für 307 Millionen Mark – sei ein Satz Mikrofilme mit Werkstattzeichnungen geliefert worden. Dafür hätten die Südafrikaner 40 Millionen Mark bezahlt. Nohse führte aus,

dass die Werkstattzeichnungen für sich alleine betrachtet wertlos seien. Ein schwimmfähiger Rumpf könne nach diesen Unterlagen nicht gebaut werden. Den Südafrikanern fehlten wesentliche Daten, da die entsprechenden Geheimunterlagen nicht geliefert worden seien. Südafrika selbst habe nicht die entsprechende Erfahrung für den Bau dieser Schiffe, und Nohse wollte auch nicht erkennen, wie die fehlenden Lieferungen und Leistungen von den Südafrikanern kompensiert werden sollten.[10]
Nachdem Nohse diese Aussagen noch einmal schriftlich bestätigt und ergänzt hatte, leitete die Oberfinanzdirektion am 10. Februar gegen ihn und den Verkaufsleiter von IKL das Ermittlungsverfahren lediglich wegen des Verdachts von Ordnungswidrigkeiten ein – »im Zusammenhang mit ungenehmigten Ausfuhren und der Weitergabe von nicht allgemein zugänglichen Kenntnissen über Herstellungsverfahren von Waren nach Teil I Abschnitt A der Ausfuhrliste an Gebietsfremde der Republik Südafrika«.[11]

21. Februar 1986

Im neuen, dunkelgrünen Terminplaner von Barschels Bürochef Friedersen war wieder ein Hamburger Geheimtreff vermerkt. »Gespräche Vierjahreszeiten« war für 14.30 Uhr verzeichnet. Mehr nicht.

2. März 1986, Kiel, Landeshaus

Die Stimmung unter den Parteimitgliedern und Sympathisanten, die sich an diesem Wahlabend im Kieler Landeshaus versammelt hatten, war auf dem absoluten Tiefpunkt. Das Stimmvolk hatte der CDU eine kräftige Ohrfeige verpasst. Die Verluste für Barschels Partei bei dieser Kommunalwahl waren aufsehenerregend. Der Ministerpräsident geriet zum ersten Mal in seiner politischen Laufbahn öffentlich unter Druck. Es war seine erste wirkliche Niederlage bei einer wichtigen Wahl – mit Signalwirkung. Doch Barschel war nicht bereit, die Schuld an dem desaströsen Wahlergebnis bei sich und bei der Politik seiner Landesregierung zu suchen. Er hatte rasch die Hauptverantwortlichen viel weiter unten im Süden der Republik ausgemacht: Bundeskanzler Helmut Kohl und die Politik der Bundesregierung. Und Barschel sann nach einer Möglichkeit, aus der Defensive wieder herauszukommen, sein Image wieder herzustellen, sich gegenüber dem schier übermächtigen Pfälzer in der Öffentlichkeit zu positionieren.

Sein Befreiungsschlag geriet spektakulär und sollte Konsequenzen haben:
»Wie ein Rasenmäher quer durchs ganze Land.« So lautete die Überschrift über dem Interview mit Uwe Barschel, das der *Spiegel* eine Woche nach der Wahlschlappe veröffentlichte.[12] Barschel ging in dem Blatt, das der Kanzler angeblich nie las, in die Vollen. Er nahm kein Blatt vor den Mund, sondern die seiner Meinung nach Verantwortlichen voll ins Visier. Barschel erklärte den Hamburger Journalisten:
»Ich gehöre natürlich auch zu den Verlierern, wenn im eigenen Land in so vielen Städten und Gemeinden die CDU-Mehrheiten verlorengegangen sind. Aber ich fühle mich nicht als der persönliche Verlierer. Eine Analyse ergibt, daß die Hauptursachen für die Wahlniederlage nicht in der Landespolitik zu suchen sind.« Noch deutlicher: »Die CDU steckt bundesweit in einem Stimmungstief, das bei der Wahl wirkte, als wäre ein Rasenmäher quer durchs ganze Land gegangen.« Und wenig später: »Von unserem 5,9-Prozent-Minus gehen bis zu fünf Prozent auf das Bonner Konto.«[13]

Nach einigen Exkursen entlang der aktuellen Probleme der bundesdeutschen Innenpolitik, die die Öffentlichkeit in diesem Frühjahr aufwühlten – von der Auseinandersetzung mit den Gewerkschaften über die Änderung des Streikrechts bis zur geplanten Verschärfung der Sicherheitsgesetze – wechselte Barschel zu einem anderen Thema über: der Aufarbeitung des Parteispendenskandals und der öffentlichen Verdrossenheit, die dieser Skandal ausgelöst hatte. Die *Spiegel*-Journalisten bauten Barschel die Rampe für seinen Angriff auf den Kanzler, und der Ministerpräsident nahm bereitwillig Anlauf:

»SPIEGEL: Da sind wir wieder bei Kanzler Kohl.
BARSCHEL: Ich meine die monatelangen Berichte über Parteispenden. Die unangenehmen neuen Meldungen aus Berlin, und mitten in diese Situation hinein kam die Anzeige gegen den Bundeskanzler und die Aufnahme eines Ermittlungsverfahrens durch die Staatsanwaltschaft. Und dann noch dieser Ausrutscher unseres Generalsekretärs ...
SPIEGEL: ... über den Blackout des Bundeskanzlers ...
BARSCHEL: ... ich meine den von Heiner Geißler. Der hat das Thema unnötig hochgespielt. Ohnehin hat das gesamte Finanzge-

baren der Parteien zu einem tiefen Unbehagen in der Bevölkerung geführt. Wer was anderes sagt, lügt sich in die Tasche.
SPIEGEL: Das alles hat das Erscheinungsbild Ihrer Partei geprägt. Hat es auch die Parteibasis verunsichert?
BARSCHEL: Es ist keine Frage, dass Parteimitglieder und Sympathisanten, wenn man beim Bier sitzt oder Gespräche führt, ihr tiefsitzendes Unbehagen offen äußern, weil das Erscheinungsbild der Regierung und damit auch des Kanzlers nicht so ist, wie es sein könnte. Großartige Leistungen vor allem in der Wirtschafts- und Finanzpolitik, aber auch in der Deutschlandpolitik, wo man es uns am wenigsten zugetraut hat, werden in nicht angemessener Weise überlagert.«[14]

Die Journalisten ließen sich die Chance nicht entgehen. Sie mussten spüren, dass Barschel die Gelegenheit bewusst beim Schopf packte, gegen den barocken Pfälzer zu schießen, und sie bohrten nach:

» SPIEGEL: Wieder sind wir beim Kanzler: Dessen Ansehen tendiert seit Monaten gegen Null, und nun hat er es auch noch mit Staatsanwälten zu tun – wie soll denn da das Erscheinungsbild besser sein?«

Barschel wurde nun etwas vorsichtiger. Die *Spiegel*-Redakteure hakten noch einmal nach. Und jetzt schwang sich Barschel zu einer seltsamen Mischung aus gönnerhafter Partei- und Kanzlersolidarität und pubertärer Hybris auf:

»SPIEGEL: Sie sind es doch, der den Bundeskanzler wiederholt ermahnt hat, die Probleme nicht auszusitzen, sondern öfter mal von seiner Richtlinienkompetenz Gebrauch zu machen.
BARSCHEL: Das ist richtig. Aber ich will Ihnen mal ein offenes Wort sagen: Sie locken mir in diesem Interview keine Erklärung gegen den Kanzler heraus. Unser Denkzettel ist hart ausgefallen, und es wäre jetzt nicht nur unfair, sondern auch kontraproduktiv, sich in irgendeiner Form an dem zu beteiligen, was man vielleicht die Demontage des Bundeskanzlers nennt. Ich sehe meine Aufgabe darin, dem Kanzler zu helfen, seine Führungsfunktion wahrzunehmen.
SPIEGEL: Haben Sie deshalb den Kanzler in Ihrem Wahlkampf gar nicht erst auftreten lassen?

BARSCHEL: Nein, überhaupt nicht. Wir hatten ja andere Bundesminister hier, vor allem Finanzminister Gerhard Stoltenberg. Er ist CDU-Landesvorsitzender und gilt bei der Bevölkerung als bestes Zugpferd, wenn es um Erfolge der Bundesregierung geht.«[15]

Hier gerierte sich einer als überheblich und herablassend als Ratgeber bei der Regierungsführung, dessen Rat in Bonn nicht gefragt war. Was hängen blieb und auch bei Kohl ankam, war die Anklage der Parteispendenpraxis und die Schuldzuweisung für das schlechte Abschneiden der Christdemokraten. Am Ende des Interviews versuchten die Redakteure noch einmal, Barschel aufs Glatteis zu führen.

»SPIEGEL: Und wenn Kohl wegen uneidlicher Falschaussage angeklagt wird, kann er dann Kanzler bleiben?
BARSCHEL: Es kommt zu keiner Anklage.
SPIEGEL: Sind Sie sicher?
BARSCHEL: Ich will der Staatsanwaltschaft nicht vorgreifen. Aber ich bin Jurist. Ich habe mir den Vorgang angesehen und bin zu dem Ergebnis gekommen, daß nicht angeklagt wird.
SPIEGEL: Sie sind ja Rechtsanwalt. Würden Sie sich darum reißen, in diesem Fall zu verteidigen?
BARSCHEL: Als Advokat habe ich jeden interessanten Prozess gern übernommen.«[16]

Oder war es gar eine Warnung in Richtung Bonn – aus Angst, fallengelassen zu werden? Barschel wusste, dass dieses Interview – und einige ähnliche folgten – nicht ohne Reaktion bleiben würde. Den ersten Rüffel holte er sich von seinem Landesvorsitzenden Stoltenberg ab: Der Finanzminister erklärte, Wahlniederlagen müsse man gemeinsam tragen, »ohne Profilstreben einzelner und ohne Rechthaberei«.[17] Die *Welt* titulierte Barschel als schlechten Verlierer, und die *Lübecker Nachrichten* warnten ihn:»Helmut Kohl wird es ihm so leicht nicht vergessen.«[18]
Er fühlte sich offenbar unangreifbar und unverwundbar.

12. März 1986, Kiel
Die Staatswerft HDW machte derweil unbeirrt weiter. Wieder verschiffte HDW ein Paket für die Werft Sandock Austral in Durban. Die

Ausfuhr war nicht genehmigt. Das Prüfverfahren der Oberfinanzdirektion richtete sich gegen das Industriekontor. 38 300 Mark war die Lieferung ans Kap diesmal wert. Eine Überprüfung dieser Ausfuhr durch die Zollbehörden gab es nicht. Die HDW unterlag nicht der regelmäßigen Zollkontrolle.[19]
Am 21. März 1986 notierte der Chef-Koordinator Peter Hansen-Wester, Mikrofilme für die Schalttafelzeichnungen der Boote würden von Siemens-Erlangen direkt nach Südafrika gebracht, und auch die Zahlung dafür gehe direkt an Siemens.

25. März 1986
»Di – Do MP nicht zu erreichen«, hatte Bürochef Gerd-Harald Friedersen für die Tage nach dem 25. März im Terminplaner des Ministerpräsidenten notiert. Er wusste wieder einmal nicht, was sein Chef in dieser Zeit unternahm.[20]

1. April 1986, Durban, Südafrika
Bereits im Oktober 1984 hatten die deutschen und südafrikanischen Vertragspartner beschlossen, dass ein leitender HDW-Ingenieur für mindestens fünf Jahre ans Kap übersiedeln sollte, um den südafrikanischen U-Boot-Bau zu unterstützen. Nun war der Leiter der HDW-Abteilung Montage und Fertigung, Oberingenieur Gerd Rademann, mit seinen Containern in Durban eingetroffen. Rademann war von HDW lediglich beurlaubt worden, seine Arbeit bei der Werft Sandock Austral wurde ihm als Dienstzeit bei HDW angerechnet. Bei den Südafrikanern wurde Rademann als Betriebsingenieur für das Öl- und Gas-Bohrprojekt Mossel-Bay geführt, wofür HDW nebenbei zur Tarnung ein paar Unterlagen über Bohrinseln beigesteuert hatte. Rademann behauptete bei einer späteren Vernehmung, er habe mit U-Booten in Südafrika nie etwas zu tun gehabt. Zeugenaussagen bestätigten jedoch, dass in einem seiner Umzugscontainer unter anderem eine sogenannte Schweiß-Box für die Verarbeitung des bereits gelieferten U-Boot-Spezialstahls enthalten war.[21]

10. April 1986, Pretoria, Südafrika
Victor M. de Fonseca, ein Mitglied der südafrikanischen Special Forces, war todkrank. Doch als der Agent am 10. April in einem Militärhospital starb, hatte ihn nicht der Gehirntumor dahingerafft, der ihn

quälte. Fonseca war von seinen eigenen Leuten ermordet worden. Vermutlich ausgelöst durch den Tumor hatte de Fonseca begonnen zu reden. Gegenüber Mitgliedern der Special Forces, aber auch gegenüber Außenstehenden hatte er Einzelheiten von Kommandooperationen ausgeplaudert. Wouter Basson, der Leiter des Project Coast, und Johan Theron hatten ihn zu einem Sicherheitsrisiko erklärt. De Fonseca musste sterben. Den Auftrag übernahm Danie Phaal, ein Spionageabwehr-Experte, der 1980 zu den Special Forces gestoßen war. Es war nicht sein erster Einsatz dieser Art. Die Gelegenheit, de Fonseca zu töten, ergab sich auf einer gemeinsamen Fahrt vom Hauptquartier der Special Forces nach Pretoria. Phaal hatte von Dr. Kobus Bothma und Johan Theron tödliches Gift bekommen. Als de Fonseca bei einem Zwischenstopp das Auto verließ, injizierte Phaal die tödliche Substanz in eine Flasche Limonade, die er de Fonseca bei dessen Rückkehr anbot. De Fonseca trank. Wenige Tage später war er tot.[22]

2. Mai 1986, Kiel
Der HDW-Vorstandsvorsitzende Ahlers konnte die Ankündigung gar nicht missverstehen. Er traf am 2. Mai mit OFD-Präsident Hansen zusammen, als die HDW eine Fähre an die Deutsche Bundesbahn übergab. Hansen teilte Ahlers mit, dass im Rahmen der OFD-Prüfung nun auch ein Gespräch mit ihm bevorstehe. Allerdings habe dieses Gespräch lediglich »Interviewcharakter«, wie HDW-Vorstand Hansen-Wester wenig später notierte. Diese unverblümte Vorinformation durch den Oberfinanzpräsidenten musste Ahlers als Signal zur Aktenbereinigung oder zu Absprachen mit Vorstandskollegen und IKL verstehen. Sie wurde später auch von einem Prüfer aus dem Bundesfinanzministerium gerügt. Auch Hansen-Wester hatte den Hinweis richtig verstanden. Ahlers müsse sich unbedingt vorher mit IKL-Chef Nohse über eine gemeinsame Linie abstimmen, schrieb er in seinen Vermerk.[23]

29./30. Mai 1986, Kiel/Bonn
Der Betriebsprüfungsbericht der Oberfinanzdirektion zu IKL war fertig. Schon am 29. April hatte sie den Bericht an IKL-Chef Nohse geschickt. Exakt einen Monat später fand sich in Barschels Kalender am Nachmittag der Eintrag »Lausen«. Gerd Lausen, ehemaliger Finanzminister in Kiel und nun Chef der Landesbank Schleswig-Hol-

stein, war Barschels spezieller Verbindungsmann zu den Howaldtswerken. Den Termin für 17 Uhr hatte Barschel eigenhändig in seinen Kalender geschrieben: »Stoltenberg ... Wg. Werften.«[24] Entscheidungen kündigten sich an. Am folgenden Tag erhielt Stoltenberg den Bericht der Oberfinanzdirektion. OFD-Präsident Hansen kündigte an, gegen IKL-Geschäftsführer Nohse ein Bußgeld verhängen zu wollen. Der Anfangsverdacht hätte sich weitgehend bestätigt.

Im Grunde war man damit auf der längst vorgezeichneten »eleganten« Bahn. Die Lieferungen der U-Boot-Pläne ohne Genehmigung wurden lediglich als Ordnungswidrigkeiten eingestuft, was mit einem Bußgeld zu erledigen war. Was sonst passiert war, wollte niemand so genau wissen. So konnten alle Beteiligten zufrieden und beruhigt sein. Einen Einfluss auf die Geschäftsbeziehungen und vor allem die Tätigkeit von HDW und IKL in Südafrika hatte das alles kaum.

Am 10. Juni 1986 schrieb HDW-Vorstand Hansen-Wester einen Vermerk, wonach weitere Abstimmungen zwischen MTU und den Südafrikanern über die Konzeption der Antriebsaggregate (Dieselmotoren) stattfinden sollten.

Neun Tage später kam es nach den Ermittlungen der Oberfinanzdirektion Kiel unter dem massiven Druck der Südafrikaner zur angeblich letzten Lieferung von Unterlagen durch HDW.

Juni 1986, Kiel

Uwe Barschel kränkelte wieder. Mit Bandscheibenschmerzen suchte er am 10. Juni in der Orthopädischen Universitätsklinik Professor Blauth auf. Der Mediziner verschrieb ihm Unterwassermassagen, Fango und Krankengymnastik. Drei Tage später brachte ihm sein Fahrer ein neues Röhrchen Tavor. Er brauchte die Tabletten weiterhin zur Beruhigung. Und seit einigen Wochen plagten ihn Knochenwucherungen in beiden Ohren, die einige Tage lang stationär behandelt werden mussten.[25]

23./24. Juli 1986, Bonn/Kiel

In Bonn wurde weiter an der Schadensbegrenzung gearbeitet. Im Finanzministerium wurde auf Abteilungsleiter-Ebene am 23. Juli 1986 beschlossen, der OFD Kiel die Genehmigung für eine Ermittlung in Sachen HDW zu erteilen. Allerdings gab der zuständige Ministerialdirektor noch eine einschränkende Weisung: Das für die Ausfuhrkontrollen zuständige Bundesamt für Wirtschaft sollte nicht, wie die OFD plante, jetzt, sondern erst am Ende des Verfahrens, wenn alle Ermittlungsergebnisse vorlagen, eingeschaltet werden. So erfuhr das Eschborner Bundesamt auch tatsächlich erst Anfang Januar 1987, dass die Firmen planten, den Rest ihres Deals über die Türkei abzuwickeln. Die Unternehmen hatten die Möglichkeit, das gesamte Jahr 1986 hindurch weitere Unterlagen und auch Komponenten nach Südafrika zu schaffen.[26]

Einen Tag nach dem Bonner Beschluss hatte Barschel wieder einen wichtigen Termin, den er selbst in seine Agenda eingetragen hatte: »türkischer Botschafter« stand unter diesem Datum in seinem Kalender.[27]

18. August 1986, Simonstown, Südafrika

Die versammelten Journalisten waren allesamt Militärexperten. Kapitän Evert Groenewald, Kommandant der südafrikanischen U-Boot-Flottille in Simonstown, hatte zu einer Presserundreise auf verschiedene Marinebasen gebeten. Der Offizier nutzte die Gelegenheit, den Medienleuten einen Einblick in die Zukunftspläne der südafrikanischen Marine zu geben. Besonders die Modernisierung beziehungsweise Erneuerung der kleinen U-Boot-Flotte lag ihm am Herzen. Stolz verkündete er seinen Zuhörern, dass Südafrika in der Lage sein werde, selbst U-Boote zu bauen, um die überalterten französischen Boote der Daphne-Klasse zu ersetzen.

»Ich bin überzeugt, wir können es tun«, erklärte der Marineoffizier den Pressevertretern. »Wir haben 95 Prozent der Kenntnisse, die nötig sind, um eigene U-Boote zu bauen.« Die Zeitungen am Kap meldeten es am nächsten Tag in dicken schwarzen Lettern.[28]

Mitte August 1986, Kiel

»Das ist für ihn kein Grund, nicht zu arbeiten. So ist er nun mal, der Chef.«[29] Regierungssprecher Gerd Behnke hatte Stoff für eine kleine Heldengeschichte. Gegen den Rat seiner Ärzte und unter starken Schmerzen hatte Uwe Barschel soeben eine Kabinettssitzung geleitet. Zwei Tage zuvor hatte er sich vier Rippen gebrochen. Barschel war aus einer Rotbuche gefallen. Sechs Meter tief war er abgestürzt bei dem

Versuch, einen Seidendrachen seiner Kinder, der sich im Geäst verfangen hatte, aus der Baumkrone zu retten. Den Drachen hatte er im Frühjahr von einer Chinareise mitgebracht. Uwe Barschel hielt mit dem lebensgefährlichen Einsatz für das Spielzeug seiner Kinder nicht hinter dem Berg. Zu gut passte es ins Bild, das er von sich als aufopferungsvollem Familienmenschen zeichnen wollte.

Sein persönlicher Referent Friedersen bemerkte, dass dieser »Absturz« eine tiefgreifende Veränderung bei seinem Vorgesetzten bewirkte. Der Ministerpräsident trank von diesem Moment an keinen Tropfen Alkohol mehr. Friedersen musste das auffallen, denn bislang hatte Barschel es zwar vermieden, tagsüber Alkohol zu trinken – besonders, wenn er Gesprächstermine in seiner Agenda hatte. Doch gegen Abend griff er gerne zu einem Glas Bier und zuweilen auch zu einem Schnaps. Friedersen hatte aufmerksam registriert, dass Barschel unter Alkoholeinfluss lauter und bisweilen auch ungerecht geworden war. Auch mit seinem persönlichen Referenten geriet er dann aneinander. Nun trank Barschel nur noch Wasser, nahm ab und wurde in seinem ganzen Verhalten weniger aggressiv, ja ruhiger und freundlicher. Nach längeren Reden oder strapaziösen Veranstaltungen schlief er nicht mehr wie sonst üblich auf der Rückfahrt ein, und er suchte nun auch noch spät in der Nacht das Gespräch mit seinem persönlichen Referenten.[30]

22. August 1986, Bonn, Verteidigungsministerium
Barschel hatte den Termin in seinem Kalender eingetragen. Er war an den Rhein gereist, um sich mit dem für Rüstung und Beschaffung im Bundesverteidigungsministerium zuständigen Staatssekretär Manfred Timmermann zu besprechen.[31] Über den Inhalt des Gesprächs ist nie etwas bekannt geworden. Es wäre allerdings abwegig anzunehmen, dass es dabei nicht um die Schadensbegrenzung oder Abwicklung im Zusammenhang mit dem U-Boot-Deal gegangen wäre. Professor Timmermann direkt unterstellt war der für die Beschaffung zuständige Karl-Heinz Otte. Ministerialdirigent Otte wiederum war mit IKL-Chef Nohse befreundet und hatte auch den Südafrikanern bei ihren Deutschland-Besuchen als Ansprechpartner gedient.[32]

Welche Rolle Timmermann beim U-Boot-Geschäft tatsächlich spielte, konnte nie geklärt werden. IKL-Chef Nohse hat dem Direktor des Bundesamtes für Wehrtechnik und Beschaffung später erklärt, dass er mehrfach mit Staatssekretär Timmermann über den U-Boot-Deal gesprochen habe. Die Mehrheit von Union und FDP im Untersuchungsausschuss des Bundestages verhinderte freilich, dass der Staatssekretär vernommen werden konnte.[33] In der Stasi-Zentrale in Ost-Berlin wussten die Lauscher und Beobachter mehr. Die Offiziere der Staatssicherheit hatten Timmermann auf ihrem Schirm, aufgrund seiner intensiven Kontakte zum HDW-Vorstandsvorsitzenden Ahlers. Sie registrierten »neben häufigen Telefonaten auch viele Treffen in Bonn, Hannover und Kiel«.[34] Die Staatssicherheit notierte aufmerksam, dass Ahlers Kontakt zu Timmermann aufnahm, als die Flensburger Harmstorf AG im Juli Vergleich angemeldet hatte. Er bot dem Staatssekretär an, einen Auftrag des Verteidigungsministeriums an die Harmstorf AG zu übernehmen, ohne »damit im Zusammenhang stehende finanzielle Unstimmigkeiten publik zu machen«.[35] Das Stasi-Dossier führte weiter aus, dass es eine Vorauszahlung an die Harmstorf AG in Höhe von 60 Millionen Mark gegeben habe, deren Zahlung Timmermann entgegen sonst üblicher Verfahrensweisen angewiesen habe. Die Abhörer belauschten auch ein Gespräch zwischen Ahlers und seinem Aufsichtsratsvorsitzenden Pieper, die sich darüber austauschten, dass der Verlust der 60 Millionen Mark schwerwiegende Konsequenzen für Timmermann gehabt hätte.[36]

25. August 1986, Hamburg, Springer-Zentrale

Eigentlich war nur eine »Tour d'horizon« geplant, wie sie unter Spitzenpolitikern und hohen Medienmanagern nicht selten ist. Am Morgen betrat Barschel mit immer noch schmerzenden Rippen die Hamburger Springer-Zentrale an der Kaiser-Wilhelm-Straße. Der Ministerpräsident wurde direkt ins Büro des Vorstandsvorsitzenden Peter Tamm geleitet. Aber Barschel hatte noch anderes im Sinn, als mit dem ehemaligen Marineoffiziersanwärter und Schifffahrtsredakteur, der nun an der Spitze des mächtigen Presse-Konzerns stand, über dessen maritime Sammelleidenschaft und aktuelle Probleme der Politik zu räsonieren. Barschel brauchte personelle Unterstützung von Springer. Im Laufe des Jahres waren in der Presse- und Informationsstelle der Landesregierung drei Referenten-Stellen frei geworden, die neu besetzt werden mussten. Und nun stand der nächste Wahlkampf vor der Tür. Regierungssprecher Behnke hatte schon bei diversen Presse-Organen und dem Norddeutschen Rundfunk nach geeignetem Personal gefragt, und beim NDR war er auch fündig geworden.

Nun fragte Barschel den Springer-Chef, ob er einen Journalisten habe, der für den Wahlkampf in die Pressestelle der Landesregierung wechseln könne. Barschel sagte, es handele sich dabei um eine zeitlich begrenzte Tätigkeit. Nur für das Wahljahr 1987 sollte der Kandidat in die Staatskanzlei wechseln. Barschel suchte einen Mitstreiter, der bereit war, auch einmal kräftig zuzulangen. Die kritischen Umfrageergebnisse für die CDU und Engholms steigende Popularität bereiteten ihm immer mehr Sorgen. CDU-Mann Heiko Hoffmann erinnert sich, dass Engholms Aufstieg Barschel schon lange quälte. Damals schon, als Hoffmann noch Fraktionsvorsitzender im Landtag war, habe ihn der Ministerpräsident zu einem schärferen Vorgehen gegen den SPD-Rivalen aufgefordert: »Man muss ihn auch mal unter der Gürtellinie treffen.« Hoffmann lehnte ab, weil das nicht sein Stil war. Barschel ließ ihn wenig später als Fraktionschef ablösen und schob ihn auf einen Kabinettsposten. Hoffmann wurde Justizminister.

Barschel war sich darüber im Klaren, dass das bevorstehende Wahljahr zur Nagelprobe werden würde, und dass der Ausgang auf Messers Schneide stand. Tamm leitete den Wunsch des Ministerpräsidenten an seinen Stellvertreter Günter Prinz und dessen Büroleiter Erhard von Straaten weiter. Doch zunächst blieb die Suche nach einem geeigneten Kandidaten unter dem vorhandenen Personal erfolglos. Im Hause Springer plante man gerade eine neue Tageszeitung und sah sich selber vor der schwierigen Aufgabe, in relativ kurzer Zeit die dafür benötigten zusätzlichen Reporter und Redakteure zu rekrutieren. Man hatte für Barschel gerade wirklich niemanden übrig.[37]

14. Oktober 1986, Kapstadt
Karl-Friedrich Albrecht wird einen heiteren Frühlingstag im Schatten des Tafelbergs verbracht haben. Offiziell war das U-Boot-Geschäft seit über einem Jahr gescheitert und beendet. Doch der Lobbyist kassierte immer noch: Exakt 983 110 Mark waren es, die ihm an diesem Tag aus der Bundesrepublik angewiesen wurden.[38]

Unterdessen beschloss in Washington D. C. der Kongress weitere Sanktionen gegen die Apartheidregierung – mit gravierenden ökonomischen Folgen für Südafrika. Wenige Tage später verkündeten die US-Konzerne General Motors, IBM, Warner Communications und Honeywell ihren Rückzug. Damit hatten seit Anfang 1985 mehr als 70 große US-Unternehmen ihr Geschäft am Kap beendet. Für die restlichen 240 verbliebenen Firmen bestanden bereits Evakuierungspläne. Analysten rechneten damit, dass in den kommenden zwei Jahren alle amerikanischen Gesellschaften Südafrika verlassen würden. Das Regime konnte fortan nur noch mit getarnten Geschäften überleben.[39] Die Deutschen blieben.

30. Oktober 1986, Kiel

Seit über einem Monat nun versuchte die OFD, einen Gesprächstermin mit dem HDW-Vorstandsvorsitzenden Ahlers und seinem Vorstandskollegen Hansen-Wester zu vereinbaren. Nun war es endlich so weit, dass die beiden Rüstungsmanager den Finanzbeamten Rede und Antwort standen. Die Beamten protokollierten ihre Erklärungen:

»... maßgebliche Stellen in den Verantwortungsbereichen der Ministerien und des Bundeskanzleramtes seien über die Vertragsunterzeichnung und auch über die Auslieferung der Konstruktionsunterlagen informiert gewesen ... Maßgebliche Persönlichkeiten der ministeriellen Ebene hätten geäußert: ›Gehen Sie davon aus, daß Sie die Genehmigung bekommen werden, wie immer sie auch aussieht‹ ... Der Genehmigungsbedürftigkeit des Südafrikaprojekts sei man sich voll bewußt gewesen. Deshalb habe man auch die nötigen Vorgespräche geführt ... Herr Hansen-Wester hob hervor, daß von dem geplanten Südafrika-Geschäft vor allem Indien [der Name Indien ist im Original geschwärzt, aber allgemein bekannt, d. Verf.] als Käufer des Bootstyps 1650 nichts habe erfahren dürfen ... Erst nach den Äußerungen maßgeblicher Personen auf der Regierungsebene sei der Vertrag mit dem südafrikanischen Partner abgeschlossen worden. Bei Firmenentscheidungen sei in diesem Bereich bisher das Interesse der Bundesregierung berücksichtigt worden, es seien sogar Lieferungen vorgenommen worden, die Einbußen bei anderen Vertragspartnern zur Folge gehabt hätten.«[40]

Hinsichtlich einer Beteiligung von HDW an dem Südafrika-Deal bestätigten Ahlers und Hansen-Wester die Richtigkeit der OFD-Ermittlungen und ihres Prüfungsberichts vom April. Die Manager legten allerdings Wert darauf, dass bei der Anbahnung des Geschäfts das IKL federführend gewesen sei. HDW habe sich erst nach Abschluss des Liefervertrages beteiligt.

Hansen-Wester schrieb nach dem Gespräch wie immer einen Vermerk, der später als geheim eingestuft wurde. Er machte deutlich, dass man der Beilegung des Streits mit einem Ordnungswidrigkeitsverfahren zugeneigt war. Aber nicht um jeden Preis. Billig sollte es für die Unternehmen schon werden, das war ihre Bedingung. Hansen-Wester schrieb: »Sofern die ›politische Beerdigung‹ des Projektes über ein Ordnungswidrigkeitsverfahren bewerkstelligt werden könnte, sei dies für HDW/IKL akzeptabel. Voraussetzung sei hierfür allerdings, dass die Höhe des Bußgeldes akzeptabel sei.«[41]

Das klang schon wieder nach massivem Druck von Seiten der Industrieunternehmen. Aber was wollte man machen, wenn die Höhe des Bußgeldes nicht akzeptabel war? Was hatten die Unternehmen in der Hand? Gegen die Beamten der OFD sicherlich nichts. Gegen die beteiligten Herren in den Regierungen in Kiel und Bonn womöglich schon.

Am 4. November entschied die Oberfinanzdirektion, nun auch ein Ermittlungsverfahren gegen den Vorstand der HWD und gegen das ehemalige Vorstandsmitglied Hansen-Wester zu eröffnen. Auch hierbei handelte es sich lediglich um ein Ordnungswidrigkeitsverfahren.

4. und 7. November 1986, Hamburg,
Springer-Zentrale

Gerd Rattmann, der Büroleiter des stellvertretenden Springer-Vorstandsvorsitzenden Prinz, griff zum Telefonhörer und wählte die Nummer der Kieler Staatskanzlei. Er wollte mit Regierungssprecher Behnke reden, denn er hatte einen geeigneten Wahlkampfhelfer für die Presse- und Informationsstelle der Landesregierung gefunden: Reiner Pfeiffer.

Pfeiffer stand nach der Kündigung bei seinem alten Arbeitgeber, dem Bremer CDU-Blatt *Weser Report*, auf der Straße. Ein ehemaliger Kollege mit guten Beziehungen zum Springer-Verlag hatte Mitleid und diente ihn mit Erfolg dem Hamburger Verlag an. Seit dem 30. September besaß Pfeiffer einen Arbeitsvertrag für die Projektredaktion der geplanten neuen Springer-Zeitung *Der Tag*. Zum 1. Januar 1987 sollte er seinen neuen Reporter-Job antreten. Für 9000

Mark Salär im Monat und ein zusätzliches Weihnachtsgeld für das abgelaufene Jahr, falls ihm der *Weser Report* keins mehr zahlen wollte. Pfeiffer hatte seinen neuen Job noch gar nicht angetreten, da war er bei Springer schon wieder überflüssig. Die Konzernleitung hatte beschlossen, die Pläne für die neue Tageszeitung fallenzulassen. Die gerade eingestellten Journalisten mussten anderweitig untergebracht oder weitergereicht werden. Rattmann hatte sich an die Anfrage Barschels erinnert.

»Medienbeobachtung und Schreiben von Briefen für den Ministerpräsidenten«, so beschrieb Regierungssprecher Behnke am Telefon gegenüber Rattmann den Aufgabenbereich des gesuchten neuen Referenten.[42] Pfeiffer hatte von Rattmann nähere Informationen über den avisierten Job in Kiel haben wollen. Nun schlug Rattmann dem Regierungssprecher in Kiel vor, sich persönlich mit Pfeiffer zu unterhalten.

Zu einem ersten persönlichen Gespräch trafen sich Behnke und Pfeiffer am 7. November in der Hamburger Springer-Zentrale im Büro von Günter Prinz. Pfeiffer schilderte seinen beruflichen Werdegang und seine Erfahrungen in der Öffentlichkeitsarbeit. Behnke sagte später aus, er habe einiges über die allgemeine Arbeit der Presse- und Informationsstelle der Landesregierung berichtet und dann signalisiert, dass einer Einstellung Pfeiffers aus seiner Sicht nichts im Wege stehe. Pfeiffer erinnerte sich später etwas anders: Zu seinem Aufgabenbereich habe Behnke ihm gesagt, es gehe um Medienbeobachtung und die Auswertung von Pressekonferenzen. Er habe aber auch angedeutet, dass von Pfeiffer die Sammlung von Argumenten gegen den politischen Gegner Nummer eins – die SPD – erwartet werde. Die von Pfeiffer wahrzunehmenden Aufgaben seien besonders wichtig für den Wahlkampf der CDU. Wie deutlich oder ausführlich der Regierungssprecher auch immer gewesen war, Pfeiffer sah sich zwei Tage später veranlasst, Behnke einen pathetischen Brief zu schreiben:

»Es war erfrischend und ermunternd zugleich, mit Ihnen gesprochen zu haben. Ich habe mich fest entschlossen, und dies fiel mir nicht schwer, für den Wahlsieg der CDU in Schleswig-Holstein zu kämpfen. Wie ein potentieller Olympiasieger. Ich freue mich auf die Zusammenarbeit mit Ihnen als gestandenem Journalisten und werde mein Bestes tun, dem mir vorauseilenden Ruf als hartnäckiger, ideenreicher und belastbarer Kollege auch gerecht zu werden.«[43]

Das war typisch Pfeiffer. Der Kandidat für die hintere zweite Reihe setzte sich verbal gleich mit an die Speerspitze der Bewegung.

17. November 1986, Herrenhaus Steinhorst
Reiner Pfeiffer war in ein beeindruckendes Ambiente geladen. Das Herrenhaus Steinhorst im Herzogtum Lauenburg ist einer der imposantesten Barockbauten Schleswig-Holsteins, 1722 aus rotem Backstein errichtet und mit einem mächtigen Walmdach gedeckt. Es gehörte der Hans Schwartzkopf GmbH, deren Geschäftsführer Barschel-Freund Karl-Josef Ballhaus war. Die Firma unterhielt dort ein Schulungszentrum und vermietete Räume an andere Institutionen. Im Herrenhaus Steinhorst untergebracht war auch ein Büro der Stiftung Herzogtum Lauenburg, deren Präsident Barschel war. Der Ministerpräsident hatte sich an diesem Tag gleich mehrere Termine in dem herrschaftlichen Gemäuer zusammengelegt.

Die Jury, der Pfeiffer sich zu stellen hatte, war illuster: der Ministerpräsident, sein Regierungssprecher Gerd Behnke und sein Chef der Staatskanzlei Hanns-Günther Hebbeln. Behnke stellte den avisierten neuen Pressereferenten vor, dann begann das Wechselspiel der Darstellungen von Lebenslauf und Aufgabenbereich von neuem. Über den genauen Inhalt der Unterhaltung herrschte später genauso Uneinigkeit wie über den Inhalt des ersten Vorstellungsgesprächs. Pfeiffer wollte wieder etwas vom »argumentativen Annehmen des politischen Gegners« gehört haben, Behnke konnte sich später an die Erörterung des Themas »Wahlkampfeinsatz« nicht erinnern. Eins war auf jeden Fall klar: Am Ende der Zusammenkunft herrschte Einigkeit darüber, dass Pfeiffer eingestellt werden sollte. Das wurde ihm auch so mitgeteilt. Irgendwelche Unterlagen zu Pfeiffer lagen den versammelten Herren nicht vor.[44]

Über den positiven Verlauf der Gespräche unterrichtete Behnke auch Springer-Büroleiter Rattmann. Alles sei in Ordnung, verkündete Behnke. Auch dieses Gespräch gab Anlass für ein Missverständnis. Rattmann glaubte nämlich später, sich erinnern zu können, dass er Behnke bei diesem Gespräch – wie auch bei einer Besprechung nach dem ersten Vorstellungstreffen – quasi ermahnt hätte, er wisse über Pfeiffer nur das, was dieser ihm mitgeteilt habe. Er lege Behnke nahe, sich beim ehemaligen Arbeitgeber Pfeiffers, der Bremer CDU, über den umtriebigen Journalisten zu informieren. Die Mahnung war bei Behnke angeblich nicht angekommen.[45] In seinem ersten persönlichen Brief an Barschel – am vorletzten Tag des Jahres – wird Pfeiffer die Version Rattmanns indirekt bestätigen.

Nun ging alles sehr rasch. Bereits einen Tag nach dem Treffen von Steinhorst wurde das Personalreferat der Staatskanzlei eingeschaltet. Behnke erklärte dem zuständigen Beamten, Pfeiffer solle am 1. Dezember anfangen. Da Pfeiffer aber noch bis zum 31. Dezember gebunden war, verschob man diesen Termin auf den 1. Januar 1987. Pfeiffer wurde nun aufgefordert, seine Unterlagen, Zeugnisse etc. einzureichen. Auf ein Gesundheits- und ein Führungszeugnis verzichtete das Personalreferat, da Pfeiffer nur einen Zeitvertrag für einen nicht sicherheitsempfindlichen Bereich erhalten sollte. Er versicherte schriftlich, dass er nicht vorbestraft war, keine strafrechtlichen Ermittlungen gegen ihn liefen und er in geordneten wirtschaftlichen Verhältnissen lebte. Regierungssprecher Behnke, Pfeiffers Vorgesetzter, schaute sich dessen Zeugnisse angeblich nicht an. Auch von einer Regelanfrage zur Abklärung terroristischer oder politisch extremistischer Betätigungen sah man aufgrund der kurzen Vertragsdauer ab, obwohl diese eigentlich bei Beschäftigungen von über sechs Monaten vorgesehen war. Die Einstellungsverfügung für Pfeiffer wurde von Staatskanzleichef Hebbeln am 22. Dezember abgezeichnet. Der erste Kieler Untersuchungsausschuss kam später zu der Beurteilung:

»Das Einstellungsverfahren ... ist ... mit großer Eile und abweichend vom verwaltungsüblichen Verfahren durchgeführt worden. Dabei wurden schwerwiegende Fehler gemacht. Sie beruhen in erster Linie darauf, daß die mit dem Vorgang befaßten Mitarbeiter deshalb keine eigenen, sonst üblichen Überprüfungen vorgenommen haben, weil die Entscheidung über die Einstellung bereits durch zwei Staatssekretäre und den Ministerpräsidenten, also ›auf höchster Ebene‹ gefallen war.«[46]

Der Stress trieb Barschel regelmäßig zum Arzt. Am 30. Oktober, am 13. November und wieder am 19. November, zwei Tage nach dem Steinhorster Treffen, saß der Ministerpräsident beim Doktor. Dr. Hezar-Khani rechnete die Beratungen ab, die Diagnose lautete wie stets: Kopfschmerzen und Angstsymptomatik beim Fliegen.[47]

26. November 1986, Kiel/Salzgitter
»U-Boot-Pläne der HDW an Pretoria. Geschäft über 46 Millionen Mark angeblich ohne Bonner Genehmigung.«[48] Die *Kieler Nachrichten* ließen die Bombe platzen und berichteten »aus gut unterrichteten Kreisen« über den Verkauf der U-Boot-Blaupausen an Südafrika. Die Unternehmen hätten 46 Millionen Mark kassiert, ohne dass das Geschäft mit der notwendigen Ausnahmegenehmigung zum Außenwirtschaftsgesetz abgewickelt worden sei, berichtete das Blatt und fuhr fort, eine solche Ausnahmegenehmigung sei vom bayerischen Ministerpräsidenten Franz Josef Strauß angeregt worden. Die *Kieler Nachrichten* berichteten, diese Genehmigung sei im Bundeskabinett zwar beraten worden, aber angesichts der sich zuspitzenden Lage am Kap und des Drucks der EU gegen das Apartheidregime sei kein Beschluss gefasst worden.

Die Schlagzeile auf Seite vier: »Barschel: Von HDW-Geschäft mit Pretoria nichts bekannt. Ministerpräsident offensichtlich überrascht.«[49] Die *Kieler Nachrichten* hatten bei Barschel nachgefragt. Seine Antwort: »Ihm sei von dem Vorgang nichts bekannt.« Das war nicht die Wahrheit.

Auffallend war, wie gut die Zeitung unterrichtet war, so dass sie bereits melden konnte, ein Bußgeldverfahren laufe gegen HDW-Chef Ahlers und das Unternehmen. In beiden Artikeln stellte das Blatt einen Zusammenhang zwischen dem nicht genehmigten Waffengeschäft und einer Personaldiskussion um den HDW-Vorstandsvorsitzenden Ahlers her, dem man den Stuhl Knall auf Fall vor die Tür setzen wolle. Auch einen solchen Zusammenhang dementierte die Landesregierung. Wirtschaftsminister Manfred Biermann erklärte auf Anfrage vor dem Landtag dazu lediglich, das Land als Minderheitsaktionär habe mit Aufsichtratschef Ernst Pieper eine einvernehmliche Lösung gefunden.[50]

Die Vorgänge waren weit dramatischer, und Barschel war unmittelbar daran beteiligt. Ahlers – von Beginn an ein Mann der CDU und ein Protegé Barschels – war ins Trudeln geraten und nicht mehr zu halten. Die Weichen hatte Salzgitter-Chef Pieper mit Rückendeckung des Bundesfinanzministers Stoltenberg gestellt. Der hemdsärmelig agierende Ahlers sollte zum Rückzug aus der Firma gezwungen werden.

Bereits zwei Tage vor dem Zeitungsbericht, am 24. November, fand sich in Barschels Kalender der Eintrag »Pieper«.[51] Barschel war nicht damit einverstanden, dass Ahlers in die Wüste geschickt werden sollte. Er wehrte sich dagegen, dass die Abwicklung des Geschäfts mit Südafrika nicht mehr länger laufen sollte. Der Ministerpräsident intervenierte höchstpersönlich, es war eine »Demarche« zugunsten des HDW-Chefs, wie Ahlers selbst sagte. Aber Barschel lief gegen die Wand. Pieper ließ sich nicht umstimmen. Uwe Barschel verlor seine wichtigste Stütze in der Staatsfirma. Er hatte allen Grund, die Nerven zu verlieren, weil es nun keine Möglichkeit mehr für ihn gab, die Zusagen an die Südafrikaner einzuhalten.[52]

Über das Debakel von Ahlers wusste auch die Stasi bestens Bescheid. Sie hat die entscheidenden Telefon-Gespräche zwischen Barschel, Pieper und Ahlers abgehört und in einem Vermerk zusammengefasst. So notierten die Stasi-Offiziere, dass das Aus für Ahlers auf einer Salzgitter-Vorstandssitzung Ende November endgültig beschlossen worden war. Barschel, Ahlers und Pieper hätten gemeinsam beraten und die weitere Vorgehensweise bei der Behandlung der U-Boot-Affäre abgestimmt: »Offensichtlich ist Ahlers bereit, die Verantwortung für den illegalen Verkauf der U-Boot-Konstruktionsunterlagen an Südafrika sowie daraus resultierende eventuelle Sanktionen allein auf sich zu nehmen und damit das Management sowohl der HDW als auch der Salzgitter AG zu entlasten.«[53]

Doch dieser Ehrendienst sollte nicht umsonst sein. Die Lauscher im Osten erfuhren, dass ein Ausschuss mit Pieper, einem Vertreter der Landesregierung und ein Arbeitnehmervertreter die Regelung der Modalitäten für den Ausstieg von Ahlers festlegen sollte: »Nach Angaben des Ahlers habe der Ausschuß jedoch nur formale Bedeutung, da bereits im voraus ein schriftliches Einverständnis aller Beteiligten vorlag«, schrieben die Stasi-Lauscher in ihr Ahlers-Dossier.[54] Bereits am 1. Dezember hatten sich Pieper und sein Aufsichtsratsvorsitzender »zu einer sehr großzügigen Regelung des Ausscheidens von Ahlers und zur Unterstützung bei seiner weiteren Karriere bereiterklärt.«[55]

Da mochte sich auch IKL-Chef Nohse nicht lumpen lassen und legte das notwendige Schmerzensgeld hinzu, das Ahlers seinen Rückzug versüßen sollte. Die Stasi-Offiziere notierten Nohses Hintergedanken: »Im Zusammenhang mit der U-Boot-Affäre wandte sich Ende November 1986 auch Nohse an Ahlers. Er beeinflußte den Ahlers dahingehend, das IKL in seinen Äußerungen hierzu nicht zu erwähnen. Nohse sicherte dem Ahlers, sollte dieser sich an die Absprache halten, eine finanzielle Zuwendung sowie die Unterstützung der Firma IKL und des Nohse persönlich in allen Fragen zu. Ahlers erklärte sich mit den Vorschlägen des Nohse einverstanden.«[56]

Seitdem schweigt Ahlers.

»Ich gebe keine Interviews«, sagte er auf Anfrage. »Ich könnte sonst meine Altersversorgung gefährden.«[57]

»Das Geschäft war Ende 1986 nahe der Beerdigung«, sagte Ex-HDW-Vorstand Jochen Rohde.[58]

Für Barschel indes sah es nun düster aus. Stoltenberg hatte aus der Not eine Tugend gemacht und im Interesse der Bundesregierung und der CDU via Salzgitter-Chef Pieper die Reißleine gezogen. Er hatte sich gegen Barschel durchgesetzt. Barschel aber war nun zum Getriebenen geworden. Das Geschäft lief nicht mehr. Die Südafrikaner, die einen hohen Einsatz in den Schmiergeldtopf geworfen hatten, schauten in die Röhre. Noch blieb alles ruhig. Aber wann und wie würden sie reagieren?

28. November 1986, Kiel/Bonn
IKL-Chef Nohse hatte am Tag zuvor in einem Telefongespräch mit dem Direktor des Koblenzer Bundesamtes für Wehrtechnik und Beschaffung erklärt, man habe die Pläne des für Indien gebauten Bootes an Südafrika geliefert. Und dann sagte Nohse etwas kryptisch zu seinen Kontakten zur Oberfinanzdirektion: »Ich habe mich wunschgemäß der OFD gegenüber derart geäußert, daß mit diesen Unterlagen kein Schiff gebaut werden kann.«[59] Wer hatte sich diese falsche Darstellung gewünscht?

Jetzt, nur zwei Tage nach den Veröffentlichungen der *Kieler Nachrichten*, legte die Oberfinanzdirektion Kiel einen Zwischenbericht vor.[60]

Die Oberfinanzdirektion wollte beide Unternehmen mit einem Bußgeld von jeweils 50 000 Mark belegen – es war die erwünschte moderate Strafe. Die Verfahren gegen die betroffenen »natürlichen Personen«, also die jeweiligen Vorstandsmitglieder und Geschäftsführer, sollten eingestellt werden. Insgesamt hielt die OFD in ihrem von Oberfinanzpräsident Hansen gezeichneten Sachstandsbericht an Stoltenberg den Fall für unbedeutend.[61]

Am selben Tag gab Franz Josef Strauß der *Bild*-Zeitung ein Interview. Der bayerische Ministerpräsident erklärte zu seiner Beteiligung am U-Boot-Deal: »Ich habe von den Wünschen der Südafrikaner erfahren, weil mich der südafrikanische Botschafter gebeten hat, die Genehmigung der Anträge beim Kanzler zu befürworten. Von diesem habe ich eine positive Antwort erhalten. Wie die Sache weitergegangen ist und ob etwas geliefert worden ist oder nicht und wenn, auf welchem Wege, liegt außerhalb meiner Reichweite.«[62]

Während Kanzleramtsminister Wolfgang Schäuble in der Bundespressekonferenz den Journalisten die falsche Darstellung auftischte, die Bundesregierung habe erst im Sommer 1984 von dem U-Boot-Deal erfahren, verschickte das Auswärtige Amt eine Sprachregelung zur Eindämmung der internationalen Proteste an alle Botschaften der Bundesrepublik. Tenor: Ein solcher Export sei eine klare Verletzung deutscher Gesetze, die mit allen rechtlichen Mitteln aufgeklärt und verfolgt werden würde.[63] Damit war man bei der OFD ja schon fertig.

Nun ging es Schlag auf Schlag. Die Enthüllung der *Kieler Nachrichten* war in eine Sitzungswoche des Landtages gefallen. Für Barschel wurde es kompliziert. Als er von Journalisten in einer Sitzungspause gefragt wurde, was er von dem U-Boot-Deal gewusst habe, reagierte er wie alle Politiker in solchen Situationen: Er bestritt jegliche Kenntnis und ließ sofort auf eine Anfrage der SPD durch seinen Wirtschaftsminister Manfred Biermann verkünden, dass auch das Kabinett über die Sache nie informiert gewesen sei.

Die Rechnung ging nicht auf. Finanzstaatssekretär Carl-Hermann Schleifer durchkreuzte das Dementi seines Freundes. »Das kann so nicht stehen bleiben«, sagte sich Schleifer. Der Staatssekretär, der für die Landesregierung im HDW-Aufsichtsrat saß, gab eine öffentliche Erklärung ab, wonach er Barschels Vertrauten in der Staatskanzlei, Staatssekretär Hebbeln, über das geplante Südafrika-Geschäft informiert habe. Er konnte davon ausgehen, dass Hebbeln die Information an Barschel weitergab.

»Seit 1983 wurde ein Sanierungsprogramm für HDW umgesetzt. Darüber wurde Hebbeln von mir unterrichtet. Irgendwann wurden wir im Aufsichtsrat darüber informiert, dass sich der HDW-Vorstand beim Bundessicherheitsrat um eine Ausfuhrgenehmigung für U-Boote nach Südafrika bemüht. Darüber habe ich Hebbeln informiert«, sagte Schleifer.

Bevor er Barschel mit seiner Erklärung brüskierte, hatte sich Schleifer vom Pressereferat der Landesregierung eine Sprecherlaubnis geben lassen. Nun rechnete er jeden Tag damit, dass er von Barschel »in den Ruhestand versetzt« werde. Aber es geschah nichts. Schleifer wurde von seinem Ministerpräsidenten nicht einmal zur Rede gestellt.

Zum großen Krach kam es zwischen Stoltenberg und Barschel, wie der Ministerpräsident seiner Schwester anvertraute.

Am 28. November 1986 standen zwei Einträge in Barschels Kalender, die einen intensiven Kontakt der beiden vermuten lassen: 7 Uhr: »Frühstück Stoltenberg«, dann folgte um 8 Uhr »LV« (Landesvorstand) der CDU und um 17 Uhr nochmals »Gespräch mit Stoltenberg und Stellvertretern u. a.«. Barschel wollte Schleifer entlassen. Doch Stoltenberg hatte sich dem lautstark widersetzt: »Schleifer bleibt.« Und er blieb.[64]

Stoltenberg, obwohl kein Freund von Schleifer, sah die Gefahr, die von einem unkontrolliert herumvagabundierenden Kenner der internen Vorgänge des U-Boot-Geschäfts für die Partei ausging. Das Zerwürfnis zwischen Barschel und Stoltenberg wurde tiefer.

Es war anders als von den Medien wahrgenommen, die Schleifer als Mann Stoltenbergs sahen, der im Auftrag seines Protektors das U-Boot-Geschäft maßgeblich vorangetrieben habe. Schleifer war mit Barschel befreundet und von ihm gegen Bedenken Stoltenbergs ins Kabinett geholt worden. Umso wütender war Barschel jetzt auf Schleifer. Stoltenberg dagegen war nicht der große U-Boot-Fan und Schleifer nicht sein Mann. Und Stoltenberg hatte Schleifer nie ganz über den Weg getraut, da der Staatssekretär sich weigerte, CDU-Parteimitglied zu werden.[65]

3. Dezember 1986, Kiel

Am 3. Dezember 1986 traten verschiedene Bundesminister vor Ausschüssen des deutschen Bundestages auf, um über das U-Boot-Geschäft Auskunft zu geben. Bundesfinanzminister Stoltenberg sagte den Mitgliedern des Haushaltsausschusses die Unwahrheit, als er berichtete, frühestens Ende 1984/Anfang 1985 über den Plan von IKL und HDW unterrichtet worden zu sein, ein U-Boot-Geschäft mit Südafrika zu machen. Die Bundestagsfraktion der Grünen reichte an diesem Tag den Antrag auf die Einsetzung eines Untersuchungsausschusses des Bundestages ein. Als die SPD-Parlamentarier sich nach einer aktuellen Stunde des Bundestages, in der Bundeskanzler Kohl schwieg, dieser Forderung anschlossen, entschied das Plenum am 10. Dezember, einen Untersuchungsausschuss zur Aufklärung der Affäre einzusetzen. Die Grünen-Abgeordnete Uschi Eid stellte den Antrag, auch die Rolle der Ministerpräsidenten Barschel und Strauß in den Untersuchungsauftrag des Ausschusses aufzunehmen.[66]

15. Dezember 1986, Hamburg

HDW und IKL ließen sich nicht beirren. Die Kiste, die von der Spedition Harry W. Hamacher an diesem Tag im Hamburger Hafen verschifft wurde, wog exakt 1,804 Tonnen. Die Frachtpapiere waren für das Zentrum der israelischen Marine in Tel Aviv ausgestellt. Da für HDW und IKL das sogenannte Vereinfachte Zollverfahren galt, wurde der Inhalt der Kiste von der Hamburger Zollbehörde nicht weiter kontrolliert. Spätere Ermittlungen der Oberfinanzdirektion ergaben, dass das in der Kiste enthaltene Exportmaterial für die Werft Sandock Austral in Durban bestimmt war.[67]

Inzwischen musste auf den verschiedensten Ebenen und Gleisen ermittelt werden. Am 17. Dezember forderte das Finanzministerium die Oberfinanzdirektion auf, zu prüfen, ob nach Juni 1985 – wie von den Unternehmen behauptet – tatsächlich keine Unterlagen mehr ans Kap geliefert worden seien. Außerdem wollte das Stoltenberg-Ministerium nun wissen, ob bereits gezahlte Gelder ganz oder teilweise zurückgezahlt beziehungsweise mit anderen Geschäften verrechnet worden seien.[68]

18. Dezember 1986, Bonn

Die konstituierende Sitzung des U-Boot-Untersuchungsausschusses des Bundestages endete mit einem Eklat. Die CDU/CSU-Fraktion im Ausschuss ließ die Sitzung mit formalen Winkelzügen abbrechen und vertagen. Die nächste Sitzung wurde entgegen dem Willen der SPD und der Grünen erst für den 7. Januar 1987 anberaumt. Bis zur Bundestagswahl am 25. Januar 1987 würde kaum die Zeit bleiben, die Arbeit des Ausschusses zu beenden.[69] Uwe Barschel musste trotzdem wissen, dass ihm und seiner Partei ein gewaltiger Skandal drohte. Noch war der ganze Umfang der Geheimgeschäfte mit den Südafrikanern nicht bekannt. Noch wusste niemand von horrenden Schmiergeldern. Und noch war unbekannt, dass zu dem Paket neben den geplanten vier U-Booten auch das 12 500-Tonnen-Schiff »Drakensberg« gehörte, das ebenfalls von den HDW gebaut werden sollte, wobei der Gesamtvertrag eine Summe von 423 Millionen Mark umfasste und nicht nur die 116 Millionen Mark, die inzwischen vom Untersuchungsausschuss entdeckt worden waren.[70]

Ende Dezember 1986, Kiel

Uwe Barschel brauchte offenbar ein Ventil für die angestaute Anspannung. In einer Sitzung mit leitenden Beamten der Polizei und des Kieler Innenministeriums beschwerte sich der Ministerpräsident über das ehrverletzende Fehlverhalten der Polizeibeamten, die sein Privathaus in Mölln und seine Dienstvilla in Kiel bewachten. Barschel kritisierte »Verhaltensmängel« und die »Mißachtung der gebotenen Höflichkeit«. Verärgert war er vor allem über den mangelnden Respekt beim »Grüßen und die Anrede«, wie der *Spiegel* genüsslich aus einem internen Vermerk zitierte.

Es klang wie eine alberne Provinzposse: »Den Beamten wurde deshalb vom vorgesetzten Polizeidirektor die ›gebotene Form‹ der Höflichkeit in Erinnerung gebracht: Die ›politisch gewählten Repräsentanten‹ seien stets ›mit ihrer Amtsbezeichnung, d. h. Herr Ministerpräsident bzw. Herr Minister, anzureden und zu grüßen‹. Der Gruß habe ›durch das Anlegen der rechten Hand an die Kopfbedeckung zu erfolgen‹.«[71]

30. Dezember 1986, Kiel

Der neue Medienreferent Reiner Pfeiffer spazierte seit Anfang Dezember über die Flure der Staatskanzlei. Zwar begann sein Zeitvertrag erst zum 1. Januar, aber er war bereits in der »Einarbeitungsphase«. Sein Dezembergehalt von 9000 Mark und das Weihnachtsgeld übernahm der Springer Verlag, der sich auch bereit erklärt hatte, die Differenz zwischen dem ausgehandelten Monatseinkommen bei Springer und dem Salär, das die Staatskanzlei bezahlen konnte, zu übernehmen. Das machte für das Jahr 1987 noch einmal insgesamt 50 000 Mark. Eine teure Leihgabe für den Medienkonzern. Aber immer noch billiger, als wenn Pfeiffer beschäftigungslos in der Hamburger Zentrale herumgesessen hätte.

Pfeiffer brüstete sich später immer wieder und in immer verstiegeneren Formulierungen mit seinen engen persönlichen Beziehungen zu Barschel und der Tatsache, dass er bereits ganz zu Anfang seiner Tätigkeit einen direkten persönlichen Draht zu dem Ministerpräsidenten aufgebaut habe. Doch der erste Brief, den Pfeiffer am vorletzten Tag des Jahres an den Ministerpräsidenten schrieb, sprach eine andere Sprache. So wie Springer-Büroleiter Rattmann angeblich den Regierungssprecher Behnke angemahnt hatte, über Pfeiffer weitere Erkundigungen bei der Bremer CDU einzuziehen, so war auch Barschel nicht hundertprozentig von seinem neuen Konfidenten überzeugt. Pfeiffer musste ein Referenzschreiben nachliefern:

»Da ich bei unserem ersten Gespräch nicht so den Eindruck hatte, als ob sie von einer positiven Referenz Ihres Parteifreundes Bernd Neumann bezüglich meiner Person überzeugt waren, reiche ich ihnen eine deshalb extra angeforderte Beurteilung von ihm über mich nach. Da die Vertragssituation unterdessen abgesichert ist, steht jetzt natürlich – falls Sie es wünschen – einem ergänzenden Gespräch zwischen Ihnen und ihm nichts mehr im Wege.«[72]

Anscheinend war eine Rücksprache in Bremen unterblieben, weil Pfeiffer aufgrund seiner noch ungeklärten vertraglichen Situation beim *Weser Report* darum gebeten hatte. Nun stellte er Barschel eine solche persönliche Nachfrage bei seinem Parteifreund anheim. Drei- bis viermal will Pfeiffer schon im Dezember persönlich mit Barschel – aber nur über Dienstliches – gesprochen haben. In seinem Brief zum Jahreswechsel schrieb er:

»Aus diesem Grund möchte ich auf Ihr Angebot zurückkommen, ein persönliches Gespräch mit Ihnen unter vier Augen zu führen, wenn es Ihre Zeit erlaubt.«[73]

Diese Formulierungen legen einen anderen Schluss über das Verhältnis Barschels zu Pfeiffer nahe. Er kam an den MP nur schwer heran.

Den letzten Tag des Jahres 1986 verbrachte Barschel mit seiner Familie wieder gemeinsam mit den Lechners. Die dramatischen letzten zehn Monate im Leben Uwe Barschels begannen.

Die Falle

5. Januar 1987, Bonn
Die Mitteilung des Bundeskanzleramtes an das Sekretariat des U-Boot-Untersuchungsausschusses war unmissverständlich: Im Kanzleramt seien keine Unterlagen zu dem geplanten Deal vorhanden. Vor allem keinerlei Unterlagen über die Verwicklung des bayerischen Ministerpräsidenten Franz Josef Strauß und dessen Kontakte in die Bonner Regierung. Die Grünen forderten die sofortige Beschlagnahmung der Kanzleramtsakten durch die Staatsanwaltschaft, da sie fürchteten, die für die Untersuchung entscheidenden Schriftstücke könnten vernichtet werden.[1]

8. Januar 1987, Kiel
Uwe Barschel saß wieder einmal bei seinem Arzt Dr. Hezar-Khani; er ließ sich die üblichen Tabletten gegen Flugangst und Kopfschmerzen verschreiben. Gewöhnlich holte Barschels Fahrer Heinrich Scheller die Rezepte bei der Sprechstundenhilfe von Dr. Hezar-Khani ab und besorgte die Medikamente danach bei der Apotheke nebenan oder in Kiel. Zwischen Mitte Dezember und Anfang Februar rechnete Hezar-Khani vier Beratungen ab.

Auch seiner Frau fiel auf, dass der Stress, unter dem Barschel stand, gewaltig war. Sie selbst hätte derartige Belastungen niemals ausgehalten, wie sie später sagte. Freya Barschel will beobachtet haben, dass ihr Mann bei seinen häufigen Reisen Tabletten gegen »Seekrankheit« nahm, um seine Angstsymptomatik und seinen Stress zu bekämpfen.[2]

9. Januar 1987, Kiel
Am 9. Januar saß Reiner Pfeiffer zum ersten Mal Uwe Barschel im Landeshaus gegenüber – zu einem halbstündigen Gespräch. Ausgerechnet bei diesem ersten kurzen »Beschnuppern« habe er, wie er später aussagte, von Barschel gleich ungeheuerliche Aufträge bekommen. Eine Legende, wie sich fast zehn Jahre später in einem zweiten Kieler Untersuchungsausschuss herausstellte.

Noch am gleichen Tag jedenfalls machte sich Pfeiffer mit Hilfe eines guten Bekannten beim Staatsschutz in Bremen auf die Suche nach einem »seriösen Privatdetektiv«. Der Staatsschützer empfahl Pfeiffer den Detektiv Harry Piel in Bremerhaven. Pfeiffer dachte sich eine verzwickte Intrige aus, für die er Piel anheuerte. Er hatte erfahren, dass der Barschel-Freund und Unternehmer Karl-Josef Ballhaus, Geschäftsführer der Firma Schwarzkopf, den Ministerpräsidenten in einer heiklen Angelegenheit um Hilfe und Fürsprache gebeten hatte. Nun zog Pfeiffer Ballhaus in seine düsteren Spiele hinein. Anonym bot er dem Unternehmer Informationen, die ihm bei seiner Auseinandersetzung mit der Presse um einen angeblich schädlichen Wirkstoff in seinem Shampoo helfen sollte. Ballhaus ließ sich auf das Geschäft ein und zahlte für eine »Sicherheitsanalyse« Geld an den Detektiv Piel. Doch der hatte von Pfeiffer einen ganz anderen Auftrag bekommen: die Bespitzelung des Oppositionsführers Engholm, die Suche nach Ausschweifungen in dessen Privat-, vor allem in dessen Sexualleben.

Auch der Plan, Björn Engholm mit einer anonymen Anzeige wegen Steuerhinterziehung zu belasten und zu diskreditieren, war bereits gefasst.

15. Januar 1987, Kiel
Barschels neuer Medienreferent Reiner Pfeiffer war ins Hotel gezogen. In den ersten Wochen seiner Tätigkeit hatte er ein Zimmer in Flintbek bei Kiel gemietet. Pfeiffer verlor keine Zeit. Dem stellvertretenden Regierungssprecher Herwig Ahrendsen legte er eine Liste mit »Vorschlägen für PR-Aktionen mit dem Ministerpräsidenten« auf den Tisch. Seine Wühlarbeit im Untergrund war bereits in vollem Gange.

Am 15. Januar kündigte er einem Angestellten des Bundesverteidigungsministeriums, der auf einer Dienstreise in Pfeiffers Hotel abgestiegen war, großspurig an, die Zeitungen würden demnächst von einer Affäre aus Schleswig-Holstein berichten, die gravierender als die »Kießling-Affäre« sei. Ein interessanter Vergleich angesichts der Tatsache, dass der General mit Verleumdungen und falschen Berichten über sein Sexualleben gestürzt werden sollte.[3] Pfeiffer, der sich dem Ministeriumsangestellten als »dritter Pressesprecher der Landesregierung Schleswig-Holstein« vorgestellt hatte, verfügte offensichtlich über einen Plan.[4]

16. Januar 1987, Kiel

IKL-Anwalt Jörg-Sepp Zoglmann hatte ein Buch gelesen. Nun fertigte er daraus Auszüge an, versah sie handschriftlich mit Kommentaren und sandte sie der Oberfinanzdirektion Kiel mit der Bitte um »Unterstützung unserer Ansicht gegenüber dem Bundesministerium der Finanzen«.[5] Das Buch trug den Titel »Waffenschmuggel im Staatsauftrag. Was lange in Bonn geheim bleiben mußte«, und verfasst hatte es der langjährige Redakteur von *Welt* und *Welt am Sonntag*, Heinz Vielain.[6] Der Journalist schilderte die Geschichte des Exportkaufmanns Gerhard Georg Mertins und seiner Firma MEREX. Mertins hatte mit seinem Unternehmen vor allem in den sechziger Jahren mit Wissen und Billigung von Vertretern der Bundesregierung und des Bundesnachrichtendienstes Rüstungsgüter aus Bundeswehrbeständen in Spannungsgebiete geliefert. Die erteilten Ausfuhrgenehmigungen waren mit fingierten Endverbrauchsbescheinigungen versehen, die wahren Empfängerländer waren aus außenpolitischen Gründen geheim gehalten worden, so wie überhaupt alle diese Geschäfte der strengsten Geheimhaltung unterlagen. 1975 schließlich war Mertins in einem Prozess von der Großen Strafkammer des Landgerichts Bonn vom Vorwurf des Verstoßes gegen das Kriegswaffenkontrollgesetz und des Außenwirtschaftsgesetzes frei gesprochen worden. Vielain hatte nun Teile des Urteils und der Urteilsbegründungen in seinem Buch veröffentlicht. IKL-Anwalt Zoglmann war der Meinung, die OFD sollte sich dies einmal ansehen und vor allen Dingen zu Herzen nehmen – als Präzedenzfall für die Behandlung des U-Boot-Deals. Zoglmann schrieb: »Wir meinen, dass die vom Gericht (erstmals) entwickelten Rechtsgrundsätze zu Form und Inhalt von Genehmigungen nach dem AWG auch auf unseren Fall über weiter Bereiche unmittelbar Anwendung zu finden haben.«[7]

Autor Vielain hatte aus der Urteilsbegründung zitiert:

»Die Weigerung, Unterlagen herauszugeben und Aussagegenehmigungen zu erteilen, kann als passive Tarnung bezeichnet werden. Es kann nicht zweifelhaft sein, daß über bloße Formen des Schweigens hinaus auch eine aktive Tarnung erforderlich und zulässig ist. Es sei in diesem Zusammenhang nur an die Ausstattung von Geheimdienstbeamten mit Ausweispapieren auf Decknamen erinnert. Erst recht da, wo es um Waffen geht, wird überall in der Welt strengste

Geheimhaltung und damit aktive Tarnung praktiziert. Man muss sich vor Augen führen, dass aktive Tarnung Täuschung über einen wirklichen Sachverhalt bedeutet.«

Zu den Grenzen eines solchen Vorgehens hieß es:

»Da Tarnung im Spannungsverhältnis zu dem Recht der Öffentlichkeit auf tatsachengetreue Information steht, gilt der Grundsatz der Verhältnismäßigkeit der Mittel. Maßnahmen aus Gründen der Staatssicherheit müssen spätestens an den höchstpersönlichen Rechten des einzelnen enden. Ein Mord zum Beispiel, der von östlichen und westlichen Geheimdiensten als zulässiges Mittel angesehen worden ist, kann in einem Rechtsstaat nicht mit dem Erhalt der Staatssicherheit gerechtfertigt werden.«[8]

Für Zoglmann war die Argumentation der Bonner Richter wie maßgeschneidert, wie er auch in einer Notiz deutlich machte: »Positive Feststellungen für unseren Fall: Auch *aktive* Tarnungsmaßnahmen zulässig ... Geheimschutz höchstes Interesse auch der Regierungsstellen. Interessenabwägung! (Grenze: Mord!) Rechtfertigung: *alle* Staaten verhalten sich so.«[9]

Kurz bevor Zoglmann sein Schreiben an die OFD absetzte, hatte die Behörde mit einer Außenwirtschaftsprüfung bei HDW begonnen. Inzwischen war auch das Bundesamt für Wirtschaft um Amtshilfe gebeten worden. Es hatte Spekulationen gegeben, der südafrikanische Auftrag für das Passagierschiff Astor II könne in irgendeinem Zusammenhang mit dem U-Boot-Deal stehen. Die Auslieferung des Luxusliners stand nun bevor. Die Vertreter der Grünen im Untersuchungsausschuss, Uschi Eid und Jo Müller, wollten dem Verdacht nachgehen, dass Teile für den U-Boot-Bau auf diesem Wege ans Kap verschifft werden sollten. Sie wollten die Astor II in Augenschein nehmen. Doch HDW gab keine Erlaubnis für einen solchen Besuch der Politiker auf dem Schiff.[10]

Unterdessen wurde von Seiten der Regierungsfraktionen CDU/CSU und FDP fieberhaft versucht, die U-Boot-Affäre schnell und geräuschlos aus der Welt zu schaffen. Einen Tag nach der ersten Zeugenvernehmung im U-Boot-Ausschuss – es war der gleiche Tag, als Anwalt

Zoglmann an die OFD schrieb – forderte der CDU/CSU-Obmann im Ausschuss, Friedrich Bohl, bereits das Ende. Wieder waren es die Grünen, die sich sofort empört gegen diesen Vorstoß wandten und den Verdacht äußerten, dass diese »nervöse und unparlamentarische Verhaltensweise mit der Zahlung von illegalen Parteispenden an die Regierungsparteien in Zusammenhang stehe«.[11]

Der Bundestagsabgeordnete Norbert Gansel vermutete, dass auch dem Geheimschutz unterliegendes Material an das Rassistenregime geliefert worden war. Das wäre eine Sache für den Generalbundesanwalt in Karlsruhe gewesen, doch der lehnte es am 19. Januar ab, Ermittlungen aufzunehmen.[12]

22. Januar 1987, Hamburg

Der Bundeskanzler und sein Finanzminister gerieten nun unter öffentlichen Druck. Der *Stern* veröffentlichte unter dem Titel »Vom Minister handschriftlich ergänzt« Details aus den geheimen Ausschussunterlagen. Darunter den Vermerk des Finanzstaatssekretärs Hans Tietmeyer, der belegte, dass Gerhard Stoltenberg bereits seit Ende Oktober 1983 über den U-Boot-Deal informiert war und nicht erst seit September 1985, wie er vor dem Bundestag gesagt hatte.

Den Hamburger Journalisten lag zudem bereits das brisante Nohse-Memorandum vor, in dem die Rede von einer Lieferung der Unterlagen als Mikrofilme im Diplomatengepäck war. Auch Helmut Kohl kam unter Beschuss. Das Hamburger Magazin konnte die Aussagen seines ehemaligen Kanzleramtschefs Schreckenberger zitieren, denen zufolge Kohl aus Sorge um die Arbeitsplätze in der Werftindustrie sogar die Lieferung kompletter U-Boote ans Kap wohlwollend hatte prüfen wollen.[13]

2.–5. Februar 1987, Kiel

Es war der zweite Termin bei seinem Arzt Hezar-Khani innerhalb von drei Tagen. An der Diagnose des Mediziners änderte sich nichts. Barschels Angstsymptomatik »beim Fliegen« und seine Kopfschmerzen blieben. Am 2. Februar hatte er sämtliche Termine in seiner Agenda streichen lassen.[14] Was er an diesen Tagen trieb, blieb wieder unbekannt.

Die Arztbesuche Barschels häuften sich. Seit Anfang des Jahres befand sich Barschel auch in regelmäßiger Behandlung bei einer Allgemeinmedizinerin in Preetz, Irene Drogula. Nicht weniger als neun Termine verzeichnet sein Kalender zwischen dem 2. Januar und dem 5. Februar. Von der Ärztin erhoffte er sich Hilfe gegen seine anhaltenden Verspannungen und vor allem gegen Ischiasprobleme und Rückenschmerzen, die zum Teil noch von einer lange zurückliegenden Fraktur des dritten Lendenwirbelkörpers stammten. Barschel hatte laut Aussage seines Freundes Lechner einmal einen Reitunfall, außerdem war er Jahre zuvor mit dem Auto verunglückt. Die Ärztin diagnostizierte die »akute starke Schmerzhaftigkeit« und verordnete zunächst eine intensive Behandlung durch Medikamente, Massagen und Bewegungsübungen im Warmwasserbad.[15]

Am 5. Februar exakt um 10 Uhr 18 griff im Kieler Landeshaus der Medienreferent Pfeiffer zum Telefonhörer. Allerdings nicht zu seinem eigenen, sondern zu dem des stellvertretenden Regierungssprechers Ahrendsen. Von diesem Dienstapparat aus wählte er die Privatnummer des Oppositionsführers Engholm.

Pfeiffer meldete sich mit »Dr. Wagner« und machte Engholm eine bestürzende Mitteilung: Er, »Dr. Wagner«, habe eine Patientin in seiner Praxis, die HIV-infiziert sei. Die Frau habe erklärt, mit Engholm in Kontakt gewesen zu sein. Nun bestehe der Verdacht, dass auch Engholm mit der tödlichen Krankheit infiziert sei.[16] Das Gespräch dauerte zwei Minuten.

Selbstverständlich wollte Pfeiffer den Auftrag zu diesem Anruf auch von Barschel bekommen haben. Allerdings zu einem Zeitpunkt, als der Ministerpräsident in Preetz gerade mal wieder bei Frau Drogula auf dem Stuhl saß.[17]

Wodurch war Pfeiffer zu dem Anruf bei Engholm angeregt worden? War es eine Illustrierten-Geschichte? Pfeiffer telefonierte genau an dem Tag mit Engholm, als die Illustrierte *Bunte* mit dem Titel »Rufmord mit AIDS – Prominente im Zwielicht« erschien, und die Art des versuchten Psychoterrors korrespondierte exakt mit dem Vergleich der »Kießling-Affäre«, den Pfeiffer bereits Mitte Januar gezogen hatte.

12. Februar 1987, Bonn

Die Erklärung des ehemaligen HDW-Vorstandsvorsitzenden Klaus Ahlers vor dem U-Boot-Untersuchungsausschuss war denkbar knapp: »Ich möchte wegen des gegen mich laufenden Verfahrens bei der OFD in Kiel zum Südafrika-Projekt keine Aussage machen und bitte um Verständnis.«[18] Damit war der Zeuge Ahlers entlassen. IKL-Chef-Lutz Nohse äußerte sich entsprechend. Auch er durfte gehen.[19]

Der wichtigste Zeuge für den Bereich Provisionszahlungen und Schmiergeld für Partei- oder sonstige Kassen, Rüstungslobbyist Siegfried Zoglmann, war erst gar nicht vor dem Untersuchungsausschuss erschienen. Er hatte seinen Sohn, den IKL-Anwalt, geschickt, der kurz erklärte, sein Vater werde ein ärztliches Attest nachreichen, weil er krank sei, und könne dem Untersuchungsausschuss nicht Rede und Antwort stehen.[20] Zoglmann kam nie.

17. Februar 1987, Kiel

Pfeiffer setzte seinen Telefonterror gegen Björn Engholm fort. Wieder rief er diesen in seiner Privatwohnung an, um ihn von einer möglichen HIV-Infektion zu berichten. Wieder benutzte er das Pseudonym »Dr. Wagner«. Engholm hatte sich bereits nach dem ersten Anruf mit seinem Hausarzt beraten. Sie hatten verabredet, Engholm solle den ominösen »Dr. Wagner« bei einem weiteren Telefonat auffordern, sich mit Engholms Hausarzt in Verbindung zu setzten. Das tat Engholm nun auch, und »Dr. Wagner« trieb das perfide Spiel weiter. Die Telefonliste des Dienstapparates von Reiner Pfeiffer belegte später, dass dieser am 17. Februar um 11 Uhr 19 und um 11 Uhr 26 jeweils mit der Praxis des Engholm-Hausarztes telefonierte. Dieser bestätigte, »Dr. Wagner« habe ihm im Wesentlichen das gleiche berichtet, was er auch schon Engholm erklärt hatte.[21] Im gleichen Zeitraum sprach Pfeiffer wieder mit dem Privatdetektiv Harry Piel aus Bremerhaven. Diesmal ging es um den Abbruch der Bespitzelung Engholms. Mittlerweile war die dilettantische Observation aufgeflogen, die Polizei hatte sogar ermittelt, wo und wie das Observationsfahrzeug angemietet worden war.[22]

Februar/März 1987, Gadebusch, DDR

»Abgehört«, das Wort benutzte Offizier Dietrich Laaß nicht gerne. Seine Zielperson Barschel hörte er nun schon sechs Jahre ab, es war für ihn so etwas wie eine Spitzelfreundschaft entstanden. Er mochte Barschels Art zu reden. Er schätzte seine Professionalität am Autotelefon, dass er nicht unbedacht drauflos telefonierte – auch wenn sein

Erkenntnisgewinn darunter litt. Von den Politikern, die er im Ohr hatte, hat ihm Barschel am besten gefallen.[23]

Laaß hatte registriert, dass Ende 1986 eine neue Person im Umfeld von Uwe Barschel aufgetaucht war. Er erinnerte sich später, dass es in einem Gespräch um gute Wünsche für den Jahreswechsel und die Vereinbarung eines Termins gegangen sein musste. Seitdem kannte der Stasi-Mann die Stimme Reiner Pfeiffers, und er kannte den Anschluss, von dem aus Pfeiffer gewöhnlich anrief. Er hatte ihn sich auf einer Karteikarte notiert, um die Nummer jederzeit identifizieren zu können. Im Januar und Februar hörte er zunächst nur »nebensächliche Gespräche«. Er registrierte sie gar nicht richtig, sie enthielten keinerlei relevante Informationen.

Doch bei einem Gespräch in der zweiten Februar-Hälfte war das anders. Diesmal hörte Laaß genau zu. Uwe Barschel war aufgebracht. Laaß registrierte, dass der Ministerpräsident seinen Medienreferenten »zusammenschiss«. Und dann fiel der Satz, den Laaß zunächst gar nicht einordnen konnte: »Der hat doch seine Steuern bezahlt!«

Barschel, der genau wusste, dass er vom »Gegner« abgehört wurde, und der sich in der Regel dementsprechend am Telefon verhielt, war laut geworden. Offizier Laaß erinnerte sich später, dass das Wort Engholm nicht gefallen war, aber da er bald darauf auch Telefonate des Oppositionsführers abhörte, in denen das Wort Steueranzeige fiel, konnte er sich seinen Reim machen.

Laaß registrierte zwei Gespräche Engholms, die er auf den März datierte. In dem einen war es um die Steueranzeige gegangen, in dem anderen um den fingierten AIDS-Verdacht. Laaß fiel auf, dass Engholm zwar niedergeschlagen wirkte, aber nicht überrascht. Er kombinierte, dass Engholm beide Vorgänge bereits bekannt waren.[24]

20. Februar 1987, Bonn
Es war einer dieser Tage, die seinen persönlichen Referenten Friedersen und andere Mitarbeiter im Kieler Landeshaus ratlos werden ließen. Um 12 Uhr hatte Uwe Barschel eine CDU-Präsidiumssitzung im Bonner Kanzleramt. Die danach ursprünglich vorgesehenen Termine im ZDF-Verwaltungsrat waren aus seiner Agenda gestrichen. Was er vorhatte, wusste niemand. Für den nächsten Tag galt ähnliches. Alle Termine waren annuliert.

22. Februar 1987–15. März 1987,
Piešťany, ČSSR

Uwe Barschel und sein Freund, der Bauunternehmer Rolf Lechner, trafen sich am Frankfurter Flughafen. Beide traten eine dreiwöchige Kur an. Von Frankfurt ging die Reise mit dem Flugzeug weiter nach Wien, wo Barschels Fahrer Karl-Heinz Prosch wartete, um sie mit dem Wagen nach Piešťany zu chauffieren, einem alten k. u. k.-Kurbad in der Slowakei. Sie wussten, dass sie dort außer ihren Anwendungen »tote Hose« erwartete, wie Lechner sich ausdrückte. Deshalb wollten sie unbedingt einen Fahrer vor Ort zur Verfügung haben. Doch als sie nach zweistündiger Fahrt in Piešťany ankamen, war Lechner trotz der Vorwarnungen enttäuscht. Den Ostblock an einem Sonntag bei Februarwetter fand er ziemlich deprimierend.[25]

Kaum einer Reise Barschels ist später derart aufwendig nachrecherchiert worden, um kaum einen Auslandsaufenthalt haben sich derart viele Legenden gerankt. Was wollte der Ministerpräsident im Frühjahr des Wahljahres volle drei Wochen lang in einem langweiligen Bad in der Tschechoslowakei? Allein, mit einem Freund, der Unternehmer war, und einem Fahrer? Ohne regelmäßigen Kontakt zur Staatskanzlei oder zur Partei? War Barschel so gelassen, dass er ausgerechnet in diesem Jahr einfach einmal drei Wochen Schlammpackungen, Massagen und mäßig interessante Ausflüge in die Kleinen Karpaten oder die Hohe Tatra einstreute? Oder steckte etwas anderes dahinter? Wieder einmal klandestine Treffen, Verhandlungen, Geschäfte, von denen keiner etwas wissen durfte?

Initiator dieser gemeinsamen Reise war Rolf Lechner. Der war seit etwa 1985 wegen langjähriger Rückenbeschwerden bei einem Orthopäden in Behandlung, der an einem Berliner Krankenhaus praktizierte, seinen eigentlichen Wohnsitz aber nach Plön in Schleswig-Holstein verlegt hatte. Sein Name war Dr. Karl-Heinz Drogula, Ehemann der Ärztin, bei der Barschel seine Rückenleiden therapieren ließ.

Als Lechner sich darüber beklagte, immer nur Spritzen, teilweise auch noch cortisonhaltige, zu bekommen, empfahl Drogula ihm eine Kur – und zwar in Piešťany. Man einigte sich darauf, dass die beste medizinische Versorgung Vorrang vor dem Ambiente hatte, und Drogula war sich sicher, daß Piešťany das bot: kein Glamour, aber hervorragende therapeutische Voraussetzungen aufgrund eines speziellen Heilschlammes, der dort aus einer Flussbiegung gewonnen wurde.[26]

Wie der Zufall es wollte, hatte Lechner seinem Freund, dem Ministerpräsidenten, Ende 1986 von seinem Plan erzählt, eine Kur in der Tschechoslowakei zu machen, und Barschel soll spontan gefragt haben: »Was ist denn Piešťany? Kann ich denn da mitkommen?«[27]

Lechner hatte nichts dagegen und sah sich prompt wieder einer dieser geheimnisvollen Aktionen Barschels gegenüber, der ihn fragte: »Kannst du versuchen, das für mich zu arrangieren, ... ich will das nicht über Kiel und die Staatskanzlei machen lassen, weil die müssen nicht unbedingt wissen, dass ich mich da in so eine Behandlung begebe.«[28]

Lechner konnte das arrangieren, und Irene Drogula, die Frau seines Orthopäden, schrieb Barschel ins Attest: »Nach dieser intensiven Therapie habe ich Dr. Barschel zwecks Erhaltung des Therapieerfolges dringend eine Kur angeraten. Diese Kur soll wegen der spezifischen Heilwirkung in Pistyan (so der Name in der k.u.k-Zeit, Anm. der Autoren) in der ČSSR durchgeführt werden, da die dortigen Anwendungen sicher zum gewünschten Erfolg führen werden. Die Kur soll in dem Sanatorium Thermia Palace in der Zeit vom 22. 2. 87–15. 3. 87 durchgeführt werden.«[29] Geschrieben wurde das Attest erst vier Tage vor Barschels Abreise.

Lechner buchte den Aufenthalt im Thermia Palace, Lechner besorgte die Flugtickets, und Lechner kümmerte sich – »so ganz inoffiziell ging das ja nicht«[30] – bei einem Reisebüro um die notwendigen Visa.

Am Tag nach ihrer Anreise unterzogen sich Barschel und Lechner einem ärztlichen Check, danach verliefen die Tage mehr oder minder nach dem gleichen Rhythmus. Um acht Uhr morgens begannen die Anwendungen. Immer abwechselnd gab es einen Tag Schlammbäder, am nächsten dann Wasseranwendungen. Vor dem Mittagessen folgten noch Massagen, dann ruhten sich die beiden Freunde aus, und am Nachmittag stand ein Ausflug in die Umgebung auf dem Programm. Schon bald in der ersten Woche lernten sie einen der älteren Männer kennen, die sich vor dem Thermia Palace herumtrieben, um sich den wenigen westdeutschen und österreichischen Kurgästen als Reiseführer anzudienen. Igor, wie er sich nannte, wurde für den Rest ihres Aufenthaltes ein ständiger Begleiter, Ratgeber und Türöffner. Schnell begriffen die beiden, dass westdeutsche Zehnmarkscheine Wunder wirkten, geschlossene Museen öffneten und das Restaurantangebot erweiterten.

Rolf Lechner fiel auf, dass sein Freund vor allem unter einem litt, nämlich unter der Tatsache, dass ihn in Piešťany niemand als Ministerpräsident kannte, ja nicht einmal wusste, wo und was Schleswig-Holstein eigentlich war. Barschel, an Vorzugsbehandlung gewöhnt, musste sich im real existierenden Sozialismus damit abfinden, auf der Massagebank auch schon mal zu warten, bis er an der Reihe war. Lechner gab ihm einen Tipp, der dem Profi-Politiker eigentlich nicht hätte fremd sein dürfen: »Kleine Geschenke erhalten die Freundschaft.« Als der noch vor der Reise geplante Fahrerwechsel anstand, rief Barschel in der Staatskanzlei an. Eine Kiste mit Büchern über Schleswig-Holstein sollte nach Berlin gebracht werden, damit sie der Fahrer Lechners, der Karl-Heinz Prosch ablösen sollte, mit nach Piešťany bringen konnte, wo Barschel sie dann im Kurhotel verteilte.

Telefonieren aus Piešťany war schwierig, es ging nur mit Anmeldung und über die Vermittlung. Dennoch meldete sich Barschel ein paar Mal in der Staatskanzlei und bei seiner Familie. Lechner bekam mit, dass er auch einmal mit Helmut Kohl telefonierte und ihm mitteilte, wo er sich aufhielt und warum er diese Kur absolvierte.[31] Alles verlief wenig spektakulär. Ein Ganztagsausflug zu einem Schloss des Fürsten Esterhazy, wo sie ganz allein in einem riesigen Saal »wie die Fürsten« speisten, ein Besuch in Bratislava, das waren die Höhepunkte.

Weder Rolf Lechner, der mit Barschel bis auf eine Stunde am Morgen und eine am Abend den ganzen Tag verbrachte, noch die beiden Fahrer konnten sich später an außergewöhnliche Treffen oder Besuche in mysteriösen Fabriken und abgeschirmten Militäranlagen erinnern. Natürlich kamen diese Gerüchte in den folgenden Jahren auf und schossen ins Kraut. Verdeckte Treffen mit Vertretern des tschechoslowakischen Geheimdienstes STB im Beisein des Stasi-Residenten in Bratislava und einem Mitarbeiter des sowjetischen KGB soll es gegeben haben, Gespräche über illegale Rüstungsgeschäfte und Provisionen sollen geführt worden sein, vermeintlich authentische Papiere des STB wurden angeboten und angeblich vom BND vom Markt gekauft oder beschlagnahmt. Es gibt freilich nicht einen einzigen Beweis dafür, dass Barschel und Lechner etwas anderes taten als in Schlamm zu baden und Wasser zu treten. Als jedoch die Lübecker Staatsanwälte Nachforschungen anstellten, ob sich Barschel auch noch in einem Hotel außerhalb von Piešťany aufgehalten habe, brannte ausgerechnet das Lager ab, in dem die alten Gästelisten deponiert waren. Und noch eine Kuriosität. Im Archiv der Prager STB-Zentrale wurde nach der Wende ein Ordner mit der Aufschrift »Barschel – SPD« gefunden. Er war leer.

9. März 1987, Bonn/New York
Die deutsche U-Boot-Affäre zog nun internationale Proteste nach sich. Die Außenpolitik der Bundesrepublik geriet zunehmend unter Druck. Am 9. März 1987 sprach Außenminister Genscher mit dem Vorsitzenden des UNO-Sonderausschusses gegen Apartheid, Generalmajor Joseph N. Garba. Der UNO-Funktionär forderte die vollständige Aufklärung des Skandals, der den auswärtigen Beziehungen der Bundesrepublik Schaden zugefügt habe. »Eine Schande« nannte Garba die Bußgelder für IKL und HDW von je 50 000 Mark. Wer das UNO-Embargo gegen Südafrika verletze, müsse schärfer bestraft werden, forderte der Vorsitzende des Sonderausschusses.[32]

Heftige Kritik kam nun auch aus den USA. Nachdem ein Bericht des US-Außenministeriums die illegale Lieferung der U-Boot-Blaupausen gemeldet hatte, erhielt Bundeskanzler Helmut Kohl einen Brief, den insgesamt 42 Mitglieder des US-Repräsentantenhauses unterzeichnet hatten. Sie forderten die Bundesregierung dringend auf, jegliche militärische Zusammenarbeit zwischen deutschen Firmen und den Unternehmen des Apartheidregimes zu unterbinden. Diese Zusammenarbeit sei mit dem Waffenembargo völlig unvereinbar.[33]

Der Tänzer auf dem Vulkan

2. April 1987, Bonn

Der neu gewählte Bundestag setzte wieder einen Untersuchungsausschuss zur Aufklärung des U-Boot-Skandals ein. Da die SPD-Fraktion mit dem Wortlaut des alten Untersuchungsauftrages in die Debatte ging, konnte nun auch der neue die Ergebnisse und Unterlagen des Vorgängergremiums nutzen. Trotz mehrerer Bedenken gegen einzelne Formulierungen des Untersuchungsauftrages ließen die Fraktionen von CDU/CSU und FDP die Einsetzung des neuen Ausschusses durchgehen. Und in der Tat enthielt der Auftrag eine Formulierung, die später Konsequenzen haben sollte. So sollte der Ausschuss auf Antrag der Grünen auch die »Rolle der Ministerpräsidenten der Länder« – im Visier waren Barschel und Strauß – untersuchen. Ein Gericht wird in einem späteren Verfahren die Ansicht der CDU bestätigen, dass sich ein Untersuchungsausschuss des Bundestages nicht mit den Regierungsangelegenheiten der Länder befassen dürfe, der Untersuchungsauftrag damit insgesamt gegen die Verfassung verstoßen habe.[1]

28. April 1987–5. Mai 1987,
Kiel/Mölln/Hamburg

Pfeiffer hatte sich bei Uwe Barschel schriftlich beschwert. Er beklagte sich, aus dem Regierungsapparat nur mangelhaft unterstützt zu werden. Pfeiffers Angriff richtete sich besonders gegen den Innenminister, von dem er Informationen über ein Mitglied der Unabhängigen Wählergemeinschaft Schleswig-Holstein erbeten hatte, deren Zersetzung Pfeiffer sich auf die Fahnen geschrieben hatte. Der Innenminister hatte Pfeiffers Bitte entgegengenommen und sich nicht weiter darum geschert. Pfeiffer war empört, das entsprach alles nicht seiner Arbeitsweise. Der Dienstweg sei bei vertraulichen Rechercheaufträgen absolut unzureichend, kritisierte er in seinem Brief an Barschel. Pfeiffer hatte auch noch Klagen über andere Kabinettsmitglieder vorzubringen, ehe er Barschel versicherte, er sei bereit, bis zum Umfallen für ihn und seinen Wahlsieg zu kämpfen.[2]

»Wein bitte, und zwar den besten, der vorhanden ist!« Die Hausdame, die den Ministerpräsidenten in seinem Appartement im Gästehaus der Landesregierung betreute, war pikiert. So einen Auftritt empfand sie zumindest als ungewöhnlich und unüblich. Pfeiffer erschien gegen 18 Uhr zu einem Termin mit dem Ministerpräsidenten. Barschel selbst war noch nicht eingetroffen. Also genehmigte sich Pfeiffer erst einmal einen Schluck. Es war später nicht mehr zu rekonstruieren, worum genau es an diesem Abend ging. Pfeiffers Schreibkraft Jutta Schröder behauptete, das Gespräch, um das Barschel gebeten habe, habe zwischen fünf und sechs Stunden gedauert. Fast bis Mitternacht. Es sei um den Katalog mit PR-Maßnahmen für den Ministerpräsidenten gegangen, den Pfeiffer erstellt hatte. Außerdem habe man sich über einzelne Kabinettsmitglieder unterhalten.[3] Es würde zu Barschels Umgangsart passen, dass er auch mit dem drittrangigen Pfeiffer über Regierungsmitglieder sprach. Mag sein, dass dies stimmt: Grundsätzlich imponierten Barschel Leute von der hemdsärmeligen Art Pfeiffers, bei allem Vorbehalt, den er gegenüber seinem Medienfachmann haben mochte. Es ist durchaus plausibel, anzunehmen, dass das Treffen im Zusammenhang mit Pfeiffers schriftlicher Beschwerde über die mangelnde Unterstützung seiner Arbeit stand.

Nur drei Tage später sahen sich Pfeiffer und Barschel erneut. Diesmal erschien Pfeiffer im Privathaus des MP in Mölln. Barschels persönlicher Referent Friedersen hatte für Pfeiffer eigens eine Anfahrtsskizze gezeichnet. Die Version, die Pfeiffer später zu diesem Treffen zum Besten gab, klingt abenteuerlich. Acht Stunden will er auf Einladung Barschels in dessen Villa verbracht haben. Es sei um den Wahlkampf gegangen und um eine Idee Barschels: Der habe den Vorschlag gemacht, eine Scheinentführung zu inszenieren. Pfeiffer hätte Barschel überfallen, mit Äther betäuben und anschließend mit Handschellen an einen Baum fesseln sollen. Ein Schild sollte eine terroristische Aktion vortäuschen oder den Verdacht auf die Grünen lenken.

Bei einem langen Spaziergang, so der Referent, habe der Ministerpräsident ihm diese Idee entwickelt, bevor Frau Barschel zum Abendessen geladen habe. Danach hätten sie es sich gemütlich gemacht, die Entführungsgeschichte weitergesponnen, Strategiefragen und die Public-Relations-Tipps besprochen, erneut das Kabinett durchdiskutiert, und gegen halb elf sei er, Pfeiffer, dann wieder gefahren.[4]

Die Schilderung folgt dem immer wiederkehrenden Muster Pfeiffers, sich als »Neben-Ministerpräsident« zu stilisieren, der es binnen kürzester Zeit geschafft hatte, zu einem der wichtigsten Gesprächspartner und Berater Barschels zu werden – und das auf Augenhöhe. Doch wie irrsinnig klang diese Entführungsidee! Welcher normale Mensch mit Sinn und Verstand kommt auf den Gedanken, als Wahlkampfgag eine Entführung zu inszenieren? Vielleicht war ja genau das der Eindruck, den Pfeiffer im Sinn hatte: Barschel später als Psychopathen hinzustellen.

Barschel hatte den Besuch Pfeiffers ganz anders in Erinnerung: Um 18 Uhr 30 sei Pfeiffer gekommen, und da er gerade mit seiner Frau beim Abendbrot gesessen habe, sei Pfeiffer dazu geladen worden. Das Treffen sei auf Bitten Pfeiffers zustande gekommen, der ihm von privaten Sorgen berichtet habe, über die er unter vier Augen mit dem Ministerpräsidenten sprechen wollte. Nach dem Abendessen seien sie in den Garten gegangen, und Pfeiffer habe ihm von seiner Scheidung und seinen Geldsorgen berichtet. Dann habe er gefragt, ob Barschel ihm helfen könne, vielleicht einen Gehaltsvorschuss gewähren würde. Barschel erklärte, er habe dies abgelehnt und Pfeiffer an seinen Staatssekretär verwiesen. Auch Pfeiffers Bitte, seinen befristeten Vertrag zu verlängern oder sogar in einen unbefristeten umzuwandeln, habe er abgeblockt, da man darüber erst nach der Landtagswahl sprechen könne. Nach anderthalb Stunden sei Pfeiffer wieder gegangen.[5]

Freya Barschel bestätigte diese Version später, ohne etwas zum Inhalt der Gespräche sagen zu können. An diesem Abend sah sie Pfeiffer zum ersten Mal. Und auch zum letzten Mal. Freya Barschel wusste nicht mehr von dem Besucher, als »daß er zum Büro dazu gehörte«.[6] Da ihr Mann nie mit ihr über interne Angelegenheiten sprach, wusste sie weder, was Pfeiffer wollte, noch fragte sie später, was im Garten besprochen worden war. Auch sie meinte, Pfeiffer sei nur eineinhalb Stunden geblieben.[7]

Es ging nach Hamburg. Uwe Barschel brauchte den Tapetenwechsel für ein Arbeitsessen. Ahrendsen, der stellvertretende Regierungssprecher, hatte Pfeiffer zu dem kurzfristig angesetzten Ausflug eingeladen. Ahrendsen mochte Pfeiffer damals, weil er immer gut gelaunt war und lustige Sprüche auf Lager hatte. Nach der Landtagssitzung am 5. Mai fuhren Barschel, Ahrendsen, Pfeiffer und ein Ministerialrat von der Staatskanzlei nach Hamburg in ein Fischrestaurant. Barschel wollte die Maßnahmen und Initiativen der Öffentlichkeitsarbeit während der kommenden Monate bis zur Landtagswahl besprechen und erhoffte sich von der Runde die eine oder andere gute Idee. Doch es lief wohl anders, als er sich das gedacht hatte. Die Vorschläge kamen vor allem von ihm selbst und Ahrendsen. Der PR-Künstler Pfeiffer saß nach den Erinnerungen von Ahrendsen und Lambrecht stumm dabei und brachte erst ganz zum Schluss einen einzigen kurzen Wortbeitrag.[8]

Dies war wohl das letzte Mal, dass Barschel und Pfeiffer sich persönlich begegneten. Wahrscheinlich waren es diese drei Begegnungen binnen einer Woche, in denen Barschel erkannte, was er von seinem neuen Medienreferenten noch zu erwarten hatte: so gut wie nichts. Jedenfalls nichts, was ihm nützte.

19. Mai 1987, Bonn
Neue frohe Botschaft kam für die Manager von IKL und HDW aus dem Auswärtigen Amt. Genschers Diplomaten kamen zu dem Ergebnis, dass es durch den U-Boot-Deal nicht zu einer »erheblichen Störung der auswärtigen Beziehungen der Bundesrepublik Deutschland« nach dem Außenwirtschaftsgesetz gekommen war.

Jetzt auch waren die Politiker fast aus dem Schneider. Genscher, der stets gegen das unerlaubte Geschäft geredet, es aber nicht verhindert hatte, erwies sich als treuer Koalitions-Vasall. Sein Außenamt hatte Kohl, Strauß und Barschel auf der diplomatischen Ebene aus der Patsche helfen dürfen. Die Justiz war ausmanövriert worden. Aber die mit Millionen-Zahlungen untermauerte Hoffnung, die Südafrika in deutsche Unions-Politiker gesetzt hatte, wurde schwer enttäuscht.

Am 20. Mai trat der zweite U-Boot-Untersuchungsausschuss zur konstituierenden Sitzung zusammen. Die Ermittlungsarbeit begann, als der Wahlkampf in Schleswig-Holstein anlief.

31. Mai 1987 – 27. Juli 1987, Lübeck
Geheime DDR-Trips, mysteriöse Schweiz-Reisen, illegale Rüstungsdeals mit dem aggressiven Apartheidregime – der Landespolitiker Uwe Barschel tanzte offenbar auf einem Vulkan. Auf dem schmalen Grat zwischen spießigem Idyll des Landesvater-Daseins und dem Abgrund aus grauen und schwarzen Geschäften konnte er sich nur noch mit einer hohen Tablettendosis an Beruhigungsmitteln halten.

Uwe Barschel hatte für eine neue Weichenstellung in seinem Leben gar keine Chance mehr, weil er sein eigener Gefangener war. Er musste die U-Boot-Krise in Kiel diskret unter Kontrolle halten, dafür sorgen, dass möglichst wenig über die wahren Hintergründe dieses dunklen Kapitels publik würde. Noch war nicht einmal bekannt, wie er als Ministerpräsident involviert war. Aber er musste damit rechnen, von der Affäre heftiger erfasst zu werden als bislang. Und Reiner Pfeiffer, sein Mann im Pressereferat der Staatskanzlei, trieb unaufhaltsam sein Teufelsspiel gegen ihn weiter.

Die Zeit lief gegen Barschel, während er zwei Monate lang in der Universitätsklinik von Lübeck ans Bett gebunden war.

Der Kämpfer und der Verräter

27. Juli 1987, Uniklinik Lübeck
Am Montagmorgen, dem 27. Juli, standen die Assistenz- und Oberärzte auf ihrer morgendlichen Runde zum letzten Mal vor dem Patientenbett von Uwe Barschel. Es war der letzte Tag seiner stationären Behandlung an der Chirurgischen Klinik der Universität Lübeck.[1]

Uwe Barschel benötigte noch immer Krücken beim Gehen. Die Stimmung der Mediziner war gut, aber der Ministerpräsident hatte andere Sorgen. Zwei harte Wahlkampfmonate lagen vor ihm. Es war seine Wahl. In Kiel stand viel auf dem Spiel. In der CDU fürchtete man sich vor einem Domino-Effekt: Fällt Schleswig-Holstein, dann könnte Niedersachsen folgen, wo Ministerpräsident Ernst Albrecht schon mächtig von Gerhard Schröder bedrängt wurde.

Der Absturz hatte zwar eine Welle des Mitleids ausgelöst. Doch sie hielt nicht lange an. Nicht einmal bei den CDU-Mitgliedern. In Barschels Staatskanzlei war nichts mehr so wie vor seinem Unfall. Sein Wirtschaftsminister, der Steuerberater Wolfgang Biermann, seit gut einem Jahr eine seiner wichtigsten Stützen, war wegen der Verwicklung in den Betrugsskandal eines früheren Mandanten gestürzt. Und Pfeiffer hatte sich mittlerweile mit Engholms Intimus Klaus Nilius verbündet. Offensichtlich sah er bei Barschel keine Chance mehr, seine Forderungen durchzusetzen. Er wollte mehr Geld. Ja, er wollte sogar, wie er selbst gerne zum Besten gab, Innenminister des Landes werden.[2]

Und Woche für Woche lieferte das U-Boot-Geschäft den Medien neuen Enthüllungsstoff.

Am Tag, als Barschel aus der Klinik kam, trafen Pfeiffer und Nilius wieder zusammen, konspirativ und »ganz privat«.[3]

An diesem Montag griff Pfeiffer wieder zu seiner heimtückischen Waffe, dem Telefon, um die merkwürdigste Aktion seiner ganzen Dienstzeit zu starten. Er wählte in Augsburg die Rufnummer der Geschäftsstelle der »Deutschen Gesellschaft für Humanes Sterben e. V.«. Der Vereinspräsident Hans Henning Atrott war als aggressiver Vermarkter einer Sterbehilfe-Kampagne berüchtigt. Er machte Patientenverfügungen populär und stellte den Mitgliedern seines Vereins die Rezeptur für Todescocktails zur Verfügung, die einen schnellen, schmerzlosen Suizid versprachen. Mit einer Broschüre über »Menschenwürdiges und selbstverantwortliches Sterben« erhielten die Mitglieder des Atrott-Vereins ein Handbuch mit Freitod-Tipps.

Pfeiffers Anruf in der Vereinsgeschäftsstelle wurde im Telefoncomputer des Landeshauses registriert. Im Augsburger Büro der Sterbehelfer-Gesellschaft wurde sein Anruf jedoch nicht verzeichnet. Damals meldeten sich dort täglich viele Dutzend Menschen.

Was Pfeiffer mit dem Anruf beabsichtigte, wurde nie geklärt. Falls er die Sterbehilfe-Broschüre bestellen wollte, so wurde er wohl abgewiesen. Aufgrund öffentlicher Proteste lieferte Atrott das Heft nur an Mitglieder nach einer Schutzfrist von einem Jahr aus. Ausnahmen machte er nur, wenn die Interessenten ihre physische Notlage mit ärztlichen Befunden und Attesten nachwiesen. Für Pfeiffer oder Barschel wurde nie eine solche Broschüre versandt und auch keine Mitgliedschaft beantragt.[4]

Der Anruf in Augsburg passte gar nicht in das parteipolitische Schmuddel-Programm Pfeiffers, das darauf abzielte, Uwe Barschel in schmutzige Wahlkampftricks zu verwickeln. Welchen Sinn aber hätte es ergeben sollen, Barschel nachsagen zu können, dass er eine Suizid-Broschüre bestellen ließ?

Im Gegensatz zu seinen übrigen Aktionen trug Pfeiffer diesen Anruf vor Barschels Tod nicht in die Öffentlichkeit. Stand diese Aktion mit etwas anderem in Zusammenhang als dem Wahlkampf? Oder war Pfeiffer zu diesem Anruf von Leuten animiert worden, deren wahre Absichten er selbst gar nicht kannte?

28. Juli 1987, Hamburg

Pfeiffer und Nilius konnten sich über ein erstes publizistisches Resultat ihrer Verschwörung freuen. Tags darauf kursierte bereits die Geschichte über den Protestbrief der Pilotenmutter Irmgard Heise, die am folgenden Donnerstag im *Stern* erscheinen sollte.

»Wie können Sie noch ruhig schlafen?«

»Mutter: Mein Sohn starb, weil Barschel Zeit sparen wollte.«

Die Zeitungs-Schlagzeilen bescherten Uwe Barschel einen denkbar schlechten Auftakt für seinen Wahlkampf.

Und Pfeiffer war hochmotiviert – auf seine Weise. Er griff wieder zum Hörer des Dienstapparates und rief den Bremer Polizeipräsidenten Ernst Diekmann an, den er von seiner Zeit als Journalist beim *Weser Report* kannte. »Können Sie mir eine Wanze besorgen?«, fragte Pfeiffer unumwunden. Der Beamte lehnte ab. Pfeiffer begründete seine Aktion später damit, dass er seinen Kollegen Herwig Ahrendsen in der Staatskanzlei »ein bißchen nachrichtlich abschöpfen wollte«.[5] Ahrendsen war tatsächlich eine interessante Informationsquelle, weil er den besten Draht zu Barschel hatte.

16. August 1987, Landeshaus, Kiel
Barschel stützte sich auf einen vornehm aussehenden Gehstock, als er am 16. August den Schleswig-Holstein-Saal des Landeshauses betrat. Etwa hundert Mitarbeiter warteten, um ihren Ministerpräsidenten zu empfangen. Er schüttelte Hände, begrüßte seine Mitarbeiter mit flapsigen Bemerkungen. Als Pfeiffer an die Reihe kam, griff Barschel zum Wortwitz aus dem berühmten Schülerfilm »Die Feuerzangenbowle« mit Heinz Rühmann: »Na, Pfeiffer mit drei F.«

Pfeiffer erzählte gerne seinen Kollegen, dass der Chef ihn gewöhnlich mit diesem Scherz anspreche. Ulrike Schumacher imponierte das weniger: »Herr Pfeiffer machte sich gerne wichtig«, sagte sie. Für seine Team-Kollegin war die Willkommensveranstaltung im Landeshaus die einzige Begegnung, bei der sie Pfeiffer und den Ministerpräsidenten zusammen erlebte. »Die beiden irgendwann einmal zusammen« – das habe sie sonst nicht erlebt.[6]

Als sich Uwe Barschel wieder an seinen opulenten Ministerpräsidenten-Schreibtisch setzte, fand er beunruhigende Dokumente, Zeitungsberichte und Korrespondenz vor. Die linke *tageszeitung* hatte über das Mosselbay-Gas-Explorationsgeschäft von HDW mit Südafrika spekuliert, dass es lediglich ein Tarnprojekt war, um ungestört den U-Boot-Deal weiter abwickeln zu können.[7] Das Blatt lag richtig.

CDU/CSU und FDP hatten es vehement abgelehnt, den Rüstungslobbyisten Siegfried Zoglmann als Zeugen vor den Bundestags-Untersuchungsausschuss zu laden. Die Begründung war interessant: »Provisionszahlungen« und »Schmiergelder« gehörten nicht zum Untersuchungsauftrag.

Uwe Barschel blieb noch ein wenig Zeit bis zu den ersten öffentlichen Sitzungen des Ausschusses, die erst am 17. September 1987 beginnen sollten – nach den Landtagswahlen in Schleswig-Holstein. Die

Teilwahrheit: Ministerpräsident Uwe Barschel gibt bei einer Pressekonferenz am
. September 1987 sein falsches Ehrenwort.

2 Kräfteverhältnisse: Dem CDU-Landesvorsitzenden Gerhard Stoltenberg (l.) war Uwe Barschel nicht gewachsen.

Krisenjahre: Der U-Bootbau sollte die marode Howaldtswerke-Deutsche Werft in den achtziger Jahren über Wasser halten.

Spitzenkräfte: Die U-Boot-Konstrukteure Lutz Nohse (l.) und Ulrich Gabler vom Ingenieurkontor Lübeck sehen ihr Heil am Kap der Guten Hoffnung.

5 Kampfgefährten: Bayerns Ministerpräsident Franz Josef Strauß und Südafrikas Präsident Pieter Willem Botha kuschen nicht vor UNO-Sanktionen.

6 Gute Ratschläge: Die Rivalen Franz Josef Strauß und Helmut Kohl beim CSU-Parteitag 1986 ausnahmsweise mal einig.

Höhenflug: Bundeskanzler Helmut Kohl und Ministerpräsident Uwe Barschel beim gemeinsamen Wahlkampfauftritt 1987.

Absturz: Aus der am 31. Mai 1987 in Lübeck abgestürzten Maschine war Uwe Barschel herausgeschleudert worden. Er überlebte schwer verletzt.

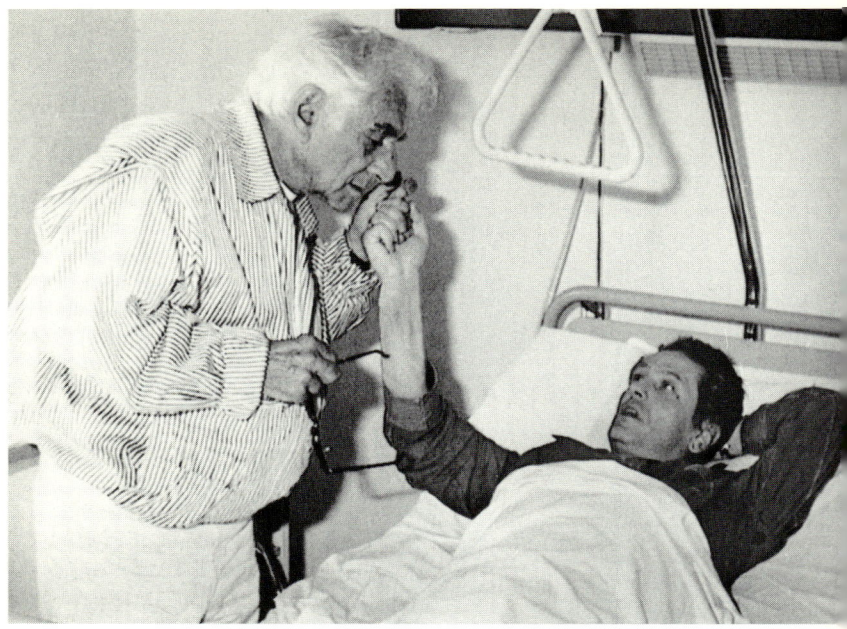

9 Demonstration: Der Dirigent und Komponist Leonard Bernstein besucht Uwe Barschel nach dem Flugzeugabsturz im Krankenhaus.

10 Rückkehr: Uwe Barschel tritt nach dem Flugzeugabsturz erstmals wieder im Wahlkampf auf – am 11. August 1987 in der Holstenhalle von Neumünster.

Privat: Freya und Uwe Barschel vor ihrem Haus in Mölln.

Familienausflug: Freya und Uwe Barschel mit ihren Kindern im Sommer 1986.

13 Verrat: Barschels Medienreferent Reiner Pfeiffer läßt seinen Chef in einer *Spiegel*-Geschichte auffliegen. Titel: »Barschels schmutzige Tricks«.

4 Zielperson: Uwe Barschel (rechts) wurde bei seinen vielen DDR-Besuchen von Stasi-Mitarbeitern observiert und fotografiert.

5 Endstation: Im Genfer Luxus-Hotel »Beau-Rivage« verbringt Uwe Barschel die letzte Nacht seines Lebens.

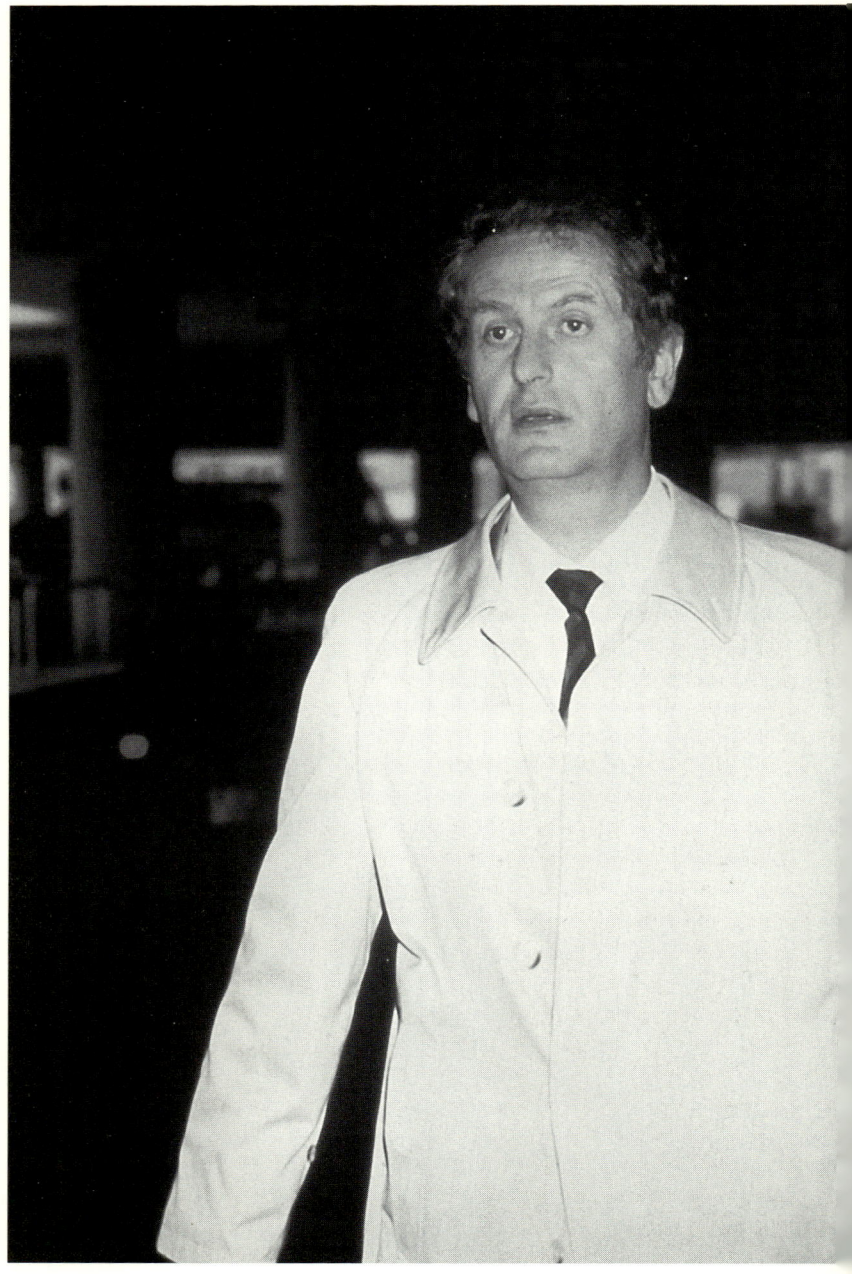

16 Hoffnung: Uwe Barschel im Genfer Flughafen Cointrin auf der Suche nach dem geheimnisvollen Informanten »Roloff«.

Tod in der Badewanne: Im Zimmer 317 des Hotels »Beau-Rivage« wird we Barschels Leiche von einem *Stern*-Reporter entdeckt und fotografiert.

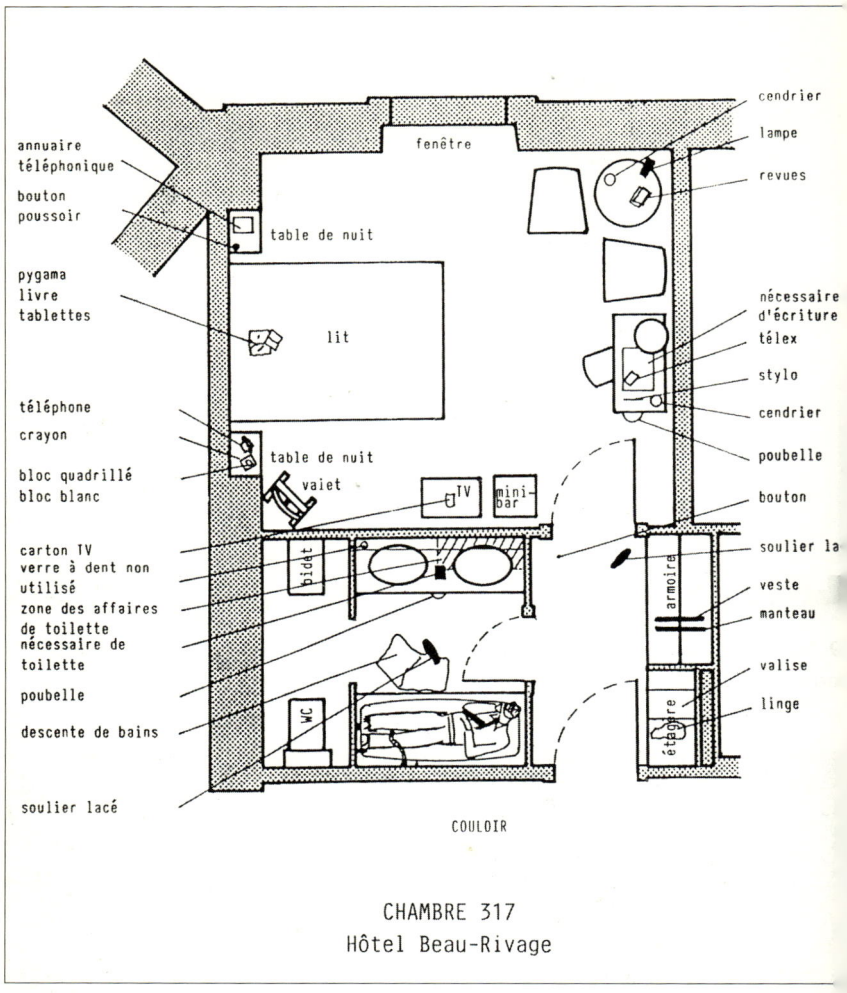

18 Tatort: Skizze des Zimmers 317 im Hotel »Beau-Rivage«. »Hier hat ein Kampf stattgefunden«, sagt Staatsanwalt Sela.

9 Verdächtiger Müll: In einem Abfalleimer des Zimmers 317 liegen ein Weinglas und ein Fläschchen »Jack Daniels«. Barschel hatte aber keinen Alkohol getrunken.

Kampfansage: Freya Barschel und Uwes Bruder Eike weisen bei einer Pressekonferenz in Genf die schnell geborene Selbstmord-Legende zurück.

21 Betroffen: Kanzler Helmut Kohl und CDU-Landesvorsitzender Gerhard Stoltenberg bei einer CDU-Vorstandssitzung unmittelbar nach Barschels Tod.

2 Versteinert: Björn Engholm, Chef der Kieler SPD-Landtagsfraktion, bei seiner Aussage vor dem Untersuchungsausschuß zur Aufklärung der Kieler Affäre.

Gefragt: Barschels Ex-Medienreferent Reiner Pfeiffer vor seiner Vernehmung durch den Kieler Untersuchungsausschuß zwölf Tage nach Barschels Tod.

24 Selbstgefällig: Helmut Kohl verteidigt sich vor dem Untersuchungsausschuß des Bundestages zur Parteispenden-Affäre im Jahr 2001 gegen Schwarzgeld-Vorwürfe.

Grünen wetterten über das durchsichtige Hinausschieben: »Eine klare Mißachtung des Verfassungsauftrags.«[8]
Und IKL-Anwalt Jörg-Sepp Zoglmann warnte:

»Exportkunden für Wehrmaterial reagieren naturgemäß äußerst sensibel auf jede Art von Störungen im politischen Umfeld. Die durch Mitglieder des parlamentarischen Untersuchungsausschusses in die Öffentlichkeit getragenen, teilweise stark polemisierten Diskussionen über das Projekt IK 97 – von den Medien oftmals unzutreffend bzw. verzerrt dargestellt – nutzt der internationale Wettbewerb nach Kräften aus, um sich politische und wirtschaftliche Vorteile gegenüber unserer Mandantschaft zu verschaffen. Die hierdurch entstehenden wirtschaftlichen Schäden sind kaum zu kompensieren und können für unsere Mandantschaft ein existenzgefährdendes Ausmaß erreichen.«[9]

Ziemlich ungeschickt verweigerte Zoglmann auch die Herausgabe der Firmenakten an den Untersuchungsausschuss mit der Begründung, diese Dokumente enthielten »namentliche Hinweise auf Vermittler (Provisionsempfänger)«.[10]

Außerdem wies Zoglmann Junior darauf hin, dass die Firmenakten Informationen über Zahlungswege und Zahlungsvorgänge enthielten, Trainingsprogramme, Bauplanung und Zeitplanung sowie die »vertragliche Zusicherung auf Geheimhaltung aller mit dem Projekt zusammenhängender Vorgänge und vieles weitere mehr«.[11]

Fest stand: Südafrika hatte, so wusste die Öffentlichkeit inzwischen, mindestens 45 Millionen Mark bezahlt. Aber wie hätten die parlamentarische Opposition und die Medien reagiert, wenn sie auch gewusst hätten, dass aus Anlass der Lieferung der Antriebsaggregate der U-Boote weitere 100 Millionen Mark aus Südafrika lockergemacht worden waren? Und wenn sie dann bald von Fachleuten vorgerechnet bekommen hätten, dass dies ein vielfach überteuerter Preis war?

Die alten Hasen des Geschäfts kannten die Gefahren. Sie wussten, dass mit ihren Geschäftspartnern nicht zu spaßen war, wenn man sich zum Gegner machte.

18. August 1987, Landeshaus Kiel
Am Dienstagmorgen trat Uwe Barschel hinter das Rednerpult, um seine Regierungserklärung vorzutragen. Die Landtags-Korrespondenten erhielten vorab das Redemanuskript von Björn Engholms Erwiderung, versehen mit dem üblichen Hinweis »Es gilt das gesprochene Wort«. In Engholms Text war eine Redewendung aus einem früheren Entwurf der Regierungserklärung enthalten. Die aktuelle Version lautete anders.[12] Wie kam Engholm an das frühere Manuskript? Hatte Pfeiffer gespitzelt und durchgestochen?

Gleichentags und auch zwei Tage später rief Pfeiffer beim Händler Günter Klaus Radue in St. Peter-Ording an. Er müsse schnell drei bis vier Wanzen und zwei gute Nachtgläser zur Observation beschaffen. Pfeiffer erklärte Radue, er »vertrete noch die Regierung, doch wollten er und eine große Hamburger Firma einen Machtwechsel«.[13]

September 1987, Lusaka, Harare
Die südafrikanischen Agenten gingen immer aggressiver auch im Ausland gegen ihre Gegner vor. Im September versuchten sie, die holländische Anti-Apartheid-Aktivistin, Journalistin und angesehene Schriftstellerin Conny Braam umzubringen. Zunächst stellte ihr jemand während eines Afrika-Aufenthalts in ihr abgeschlossenes Hotelzimmer in Lusaka eine Flasche, die angeblich Vitaminpillen enthalten sollte. Sie entdeckte darin eine ölige Flüssigkeit und warf die Flasche in den Mülleimer.

Einige Tage später fand sie während einer Kinderkonferenz in Harare im Kleiderschrank ihres Hotelzimmers zwei schöne Jacken, die scheinbar ein Gast zuvor vergessen hatte. Nachdem sie eine davon angezogen hatte, wachte sie vier Stunden später schreiend und mit entsetzlichen Schmerzen auf. Dann erschien ein seltsamer Mann in ihrem Zimmer, der sich als Arzt ausgab und ihr Tabletten gegen Magengeschwüre anbot. Sie lehnte ab. Die Jacken waren vermutlich, wie häufiger bei den Einsätzen der südafrikanischen Geheimkommandos, mit Parathion imprägniert, dem hochgiftigen Insektizid »E 605«.[14] Wer auf die Feindliste dieses Regimes geraten war, der spielte mit dem Tod.

Samstag, 5. September 1987, Mölln
Die Bonner Regierungslimousine fuhr durch den dunklen Waldweg und bog am Container der Personenschützer auf das Grundstück der Barschels ein. Aus dem Wagen stieg Helmut Kohl. Er war mit Uwe Barschel zu Hause zum Abendessen verabredet. Trotz aller öffentlichen Wahlkampfbekundungen hielt der Bundeskanzler und CDU-Vorsitzende nicht viel von seinem Kieler Spitzenkandidaten. Der »Karrieremensch Uwe Barschel« war ihm unsympathisch. Er wollte ihn nie als Ministerpräsident in Schleswig-Holstein haben. Verklemmt, betulich und ein bisschen langweilig fand ihn Kohl.[15]

Barschel konnte spätestens seit seiner Interview-Attacke im *Spiegel* vor rund einem Jahr nicht mehr auf den mächtigen Mann aus Bonn zählen.

Sonntag, 6. September 1987,
Mölln, Kiel
Am Sonntag fuhr Barschel um 11 Uhr zu einem Pressetermin in Mölln. Der Sieger eines Ballonwettbewerbs sollte geehrt werden. Ein unspektakulärer Auftritt für die Fotografen.

Danach wurde er von seinem Büroleiter Friedersen auf der Fahrt zum nächsten Wahlkampftermin in Kiel begleitet, wo der »Tag der Heimat« gefeiert wurde. Beide sprachen über den Vorabdruck eines Beitrages aus dem *Spiegel*, der sonntags schon an die Journalisten von der Konkurrenz sowie an Partei- und Regierungspressestellen verteilt wurde. Es war die erste große »Enthüllung« Pfeiffers über eine angeblich von Barschel bestellte Observation des politischen Gegners: »Waterkantgate: Spitzel gegen den Spitzenmann«.

»Ein Anonymus verbreitet Details aus illegal beschafften Steuer-Akten über den SPD-Spitzenmann Engholm. Mitarbeiter eines Detektivbüros beschatteten den populären Sozialdemokraten im Auftrag geheimer Hintermänner – offenbar auf der Suche nach politischen oder privaten Seitensprüngen«, leitete der *Spiegel* die Geschichte ein. Die mysteriösen Vorkommnisse würden an die »Dirty Tricks« im Kampf um die US-Präsidentschaft erinnern.

Das Blatt berief sich in der zwei Druckseiten langen Story auf »einen hochgestellten Informanten aus dem Kieler Regierungsapparat«. Pfeiffer wurde namentlich nicht erwähnt. Zitiert wurde aber SPD-Pressesprecher Klaus Nilius: »Einige der Informationen können nur aus dem Finanzministerium in Bonn oder Kiel gekommen sein.« Im Spurenlegen war Nilius ein Meister wie Pfeiffer.

In dem Beitrag wurde erstmals auch über die Herkunft der Mittel für die auffallend hohen Wahlkampfkosten Barschels spekuliert. Das »Große Geld« habe wieder einmal in den Wahlkampf eingegriffen, so würden SPD-Leute vermuten. Sie verwiesen auf Barschels väterlichen Freund, den Chemie-Unternehmer Karl-Josef Ballhaus, der den Schwartzkopf-Konzern leitete. Der Industrielle wurde verdächtigt, als Financier hinter den behaupteten detektivischen Aktionen gegen Engholm zu stecken. Und mangels aktueller Erkenntnisse über die tatsächlichen Quellen des Wahlkampfbudgets erinnerten die Autoren an verdeckte Parteispendenaktionen aus dem Unternehmerlager, die 1984 im schleswig-holsteinischen Wahlkampf aufgefallen waren.[16]

Barschel-Freund Ballhaus hatte tatsächlich der involvierten Bremer Detektivfirma einen Auftrag gegeben – aber nicht für die Bespitzelung von Engholm, sondern für gewöhnliche Sicherheitsüberprüfungen in seinem Unternehmen. Ballhaus hatte auf die Anfrage der *Spiegel*-Journalisten unprofessionell reagiert. Sein Unternehmen habe damit nichts zu tun: »Ehrenwort«. Er habe keine Ahnung, was die Detektei »sonst noch treibt«.

»Dieser Herr ... dieser Herr ... wie heißt der doch gleich ... dieser Herr Engholm ist uns schnurzpiepegal«, sagte Ballhaus. Seitdem galt er als arroganter Wirtschaftsmann.

Uwe Barschel brachte den Artikel nicht mit Pfeiffer in Verbindung, wie sich Friedersen an die Reaktion seines Chefs erinnerte. Er habe sich auch nicht vor Enthüllungen gefürchtet. Beiden seien die im *Spiegel* beschriebenen Aktionen absurd erschienen, als nicht vorstellbar.[17]

Klaus Nilius war unterdessen dabei, den *Spiegel*-Beitrag einzusetzen, um eine Strafuntersuchung in Gang zu bringen. »Björn bittet Dich zu prüfen ...«, schrieb er dem SPD-nahen Hamburger Rechtsanwalt Peter Schulz und schickte ihm den Artikel. Schulz bereitete anschließend eine Strafanzeige vor.

Dienstag, 8. September 1987, Gadebusch, DDR

Kurz nach der Mittagspause setzte sich Pfeiffer an seinen Platz im Landeshaus und wählte an seinem Dienstapparat den Privatanschluss Barschels. Kurz nach 20 Uhr rief der Ministerpräsident vom Autotelefon seinen Medienreferenten zurück. Er konnte immer noch nicht ahnen, dass er mit dem Informanten sprach, der hinter der *Spiegel*-Enthüllung stand.

Im deutschen Osten wurde das Funkgespräch aus dem Dienstwagen in der Abhörstation des Stasi-Stützpunktes »Herberg« aufgezeichnet. Für Aufklärer Dietrich Laaß klang das, was er hörte, ganz anders als die *Spiegel*-Geschichte: »Pfeiffer wollte Barschel den Einbau einer Wanze einreden.«[18]

Donnerstag, 10. September 1987,
Landeshaus, Kiel

Für 11.15 Uhr hatte Uwe Barschel einen wichtigen Telefontermin in seinen Kalender eingetragen: »Strauß anrufen«. Barschel hatte den CSU-Chef zuvor gebeten, ihm im Wahlkampf zu helfen, nachdem klar war, dass die CDU am Wahltag Federn lassen müsse. Der Ministerpräsident hatte sich dabei über den Parteivorstand hinweggesetzt: Stoltenberg wollte Strauß nicht auftreten lassen, weil der Bayer an der Waterkant nicht gut ankam. Aber Strauß erfüllte seinem Bewunderer Barschel den Wunsch und fuhr zu einer Kundgebung nach Ratzeburg.

Barschel rief Strauß mehrfach auch abends im Münchner Privathaus an. Über den Inhalt der Gespräche ist nichts bekannt. Suchte er politische Unterstützung des bayerischen Kohl-Gegners? Oder ging es vielmehr um die Verhandlungen mit Südafrikanern?[19]

Samstag, 12. September 1987

Am Samstag vor der Wahl wurde ein zweiter *Spiegel*-Bericht mit den »Enthüllungen« aus der Giftküche des Medienreferenten bekannt. Erstmalig zitierte das Blatt Reiner Pfeiffer. »Am Mittwoch letzter Woche gab der Barschel-Berater Reiner Pfeiffer, 48, vor einem Hamburger Notar an Eides Statt zu Protokoll«, schrieb das Nachrichtenmagazin, »Barschel persönlich« habe die Bespitzelung angeordnet.

Der Geschlagene

Sonntag, 13. September 1987
Am Wahlabend stand Uwe Barschel mit Parteifreunden zusammen, um auf die Ergebnisse zu warten. Stoltenberg war neben ihm, auch Gerd Behnke, der Leiter der Pressestelle aus der Staatskanzlei. Einer aus der Runde erzählte ihm, dass Reiner Pfeiffer vorbestraft sei. Barschel reagierte schockiert. Stoltenberg blieb teilnahmslos. Behnke erwartete gebannt die ersten Zahlen von den demoskopischen Instituten. Die ersten Hochrechnungen zeigten einen knappen Gewinn der Union. »Die CDU und die FDP können nach der neuesten Hochrechnung der ARD in Schleswig-Holstein gemeinsam die Regierung mit einer Mehrheit von zwei Mandaten bilden«, gaben die Agenturjournalisten in die Telexmaschinen ein. Wenig später kam der Schock: Mit nur 42,6 Prozent verlor die CDU-Fraktion sechs Mandate im Landesparlament. Die SPD hingegen gewann zwei Sitze hinzu und wurde damit stärkste Fraktion. Selbst zusammen mit der FDP würde seine Partei nur auf 37 Mandate kommen, nur eine Stimme mehr im Parlament als die Sozialdemokraten. Aber da war noch die Stimme des Abgeordneten Karl Otto Meyer vom Südschleswigschen Wählerverband SSW, die traditionell die dänische Minderheit aus Flensburg im Landesparlament vertritt. Weil Meyer in der Regel mit den Linken votierte, musste Uwe Barschel also mit einem Patt rechnen.

»Die von politischen Beobachtern in ersten Kommentaren als ›katastrophal‹ bezeichnete Niederlage der CDU dürfte die Machtverhältnisse im Bundesrat in Bonn, der Länderkammer, verändern«, kabelte die Deutsche Presseagentur. »Die Partei von Bundeskanzler Helmut Kohl ist damit künftig bei Abstimmungen in diesem parlamentarischen Gremium auf die Stimmen des Koalitionspartners Christlich Soziale Union von Franz Josef Strauß angewiesen.«

Barschel murmelte etwas von einer »Enttäuschung« für seine Partei. Dem Interviewer vom ZDF sagte er, er hätte sich ein besseres Ergebnis gewünscht. Es bleibe jedoch noch die Möglichkeit, zusammen mit der FDP die neue Regierung bilden zu können. Die kleinen Parteien hätten der CDU Stimmen weggenommen.[1]

Uwe Barschel war mit den Gedanken bei der Pfeiffer-Geschichte.

»Wieso kommt so ein Mann, der vorbestraft ist, in meine Umgebung?«, fragte er.

Er selbst hatte sich zwar vom Springer Verlag einen Wahlkampfhelfer für die harte Auseinandersetzung mit dem politischen Gegner erhofft. Und er hatte Pfeiffer auch die ersten Instruktionen gegeben, vielleicht sogar von der einen oder anderen unfairen Aktion gegen Engholm gewusst. Aber Uwe Barschel konnte nicht geahnt haben, dass ihm ein Verräter in die Staatskanzlei geschickt worden war, noch dazu ein Mann, der mit krankhaften Intrigenspielen sein Unwesen treiben sollte.[2]

Unter den Kieler Sozialdemokraten ging indes schon die Angst um. Einige mit gutem politischem Gespür fürchteten, dass die Pfeiffer-Geschichten nicht lange halten würden. »Einen Untersuchungsausschuß übersteht dieser Pfeiffer nicht«, meinte Heide Simonis, damals SPD-Bundestagsabgeordnete.[3]

Montag, 14. September 1987, Hamburg
Das ganze Ausmaß von Pfeiffers Vorwürfen wurde erst deutlich, als am Montagmorgen der *Spiegel* mit seiner zweiten »Enthüllung« am Kiosk lag: »An Eides Statt versichert einer der engsten Mitarbeiter des Kieler Ministerpräsidenten Uwe Barschel, der CDU-Spitzenkandidat höchstpersönlich habe den Auftrag erteilt, das angeblich ›ausschweifende‹ Sexualleben seines ›homosexuellen‹ SPD-Gegenspielers Björn Engholm auszuspionieren, und selber einen gegen Engholm gerichteten anonymen Brief entworfen. Noch letzte Woche habe der Christdemokrat seinen Vertrauten beauftragt, eine Abhör-Wanze zu besorgen, deren Einsatz der SPD hätte angelastet werden können.«

Pfeiffer über Pfeiffer im *Spiegel*: Als »früherem Franziskaner-Schüler, der mal Pfarrer werden wollte« habe das alles seinem »Fairneß-Empfinden« widersprochen.

Pfeiffers Erklärung auf »22 Din-A4-Seiten« war teils gelogen, teils nicht beweisbar, seine Erzählungen entpuppten sich als Humbug. Die *Spiegel*-Leute jedoch glaubten den Schwindel bereitwillig. »Kein Zweifel: So massiv wie Barschel ist nie zuvor ein bundesdeutscher Politiker von einem Mitarbeiter aus seiner engsten Umgebung belastet worden. Allerdings: Wenn sämtliche Pfeiffer-Vorwürfe zutreffen, hat kein anderer Ministerpräsident je seine politische Macht und seine dienstlichen Möglichkeiten so raffiniert und so ungeniert eingesetzt, um einen populären Konkurrenten vor einer Wahl persönlich zu diffamieren und das Wahlvolk zu manipulieren.« Bemerkt hatte aber die Öffentlichkeit von Pfeiffers Aktionen im Wahlkampf nichts.

Der fünf Druckseiten füllende *Spiegel*-Beitrag ist aus den Pressedatenbanken entfernt worden. Im online zugänglichen Archiv des Nachrichtenmagazins ist die Story nicht mehr abrufbar – gesperrt für die Öffentlichkeit.[4]

Eine zweite, kurze – immer noch archivierte – *Spiegel*-Geschichte der gleichen Ausgabe befasste sich wieder mit Barschel-Freund Ballhaus.

Am Montagnachmittag forderte Bundeskanzler Helmut Kohl in der Präsidiumssitzung der CDU Uwe Barschel auf, »die gegen ihn erhobenen Vorwürfe so schnell wie möglich aus der Welt zu schaffen«.[5] Das war's. In der CDU hatte Uwe Barschel keine Chance mehr.

In der Kieler Staatskanzlei befragten die Journalisten Gerd Behnke, den Leiter der Pressestelle. Er gab etwas ratlos Auskünfte über Pfeiffers offizielle Rolle und entschuldigte sich: »Das Ganze kam recht überraschend für uns.«[6]

»Bei uns im Studio der Chefredakteur des Blattes, das die Affäre an die Öffentlichkeit gebracht hat. Ich begrüße Erich Böhme, Chefredakteur des *Spiegel*, einer von zweien, aber der für die heutige Ausgabe zuständige Mann.«

Am Abend musste *Spiegel*-Chef Böhme sein Blatt verteidigen. Die Signallampe über dem Studiomikrofon wechselte auf Rot. Der Redakteur stellte seine erste Frage: »Wer das liest am Kiosk und anderswo, der muss den Eindruck haben, dass das eine sauber recherchierte Geschichte ist und nicht nur die Behauptung eines einzelnen Mannes. Ist das da nicht auch eine kleine Irreführung?«

»Das ist nicht eine kleine Irreführung. Sie müssen doch erst mal die Fakten auf der einen Seite sehen. Es ist Herr Engholm bespitzelt worden, erwiesen durch einen Staatssekretär der Staatsregierung Kiel. Es ist das Steuergeheimnis von Herrn Engholm verletzt worden. Es kommt der Mann, der dieses veranlaßt hat im Auftrage des Ministerpräsidenten, so sagt er, gibt eine 22-seitige eidesstattliche Versicherung. – Nun können Sie sehen, da ist der Topf, und auf diesen Topf paßt genau der Deckel drauf – in Summe, in Zeitpunkt, in Anschrift, in, in. Glauben Sie ja nicht, wir hätten das nicht geprüft.«

Der Moderator hielt ihm vor, dass Informant Pfeiffer eine schillernde Figur sei. »So eine Art journalistische Skandalnudel, jedenfalls nicht die allererste Adresse in unserem Beruf«.

»Nachrichten, die gut sind«, sagte Böhme, »und von denen wir glauben, dass der Nachrichtenüberbringer ein seriöser Mann ist, was die Nachricht anbelangt, die drucken wir auch.«

Böhme erklärte, wie seine Redakteure mehrfach Barschel mit ihren Erkenntnissen konfrontieren wollten. Dass er beim ersten Mal erklärt hatte, er sei überrascht, und daß er sich beim zweiten Mal nicht mehr sprechen ließ. Böhme berichtete über die Presseerklärung von Barschels Regierung und seine einfallslose Reaktion, dass er wegen laufender Ermittlungen nichts sagen könne.

»Dann sagt er weiter zu uns – nun, ich will ordentlich sein – dann suchen sie mal schön«, erzählte Böhme. »Dann haben wir schön gesucht, und dann haben wir das auch gefunden.«

Dem Studioredakteur kam noch »etwas ganz Abstruses« in den Sinn: »Ist es denn so gerade im äußersten Falle noch denkbar, daß der *Spiegel* geleimt worden ist, daß es Leute gibt, die dem *Spiegel* ans Leder wollen, die ihn ganz gerne mal blamieren möchten – ist es denn so entfernt denkbar für sie, daß der Herr Pfeifer ihnen einen riesigen Bären aufgebunden hat und dann in ein paar Wochen daherkommt April, April – ich wollte nur mal sehen, was der *Spiegel* so alles druckt?«

»Das ist nach meiner Lebenserfahrung – ich bin jetzt 15 Jahre Chefredakteur – nicht möglich. Sie können nicht eine Story aufbauen, vom Januar dieses Jahres, die bis zum heutigen Tag läuft, nur um einen zu leimen.«[7]

Eine so gut wie verlorene Wahl und eine nicht mehr beherrschbare Affäre über schmutzige Wahlkampftricks, die ihm angelastet werden – allein das wäre für einen erfahrenen politischen Krisenmanager schon genug der Probleme gewesen. Doch auf Uwe Barschel lastete auch noch der U-Boot-Skandal. Viele Stunden wird er in den folgenden zwei Wochen unter anderem mit seinem ungeliebten Landesvorsitzenden Gerhard Stoltenberg verbringen, um Auswege zu suchen.[8]

Stoltenberg verweigerte sogleich am Mittwoch nach der Wahl als Bundesfinanzminister und Eigentümervertreter die Herausgabe der HDW-Akten an den Untersuchungsausschuss. Er weigerte sich auch, das Unternehmen dahingehend zu beeinflussen, die Akten herauszurücken.[9] Die HDW- und IKL-Manager waren gedeckt. Einen Tag später sollten in Bonn nach ursprünglicher Planung die ersten öffentlichen Beratungen im U-Boot-Untersuchungsausschuss beginnen. Ahlers, Hansen-Wester, Nohse, Abels und auch Anwalt Zoglmann weigerten sich erneut, vor dem Ausschuss als Zeugen auszusagen. Die Ausschussmehrheit akzeptierte dies.[10]

Freitag, 18. September 1987, Kiel
Uwe Barschel erschien zur Pressekonferenz vor den Kieler Landtagsjournalisten. Vor seinem Sitzplatz war eine Traube von Mikrofonen installiert. Der Saal war voll, die Luft knisterte vor Spannung.

»Über diese Ihnen gleich vorzulegenden Eidesstattlichen Versicherungen hinaus gebe ich Ihnen, gebe ich den Bürgerinnen und Bürgern des Landes Schleswig-Holsteins und der gesamten deutschen Öffentlichkeit mein Ehrenwort, ich wiederhole: Ich gebe Ihnen mein Ehrenwort, daß die gegen mich erhobenen Vorwürfe haltlos sind.«

Barschel starrte maskenhaft und mit leerem Blick in den Raum. Irgendwie entrückt, als ob er gar nicht mehr er selbst sei. Den Journalisten legte er eidesstattliche Erklärungen von acht Mitarbeitern aus der Staatskanzlei vor, um Pfeiffers Behauptungen zu widerlegen. Sie waren teilweise falsch. Er hatte die Treue seiner Gefolgsleute missbraucht und diese völlig unnötig dazu getrieben, in einigen Details die Unwahrheit zu sagen. Er hatte sich in Pfeiffers Lügengebäude verlaufen.

In einer einsamen Einscheidung hatte er sich zum Ehrenwort entschlossen, keinen seiner Parteifreunde, nicht einmal seinen Anwalt über diesen Schritt informiert. Es schien, als habe er bei diesem missglückten Akt den Verstand verloren. Ehrenwort ist seither ein Unwort in der deutschen Politik.

Barschel berichtete, dass er gegenüber Engholm in einem Brief sein Bedauern ausgedrückt und ihm ein Vier-Augen-Gespräch vorgeschlagen habe. Gegen das Nachrichtenmagazin *Spiegel* und gegen Reiner Pfeiffer ließ er seinen Kieler Anwalt Michael Kohlhaas, der auch HDW vertrat, Zivilklagen vorbereiten. Gegen den *Spiegel* kündigte er auch eine Schadenersatzklage an.[11] Beim Landgericht Kiel erwirkte Barschel eine erste Einstweilige Verfügung gegen Pfeiffer. Dem Medienreferenten wurde damit untersagt, die »bisher aufgestellten Behauptungen« zu wiederholen, erklärte ein Regierungssprecher. Bei Zuwiderhandlung drohe ihm eine Geldbuße bis zu 500 000 Mark.[12] Im Parlament forderte der erste SPD-Abgeordnete anschließend Barschels Ablösung.[13]

Klaus Nilius allerdings hielt sich zurück. Er hatte Angst: »Ich war bei jeder Pressekonferenz, die Herr Barschel später angekündigt hat, von großer innerer Angst – so sage ich einmal –, daß er möglicherweise den Pfeiffer doch noch präsentiert und sagt, so haben wir die Sozialdemokraten – oder wen auch immer – reingelegt. Dieses Gefühl beherrschte mich sehr, sehr stark – bis zum Schluß.«[14]

Montag, 21. September 1987, Kiel
Am Montagmorgen schloss sich Uwe Barschel mit seinem Rechtsberater Michael Kohlhaas ein. Um 13 Uhr sollte er eigentlich wieder vor den Augen von Helmut Kohl im CDU-Präsidium erscheinen. Doch er sagte den Bonner Termin ab. Stattdessen standen in Kiel Koalitionstreffen mit den Kollegen von der FDP auf dem Programm. Um 16.00 Uhr war in seinem Terminkalender das Thema »Finanzen/HH« verzeichnet.[15]

Am gleichen Tag konnte sein Anwalt einen weiteren Erfolg vorweisen. Die Regierung gab bekannt, dass eine neue Einstweilige Verfügung gegen Pfeiffer erwirkt worden sei. Pfeiffer durfte nun nicht mehr behaupten, eine von ihm verfasste fingierte Stellungnahme der Grünen sei von Barschel »sinngemäß vorformuliert« worden. Doch darauf hörte niemand mehr.

In Bonn forderte der Parteivorstand der SPD Barschel auf, seine Amtsgeschäfte bis zur endgültigen Aufklärung aller gegen ihn erhobenen Vorwürfe ruhen zu lassen. Auch die Landes-FDP forderte die CDU auf, Konsequenzen zu ziehen. Sie werde sich nicht an einer Regierung beteiligen, wenn nicht alle Vorgänge um Barschel restlos geklärt würden.[16]

Dienstag, 22. September 1987, Kiel
Uwe Barschel brauchte wieder Tabletten. Sein Freund und Hausarzt Thian-Fong Tjan aus Schwarzenbek verschrieb ihm Valium.[17] Barschel telefonierte in diesen Tagen mehrfach mit seinem Freund Lechner. Der riet ihm in diesen Gesprächen schon sehr bald, die politische Verantwortung für die Ereignisse in Kiel zu übernehmen und von seinem Amt zurückzutreten. Am Dienstag unterhielten sich die beiden über einen möglichen Rücktritt. Uwe Barschel war am Ende des etwa zweistündigen Austausches noch nicht zum Rücktritt entschlossen. Er wollte erst ein am nächsten Tag stattfindendes Gespräch mit Gerhard Stoltenberg abwarten.[18]

Mittwoch, 23. September 1987, Kiel
Am späten Mittwochabend telefonierte Barschel wieder mit Lechner. Sein Freund schilderte ihm seine Eindrücke von den Gesprächen, die er in seinem persönlichen Umfeld zu dem Thema geführt hatte. Die *Spiegel*-Geschichten bewegten schließlich die ganze Republik. Lechner plädierte wieder für einen schnellen Rücktritt.[19]

Donnerstag, 24. September 1987, Mölln
Am Donnerstag erschien die *Bunte* mit einem Barschel-Interview. »Ja, jeden Tag denke ich an Rücktritt«, sagte er. »Wenn ich zurücktrete und als freier Mann für meine Ehre kämpfe, kann ich das sicher viel erfolgreicher.« Er trage die Verantwortung dafür, dass dieser Mann von seiner Landesregierung angestellt wurde. Doch er dürfe seine Partei nicht enttäuschen und werde so lange im Amt bleiben, wie sie Vertrauen zu ihm habe.

Als er am Abend nach Hause kam, erklärte er seiner Frau, dass er zurücktreten werde. Freya Barschel war überrascht, weil sie seine Durchhalte-Statements in den Zeitungen noch am Morgen gelesen hatte. Aber über Einzelheiten sprach er nicht mehr. Sicherlich hat er auch über die finanziellen Folgen dieser Entscheidung nachgedacht, und er musste zu dem Ergebnis gelangen, dass er diesen Schritt relativ sorglos unternehmen konnte. Er konnte 73 Prozent seiner letzten Ministerpräsidentenvergütung beziehen, und ihm blieben zusätzlich auch noch die Abgeordnetendiäten. Er hatte damit immer noch mehr als ein fleißiger Kieler Rechtsanwalt. Er konnte sich mit seinen Zukunftsplänen Zeit lassen.[20]

Er wollte nur noch aus dem Trubel herauskommen. Freya und Uwe sprachen darüber, Urlaub zu machen, zumal die Herbstferien vor der Tür standen und die Kinder gerne verreisen wollten. Sie entschieden sich für Gran Canaria, weil sie dort schon in der Ferienanlage des Berliner Freundes Rolf Lechner gewesen waren.[21]

Freitag, 25. September 1987, Kiel

Barschel ließ am Freitagmorgen kurzfristig eine Pressekonferenz einberufen. Die Journalisten ahnten schon, dass es wichtig werden würde. Er ziehe die Konsequenz aus den zahlreichen Vorwürfen, sagte er und erklärte seinen Rücktritt als Ministerpräsident.[22]

Gleichentags traf in der Poststelle der Staatskanzlei ein anonymes Schreiben ein, das eigentlich an Uwe Barschels Privatanschrift gerichtet war.

»Hiermit möchte ich Ihnen einige Informationen wg. Pfeiffer mitteilen«, schrieb der Anonymus, der sich als Bremer Beamter vorstellte, der »in einem sensiblen Bereich« tätig sei. Der Schreiber behauptete, Pfeiffer sei für den Bremer Staatsschutz tätig gewesen, er habe die Bremer SPD mit Interna der CDU und des *Weser Report* versorgt und habe für den Staatsschutz »mehr als delikate Operationen« ausgeführt.

»Pfeiffer ist auch Glied in der ›Enthüllungsaffäre‹ im Zusammenhang mit den HDW-U-Booten für Indien«, schrieb der Informant, »wobei ein Mittelsmann in dieser Angelegenheit in einem Geowiss. Institut der Uni Kiel sitzt, andere Fäden führen u. a. in dieser Angelegenheit zur Uni Bremen, Abt. Naturwiss.«[23] Bei diesem Geschäft waren gigantische Schmiergeldzahlungen im Spiel, die später zu Ermittlungen und politischen Konflikten in Indien führten.

Uwe Barschel strich in seinem Kalender den eingetragenen Bundesratstermin in Bonn. Auch die Termine für die Koalitionsgespräche strich er durch. Stattdessen trug er ein: »Schwarz, Stoltenberg, Kribben und Kohlhaas«. Dann rief er wieder seinen Freund Lechner an und fragte ihn, ob er zusammen mit Freya etwa zehn bis 14 Tage Urlaub in dessen Haus in der Urbanisation Bahía Feliz Canarian Village auf Gran Canaria machen könne.

»Selbstverständlich«, meinte Lechner. Dann bat Barschel ihn, über sein Büro die Flugtickets zu besorgen, damit in Kiel nicht bekannt würde, wohin er fliege. Lechners Sekretärin bemühte sich anschließend um die Flugbuchungen.[24]

In diesen Monaten hatte Lechner das Gefühl, dass Barschel psychisch krank war. Das spiegelte sich für ihn auch in seiner Ehrenwort-Pressekonferenz wider. Für Lechner war es völlig unverständlich, in diesem Fall »vor der Deutschen Nation« so etwas zu sagen. Er bemerkte schon länger eine Wesensveränderung bei Barschel, die ihm zu denken gab.

Schon in den ersten Jahren ihrer Bekanntschaft, etwa um das Jahr 1982, hatte er bemerkt, dass Barschel starke Psychopharmaka nahm. »Er war von einem krankhaften Ehrgeiz geprägt, und er war immer bestrebt, der erste und beste zu sein. Er sprach darüber auch ganz offen mit mir, und zwar wohl auch unter der Besonderheit, daß ich mit politischen Dingen nichts zu tun hatte und daher für ihn auch kein ›Gegner‹ oder Konkurrent war. Ich habe dann im Laufe der Jahre bei ihm beobachtet, daß er zunehmend unter psychischem Streß stand.«

Als sie ihre Midlife-Crisis thematisierten, fragte Lechner seinen Freund, ob es nicht sinnvoll wäre, »sich einmal mit einem Psychologen zu besprechen«.

Davon hielt Barschel nichts. Er meinte, Psychopharmaka wären sinnvoller, damit würde man sich gut fühlen. Lechner machte sich Sorgen, weil Barschel »immer mehr zu einer Verrohung in den Ansichten« neigte. Seine Hemmschwellen waren gesunken, wie bei Menschen, »die viel Alkohol getrunken haben und dann Dinge tun, die sie nüchtern nie tun würden«.[25]

Samstag, 26. September 1987, Mölln
In den Tagen nach seinem Rücktritt sprach er mehrfach intensiver mit seinem Freund Tjan, so auch bei einem längeren Spaziergang am Samstag danach. Der Arzt eröffnete ihm, dass er seinen Rücktritt nicht verstehen könne. Uwe Barschel machte auf Tjan den Eindruck, dass er sich wegen der Einstellung Pfeiffers nichts vorzuwerfen habe.

»Ich bin doch nicht für alles in der Staatskanzlei zuständig«, habe er ihm geantwortet. Es sei ihm zwar klar gewesen, dass er bei der Auswahl seiner leitenden Mitarbeiter mitwirken musste. Die Auswahl eines eher untergeordneten Mitarbeiters wie Pfeiffer sei aber nicht seine Sache gewesen.

Barschel hätte aber jener Zettel Kopfzerbrechen bereitet, auf dem er die offiziellen Einkünfte von Björn Engholm einmal notiert hatte. Er sei sich ganz sicher gewesen, dass er diesen Zettel in den Papierkorb geworfen habe, erinnerte sich Tjan an Barschels Darstellung. »Ein bißchen deprimiert« wirkte Barschel auf den Mediziner, aber von einer Melancholie oder gar einer Depression könnte jedoch keine Rede sein. Im Gegenteil, seine Grundeinstellung sei eher kämpferisch gewesen. Tjan schlug seinem Freund vor, er solle möglichst weit wegfahren, zum Beispiel nach Bali, um dort zu entspannen. Barschel lehnte das rundherum ab. Er müsse die Sache »durchziehen«. Er müsse seinen Ruf wiederherstellen, den *Spiegel* verklagen und auch für den Untersuchungsausschuss zur Verfügung stehen. Deshalb könne er nicht sehr weit wegfahren. Aus Gran Canaria könne er jederzeit schnell nach Kiel zurückkehren. Erst wenn er die ganze Sache durchgezogen hätte, sei es auch möglich, eine weite Reise zu unternehmen.[26]

Uwe Barschel kennzeichnete diesen Sonntag in seinem Terminkalender mit einem eingekreisten »X«. Es war vermutlich der erste Tag, an dem er ein kürzeres Telefongespräch mit einem unbekannten Anrufer führte, der ihm Informationen über die Hintergründe von Pfeiffers Machenschaften versprach und sich wieder melden wolle. Der Gesprächsinhalt muss ihn so beunruhigt haben, dass er plötzlich Angst um sein Leben bekam. Ihn irritierte, dass Unbekannte seine Geheimnummer hatten. Denn er ging davon aus, dass der Anrufer nicht alleine agierte.[27] Er habe nach dem Gespräch solche Angst gehabt wie damals, als sein Name auf einer Todesliste der Terroristen von der Roten Armee Fraktion (RAF) aufgetaucht war, erinnerte sich Freya. Danach habe er sie angewiesen, besser auf die Kinder aufzupassen. »Er sagte mir, er habe noch nie so viel Angst gehabt wie nach diesem Anruf. Ich wußte nicht recht, was ich von der Sache halten sollte, mir kam das Ganze mysteriös vor und irgendwie unheimlich.«[28]

Dienstag, 29. September 1987, Yens
Uwe Barschel steckte der merkwürdige Anruf vom späten Sonntagnachmittag in den Knochen. Er bat seinen Innenminister Henning Schwarz um verstärkten Personenschutz.

»Lieber Uwe«, schrieb sein Bruder mit Füllfederhalter auf einen persönlichen Briefbogen, der mit einer verschnörkelten Namenszeile »Dr. Eike Barschel« verziert war. Er war inzwischen als Finanzmanager zum Schweizer Wildleitz-Konzern gewechselt, einem Unternehmen des steinreichen Schmidheiny-Clans, das für seine optischen Präzisionsinstrumente berühmt ist.

»Ich habe schon seit langem die Gewohnheit abgelegt zu schreiben«, begann er seine Zeilen. Er wolle Uwe die Gedanken mitteilen, die ihn bewegten. »Du hast eine schwere Zeit hinter Dir, und Du wirst keine leichte vor Dir haben; es wird Dich viel Kraft kosten, die Folgen beider Dir widerfahrener Ereignisse zu verarbeiten. Das letztere überdeckt momentan irgendwie, daß wir und Du glücklich sind, Dich gesund in unserer Familie zu haben. Wir wollen alle Gott dafür danken.«

Eike bestärkte seinen Bruder. Mit seinem Rücktritt habe er die richtigen Konsequenzen gezogen. Er erinnerte sich an Uwes Äußerungen, die ihm zu denken gaben. »Ich möchte am liebsten die Angelegenheit auf null zurückdrehen und ein Buch darüber schreiben«, hatte Uwe gesagt. Oder: »Die Macht der Presse ist schon unheimlich groß.«

Eike appellierte an seinen Bruder, die Buchidee fallen zu lassen: »Du würdest Dir die Möglichkeit neuer und vielleicht tiefer Einsicht nehmen.«

Er hatte offenbar das Gefühl, ihm ganz einfache Lebensweisheiten vermitteln zu müssen, die bei Politikern sehr schnell in Vergessenheit geraten: »Du hast bisher sehr viel Erfolg gehabt; aber das heißt nicht unbedingt, daß man deshalb auch immer langfristig erfolgreich sein muß. Wirklicher, andauernder Erfolg, persönlicher und professioneller, wird auch durch Niederlagen geformt, nämlich dann, wenn man Niederlagen im positiven Sinne akzeptiert (im Gegensatz zur Rechtfertigung oder Erklärung) und aus ihnen lernt.«

Eike versuchte ihm ein wenig Managerphilosophie beizubringen: »Wie bei der Unternehmensplanung geht es darum, seine Schwächen zu finden, zu analysieren und zu entscheiden, was man mit ihnen macht, mit dem Ziel, als besserer Mensch mit einer sich weiter entwickelten, gefestigten Persönlichkeit aus ihr hervorzugehen.«

Ruhe, Geduld und »innere Ehrlichkeit« benötige er dafür. »Herzlichst, Dein Bruder Eike«.[29]

Mittwoch, 30. September 1987, Kiel
In der Mittagszeit kam Urs Stahl, ein Redakteur der *Kieler Nachrichten*, in Barschels Dienstzimmer, um mit ihm ein Interview zu seinem Rücktritt zu führen. Stahl stellte seinen Kassettenrekorder auf den Tisch und stellte seine Fragen. Er wollte von ihm wissen, wie er sich im Untersuchungsausschuss gegen Pfeiffers Vorwürfe verteidigen wolle.

Uwe Barschel gab keine Details preis, aber er deutete an, dass er bereits wichtige Beweise gegen den Intriganten besaß: »Übrigens habe ich selbst inzwischen ganz genaue Vorstellungen, wer den Brief der Pilotenmutter, in dem mir zu Unrecht eine Mitschuld am Flugzeugabsturz und dem Tod von drei Menschen gegeben wird, an die Presse weitergegeben hat, um daraus eine Schmutzkampagne gegen mich zu machen.«[30]

Donnerstag, 1. Oktober 1987, Kiel
Zwischen dem 8. September und dem 1. Oktober hatte Uwe Barschel 100 Tabletten Tavor mit der Gesamtwirkstoffmenge von 250 Milligramm verbraucht. Das ergab eine hohe durchschnittliche Tagesdosis von 10,4 mg. 1980, als er mit Tavor angefangen hatte, waren es noch rund 2 mg pro Tag.[31] Sein Arzt Hezar-Khani schrieb ihm an diesem Tag ein neues Rezept für 50 Tabletten, das Barschels Chauffeur Karl Heinz Prosch in dessen Praxis abholte.[32]

Sonntag, 4. Oktober 1987, Mölln
Am Sonntag kam Doktor Tjan nach Mölln, um für die Familie zu kochen. Er blieb mehrere Stunden.[33] Der HNO-Arzt brachte eine »Reiseapotheke« mit. Sie bestand aus Arztmustern: 10 Tabletten Tavor gegen Flugangst und Platzangst sowie 10 Valium und 10 Azu-Tranquil »gegen Angst/für Entspannung«.[34]

An diesem Sonntag kam auch Schwester Folke Junker nach Mölln zu Besuch. Die Geschwister führten ein vertrauliches Gespräch, ohne Freya. »Ich schließe nicht aus, daß es meinen Kopf oder Pfeiffers Kopf kosten kann«, sagte Uwe seiner Schwester. Sie reagierte bestürzt. »Killer sind käuflich«, fügte er hinzu. Danach lenkte er ab, wie so oft, wenn er dunkle Andeutungen machte.[35] Folke Junker konnte mit dem rätselhaften Ausspruch nichts anfangen.

Montag, 5. Oktober 1987
Mit Uwes Mutter und einem Personenschützer der Polizei bestiegen die vier Kinder Uwe Barschels und der Sohn seiner Schwester in Hamburg den Zug nach Genf, um dort die nächsten Ferientage bei Eike Barschels Familie zu verbringen.

In Berlin hatte Lechners Sekretärin mit Mühen für das Ehepaar Barschel noch einen Flug nach Gran Canaria reservieren können. Die Reise sollte am kommenden Tag via Frankfurt, Genf und Madrid auf die Insel führen. Lechner meldete sich nochmals kurz bei Barschel, um ihn zu fragen, ob er auch den Schlüssel für das Haus habe.[36] Uwe Barschel notierte in seinen Kalender »Bahía Feliz Playa de Tarajalillo Chalet Lechner«.[37]

Dienstag, 6. Oktober 1987
Damit hatte Herwig Ahrendsen nicht gerechnet. Am Telefon meldete sich Uwe Barschel, der sich in den Urlaub verabschieden wollte. Er habe vor, ein paar Tage auszuspannen, um sich »für eine schwere Zeit« vorzubereiten. »Ganz locker« wirkte der Ex-Ministerpräsident an diesem Morgen. Es war kein langes Gespräch, das die beiden miteinander führten. Barschel wünschte seinem früheren Pressemann »viel Glück« für seinen Auftritt im Untersuchungsausschuss und sagte dann: »Ich komme am Sonntagabend zurück, damit ich am Montag fit bin für den Untersuchungsausschuss. Dann machen wir Pfeiffer fertig.«

Hatte Barschel bereits Hinweise darauf, dass er nützliche Informationen bekommen sollte, die ihn entlasten könnten?[38]

Seine Bonner Termine mit dem CDU-Präsidium und dem Bundesvorstand hatte Uwe Barschel gestrichen. Er gehörte nicht mehr dazu. Uwe und Freya flogen Economy in der Lufthansa-Maschine »Wilhelmshaven«. Für einen Moment trat die Hektik des politischen Betriebes in den Hintergrund.

Barschel legte ein paar Blatt des Lufthansa-Briefpapiers auf seinen Klapptisch und schrieb ein paar Briefe. »Ich hatte Angst vor dem Flug«, notierte er für seine ehemalige Sekretärin Brigitte Eichler. »Aber zusammen mit meiner Frau geht es besser, als ich dachte. Der liebe Gott bestimmt ja doch alles. Was er wohl noch alles mit uns vorhat?«

Und der Krankengymnastin Ingeborg Gärtner, die ihn nach dem Absturz betreut hatte, schrieb er – wieder in seinem pathetischen Tonfall: »Einen Flugzeugabsturz läßt der liebe Gott mich überleben. Aber Intrige von Menschenhand nicht.« Er habe nach der Veröffentlichung des Briefes der Pilotenmutter eine »schlimme Kampagne« gegen sich erwartet. »Gefälschte Dokumente, gekaufte Zeugen« fügte er hinzu.[39] Auf dem Flug erzählte er seiner Frau, dass er diesen Mann namens Roloff anrufen wolle. Der habe ihm einen Treffpunkt in Hannover oder Frankfurt vorgeschlagen. Aber er solle allein kommen. Roloffs Telefonnummer habe er dabeigehabt, erinnerte sich Freya Barschel. Es sei eine Nummer gewesen, die mit »05« begann.

Das Ehepaar kam um 20.35 Uhr auf dem kanarischen Flughafen Gando an. Freya und Uwe fassten den guten Vorsatz, wieder »vernünftig« zu trinken. Zum Essen gönnten sie sich ein Glas Rotwein, verdünnt mit Wasser.[40]

Mittwoch, 7. Oktober 1987

Am Nachmittag überreichte Staatssekretär Hebbeln dem Kieler Rechtsprofessor Erich Samson einen verschlossenen Umschlag von Uwe Barschel. Darin waren die Telefonnummern von Barschels Urlaubsdomizil auf Gran Canaria verwahrt. Samson versuchte an diesem Tag und am Donnerstag etwa 30 Mal, Barschel dort zu erreichen. Dies gelang ihm nicht, weil die Telefonanlage gestört oder ausgeschaltet war.[41]

Donnerstag, 8. Oktober 1987, 11 Uhr,
Gran Canaria, Anlage Bahía Feliz

Am Vormittag kam es endlich zu einem telefonischen Kontakt zwischen der Kieler Staatskanzlei und Uwe Barschel. Brigitte Eichler aus dem MP-Büro erreichte das Verwaltungsbüro der Ferienanlage Bahía Feliz und ersuchte um Rückruf. Barschel bat darum, in einem leer stehenden Büroraum telefonieren zu dürfen, und rief gegen 11 Uhr seinen Vertrauten Hanns-Günther Hebbeln in der Staatskanzlei an. Hebbeln eröffnete ihm, was sein Finanzminister Roger Asmussen im Untersuchungsausschuss am Vortag ausgesagt hatte, und er musste ihm beibringen, dass diese Aussage ihn stark belastete. Asmussen hatte nämlich eröffnet, Barschel hätte sich schon im Januar nach dem Stand der anonymen Steueranzeige gegen Björn Engholm erkundigt.

Damit war die Ehrenwort-Erklärung nichts mehr wert. Und damit war auch klar, dass er von einer Steueranzeige zumindest gewusst hatte. Aber vieles blieb offen. Es war immer noch nicht bewiesen, dass

Barschel Pfeiffer instruiert hatte, Engholm zu verleumden, und es war auch nicht bewiesen, dass er wusste, wer der Schreiber der Anzeige war. Und es war nicht bewiesen, wie die exakten, auf die Mark genauen Angaben über Engholms Einkommensverhältnisse recherchiert wurden, wenn sie nicht von einem Beamten der Finanzverwaltung verraten worden waren. Jedenfalls bewies sein Interesse für diese Steueranzeige, das auch ohne kriminelle Absichten erklärbar ist, nicht eindeutig seine Mittäterschaft.

Doch Asmussens Aussage reichte, um die Stimmung im Landtag vollends umschlagen zu lassen. Nun forderten die Spitzenleute seiner Partei, unter ihnen Fraktionschef Klaus Kribben und Gerhard Stoltenberg, auch die Rückgabe seines Landtagsmandates.

Anschließend verlangte Barschel am Telefon der Ferienanlage nach Professor Erich Samson. Der Strafrechtler musste erst aus dem erneut tagenden Untersuchungsausschuss geholt werden. Als er Barschel am anderen Ende der Leitung vernahm, merkte er, dass dieser in einer niedergeschlagenen Stimmung war. Er informierte Barschel über die neuesten Entwicklungen und die in der Zwischenzeit im Raum stehenden Vorwürfe, er habe auf seiner Ehrenwort-Pressekonferenz nicht die Wahrheit gesagt. Es war schnell klar, dass Barschel seinen Aufenthalt auf Gran Canaria würde unterbrechen müssen. Es war unumgänglich, dass er am kommenden Montag wieder in Kiel war, um sich seiner Verteidigung zu widmen.[42]

Barschel fragte Samson, was man bei dieser Beweissituation noch tun könne. Samson antwortete, es bestehe keine Veranlassung, den Kopf hängenzulassen. Der Jurist ging davon aus, dass Barschel am späten Montagnachmittag, dem 12. Oktober, zurückkehren würde. Danach wollte er sich mit ihm treffen, um seine Aussagen vor dem Untersuchungsausschuss vorzubereiten.[43] Es war das letzte Gespräch zwischen Uwe Barschel und dem Rechtsprofessor.

Barschel war erschüttert über die Aussagen seines Finanzministers. Er setzte ein Telex an Asmussen auf:

»lieber roger, ich habe heute von deiner aussage telefonisch erfahren. ich bin sehr bestuerzt. nicht etwa, weil ich deine lauterkeit anzweifle. du hast sicher nach bestem wissen ausgesagt. aber warum hast du mir von deiner erinnerung an dein telefongespraech mit schleiffer in den letzten wochen waehrend der vielen treffen mit mir nie etwas gesagt? warum bist du nicht zu mir gekommen? du weisst doch: ich habe mein ehrenwort gegeben und an eides statt versichert, dass ich von der anzeige erst aus dem spiegel erfahren habe. ich weiss nicht, was schleiffer aussagen wird. wenn er sich so erinnert wie du, warum ist er nicht zu mir gekommen? er hat sich sogar noch vor seinem urlaub von mir persoenlich in meinem amtszimmer verabschiedet. aber er hat mit keinem wort erwaehnt, dass er frueher einmal mit mir ueber die anzeige gesprochen hat. das stimmt auch nicht. ich bin sehr betruebt und hoffe, dass sich schnell alles aufklaeren wird. montag kehre ich vorzeitig aus dem urlaub zurueck.«[44]

Anschließend muss Barschel ein weiteres Gespräch geführt haben – mit dem unbekannten Informanten »Roloff«. Ob er ihn – mit der Rufnummer, die er nach der Erinnerung seiner Ehefrau dabeihatte – selbst anrief oder ob er angerufen wurde, lässt sich nicht mehr klären. Oscar Jessen Ramirez, ein deutschstämmiger Spanier, der in der Ferienanlage als Übersetzer und in der Telefonzentrale aushalf, erinnerte sich später in kriminalistischen und journalistischen Befragungen nicht mehr eindeutig. Jessen, der Barschel von früheren Aufenthalten kannte, meinte, dass an diesem Donnerstag ein rätselhafter Anruf für Barschel aus der Schweiz eintraf – möglicherweise von dem Unbekannten, vielleicht aber auch von einer anderen, vertrauten Person, die seine Rufnummer kannte. Der Mann habe für den Rückruf eine Telefonnummer mit Schweizer Vorwahl hinterlassen. Jessen meinte aber auch sich zu erinnern, dass der mysteriöse Anrufer sich mit »Landesregierung Kiel« gemeldet und eine Rufnummer hinterlassen hatte, an der Barschel sogleich erkannte, dass sie keine amtliche Nummer der schleswig-holsteinischen Regierung war.

Wie auch immer, der weitere Ablauf des Geschehens und auch spätere Aufzeichnungen Barschels deuten darauf hin, dass er an diesem Tag Kontakt zu dem Unbekannten hatte und sich mit ihm zu einem Treffen verabredete. Nur Ort und Zeit waren noch nicht fixiert.[45]

Barschel informierte seine Frau, dass er den Urlaub unterbrechen müsse. Gemeinsam überlegten sie, wie er am schnellsten von Gran Canaria nach Kiel gelangen könnte. Sie dachten zunächst an eine Flugverbindung über Madrid.

Barschel fragte danach im Büro der Ferienanlage die Sekretärin

Rena Menke, ob sie ihm einen Flug buchen könne. Sie erinnerte sich, dass er zunächst fragte, ob sie eine Maschine für den Samstag über Zürich buchen könne. Er wolle dort jemanden treffen. Am Nachmittag sah er wieder bei ihr vorbei, um sich nach der Flugreservierung zu erkundigen. Sie musste ihn enttäuschen, über Zürich war kein Flug mehr zu bekommen. Spontan bat Barschel daraufhin um eine Buchung über Madrid oder Genf, denn sein Gesprächspartner könne ihn auch dort treffen.

Die Sekretärin buchte anschließend über das Reisebüro Kuoni in Las Palmas eine Tour mit Übernachtung in Genf und anschließendem Weiterflug nach Hamburg. Sie teilte Barschel mit, dass er das Ticket im Kuoni-Stadtbüro mit seiner Kreditkarte bezahlen und abholen müsste. Doch ein Hotelzimmer ließ er nicht reservieren.[46] Da war sie wieder, diese Geheimnistuerei. Barschel war wieder dabei, abzutauchen.

Das Hotel wurde auch nicht von seiner Familie oder aus Kiel reserviert. Jetzt schien der Unbekannte die Sache in der Hand zu haben. Es sah ganz danach aus, dass er den Politiker in seiner hilflosen Situation dahin führte, wo er ihn haben wollte. Und Barschel ließ offenbar alles mit sich machen.

War er also in höchster Gefahr, in eine Falle gelockt zu werden?

Donnerstag, 8. Oktober 1987, Lübeck
Klaus Nilius wurde zum ersten Mal von der Staatsanwaltschaft als Zeuge vernommen. Er war gut vorbereitet. Als Rechtsberater brachte er Stefan Pelny mit – einen ehemaligen Spitzenmann aus dem Geheimdienst-Milieu. Der SPD-Politiker war seit 1972 mit der Aufsicht über die Nachrichtendienste beschäftigt, zunächst im Bundeskanzleramt in der Regierungszeit Willy Brandts, später als zweiter Mann im Bundesamt für Verfassungsschutz, dem Inlandsnachrichtendienst. Im April 1987 wurde er wegen seiner Mitverantwortung in einem Spionagefall – der Spionageabwehrmann Hansjoachim Tiedge war in die DDR übergelaufen – in den einstweiligen Ruhestand versetzt.[47]

Rechtsanwalt Pelny gab für seinen Mandanten zunächst eine vorbereitete Erklärung ab, die er am folgenden Tag auch den Medien überreichte. Nilius gab dabei über seine Verbindung zu Reiner Pfeiffer nur das Nötigste preis. Seine ersten, in seiner Agenda verzeichneten Treffen mit Pfeiffer konnte er nicht mehr länger verschweigen: »Die Zusammentreffen mit Pfeiffer fanden an den Daten statt, die ich angegeben habe. Dies konnte ich anhand meines Terminkalenders feststellen. Über den Inhalt der Gespräche habe ich damals keine Notizen gemacht. Ich habe sie für meine Aktennotiz aus dem Gedächtnis nachträglich rekonstruiert.«

Pfeiffer habe ihm schon bei seinem ersten Treffen offenbart, dass er an »einer Ausarbeitung von Kampagnepunkten zur Diffamierung der politischen Gegner beauftragt worden sei. Diese Angaben waren für mich so interessant, daß ich dann die weiteren Gespräche mit Herrn Pfeiffer geführt habe.«

Donnerstag, 8. Oktober 1987, Nachmittag,
Gran Canaria, Anlage Bahía Feliz

Gegen 16 Uhr betrat Uwe Barschel das Kuoni-Reisebüro an der Calle Franchi Roca in Las Palmas. Er bezahlte das bestellte Flugticket via Genf nach Hamburg mit seiner Eurocard.

An diesem Tag wurde Barschel erneut zum Telefon ins Verwaltungsbüro gerufen. Neben Hebbeln in der Staatskanzlei war nur seiner Schwester Folke Junker, Rechtsanwalt Samson, Unternehmer Ballhaus und natürlich dem Besitzer des Hauses, Lechner, die geheime Nummer auf Gran Canaria bekannt. Ballhaus hatte sie außerdem dem Vize-Chefredakteur der *Bild*-Zeitung Hans-Erich Bilges gegeben, damit Barschel im Zweifel auf neu aufkommende Pressemeldungen reagieren konnte.[48] Und der Informant »Roloff« wusste, wie er ihn erreichen konnte. Wie er die Rufnummer in Erfahrung brachte, bleibt allerdings ein Rätsel.

Barschel musste den Anrufer an der Stimme erkannt haben, es war die Stimme des Anrufers, der ihn schon im September in Mölln erreicht hatte. Er könne ihm nun Entlastungsmaterial von größter Bedeutung anbieten. Eine heiße Spur, die gleichzeitig Pfeiffer belaste. So gab Uwe Barschel den Inhalt des Gespräches seiner Ehefrau und seiner Schwester wieder.[49]

Barschel mutmaßte, dass es sich bei »Roloff« um einen Komplizen von Reiner Pfeiffer handeln könnte. Der weitere Umgang mit diesem »Roloff« ist seltsam. Noch im September hatte ihm der Mann mit seinen Informationen große Angst eingejagt, nun war es ganz anders. Nach dem Telefonat auf Gran Canaria ließ Barschel keine Panik erkennen. Der Anrufer verlangte unbedingte Anonymität, wie Barschel später notierte. Lediglich die Autofahrt zu einem Treffpunkt wollte er erstattet wissen. Barschel stimmte zu. Sie verabredeten sich am Genfer Flughafen Cointrin.[50] Dann verließ er das Büro und kehrte zurück in den Bungalow. Er erzählte seiner Frau von dem Anruf. Freya Barschel war besorgt, sie riet ihrem Mann ab, alleine zu einem Treffen zu gehen.[51] Barschel versuchte sie zu beruhigen. In Genf sei er in einer Menschenmenge und dadurch sicher.[52]

Barschel machte sich daran, den Fraktionsvorsitzenden Klaus Kribben über seine nächsten Pläne zu informieren. Und vor allem anzukündigen, dass er nicht kampflos das Feld seinen Gegnern überlassen wollte. Er setzte ein zweites Fernschreiben auf:

»lieber herr kribben,
die berichte ueber ihre aeusserungen und ueber erklaerungen anderer fraktionsmitglieder, sogar aus dem untersuchungsausschuss, kommen einer beispiellosen rechtsstaatswidrigen vorverurteilung gleich. ich werde sonntag nachmittag in schleswig-holstein eintreffen und am montag, den 21. 10. 87, wenn gewuenscht, allgemein zur verfuegung stehen. die oeffentlichen ratschlaege ueber mandatsniederlegung habe ich sehr wohl vernommen. Ich waere der letzte, der meiner partei schwierigkeiten bereiten wollte. deshalb bitte ich zum naechstmoeglichen termin um ein klares votum von fraktion oder partei. leider bin ich jetzt in meinem kampf fuer die erhellung der vollen wahrheit fast auf mich alleine gestellt, aber ich werde kaempfen, damit die volle wahrheit ans licht kommt. aufgrund einer information, die ich vor einigen tagen erhalten habe und der ich noch am wochenende persoenlich nachgehen werde, koennte ich vielleicht noch am montag einen wesentlichen beitrag zur aufklaerung leisten. ich kann in diesem fs nicht mehr andeuten.«[53]

Barschel war offenbar aufgewühlt, zumindest unkonzentriert. Denn in seinem Text für das Fernschreiben brachte er die Tage durcheinander. Der 21. Oktober, an dem sein erster Auftritt vor dem Pfeiffer-Untersuchungsausschuss geplant war, war ein Mittwoch und kein Montag.

*Freitag, 9. Oktober 1987, Gran Canaria,
Anlage Bahía Feliz*
Als Barschel an diesem Morgen das Telex, das er am Vortag aufgesetzt hatte, vom Verwaltungsbüro aus abschickte, war er sich sicher, dass er den Kampf aufnehmen würde und dass er eine Chance hatte, ihn auch zu gewinnen. Er fuhr mit seiner Frau nach Las Palmas, um sich im Reisebüro Kuoni die Flugtickets ausstellen beziehungsweise umschreiben zu lassen. Dann gingen sie essen, danach spazieren. Es hätte fast ein normaler Urlaubstag sein können.

Als sie wieder in ihrem Ferienappartement waren, funktionierte auch plötzlich die Telefonanlage wieder. Irgendwann im Lauf des Tages müsste Uwe Barschel mindestens noch einmal mit »Roloff« telefoniert haben, um den genauen Ort und die Zeit des Treffens zu verabreden.[54] Aber in der Ferienwohnung wurde kein Telefonat registriert.

Barschel machte sich daran, seinen Koffer zu packen. Das tat er immer selbst, ohne die Hilfe seiner Frau. Er packte auch die Tüte mit den Medikamenten ein, die sein Hausarzt Thian-Fong Tjan ihm mit auf die Reise gegeben hatte. Freya wusste von dieser Tüte, aber sie hatte nie hineingeschaut und keine Ahnung, was sie genau enthielt. Barschel überlegte, welches Buch er mit auf die Reise nehmen sollte. Doch dasjenige, das er am liebsten gelesen hätte, war schon von seiner Frau in Beschlag genommen. Freya empfahl ihm ein Taschenbuch mit den gesammelten Erzählungen Jean-Paul Sartres. Er packte es in den Koffer. Wie auch seine Terminkalender der Jahre 1986 und 1987 – dicke Bücher, die man nur mit sich herumschleppt, wenn man damit arbeiten muss oder Daten nachschlagen möchte. Sie sollten zweifelsfrei seiner Verteidigung im Fall Pfeiffer dienen.

Unterbrochen wurden die Reisevorbereitungen von Journalisten, die mittlerweile seinen Aufenthaltsort ausfindig gemacht hatten. Sie meldeten sich am Telefon der Ferienanlage, wurden aber abgewimmelt. Dann sah Freya Barschel einen Reporter und einen Fotografen. Sie nahm an, dass es Journalisten des *Stern* waren; es kam zu keinem persönlichen Kontakt.[55]

Nachdenklich wählte Uwe Barschel die Nummer seiner Schwester. Das Gespräch vom Vortag mit dem ominösen Herrn »Roloff«, war ihm keine Sekunde aus dem Kopf gegangen. Er musste mit jemandem darüber sprechen. Er erzählte Folke Junker alles, was er mit dem Mann besprochen haben wollte. Er suchte Rat.

»Glaubst du, dass das sehr gefährlich für mich ist? Soll ich zu diesem Treffen tatsächlich hingehen?«, fragte er seine Schwester.[56] Folke Junker zögerte lange, aber schließlich erklärte sie ihrem Bruder, dass sie große Sorgen hätte. Sie erbat sich Bedenkzeit.

»Lass uns später noch einmal darüber reden«, bat sie ihren Bruder.

»Ich rufe dich wieder an«, sagte Uwe Barschel und beendete das Gespräch.[57]

Nun waren es bereits zwei, die von dem bevorstehenden Treffen zwischen Barschel und dem ominösen Herrn »Roloff« wussten. Doch auch Folke Junker war sich ihrer Sache alles andere als sicher. Sie brauchte ihrerseits eine Entscheidungshilfe, und sie wusste, wen sie anrufen konnte: einen engen Freund des Hauses, der ihr sehr nahe stand und auch ihrem Bruder gut bekannt war. Der Freund hatte einen Beruf, der ihm die Kompetenz für einen solchen dringenden Rat verschaffte. Er war Kriminaldirektor bei der Staatsschutzabteilung der Hamburger Polizei. Der Profi hielt ein Treffen mit einem anonymen mutmaßlichen Pfeiffer-Komplizen für ein unkalkulierbares Risiko. Ihr Bruder solle lieber auf Gran Canaria bleiben, riet er Folke Junker.[58]

Freitag, 9. Oktober 1987, 18.07 Uhr, Kiel

Um 18.07 Uhr erhielten die Nachrichtenredaktionen die Meldung von Klaus Nilius, dem Sprecher der schleswig-holsteinischen SPD, dass er bereits im Juli von Pfeiffer über einen Teil der Vorwürfe informiert worden war. SPD-Landeschef Günther Jansen berichtete, dass er am Abend des 7. September ein persönliches Gespräch mit Pfeiffer geführt habe, in dem mehrere Beschuldigungen gegen die CDU-Regierung vorgetragen worden seien. Jansen betonte, über den Kontakt zu Pfeiffer habe die SPD nicht früher informiert, weil unklar gewesen sei, ob dies nicht zur Komplott-Strategie der CDU gegen seine Partei gehört habe.[59]

Freitag, 9. Oktober 1987, 21.30 Uhr,
Bad Reichenhall

Barschels Freunde machten sich Sorgen. Rolf Lechner war seit Mittwoch auf einer dienstlichen Reise in Italien und Österreich. Am Freitagabend kam er auf der Rückreise in Bad Reichenhall an, wo seine

Firma ein Hotel besaß, in dem er übernachtete. Gegen halb zehn erreichte ihn dort Karl-Josef Ballhaus, der gemeinsam mit Professor Samson den Tag über vergeblich versucht hatte, Barschel zu erreichen. Ballhaus wollte erfahren, ob Lechner eine Möglichkeit wisse, wie man Barschel ans Telefon bekommen könne, da dieser unbedingt am Abend noch seinen Rechtsbeistand Samson zurückrufen sollte. Lechner wählte daraufhin seine eigene Nummer in der Ferienanlage und hatte sofort Freya Barschel am Apparat, die ihren Mann rief. Etwa zehn Minuten sprachen Lechner und Barschel miteinander. Barschel erzählte, er sei mit seiner Frau fast den ganzen Tag in Las Palmas gewesen. Er erläuterte seine Reisepläne und erklärte freimütig, dass er sich in Genf mit einem Informanten treffen wolle, von dem er sich entlastendes Material erhoffte. Lechner erlebte Barschel optimistisch, fast euphorisch.

»Das Ganze ist ein gegen mich gerichtetes Komplott«, sagte Barschel zu seinem Freund und machte klar, dass er bereit sei zu kämpfen, um seine Ehre wieder herzustellen. Er wolle am Montag vor dem Untersuchungsausschuss in Kiel aussagen und dann so schnell wie möglich wieder zu Freya nach Gran Canaria zurückfliegen.

»Ich verstehe nicht, warum der Asmussen mich so in die Pfanne haut«, beschwerte er sich bei seinem Freund Lechner. Details über das geplante Treffen in Genf erzählte Barschel nicht, und Lechner vertiefte das Thema seinerseits ebenfalls nicht. Aber er war beruhigt. Den kommenden Samstag war Lechner unterwegs, er würde erst spät am Abend wieder in Berlin eintreffen. Da er nun wusste, was Barschel vorhatte und dass Freya Barschel in Gran Canaria bleiben würde, nahm er sich vor, sie am Sonntagmorgen anzurufen.[60]

Freitag, 9. Oktober 1987, 23.00 Uhr, Kiel
Unbekannte Informanten fütterten die Medien mit mysteriösen Gerüchten. Um 23.03 Uhr verbreitete die Deutsche Presseagentur die falsche Meldung der ARD-Sendung »Tagesthemen«, dass Barschel in der Villa des dubiosen saudischen Waffenhändlers Adnan Kashoggi auf Gran Canaria Urlaub mache. Barschel wolle am Sonntagabend nach Kiel zurückkehren.[61]

Freitag, 9. Oktober 1987, Mitternacht,
Gran Canaria, Anlage Bahía Feliz
»Du darfst auf keinen Fall zu diesem Treffen gehen. Das kann auch eine Falle sein.« Barschel spürte, wie besorgt seine Schwester war. Er hatte sie wie verabredet noch einmal angerufen, und mittlerweile war Folke überzeugt, dass sie ihren Bruder von einem Treffen mit »Roloff« abhalten müsse: »Stell dir vor, was passiert, wenn dich Reporter bei einem Treffen mit einem Pfeiffer-Komplizen fotografieren und das Foto veröffentlicht wird, bevor du im Untersuchungsausschuss ausgesagt hast!«

»Ich weiß, dass dieses Treffen eine Gefahr birgt«, entgegnete Barschel. »Aber es kann auch die heiße Spur sein, die mich am Ende entlastet.« Barschel zögerte. »Ich werde es mir noch einmal überlegen. Aber ich denke, ›Roloff‹ wird bereits losgefahren und auf dem Weg nach Genf sein.«[62]

Uwe Barschel war nicht mehr aufzuhalten.

Das Opfer

Samstag, 10. Oktober 1987, 7.30 Uhr,
Gran Canaria, Anlage Bahía Feliz

Der Abschied war undramatisch. In drei oder vier Tagen wollte Uwe Barschel zurück sein. Er hatte zwar noch keinen Rückflug gebucht, da er die Entwicklung in Kiel abwarten wollte, aber wenn es nach ihm ging, würde er schon am Dienstag wieder auf der Insel sein. Über Roloff sprach er an diesem Morgen mit seiner Frau nicht mehr. Es ging in ihrem Gespräch um die Pläne, die er mit seiner Familie hatte. Er wollte seine Kinder besuchen, die bei seinem Bruder Eike in dessen Haus in Yens, einem idyllischen Winzerort oberhalb des Genfer Sees, Urlaub machten. Das Dorf lag nur eine halbe Autostunde von Genf entfernt. Spätestens am nächsten Morgen wollte er zum Frühstück in Yens sein. Er sagte Freya, dass er seinen Bruder und seine Schwester von Genf aus anrufen werde. Bei ihr wolle er sich am kommenden Tag melden. Dann verließ er das Chalet Lechner. Er hatte noch drei Stunden Zeit, bis sein Flugzeug von Las Palmas abheben sollte.[1]

Samstag, 10. Oktober, 10.30 Uhr,
Flug Iberia, Las Palmas – Genf

Gehetzt und sehr spät betrat Uwe Barschel die startklare Iberia-Maschine nach Genf. Er hatte Schwierigkeiten beim Vorweisen seines Tickets.[2] Vorbei an vorwiegend Schweizer Urlaubern bewegte er sich zum Sitz 12 C, einem linken Gangplatz auf der Höhe der Tragflächen.[3]

Warum er so spät erst das Flugzeug erreichte und was er in der Zwischenzeit gemacht hatte, bleibt ungeklärt. Zwei kleine Puppen der Marke »El Hierro« hatte er in seinem Koffer verstaut. Vielleicht vertrödelte er ganz banal die Zeit damit, seinen Kindern diese Mitbringsel zu besorgen, eine Aufgabe, die gestresste, berufstätige Väter mitunter lange beschäftigen kann.[4] Oder versuchte er, anderes in der Inselstadt Las Palmas zu erledigen? Sicher ist aber, dass er sich an diesem frühen Morgen nicht die tödlichen Arzneimittel beschafft haben kann, die ihn umbrachten. Niemand hat Uwe Barschel in den Apotheken von Las Palmas gesehen, und die Wirkstoffe, die man später in seinem Körper fand, hätte er dort auch nicht bekommen.[5]

Auf dem Flug nahm er einen karierten Stenoblock zur Hand und begann mit einer ausführlichen Niederschrift. »Notizen Flug LPA – Genf ca. 12.00 Unterlagen für UA«, schrieb er auf das erste Blatt. Es schien so, als wollte er einige Gedanken festhalten, vielleicht für den Pfeiffer-Untersuchungssauschuss des Landtages, vor dem er als Zeuge aussagen wollte. Oder er wollte aus dem Gedächtnis für diese ungewohnte Situation, in die er sich mit dem unbekannten Informanten nun begeben hatte, einige wichtige Informationen festhalten. Es war sonst nicht seine Art, sich solche Notizen zu machen.[6]

»Anruf Sonntag später Nachmittag (wohl 26. 9.) bei mir zu Hause. Anonym. Schon der zweite. Der sagte nichts (Woher haben die unsere Geheimnummer) Kurzes Gespräch. Mann, Alter schwer definierbar. (nicht sehr alt) gibt an, er wisse genaueres über Pfeiffer. Will sich wieder melden. Sage meiner Frau nichts. Nächsten morgen (ich glaube 27. 9.) Treffen mit Min Schwarz bei einer Besprechung. Höflichkeit. Erwähne, daß ich erstmals Angst habe. Sage keine Einzelheiten. Personen + Objektschutz wird verlängert. So Schwarz. Geschieht dann ... eh.«[7]

Nach Gran Canaria war er allerdings ohne die Sicherheitsleute geflogen. »Es war schwer genug, für uns einen Flug zu bekommen, die Personenschützer hätten sicherlich keinen bekommen«, begründete Freya diesen Widerspruch. »Außerdem liegt das Haus auf Gran Canaria sehr abgeschirmt, so daß wir insoweit nichts befürchteten.« Auch für seinen Rückflug hatte er keinen Personenschutz angefordert.[8]
Auf Blatt zwei seines Notizblocks schrieb Barschel:

»Anrufe kommen noch zweimal. Immer zu Hause. Aber kein Gespräch; Da im Hintergrund unsere Kinder Lärm machen. 1x saugte Frau Lewandowski. Das allererste Gespräch hatte ich im Arbeitszimmer angenommen. Diese beiden Anrufe könnten auch von ganz anderen gewesen sein. Spreche auch darüber mit niemandem. Will Freya nicht ... Möglich, daß ich gelegentlich R. L. davon erwähne. Ohne Bedeutung.«[9]

Mit R. L. meinte er wohl seinen Freund Rolf Lechner, dem er von dem Informanten am Freitagabend erzählt hatte.[10]

Die Notizen sind verworren. Sie vermitteln den Eindruck, dass es noch weitere telefonische Kontaktversuche des Informanten gab, die im Lärmpegel von Kindergeschrei und Staubsaugern nicht zu einer geregelten Unterhaltung führen konnten. Diese Anrufe hatte er demnach seiner Ehefrau verheimlicht. Tatsächlich hatte er seiner Frau nur von einem Gespräch berichtet: »Mein Mann hat mir Anfang Oktober erzählt, daß ein Herr Roloff angerufen und ihm entlastende Informationen angeboten hatte.«[11]

Auf dem dritten Blatt seiner Aufzeichnungen beschreibt er weitere Details über seine Verabredung mit dem Unbekannten:

»Will kein Geld. Nur Fahrtkosten. Will sich mit mir in Madrid treffen. Hinterher fällt mir ein, wieso wußte er daß ich urspr. n. Madrid zurück wollte? Kann nur in Kiel bekannt gewesen sein. Oder bei ... – Reise-Büro. Jetzt fahre ich aber über Genf (billiger) Kann Kinder bei Bruder besuchen. Er will mit Auto kommen. Es geht nicht – Geld. Pfeiffer hat mind 1 Hintermann. Der hat ihn (Roloff) betrogen. Rache. Ist nicht bereit zur Polizei zu gehen. Material das er mir im Flughafen Genf (internationaler Info-Punkt ist Treffpunkt) geben will soll reichen. Wer weiß, ob er kommt. Glaube nicht so recht daran.«[12]

Samstag, 10. Oktober 1987, 15.30 Uhr, Kiel

Um 15.33 Uhr sendete die Deutsche Presseagentur ihre Tageszusammenfassung aus Kiel an die Redaktionen. »Barschel kehrt Sonntag zurück«, lautete die Headline. Er wolle »schon am Montag vor dem parlamentarischen Untersuchungsausschuß den neuen Beschuldigungen gegen ihn entgegentreten«. Zunächst würde es um die anonyme Anzeige gegen Oppositionsführer Björn Engholm gehen. Ob weitere Fragen erörtert würden, stehe noch nicht fest. Barschel, der am Sonntag vom Urlaub auf Gran Canaria zurückkehre, habe um die Anhörung am Montag gebeten. Ursprünglich war dafür der Mittwoch der folgenden Woche geplant.

»Mit Spannung wird auch Barschels Reaktion auf die Aufforderung seiner Parteifreunde erwartet, sein Landtagsmandat niederzulegen«, berichtete DPA.

Samstag, 10. Oktober 1987, Nachmittag,
Genf, Hotel »Beau Rivage«
Als diese Meldung über die Nachrichtenticker lief, landete die Iberia-Maschine IB 554 gerade auf dem Flughafen Cointrin. Uwe Barschel, in einem hellen, beigefarbenen Burberry-Mantel, in der Hand einen blauen Kunststoff-Koffer Marke »Airline«, schritt durch die lange, unterirdische Passerelle zur Ankunftshalle. Um ihn herum gingen braungebrannte Urlauber, die von ihrem Herbsturlaub zurückkehrten, und Geschäftsreisende, die für ihre Bankentermine in Genf anreisten.

Er betrat die Rolltreppe, die am Ende des Korridors zur Polizeischleuse führte, legte dort seinen Diplomatenpass vor. Im Ankunftsbereich marschierte er nicht – wie gewöhnlich die meisten Passagiere – geradeaus zu den gläsernen Schiebetüren, die hinaus zu den Taxis führen. Stattdessen durchquerte er die Halle, vermutlich um den Flughafen-Informationsschalter anzusteuern. Er schaute sich nicht suchend nach einem Wartenden um. Er war als Politiker gewohnt, dass die Menschen, die ihn treffen wollen, ihn erkennen.

Doch dann kam alles anders. Am Meeting-Point in der Mitte der Ankunftshalle stand der Genfer Reporter Frank Garbely mit einem Fotografen, um Barschel abzupassen. Der aus dem Wallis stammende Korrespondent der Zürcher *Weltwoche*, ein ruhiger und besonnener Typ, war an diesem Tag für die Hamburger *Stern*-Redaktion im Einsatz, um Barschel zu einem Interview zu bewegen, zumindest ein Foto von ihm zu erheischen.

»Guten Tag, Herr Dr. Barschel, darf ich Sie ...«, setzte Garbely an, um ihn zu einem Gespräch zu bitten.[13]

»I don't understand«, erwiderte Barschel und ging an dem Reporter vorbei. Dann stellte sich Garbely als Journalist vor. Der Fotograf drückte auf den Auslöser. Es war die letzte für die Nachwelt dokumentierte Aufnahme des noch lebenden Uwe Barschel. Ein aufgeregter Blick, eine grün-blau-grau gestreifte Krawatte. Barschel wirkte gehetzt, wie ein verspäteter Flugpassagier auf dem Weg zu einem Termin.

Garbely war irritiert. Das ist doch Barschel, mein Gott!, dachte er. Also ließ er sich nicht abschütteln und sprach ihn nochmals auf Deutsch an.

»I don't understand. I don't understand. What do you want?«, wimmelte Barschel den Reporter wieder ab. Er steuerte nun hastig auf einen Seitenausgang zu den Taxiständen zu. Barschel ging auf das erste

Taxi in der Reihe zu, stieg ein und fuhr davon.[14] Garbely und Fotograf Angelo Guarino von der Agentur Keystone bestiegen den nächsten Wagen und drängten ihren Taxifahrer, Barschels Wagen zu folgen. Doch der Chauffeur weigerte sich. Die Reporter stiegen aus und nahmen nun eines der nächsten Taxis. Barschels Limousine hatten sie schon aus den Augen verloren, als sie über die große Route de Ferney in die Innenstadt rollten.[15]

Die Wegstrecke vom Flughafen zum Hotel »Beau Rivage« beträgt etwa sieben Kilometer, wenn man die Autobahn, die Straße von Ferney und die Route an den Seequais entlang nimmt.[16] Später befragten die Ermittler der Strafuntersuchung Dutzende Taxifahrer, die am Flughafen konzessioniert waren. Keiner konnte oder wollte sich nach der Vorlage von Fotos verlässlich an Barschel als Fahrgast erinnern. Natürlich hätten die Ermittler wissen wollen, ob er sich in der Zeit zwischen der Ankunft am Flughafen und seinem Eintreffen im Hotel mit jemandem getroffen hat.

Am Nachmittag rief Eike Barschel seine Schwägerin Freya an, um sich zu erkundigen, wann sein Bruder bei ihm eintreffe.

»Er müsste jetzt bald da sein«, meine Freya Barschel.

Wann genau Uwe Barschel an diesem Nachmittag das Hotel »Beau Rivage« betrat, ist nicht mehr festzustellen. Er ging an dem kleinen, plätschernden Springbrunnen vorbei, der in der Hotelhalle eine beruhigende Stimmung erzeugte. Am Empfangstisch legte ihm der Rezeptionist den Block mit dem obligatorischen Meldezettel vor. Barschel trug seinen Namen in Druckbuchstaben ein, notierte die Nummer 36416 G seines Diplomatenpasses. Als Beruf gab er »Rechtsanwalt« an.

Der Mann am Empfang ergänzte die Zimmernummer: 317. Dann überreichte er dem Gast sehr freundlich den Schlüssel und fragte ihn, ob er Hilfe für sein Gepäck benötige – die übliche Höflichkeitsfloskel. Barschels Weg zum Lift führte an Glasvitrinen vorbei, modernen Schreinen des Luxus mit den edlen Exponaten der Uhrmacher und Juweliere.

Frank Garbely ließ sich von dem Taxifahrer am Hauptbahnhof Gare de Cornavin absetzen. Er trennte sich von seinem Fotografen, nachdem erst einmal klar war, dass sie Barschel verloren hatten. Er ging nun nach Hause, um weiter zu telefonieren. Der Fußweg kostete ihn gewöhnlich etwa fünf bis zehn Minuten. In seinem Arbeitszimmer setzte er sich direkt ans Pult und blätterte im Telefonbuch die Hoteleinträge durch. Das erste Haus im Alphabet kam nicht in Frage, es war für einen deutschen Politiker nicht adäquat. Admiral, Adriatica, Aida – drei Sterne oder weniger – passten auch nicht. Schon eher das »Ambassador«, eine schönes Vier-Sterne-Haus am Quai des Bergues. Oder das feinere »Hotel de Bergues«. Garbely begann, die Rezeptionen der besseren Herbergen anzurufen. Er wurde schnell fündig.

»Bonjour Monsieur. Darf ich Sie fragen, ob Monsieur Barschel schon eingetroffen ist«, fragte Garbely.

»Oui, Monsieur. Soll ich Sie verbinden«, fragte der Rezeptionist im »Beau Rivage«, und Garbely erfuhr auch gleich, dass Barschel Zimmer 317 bewohnte.

»Nein, danke. Ich komme selbst ins Hotel«, sagte Garbely, denn er musste damit rechnen, dass er am Telefon schon wieder abgewimmelt würde. Anschließend rief er die *Stern*-Redaktion in Hamburg an, um mitzuteilen, dass Barschel in Zimmer 317 des »Beau Rivage« abgestiegen sei. Die Redakteure suchten sofort nach verfügbaren Reporterkollegen, die das nächste Flugzeug nach Genf nehmen sollten.

Seit seiner Begegnung am Flughafen war nicht viel Zeit vergangen. Garbely nahm deshalb an, dass Barschel auf direktem Weg zum Hotel gefahren war und dann sogleich eingecheckt hatte.

Samstag, 10. Oktober 1987, 17.10 Uhr,
Genf, Hotel »Beau Rivage«

»17.10 Hotel ›Beau Rivage‹« stand auf Barschels Stenoblock. Es sah danach aus, dass er seine Notizen zu diesem Zeitpunkt fortführte.

»Treffen mit ›R. R.‹ hat geklappt. Tatschlich. Er hat mir viel erzählt. Er hat Pfeiffer nur 2 o 3 x kurz gesehen. Hat ihn im Fernsehen wiedererkannt. Sein Name damals Gelsenberg. R. kennt Pfeiffer-Gelsenberg über einen ›Freund‹. Name nennt er nicht. Der ist ausgebildeter Paßfälscher. P. behauptet dieser oder weitere sind die Hintermänner Pfeiffers. Er weiß von seinem ›Freund‹, daß Pfeiffer im Springer-Konzern sein Unwesen treiben sollte. Es soll um Erpressung der Firmenleitung gegangen sein mit echten o. gefälschten Dokumenten. Daraus wurde nichts weil Pf. zur Pressestelle

kam. Dann wurde Pfeiffer auf mich angesetzt. Da bei mir nichts zu holen war (kein Geld) ›Überwechseln‹ zur SPD/Spiegel. Genaue Einzelheiten weiß R. R. auch nicht. Hat seine Informationen aus Gesprächen mit ›Freund‹. Den kann er nicht nennen weil sonst selbst in Gefahr. Der hat ihn betrogen.
R. R. will mir ein Bild geben, das Pfeiffer + Freund zeigt. Freund seit ca. 4 Wochen verschwunden. Will von mir nur 3–400 DM für Reisegeld. Ist mit Auto hier. Wagen hat er nicht gezeigt.
Beinahe wäre alles geplatzt. Als ich ausstieg, wurde ich von ›Weltwoche‹-Journalist empfangen + fotografiert. Tat es sei Irrtum. Bestieg Taxi, fuhr ein paar Mal um Flughafen und traf dann ungestört R. R. Er erkannte mich sofort. Gespräch dauerte ca. 20 Min. Spaziergang in Flughafennähe.«[17]

Uwe Barschel hatte damit zum ersten Mal dokumentiert, dass der Informant ihm Informationen geliefert habe, die zum damaligen Zeitpunkt nicht bekannt waren. Denn Pfeiffer hatte früher tatsächlich mit einem Hochstapler kooperiert, der sich auch als Passfälscher betätigt hatte. Dies war ein Hintergrund der Affäre, der erst viel später öffentlich wurde.[18] Damit erscheint es aber auch unwahrscheinlich, dass Barschel die Roloff-Geschichte erfunden hatte, wie später spekuliert wurde, um einen Selbstmord zu kaschieren.

Seine Beschreibung des »Roloff«-Gesprächs offenbart aber auch, dass der Informant mit seiner Neugier gespielt hat. Offenbar um Barschel zu einem weiteren Treffen zu animieren, hatte er ihm das angebliche Beweisfoto nicht gezeigt.

Samstag, 10. Oktober 1987, 17.41 Uhr,
Genf, Hotel »Beau Rivage«

Zwischen 17.41 Uhr und 18.28 Uhr führte Uwe Barschel mehrere Telefonate von seinem Hotelzimmer aus.[19] Auf einem Notizheft hatte er der Rufnummer seiner Schwester die internationale Vorwahl-Nummer 0049 für Deutschland hinzugefügt, zu der genauen Privatadresse seines Bruders die Telefonnummer ergänzt. Auf dem Zettel hatte er auch die Rufnummer der Ferienanlage Bahía Feliz und die seines Rechtsanwaltes Erich Samson in Kiel vermerkt, den er aber nicht mehr kontaktierte.

Uwe Barschel rief zuerst seine Frau an. Er berichtete ihr von einem

Reporter der Zürcher *Weltwoche*, der sich zufällig in Genf befand und ihn erkannt hätte. Er sei fotografiert worden. Danach fürchtete er, von dem Zeitungsmann eingesponnen zu werden und so seine Begegnung mit dem Unbekannten zu gefährden. Dann erzählte er seiner Frau, er habe ein Taxi genommen und den Flughafen umfahren, um mögliche Verfolger abzuschütteln.

Er sei zum Flughafen zurückgekehrt, um den Mann zu sehen.[20]

Diese Darstellung kann nicht ganz korrekt sein. Den Flughafen konnte er nicht vollständig umfahren haben, weil er dann die französische Staatsgrenze hätte überqueren müssen, denn das Flugfeld liegt zum Teil auf französischem Territorium. Es ist möglich, dass er sich nicht exakt ausgedrückt hatte. Vielleicht hatte er den Taxifahrer nur eine Runde im Vorort Meyrin drehen lassen, um dann zum Flughafen zurückzukehren. Denkbar ist auch, dass sein Fahrer eine Schleife vor dem Flughafen fuhr oder zunächst den Weg nach Lausanne nahm, um dann in die Stadt abzudrehen.

Über das Zusammentreffen mit dem Unbekannten erzählte Uwe Barschel seiner Frau, dass dieser Mann bestürzt gewesen sei. Er habe ihm ein Beweisfoto übergeben wollen. »Einen Beweis, der dazu vorgesehen war aufzuzeigen, daß mein Mann Gegenstand eines Komplotts war«, erinnerte sich Freya Barschel zwei Tage später. »Dieser Mann hatte ihm erklärt, daß er selbst aus Rache handeln würde und nicht für Geld. Das Foto solle Herrn Pfeiffer mit einem Dritten zusammen zeigen, der genau die Person ist, an welcher sich der Informant meines Ehemannes rächen wollte.« Er habe versucht, das Auto zu identifizieren, mit dem der Unbekannte wegfuhr. Aber dies sei ihm nicht gelungen.

Uwe Barschel sagte, dass Pfeiffer mit dem falschen Namen »Gelsenberg« operiert habe. Der Deckname sei ihm schon aus Kiel bekannt gewesen.

»Mein Mann hoffte, daß die Fingerabdrücke auf dem Foto es ermöglichen würden, seinen Informanten, von dem er meinte, daß er eine falsche Identität benutzt, zu identifizieren«, sagte Freya. Nun wolle er diesen Mann in einem Hotelrestaurant zur Übergabe des Fotos treffen, sagte Uwe Barschel seiner Frau. Sie hatte den Eindruck, dass Uwe glücklich und erleichtert war, weil dieses erste Gespräch positiv verlaufen war. Er erschien ihr nicht besonders beunruhigt, als er sich am Telefon verabschiedete. Und dass ihr Mann nicht bei seinem

Bruder übernachtete, empfand sie als ganz normal. Im Haus ihres Schwagers hielten sich acht Kinder und vier Erwachsene auf. »Das war ihm zuviel Trubel, er wollte lieber allein sein«, sagte Freya Barschel.

Er wolle nun seinen Bruder und seine Schwester anrufen. Dann würde er am Abend mit den Kindern in Genf zur Zirkusvorstellung gehen.[21] Und morgen würde er sich wieder bei ihr melden, wenn er in Kiel angekommen sei. Das war der letzte Kontakt, den sie mit ihrem Mann hatte.[22]

Barschels Wiedergabe der »Roloff«-Informationen werfen Zweifel auf. Die Fragmente ergeben keine nachvollziehbare, fassbare Geschichte. »Roloff« hatte es offenbar recht schnell geschafft, Uwe Barschel auf das zweite Treffen zu vertrösten. Gemessen an der Zeit, die verblieb, bis dem Reporter Frank Garbely im Hotel sein Eintreffen bestätigt wurde, hatte Barschel kaum die Gelegenheit zu einem Gespräch, das länger als 15 bis 20 Minuten hätte dauern können. Soweit stimmte dies noch mit seinen Angaben überein. Er schrieb, dass sein Treffen etwa 20 Minuten gedauert hatte. Denn Garbely war sich sicher, dass er bis zum Anruf im Hotel nur wenig Zeit verloren hat.[23] »Roloff« hatte den Politiker offenbar in der Hand. War er ein professioneller Fallensteller?

»Ich bin sicher, dass er kommt mit dem Bild«, schrieb Barschel auf das siebte Blatt seines Notizblocks. »Beschreibung: ca 178 cm, kein Bart, dunkelblonde Haare, sportlich, Jeans, blauer Pullover und eine Popeline Jacke. Scheint Rheinländer zu sein. Wirkt ängstlich + mißtrauisch.«[24]

Samstag, 10. Oktober 1987, 18.01 Uhr,
Genf, Hotel »Beau Rivage«

Kurz danach wählte Uwe Barschel eine Rufnummer in Kiel. Er wollte seine Schwester sprechen.[25]

Auch ihr berichtete er, dass er sich mit dem Informanten bereits getroffen habe. »An der Stimme meines Bruders merkte ich sofort, daß er erleichtert war«, erinnerte sich Folke an das Telefonat. »Er sagte mir, daß er meinen Rat nicht befolgt habe und daß das Treffen ein Erfolg gewesen sei.«

»Nun hör zu. Ich erzähle kurz, was gelaufen ist. Der Informant ist ein Komplize von Pfeiffer. Zu den beiden gehört noch ein Dritter. Der Informant ist hier aus egoistischen Gründen, nicht um mir zu helfen, sondern um sich an Pfeiffer zu rächen. Als Grund für diese Rache gab er an, daß er gemeinsam mit Pfeiffer und Komplizen den Springer-Konzern hatte erpressen wollen. Dieses war nicht mehr möglich gewesen, weil Pfeiffer dann bei der Landesregierung arbeitete.« Er habe schon so viele Informationen bekommen, dass es jetzt schon ausreiche, ihn zu entlasten. Auch wenn der Informant nicht kommen würde, reichten die erhaltenen Informationen aus, um der Sache eine Wende zu geben. Er sei sich sicher, dass ein Komplott gegen ihn geschmiedet worden sei.

Namen nannte er jedoch nicht. Er würde am Abend noch einen Knüller erwarten, wenn er von dem Informanten ein Foto erhalte, auf dem Pfeiffer mit einer anderen Person abgebildet sei. Dieses Bild würde beweisen, dass er unschuldig sei und alles auffliegen würde.

Um 19.00 Uhr wolle er sich in einem Hotelrestaurant mit dem Informanten treffen. Er habe sich sicherheitshalber Notizen über diesen Informanten gemacht, und er würde ihn jederzeit wiedererkennen.[26]

Wie schon seiner Frau erzählte er auch seiner Schwester von dem Reporter, der ihn am Flughafen abpasste. »Er wollte nicht mit dem Informanten auf dem Foto sein«, erinnerte sich Folke Junker. »Aus diesem Grunde ist jedoch nicht auszuschließen, daß die Stern-Reporter diesen Informanten am vereinbarten Treffpunkt, der Flughafeninformation, gesehen haben könnten.«

Er erzählte auch ihr von seinem Vorhaben, am Abend mit den Kindern und der Familie seines Bruders in den Zirkus zu gehen.[27] Er wolle mit dem Taxi dorthin fahren, und er freue sich darauf, die Familie dabei zu begleiten. Er klang fast wie in alten Zeiten, fand seine Schwester. Er kam ihr zuversichtlich und optimistisch vor.

»Ich werde am Montag kämpfen, wenn es denn so sein soll, gegen alle. Ich werde jetzt für mich und unsere Familie kämpfen«, sagte Uwe Barschel. Es war ihr letztes Gespräch mit dem Bruder.[28]

Samstag, 10. Oktober 1987, 18.19 Uhr,
Genf, Hotel »Beau Rivage«

Uwe Barschel versuchte, seinen Bruder anzurufen. Er wählte die Rufnummer 21-77 43 83, mit der Vorwahl des Waadtlandes. Der Anruf, sagte Eike, sei bei ihm nie angekommen. Keiner glaubte ihm. Als ungeklärter, dritter Anruf geisterte dieses Telefonat jahrelang durch Ermittlungsakten und belastete Eike Barschel sehr. Er stand im Verdacht, etwas Schwerwiegendes zu verheimlichen.[29]

Samstag, 10. Oktober 1987, 18.28 Uhr,
Genf, Hotel »Beau Rivage«

Um 18.28 Uhr klingelte das Telefon im Haus der Barschels in Yens. Eike war den ganzen Tag wegen des großen Familienbesuches zu Hause geblieben. Die Kinder aus Kiel waren da und seine Mutter. Seiner Frau hatte er bereits den Besuch seines Bruders angekündigt, für die Kinder sollte sein Erscheinen eine Überraschung werden.

Eike war auch davon ausgegangen, dass sein Bruder bei ihm im Haus übernachten würde. Umso überraschter war er, dass er nun Uwe am Telefon hatte. Anders als seine Schwester wusste er nicht, dass Uwe ein Treffen mit einem unbekannten Informanten in Genf verabredet hatte.

»Sag mal, wo steckst du jetzt eigentlich?«, fragte Eike.

»Ja, wo bin ich eigentlich?«, erwiderte Uwe. »Wo bin ich hier eigentlich, ah, im Hilton, ich bin hier im Hilton«, fügte er hinzu.

Eike Barschel hielt das für bare Münze, aber sein Bruder saß im Zimmer Nummer 317 des Hotels »Beau Rivage«. Warum wollte er verheimlichen, wo er wirklich abgestiegen war? »Und dann hat er mir von einem Meeting erzählt«, erinnerte sich Eike. »Ich hatte mir das angehört, aber ich hatte selbst noch nicht die richtige Brisanz erkannt«.[30]

Eike drängte darauf, dass er nun nach Yens komme und fragte, was er denn in Genf überhaupt mache. Er habe eine »Transaktion« vor und die sei sehr wichtig für ihn, antwortete Uwe.

»Hör zu«, reagierte Eike. »Ich komme sofort. Ich kann nach Genf kommen. Brauchst du Hilfe? Wenn du da eine Sitzung hast, kann ich mit einem Anwalt kommen.«

»Nein, nein, das brauch' ich nicht, ich bringe das hier alleine über die Bühne, und dann komme ich«, antwortete Uwe Barschel. »Ja, wenn ich die Sitzung hinter mir habe, dann komme ich sofort.«

»Ich war sehr ärgerlich, als ich hörte, dass er in einem Hotel war«, erinnerte sich Eike. »Deswegen habe ich auch versucht, das Telefongespräch so kurz wie möglich zu halten. Ich ging davon aus, dass mein Bruder sofort zu mir nach Hause kommt.«

Eike erzählte ihm dann von den Vorbereitungen in der Familie für den Abend, vom geplanten Besuch einer Vorstellung des Zirkus Knie. Dann bot Eike ihm an, ihn abzuholen.

»Nee, nee, das ist nicht nötig, ich nehme mir ein Taxi«, meinte Uwe und fragte, wie lange das ungefähr mit dem Taxi dauert.

»20 Minuten«, sagte Eike und besprach mit seinem Bruder, was sie tun sollten, wenn er dies nicht schaffe. Sie verabredeten sich schließlich in der Pause der Zirkusvorstellung am Haupteingang des Zeltes.

»Gut, ich gebe mir Mühe, es noch zu schaffen, dass ich noch mit zum Zirkus kommen kann«, lenkte Uwe ein.

»Ja, ich gehe davon aus, dass das klappt, aber allerspätestens bin ich morgen früh um 9.00 Uhr zum Frühstück bei euch allen«, fügte er hinzu und beendete das Gespräch.

Das Telefonat dauerte nicht sehr lange, vielleicht zwei oder drei Minuten, erinnerte sich Eike Barschel. »Ich hatte wenig Bedürfnis, lange zu reden, weil ich erwartete, dass mein Bruder selbstverständlich nach Yens käme.« Später machte er sich Vorwürfe, seinen Bruder nicht nach dem Hintergrund dieser »Transaktion« befragt zu haben. Zwischen ihm und der Schwester, die anders als er von dem Roloff-Treffen wusste, gab es einen »Kommunikationsbreak«, wie Eike es formulierte. »Die Sache wäre wahrscheinlich ganz anders abgelaufen, wenn ich das gewusst hätte.«

Eike hatte das Telefonat in einem Gästezimmer seines Hauses geführt, dem einzigen Ort, an dem er ruhig sprechen konnte. Das Hausmädchen war gerade dabei, für die Familie das Abendessen aufzutischen, weil sie spätestens um 19.15 Uhr zum Zirkus abfahren mussten. Und vorher wollten acht Kinder von Eikes Ehefrau und dem Hausmädchen geschminkt werden, als Clown, Harlekin und so weiter. Die Großmutter übernahm das Verkleiden. Eikes Job war es, dafür zu sorgen, dass alle rechtzeitig fertig würden, weil er sich immer wieder darüber ärgerte, dass die Familie oft unpünktlich war.[31]

Samstag, 10. Oktober 1987, 18.30 Uhr,
Genf, Hotel »Beau Rivage«

Zimmerkellner Jean-Pierre Vergori klopfte gegen halb sieben an die Tür Nr. 317. Wenige Augenblicke später öffnete Barschel die Tür und bat den jungen Mann auf Englisch herein. Barschel war nur mit Hemd und Hose bekleidet. Vergori balancierte das Tablett mit der Flasche Beaujoulais und den obligatorischen zwei langstieligen Weingläsern, durchquerte den Raum und stellte es auf dem kleinen runden Tisch am anderen Ende des Zimmers ab. Dann öffnete er die Flasche. Barschel schaute ihm zu, wie er einen kleinen Schluck zum Probieren in eines der Gläser schüttete. Dann nahm Barschel das Glas, führte es an die Lippen, kostete und nickte. Vergori wollte das Glas für den Gast auffüllen.

»Nein, nein, das mache ich später selbst«, wehrte Barschel ab. Vergori hielt ihm die vorbereitete Rechnung hin, Barschel unterschrieb. Dann wandte er sich noch einmal an Vergori.

»Was muss ich machen, um ungestört zu sein? Ich bin sehr müde und möchte ein bisschen schlafen«, fragte er.

Vergori wies zur Tür. »Ich kann Ihnen das rote Schild ›Ne pas déranger‹ an die Türklinke hängen, Sir.«

»Danke, das erledige ich auch später selbst«, sagte der Gast abweisend. Vergori verbeugte sich korrekt und verließ das Zimmer.[32]

In den Abendstunden nahm Uwe Barschel auf seinem Zimmer ein Ferngespräch entgegen. Der Anrufer wurde nicht identifiziert, auch die Uhrzeit konnte später nicht mehr genau ermittelt werden.

An der Seepromenade des Lac Léman warfen die Laternen sanfte Lichtkegel auf den Quai du Mont-Blanc. An der gegenüberliegenden Seite des Seebeckens versprühte der Jet d'Eau seine gewaltigen Wassernebel. In den Straßen wurde es ruhig. Das Leben ging in den Restaurants der Altstadt weiter. Die Vorhänge am Zimmer 317 wurden zugezogen.

Samstag, 10. Oktober 1987,
etwa 19.00 Uhr

In der Telefonzentrale des Hotel »Noga Hilton« in Genf hatte gerade Katja Drugmueller Dienst, als sich eine fließend französisch sprechende Frau meldete. Die Anruferin fragte, ob Herr Barschel in ihrem Hause ein Zimmer gebucht habe. Plumpe Anfragen dieser Art werden in diskreten Hotels nicht beantwortet. Die Telefonistin wies die Anruferin denn auch nach dem Reglement ihres Hauses ab. Die Identität der Anruferin wurde nie geklärt.[33]

Im Zimmer 317 des »Beau Rivage« wurde am frühen Abend der Service »de la couverture«, bei dem die Zimmermädchen die Tagesdecke abnehmen, nicht erledigt. An der Zimmertür hing das Schild »Bitte nicht stören«.[34]

Samstag, 10. Oktober 1987, 19.08 Uhr, Yens
Eigentlich wollte Uwe Barschel, wenn seine Angaben gegenüber seiner Schwester Folke richtig waren, sich schon um 19 Uhr mit dem Unbekannten treffen. Doch um 19.08 Uhr saß er immer noch in seinem Hotelzimmer im »Beau Rivage« und wählte wieder die Privatnummer seines Bruders.

»Eike, ich glaube, ich schaff' es nicht zum Zirkus. Meine Transaktion geht jetzt gleich los«, sagte Uwe Barschel. Eike war überrascht.

»Um was für eine Transaktion geht es denn da?«, fragte Eike. Uwe erzählte auch ihm nun von dem Foto, das ihm versprochen worden sei.

»Was soll denn auf dem Bild sein?«, erkundigte sich Eike. Sein Bruder blieb mit seinen Angaben immer noch nebulös. Leute, die sich eigentlich nicht kennen dürften, seien auf dem Bild zu sehen. Eike fragte nach Namen.

»Hör zu, Eike. Das sind Leute, die kennst du nicht, aus Schleswig-Holstein.«

Eigentlich hatten sie im ersten Telefonat alles geklärt. Er spürte, dass sein Bruder sehr aufgeregt war.

Samstag, 10. Oktober 1987, ca. 20.00 Uhr,
Hotel »Beau Rivage«, Genf
Kurz nach 20 Uhr waren der *Stern*-Reporter Sebastian Knauer und der *Stern*-Fotograf Hanns-Jörg Anders auf dem Weg von Hamburg nach Genf in Frankfurt zwischengelandet. Knauer nutzte die Gelegenheit, um Uwe Barschel auf seinem Hotelzimmer anzurufen. Doch Barschel nahm entweder nicht ab – oder er war nicht in seinem Zimmer.[35]

Samstag, 10. Oktober 1987, ca. 21.15 Uhr,
Zirkus Knie, Genf
Das Zirkuszelt leerte sich. Väter kauften für ihre Kinder Popcorn, Zuckerwaffeln und Erfrischungsgetränke. Eike Barschel ging mit den Kindern zum Hauptausgang, um zu schauen, ob er dort seinen Bruder findet. Den Kindern hatte er immer noch nicht erzählt, dass der Papa kommen sollte. Er wollte daraus ja eine Überraschung machen.[36] Uwe Barschel kam nicht.

Samstag, 10. Oktober 1987, ca. 23.00 Uhr
Die *Stern*-Reporter Knauer und Anders trafen gegen 23 Uhr im Hotel »Beau Rivage« ein und bezogen ihre zwischenzeitlich reservierten Zimmer. In einem Saal des Hauses feierte eine ausgelassene Gesellschaft, ansonsten war es im Hotel ruhig. An der Hotelbar wartete Frank Garbely bereits. Der hatte den Barkeeper, einen Deutschen, gefragt, ob er im Laufe des Tages den Kieler Ministerpräsidenten gesehen habe. Der Kellner, dem Barschels Gesicht vom Fernsehen bekannt war, hatte den Ministerpräsidenten nicht erblickt.[37]

Die Reporter einigten sich darauf, Barschel am Morgen um ein Interview zu bitten, bevor er das Hotel verlassen würde. Die drei nahmen noch einen Drink an der Hotelbar.

Knauer nahm in der Zeit zwischen 23 und 24 Uhr noch einmal den Lift auf die dritte Etage und ging am Zimmer 317 vorbei. Es hatte sich nichts geändert, an der Tür hing immer noch das Schild »Bitte nicht stören«. Gegen Mitternacht legten sich Knauer und Anders in ihren Zimmern im zweiten Stock schlafen.

Die Drehtüre am Eingang des Hotels wurde gegen ein Uhr morgens abgeschlossen.[38]

Sonntag, 11. Oktober 1987, 4.00 Uhr,
Hotel »Beau Rivage«
Etwa gegen vier Uhr morgens wurde der Nachtportier Alain di Natale durch großen Lärm geweckt. Er vermutete, dass der Krach vom zweiten oder dritten Stockwerk herrührte. Es habe sich angehört, als ob eine Person hingefallen sei und über den Flur geschleift worden wäre: »Ich hatte ein starkes, dumpfes Geräusch gehört, als wenn etwas gefallen wäre«, sagte Di Natale.

Auch sein Kollege Ramush Ramadani, der auf einem Kanapee im Erdgeschoss ruhte, wachte um diese Zeit durch Geräusche auf. Er nahm den Krach allerdings eher als ein Klopfen an der Eingangstür oder einer Zimmertür wahr, schaute nach, ob sich die Leute vom Reinigungsdienst schon bemerkbar machten. Als er niemanden sah und bemerkte, dass es für die Putzkräfte noch zu früh war, legte er sich wieder hin.[39]

*Sonntag, 11. Oktober 1987, 6 Uhr,
Genf, Hotel »Beau Rivage«*
Sebastian Knauer und Hanns-Jörg Anders trafen sich um 7 Uhr im Frühstücksraum des Hotels. »Wir hatten die Hoffnung«, erklärte Knauer, »dass Herr Barschel auch gleich kommt – dann wollten wir uns zu ihm setzen und ihn um ein Gespräch bitten.«

Etwa um diese Zeit ging Ramadani auf der Galerie der dritten Etage entlang an allen Zimmertüren vorbei, um die Frühstückszettel einzusammeln. Vor der Tür zum Zimmer 317 stellte er fest, dass weder ein Bestellzettel noch das Schild »Bitte nicht stören« am Türknauf hing.[40]

Die *Stern*-Reporter warteten vergebens auf Barschel. Knauer ging nach dem Frühstück mehrmals über den Korridor der dritten Etage, doch »das Schild an der Tür zeigte auf Rot«.[41] Das sollten nicht die einzigen Zeugenwahrnehmungen bleiben, die das Schild während der Abend- und Nachtzeiten in unterschiedlicher Position gesehen hatten. Hatte jemand in dieser Zeit das Schild verdreht, um den tödlichen Prozess unter Kontrolle zu halten?

*Sonntag, 11. Oktober 1987, 9 Uhr,
Yens, Kanton Waadt*
Ein schmuckes, weißes Einfamilienhaus im Winzerdorf Yens, eine halbe Autostunde von Lausanne entfernt. Im Haus vibrierte an diesem Morgen das Leben, Geschirr klapperte, Kinder schrien herum. 9 Uhr war die traditionelle Frühstückszeit im Haus von Eike Barschel. In diesen Tagen war die Hektik am Morgen noch größer als sonst. Acht Kinder mussten zur gleichen Zeit am gedeckten Frühstückstisch sitzen. Auch für Uwe Barschel war ein Platz gedeckt. Jeden Augenblick hätte er erscheinen sollen.

Es wurde 9.15 Uhr. Eike Barschel wurde nervös. Wann endlich trifft Uwe ein, fragte er sich. Er war immer pünktlich. Darauf war stets Verlass. Die beiden Telefonate vom Vorabend arbeiteten noch in ihm. Das Wort »Transaktion«, das sein Bruder benutzt hatte, machte ihm Sorgen. Was meinte er damit. Ein Bild zu übergeben, das ist doch keine »Transaktion«. Das Wort kannte er aus seiner Berufswelt als Finanzmanager, und es ging dabei immer um Geld. Um ein Geschäft. Das alles kam ihm nun nicht mehr geheuer vor. Was, wenn in Genf etwas schiefgelaufen war?

Eike Barschel dachte an eine Entführung. Er bekam Angst. Da klingelte das Telefon. In der Leitung war Schwester Folke aus Kiel.

»Ist Uwe schon da?«, fragte sie.

»Nein«, antwortete Eike. »Ich habe ihn noch nicht gesehen.«

Sofort fragte Folke nach: »Auch gestern nicht? Er wollte doch mit zum Zirkus?«

»Nein, ich habe nichts mehr von ihm gehört, seit er gestern Abend angerufen hat.«

Folke reagierte bestürzt. Sie wusste von dem geplanten Treffen in Genf, hatte ihren Bruder eindringlich gewarnt. Jetzt geriet sie in Angst. Sie erzählte Eike, was sie von der geplanten »Transaktion« wusste.

»Du musst sofort los. Zur Polizei. Die müssen ihn suchen«, bedrängte sie Eike. Auch ihm wurde klar, dass keine Zeit mehr verloren gehen durfte. Seine Befürchtungen steigerten sich von Sekunde zu Sekunde.[42]

Eike Barschel nahm den Telefonhörer sofort wieder in die Hand. Er rief zunächst den Rezeptionschef des Hilton-Hotels an, in dem er seinen Bruder vermutete. »Non, Monsieur«, die Auskunft war negativ. Er war sehr erstaunt, dass sein Bruder nicht im »Hilton« abgestiegen war. Wo sonst konnte er übernachtet haben? Eike erinnerte sich, dass sein Bruder einmal mit Sicherheitsleuten im »Intercontinental« war. Er wählte die Rufnummer des »Interconti«, ließ sich mit dem Direktor verbinden, stellte sich höflich vor und erklärte ihm, dass Uwe Barschel dort bereits einmal Gast gewesen sei. »Non, Monsieur«, wieder nichts. Der Direktor erklärte, Uwe Barschel hätte ganz bestimmt nicht im Hotel übernachtet. Eike Barschel kam nun auf die Idee, sein Bruder könnte als »VIP« unter einem anderen Namen eingecheckt haben, wie er es schon getan hatte. Zum Beispiel unter dem Namen eines Personenschützers. Aber auch in der VIP-Kartei wurde der Hoteldirektor nicht fündig. Eike Barschel versuchte es noch einmal im »Hilton« und bat nun auch dort den Direktor in seiner Prominentenliste nachzuschauen. Doch auch diesmal erfolglos.

An Frühstück war nicht mehr zu denken. Eike Barschel setzte sich in sein Auto und fuhr durch die Weinberge hinunter zur Polizeistation nach Aubonne. Dort jedoch verwies man ihn an die zuständige Kriminalpolizei in Morges. Er erläuterte seine Situation und bat um einen Kontakt zum Hauptinspektor Patrick Schatzmann, der immer, wenn Uwe Barschel oder seine Kinder in Yens Station machten, als

Verbindungsbeamter und Sicherheitsbeamter der Kriminalpolizei in Lausanne fungierte. Eike Barschel traf auf skeptische Beamte, aber schließlich machte sich ein Gendarm daran zu recherchieren, wo der Kollege Schatzmann steckte. Es stellte sich heraus, dass sich der Hauptinspektor in einem verdeckten Einsatz befand. Doch als es endlich nach langen Verzögerungen gelungen war, Kontakt zu Schatzmann herzustellen und dieser bestätigte, die Familie Barschel zu kennen, beschloss man, ihn von seiner Observierung abzuziehen. Eike Barschel musste sich darauf einstellen, dass es eine Weile dauern würde, bis der Sicherheitsbeamte seinen Einsatz abbrechen und sich auf den Weg machen konnte. Er machte sich auf den Rückweg, um zu Hause in Yens auf das Eintreffen des Polizisten zu warten. Er verspürte Angst.[43]

Sonntag, 11. Oktober 1987, 10.30 Uhr,
Gran Canaria, Anlage Bahía Feliz

Die Telefonanlage zum Appartement der Ferienanlage funktionierte seit zwei Tagen einwandfrei. Freya Barschel hörte den Apparat etwa um 10 Uhr klingeln. Ihr Schwager Eike war am Telefon, der gerade von der Polizeistation zurückgekehrt war. Seiner Stimme war anzumerken, dass er aufgeregt und höchst beunruhigt war. Er redete nicht lange um den heißen Brei herum. Freya erfuhr jetzt von den Verabredungen zwischen Uwe Barschel und seinem Bruder und dass ihr Mann weder zu dem Zirkusbesuch mit der Familie noch zu dem verabredeten Frühstück erschienen war.

»Ich glaube, Uwe ist verschwunden«, erklärte er Freya. »Ich denke, wir müssen die Polizei informieren, damit sie nach Uwe suchen.«

Freya hörte still zu. Eike ließ ihr keine Zeit zum Nachdenken. »Wir müssen ihn ganz genau beschreiben können. Weißt du, was er auf dem Flug nach Genf angezogen hat? Oder welche Kleider hat er im Koffer mitgenommen?«, fragte ihr Schwager.

Freya Barschel erzählte, was Uwe angezogen hatte, als er am Vortag die Ferienanlage verlassen hatte.[44]

Sonntag, 11. Oktober 1987, 10.50 Uhr,
Genf, Hotel »Beau Rivage«

Gegen 10.50 Uhr kam das Zimmermädchen Anna Maria Estevez auf dem Weg zu ihrem zweiten Frühstück an der Tür Nr. 317 vorbei. Sie registrierte, dass der Türanhänger seine grüne Seite zeigte. Als sie eine gute halbe Stunde später zurückkam, war das Schild umgedreht und zeigte Rot.[45]

Zwischen 11 Uhr und 11.30 Uhr war auch der Hotelangestellte Ludovic Erba auf dem dritten Stock des »Beau Rivage« im Einsatz. Seine Aufgabe war es, auf den Zimmern die Minibars zu überprüfen und die Vorräte zu ergänzen. Irgendwann in dieser halben Stunde betrat er auch das Zimmer von Uwe Barschel. Kein rotes Schild »Bitte nicht stören« hinderte ihn daran.

Er ging durch den kurzen Flur zwischen der geschlossenen Badezimmertür und der Garderobe zur Minibar, die gleich neben der Eingangstür zum Schlafzimmer stand, erledigte routiniert seinen Job, ergänzte ein fehlendes Fläschchen Jack Daniels und verließ das Zimmer wieder. Ihm war nichts Ungewöhnliches aufgefallen.[46]

Freya Barschel war nun in höchster Sorge. Wieder klingelte das Telefon. Barschels Freund Rolf Lechner war am Apparat. Er fragte, ob es gut gehe und ob sie sich schon gut erholt hätten. Lechner bemerkte sofort, wie aufgewühlt Freya Barschel war. Sie wisse nicht, wie ihr Mann an diesem Nachmittag zu erreichen sei. Genau so wenig konnte sie Lechner sagen, ob Uwe geplant hatte, von Hamburg nach Kiel weiterzufahren oder ob er erst nach Mölln wollte.

»Ich habe ein ganz ungutes Gefühl«, sagte Freya. »Mein Mann wollte sich längst gemeldet haben. Er hat immer noch nicht angerufen.«

Lechner versuchte, Freya Barschel zu beruhigen. Als sie das Telefonat beendeten, blieb sie mit ihren Sorgen alleine zurück.[47]

Etwa um die gleiche Zeit ging *Stern*-Reporter Knauer wieder an der Zimmertür Barschels vorbei. Auch er sah und hörte nichts, was seine Aufmerksamkeit erregt hätte. Aber er sah das »Ne pas déranger«-Schild mit der roten Seite nach vorne.[48]

Knauer wurde nervös. Er wusste, wann Barschel zurück nach Deutschland fliegen wollte und rechnete deshalb jeden Augenblick damit, dass dieser sein Zimmer in Eile verlassen würde. Zusammen mit Anders überlegte er, ob Barschel das Hotel vielleicht heimlich verlassen haben könnte. Es war schon 12.00 Uhr, und er musste aufpassen, dass er die Gelegenheit zum Interview nicht verpasste. Er klopfte erneut an die Zimmertür. Wieder keine Antwort. Knauer drückte auf die Klinke. Zu seinem Erstaunen ließ sich die Tür öffnen.[49]

Knauer erblickte einen braunen Schuh, der auf dem Boden lag. Er rief nach Barschel. Keine Antwort. Schließlich trat er in das Zimmer. Knauer sah, dass es leer war. Er registrierte das unbenutzte Bett und darauf ein Buch. Im Zimmer war es sehr warm, feuchtwarm. Merkwürdig.

Knauer zog sich zurück, schloss die Türe wieder und ging zu seinem Fotografenkollegen Anders, um sich mit ihm zu besprechen. Die Neugier ließ Knauer nicht los – Berufskrankheit eines Journalisten. Irgendetwas stimmte an dieser Situation nicht, das sagte ihm sein Reporterinstinkt. Es dauerte nicht lange, bis er sich dazu durchgerungen hatte, ein zweites Mal in Barschels Zimmer zu gehen. Wieder öffnete er die Tür, rief und trat ein. Diesmal öffnete er auch die Badezimmertür. Im Spiegel gegenüber sah er etwas Merkwürdiges in der Badewanne. Er schaute hinter die Tür und blickte auf einen leblosen Mann, der in seinen Kleidern in der Badewanne lag. Mit Wasser gefüllt. Ein Handtuch um den Arm gewickelt. Es war der Mann, den er interviewen wollte. Knauer war entsetzt. Er schloss beide Türen und lief zu Anders.[50]

Sonntag, 11. Oktober 1987, 11.00 Uhr,
Hamburg, Stern-*Redaktion*

In der Hamburger *Stern*-Zentrale an der Außenalster war es sehr ruhig. Eher wie im Backoffice einer gediegenen Bank. Nur wenige Redakteure hatten sich zum reduzierten Sonntagsdienst eingefunden, unter ihnen auch Ressortleiter Dieter Degler, der etwa um 11 Uhr eintraf. Am Telefon meldete sich Knauer aus Genf. Hat er nun ein Interview oder nicht?

Der Reporter war aufgeregt. Knauer erzählte im Stil einer kurzen Nachrichtenmeldung, was er entdeckt hatte. Gemeinsam beratschlagten sie, was zu tun sei.

»Geht rein, fasst nichts an, fotografiert alles. Dann holt die Polizei und schafft vorher die Filme beiseite«, gab Degler kurz entschlossen dem Reporter durch.[51]

Weder Knauer noch Anders entsprachen dem Klischee des abgebrühten oder gar gewissenlosen Polizeireporters. Sie waren keine Krawall-Journalisten, eher kühle Analytiker. Der Fotograf Anders galt als bedächtiger Vertreter seines Berufsstandes, der aber zu erstklassigen fotografischen Leistungen fähig war. Und von Sebastian Knauer erwartete Degler eigentlich gar keine Höchstleistungen mehr. Er wusste, dass der Reporter bereits einen Vertrag der Hamburger Wochenzeitung *Die Zeit* in der Tasche hatte, wo er bald antreten wollte. Er war nach Genf geschickt worden, weil alle anderen schon sonst wo im Einsatz waren.

Knauer erkannte sogleich, welche weitreichenden Konsequenzen seine Entdeckung haben würde. Er entschloss sich zu einem Schritt, der sein Leben verändern sollte. Er befand sich in einem Dilemma: das Feld der Polizei überlassen, ohne jegliche Chance, den Lesern zu beweisen, was er gesehen hatte? Womöglich ohne fotografische Beweismittel in einen Strudel der Verdächtigungen zu geraten, wenn die Spekulationen hochschießen sollten. Schließlich war die Erinnerung an den Fälscherskandal um die »Hitler-Tagebücher« des *Stern* noch wach. Am besten alles dokumentieren und sich den Vorwurf gefallen lassen, pietätlos die Intimsphäre eines Politikers verletzt zu haben. Pietät, so waren sie sich einig, war jetzt nicht gefragt. Doch Fotograf Anders hatte Skrupel, er weigerte sich, Barschels Zimmer zu betreten.

Knauer ging rein. Er nahm die handschriftlichen Notizen Barschels, die er in dem Zimmer entdeckt hatte, und ließ sie auf dem Flur von Anders ablichten. Anschließend machte er Fotos des Zimmers und dann ging er erneut zum Badezimmer. Er hob die Spiegelreflexkamera, die ihm Anders gegeben hatte, warf einen Blick durch den Sucher und schoss das Bild des toten Uwe Barschel in der Badewanne, das auf der Titelseite des nächsten *Stern* publiziert werden und von da um die Welt gehen sollte.

»Mir war sofort klar«, sagte Knauer später, »du bist mitten in einem Kriminalfall, wo du hochgradig belastet bist.«[52]

Sonntag, 11. Oktober 1987, 12.15 Uhr,
Genf, Hotel »Beau Rivage«

Sebastian Knauer rief bei Garbely an, um ihn schnellstmöglich ins Hotel zu bitten, aber er gab seinem Kollegen keine Einzelheiten weiter. Knauer wirkte auf den Genfer Reporter, der gewöhnlich eher mit stoischer Ruhe ans Werk ging, sehr aufgeregt. Garbely deutete das knappe Gespräch zunächst so, dass immer noch kein Kontakt zu Barschel bestand, das Interview deshalb gefährdet sein könnte. Denn auch Garbely ging wie die beiden *Stern*-Leute davon aus, dass Barschel schon bald zum Flughafen fahren müsste.

Garbely wartete eine Weile. Knauers Anruf buchte er erst einmal als Aufgeregtheit ab. Dann entschloss er sich aber, Knauer nochmals anzurufen. Zunächst versuchte er es über die Hotelrezeption, doch er erhielt dort die Antwort, dass die beiden Herren vom *Stern* bereits ausgecheckt hätten. Daraufhin verlangte er, mit dem Zimmer Barschels verbunden zu werden. Der Rezeptionist stellte durch.[53]

Garbely hielt den Mann, der sich dann knapp am Apparat meldete, spontan für Barschel. Er stellte sich persönlich vor, um sein Anliegen vorzutragen – bis er unterbrochen wurde. Sebastian Knauer offenbarte, dass er am Hörer sei.

»Warum bist du nicht gleich gekommen«, fragte Knauer, noch aufgeregter als zuvor. Er solle unverzüglich kommen. Nun hatte auch Garbely begriffen, dass er schnellstens ins Hotel marschieren musste. Irgendetwas stimmte nicht. Er stellte keine Fragen mehr und ging die wenigen Minuten hinüber zum Quai du Mont-Blanc.[54]

Sonntag, 11. Oktober 1987, 12.30 Uhr,
Yens, Kanton Waadt

Hauptinspektor Schatzmann drückte am Hauseingang der Barschels in Yens auf den Klingelknopf. Eike Barschel kam heraus und bat ihn freundlich, mit in den Garten zu kommen. Er wollte jeden Aufruhr im Haus vermeiden. Die Kinder sollten nichts davon mitbekommen. Er schilderte dem Kriminalbeamten die Situation, etwa eine halbe Stunde sprachen sie miteinander.

»Kann es sein, dass ihr Bruder schon abgeflogen ist?«, fragte Schatzmann. Eine durchaus naheliegende Frage. Eike Barschel war verblüfft. Auf diese Idee war er nicht gekommen. Doch als sie länger darüber spekulierten, wurde Eike Barschel klar, dass dies höchst unwahrscheinlich war. Schatzmann erklärte sich bereit, nach Genf zu fahren, um dort persönlich bei der Kriminalpolizei nachzuforschen.[55]

Sonntag, 11. Oktober 1987, 13.20 Uhr,
Genf, Hotel »Beau Rivage«

Gegen 13.20 Uhr alarmierte Alain Aupoix, der Rezeptionschef des »Beau Rivage«, den zuständigen Gendarmerieposten Pécolat. Er berichtete, dass zwei deutsche Journalisten im Zimmer 317 einen leblosen Mann in der Badewanne entdeckt und die Hoteldirektion benachrichtigt hatten. Zwei Gendarmen machten sich auf den Weg ins

Hotel. Es war kein falscher Alarm. Einer von beiden sicherte den Tatort, damit die Beweismittel unverändert blieben, während der andere das Zimmer wieder verließ, um Verstärkung zu rufen.[56]

Etwa zehn Minuten nach dem ersten Anruf wurde über Funk Inspektor Pierre-André Monnet vom gerichtlichen Erkennungsdienst benachrichtigt, eine weitere halbe Stunde später Hauptinspektor Robert Wulser von der gleichen Einheit. 13 weitere Beamte wurden binnen kurzer Zeit alarmiert und zum Tatort gerufen, darunter der Vertreter des Oberstaatsanwalts Marquis, die Untersuchungsrichterin Nardin, der Leiter der Kriminalbrigade Gilleron und die Kriminalinspektoren Paul Fleury, Jean-Claude Mossier, Peillex und Baudin.[57]

Während sie auf die Polizei warteten, unterhielt sich der Rezeptionschef Aupoix mit Sebastian Knauer, der ihm erläuterte, dass er mit dem Toten an diesem Morgen verabredet war. Er habe an die Tür geklopft, und als er keine Antwort bekommen habe, sei er in das Zimmer gegangen. Beim Hinausgehen habe er den Leichnam in der Wanne liegen sehen. Er habe sich vergewissert, dass jede Hilfe umsonst war, und danach sofort den Rezeptionschef informiert. Noch bevor die erste Verstärkung im Hotel eingetroffen war, registrierte Aupoix Knauers Kollegen Jörg Anders und einen Fotografen, den er vom Sehen kannte. Aupoix sah, wie Anders dem Fotografen einen durchsichtigen Plastikbeutel übergab, in dem sich Filmrollen befanden, aber er dachte sich nichts dabei. Der Fotograf nahm den Beutel und verließ das Hotel.[58]

Der Tote

*Sonntag, 11. Oktober 1987, 13.45 Uhr,
Genf, Hotel »Beau Rivage«*
Am Tatort trafen die ersten Kriminalbeamten ein. Sie stellten fest, dass die Zimmertür nicht abgeschlossen war. Außen am Türgriff hing jetzt das rote Schild mit der Aufschrift »Ne pas déranger«. Und sogleich fiel ihnen ein weiteres wichtiges Detail auf: Der Schlüssel steckte von innen im Schloss.

Routiniert machten sich die Beamten des Erkennungsdienstes zunächst daran, den Tatort zu fotografieren. Das Zimmerfenster, das zum Quai du Mont-Blanc hinausging und den Blick über die Weite des Genfer Sees freigab, war geschlossen, die Gardinen waren zugezogen. Die Beamten sahen sich weiter im Zimmer um. Sie konnten auf den ersten Blick nichts Außergewöhnliches, keine Spuren eines Einbruchs entdecken. Das Fenster war geschlossen und intakt, die kurz zuvor ausgebesserte Fassade wies ebenfalls keine Beschädigungen auf, und die benachbarten Fenster besaßen keinen Balkon, über den ein mutmaßlicher Täter hätte einsteigen können.[1] Das Bett war unbenutzt und nicht in Unordnung, auch Spuren eines Kampfes konnten die Polizisten nicht erkennen. Sie registrierten, dass es in dem Zimmer sehr warm war.[2]

Auf dem Schreibtisch lag ein Telex, das Barschel noch aus Gran Canaria an seinen Leiter der Staatskanzlei, Hebbeln, geschickt hatte und in dem er seine Reiseplanung für Sonntag und Montag ankündigte. Sein Fahrer sollte ihn am Hamburger Flughafen abholen und aus Mölln frische Wäsche mitbringen.[3] Auf dem Kopfende des Bettes lag fein säuberlich gefaltet ein hellblauer Schlafanzug und darauf wiederum das Taschenbuch mit den gesammelten Erzählungen Jean-Paul Sartres. Die Ermittler notierten, dass das Buch bei der Erzählung »Das Zimmer« aufgeschlagen war.[4] Auf einem Nachttisch lagen karierte Blätter mit handschriftlichen Notizen, die mit Kugelschreiber geschrieben worden waren, sowie ein kleiner Block mit Bleistift-Notizen. Die Beamten packten alles vorsichtig in Asservaten-Tüten und übergaben die Sachen dem Erkennungsdienst zur weiteren Untersuchung.

Dann machten sich die Spezialisten der Spurensicherung, des Erkennungsdienstes und die Gerichtsärzte an die Untersuchung und Aufnahme der Details. Zwischen dem Eingangsbereich und dem eigentlichen Hotelzimmer war die Tür geöffnet, am rechten Türrahmen lag ein geschnürter brauner Schuh. Am linken Pfosten entdeckten sie einen abgerissenen weißen Hemdknopf mit einem kleinen Stück Faden. Jetzt nahmen sich die Beamten die Kleidung Barschels vor, die er in den Schrank gehängt hatte, und den Koffer, der auf einer Etagere lag. Alles wurde durchsucht und der Inhalt registriert. In der olivgrünen Jacke Barschels fanden die Ermittler eine Brille und ein Lufthansa-Täschchen, in dem sich Flugtickets fanden: eines für den Flug von Frankfurt nach Las Palmas und eines für die Reise von Las Palmas nach Genf mit der Iberia und den Lufthansa-Anschluss von Genf über Frankfurt nach Hamburg und zurück nach Frankfurt. Außerdem trug Barschel seinen Diplomatenpass in der Jackentasche. Die Manteltaschen waren leer.

Nun untersuchten die Polizisten Barschels Koffer, der halb offen war. Vorsichtig zog ein Beamter ein angebrochenes Päckchen Papiertaschentücher heraus, dann entdeckte er eine Schachtel Valium mit zehn Tabletten. Neben Kleidungsstücken waren in dem Koffer noch die beiden in rotes und weißes Packpapier eingeschlagenen Puppen verstaut, die Barschel an diesem Morgen den Kindern hatte schenken wollen. Außerdem die beiden Kalender der Jahre 1986 und 1987, die er wohl mit auf die Reise genommen hatte, um für seine Notizen die notwendigen Daten zur Hand zu haben.[5]

Die Gerichtsärzte traten durch die Badezimmertür und schauten sich vorsichtig um, dann machten sie sich gemeinsam mit den Spurensuchern an die Untersuchung der Leiche. Der Tote lag völlig bekleidet, ausgestreckt auf dem Rücken in der Badewanne. Sein Kopf ruhte außerhalb des Wassers auf der rechten Hand, die mit einem weißen Tuch umwickelt war. Seine Augen waren geschlossen, die Haare feucht, das Gesicht trocken. Die Uhr aus Weißmetall, die er am linken Handgelenk trug, zeigte immer noch die exakte Zeit an. Seine Fußspitzen ragten aus dem Wasser. Lediglich seine Schuhe fehlten. Der eine lag zugeschnürt neben dem Pfosten der Zimmertür, den anderen fanden die Polizisten geöffnet auf dem feuchten, zerknüllten und verschmutzten Badeteppich neben der Wanne.

Akribisch notierten die Ermittler, dass der Duschkopf ausgehängt war, der Schlauch über das linke Bein Barschels reichte und die Temperatur an der Mischbatterie bei geschlossenen Hähnen auf relativ kühle 27 Grad eingestellt war. Sie registrierten alle Toilettenartikel, die ausgepackt und sorgsam aufgestellt waren, sowie den verbleibenden Inhalt seines Kulturbeutels. In einem Papierkorb unter dem Waschbecken entdeckten die Spurensicherer ein zerbrochenes Stielglas, eine durchsichtige Plastikfolie und ein Fläschchen Whisky aus der Minibar, das wieder verschlossen worden war und das noch ein wenig Flüssigkeit enthielt.

Dann untersuchten sie die Kleidung des Toten, der ein weißes Oberhemd mit geöffnetem Kragen trug. Der zweite Hemdknopf war abgerissen. Darüber trug der Tote eine gelockerte grüne Krawatte mit blauen, braunen und grauen Streifen. Ein Unterhemd, braune Socken und eine olivgrüne Hose.

Die Kriminalpolizisten untersuchten seine Hosentaschen. Kreditkarte und Euroscheck-Karte, spanisches Bargeld, Portemonnaie, Kamm, zwei Schlüssel, Quittungen und Notizzettel, Taschentuch – Barschel trug alles bei sich. Sie zogen nun ein Tablettenröhrchen des Antidepressivums Tavor hervor, das Uwe Barschel gewöhnlich in der Hosentasche bei sich trug.[6]

Sonntag, 11. Oktober 1987, 14.30 Uhr,
Kiel, Kriminalpolizeiamt

Seit einer knappen Stunde war das Kieler Kriminalpolizeiamt eingeweiht. Ein Redakteur der Hamburger *Stern*-Zentrale hatte 50 Minuten zuvor angefragt, wie er den stellvertretenden Ministerpräsidenten Henning Schwarz erreichen könne. Er habe diesem eine wichtige Mitteilung zu machen. Schwarz erfuhr nun, dass Barschel auf seinem Rückflug in Genf Zwischenstation gemacht hatte und in seinem Hotelzimmer tot aufgefunden worden war.

Um 14.30 Uhr wählte ein Mitarbeiter des Kriminalpolizeiamtes die Nummer des Hotels »Beau Rivage«. Er wurde mit Inspektor Mossier von der Genfer Mordkommission verbunden, der ihm den Tod Uwe Barschels bestätigte. Mossier erklärte, er sei selber gerade erst im Hotel eingetroffen und habe die Ermittlungen aufgenommen. Er wurde von seinem Kieler Kollegen aufgefordert, keine Presseanfragen zu beantworten. Zur Vorsicht rief der Kieler Kriminalist danach noch bei der Genfer Kriminalpolizei an, um sich die Identität des Inspektors Mossier bestätigen zu lassen.

Etwa zur gleichen Zeit klingelte bei Rolf Lechner das Telefon. Der Unternehmer Karl-Josef Ballhaus war am anderen Ende der Leitung. Ballhaus war vom stellvertretenden Ministerpräsidenten unterrichtet worden und gab die Information an Lechner weiter. Schwarz hatte auch versucht, Freya Barschel auf Gran Canaria zu erreichen, doch ein Gespräch war nicht zustande gekommen. Lechner ließ einige Zeit verstreichen, dann versuchte er es selber in der Ferienanlage. Er bekam Freya Barschel sofort an den Apparat, sie bestätigte ihm den Anruf des stellvertretenden Ministerpräsidenten und dass es nicht zu einem Gespräch gekommen sei, wohl weil sie sich auf Spanisch gemeldet hätte.

Lechner hatte eine schwere Aufgabe. Vorsichtig teilte er ihr mit, was er erfahren hatte. Mittlerweile hatten sich längst wilde Gerüchte selbständig gemacht und waren als Nachrichten über die Sender gelaufen. Deshalb glaubten Lechner, Ballhaus und Schwarz, dass Uwe Barschel sich erschossen hatte. Die konkrete Quelle für die Behauptung wurde nie gefunden.

Um 15.14 Uhr erhielten die Kieler Kriminalisten die endgültige Bestätigung aus Genf, dass anhand persönlicher Dokumente und anhand von Hotelunterlagen nun zweifelsfrei feststehe, dass es sich bei dem Toten um Uwe Barschel handele. Die Genfer Kriminalpolizisten teilten mit, die Todesursache stehe noch nicht fest. Der Arzt sei noch vor Ort. Acht Minuten später sendete Radio Schleswig-Holstein die Nachricht vom Tod des Kieler Ministerpräsidenten Uwe Barschel.[7]

Sonntag, 11. Oktober 1987, 15 Uhr, Yens, Kanton Waadt
Eike Barschels Anspannung wuchs stetig. Er spekulierte, was passiert sein könnte. Er kam immer wieder auf die Möglichkeit einer Entführung. Oder konnte sein Bruder doch schon auf dem Weg nach Hamburg sein? An den Tod dachte er nicht. Als dann endlich das Telefon klingelte und sich Schatzmann aus der Zentrale der Genfer Kriminalpolizei meldete, wurde es zur Gewissheit. Schatzmann berichtete, dass etwa um die gleiche Zeit, als er in Genf eingetroffen war, die Meldung vom Tod Barschels gekommen sei.

In Gedanken versunken ging Eike zunächst zu seiner Mutter, um ihr die Nachricht zu überbringen. Schließlich sagte er es seiner Frau. Dann versammelten sie die Kinder in einem Zimmer, um ihnen die Nachricht vom Tod ihres Vaters und Onkels so behutsam wie möglich beizubringen. Verständnislose Kinderaugen schauten auf die Erwachsenen. Etwa zwei Stunden saßen sie mit den Kleinen zusammen.[8]

Sonntag, 11. Oktober 1987, 15 Uhr, Bonn
Gerhard Boeden, der mächtige Bonner Sicherheitsmann, rollte mit seiner Ehefrau Paulina über die Autobahn hinunter ins Bonner Rheintal Richtung Bad Godesberg, den kurfürstlich geprägten Diplomaten-Vorort südlich von Bonn. Einer seiner früheren Abteilungsleiter im Bundeskriminalamt hatte für diesen Sonntagnachmittag zur Geburtstagsfeier eingeladen. Ihm war klar, er war der Stargast im Kreis der Beamten und ihrer Gattinnen, die dort zusammenkamen. Als er zur Party dazustieß, wurde er vom Bonner Polizeipräsidenten begrüßt, und auch sein alter amerikanischer Freund »Bob« war gekommen, ein Diplomat aus dem Sicherheitsbereich der US-Botschaft, die ein paar Kilometer weiter südlich am Rhein auf einem riesigen Areal residierte.

Bob zog Boeden zur Seite: »Hast du schon gehört, dass Barschel in Genf tot aufgefunden wurde?«

»Mensch, woher hast Du denn das?«, fragte Boeden.

»Ich habe es in den Nachrichten gehört. Ich weiß auch nicht mehr als das, was im Radio kam.«[9]

Der Chef des deutschen Inlandsgeheimdienstes erhielt die Todesnachricht bei Bier und Würstchen. Boeden zählte über Jahrzehnte hinweg zu den großen Köpfen des deutschen Sicherheitsapparates, und er wurde von der politischen Führung geschätzt. Anders als viele Beamte legte er sich auch bei ungewöhnlichen Aktionen nicht quer, er hatte ein Gespür für sensible Situationen, und er verfügte über eine hohe strategische Intelligenz.

Schon als junger BKA-Beamter in der Sicherungsgruppe Bonn hatte er er zu den Männern gehört, die 1962 das Hamburger *Spiegel*-Haus durchsuchten, als der damalige Bundesverteidigungsminister Franz Josef Strauß wegen kritischer Berichte ein Strafverfahren wegen Landesverrats gegen den Spiegel-Chef Rudolf Augstein angezettelt hatte. Boeden trat 1956 ins BKA ein, er war ein Ur-Gestein der Sicherungsgruppe des Bundeskriminalamtes. Diese Sicherungsgruppe, verantwortlich für Schutz und Sicherheit der führenden Personen des Staates, war in den Nachkriegsjahren von einer Nazi-Seilschaft nach dem Vorbild des Reichssicherheitsdienstes eingerichtet und von früheren NS-Beamten wie dem einstigen Kriegsverbrecher Theo Saevecke geprägt worden.[10]

Boeden hat in den siebziger Jahren im BKA Karriere gemacht: In der Zeit der Anschläge der Roten Armee Fraktion (RAF) wurde er der Terrorismusexperte des Amtes. Als Abteilungspräsident leitete er die wichtigsten Fahndungsaktionen wie im Fall der Entführung und Ermordung des Arbeitgeberpräsidenten Hanns-Martin Schleyer. Er war auch für »kreative« Aktionen mitverantwortlich wie einen Scheinanschlag auf ein Gefängnis in Celle, um eine terroristische Aktion vorzutäuschen. Die Geheimaktion war aufgeflogen und ging als »Celler Loch« in die Geschichtsbücher ein. Und immer wieder war Boeden auch aufgeschlossen für grenzüberschreitende Ermittlungsarbeit. So ließ er die Schweizer Kollegen vom Kriminaltechnischen Dienst der Zürcher Kantonspolizei heikle Untersuchungen durchführen, wie zum Beispiel im Fall des entführten Schleyer über mögliche Spuren in der Bettwäsche des Opfers, die auf intime Beziehungen zu denkbaren Informanten der Terroristen hätten führen können, aber angesichts der politischen Brisanz nicht im Lande erledigt werden sollten.[11]

Wenige Wochen, nachdem er im Februar 1987 als Vizepräsident des BKA pensioniert worden war, wurde er von der neuen Bundesregierung unter Kanzler Helmut Kohl und Innenminister Friedrich Zimmermann wieder gerufen, um den Chefposten im Kölner Bundesamt für Verfassungsschutz zu übernehmen.[12]

Boeden konnte jederzeit auf ein dichtes Netz persönlicher Kontakte in den Sicherheits- und Geheimdienstbehörden in ganz Europa zurückgreifen, wenn es einmal brannte. Somit war seine erste Reaktion auf die Nachricht von Barschels Tod in einem Genfer Hotel der Griff zum Telefon, um seinen Polizistenkollegen Peter Huber, den Chef der Schweizer Bundespolizei, ins Bild zu setzen.

»Das ist ein Fall, der in Deutschland hohes Aufsehen erregen wird. Den kann man nicht mit links machen. Ich würde vorschlagen, dass die Bundespolizei die Ermittlungen führt«, erklärte Boeden dem Schweizer Chefpolizisten, doch er verkannte die Macht der Kantone in der Eidgenossenschaft, die sich nur in wenigen Fällen aus Bern etwas sagen lassen.

»Das können wir nicht. Das ist Sache der Kantonspolizei. Damit haben wir nichts zu tun, und ich kann mich da auch nicht reinhängen«, erwiderte Huber.

Boeden ging sogleich ein Gedanke durch den Kopf, den er mit Genf verband. Seit Monaten, noch aus seiner Zeit als Vize beim BKA, hatte er dort den deutschen Privatdetektiv Werner Mauss als Vertrauensperson, Agent und Gehilfen im Einsatz.

»Als ich hörte, dass der Barschel in diesem ›Beau Rivage‹ aufgefunden worden ist, da hab' ich gedacht: ›Menschenskinder, wohnt der heute vielleicht in dem Hotel, der Mauss?‹«[13]

Boeden war klar, dass sich Mauss zu dieser Zeit in der Schweiz aufhielt. Der Privatdetektiv arbeitete für Versicherungsgesellschaften und Industriefirmen sowie als Agent und V-Mann für Geheimdienste und Polizeibehörden. Das Flugzeug und das Telefon waren seine wichtigsten Handwerksinstrumente. Seit 1985 wurde der Geheimagent vom Leitungsstab des Bundeskriminalamtes geführt, gleichzeitig operierte er aber auch im Auftrag von deutschen Konzernen.[14]

Mauss war in geheimer Mission im Einsatz. Er sollte die zwei im Libanon entführten deutschen Geiseln Rudolf Cordes und Alfred Schmidt befreien. Die Manager waren vom Familienclan der Hamadis festgehalten worden, der zwei in Deutschland inhaftierte Brüder freipressen wollte. Als Stützpunkt seiner Geiselbefreiungsoperation hatte er die Schweiz gewählt. Weil man zu dieser Zeit von Deutschland aus »nur über das Fernamt mit langen Wartezeiten nach Libanon telefonieren konnte«, wie er sagte.[15]

»Wenn er in der Schweiz war, hat er immer entweder im ›Beau Rivage‹ gewohnt oder im Richemond. Das war wechselseitig. Wenn, dann hat er uns eine Nachricht hinterlassen, wo er sich aufhält, so dass ich das also einigermaßen wusste.«

Boeden erinnert sich, dass sein Agent in kritischen Situationen ein hochfrequenter Telefonierer war: »Es war eine Angewohnheit von Mauss, dass, wenn besondere Bewegung in einem Fall, den er bearbeitete, war, er mich dann häufig anrief. Manchmal 10, 20 Mal am Tag und auch manchmal innerhalb von fünf Minuten zweimal.«[16]

»Aber ich konnte ihn nicht kriegen«, berichtete Gerhard Boeden in seiner späteren Vernehmung vor den Staatsanwälten in Lübeck. »Und wenn ich mich recht erinnere, dann war das am Montag, da rief er mich an.«[17]

Sonntag, 11. Oktober 1987, 15 Uhr,
Genf, Hotel »Beau Rivage«
Die Tatortermittler waren im dritten Stock des Hotel »Beau Rivage« damit beschäftigt, das Zimmer und das Mobiliar nach Fingerabdrücken abzusuchen. Sie konnten zahlreiche fragmentarische Spuren sicherstellen, doch keinerlei Gleitspuren von Fingern oder Händen an den Türpfosten oder an der Zimmer- und der Badezimmertür, wie es vielleicht zu erwarten gewesen wäre, wenn Barschel sich irgendwo abgestützt oder festgehalten hätte. Sie stellten an verschiedenen Orten im Zimmer und im Badezimmer Haare sicher.

Ein Beamter räumte einen Stapel Zeitschriften von dem kleinen runden Tisch in der Zimmerecke rechts vom Fenster. Ein kleines rotes, bleiähnliches Metallstück fiel ihm auf. Er kniete nieder und hob es auf. Offensichtlich ein Stück vom Verschluss einer Weinflasche. Ein Ermittler kniete sich im Bad unter das Waschbecken und drehte den Siphon auf, nahm ihn vorsichtig zur Seite und füllte eine Wasserprobe daraus in ein Laborglas ab. Er sah keine Tablettenreste oder Materialien, die auf Medikamentenpackungen hinwiesen.

Die Gerichtsärzte ließen das Wasser aus der Wanne laufen, den Leichnam herausheben und zum Abtransport bereitmachen. Sie nahmen weder die Wassertemperatur, noch war die Körpertemperatur gemessen worden, als man Barschel gefunden hatte. Auch eine Wasserprobe wurde nicht sofort entnommen. Erst nachdem das Wasser abgelassen worden war, nahmen die Ermittler Ausstriche an der Wanne vor, spülten sie und nahmen dann eine Probe des gespülten Wassers.[18]

Die Kriminalisten hatten mittlerweile auch die ersten Mitarbeiter des Hotels nach den Geschehnissen seit der Ankunft Barschels befragt. So erfuhren sie nun von Zimmerkellner Jean-Pierre Vergori, dass Barschel am Vorabend eine Flasche Beaujolais bestellt hatte. Es war das einzige Mal, dass der junge Angestellte Barschel gesehen hatte.[19] Im Badezimmer fanden die Spurensicherer die beiden Weingläser. Das eine mehrfach zerbrochen im Abfalleimer, das andere gesäubert auf dem Marmor des Waschbeckens. Was sie nicht fanden und auch nie finden sollten, war die Weinflasche und der Rest der Flaschenkapsel aus Blei. Beides war verschwunden.

Nachtportier Alain di Natale berichtete den Beamten, dass die *Stern*-Reporter am Vorabend dringend mit dem Politiker Kontakt aufnehmen wollten. Er habe sich aber geweigert, den Gast zu stören.[20] Sein Kollege Ramush Ramadani präzisierte, dass die deutschen Journalisten gegen 23 Uhr im Hotel eingetroffen waren und nach Barschel gefragt hatten.[21] Der für das Auffüllen der Minibar zuständige Ludovic Erba gab zu Protokoll, dass mit Sicherheit kein »Nicht stören«-Schild an der Tür gehangen hatte, als er zwischen elf und halb zwölf am Morgen bei Zimmer 317 angekommen war. Denn in diesem Fall hätte er das Zimmer nie betreten. Erba war weder eine volle noch eine leere Weinflasche im Zimmer oder vor der Tür aufgefallen, die er sonst natürlich abgeräumt hätte, wie er den Beamten erklärte.[22]

Für die Tatortermittler sah alles nach einem möglichen Suizid durch eine Tablettenvergiftung oder aber nach einem Tod durch das Zusammenspiel von Medikamenten und Alkohol aus. Ein üblicher Hotel-Todesfall? Sie nahmen das Hotelzimmer auf der Suche nach Arzneimittelverpackungen auseinander. Sie begannen, Bad und Bidet auszubauen, andere Beamte schwärmten aus und suchten alle der Allgemeinheit zugänglichen Bereiche des Hotels ab. Polizisten durchkämmten die Umgebung, stöberten in den Containern der angrenzenden Straße, kletterten auf das Dach des Hotelrestaurants, das sich unter Barschels Zimmerfenster befand. Sie fanden nichts. Weder tauchte die Rotweinflasche auf, die der Kellner geliefert, aber niemand wieder abgeholt hatte, noch stießen die Beamten auf Tablettenschachteln, Medikamentenfläschchen oder Pillendosen.[23]

Einem wichtigen Fundstück wurde zunächst einmal keine besondere Bedeutung beigemessen. In einer Jackett-Tasche von Barschels Garderobe fanden die Ermittler einen kleinen Notizzettel mit einer längeren Nummer, die mit den Ziffern 8220 endete. Die Beamten konnten sich darauf keinen Reim machen. Viel später erst wurde entdeckt, dass die Notiz von hinten nach vorne gelesen einen Sinn ergab. Es war die Rufnummer des Direktanschlusses eines unbekannten Mitarbeiters in der israelischen Vertretung in Bonn.

Der Hinweis auf die Verbindung zu einem israelischen Regierungsbediensteten wurde auch später nicht mehr ernsthaft ermittelt.

Sonntag, 11. Oktober 1987, 15.30 Uhr,
Kiel, Kriminalpolizeiamt

Bei der Kieler Polizei häuften sich die Presseanfragen derart, dass der normale Arbeitsbetrieb zusammenzubrechen drohte. Die Beamten versuchten verzweifelt, das Chaos in den Griff zu bekommen. Vor allem mussten die ins Kraut schießenden Spekulationen über die Todesumstände eingedämmt werden. Mittlerweile wurde bereits in den Medien berichtet, Uwe Barschel habe sich erschossen. Andere meldeten, er habe sich die Pulsadern aufgeschnitten. Die Kriminalpolizei dementierte alle diese Gerüchte und verwies die Journalisten an die Pressestelle der Landesregierung. Mittlerweile hatte Henning Schwarz kommissarisch die Geschäfte des Ministerpräsidenten übernommen. Gegen 16 Uhr spätestens waren auch das Kanzleramt, das Innenministerium in Bonn und das Auswärtige Amt über den Tod Barschels informiert. Weitere Erkenntnisse aus Genf hatten die deutschen Behörden zu diesem Zeitpunkt noch nicht.[24]

Sonntag, 11. Oktober 1987, Genf,
Justizpalast, Nachmittag
Inspektor Jean-Claude Mossier erhoffte sich am ehesten von dem Journalisten Sebastian Knauer, der die Leiche Uwe Barschels entdeckt hatte, Aufklärung. Er hatte den Deutschen in den Justizpalast bestellt und bot ihm freundlich den Stuhl neben seinem Schreibpult, so wie er gewöhnlich seine Zeugen befragte. Der Redakteur war gewohnt, Sachverhalte präzise zusammenzufassen. In aller Kürze unterrichtete er Mossier über den politischen Skandal im hohen Norden Deutschlands und über den Rücktritt Barschels vom Posten des Ministerpräsidenten, um ihm die Bedeutung des Falles zu erläutern. Der Inspektor war wenig beeindruckt. Politiker waren in seinem Land nicht so bedeutsam und deren Rücktritt auch nicht. Hier entscheidet das Volk direkt über die wichtigen Dinge, nicht die Politiker. Und irgendein Regionalpolitiker konnte bei ihm keine erhöhte Aufmerksamkeit erregen. In Genf wimmelte es schließlich von Regierenden, Spitzendiplomaten, Königen, Potentaten und milliardenschweren Industriellen. Viele von ihnen schauten regelmäßig hier vorbei, um ihren Bankier nach dem Vermögensstand zu befragen oder mit ihrem Anwalt ein neues Geldgeschäft zu erledigen. Mossier war ahnungslos, was die politische Dimension des Falles betraf. Noch.

Knauer erklärte dem Inspektor, wie er herausgefunden hatte, dass Barschel in Genf war, und dass Frank Garbely versucht hatte, Barschel am Flughafen abzufangen und zu einem Interview zu überreden. Er und Anders seien erst um 19 Uhr in Genf gelandet, nachdem sie zuvor vergeblich versucht hatten, von Frankfurt aus mit Barschel in seinem Hotelzimmer zu telefonieren.[25] Mossier nahm zu Protokoll.

»Wir nahmen die beiden Zimmer, die wir schon von Hamburg aus reserviert hatten. Aufgrund der Uhrzeit verzichteten wir darauf, mit Herrn Barschel Kontakt aufzunehmen. Ich weise darauf hin, dass wir am Zimmer 317, seinem Zimmer, vorbeigingen und sahen, dass da ein Schild ›Ne pas déranger‹ (Bitte nicht stören) hing.«

Knauer sagte, dass er und Anders gegen sieben in der Früh im Hotelsaal ihr Frühstück einnahmen. Sie hatten beschlossen, danach die Hotelhalle zu überwachen, um Barschel beim Hinausgehen abzufangen.[26]

»Zwischen 9.00 Uhr und 10.00 Uhr versuchte ich, mit Barschel zu telefonieren. Aber es antwortete niemand. An der Rezeption fragte ich, ob es Mitteilungen für uns oder Herrn Barschel gäbe, erhielt aber auch eine negative Antwort. Ich ließ das Telefon in seinem Zimmer lange klingeln, aber ohne Erfolg. Wiederholt ging ich an seiner Zimmertür vorbei, aber ich sah und hörte nichts. Das Schild ›Ne pas déranger‹ hing ständig an der Tür.«[27]

Knauer war davon ausgegangen, dass Barschel auf den Flug um 14.45 Uhr nach Hamburg gebucht war. Deshalb ging er gegen zwölf Uhr erneut hinauf in den dritten Stock, da er damit rechnete, dass Barschel jeden Augenblick zum Flughafen aufbrechen würde.

»Weil ich beim Klopfen an der Tür keine Antwort erhielt, versuchte ich zu öffnen, und, in der Tat, die Tür war nicht verriegelt. Von der Tür aus sah ich einen Schuh auf dem Fußboden. Ich versuchte es mit Rufen, aber niemand antwortet mir. Ich ging ins Schlafzimmer, sah aber niemand. Mir fiel auf, dass das Bett nicht benutzt war und dass auf den Decken ein Buch lag. Ich ging hinaus und wieder zu meinem Kollegen, um mit ihm über das, was wir nun tun sollten, zu reden.«[28]

Wenig später habe sich Knauer entschlossen, das Zimmer ein zweites Mal zu betreten. Er öffnete die Tür, rief nach Barschel, dann ging er hinein. Diesmal öffnete er auch die Tür zum Badezimmer. Zunächst nur ein Stück, aber was er auf den ersten Blick erkannte, erschütterte ihn: Als er im Spiegel des Badezimmers den leblosen Mann in der Wanne gesehen habe, habe er Barschel erkannt, obwohl er ihm persönlich nie begegnet war, sagte er später aus.[29]

»Ich glaube, ich schloss beide Türen, die zum Badezimmer und die Eingangstür«, sagte Knauer. »Ich war fassungslos, lief hinunter, um meinen Kollegen zu sehen und wusste nicht, was ich machen sollte. Ich rief die Redaktion der Zeitschrift in Hamburg an und schilderte dem Chefredakteur meine Lage. Ich machte mir Sorgen: denn ich hatte eine Tür geöffnet und war in ein Zimmer eingedrungen, in welchem ich nichts zu suchen hatte.«[30]

Der Chefredakteur habe ihn angewiesen, die Hoteldirektion zu informieren, was Knauer dann auch getan habe. In seiner Vernehmung erklärte Knauer später: »Ich bemerke, dass es wenig nach 12.30 Uhr war, als ich das zweite Mal in das Zimmer von Herrn Barschel eintrat. In diesem Zimmer berührte ich lediglich das Schloss der Eingangstür und das der Tür zum Badezimmer.«[31]

Mossier bemerkte, dass Knauer zweimal dezidiert darauf hingewiesen hatte, dass das »Ne pas déranger«-Schild permanent an Barschels Zimmertür gehangen hatte.

»War das Schild ›Ne pas déranger‹, welches rot ist, einmal auf die grüne Seite umgedreht?«, fragte der Inspektor.

»Ich bestätige«, antwortete der Zeuge. »Das Schild war immer rot, bis ich die Tür zum ersten Mal öffnete. Dabei war es entglitten, und es ist möglich, dass ich es mit der grünen Seite angehängt habe. Zwischen gestern Abend aber und heute Mittag hing es rot.«[32]

Knauer erklärte, dass er jemanden gehört hatte, der am Zimmer vorbeigegangen war, als er sich zum ersten Mal innerhalb des Raumes befunden hatte. Als Knauer wieder herauskam, war diese Person verschwunden. Knauer bemerkte auch einen Hotelangestellten mit einem kleinen Wagen auf dem dritten Stock, konnte aber nicht sagen, ob es der Kellner für die Minibar gewesen war oder eine Zimmerfrau. Mossier fragte nach. Knauer nochmals: Nein, es hatte kein Zimmerschlüssel von außen in der Tür gesteckt. Er konnte aber auch nicht hundertprozentig sagen, dass er von innen steckte. Er glaubte aber, so etwas beim Öffnen der Tür »gefühlt« zu haben.

Mossier hatte noch eine Frage zur Bettdecke, dann war die Vernehmung Knauers beendet. Der Reporter hatte gegenüber dem Inspektor so manches für sich behalten.

Sonntag, 11. Oktober 1987, 18 Uhr,
Yens, Kanton Waadt

Eike Barschel verließ sein Haus und setzte sich in sein Auto. Er nahm den malerischen Weg durch die Weinberge hinunter zum See. Vor ihm öffnete sich am Horizont das spektakuläre Bergpanorama mit dem Montblanc-Massiv. Er machte sich auf den Weg nach Genf zur Kriminalpolizei.[33]

Sonntag, 11. Oktober 1987, 18 Uhr, Genf,
Gerichtsmedizinisches Institut der Universität

Oldrich Fryc, Chefarzt des Gerichtsmedizinischen Instituts der Universität Genf, betrachtete den Leichnam, der vor ihm auf dem Sektionstisch lag. Er sah einen normal gewachsenen und gebauten, gut genährten Mann von 43 Jahren. Fryc hatte an diesem Abend die Aufgabe des ersten Sachverständigen wahrzunehmen. Ihm gegenüber stand als zweite Sachverständige die Assistenzärztin Christiane Margairaz, die auch am Tatort im »Beau Rivage« gewesen war. Im Hintergrund ratterte die Schreibmaschine der Sekretärin. Fryc gab zu Protokoll: »Die von der Polizeibehörde erteilte Auskunft ist folgende: ›Wahrscheinliche Todesursache: Selbstmord, Verdacht. In der Badewanne völlig bekleidet auf dem Rücken liegend, rechtes Handgelenk mit einem Handtuch umwickelt, aufgefunden.‹«[34]

Fryc begann mit der äußeren Beschreibung der Leiche. Die Obduktion Uwe Barschels wurde von einem abgeordneten Polizeioffizier beobachtet, ein technischer Mitarbeiter des Instituts ging den Ärzten zur Hand. Der Gerichtsmediziner sah zunächst nichts Ungewöhnliches. Doch dann ließ er protokollieren: »Der rechte Stirnbereich weist 2,5 cm über der Augenbraue ein blasses Hämatom von violetter Tönung, undeutlich abgegrenzt und 2,5 x 3 cm groß, auf. Im mittleren Stirnbereich zeigt die Haut eine 1 cm breite und 4,5 cm horizontal ausgedehnte Rötung.«[35]

Der Mediziner konnte keinerlei Kopfverletzungen feststellen. Das Gleiche galt für den Halsbereich. In der Schulterblattgegend fand er eine pergamentartige rötliche und deutlich begrenzte Stelle von knapp drei Zentimetern Durchmesser. Der Rücken wies sonst keine

Verletzungen auf. An Händen und Füßen fiel eine bereits fortgeschrittene Waschhautbildung auf, die darauf hindeuten musste, dass der Körper sich eine längere Zeit im Wasser befunden hatte.[36]

Routiniert machte sich der Gerichtsmediziner an die Öffnung des Körpers und begann mit der Untersuchung der inneren Organe. Am Ende waren Fryc und Margairaz so schlau wie vorher. Sie hatten eine vergrößerte Leber entdeckt, eine alte Infarktnarbe am Herzen und eine »diffuse« Arteriosklerose der Herzkranzgefäße. Im Magen fanden die Obduzenten an der Schleimhaut »zahlreiche kleine punktförmige, frisch aussehende Hämorraghien (Blutungen)«.[37] Neben einer mäßigen chronischen Bronchitis diagnostizierten die Ärzte eine leichte Lungenentzündung und notierten, dass die Harnblase erheblich erweitert und prall gefüllt war.

Schlüsse zogen sie in ihrem Obduktionsprotokoll aus alldem nicht. Es findet sich kein Wort zur Körpertemperatur des Toten. Und da auch am Tatort keine derartige Messung vorgenommen worden war, konnte nie festgestellt werden, wann Uwe Barschel genau gestorben ist. Aus den Ergebnissen der Obduktion lässt sich lediglich herauslesen, dass er noch eine längere Zeit lebend, aber wahrscheinlich bereits bewusstlos in der Badewanne gelegen haben muss. Auch der Mageninhalt wurde nicht näher untersucht. Es wurde nur festgestellt, dass sein Inhalt von grauer Tönung und verdaut war. Fryc kam zu dem Ergebnis: »Die Todesursache ist auf der Obduktionsbasis nicht festgestellt worden. Die mit den polizeilichen Erkundigungen verbundenen Obduktionsergebnisse lassen an einen Tod als Folge einer Vergiftung denken. ... Im Hinblick auf eine toxikologische Untersuchung haben wir Blut-, Urin-, Gallenflüssigkeits- und Mageninhaltsproben sowie Leber- und Nierenteile entnommen. Unser Gutachten wird mit der Erstellung eines ergänzenden Berichts erweitert werden.«[38]

Diese ergänzenden toxikologischen Untersuchungen brauchten ihre Zeit. Am Abend des 11. Oktober 1987 hatten die Genfer Behörden einen toten deutschen Politiker. Nicht mehr und nicht weniger. Warum, wie und wann Uwe Barschel im Hotel »Beau Rivage« zu Tode gekommen war, wusste dort niemand.

Sonntag, 11. Oktober 1987, 18 Uhr,
Kiel, Kriminalpolizeiamt
In Kiel hatten die Ermittler des Kriminalpolizeiamtes mittlerweile neue Informationen, aber nur spärliche. Am Telefon versuchten sie, sich auf dem neuesten Stand zu halten. Inspektor Mossier hatte mitgeteilt, dass sie Barschel in der mit Wasser gefüllten Badewanne gefunden hatten. Bekleidet, ohne erkennbare äußerliche Verletzungen.

So schnell wie möglich sollten deutsche Ermittler nach Genf reisen, um sich selbst einen Überblick über die Situation und die Ermittlungen zu verschaffen. Doch gegen 18.40 Uhr erhielt das Bundeskriminalamt in Wiesbaden eine ernüchternde Mitteilung: Die Schweizer Behörden lehnten den Vorschlag, zwei deutsche Beamte nach Genf zu entsenden, ab. Sie erwarteten ein förmliches Ermittlungsersuchen. Die deutschen Behörden waren mehr oder weniger vom Lauf der Ereignisse und Ermittlungen abgeschnitten.[39]

Sonntag, 11. Oktober 1987, 18 Uhr,
Hamburg, Stern-*Redaktion*
Auf dem »Affenfelsen«, wie das *Stern*-Haus an der Außenalster unter Journalisten spöttisch genannt wurde, war die Anspannung mit Händen zu greifen. Jedem war bewusst, was es bedeutete, dass ausgerechnet zwei *Stern*-Leute den toten Ministerpräsidenten gefunden hatten. Alles konzentrierte sich nun auf die Ereignisse in der fernen Schweiz. Der *Stern* hatte nun einen Zeit- und Informationsvorsprung, wie es ihn in einer solch sensationellen Story so gut wie nie gibt.

Beim *Stern* koordinierte Redakteur Dieter Degler die Arbeit, er leitete das Ressort Deutsche Politik, er beorderte weitere Fotografen und Redakteure nach Genf und koordinierte die Einsätze. Es galt, alles Material über den Todestag in Genf, über Barschels Aufenthalt in Gran Canaria, über mögliche Hintergründe und Motive herauszufinden. Und es galt natürlich auch, die Kieler Politik und die Wahlkampf-Affäre zu beobachten.

Degler kontaktierte daher einen Kollegen bei der Konkurrenz im *Spiegel*-Hochhaus an der Hamburger Brandswiete. Er fragte, ob es denn möglich sei, mit Pfeiffer ein Interview zu führen. Bislang hatte die *Spiegel*-Redaktion ihren Informanten streng abgeschottet. Um ihn vor den Nachstellungen konkurrierender Journalisten fernzuhalten, hatten sie ihren Redakteur Dieter Uentzelmann mit Pfeiffer ins ferne Portugal geschickt, in ein erholsames Feriendomizil.

Die Kollegen vom *Spiegel* willigten schließlich ein. Degler durfte mit Pfeiffer in Portugal telefonieren, während Uentzelmann danebensaß. Der *Stern*-Mann zeichnete das Gespräch mit einem Tonbandgerät auf. Er kam sofort zur Sache:

Degler: »Herr Pfeiffer? Jetzt können wir reden. In erster Linie interessiert mich einfach, warum er das wohl gemacht hat. Ist es das Ende einer Sackgasse, in die er sich hineinmanövriert hat?«
Pfeiffer: »Für mich bedeutet es einwandfrei eine Torschlußpanik. Er hat gesehen, daß die Aussagen, die zu seinen Gunsten gemacht wurden, langsam abbröckelten. Das Lügengebäude, das er aufgebaut hatte, zu zerbrechen drohte.«
Degler: »Ja, ja, aber ich rede über den Menschen Barschel. Der Mann hat doch auch eine Frau und vier Kinder. Ich weiß nicht, ob Sie Familie haben. Doch, Sie haben auch Familie, nicht? Das ist doch eigentlich immer noch etwas, was einen zurückhält.«
Pfeiffer: »Ja, das ist eben mehr das Unverständliche daran. Er hat eine fabelhafte Frau, mit der ich mich übrigens ausgezeichnet verstanden habe. Wir hatten zum Beispiel kurz vor seinem Flugzeugabsturz vereinbart, gemeinsam Trabrennen ... Ich bin früherer Amateurtrabrennfahrer, sie ist Reiterin und hat sich dafür sehr begeistert. Sie war eine wirklich tolle Frau, ... die sich um ihre Kinder auf eine Art und Weise kümmerte, wie es eine andere Mutter kaum getan hätte. Sie hat ihre Söhne zum Fußballspiel begleitet, sie hat quasi Mannschaftsbetreuer gespielt, als der Schiedsrichter mal ausgefallen war ...«
Degler unterbrach den Redeschwall Pfeiffers: »Und sie hat ja auch zu ihm gestanden jetzt, nicht?«
Pfeiffer: »Sie hat zu ihm gestanden.«
Degler: »Wider besseres Wissen möglicherweise oder wahrscheinlich?«
Pfeiffer: »Das weiß ich nicht.«

Pfeiffer, der Freya Barschel ein einziges Mal persönlich gesehen hatte, redete sich in einen wahren Rausch der Lüge:

Pfeiffer: »Ich habe mit ihr ja noch mehrfach telefoniert. Wir haben also eigentlich ständig Kontakt gehalten. Ich habe sie auch immer wieder auf diesen Trabrenntermin angesprochen, von dem sie sehr begeistert war. Ich persönlich mochte sie sehr leiden ...und ich hatte auch den Eindruck, und das sagte ich Ihnen letztes Mal, daß sie mich auch wirklich außergewöhnlich, über das normale Maß hinaus, leiden mochte.«
Degler: »Ja, ja, was war er denn für ein Typ. Ich weiß nicht, Sie haben ja auch nicht jeden Tag mit ihm zu tun gehabt, aber Sie waren ja doch sehr nahe dran über dieses gut dreiviertel Jahr.«
Pfeiffer: »Ja, er war ein Mann, der natürlich machtbesessen war.«
Degler: »Also, kann man das sagen: machtsüchtig?«
Pfeiffer: »Ja, er war machtsüchtig. Er duldete keinen Widerspruch, ging äußerst hart mit seinem Personal um.«
Degler: »Auch mit Ihnen?«
Pfeiffer: »Nein, ich war die einzige Ausnahme.«[40]

Degler war ratlos, was er mit den wirren Geschichten Pfeiffers machen sollte.

Barschels Tod war für Pfeiffer ein Glücksfall. »Wenn Barschel zurückgekommen wäre, dann wäre ich ausgewandert«, erzählt Pfeiffer später. Ihm sei klar gewesen, dass er keine handfesten Beweise für seine Anschuldigungen gehabt habe.[41]

Sonntag, 11. Oktober 1987, 19 Uhr,
Genf, Justizpalast
Kurz vor sieben Uhr wählte Inspektor Mossier in seinem Arbeitszimmer nochmals die Rufnummer seiner Kollegen in Kiel. Der Inspektor informierte die Kieler Kriminalisten nun auch, dass Barschel von *Stern*-Reportern gefunden worden war und dass seine Zimmertür geschlossen, aber nicht verschlossen gewesen war.[42] Um ihn herum hetzten Beamte über die Flure, Türen schlugen, Telefone klingelten ununterbrochen, Gesprächsfetzen und Rufe schwirrten durch die Gänge.
Als Eike Barschel die Zentrale der Genfer Kriminalpolizei betrat, erlebte er ein hektisches Treiben. Niemand hatte mit seinem Eintreffen gerechnet, niemand wusste überhaupt etwas von der Existenz eines Bruders des deutschen Ministerpräsidenten in der Schweiz. Zumindest nicht diejenigen, die mit den Ermittlungen betraut waren. Als

Eike Barschel schließlich zu den Inspektoren Paul Fleury und Jean-Claude Mossier gebracht wurde, stellte er fest, dass auch diese sich in heller Aufregung befanden. Mittlerweile hatte sich das Gerücht verbreitet, dass Ermittler des Bundeskriminalamtes und »hohe Würdenträger« eintreffen würden. Eike Barschel erkannte, dass es den Polizisten viel lieber gewesen wäre, wenn er in Yens geblieben wäre. Er glaubte, echte Verärgerung über sein Erscheinen zu spüren. Schließlich setzte sich Inspektor Mossier mit ihm in einen Raum, um seine Zeugenaussage aufzunehmen. Mossier machte auf Barschel den ruhigeren Eindruck, während dessen Chef Fleury ihm eher wie »ein kleiner Napoleon« erschien. Fleury lief ständig aus dem Zimmer heraus und stürmte wieder herein.[43]

Inspektor Fleury legte Eike Barschel eine handgeschriebene Liste mit Telefonnummern vor. Es waren die Rufnummern, die ein Beamter sich aus dem Hotelcomputer von den Gesprächen herausgeschrieben hatte, die am Vorabend aus dem Zimmer 317 des »Beau Rivage« geführt worden waren. Den Ermittlern sagten die Telefonnummern nichts. Eike Barschel identifizierte zwei der Nummern: Seine eigene und die seiner Schwester Folke Junker.

Etwas irritierte ihn auf den ersten Blick. Sein Bruder hatte ihn am Abend zweimal kurz hintereinander angerufen. Doch seine Telefonnummer tauchte dreimal auf der Liste auf.

»Hören Sie zu, das dritte Telefonat, das, was Sie da haben, das hat es nicht gegeben«, sagte er zu Fleury.[44]

Der Inspektor schien daran nicht interessiert. Er ging nicht weiter darauf ein, als er die Aussagen des Zeugen notierte. Barschel bestand darauf, dass er am Abend in Yens nur zwei Mal, zwischen 18.15 Uhr und 18.30 Uhr mit seinem Bruder telefoniert hatte. So protokollierte es der Inspektor.

Fleury und Mossier erfuhren nun erstmals, warum Uwe Barschel nach Genf gekommen war. Eike Barschel erzählte ihnen von der Vermutung seines Bruders, einem politischen Komplott zum Opfer gefallen zu sein und von dem Kontaktmann, den er in Genf treffen wollte, um entlastendes Material entgegenzunehmen. Barschel erläuterte, dass es in dem ersten Telefonat um das beabsichtigte zweite Treffen mit dem Kontaktmann an diesem Abend gegangen sei, das im Restaurant des »Hilton« stattfinden sollte. Eike habe ihn gefragt, ob er seinen Rechtsanwalt dabei habe, doch sein Bruder habe alles alleine machen wollen. Eike erklärte auch, man sei für den Zirkus verabredet gewesen, und Uwe habe gesagt, es könne bei ihm später werden.

Dann ging Eike Barschel auf den zweiten Anruf zehn Minuten später ein: »Er sagte mir, dass die Transaktion im Restaurant des Hotels Hilton stattfände. Ich fragte ihn, von welcher Transaktion er denn rede, und er antwortet mir, dass der Kontaktmann ihm ein Foto geben sollte, auf welchem man Pfeiffer in Gemeinschaft mit einem Mann sähe, von dem er versichert, ihn nicht zu kennen. Er fügte noch hinzu, dass er uns noch am selben Abend aufsuchen würde, bestimmt aber den folgenden Morgen gegen 9.00 Uhr, 9.30 Uhr zum Frühstück. Seitdem habe ich keine Nachricht mehr erhalten.«[45]

Eike Barschel erwähnte den Kontaktmann »Rolof« oder »Rulof«, der seinen Bruder nach Genf bestellt hatte und der mit ihm am Informationsschalter am Flughafen Verbindung aufnehmen wollte. Diesen Kontakt habe es auch gegeben. »Rolof« habe auch bereits in der Ferienanlage auf Gran Canaria angerufen und sich dort als Angehöriger der Regierung von Schleswig-Holstein ausgegeben: »Ich bin selber in der Politik in Deutschland zu Hause und kann sagen, dass mir dieser Name völlig ungeläufig ist.«[46]

Er hatte das Gefühl, dass zumindest Inspektor Fleury nicht richtig bei der Sache zu sein schien. Seine Hektik steigerte sich, während Mossier relativ ruhig blieb. Anscheinend hatten sich die Gerüchte verdichtet, dass die BKA-Beamten gegen 22 Uhr eintreffen wollten. Fleury saß auf heißen Kohlen, er trieb angesichts dieses wichtigen Besuches zur Eile an. Offenbar machte ihn die Aussicht auf deutsche Spitzenbeamte in seinem Büro nervös. Eike Barschel hatte den Eindruck, man nehme seine Aussage zwischen Tür und Angel auf.[47]

Die Kriminalisten hatten an ihn noch eine Frage: »Halten Sie es für möglich, dass sich Ihr Bruder selbst getötet hat?«

Eike Barschel zögerte nicht den Bruchteil einer Sekunde: »Um Ihre Frage zu beantworten: Ich schließe nachdrücklich aus, dass mein Bruder Selbstmord begangen haben könne, und zwar trotz des politischen Skandals, der ihn umgab. Er war eher ein kämpferischer Typ in derartigen Situationen. Von solcherlei Dingen würde er sich niemals moralisch unterkriegen lassen.«[48]

Damit schlossen Fleury und Mossier das Protokoll. Eike Barschel fuhr in dem Gefühl nach Hause, dass er den Beamten eher lästig gewesen war. Von einem Besuch der Wiesbadener BKA-Beamten konnte noch keine Rede sein. Erst um 20.45 Uhr hatten die Schweizer Behörden ihr Einverständnis zur Einreise deutscher Ermittler gegeben.[49]

Um kurz nach 22 Uhr nahm Mossier noch einen Anruf aus Kiel entgegen. Er konnte seinem Kollegen aber nur mitteilen, dass mit dem Ergebnis der Obduktion nicht vor acht Uhr am nächsten Morgen zu rechnen sei. Schließlich setzte sich einer der Beamten an seine Schreibmaschine, um einen ersten Bericht zu den Ereignissen zu verfassen. Er formulierte ganz lapidar:

»Im Inneren des Zimmers war das Bett in Ordnung, und es sind keinerlei Spuren eines Kampfes festgestellt worden.
Der Gast war bekleidet, und sein Körper befand sich im Wasser der Badewanne. Es sind keinerlei Blutspuren entdeckt worden.
Die Gerichtsärzte, Frau Margairaz und Herr Laharpe, haben die üblichen Feststellungen im Hotelzimmer getroffen.
Die Autopsie ist heute vorgenommen worden, und die erste Diagnose lässt die Behauptung zu, dass keinerlei Spuren von Gewalt entdeckt worden sind. Nach einer ersten Überprüfung war das Herz des Verstorbenen für einen Mann seines Alters in einem schlechten Zustand. Es ist nicht ausgeschlossen, dass er eine Lebensmittel-, Arzneimittel- oder Alkoholvergiftung erlitten haben könnte. Gründliche Untersuchungen sind noch im Gange.«[50]

Montag, 12. Oktober 1987, 8 Uhr,
Bonn, Regierungsviertel

Die Büros im Bundeshaus, im Bundeskanzleramt und in den Ministerien begannen sich zu füllen. Die Politiker, Beamten und Angestellten hatten nur ein Thema: den mysteriösen Tod des gerade erst zurückgetretenen schleswig-holsteinischen Ministerpräsidenten. Die Spekulationen und Vermutungen überschlugen sich. Mord? Selbstmord eines tief Gefallenen? Sie stürzten sich auf den Nachrichtenüberblick des Bundespresseamtes, der wie immer schon am frühen Morgen verteilt worden war. In ihrer ersten Morgenzusammenfassung hatte die Deutsche Presseagentur kurz nach vier Uhr noch gemeldet, die Todesursache Uwe Barschels sei nach wie vor ungeklärt. Aber: »Ein Fremdverschulden, etwa eine Gewalttat, wird jedoch nach Informationen, die dpa in der Nacht zum Montag aus zuverlässiger Quelle enthielt, völlig ausgeschlossen.«[51]

Der Nachrichtenüberblick kannte nur zwei Themen: Barschels Tod und die Steuerreform. Der Tote in Genf beherrschte die Nachrichten. Die Morgenzeitungen wagten sich schon weit hinaus, was die mutmaßliche Todesursache anging: »Obduktion ergab Herzversagen oder Kreislaufkollaps.«

Die Schlagzeilen ähnelten sich: »Politiker aller Parteien tief betroffen.« Und die ersten dachten längst schon wieder weiter: »Kohl und Stoltenberg: Jetzt Neuwahlen. – Kieler FDP bleibt bei Koalitionsaussage zugunsten der CDU.« Die Leitartikler deuteten Barschels Tod in ihren Kommentaren als Mahnung an Politiker und Medien zur Fairness. Sie verlangten weitere Aufklärung, aber auch hier wurde schon über Neuwahlen nachgedacht.[52]

Der *Spiegel* erschien mit dem Titel »Gefängnis für Dr. Uwe Barschel?«. Pietätslosigkeit wurde an diesem Morgen verziehen. Jeder wusste, dass das Heft vor dem Fund des toten Politikers gedruckt wurde.

Der Politikbetrieb in Bonn und Kiel organisierte sich unter dem Schock der Ereignisse schnell neu. Schon am frühen Vormittag hatten in Kiel das Landeskabinett und der Parlamentarische Untersuchungsausschuss gemeinsam die neue Situation nach dem Tod Barschels beraten. Der Pfeiffer-Untersuchungsausschuss beriet unter Vorsitz von Klaus Klingner (SPD) über die Fortsetzung der öffentlichen Sitzungen. Klingner und die Fraktionsvorsitzenden hatten schon am Sonntagnachmittag erklärt, bis zur Beisetzung Barschels keine Zeugen vernehmen zu wollen. Regierungssprecher Behnke, der seinen mehrwöchigen Urlaub sofort abgebrochen hatte, nahm an der Kabinettssitzung teil.[53]

Die neuen Meldungen zu den Ereignissen des Vortages wurden im Minutentakt in die Besprechungszimmer und Konferenzräume gereicht. Um halb elf meldete dpa die neuesten Erkenntnisse zur Todesursache: Die Genfer Untersuchungsrichterin Claude-Nicole Nardin hatte mitgeteilt, dass »das Herz des schleswig-holsteinischen Ministerpräsidenten in schlechtem Zustand« gewesen sei. Vor dem Abschluss der laufenden toxikologischen Gutachten könne allerdings nichts Genaues über die Todesursache gesagt, noch nicht endgültig festgestellt werden, dass Barschel eines natürlichen Todes gestorben war.[54]

Und dann meldete sich aus weiter Ferne Franz Josef Strauß, der an diesem Vormittag zu einem fünftägigen Besuch in der chinesischen Hauptstadt Peking gelandet war. Sofort gab er seine Stellungnahme zu den Genfer Ereignissen zu Protokoll: »Das Ganze ist jetzt zu einer Tragödie geworden. Aber ich glaube noch nicht, dass damit die Affäre insgesamt ihr Ende gefunden hat.« Der bayerische Amtskollege Barschels betonte, er sei von den »ganzen Vorverurteilungen merkwürdig berührt« gewesen. Man habe Barschel »über alle Maßen gelobt und ihn dann wenige Tage später in die Hölle verdammt«. Strauß: »Das hinterlässt für jemanden, der solche Entwicklungen kennt, einen bitteren Geschmack.«[55] Der Mann wusste wahrlich genau, wovon er da sprach.

Zwischen Strauß und Barschel gab es eine Verbindung, über die nur ein enger Kreis informiert war. Der Politiker aus dem hohen Norden und der oft polternde, aber leicht verletzliche bayerische Ministerpräsident verstanden sich nicht nur gut, sondern tauschten sich auch über Vertrauliches aus. Mehrmals, erinnert sich Sohn Max Strauß, habe Barschel nach dem Platzen der Kieler Affäre bei seinem Vater angerufen. Über den Inhalt der Telefonate ist nichts bekannt. Ging es um Kohl, um das U-Boot-Geschäft, um das Verhalten der CDU, um Ratschläge für einen Ausweg aus der Krise in Kiel? Waren es Hilferufe? An das letzte Gespräch, das Barschel vermutlich von Gran Canaria aus führte, erinnert sich Max Strauß noch. Es war gegen Abend. Die Familie saß im Wohnzimmer ihres Hauses, als das Telefon läutete. Vater Strauß nahm den Hörer ab und fragte nach einer Weile: »Wie kann ich Ihnen helfen?« Weiter bekam Sohn Max von der Unterhaltung nichts mit. Aber nachdem sein Vater aufgelegt hatte, wurde in der Familie kurz über den Kieler Fall diskutiert. Dabei sagte Franz Josef Strauß über das Telefonat mit Barschel nach der Erinnerung von Max: »Die Roten haben mehr Dreck am Stecken als die Unseren.« Mit »die Unseren« sei die CDU gemeint gewesen. Strauß und Barschel haben die Geheimnisse ihrer stillen Liaison mit ins Grab genommen.

Montag, 12. Oktober 1987, 12 Uhr,
Genf, Flughafen Cointrin

Die Journalisten warteten schon. Eike Barschel kam mit dem Wagen aus Yens, um seine Schwägerin vom Flughafen abzuholen. Als Freya Barschel aus dem Sicherheitsbereich der Ankunftshalle herauskam und auf Eike zuging, waren sie sofort von den Journalisten mit ihren Mikrofonen umringt. Eike hatte Mühe, Freya sicher durch den Pulk nach draußen und zum Wagen zu lotsen. Dann fuhren sie zurück zu den Kindern.[56]

Am Vormittag waren bereits zwei Kriminalisten des Landeskriminalamtes Kiel und ein Vertreter des BKA in Genf eingetroffen.[57] »Keine Gewaltspuren, kein Blut«, waren die ersten handschriftlichen Eintragungen im Notizbuch der Landespolizei Schleswig-Holstein, nachdem die Beamten sich bei Louis Demartin, dem Chef der 1. Sektion der Genfer Kriminalpolizei, gemeldet und vorgestellt hatten.[58]

Während Eike Barschel in der Schweiz durch Journalisten von den ersten Gerüchten hörte, sein Bruder habe sich das Leben genommen, verbreitete das schleswig-holsteinische Innenministerium am Mittag eine andere Version: Es sei »von natürlichem Tod durch Herzschlag auszugehen«. Das Innenministerium stützte sich nach eigenen Angaben auf Informationen der Genfer Polizei: »Eine Gewalteinwirkung auf den Körper ist nicht festgestellt worden. Fest steht, daß Dr. Barschel nicht unter Medikamenten- oder Alkoholeinwirkung gestanden hat.« Das alles unter dem Vorbehalt der noch nicht vorliegenden endgültigen Obduktionsergebnisse.[59]

In Bonn gedachte inzwischen der CDU-Bundesvorstand dem verstorbenen »Parteifreund«. Helmut Kohl würdigte die Leistungen des ehemaligen Ministerpräsidenten. Am Vortag hatte er den Tod Barschels als »eine menschliche Tragödie« bezeichnet. Auch Gerhard Stoltenberg wollte in seiner öffentlichen Trauer nicht nachstehen. Vor Journalisten mahnte er eine Zeit der Besinnung an. »Leider ist in einigen Attacken der vergangenen Zeit übersehen worden, daß für jeden bis zum Beweis des Gegenteils die Unschuldsvermutung zu gelten hat«, erklärte Stoltenberg. Barschel habe eine große politische Leistung für Schleswig-Holstein erbracht. Auch die Schatten und kritischen Fragen der vergangenen Wochen hätten daran nichts geändert. Stoltenberg hoffte, so sagte er, auf eine andere Art der Auseinandersetzung, die der Klärung der Probleme diene, mit denen sich der Untersuchungssausschuss in Kiel beschäftige.[60] So mancher wird sich seinen Teil zur Art der Auseinandersetzung gedacht haben. Und vielleicht hatte der eine oder andere auch den Untersuchungsausschuss in Bonn im Sinn.

Das FDP-Präsidium unter Leitung des Parteichefs und Wirtschaftsministers Bangemann erklärte pathetisch: »Der Tod eines Menschen ist ein viel zu hoher Preis für eine politische Auseinandersetzung.«[61]

Eike Barschel, der um das gestörte Verhältnis seines Bruders zu Stoltenberg und anderen ehemaligen CDU-Weggefährten wusste, wird dies in diesen Stunden nicht im Detail registriert haben. Er erkannte aber, dass sich die Gerüchte um einen angeblichen Selbstmord immer weiter verdichteten und dazu die Information kam, die Genfer Untersuchungsbehörden planten eine Pressekonferenz am späten Nachmittag oder Abend, auf der man mitteilen wolle, dass alles darauf hindeute, dass Uwe Barschel sich selbst umgebracht habe. Unabhängig davon, ob das alles den Tatsachen entsprach: Die Aufregung und der Zorn Eike Barschels, der fest davon überzeugt war, dass sich sein Bruder weder selbst das Leben genommen hatte, noch einem Herzanfall zum Opfer gefallen war, stiegen mit jedem weiteren Gerücht, mit jeder weiteren vermeintlichen Information.

Seiner Frau und seiner Schwägerin sagte Eike Barschel nichts. Aber gegen 14 Uhr stand sein Entschluss fest. Er wollte den Genfer Untersuchungsbehörden und der Untersuchungsrichterin Nardin, mit der er bis dahin noch nicht gesprochen hatte, auf keinen Fall allein das Feld überlassen. Eike Barschel plante eine eigene Gegen-Pressekonferenz. Ein Nachbar, der beim Schweizer Fernsehen arbeitete, konnte ihm dabei helfen. Der Sender erklärte sich bereit, die Organisation zu unterstützen. Eike sagte zu, vor die Kameras zu treten. Innerhalb von anderthalb Stunden war eine spontane Pressekonferenz im Hotel »Intercontinental« für Schweizer und ausländische Medienleute auf die Beine gestellt. Erst jetzt unterrichtete er seine Frau und Freya. Mehr aus Höflichkeit fragte er Freya Barschel, ob sie mitkommen wolle. Er hatte das rhetorisch gemeint und war ganz erstaunt, als sie sehr gefasst bejahte. Gemeinsam machten sie sich auf den Weg nach Genf.[62]

Um 16 Uhr sandte Interpol Schweiz ein erstes Fernschreiben an Interpol in Wiesbaden, in dem die Eröffnung des Verfahrens unter Leitung der Ermittlungsrichterin Nardin mitgeteilt wurde. Die Schweizer Behörde listete auf, dass im Zimmer Barschels vier Medikamente gefunden worden waren: Tramal, Fiorinac, Suntex und Demetrin. Außerdem vermerkte Interpol Genf an persönlichen Besitztümern: 637 DM und 3110 Peseten, zwei Schlüssel jeweils ohne Nummer, eine Armbanduhr, einen Ehering, eine Eurocheckkarte und eine MasterCard. Die Ermittler interessierte vor allem zwei Dinge: »Wir möchten wissen, ob Barschel in Genf mit Hilfe dieser beiden Karten Geld ausgegeben hat. Im Portemonnaie des Toten fanden wir einen kleinen Zettel mit folgender Aufschrift: 0509 29 65 98. Es handelt sich hierbei um eine Nummer in Deutschland. Danke für umgehende Antwort und Mitarbeit.«[63] Bei der Telefonnummer in Barschels Portemonnaie handelte es sich um die Nummer eines Autotelefons. Der Inhaber dieses B-Netz-Anschlusses konnte nie geklärt werden. Aber eines ist sicher: Es war ein Ausländer.

Montag, 12. Oktober 1987, 17 Uhr,
Genf, Hotel »Interconti«

50 Journalisten und Fotografen standen dicht gedrängt in dem Saal, in dem die Pressekonferenz von Eike und Freya Barschel stattfinden sollte. Eike stellt sich vor. Er wirkte sehr beherrscht, aber die Anspannung, die Energie, die ihn das kostete, war ihm anzusehen. Auf den Reporter der *Tribune de Genève* wirkten Eike und Freya »würdevoll und gleichzeitig sehr bestimmt«. Er registrierte, dass sie versuchten, in ihren Angaben so präzise und konkret wie nur möglich zu sein. Sie informierten die anwesenden Journalisten über die Absicht Barschels, in Genf jenen »Roloff« zu treffen, der ihn bereits in Gran Canaria kontaktiert und entlastendes Material angeboten hatte. Freya Barschel erklärte mit ruhiger Stimme:

»Uwe hatte Angst. Angst und Hoffnung. Wir hatten auch Angst, weil Uwe allein war. Wir befürchteten, dass es eine Falle sein könnte. Aber Uwe hat uns zweimal beruhigt. Zunächst sagte er, dass er die Verabredung am Flughafen habe, also einem öffentlichen Ort, wo er glaubte, kein Risiko einzugehen.«

Man hörte nur das leise Surren der Kameras und das Rascheln der Notizblöcke, während sie mit ihren Schilderungen fortfuhr:

»Später rief er uns an. Es war Samstagnachmittag, und er war gerade im Hotel angekommen. Er schien sehr zufrieden über das Gespräch mit seinem Informanten zu sein. Bei diesem Anruf sagte er uns, er habe am Abend noch ein zweites Gespräch mit demselben Mann. Danach haben wir nichts mehr von ihm gehört.«

Dann mischte sich ein erster Vorwurf, eine erste leise Anklage in ihre Ausführungen, gekleidet in zwei Fragen, die auch ein verzweifelter Appell waren:

»Dieses Foto, die Beweise, die Robert Roloff Uwe sicherlich gegeben hat, sind äußerst wichtig. Warum wollen die Polizei und die Genfer Gerichtsbarkeit uns nicht empfangen? Warum erlauben sie uns nicht, die Leiche meines Mannes zu sehen?«

Eike Barschel blieb beherrscht. Die Journalisten notierten aufmerksam, was er zum Tod seines Bruders zu sagen hatte. Für ihn war es Mord, ein Komplott, dessen Schuldige er nur in einer Richtung suchen konnte:

»Wir werden nach der Autopsie durch die Genfer Polizei eine zweite Autopsie machen lassen. Wir werden den Schlüssel finden, um unsere Hinweise zu verdichten. Die CDU hat meinen Bruder in seinem Kampf um die Auflösung des Komplotts im Stich gelassen. Aber die ganze CDU wird dafür bezahlen.«[64]

Auch der Vertreter von *La Suisse* registrierte, wie weit sich Eike Barschel mit seiner Komplotttheorie nach vorn wagte. Selbstmord oder Herztod, das kam für ihn nie in Frage, sein Bruder sei nie herzkrank gewesen. Er sei bis zuletzt kämpferisch gewesen. Er habe um seine Rehabilitierung kämpfen wollen. Für Eike war deshalb ein Selbstmord völlig ausgeschlossen:

»Die dritte und einzige Möglichkeit ist die Ermordung. Wir wollen Uwe Barschel heute rehabilitieren und die Wahrheit herausfinden.«[65]

Eike und Freya Barschel erklärten den Journalisten, sie könnten weder den oder die Täter nennen noch das Motiv.[66] Eike war vorsichtig, er erzählte den Reportern längst nicht alles, was ihm durch den Kopf ging. Aber er hatte sich seine Gedanken gemacht, wie er später der Staatsanwaltschaft verriet. Für ihn gebe es nur einen möglichen Hintergrund für einen Mord an seinem Bruder: Sein Bruder hatte keine persönlichen Feinde, weil er kein Privatleben hatte, er war nicht in irgendwelche Waffengeschäfte verwickelt, da war sich Eike sicher, und irgendwelche rein politischen Streitereien waren Eike Barschel als Mordmotiv ebenfalls nicht ausreichend. Das Einzige, was ihm eingefallen war, war ein Bereich, in dem Uwe Barschel politischen und wirtschaftlichen Einfluss hatte und wo er brisantes Wissen ansammeln konnte, das anderen gefährlich werden konnte: der Komplex um HDW.[67]

Für Eike war und blieb der eigentliche Skandal, dass die CDU seinen Bruder nach dem Rücktritt absichtlich isoliert hatte. Eike Barschel legte den Anwesenden das anklagende Telegramm vor, das sein Bruder aus Gran Canaria an den Fraktionsvorsitzenden Kribben geschickt hatte. Dann griff er die CDU massiv an, und er nannte Namen:

»Ich beschuldige heute die Partei meines Bruders, die CDU, alles getan zu haben, um meinen Bruder von der politischen Bühne der Bundesrepublik Deutschland zu verbannen«, notierte der Reporter von *La Suisse*. »CDU-Politiker wie Finanzminister Stoltenberg und Klaus Kribben werden dafür bezahlen müssen.«[68]

Freya Barschel saß zusammengekauert auf einem Sofa des Hotel »Intercontinental« und sammelte neue Kraft. Die Pressekonferenz war ein einziger nervlicher Kraftakt gewesen. Sie stand unter Medikamenten, wirkte aber immer hellwach. Ihr Anblick riss den Reporter der *Tribune de Genève* zu einer dramatischen Beschreibung hin: »Als ob die ganze Tragweite des Dramas an ihr vorbeiginge. Als ob die ›Affäre Barschel‹, die zunächst nur ein nationaler politischer Skandal war, plötzlich über ihren eigenen Schmerz hinausginge. Und als ob ihr die Suche nach der Wahrheit die Kraft gäbe, nicht zusammenzubrechen.«[69]

Montag, 12. Oktober 1987, 17 Uhr,
Genf, Justizpalast

Auch zur Pressekonferenz der Schweizer Untersuchungsbehörden, die fast zeitgleich zu der von Eike und Freya Barschel stattfand, waren zahlreiche Journalisten geströmt. Die größte Gruppe bildeten die deutschen Reporter. Doch hier waren die Informationen und Ermittlungsergebnisse, die den Pressevertretern vorgelegt wurden, äußerst dürftig. Frau Nardin erklärte:

»Wir haben im Zimmer von Herrn Barschel keine testamentarischen Verfügungen gefunden … Die Autopsie erlaubt zur Stunde nur zwei Feststellungen: Herr Barschel ist nicht ertrunken, und es hat keine Gewaltanwendung stattgefunden. Einzig und allein die zur Zeit am gerichtsmedizinischen Institut durchgeführten chemischen und toxikologischen Untersuchungen werden Aufschluss über die exakte Todesursache des Ex-Ministerpräsidenten geben. Diese Untersuchungen dauern mehrere Tage und werden systematisch in jedem zweifelhaften Todesfall vorgenommen, der polizeilich untersucht wird. Bis die Ergebnisse vorliegen, kann ich keine Hypothese ausschließen.«[70]

Also blieb es dabei: Man wusste knapp 30 Stunden, nachdem Barschel tot aufgefunden war, nichts Genaues über die Todesursache. Die Untersuchungsrichterin wollte keine Möglichkeit ausschließen, also weder natürlicher Tod noch Selbstmord, noch Mord. Doch die Genfer Behörden schienen sich nicht einig. Die Deutsche Presseagentur zitierte den Sprecher der Genfer Polizei: Gerüchte, Barschel sei ermordet worden oder habe Selbstmord begangen, seien »Fabeln«. Barschel sei aber mit Sicherheit auch nicht ertrunken, obwohl er bekleidet, aber ohne Schuhe und Jackett in der gefüllten Badewanne gefunden wurde. [71]

Die *Tribune de Genève* kommentierte die offiziellen Verlautbarungen der Genfer Ermittlungsbehörden lakonisch und treffend:

»Was den Samstagabend in Genf betrifft, ›setzt die Polizei ihre Untersuchungen fort‹, um seinen Verlauf genau zu bestimmen und vor allem sagen zu können, ob Barschel tatsächlich jemanden getroffen hat. Die für die Untersuchung Verantwortlichen sind offensichtlich nicht sehr gesprächig in Bezug auf dieses Thema, das in Deutschland eine Welle der Emotionen ausgelöst hat.«[72]

Montag, 12. Oktober 1987, Kiel
Reiner Pfeiffer hatte via *Bild*-Zeitung seinen öffentlichen Kommentar zum plötzlichen Tod Barschels abgegeben: »Mein Gott, mein Gott, das kann ich nicht fassen ... Warum hat er nicht die Wahrheit gesagt, das wäre nur halb so schlimm für ihn geworden.«

Nun gab der ehemalige Medienreferent fleißig Interviews. Diesmal hatte er sich den Norddeutschen Rundfunk für seine Enthüllungen ausgesucht. Erstmals räumte er sehr frühzeitige Kontakte zu Klaus Nilius, dem Sprecher der schleswig-holsteinischen SPD, ein. Schon ab Juli habe er Nilius in groben Zügen über einzelne Aktivitäten informiert und ihn im Grunde genommen auch um Hilfestellung gebeten. Er habe ihn gefragt, »was würde er – von Kollege zu Kollege – an meiner Stelle machen. Und ich glaube, er hat mir dabei sehr geholfen«, erklärte Pfeiffer dem NDR.

Nilius habe Pfeiffer angeblich geraten, seine Aktionen abzubrechen oder aber zumindest »mit gebremstem Schaum zu fahren«. Pfeiffer sagte weiter, er habe dem SPD-Mann zu verstehen gegeben: »Ich kann nicht aufhören. Ich muss so tun als ob.« Pfeiffer habe dann alles so weitergefahren, dass es im Sande verläuft und der politische Gegner, namentlich Engholm, möglichst wenig geschädigt werde.

Nachdem Nilius und der SPD-Vorsitzende Günter Jansen am Freitag in Kiel zugegeben hatten, dass sie schon vor der Veröffentlichung im Spiegel von Pfeiffer teilweise über die Aktionen gegen SPD-Spitzenkandidat Björn Engholm informiert waren, gab Pfeiffer nun den von Gewissensbissen Geplagten. Und Engholm sollte von alledem nichts gewusst haben. Vor Juli wollte Pfeiffer weder Kontakte zur SPD noch zum Spiegel gehabt haben.

Pfeiffer wurde auch nach dem Foto des vermeintlichen Genfer Informanten Barschels, das angeblich beweisen soll, dass Pfeiffer mit einer Schlüsselfigur der Affäre schon sehr früh Kontakt gehabt habe, befragt. Seine Antwort: Er könne sich nicht vorstellen, um wen es sich dabei handeln sollte. Er sei lediglich bei Pressekonferenzen fotografiert worden, »sowohl mit CDU-Leuten wie auch mit SPD-Leuten«. So sei er bei solcher Gelegenheit auch mit SPD-Oppositionsführer Björn Engholm und auch mit dem damaligen Ministerpräsidenten Uwe Barschel fotografiert worden. Er sei aber mit keinem SPD-Politiker »in irgendeiner privaten Sphäre fotografiert worden«. Pfeiffer betonte, er glaube, dass dieser Informant ein Scharlatan gewesen sei.[73]

Montag, 12. Oktober 1987, Köln,
Bundesamt für Verfassungsschutz

Der Präsident des Bundesamtes für Verfassungsschutz, Gerhard Boeden, erreichte an diesem Montag endlich, so erinnerte er sich, seinen Top-Agenten Werner Mauss am Telefon. Der oberste Staatsschützer rekonstruierte die Situation:

»Wo sind Sie denn?«, fragte er Mauss. »Da erzählt er mir, er habe im ›Richemond‹ gewohnt.«[74]

Mauss berichtet in seiner Vernehmung: »Auch am 12. und 13. Oktober 1987 waren wir im Hotel ›Richemond‹ in Genf und haben telefoniert und Anrufe entgegengenommen.«[75]

Boeden: »Sag ich: ›Haben Sie irgendwas mit Barschel zu tun? Haben Sie jemals Barschel gekannt oder getroffen oder haben Sie irgendwas vorher erfahren oder jetzt erfahren?‹ Er hat mir hoch und heilig versichert: ›Nein, ich kenne Barschel nicht, ich habe Barschel nie gesehen.‹«[76]
»Nein, ich habe ihn nicht getroffen«, beteuerte Mauss später in seiner Vernehmung. »Ich habe auch nicht gewusst, dass er in Genf war. Das habe ich erst später aus der Presse erfahren.«[77] Er betont nochmals: »Mit Barschel und seinem Ableben« habe er »absolut nichts zu tun«. Er habe »weder Barschel noch sein familiäres Umfeld jemals gekannt«.

Staatsanwalt Sönke Sela konfrontierte später Gerhard Boeden mit Aussagen, dass Mauss beim Einsatz zur Kontrolle observiert worden sei, sozusagen als bespitzelter Agent.[78] Sela legte Boeden einen *Spiegel*-Bericht über Mauss vor, in dem dies wiedergegeben wurde: »In den Genfer Tagen ist er, so belegen Unterlagen, rund um die Uhr von Spezialisten deutscher Behörden observiert worden – eine Vorsichtsmassnahme des Bonner Krisenstabes, der das Phänomen Mauss unter Kontrolle haben wollte.«

»Ich weiss natürlich nicht, ob das, was der *Spiegel* unter wörtlicher Anführung dem Herrn Schäuble in den Mund gelegt hat, auch wirklich von Herrn Schäuble gesagt worden ist«, erklärte Boeden dem vernehmenden Staatsanwalt.

»Denn fest steht eins, von mir kann das Herr Schäuble nicht gehört haben. Ich hätte überhaupt gar keinen Beamten in die Schweiz schicken können zur Kontrolle von Herrn Mauss. Ich konnte allenfalls immer wieder die Schweizer ersuchen und bitten, mal ein Auge darauf zu werfen. Das ist auch geschehen.«

»Hier steht nicht ausdrücklich, dass das Herr Schäuble war«, konkretisierte Staatsanwalt Sela.

»Sagten Sie nicht Schäuble?«, fragte Boeden.

»Das ist hier zitiert worden unter Hinweis auf ›Unterlagen‹, die dies ›belegen‹ sollen«, erläuterte der Staatsanwalt.

»Es gibt solche Unterlagen nicht«, erwiderte Boeden. »Richtig ist eins, und das können Sie wirklich auch ins Protokoll nehmen: Meine Schweizer Kollegen wussten, dass Mauss in dieser Angelegenheit sich in der Schweiz aufhielt und was er da tat. Richtig ist auch, dass ich die Schweizer gelegentlich gebeten habe, bestimmte Informationen, die

ich bekommen hatte, zu überprüfen, ob die überhaupt stimmen können, also Adressen, Telefonnummern, Anschriften usw., bestimmte Ereignisse und dergleichen mehr. Aber niemand ist auf die Idee gekommen, den Mann ständig unter Kontrolle zu nehmen. Das wäre ja auch gar nicht gegangen. Das hätten die Schweizer auch nicht getan.«
Boeden wiederholte in der Vernehmung eindringlich: »Das haben wir nicht getan. Insofern kann ich also dem Mauss nicht helfen, dass ich sage, der war so unter Kontrolle, dass er also überhaupt mit der Geschichte nichts hätte zu tun haben könne, ohne dass wir es bemerkt hätten. Und das sage ich nicht als Schutzbehauptung, damit ich jetzt eine Erklärung finden muss, sondern es ist tatsächlich so gewesen.«
Boeden hatte das richtige politische Gespür. Der zeitgleiche Aufenthalt von Werner Mauss würde zu Spekulationen führen. Mauss musste sich verteidigen, sein Alibi erläutern: »Wir hatten für das Hotel ›Beau Rivage‹ gebucht. Dieses Mal hatten wir jedoch eine Kontaktperson, die eine starke Verbindung zum Hotel ›Richemond‹ hatte. Diese Person hatte im Hotel ›Richemond‹ gebucht, weshalb auch wir im Hotel ›Richemond‹ abgestiegen sind.«[79] Mauss sagte, dass sein Kontaktmann im Hotel »Richemond« »einen sehr hohen Rabatt für die gebuchte Suite im Hotel erhielt«.[80] Später berichtete er etwas mehr über die Herkunft des Mannes, der ihm die günstige Zimmerrate im Hotel »Richemond« verschaffte: »Als uns die Leute von der Hisbollah am Flughafen abholten, haben sie uns im ›Richemond‹ nicht weit vom ›Beau Rivage‹ untergebracht.«[81]
Die Eingänge der Hotels »Richemond« und »Beau Rivage« sind nur zwei Minuten zu Fuß voneinander entfernt. Man muss nur vom See abseits die kleine Rue Adhémar-Fabri entlanglaufen, um die Halle des »Richemond« zu betreten. »Am 11. Oktober sind wir im Hotel geblieben und haben Anrufe entgegengenommen und geführt«, berichtete Mauss über diesen Sonntag.[82]

»Am 10. Oktober haben wir Anrufe entgegengenommen und geführt vom Hotel Richemond aus. Am Abend waren wir im Restaurant ›Griffin‹. Hier trafen wir uns mit einem libanesischen Verbindungsmann, der eine Freundin dabei hatte. Diese Freundin war das erste Mal dabei, ich glaube, es war eine Asiatin, die in Holland lebt, ich glaube in Amsterdam oder Rotterdam. Wir sind dann spät ins Hotel zurückgekommen und dort geblieben.«[83]

Mauss meinte wohl den »Griffin's Club« am Boulevard Helvétique, wenige Gehminuten stadteinwärts von den Hotels »Beau Rivage« und »Richemond« entfernt. Das »Griffin's«, eine Bar mit Restaurant, zählte zu den elegantesten Clubs der Stadt und war mit so prominenten Clubmitgliedern wie dem französischen Schauspieler Alain Delon berühmt geworden.

Später wies Professor Karl Egbert Wenzel, Presseanwalt des Agentenpaares, Behauptungen, sein Mandant sei auch im »Beau Rivage« gewesen, kategorisch zurück: »Mauss hat innerhalb der fraglichen Zeit keinen Fuß in das ›Beau Rivage‹ gesetzt.«[84] Und Mauss selbst erklärte in einer Gegendarstellung: »Mein Aufenthalt am 10./11. Oktober 1987 hatte mit dem gleichzeitigen dortigen Aufenthalt Barschels nichts zu tun. Ich habe zu Barschel weder jemals Kontakt gehabt, noch habe ich dies beabsichtigt.«

Später wurde Mauss aufgrund von Aussagen Reiner Pfeiffers damit konfrontiert, dass er in den sechziger Jahren in Essen Reiner Pfeiffer kennengelernt habe. Mauss erklärte dazu: »Mir war nicht bewusst, dass der damals im Ruhrgebiet tätig gewesene Redakteur, den ich um 1965 einige Male getroffen habe, mit dem durch den Barschel-Fall bekannt gewordenen Reiner Pfeiffer identisch sein könne.«[85]

Mittwoch, 14. Oktober 1987, Genf,
Gerichtsmedizinisches Institut der Universität

Eike Barschel hatte seit Sonntagabend keinen Kontakt mehr zu den Genfer Behörden. Jetzt klingelte sein Telefon. Es war ein Polizeibeamter, der ihm erklärte, er müsse zur Identifizierung des Leichnams in die Pathologie kommen, die Familie dürfe auch dabei sein. Freya lehnte ab. Doch seine Mutter, Marie-Elisabeth Barschel, die inzwischen auch in der Schweiz eingetroffen war, begleitete ihn. Außerhalb von Genf trafen sie sich mit Inspektor Fleury und stiegen in den Wagen des Kriminalbeamten um, der sie in die Stadt chauffierte und durch einen Tunnel zur Pathologie brachte. In der Rückschau erinnerte sich Eike Barschel, dass dies das einzige Mal blieb, dass er von dem Polizisten Unterstützung erhielt.[86]

Nun sahen Mutter und Bruder erstmals den toten Uwe Barschel. Er war für die Identifizierung hergerichtet worden. Man hatte ihn frisiert und geschminkt.

Mittwoch, 14. Oktober 1987,
Genf, Palais de Justice

Am Abend wurden der Öffentlichkeit erstmals einige wenige Details der Obduktion bekannt gegeben: Am Körper Barschels waren keinerlei Spuren von äußerer Gewalt gefunden worden, auch nicht im Mund und Halsbereich. Das blasse Hämatom im Stirnbereich und die merkwürdige pergamentartige Stelle auf dem Rücken waren in Oldrych Frycs Obduktionsbericht vermerkt, wurden allerdings nicht interpretiert. Die Genfer Polizei bestätigte jedoch, dass man in Magen und Blut Barschels die Reste von fünf verschiedenen Medikamenten gefunden hatte. Die Tatsache, dass Barschel an einer Medikamentenvergiftung gestorben war, lag nun offen zu Tage. Die Frage, ob es Selbstmord oder Mord war, ließ sich damit noch lange nicht beantworten.[87]

Dr. Frycs Obduktionsbericht, der freilich erst Ende November vollständig auf dem Tisch lag, wies an erster Stelle das Barbiturat Cyclobarbital aus, ein sehr starkes Schlafmittel. Außerdem hatten die Toxikologen Pyrithyldion gefunden, ein sogenanntes Sedativ, ein beruhigendes, hypnotisches Schlafmittel. Des Weiteren Diphenhydramin, das Erbrechen verhindert, sowie zuletzt Perazin, ein Mittel mit anti-psychotischer Wirkung, das heißt, es war ein ruhigstellendes Medikament, das in der Psychiatrie auch als »chemische Zwangsjacke« bezeichnet und eingesetzt wurde.[88]

Außerdem fanden die Mediziner noch sehr geringe Mengen Diazepam und Spuren von Nordiazepam, Überbleibsel der Medikamente gegen »Flugangst«, die Barschel regelmäßig zu sich nahm.[89]

Am bedeutendsten war »beachtliche Menge Cyclobarbital«. In der Ergänzung des Obduktionsberichtes hieß es:

> »Allein diese Menge kann bereits zum Tode führen. Die Pyrithyldion-, Diphenhydramin- und Perazinanteile sind zwar weniger bedeutsam, mussten aber eine zusätzliche Wirkung für den tödlichen Ausgang gehabt haben. ... Die Gesamtheit aller von uns zusammengefassten Begebenheiten erlaubt es, den Tod des Herrn Uwe Barschel einer schweren Arzneimittelvergiftung zuzuschreiben.«[90]

Zwei entscheidende Fragen blieben:

Hat Uwe Barschel diese Medikamente als Cocktail in einem Zug zu sich genommen oder aufgeteilt auf mehrere Portionen?

Hat er das Gift freiwillig geschluckt, oder half jemand dabei nach? Dies sollte in den folgenden zehn Jahren zu Gutachterstreit, Spekulationen und den unterschiedlichsten Hypothesen führen.

Kompliziert wird die Deutung des Genfer Todesfalles noch durch eine Auffälligkeit bei dem Medikament Pyrithyldion. Das war in der Bundesrepublik seit 1983 nicht mehr zugelassen. 1987 war es auch auf Gran Canaria nicht erhältlich. Barschel hätte es sich schon sehr viel früher besorgen müssen, um es mit nach Genf nehmen zu können. Das Medikament hatte einen üblen Ruf: Das in einer Überdosierung tödliche Pyrithyldion war in der Bundesrepublik in den 60er und 70er Jahren vor allem von Kriminellen in Form sogenannter K.-o.-Tropfen eingesetzt worden, um ihre Opfer bewusstlos zu machen.[91]

Das Rätsel

Donnerstag, 15. Oktober 1987, Ost-Berlin, Charité
Im Souterrain eines Backsteinbaues an der Hannoverschen Straße, wenige hundert Meter von der Mauer entfernt, sammelte Walter Katzung, Offizier der Stasi, seit Tagen alle wesentlich erscheinenden Hinweise über die Umstände von Barschels Tod. Das Haus war unter den vielen konspirativen Gebäuden in Ost-Berlin ein herausragendes »Objekt«, wie die Stasi-Leute ihre Domizile nannten.

Offiziell war der Mann als Toxikologe an der Charité Berlin, also dem Universitätskrankenhaus, beschäftigt, doch in Wirklichkeit war er der Giftexperte der Stasi. Er saß in einem Büro mit grauem Linoleum-Boden. Die vergitterten Kellerfenster waren aus Sichtschutzglas, das nur Licht vom Trottoir hereinließ, aber keine Einblicke erlaubte. Im Arbeitszimmer nebenan wirkte ein Gerichtsmediziner, der ebenfalls der Stasi diente, und auf der Parterre-Etage hatte der aus Österreich stammende Gerichtsmediziner Otto Prokop sein Büro. Der Professor war zwar emeritiert, aber dennoch täglich im Haus. Prokop, der auch Aufträge der Stasi ausführte, galt in der DDR als Koryphäe seines Faches. Auch in Westdeutschland war er hochgeachtet, nicht wenige führende Rechtsmediziner, die aus der DDR in die Bundesrepublik übergewechselt waren, hatten bei ihm studiert.

Und im ersten Stock des Hauses hatten die Staatsoberen einem illustren Rentner ein Bürodomizil eingerichtet – dem ehemaligen Meisterspion Heinz Felfe, der zehn Jahre lang als Beamter des Bundesnachrichtendienstes für den russischen KGB gespitzelt hatte, bevor er aufflog. Der Regierungsrat war 1961 enttarnt und inhaftiert und 1969 bei einem Agentenaustausch in die DDR entlassen worden.[1] Im gerichtsmedizinischen Institut schrieb er gerade an seiner Autobiographie.

Walter Katzung, der Giftexperte im Keller, recherchierte mit Passion und zugleich mit der Disziplin eines preußischen Beamten sämtliche in internationalen Datenbanken verfügbaren Erkenntnisse über Giftmorde und militärische Kampfstoffeinsätze. Die Stasi hatte für ihn allein einen eigenen Studiengang an der Universität Greifswald für kriminalistische Toxikologie eingerichtet. Er durfte mit niemandem darüber reden. Als Offizier im besonderen Einsatz (OibE) hatte er Zugang zu den Giftlabors der DDR, und was er für seine Forschung benötigte, das wurde ihm geliefert, notfalls durch Agenteneinsätze im Westen beschafft. Arsen, Atropin-Sulfat, Sarin, Digitoxin, Morphin – die Liste wurde immer länger. Stasi-Spione mussten in den USA wie in Westdeutschland für ihn einkaufen, von verbotenen Drogen wie LSD bis hin zu westlichen Schlafmittel-Präparaten.[2] Katzung sollte eine möglichst vollständige Sammlung aller Gifte dieser Erde anlegen, ihre Herkunft, ihre Wirkung und womöglich noch die Gegengifte beschreiben.

Erst am 5. Oktober 1987 war ihm über seinen offiziellen Vorgesetzten, Professor Hans-Ehrenfried Stelzer, Sektionschef für Kriminalistik der Humboldt-Universität und nebenbei Oberst der Stasi, ein neuer Forschungsauftrag mit dem Thema »Untersuchungen zu chemischen Substanzen mit besonderer kriminalistischer Relevanz« erteilt worden. Die Stasi formulierte den Auftrag: »Die Ziel- und Aufgabenstellung besteht in der Erarbeitung eines Recherche- und Datenbanksystems für die Untersuchung von Vorgängen, die auf die Anwendung besonders gefährlicher Arzneimittel und Gifte zurückzuführen sind.« Die Dokumentation und das Datenbanksystem unter dem Namen »ToxDat« wurden von ihm in den »Geheimhaltungsgrad VVS« eingestuft – Vertrauliche Verschluss-Sachen. Von der Dokumentation existierten nur fünf Exemplare, die in Panzerschränken verschlossen wurden.

Der Star-Toxikologe des MfS hatte eine übersetzte Version des auf französisch verfassten Obduktionsberichtes der Genfer Rechtsmediziner auf dem Tisch. Und zwar bevor auch nur einer der Angehörigen oder die Staatsanwaltschaften in Lübeck oder Kiel eine Kopie des Berichtes erhalten hatten. Der Genfer Resident der Hauptverwaltung Aufklärung, der Auslandsspionageabteilung der Staatssicherheit, hatte gute Arbeit geleistet. Die Staatssicherheit wollte unbedingt wissen, was sich in Genf zugetragen hatte und wie Uwe Barschel zu Tode gekommen war. Der MfS-Spezialist machte sich an die Arbeit.[3]

Donnerstag, 15. Oktober 1987,
Genf, Palais de Justice
Untersuchungsrichterin Claude-Nicole Nardin gab endlich ihr Okay. Die Leiche Uwe Barschels sollte ein zweites Mal obduziert werden. Vor allem Eike Barschel hatte darauf gedrängt, weil er Zweifel an den

Untersuchungsmethoden und der Auswertung der Genfer Gerichtsmediziner hatte. Doch Untersuchungsrichterin Nardin machte zunächst Schwierigkeiten: Die neue Obduktion dürfe nicht in Deutschland durchgeführt werden und müsse von Ärzten vorgenommen werden, die Frau Nardin bestimme. Für die Kosten sollte jedoch die Familie des Toten aufkommen. Eike Barschel empfand dies als Unverschämtheit und lehnte erbost ab. Damit wäre sein Plan ins Wasser gefallen, die Gegenuntersuchung durch den ihm bekannten deutschen Mediziner Michael Krämer am gerichtsmedizinischen Institut der Universität Bern vornehmen zu lassen. Eike Barschel und Maître Revaz, der Anwalt der Familie, verfielen nun auf einen Trick: Sie erklärten Nardin, dass sie im Rahmen der Genfer Ermittlungen auf eine Nachuntersuchung verzichten würden. Und siehe da, nun gab die Untersuchungsrichterin den bislang beschlagnahmten Leichnam frei. Eike Barschel sah sich in seinem Misstrauen bestätigt. Nun hatte er die Leiche seines Bruders, aber weder einen Obduzenten noch ein Institut für die Gegenexpertise.[4]

Donnerstag, 15. Oktober 1987, Augsburg
Obskuranten, Wichtigtuer und Trittbrettfahrer sahen ihre Zeit gekommen. In Augsburg setzte sich Hans Henning Atrott, Präsident der »Deutschen Gesellschaft für Humanes Sterben«, an den Schreibtisch und verfasste eine Presseerklärung, die er ausgiebig zur Präsentation der These vom Selbstmord des ehemaligen Ministerpräsidenten und zur Selbstdarstellung nutzte:

> »Die Umstände des Auffindens des Leichnams von Dr. Uwe Barschel in einem Genfer Hotel, das offenbar der Kriminalpolizei einige Rätsel aufgibt, deuten darauf hin, daß Dr. Barschel informiert und überlegt gehandelt hat. Auch ist es völlig ausgeschlossen, daß jemand einen Brei von Tabletten Dr. Barschel ›beigemischt‹ haben könnte, ohne daß dieser dies bemerkt hätte.«

Atrott gab sich selbstsicher, er war aber ohne Kenntnis der wahren Umstände. Der Rest der Presseerklärung ist von ähnlicher Qualität:

> »Der Tod von Dr. Barschel macht deutlich, daß eine Gesellschaft, die den Freitod tabuisiert, einen sozialmörderischen Charakter an-

nimmt. Erst mit der Nachricht des Todes dieser Persönlichkeit erinnerten sich seine ›Sozialmörder‹, daß auch sie eine Verantwortung für den Nächsten haben. Bis zu diesem Zeitpunkt konnte sich irrtümlicherweise jeder als ›moralische Instanz‹ in der Öffentlichkeit präsentieren, der gnadenlos und giftig auf Dr. Barschel einschlug. Diejenigen, die das soziale Gift gegen Dr. Barschel spritzten, können sich der Verantwortung für seinen Tod nicht entziehen. Der soziale Mord ist dann vollzogen, wenn, wie z. B. in diesem Fall geschehen, jemand wie Herr Pfeiffer Dr. Barschel öffentlich, ungestraft und ohne irgendeinen Protest einen Gangster nennen darf.«

Am Schluss machte Atrott noch einmal deutlich, wie er den aus seiner Sicht unzweifelhaften Selbstmord im Sinne der Politik der Gesellschaft für Humanes Sterben verstanden wissen wollte:

»Die Möglichkeit des Freitodes schafft jedoch die Gelegenheit, darüber nachzudenken, ob die gnadenlose Vernichtung des Gegners oder des Partners Ziel des sozialen Zusammenlebens sein kann oder die Mitverantwortung für den anderen. Wenn der Tod Dr. Barschels in diesem Sinne einiges bewirkt, dann fördert er diese Gesellschaft mit seinem Tod möglicherweise mehr, als er es als führender Politiker zu Lebzeiten vermochte.«[5]

Atrott verwies die Presse auf die Broschüre seiner Gesellschaft mit dem Titel »Menschenwürdiges und selbstverantwortliches Sterben«, die 1981 erschienen war. Es war genau die Broschüre, um die sich Reiner Pfeiffer im Juli noch bemüht hatte. Dort wurde unter anderem der Rat erteilt: »Setzen Sie sich in ein Bad voll warmen Wassers und nehmen Sie die Mittel mit Mineralwasser und/oder Alkohol ein. Wenn Sie bewußtlos sind, gleiten Sie infolge Erschlaffung der Muskulatur mit dem ganzen Oberkörper ins Wasser. Der Tod tritt kurz danach ein. Achten Sie darauf, daß die Beine nicht durchgestreckt sind, sonst gleiten Sie auch bei erschlaffender Beinmuskulatur nicht mit dem Oberkörper vollständig unter Wasser.« Um das Abrutschen ins Wasser zu erleichtern, regt die Broschüre an, die Kleider abzulegen. Zu dem um den Arm Barschels gewickelten Frottee-Handtuch gab Atrott die Erklärung, dies sei notwendig, um sich abwischen zu können, falls man sich übergeben müsse.[6]

Freya Barschel ließ sich auch von Atrotts obskuren Äußerungen nicht beeindrucken und blieb bei der Mord-Version. Sie bestritt vehement, dass ihr Mann eine Sterbehilfebroschüre der »Deutschen Gesellschaft für Humanes Sterben« besessen hatte: »Wenn das der Fall gewesen wäre, hätte ich sie bei ihm gesehen.« Und sie konterte: Auch andere hätten sich die Broschüre besorgen können, um alles so zu arrangieren, dass es nach einem Selbstmord gemäß dieser Anleitung aussehen musste.[7]

Doch die Fakten im Fall Barschel passten ohnehin nicht zu Atrotts Selbstmord-Ritual. So lag die Leiche bekleidet und mit ausgestreckten Beinen in der Wanne, der Oberkörper war nicht vollständig ins Wasser geglitten. Auch war bei Barschel kein Alkohol nachweisbar und auch nicht, dass er Mineralwasser getrunken hatte.

Donnerstag, 15. Oktober 1987, Kiel
Eike Barschel war von Genf nach Schleswig-Holstein gereist. Bis zum Freitag hielt er sich in Kiel auf und wohnte bei seiner Schwester Folke. In diesen Tagen lernte er auch einige der CDU-Politiker kennen, die er so schwer angegriffen hatte, weil sie seinem Bruder in den Rücken gefallen waren, sich von ihm distanziert hatten, wie er ihnen vorwarf. Nun musste er erleben, dass der Großteil der ehemaligen Parteifreunde seines Bruders sich auch ihm gegenüber mehr als distanziert gaben. Ja, als gar »schäbig« empfand er das Verhalten der meisten. Besonders unangenehm fiel ihm einer der CDU-Politiker auf, die er in Genf namentlich benannt hatte, der Fraktionsvorsitzende Kribben, der nun Uwe Barschel als Spitzenkandidat in Schleswig-Holstein beerben sollte.

Eike Barschel machte allerdings auch aus seinem Herzen keine Mördergrube. Dass sein Bruder sich von seiner Partei verlassen gefühlt hatte, mit dieser Anklage hielt er nicht hinter dem Berg.[8] Eike Barschel beriet sich gerade mit Professor Samson, dem Anwalt seines Bruders, als ihn der Anruf der Staatsanwaltschaft Lübeck erreichte. Konkrete Hinweise, »die zur Aufklärung des Todes seines Bruders geeignet seien«, könne er nicht geben, sagte er dem Staatsanwalt.[9] Daraufhin entschloss sich die Ermittlungsbehörde, ihn zunächst nicht als Zeugen zu vernehmen.

Jahre später von der Staatsanwaltschaft nach den Gesprächen mit seinem Bruder in den Monaten und Wochen vor dessen Tod befragt, war Eike Barschel gesprächiger.

In einer zweitägigen Zeugenvernehmung fragte Staatsanwalt Sela: »… wollen Sie damit sagen, dass Sie davon ausgehen, dass er über Geschäfte oder Komplexe so viel brisantes Wissen hatte, dass das, ich unterstelle mal für den Fall einer Veröffentlichung, für andere hätte gefährlich, zumindest unangenehm, sein können?«

»Davon bin ich 1987 ausgegangen, richtig«, sagte Eike Barschel.

»War denn der Eindruck, den Sie aufgrund dieser Informationen durch Ihren Bruder hatten, dergestalt, dass das ganz gefährliche, geheime Geschäfte gewesen sind, die dahinterstanden?«, fragte Staatsanwalt Sela nach.

»Der Meinung bin ich gewesen, ganz eindeutig bin ich der Meinung gewesen«, bekräftigte Eike Barschel.

Es waren die Dinge, die ihm sofort durch den Kopf gegangen waren nach den Gesprächen mit seinem Bruder: Politik und Geschäfte, der HDW-Komplex. Die Vorgänge, über die er in der Pressekonferenz am Tag nach dem Tod Uwe Barschels nicht gesprochen hatte.[10]

Donnerstag, 15. Oktober 1987,
Gehrden bei Hannover

Am 15. Oktober schaltete sich der Hannoveraner Solarien-Fabrikant Gert Lang in die Barschel-Ermittlungen ein. »Wir haben die Nase voll von Spekulationen«, verkündete der Erfinder neuartiger Techniken für Bräunungsstudios. Er gründete zusammen mit einer Geschäftspartnerin aus dem Bräunungs-Business, einer Malerin und einem Steuerberater, die »Aktion Wahrheit für Uwe Barschel«. Beim Anwalt und Notar Heinz Blume richteten sie eine Telefon-Hotline für Hinweisgeber ein. Wer den Fall Barschel aufkläre, erhalte eine Million Mark als Belohnung, verkündeten die Nebenpolizisten. Zum Beleg der Ernsthaftigkeit des Angebots ließen sie sich von Boulevardjournalisten abbilden, wie sie ihrem Notar einen Scheck zur Hinterlegung überreichten. Das Dokument wurde als Faksimile abgebildet.

»Das Volk ist sensibilisiert«, sagte Lang. »Doch diejenigen, die wirklich etwas wissen, haben vielleicht Angst, sich zu äußern.«

Schon an dem Tag, als *Bild* die Geschichte von der Millionen-Belohnung verbreitete, sollen die Telefonapparate bei der Hannoveraner Gruppe heißgelaufen sein. Tausende von Bundesbürgern hätten versucht, mit dem Anwalt Kontakt aufzunehmen, berichtete eine Lokalzeitung. »So etwa 300 Personen haben wir dann auch gesprochen«, erklärte Lang einen Tag später. »Heute früh fahre ich in die Schweiz, um mich mit einem Mann zu treffen, der telefonisch sensationelle Beweise angekündigt hat.«

Den Untersuchungsbehörden wurde jedoch niemals irgendein wirklich sachdienlicher Hinweis dieser selbsternannten Mordermittler bekannt. Auf dem Briefpapier einer »Solar-Fachschule für Photomedizin, kosmetische Bräunung und Lichttechnik« berichtete Lang der Polizeidirektion von anonymen Hotelangestellten, die angeblich Barschel »mit dem Gesicht halb nach unten« in der Badewanne gesehen haben wollten. Als Geschäftsführer der Entwicklungs- und Vertriebsgesellschaft für Bräunungsanlagen vermittelte er der Generalbundesanwaltschaft in Karlsruhe einen Hinweisgeber, der gerade seine Strafe im Gefängnis von Castrop-Rauxel absaß. Und den Lübecker Staatsanwälten übermittelte er die eidesstattliche Versicherung einer Zeugin, die Reiner Pfeiffer im Sommer 1981 in einem Verhörlager in der DDR gesehen haben wollte.[11]

Für Staatsanwälte können derlei Aktionen unabsehbare Folgen haben. Denn dadurch werden in den ersten wichtigen Tagen nach dem Ereignis tatsächlich bedeutende Hinweise und Informationen möglicherweise abgefangen. Eine professionelle kriminalistische Analyse der Hinweise ist nicht gewährleistet, und wichtige Beweismittel können dabei sogar verloren gehen oder den Behörden vorenthalten werden.

Jedenfalls hat Gert Lang nichts mehr darüber verlauten lassen, was mit dem schönen Scheck geschah. Sang- und klanglos verschwand seine Initiative aus dem Blick der Öffentlichkeit, die ganze Aktion blieb ein Rätsel.[12]

Freitag, 16. Oktober 1987, Genf
Louis Demartin, der Chef der 1. Sektion der Genfer Kriminalpolizei, schaute in die Runde. 18 Männer und zwei Frauen blickten ihn an. Die weiblichen Teilnehmer der Runde waren Untersuchungsrichterin Nardin und eine Mitarbeiterin des Erkennungsdienstes. Ansonsten waren alle Herren erschienen, die in den letzten Tagen an verantwortlicher Stelle am Verfahren Uwe Barschel gearbeitet hatten. Darunter die Inspektoren Wulser, Fleury und Mossier, Gerichtsmediziner Fryc, die Toxikologen, Hygieniker und Erkennungsdienstler. Auch zwei Deutsche saßen mit am Tisch: der Vertreter des Bundeskriminalamtes und der Abgesandte des Landeskriminalamtes Kiel.

Demartin eröffnete die Sitzung und stellte erst einmal ihren Zweck heraus. Es sollte eine »letzte Erörterung« vor »Beendigung der Vorerhebungen« sein, um eine »Allgemeinvorstellung« zu entwickeln. Demartin betonte den »empfindlichen Charakter« dieser Angelegenheit. Das Protokoll dieser Sitzung sollte später besondere Vertraulichkeit erhalten und nicht zu den offiziellen Akten gegeben werden.[13] Es ging zum einen darum, alle Beteiligten auf den gleichen Erkenntnisstand zu bringen, zum anderen aber sollte eine gemeinsame Linie erörtert, ausgelotet werden: Ob man sich jetzt schon auf eine Lösung verständigen, eine Sprachregelung finden könne, wie diese sensible Angelegenheit in der Öffentlichkeit zu behandeln sei.

Die einzelnen Dienststellen berichteten in der chronologischen Reihenfolge ihres Einsatzes. Besonders die beiden deutschen Kriminalisten waren es, die immer wieder Fragen zu den Ermittlungsergebnissen hatten. So wollten sie wissen, ob das Gesicht Barschels nass gewesen war, als der Erkennungsdienst seine Arbeit aufgenommen hatte. Die Antwort lautete nein. Sie fragten, was es mit den Flecken im Gesicht Barschels auf sich hatte, die auf einigen Fotografien zu sehen waren. Man wusste es noch nicht, es konnte auch an den Fotografien liegen. Sie fragten, ob beim Betreten des Zimmers und nahe an Barschels Gesicht Alkohol oder der Geruch von Erbrochenem bemerkt worden war. Dies wurde verneint. Wurde eine Probe des Wannenwassers genommen? Die Antwort war ebenfalls nein. Der Vertreter des Landeskriminalamtes Kiel gab schließlich zu bedenken, dass – obwohl es keinerlei erkennbare Anzeichen für Gewaltanwendung gab – ein abgerissener Knopf von Barschels Hemd im Zimmer gefunden wurde, ein Glas zerbrochen war, ein Schlips fehlte. Flecken waren auf einer Decke entdeckt worden. Und die Flecken auf Barschels Gesicht bedurften noch medizinischer Abklärung.[14]

Dann notierte das Sitzungsprotokoll eine merkwürdig einschränkende Bemerkung des Gerichtsmediziners Fryc:

»Herr Dr. Fryc hebt hervor, dass Anzeichen von starker Gewalteinwirkung zum Zeitpunkt der Bergung der Leiche nicht und im Obduktionsraum wenig sichtbar waren. Immerhin werden die Spuren am Leichnam weit besser sichtbar, wenn das Blut sich senkt. Dies ist auf die Leichenblässe zurückzuführen.«[15]

Was sollte das heißen? Etwa, dass im Obduktionsraum – zwar wenig sichtbar – aber dennoch Anzeichen von Gewalteinwirkung erkennbar waren? Im Sektionsprotokoll stand dies so nicht.

Auf die Frage nach dem Mageninhalt Barschels konnte Fryc nicht präzise antworten. Medikamente waren gefunden worden, der Mageninhalt war verdaut, wie Fryc betonte. Die Frage der möglichen Gewalteinwirkung beschäftigte die Runde eine ganze Weile. Fryc erklärte noch einmal, dass es solche Spuren auf dem Körper nicht gegeben habe, außer an einer Stelle im Gesicht. Ein Hautspezialist war eingeschaltet worden. Die Ausführungen zu diesem Punkt sind im Protokoll sehr unpräzise. Schließlich wurde festgehalten:

»Die Druckstelle bei Barschel ist vielleicht von ihm selbst erzeugt worden, als er Medikamente einnahm. Indem er die Wirkung verstärken wollte, hat er sie zerkaut oder dann, als der Magen mit den fraglichen Medikamenten angefüllt war, hat er, um seiner Übelkeit Herr zu werden, mit den Händen einen Druck gegen den Mund ausgeübt, um alles im Magen zu behalten.«[16]

Vielleicht, vielleicht … Tatsache blieb, dass es eine Druckstelle im Mundbereich Barschels gegeben hat. Der technische Leiter des Schweizer Erkennungsdienstes fragte noch einmal nach, ob am Körper Druckstellen oder ähnliches gefunden worden waren. Fryc verneinte erneut und schickte wieder eine interpretationsbedürftige Präzisierung hinterher:

»Wenn jemand gegen ihn die Hand erhoben hätte, müsste er eine aufgebeulte Stelle gehabt haben, aber keine Spur dieser Art ist am Hinterkopf gefunden worden.«[17]

War danach gefragt worden? Wieso legte Fryc Wert darauf, dass keine Beule oder ähnliches am Hinterkopf gefunden worden war? Die Frage sollte noch Bedeutung bekommen.

Die anwesenden Ermittler und Experten gingen Punkt für Punkt durch: kein Alkohol im Blut oder im Magen, Form der vorgefundenen Medikamente flüssig oder fest? Zeitraum zwischen Einnahme der Medikamente und ihrer ersten Wirkung? Oft blieb Fryc die Antwort schuldig, weil die Analysen noch nicht abgeschlossen waren. Mit seiner sehr persönlichen Meinung hielt er sich aber nicht zurück. Zum Beispiel zum Fundort Barschels und zum Fehlen jeglicher Medikamentenverpackungen. Dazu wurde festgehalten:

»Im übrigen verwundert ihn die Tatsache, dass der Betroffene in der Badewanne entdeckt wurde, nicht besonders. Oft legen sich Leute (die sich das Leben nehmen wollen) in eine Badewanne; denn das erscheint ihnen sauberer ... Außerdem birgt die Tatsache, dass man keine Verpackungen (von Medikamenten) vorgefunden hat, sondern nur einen zwar abgerissenen Knopf, keinerlei große Bedeutung. In Selbstmordfällen wollen die Menschen oft ihre Tat gegenüber ihrer Familie verbergen wegen der Probleme mit Versicherungen, wegen des Ansehens in der Öffentlichkeit. Es ist nicht auszuschließen, dass dies alles vom Betroffenen selbst so bewerkstelligt wurde. Herr Dr. Fryc betont jedoch, dass dies persönliche Feststellungen sind.«[18]

Die persönliche Meinung von Dr. Fryc stand offensichtlich fest: Selbstmord. Das merkte auch der Vertreter des Kieler Landeskriminalamtes, der eifrig in seinen Notizblock schrieb. »Herr Fryc geht auf Selbstmord gemäß Buch ein«, notierte der Beamte und listete die einzelnen Argumente auf.[19] Dann schrieb der Kriminalist: »Zusammengefasst: bekleidet in Wanne spricht mehr f. Selbstmord. Keine Frage. ja Selbstmord.«[20]

Einige Aufmerksamkeit widmeten die Versammelten auch dem leeren Whisky-Fläschchen aus der Minibar. Einen Milliliter Flüssigkeit hatte man noch gefunden. Die Analyse hatte ergeben, dass es sich um Wasser und Alkohol gehandelt habe. Nichts weiter. Der Kieler Ermittler notierte seine These und die Frage Nardins: »Ausgetrunken + mit Wasser ausgespült – Frage der Richterin: Konnte das Fläschchen gebraucht worden sein, zur Auflösung von Medikamenten und dann ausspülen.«[21] Das sei denkbar, bestätigte der Toxikologe, aber wenn das Fläschchen wirklich gründlich ausgespült worden wäre, hätte sich auch kein Alkohol mehr finden lassen.[22]

Das Fläschchen war tatsächlich nicht gründlich ausgespült worden. Jahre später wird man sich nach einem entscheidenden Tipp noch einmal mit seinem Inhalt beschäftigen – und Gift finden, nämlich das Diphenhydramin, das auch in Barschels Körper festgestellt worden war.

Freya Barschel hatte bei ihrer ersten Zeugenvernehmung durch Untersuchungsrichterin Nardin kategorisch ausgeschlossen, Uwe Barschel hätte freiwillig am Samstagabend Whisky getrunken. Er trank keinen Whisky. Erst seit Gran Canaria mal wieder ein Bier oder einen Rotwein.[23]

Man beschäftigte sich noch eine Weile mit den Weingläsern und stellte fest, dass im Gegensatz zum Whisky-Fläschchen eines von ihnen gründlich ausgespült worden sein musste.

Es blieb eine Lücke von zwölf Stunden über das, was sich im Zimmer 317 des »Beau Rivage« abgespielt hatte. Doch man hielt ausdrücklich fest, dass es »dieser Folgerung nichts entgegenzusetzen« gab: »Zu guter Letzt wird man, ohne sich über die Todesursachen schlüssig zu sein, gewahr, dass alles nach derselben Richtung hinausläuft, nämlich der des Selbstmordes.«[24] Das Protokoll vermerkte weiter:

> »Fräulein Nardin hebt hervor, dass sie keinen Grund habe, den Selbstmord auszuschließen. Dennoch trage sie eine große Verantwortung in dieser Sache und möchte nicht, dass eine voreilige Schlussfolgerung gezogen wird. Es bleibt eine wichtige Arbeit mit größter Präzision auszuführen. Aber nach ihrem Eindruck läuft alles effektiv in diesem Sinne.«[25]

Es sollten sich später nicht mehr viele Beteiligte finden lassen, die diesen Eindruck bestätigen mochten.

Samstag, 17. Oktober 1987,
Hamburg/Genf

Eike Barschel war mit dem Leihwagen auf dem Weg von Kiel zum Hamburger Flughafen Fuhlsbüttel – er wollte zurück nach Genf fliegen –, als ihn ein Anruf erreichte. Am anderen Ende war ein Bekannter seiner Schwester, der mit einer beunruhigenden Nachricht aufwartete. Es gebe Morddrohungen, verkündete der Bekannte. Eike solle sich in Fuhlsbüttel bei der Polizei einfinden. Eike tat, wie ihm geheißen, die Beamten erwarteten ihn schon und begleiteten ihn ins Flugzeug. In Frankfurt, wo er umsteigen musste, das gleiche Prozedere: Polizisten nahmen ihn in Empfang und geleiteten ihn zu seinem Anschlussflug. Doch in Frankfurt nutzte er die Gelegenheit, seinen Anwalt Revaz in Genf anzurufen. Er wollte auch in Genf Polizeischutz angesichts der Bedrohung. Maître Revaz rief sofort bei Frau Nardin an. Die Untersuchungsrichterin lehnte die Bitte nach Polizeischutz strikt ab, und dann hörte der Anwalt den Satz, der ihn erschütterte: »Die Familie Barschel geht mich einen Scheißdreck an.« Maître Revaz legte schriftlich Beschwerde bei der Staatsanwaltschaft ein. Eike Barschel musste ohne Begleitschutz weiter nach Yens fahren.[26]

Samstag, 17. Oktober 1987, Genf
Seit Tagen waren auch die Reporter des Boulevardblattes *Quick* in Genf unterwegs. Wolfgang Sturmius Partz leitete das Team, zwei Schreiber hatte er an seiner Seite und zwei Fotografen. Partz erschien die Suche nach dem Taxifahrer, der Barschel vom Flughafen Cointrin ins Hotel chauffiert hatte, eine vielversprechende Spur. Die Reporter-Crew ging zu den wartenden Taxichauffeuren in Cointrin, konfrontierten sie mit Barschel-Fotos.

Pietro Gattuso war Barschels Taxifahrer, davon war *Quick*-Reporter Partz bald überzeugt. Gattuso erzählte von einem beigefarbenen Trenchcoat, den sein Fahrgast getragen habe. Der Reporter bat Gattuso um eine Fahrt zum »Beau Rivage«, um die Zeit zu stoppen. Er war überzeugt. »Überaus glaubwürdig« sei der Mann, meinte er. Partz verabredete sich am Donnerstag mit Gattuso in einem Restaurant, um dessen Zeugenaussage in Form einer »eidesstattlichen Versicherung« zu protokollieren. Gattuso willigte ein und bekam hinterher für seine Dienste ein Informantenhonorar, etwa 2000 bis 3000 D-Mark wurden ihm ausgezahlt. Dafür ließ sich Zeuge Gattuso auch vor seinem Taxi, einem Nissan 280 Kombi, fotografieren.[27]

Als die Reporter alles »im Kasten« hatten, schickten sie ihr Material nach München in die *Quick*-Redaktion, wo das Material zu einer lesbaren Reportage zusammengefügt wurde.[28] Partz und seine Kollegen durften zufrieden sein, sie hatten ihre Story und konnten am Freitag, dem 17. Oktober, nach München zurückfliegen.

Im Bonner *Quick*-Büro sollte der Redakteur Paul Limbach Erkenntnisse von den Ermittlungsbehörden und aus Regierungsquellen beisteuern. »Paulchen«, wie der quirlige, blonde Reporter von den Kollegen gerufen wurde, hatte immer wieder exzellente Informationen. Limbach lieferte Interna, Geheimes und Vertrauliches, er war mehr Nachrichtenlieferant als Schreiber, eine Art Kofferträger des Magazinjournalismus. Alle in der *Quick*-Redaktion wussten von seinen Kanälen zu führenden Geheimdienstleuten und BKA-Beamten.

So war den Kollegen auch sein Kontakt zu Gerhard Boeden, dem Präsidenten des Bundesamtes für Verfassungsschutz, bekannt. In der Redaktion wurde offen über den Limbach-Informanten Boeden gesprochen.[29]

Über die wahren Hintergründe von Limbachs Geheimdienstbeziehungen wurde jedoch nur getuschelt. Ja, man wusste, dass er heißes Material für Agentenstorys anschleppte, aber wie er immer wieder diese Geheimdossiers ergatterte, wusste damals niemand.

Tatsache war: Limbach wurde seit Anfang der siebziger Jahre als »Pressesonderverbindung« des Bundesnachrichtendienstes geführt. Er hatte den Decknamen LIMES, galt im BND-Jargon als »voll tragfähige und regelmäßig genutzte Verbindung«, dienstlich registriert unter der V-Nr. 56210. Für seinen Agentenlohn, den er vom BND bezog, existierte in der Geheimdienstzentrale in Pullach bei München ein eigenes Kontenblatt.[30]

An diesem Tag schien Limbachs Ausbeute für den Barschel-Report der *Quick* allerdings wenig ergiebig zu sein. Zur Taxifahrer-Spur lieferte er nichts, und er suchte auch nicht den Kontakt zu seinem Kollegen Partz in Genf, um zu erfahren, was der laufende Reportereinsatz ergab, vielleicht auch, weil Partz und Limbach gewöhnlich nicht miteinander sprachen.[31]

Limbach, der Dunkelmann im Journalistenstand, verfolgte in der Sache trotzdem eine bemerkenswerte Operation. Am Freitagabend, während das Reporterteam der *Quick* sich auf der Heimreise befand, rief er Gerhard Boeden an. Vertrauensperson »VP« Limbach bat darum, dem Vizepräsidenten des BKA eine Mitteilung zu unterbreiten.[32] Boeden reichte Limbachs Botschaft sofort an einen Abteilungsleiter weiter. Der Beamte notierte:

> »Herr Boeden hat mitgeteilt, daß der Taxifahrer gefunden sei. Er heißt Pallani und fährt einen silbergrauen Nissan. Er wird sich bei der Polizei melden. Er hat Barschel um 15.30 Uhr vom Flughafen ins Hotel Beau Rivage und um 17.52 von dort ins Hotel Hilton gefahren. Er sei dort in einen Mercedes umgestiegen.«[33]

In der Abteilung EA 31 waren die Beamten elektrisiert. Das grelle Flutlicht der Sicherheitsstrahler leuchtete von außen auf ihre unwirtliche Betonburg am Wiesbadener Galgenberg. Um 20.15 Uhr kritzelte ein Beamter auf einen Zettel: »Präsident Boeden läßt mitteilen, daß der Taxifahrer gefunden sei. Taxifahrer heißt Pallani.«

Um 21.20 Uhr ging im BKA über die Übertragungsmaschine von Siemens-Infotec, einem Apparat so riesig wie ein moderner Großraumbürodrucker, die Meldung an die Genfer Kripo, die Brigade Criminelle. Die ganze Pallani-Geschichte wurde wortgleich den Schweizer Ermittlern mitgeteilt.

»Weitere Informationen liegen nicht vor. Teilen Sie bitte mit, ob der Sachverhalt bestätigt werden kann«, fügte der Beamte hinzu.

Reporter Partz ahnte von dieser seltsamen Entwicklung nichts, auch nicht sein Chefreporter in der Münchner Redaktion. Sie wählten für das Aufmacherfoto auf der Doppelseite ein Bild von Gattuso an der Fahrertür seiner Nissan-Kutsche, titelten »Der Kronzeuge« und setzten darunter: »Die Genfer Polizei suchte ihn bisher vergebens – QUICK fand den Taxifahrer, der Uwe Barschel vom Flughafen zum Hotel fuhr Pietro Gattuso (Foto)«. Auf einem Stadtplan zeichneten die Redaktionsgrafiker die vermutete Fahrtroute Barschels vom Flughafen zum »Beau Rivage« nach. Mitautor des Berichts: Paul Limbach.[34]

Ihre Geschichte ging in Druck, während Limbach, der Mann des BND in ihrem Team, dafür sorgte, dass die Genfer Polizei sich auf die Fährte eines mutmaßlichen Chauffeurs »Pallani« begab.

Limbach hatte eine gewaltige Fahndungsaktion angestoßen. Die Genfer Polizisten, inzwischen über die Intervention Boedens bei der Bundespolizei über die Brisanz des Falles im Bilde, leiteten eine Ermittlungsoperation ein, bei der etwa 300 bis 400 Taxifahrer »abgeklärt« wurden.[35]

Montag, 19. Oktober 1987, Genf

»Taxifahrer PALLANI existiert nicht«, berichtete Inspektor Mossier von der Brigade Criminelle aus Genf an die Ermittlergruppe im BKA. »Wir haben einen Fahrer, H. GATTUSO, Pietro, identifiziert, der einen einzelnen Mann am Samstag, den 10. 10. 87 gegen 15.40 Uhr zum Hotel Beau Rivage gefahren hat. Er gibt an, in dieser Person Barschel nicht zu erkennen. Dieser Fahrer fährt einen dunkelblauen BMW 745 und einen grauen Nissan Cedric Break. Er hat diese Fahrt mit dem Nissan durchgeführt.«

Gattuso, so berichtete der Inspektor aus Genf, habe gegenüber den

Polizisten ausgesagt, dass er Journalisten vom *Stern* und von der *Quick* erzählt habe, einen Mann zum Hotel gebracht zu haben, »ohne Barschel zu erkennen«.

»Er gibt an, dass ihm nicht zwei Journalisten in einem anderen Taxi gefolgt sind«, notierte der Inspektor.

Dienstag, 20. Oktober 1987, Genf,
Gerichtsmedizinisches Institut der Universität

»Meines Erachtens besteht kein Anlaß, eine weitere Sektion durchzuführen.«[36] So lautete der letzte Satz eines Vermerks, den Staatsanwalt Lienshöft verfasste, nachdem er am 20. Oktober die Erlaubnis erhalten hatte, die Leiche Uwe Barschels zu besichtigen und den Leiter des gerichtsmedizinischen Instituts der Universität Genf, Jacques Bernheim, und den Obduzenten Oldrich Fryc zu befragen.

Professor Bernheim erklärte dem Staatsanwalt, dass Proben für weitere histologische und toxikologische Untersuchungen, für die Blutgruppenbestimmung und die Untersuchung des Blutalkoholgehalts entnommen worden waren. Außerdem seien Fotos angefertigt und der Leiche Fingerabdrücke abgenommen worden.

»Der Tod ist nicht durch Ertrinken eingetreten«, sagte Bernheim. Die Haare der Leiche seien – entgegen des Eindrucks, den ein im *Stern* erschienenes Foto hinterlassen hatte – nicht nass, sondern feucht gewesen. Möglicherweise sei das auf das »Treibhausklima« im Badezimmer zurückzuführen, oder Barschel habe sich mit einer nassen Hand über das Haar gestrichen. Das Gesicht sei ganz trocken gewesen.

Professor Bernheim erläuterte die Verletzungen, die man bei Uwe Barschel gefunden hatte: An der rechten Stirnseite, am rechten Jochbein und um den Mund hätten sich jeweils Druckhämatome befunden. Das Hämatom an der rechten Stirnseite könne dadurch entstanden sein, dass der Kopf an dieser Stelle am Badewannenrand gelegen habe. Das Druckhämatom am rechten Jochbein erklärte der Mediziner damit, dass Barschel seinen Kopf auf der rechten Hand abgestützt hatte, wodurch die Druckstelle entstanden sein könnte.

Die Stellen um den Mund herum seien erklärlich, wenn man berücksichtige, dass Barschel aufgrund der Überdosis Tabletten gegen Übelkeit gekämpft und sich deshalb den Mund zugehalten habe. Den Verdacht, Barschel könne mit Äther betäubt worden sein, den man ihm mit einem Taschentuch auf den Mund gepresst hatte, zerstreute der Professor: Der am Tatort anwesende Mediziner hatte keinen Äthergeruch wahrgenommen.

Der Lübecker Staatsanwalt notierte: Der Todeszeitpunkt sei schwer zu ermitteln, der Tod sei wahrscheinlich am Sonntagvormittag, den 11. Oktober 1987, eingetreten. Die Leichentemperatur um 18.00 Uhr betrug 30 Grad. Mittags war die Leichentemperatur im Hotel »Beau Rivage« nicht gemessen worden. Es hatte sich eine ausgeprägte »Waschhaut« gebildet. Dies sprach für eine längere Liegezeit im Wasser, zumindest länger als eine Stunde, führte Bernheim aus. Die Blase war sehr voll, dies wiederum sprach für ein längeres Koma.

Tablettenreste waren im Magen nicht gefunden worden. »Für Gewalteinwirkung auf den Körper spreche nichts. Man habe keine Druckstellen am Rücken oder am Hinterkopf gefunden, ebenfalls keine Griffspuren und keine Abwehrverletzungen«, schrieb Lienshöft. Als der Staatsanwalt wieder abreiste, schien ihm die Sache entschieden zu sein.[37]

Donnerstag, 22. Oktober 1987, Hamburg
»Tod in Genf.« Der *Stern* wurde an den Kiosken ausgelegt, auf dem Titel das stark gerasterte, verfremdete Foto vom Kopf des Leichnams, in der Badewanne liegend. Darunter ein Ausriss von seinem Schreibblock aus dem Hotelzimmer: »Die geheimnisvollen Notizen des Uwe Barschel«. Im Editorial wehrte sich Chefredakteur Heiner Bremer gegen den Vorwurf des »Sudeljournalismus«. Barschels mysteriöses Ende in Genf rechtfertige jeden Versuch, schrieb Bremer, »die Umstände seines Todes restlos aufzuklären – auch die Veröffentlichung der Fotos von der Leiche in der Badewanne und der persönlichen Aufzeichnungen«. Die Lübecker Staatsanwaltschaft habe die Fotos für Recherchezwecke erbeten und selbstverständlich auch bekommen.

In der Titelgeschichte zweifelten die *Stern*-Redakteure Barschels Notizen an: »Inszenierte der Politiker in ausweglose Situation ein Verwirrspiel, um den Selbstmord als Mord hinzustellen?« Sie gingen von einem Freitod aus.

»Man würde mir als Schriftsteller eine Geschichte wie die in Kiel niemals glauben«, sagte der Autor Wolfgang Koeppen, der in den fünfziger Jahren mit seinem Polit-Roman »Das Treibhaus« berühmt geworden war. »Ich möchte nicht zynisch sein, aber die Nachricht vom Tod Barschels war dramaturgisch glänzend gesetzt in der ganzen

Entwicklung dieser traurigen Geschichte, wie in einem antiken Drama war das.«[38]

Donnerstag, 22. Oktober 1987, Kiel
Barschels Tod erlaubte Reiner Pfeiffer wiederum, nun völlig zügellos Behauptungen in die Welt zu setzen: Barschel habe ihn zum Innenminister machen wollen. Barschel habe ihm diesen Posten angeboten, um damit sein Schweigen zu erkaufen, erzählte er der Illustrierten *Bunte*. Nein, über Selbstmord habe er mit seinem Chef nicht gesprochen. Nur über Gifte hätten sie miteinander geredet.

Als Sohn eines ehemaligen Kripo-Chefs sei er für dieses Thema genau der richtige Gesprächspartner gewesen: »Ich erklärte Barschel, daß es Gifte gibt, die schon nach drei Stunden nicht mehr im menschlichen Körper nachzuweisen sind.«[39]

Im ZDF behauptete Pfeiffer, er habe Barschel ein Vieraugengespräch »von Christ zu Christ« angeboten. Barschel habe jedoch abgelehnt. Er sei überzeugt, damit hätte er den »Selbstmord Barschels möglicherweise verhindern können«.[40]

»Ich hab' mit Barschel geredet wie mit einem kleinen Jungen«, gab Pfeiffer zum Besten und machte Witzchen über sein Verhältnis zum Ministerpräsidenten.[41]

Falsche Spuren

Samstag, 24. Oktober 1987, Hamburg,
Institut für Gerichtsmedizin der Universität
Der Leichnam Uwe Barschels war endlich freigegeben und nach Hamburg übergeführt worden. Eike Barschel hatte inzwischen mit Professor Werner Janssen, dem Direktor des Instituts für Gerichtsmedizin der Universität Hamburg, einen angesehenen Mediziner gefunden, der bereit war, die Zweitobduktion Uwe Barschels vorzunehmen. Ihm zur Seite standen die Oberärzte Professor Klaus Püschel und Professor Achim Schmoldt, letzterer Leiter der toxikologischen Laboratorien des Instituts. Aus Bern war Dr. Michael Krämer angereist, der ursprünglich das Gegengutachten im Auftrag der Familie hatte erstellen sollen und nun als Beobachter an der Obduktion teilnahm.[1]

Um sieben Uhr morgens öffneten die Mediziner den mit zwei roten Siegeln gesicherten hellbraunen Holzsarg, dann den verlöteten Innensarg aus Zinkblech, dann den Reißverschluss der Plastikhülle mit dem Leichnam. Nachdem die Anwesenden Uwe Barschel nach Augenschein identifiziert hatten, begannen die Gerichtsmediziner mit der äußeren Untersuchung. Schon bald entdeckten sie erste Hinweise, die in Genf übersehen oder nicht protokolliert worden waren. So diktierte Professor Janssen unter Punkt 10: »Nasenöffnung frei. Im rechten Nasenloch, besonders an der Innenseite des rechten Nasenflügels, angetrocknete Blutreste.«[2]

Die Genfer hatten den Leichnam ansehnlich hergerichtet. Das Kinn und der vordere Hals erschienen relativ frisch rasiert. An der Halsvorderseite waren einzelne Bartstoppeln erkennbar, aber die Umgebung des Mundes war völlig glatt rasiert. Die Haare sahen aus wie frisch gewaschen, trocken, locker und leicht gewellt.[3]

Die Professoren Janssen und Püschel suchten buchstäblich mit der Lupe nach Hinweisen, dass Barschel mit Gewalt Gift zugeführt worden war. Vor allem nach Spuren von Injektionen fahndeten sie akribisch. Doch ohne Erfolg: »Verletzungen oder Verfärbungen lassen sich im Bereich der Arme, insbesondere der Unterarme und Unterseiten derselben, nicht erkennen. – Auch bei sorgfältigem Absuchen mit einer stark vergrößernden Lupe lassen sich im Bereich der Arme, insbesondere der Ellenbeugen, keine Spuren von Nadeleinstichstellen erkennen.«[4] Sie haben sich offenbar nicht die Mühe gemacht, den ganzen Körper nach Einstichstellen abzusuchen.

Dann sahen sie sich den Kopf und die dort in Genf gefundenen und beschriebenen Verletzungen genauer an. Die Punkte 42 bis 44 in ihrem Sektionsprotokoll wurden die entscheidenden:

»42. An der Innenseite der Kopfhaut im rechten Stirnbereich eine längs angeordnete 3,5 x 5 cm große blutige Durchtränkung der tieferen Kopfschwartenschichten (1–2 mm dick) bis auf die Knochenhaut reichend. In der darunter liegenden Knochenhaut selbst eine länglich oval angeordnete, gut markstückgroße blutige Durchtränkung. – Über diesem Bezirk erscheint die äußere Haut – bei nochmaliger eingehender Inspektion – leicht bräunlich verfärbt, z. T. von Schminke überlagert.«[5]

Diese Verletzung hatten auch die Genfer Gerichtsmediziner registriert, wenn auch nicht so genau beschrieben. Professor Janssen suchte weiter und diktierte:

»43. In den tiefen Kopfschwartenschichten über der linken Stirnseite etwa auch in Höhe der sogenannten Hutkrempenlinie eine etwa markstückgroße unscharf begrenzte bläuliche Verfärbung. – Auf Einschnitten läßt sich jedoch in diesem Bereich keine Durchtränkung des Gewebes feststellen.«[6]

Diese nicht so schlimme Verletzung war in Genf übersehen worden. Eine andere, weitaus gravierendere aber auch:

»44. Über den rückwärtigen Teilen der oberen Schädelkrümmung – eindeutig oberhalb der sogenannten Hutkrempenlinie – quer angeordnet eine ausgedehnte in sich ungleichmäßig gestaltete 10 x 5 cm große bläulich-rote Durchtränkung der tiefen Kopfschwartenschichten. – Bei nochmaliger eingehender Inspektion der darüber liegenden äußeren Kopfhaut, insbesondere nach Entfernung der Haare in diesem Bereich, läßt sich eine rötliche Verfärbung der obersten Hautschicht feststellen.«[7]

Eine 10 x 5 Zentimeter lange Verletzung am oberen Hinterkopf zu übersehen, war schon eine Kunst. Vor allem aber stellte sich nun die Frage, wie Barschel zu dieser »ungleichmäßigen« Verletzung gekommen war. Ein Sturz oder ein Anstoßen an einen Türpfosten oder ähnliches konnte bei der Lage der Verletzung kaum die Ursache gewesen sein. Ein Schlag von hinten und von oben? Den Spekulationen standen nun Tür und Tor offen. Auch wenn die Hamburger Rechtsmediziner nicht ausschließen wollten, dass diese Verletzung Uwe Barschel erst nach dem Tod zugefügt worden war:

»Haut, Scheitelregion (gem. Ziffer 44 des Sektionsprotokolls): Reaktionslose kleinere Blutung in den untersten Schichten der Kopfhaut, keine Verdrängung im Bereich der Gewebsspalten. Keine leukozytäre Reaktion. Beurteilung: Wahrscheinlich postmortal entstandene Blutdurchtränkung (präparationsbedingt?).«[8]

Aber auch die anderen Entdeckungen der Gerichtsmediziner waren schwerlich geeignet, die Sache so klar erscheinen zu lassen, wie sie die Genfer hatten sehen wollen und wie sie auch der Lübecker Staatsanwalt Lienshöft nach seiner Leichenbesichtigung gesehen hatte. Als sie die Nasenhöhle Barschels öffneten, entdeckten die Mediziner, dass die »Schleimhäute, insbesondere im Bereich der Nasenhöhle leicht gerötet« erschienen.[9] Dies kombiniert mit den Blutresten im Nasenflügel, den schon in Genf festgestellten punktuellen Blutungen der Magenschleimhaut und der nun protokollierten einzelnen »punktförmigen Blutungen der Kehlkopfschleimhaut«[10] bildeten das nächste Einfalltor für die Theorie, dass Barschel die Gifte in seinem Körper nicht freiwillig geschluckt hatte. War ihm eine Magensonde durch die Nase eingeführt worden, um ihm einen Giftcocktail einzuführen?

Dass man im Kehlkopf keine Anhaftungen von Tablettenresten oder einem Giftbrei gefunden hatte, war ein weiteres Indiz, das diese Spekulationen befeuern konnte.

Als Janssen den Brustkorb öffnete, fand er »neben Zellstoff, zwei z. T. mit einer rötlichen Flüssigkeit gefüllten Glasröhrchen, ein paar Plastikhandschuhen und zwei blutdurchtränkten Papiertüchern« die verbliebenen inneren Organe.[11] Er diktierte:

»Es ist noch einmal festzustellen, daß Hirngewebe und das ganze Herz sowie auch die Schilddrüse und der größte Teil der Nebennieren in der Leiche nicht vorhanden waren. Für giftchemische (toxikologische) Untersuchungen wurden zahlreiche Asservate entnommen. Insbesondere wurde auch Blut zur Blutalkoholbestimmung und toxikologischen Untersuchung entnommen. Desgleichen wurden zahlreiche Ausschnitte aus den noch vorhandenen inneren Organen und aus verschiedenen Bereichen der Haut und Unterhaut für feingewebliche Untersuchungen sichergestellt.«[12]

Um 12 Uhr Mittags beendeten die Gerichtsmediziner ihre Arbeit. Die Ergebnisse ihrer weiteren toxikologischen und feingeweblichen Untersuchungen und Analysen standen noch aus. Erst dann konnten und wollten die Mediziner zur Todesursache Stellung nehmen.

Montag, 26. Oktober 1987, Augsburg
Die Staatsanwaltschaft Lübeck hatte einige Fragen an den Vorsitzenden der »Deutschen Gesellschaft für Humanes Sterben«, Hans Henning Atrott, der sich so vehement öffentlich für die Selbstmordtheorie stark gemacht hatte. Vor allem wollten die Staatsanwälte wissen, wer am 27. Juli aus der Staatskanzlei angerufen hatte, um sich die Broschüre »Menschenwürdiges und selbstverantwortliches Sterben« der DGHS zuschicken zu lassen. Atrott antwortet der Staatsanwaltschaft in einem Schreiben:

»Die DGHS erreichen tagtäglich viele Dutzende von telefonischen Anfragen. Weder ich selbst noch eine(r) unserer Mitarbeiter(innen) können sich deshalb an einen bestimmten Anruf vom 27. Juli erinnern – was freilich auch darauf schließen läßt, daß Besonderheiten nicht zu verzeichnen waren. Ich habe die Verwaltung unserer Gesellschaft überprüfen lassen, ob in diesem Zeitraum schriftliche Informationen an Herrn Dr. Barschel, Herrn Pfeiffer oder dessen Sekretärin Jutta Schröder verschickt wurden. Dies hätten wir zum heutigen Tage noch feststellen können. Die Prüfung fiel jedoch negativ aus. Ebenso negativ verlief die Überprüfung unserer Mitgliedsunterlagen, ob Herr Dr. Barschel oder Herr Pfeiffer Mitglieder der DGHS waren bzw. sind. ... Dabei möchte ich allerdings nicht versäumen zu erwähnen, daß Broschüre und Medikamentenliste unseren Mitgliedern erst nach Ablauf einer einjährigen Schutzfrist zur Verfügung gestellt werden. Eine Ausnahme von dieser Regel ist nur möglich, wenn der Betreffende uns seine physische Notlage nachweist (durch den Auszug aus einem ärztlichen Befund oder einem Attest z. B.).«[13]

Dienstag, 27. Oktober 1987, Lübeck
»Der plötzliche Tod Uwe Barschels, des Ministerpräsidenten, mitten hinein in den Morast von Affären und Machenschaften ... erregt ja nicht nur die persönliche Teilnahme vieler, vieler Menschen, sondern eben auch eine brennende Scham über den inneren Zustand unseres Gemeinwesens, wie er hier wie in einem Menetekel offenbar geworden ist. ... Und das möchte ich jetzt auch Euch Kindern sagen: Die Ehre Eures Vaters liegt in Gottes Hand – da, nur da, ist sie unantastbar; dessen dürft Ihr immer gewiss bleiben und Euch von keinem Menschen darin irre machen lassen.«

In seiner eindrucksvollen Predigt im Lübecker Dom bei der Trauerfeier für Uwe Barschel fand Bischof Ulrich Wilckens deutliche Worte. Er beklagte den Verfall der politischen Kultur und die Gefahr des Vertrauensschwundes in die verfassungsmäßigen Institutionen. Die Macht müsse vor sich selbst geschützt werden. Zu Umkehr und Neuanfang brauche es mehr, als fehlsame Menschen zustande bringen.

»Daß Uwe Barschel, langjähriger Ministerpräsident, selbst zu Tode gekommen ist im Strudel von schlimmen Vergehen, in die er selbst verstrickt war, Vergehen gegen das achte Gebot, daß die Ehre des Menschen schützt, ... Das muß uns alle erschrecken ...«[14]

Ein Mann war bei der Trauerfeier und der Beerdigung aufgetaucht, den niemand aus der Familie dort erwartet hatte: Bernd Barschel war unangekündigt aus Jena angereist. Eike Barschel sah und sprach den entfernten Verwandten, den sein Bruder in der DDR besucht hatte, nun zum ersten Mal. Und die Überraschung war perfekt, als Bernd Barschel ihm schließlich offen sagte, dass es nicht seine Idee gewesen war, zur Trauerfeier nach Lübeck zu reisen. Er war geschickt worden. Die politische Abteilung der Universität – also die Staatssicherheit – hatte ihn aufgefordert, zur Beerdigung Barschels zu fahren und sich umzuhören. Die Stasi wollte sich mit Original-Eindrücken von der Beerdigung ihres ehemals regelmäßigen Gastes versorgen. Eike Barschel hielt nach dem »Geständnis« Bernd Barschels Distanz zu dem Verwandten aus der DDR.[15]

Freya Barschel hatte mit der Politik abgeschlossen. Für sie war ihr Mann ermordet worden. Bei dieser These sollte sie bleiben. Und sie hielt auch noch nach zwei Jahrzehnten nicht mit ihrer Meinung hinter dem Berg, was die Hintergründe für den Mord an ihrem Mann waren:
»Bekannte haben mir einmal von einem Gespräch mit meinem Mann berichtet, nachdem dieser von einer Unterredung mit Helmut Kohl zurückgekommen war. Dabei soll er gesagt haben: ›Wenn ich auspacke, wackelt Bonn‹«, erzählte Freya Barschel. »Mit seinem Rücktritt war er zu einer Gefahr geworden. Ich nehme an, dass er gefordert hatte, man müsse ihn mit Anstand aus der Angelegenheit Pfeiffer herauskommen lassen, oder aber er mache sein Wissen öffentlich. So denke ich mir das.«
»Haben sich eigentlich CDU-Größen wie Parteichef Kohl oder Generalsekretär Geissler bei Ihnen gemeldet, um Ihnen nach dem Tod Ihres Mannes beizustehen?«, fragte ein Magazin im Oktober 2006 die Witwe.
»Nein«, war die Antwort der Witwe.
»In all den Jahren nicht?«, wurde nachgefragt.
»Nein. Niemand.«[16]
Freya Barschel musste viel einstecken, von ihrem Mann während der Ehe und nach seinem Tod von der Partei. Eine Frage quält sie, die sie gerne dem früheren Bundeskanzler und CDU-Chef stellen möchte: »Ich würde Helmut Kohl fragen: War es Mord aus Staatsräson?« Die Zweifel sitzen tief.

Mittwoch, 29. Oktober 1987, Hamburg,
Institut für Gerichtsmedizin der Universität
Die Gerichtsmediziner in Hamburg hatten ihre zusätzlichen toxikologischen und geweblichen Untersuchungen abgeschlossen. Nun legten sie ihr Gutachten vor: Tod durch Medikamentenvergiftung. Sie fassten zusammen:

»Aus der durchgeführten Untersuchung ergibt sich, daß der Verstorbene zum Zeitpunkt des Todes unter dem Einfluß hochtoxischer Konzentrationen der Schlafmittel Cyclobarbital, Pyrithyldion sowie hoher Konzentrationen von Diphenhydramin, Diazepam, Lormetazepam und Perazin stand. Die Einwirkung dieser Stoffe reicht aus, den Tod zu erklären.«[17]

Die Mediziner hatten die Schlafmittel Cyclobarbital und Pyrithyldion in allen untersuchten Asservaten gefunden. Also im Magen, in den anderen Organen und im Blut. Sie schrieben: »Die Konzentrationen entsprechen denen, die bei Suizidtodesfällen gefunden werden.«[18]

Der für weitere und genauere Untersuchungen wichtige Blasenurin stand ihnen nicht zur Verfügung. Zu den im Körper Barschels gefundenen Medikamenten führten sie weiter aus:

»Cyclobarbital, Pyrithyldion, Diphenhydramin und Perazin sind sämtlich zentraldämpfend wirkende Stoffe, von denen nicht bekannt war, daß der Verstorbene sie mit sich führte. Sowohl Cyclobarbital als auch Pyrithyldion sind stark und langwirksame Schlafmittel, die bei Überdosierung zu einer Lähmung des Atemzentrums führen. Zentral dämpfende Eigenschaften kommen ebenfalls allen anderen aufgefundenen Substanzen zu. Die Konzentration auch dieser Substanzen liegt im toxischen (Diphenhydramin) oder hohem therapeutischen (Diazepam, Lormetazepam) Bereich. Genügen bei nicht an Schlafmittel gewöhnten Personen Cyclobarbital und Pyrithyldion bereits für sich allein, eine tödliche Intoxikation herbeizuführen, so gilt dies umso mehr für die Summe aller aufgefundenen Stoffe.

Über die Überlebenszeit der Intoxikation können keine sicheren Aussagen gemacht werden, da hierzu, als wichtigstes Asservat, der Urin nicht untersucht werden konnte. Das Auffinden der Substanzen in dem Darminhalt und der Einlagerung in das Lungengewebe deuten jedoch auf eine längere bewußtlose Überlebenszeit hin. Ebenso wenig lassen sich Angaben über die zeitliche Reihenfolge oder möglichen Intervalle der Arzneimitteleinnahme machen.

Es ist darauf hinzuweisen, daß das Schlafmittel Pyrithyldion (Inhaltsstoff von z. B. Persedon) schon seit Jahren nicht mehr in Deutschland, in der Schweiz oder in Westeuropa im Handel ist (nur noch in Dänemark, der DDR und möglicherweise in den Ostblockländern).«[19]

Aus der deutlichen Waschhautbildung zweiten Grades an Händen und Füßen schlossen die Mediziner, dass Barschel wahrscheinlich mehr als zehn Stunden im Wasser gelegen hatte.[20] Die beginnende eitrige Bronchitis, die beginnende Lungenentzündung und die prall gefüllte Blase waren für sie Anzeichen, dass er nach Einnahme oder Zuführung der Medikamente noch mehrere Stunden im komatösen Zustand gelebt hatte.[21]

Das Gutachten hatte allerdings zwei wesentliche Lücken: Die Hamburger Rechtsmediziner konnten nicht sagen, in welcher Reihenfolge Barschel die Gifte zu sich genommen hatte und ob zwischen der Einnahme der verschiedenen Gifte eine Zeitspanne vergangen war. Dies sollte später noch von erheblicher Bedeutung werden.

Außerdem sahen die Mediziner trotz ihrer Befunde keine Anzeichen dafür, dass Barschel die Gifte unter Gewaltanwendung von außen zugeführt worden waren.

Donnerstag, 30. Oktober 1987, Ost-Berlin, Charité
Auch der Giftexperte der Staatssicherheit war mit seinen Auswertungen auf der Grundlage des Genfer Obduktionsberichtes fertig. Aus seiner pharmakologisch-toxikologischen Sicht war der Stasi-Wissenschaftler zu dem Ergebnis gelangt, dass es sich bei der Giftmischung im Körper der Leiche um »eine abgestimmte Kombination« handelte. Er schloss dies aus den vorgefundenen Konzentrationsverhältnissen und aus dem Aufnahmeverhalten der Wirkstoffe.[22]

Aber er machte sich als Geheimdienst-Offizier auch die Mühe, das »politische Umfeld« des Todesfalles zu analysieren. Und da gingen die Gedanken, die der Toxikologe notierte, klar in eine Richtung:

»– Verstrickung Barschels in internationalen Waffenhandel;
– Als MP Schleswig-Holstein Rolle/Kenntnis in U-Boot-Blaupausen-Affäre Südafrika incl. Kenntnis Hintermänner?
– spezieller DDR-Handel über/mit Südafrika.«

Er spekulierte, ob Barschel in die Enge getrieben wurde, »Interna umfassend und andere Personen betreffend, auszusagen«. Und sein Wissen über das Persönlichkeitsprofil des Politikers brachte er mit drastischen Worten zu Papier: »›Großmaul‹ Barschel mußte, wie auch immer, ›ruhig gestellt‹ werden.«

Ende 1988, Genf
Ein so spektakuläres ungeklärtes Ereignis wie der Fall Barschel ist wie ein Arbeitsbeschaffungsprogramm für Detektive und andere Spurensucher, die viel erzählen, nichts wissen und satt kassieren. Zum Beispiel Jean-Jacques Griessen. Diese inzwischen verstorbene Spitzenkraft seines Metiers erledigte einen Job, dessen Auswirkungen bis heute zu spüren sind: Griessen, so die hartnäckigen Gerüchte, stand kurz vor der Aufklärung des Falles und – wie kann es anders sein? – starb kurz vor einem entscheidenden Informanten-Treffen mit einem geheimnisvollen Emissär des BKA eines mysteriösen Todes. Barschel soll laut Griessen ein Opfer der Mullahs aus Teheran geworden sein.

In den Monaten nach Barschels Tod machte sich in Genf der Privatdetektiv Griessen bei Journalisten bemerkbar, die über den Fall Barschel berichteten. Er gab sich als ehemaliger Mitarbeiter von Werner Mauss zu erkennen, mit dem er sich überworfen habe. Für den deutschen Detektivkollegen sei er bei den Verhandlungen zur Befreiung deutscher Geiseln im Libanon eingesetzt worden. Die Medienleute witterten eine interessante Spur, und bald bot Griessen seine Dienste Eike Barschel an, der ebenfalls die Hoffnung entwickelte, mit dem Privatermittler weiterzukommen.

Griessen berichtete über allerhand mysteriöse Dinge rund um das Oktober-Wochenende im Hotel »Beau Rivage«. Und er erzählte von Informanten, die mehr wüssten. Eike Barschel zahlte die Honorarrechnungen, und Griessen gab vor zu recherchieren. Ab und an führte er seinem Auftraggeber neue Informanten zu, doch auch diese ergingen sich nur in dunklen Andeutungen.

Merkwürdig war, dass Griessen, der sich gern in Genfer Hotel-Lobbys mit Journalisten zusammensetzte, unterschiedliche Geschichten erzählte, auch solche, von denen er seinem Auftraggeber nichts sagte. Und er vergaß nie, darauf hinzuweisen, wie gefährlich sein Job sei. Viele seiner Gesprächspartner gaben schnell auf, weil sie den Märchenonkel durchschauten. Einige blieben bei ihm hängen, wie der amerikanische Publizist Kenneth Timmerman, der Griessen einige Dutzend Mal getroffen haben will, um Nachrichten für seinen »vertraulichen militärpolitischen Newsletter« *Middle East Defense News* zu sammeln, den er von 1987 bis 1993 in Paris herausgab.[23] In die Welt Timmermans, der – nicht immer gerichtsfeste – Informationen verbreitete über Geschäfte mit den Paria-Staaten Iran und Irak, passte der schillernde Griessen.

Timmerman gab Griessens Geschichten in seinen Nachrichten-Rundbriefen weiter, die in der westlichen Geheimdienstwelt wegen seiner Berichte über Rüstungsgeschäfte im Nahen Osten viel gelesen wurden. Griessen setzte Timmerman auf die Iran-Spur. Eines Tages kam der Fach-Publizist mit der Story heraus, er sei in den Besitz von Stasi-Dokumenten gekommen, die Uwe Barschels Verwicklung in ein iranisch-israelisch-amerikanisches Waffenhändler-Netzwerk belegen würden. Barschel, der abgehalfterte Ministerpräsident, sei in Genf mit dem iranischen Emissär Rafiq Dust zusammengetroffen, um die im Libanon von einem Clan der iranisch beeinflussten Terror-Organisation Hisbollah festgehaltenen Deutschen zu befreien – nach dem Prinzip Waffenlieferungen gegen Geiseln. Es gäbe sogar einen Beleg für die Einbindung Barschels in die mysteriösen Geschäfte zwischen Israel, dem Iran und den USA – ein Foto, das den CDU-Politiker und den amerikanischen Offizier Oliver North zusammen mit einem unbekannten Stasi-Mann in Hamburg zeige. Auch die Stasi habe da irgendwie noch mitgemischt.

Bunte Geschichten aus der Dunkelkammer.

Wie erkennt man auf einem Foto einen unbekannten Stasi-Mann? Nach dem Foto suchen manche Verschwörungstheoretiker heute noch. Als Hamburger Polizisten aufgrund eines Hinweises nach einem entsprechenden Bild fahndeten, das angeblich im Hotel »Atlantic« aufgenommen wurde, endete die Aktion mit dem Fund eines Albums mit Fotos von der Familienfeier waschechter Hamburger Kaufleute.

Timmerman aber hatte offenbar keine Zweifel. An seinen Berichten kann man verfolgen, wie sich die Griessen-Geschichten steigerten, bis sie bei der großen Terroristen-Waffenhändler-Geiselnehmer-Geldwäscher-Verschwörung angekommen waren: Barschel sei nach Genf gekommen, um die deutschen Geiseln Rudolf Cordes und Ralph Schray freizupressen.[24] Als er mit einer Enthüllung gedroht habe, hätten ihn die Mullahs beseitigen lassen. Allerdings war Schray, ein Deutsch-Libanese, erst am 27. Januar 1988 gekidnappt worden – mehr als drei Monate nach Barschels Tod.

Das Tollste aber ist, dass Griessen seinem Auftraggeber Eike Barschel von sensationellen Erkenntnissen nichts mitteilte. Jean-Jacques Griessen starb am 9. November 1992 mit 60 Jahren bei einer sehr menschlichen Beschäftigung in den Armen einer dunkelhäutigen Prostituierten im Zürcher Rotlichtviertel. Es war ein natürlicher Tod. »Akutes Herzversagen«, ergaben die Ermittlungen der Zürcher Staatsanwaltschaft, ein »Sekundentod«.

Griessen hinterließ Hunderte Tonbänder mit Aufzeichnungen seiner Gespräche, die vom Bundeskriminalamt in Wiesbaden ausgewertet wurden. Zum Teil allein schon akustisch ein Kauderwelsch, das nichts enthielt, was die Ermittlungen hätte weiterbringen können. Aber Legenden um Griessens Aufklärung leben bis heute fort und feiern zum 20. Todestag Barschels wieder fröhliche Urständ.

11. Januar 1988, Kiel
Für die Betroffenen war es ein Freispruch erster Klasse. Am 11. Januar verfügte die Oberfinanzdirektion Kiel die Einstellung des Ermittlungsverfahrens gegen den ehemaligen HDW-Chef Klaus Ahlers und das ehemalige Vorstandsmitglied Peter Hansen-Wester sowie die Howaldtswerke. Auf 13 Seiten bestätigte die OFD, dass eigentlich gar nichts passiert war. Einen Verstoß gegen außenwirtschaftliche Bestimmungen konnten die Ermittler nicht mehr erkennen: Es waren keine geheimen Unterlagen geliefert worden; mit dem, was geliefert worden war, konnten die Südafrikaner gar keine U-Boote bauen; Oberingenieur Gerd Rademann arbeitete am Kap für ein Ölbohrinsel-Projekt; von den insgesamt 5000 Zeichnungen und Stücklisten waren die wichtigsten 280 nicht geliefert worden; die Betroffenen hatten gar keinen »Vollendungsvorsatz«, und schließlich hatten sie sich ja selbst beim Wirtschaftsministerium gemeldet und angezeigt, dass sie Unterlagen ohne Genehmigung an Südafrika geliefert hatten.[25] Der Untersuchungsausschuss des Bundestages arbeitete zwar weiter, doch mit einer neuen Qualität der Obstruktionen. So lehnte der Ausschuss – auch mit den Stimmen der SPD – es ab, Bundesfinanzminister Stoltenberg zur Herausgabe der HDW-Akten aufzufordern. Die SPD war durch Salzgitter-Chef Pieper, der selbst auch zu den Genossen gehörte, mit Hilfe des Betriebsrats wegen der »Gefährdung von Arbeitsplätzen« auf Linie gebracht worden.

Die anstehende Vernehmung von Franz Josef Strauß wurde immer wieder verschoben. Im Oktober 1988 verstarb dann der bayerische Ministerpräsident, ohne vor dem Untersuchungsausschuss ausgesagt zu haben. Die ehemaligen HDW-Vorstände Ahlers, Hansen-Wester und Rohde, aber auch Salzgitter-Chef Pieper, brauchten auch nicht auszusagen – wegen der Gefahr möglicher neuer Ermittlungsverfahren und strafrechtlicher Konsequenzen.[26] Wieso dies? Das Geschäft war doch angeblich längst beendet, und die HDW-Manager hatten gerade ihren Persilschein in Empfang genommen. Oder bestand da doch noch die Gefahr, dass sich einer verplaudert und Vorgänge offenbart, die den Staatsanwalt und die Steuerfahnder hätten auf den Plan rufen müssen?

Das Gift

26. Januar 1988, Zürich/Genf
Professor Hans Brandenberger hatte bereits im Dezember 1987 im deutschen und im schweizerischen Fernsehen eine aufsehenerregende These vertreten: Uwe Barschel hatte nach Meinung des ehemaligen Leiters der forensischen Toxikologie in Zürich – er war sechs Jahre lang Präsident der internationalen Vereinigung forensischer Toxikologen – den tödlichen Giftcocktail nicht auf einmal zu sich genommen. Aus den unterschiedlichen Verteilungen der Gifte in Magen, Blut und Urin hatte er geschlossen, dass Barschel zuerst die Mittel Pyrithyldion, Diphenhydramin und Perazin genommen beziehungsweise bekommen hatte und dann erst eine geraume Zeit später die tödliche Dosis Cyclobarbital. Diese These gelangte als »3 + 1«-Formel zu Berühmtheit, untermauerte sie doch den Mord-Verdacht. Das Argument des international renommierten Professors war schlagend: Während die ersten drei Medikamente viel höhere Konzentrationen im Urin als im Blut aufwiesen – also sich schon in der »Ausscheidungsphase« befanden, verhielt es sich mit der tödlichen Dosis Cyclobarbital genau andersherum. Nur das Cyclobarbital war im Magen und Blut viel höher dosiert als im Urin, befand sich also noch in einer »Anflutungsphase«. Die Schlussfolgerung lag auf der Hand. Barschel, durch die ersten drei Medikamente bewusstlos gemacht, hatte das Cyclobarbital später von Mörderhand zugeführt bekommen. Die These Brandenbergers erschütterte die Selbstmordtheorie nachhaltig und elektrisierte natürlich auch die Familie.

Was im Westen keiner wusste: Der Giftexperte der Stasi war auch schon bei seiner Analyse auf die »3 + 1«-Formel gekommen und hatte seinen Auftraggebern gemeldet: Es war Mord.

In einem Brief vom 26. Januar 1988 an Maître Revaz, den Anwalt der Familie, ging Professor Brandenberger in die Details und befasste sich zunächst mit den Ergebnissen der Genfer Kollegen:

»Die Genfer Experten haben aus ihren Zahlen mit Recht abgeleitet, dass Herr Dr. Barschel an einer Überdosierung mit dem Schlafmittel-Wirkstoff Cyclobarbital verstorben ist. Die einschlägigen Literaturangaben zeigen, dass Blut-Cyclobarbital-Konzentrationen ab 30 mg pro Liter bereits tödlich sein können. Im vorliegenden Falle wurden zwischen 40 und 45 mg pro Liter gemessen. Dazu kommt, dass im Zeitpunkt des Todes noch nicht aller Wirkstoff aus dem Magen resorbiert worden ist; das Cyclobarbital befand sich noch in der Resorptionsphase. – Die weiteren Medikamente haben beim Geschehen nur eine untergeordnete Rolle gespielt. Sie konnten die Wirkung von Cyclobarbital zwar verstärken und/oder beschleunigen, sind aber für das Todesgeschehen nicht ausschlaggebend gewesen.«

Dann die entscheidenden Einschränkungen des Wissenschaftlers:

»Während sich das Cyclobarbital beim Todeseintritt in der Resorptionsphase befand (hoher Gehalt im Magen, bedeutend höhere Konzentration im Blut als im Urin), so trifft das für die anderen 3 quantifizierten Medikamente Pyrithyldion, Diphenhydramin und Perazin nicht zu. Ihre Rückstände im Mageninhalt sind unwesentlich. Sie könnten zum Teil auch auf Rückdiffusion von bereits resorbiertem Material beruhen. Die Konzentrationen dieser Wirkstoffe im Urin liegen höher als im Blut. Das fällt insbesondere beim Diphenhydramin auf, aber auch beim Pyrithyldion. Beim Perazin hingegen ist das weniger augenscheinlich ... Im Unterschied zum Cyclobarbital befanden sich diese 3 Substanzen beim Todeseintritt in der Ausscheidungsphase. Das Zeitintervall zwischen Cyclobarbital-Einnahme und Tod ist sehr wahrscheinlich wesentlich kürzer gewesen als die Zeitintervalle zwischen Einnahme der 3 anderen Medikamente und Tod.«

Brandenberger war so seriös, einzuräumen, dass man Überraschungen nie ganz ausschließen könne und beachten müsse, dass medikamentös allzu schwer belastete Körper nicht immer wie erwartet reagierten, aber er war sich seiner Sache sehr sicher: erst die anderen drei Medikamente, dann das tödliche Cyclobarbital. Weitergehende Schlussfolgerungen wollte er nicht ziehen, und er nahm seine Kollegen sogar gewissermaßen in Schutz:

»Wenn die Genfer Experten über die Chronologie der Medikamenten-Einnahme keine Aussage machen, so kann das daran liegen, dass sie nur streng bewiesene Tatsachen wiedergeben wollten. Ich selber möchte die zeitliche Differenzierung auch nicht auf die Einnahmen der Medikamente Pyrithyldion, Diphenhydramin und Perazin ausdehnen.«

Dann beschäftigte sich Brandenberger mit den Ergebnissen der Hamburger Untersuchungen. Zunächst einmal hatte er keinerlei Verständnis für die Tatsache, dass von den 600 Millilitern Urin, die in Genf asserviert worden waren, kein Tropfen zur Analyse nach Hamburg gelangt war. Aber er hatte auch einige Kritikpunkte an der Arbeit der norddeutschen Rechtsmediziner:

»Die Resultate der Hamburger Blutanalysen stehen mit den Genfer Werten in recht guter Übereinstimmung ... Die Hamburger Blutanalysen bestätigen die Genfer Diagnose einer tödlichen Cyclobarbital-Überdosierung. Allerdings stellen die Hamburger Experten die 2 Schlafmittel Cyclobarbital und Pyrithyldion auf die gleiche Stufe ... Mir scheint die Genfer Formulierung zutreffender, die von einer tödlichen Konzentration an Cyclobarbital spricht und den anderen Medikamenten (also auch dem Pyrithyldion) nur sekundäre Bedeutung zumisst ... Die mit Magenwand (im Hamburger Bericht auf S. 28 fälschlicherweise als Mageninhalt bezeichnet) ermittelten Hamburger Werte können keineswegs mit den Genfer Mageninhalt-Daten verglichen werden. Diese Untersuchungsmaterialien sind zu stark verschieden. Die Zahlen zeigen jedoch, dass der Magen zur Todeszeit eine bedeutend höhere Konzentration an wirkungsstärkerem Cyclobarbital als an Pyrithyldion aufweisen musste ... Interessant sind die Daten der Muskel-Analysen. Zusammen mit denjenigen aus Blut, Leber und Lunge gestatten sie die Aussage, dass der Körper von Herrn Dr. Barschel zur Todeszeit sicher beträchtlich über 2 g Cyclobarbital-Wirkstoff (die minimale Letaldosis für einen Erwachsenen) resorbiert haben muss.«

Brandenberger kritisierte angesichts der großen Zahl der Hamburger Untersuchungen, dass ausgerechnet die Nieren nicht untersucht worden waren. In Anbetracht der Tatsache, dass in Hamburg kein Urin zur Analyse zur Verfügung gestanden hatte, waren die Daten einer Analyse des Nierenmaterials nach Meinung des Zürcher Toxikologen von besonderem Interesse. Dann bemängelte Brandenberger, dass sowohl im Genfer wie im Hamburger Gutachten »jede Interpretation der Messdaten, die über die Feststellung der unmittelbaren Todesursache hinausgeht«, fehlte.

Zum Abschluss hatte der Professor noch einige Tipps, wie die toxikologischen Untersuchungen ausgeweitet werden konnten:

»Im Hinblick auf ein besseres Verständnis der Chronologie des Geschehens sehe ich einige zusätzliche analytische Möglichkeiten:
1. Quantitative Analyse des Nieren-Materials auf alle beteiligten Wirkstoffe, mit Einschluss deren Metaboliten (Stoffwechsel-Produkte).
2. Erfassung der Metaboliten im Urin ...
3. Ausdehnung der Metaboliten-Analyse im Urin auf die Benzodiazepine (Diazepam usw.) ...
Allerdings kann ich keineswegs versprechen, dass durch zusätzliche Analysen das Bild des Geschehens wesentlich geklärt werden wird. – Den besten Überblick geben zur Zeit immer noch die Genfer Analysen der 3 Körperflüssigkeiten. Ich hoffe, sehr geehrter Maître, dass ich Ihnen und Ihrer Klientin, der Familie Barschel, mit diesen Angaben dienen konnte.«[1]

Am Schluss gab Brandenberger die entscheidenden Hinweise: Weder in Genf noch in Hamburg hatten die Toxikologen nach den so genannten Metaboliten – den Stoffwechselprodukten, die beim Abbau der Gifte durch die körpereigene Abwehr entstehen und über das Blut in den Urin gelangen – gesucht. Sie aber konnten weiteren Aufschluss geben, wann und in welcher Reihenfolge welches Gift in Barschels Körper gelangt war.

An den Thesen Brandenbergers entzündete sich ein langjähriger Expertenstreit, der zuweilen absurde Züge annahm. Auch verletzte Eitelkeiten waren schuld daran, dass Eike Barschel erst nach jahrelangem Streit mit den Genfer Untersuchungsbehörden eine erneute und erweiterte toxikologische Analyse des noch vorhandenen asservierten Urins und Gewebes durchsetzen konnte. Zuerst hatte sich Claude-Nicole Nardin quergelegt. Ihr folgte Carole Barbey als neue Untersuchungsrichterin. Doch Frau Barbey war erst auf massive Intervention des Genfer Generalstaatsanwalts Bernard Bertossa, der eigentlich keinen Einfluss auf ihre Untersuchungsführung nehmen durfte, bereit, sich mit Eike Barschel zu einigen.

Carole Barbey stellte eine Bedingung: Falls Professor Hans Brandenberger als gerichtlicher Gutachter bestellt werden sollte, dann nur, wenn auch Gerichtsmediziner Oldrich Fryc und der Toxikologe Christian Staub erneut als Gutachter vereidigt würden. Zähneknirschend stimmte Eike Barschel dem »Kuhhandel« – wie er es nannte – zu.

Inzwischen schrieben die Chroniken das Jahr 1992. Doch das Theater war noch lange nicht vorbei. Als Professor Brandenberger endlich zur Vereidigung vorgeladen wurde, erhielt er eine offizielle Auflage der Untersuchungsrichterin Barbey: Er durfte weder die Genfer Professoren noch die Genfer Gerichtsmediziner kritisieren. Brandenberger glaubte, sich verhört zu haben. Empört wies er diese Einschränkung seiner Unabhängigkeit zurück. Ein weiteres Jahr verging, ehe Richterin Barbey ihre Bedingung fallen ließ und Brandenberger vereidigt werden konnte. Der nächste Akt konnte beginnen.

1993: Die Vereidigung Brandenbergers erfolgte mit einem Übersetzer auf Deutsch; die Genfer dachten, dass ihr Zürcher Kollege des Französischen nicht mächtig war, und Brandenburger beließ sie in diesem Glauben. Fryc, Staub und Brandenberger verließen das Amtszimmer der Untersuchungsrichterin. Im Hinausgehen wandte sich Gerichtsmediziner Fryc, der mittlerweile die Leitung des Instituts von Professor Bernheim übernommen und den Professorentitel erhalten hatte, an seinen Kollegen Staub. Auf Französisch sagte er:

»Ach, Herr Staub, ist alles halb so schlimm, wir sagen einfach, wir haben nichts mehr, und dann ist die Sache ausgestanden.«

Professor Hans Brandenberger sprach perfekt Französisch. Er hatte verstanden.[2]

Bereits bei einem vorherigen Besuch gemeinsam mit Eike Barschel hatten sie festgestellt, dass angeblich kein Blut mehr asserviert war, eine verschwindend geringe Menge Urin und ein kleines Stück von der Leber. Brandenberger hatte erklärt, damit nicht arbeiten zu können und einen Bericht geschrieben. Nun wurde für ihn und Eike Barschel »der Kühlschrank aufgemacht«, und sie sahen die kümmerlichen Reste, die von der Obduktion noch übrig waren. »Ich glaube, das akzeptiere ich nicht, da muss ja viel mehr sein gemäß der Aktenlage«, empörte sich Brandenberger. »Nein, es ist nichts da«, war die lapidare Antwort. Sie marschierten in Frycs Büro. Was sie dann erfuhren, war kaum zu glauben. Entgegen der Anweisung von Untersuchungsrichterin Nardin hatte der Toxikologe Staub angeblich nach der Untersuchung alles weggeworfen. Und den Rest, den Staub nicht brauchte, hatte angeblich Fryc weggeworfen. Rund 10 Milliliter Urin waren noch da, mit denen Brandenberger arbeiten konnte. Als die Staatsanwaltschaft Lübeck wenig später ihr Ermittlungsverfahren wegen des Verdachts des Mordes an Uwe Barschel aufnahm, tauchte dann plötzlich doch wieder das eine oder andere von dem auf, was angeblich weggeworfen worden war. Nicht zu Unrecht fühlte Eike Barschel sich in Genf sabotiert.[3]

Schließlich war Professor Brandenberger doch noch in der Lage, die von ihm vorgeschlagenen Nachuntersuchungen durchzuführen. Und er sah sich auch durch die Suche nach den Abbauprodukten der Gifte bestätigt: Er konnte keine Metaboliten des tödlichen Cyclobarbital nachweisen. Abbauprodukte des Diphenhydramins fand er hingegen. Für Brandenberger war die Sache damit noch klarer:

»Bei der Zufuhr von Diphenhydramin war der Körper noch metabolisch funktionstüchtig, bei der Zufuhr von Cyclobarbital aber nicht mehr. Dieses Schlafmittel ist demnach später zur Anwendung gelangt.«[4]

Brandenberger konnte auch auf der Grundlage des neu gewonnenen Datenmaterials keine Angaben dazu machen, in welchen Zeitintervallen die Medikamente in den Körper Barschels gelangt waren. Für seine Grundthese hatte er allerdings schon vorher die Unterstützung anderer namhafter Toxikologen erhalten. So auch von dem Münchner Professor Wolfgang Forth, der sich schon 1988 im deutschen Ärzteblatt für die »3+1«-Formel starkgemacht hatte und den Brandenberger in seinem Gutachten noch einmal zitierte: »Es muß somit offenbleiben, ob vielleicht 1 oder 2 Stunden zwischen Einnahme der übrigen Medikamente und Cyclobarbital gelegen haben oder ob es mehr war.«[5]

Die kompliziertere Frage war die, ob Barschel nach der Einnahme der drei übrigen Mittel noch in der Lage gewesen wäre, sich das Cyclobarbital eigenhändig zuzuführen. Auch mit dieser Frage setzte sich Brandenberger in seinem Gutachten auseinander und kam vor dem Hintergrund der addierenden, wenn nicht gar potenzierenden Effekte der drei zusammenwirkenden Medikamente zu einem deutlichen Ergebnis:

»In Anbetracht dieser Umstände scheint es uns wenig wahrscheinlich, dass Herr U. Barschel bei der Zufuhr des tödlich wirkenden Cyclobarbitals handlungsfähig gewesen ist.
Selbst wenn Herr Barschel in einem forcierten Halbwach-Zustand zum Cyclobarbital gegriffen hätte. Wäre es ihm nie möglich gewesen, Rückstände aus diesem Tun zu beseitigen. Wir müssen ja bedenken, dass am Tatort weder Medikamenten-Verpackungen noch ein Gefäß (Becher, Glas) mit Rückständen von Pharmazeutika aufgefunden worden sind. Zudem hat weder der Pathologe bei der Autopsie noch der Chemiker vor der Analyse im Mageninhalt Tabletten-Rückstände gesichtet.«[6]

So schlüssig das auch alles vorgetragen war, der Streit unter den Toxikologen, die sich mit dem Fall Barschel Beschäftigten, brodelte weiter. Besonders der Hamburger Toxikologe Professor Schmoldt vertrat weiter die Auffassung, dass die Medikamente zeitgleich eingenommen worden waren.[7]

Am 5. Juni 1997 kamen alle in Frage kommenden Experten in Lübeck zusammen. Der Leitende Oberstaatsanwalt Heinrich Wille hatte im Rahmen des »Ermittlungsverfahrens gegen Unbekannt wegen Verdachts des Mordes an Dr. Dr. Uwe Barschel« zu einem »Runden Tisch« der Toxikologen geladen. Moderiert wurde die Expertenrunde von Arthur Reiter, Diplom-Chemiker der Rechtsmedizin Lübeck. Erschienen waren die Toxikologen Brandenberger, Staub aus Genf, Schmoldt aus Hamburg und der Münchner Pharmakologe Professor Ludwig von Meyer, der inzwischen als dritter unabhängiger Gutachter im Auftrag der Lübecker Staatsanwaltschaft tätig geworden war.[8] Von Meyer hatte allerdings schon unmittelbar nachdem Brandenberger 1987 seine Thesen vertreten hatte, seinem Schweizer Kollegen öffentlich widersprochen. Ohne diesen Widerspruch näher zu begründen.[9]

Die Expertenrunde endete im Dissens. Von Meyer, Schmoldt, Staub, aber auch der Moderator Reiter, der anstelle des von Brandenberger favorisierten Leiters des gerichtsmedizinischen Instituts der Universität Lübeck, Professor Otto Pribilla, mit der Aufgabe betraut worden war, versuchten mit vereinten Kräften und Experimenten, die Brandenberger als unseriös und unwissenschaftlich betrachtete, die Thesen des Zürcher Gelehrten zu entkräften. Brandenberger war am Ende nur unter der Bedingung bereit, das Ergebnisprotokoll mitzutragen, dass seine ergänzenden Bemerkungen und Bewertungen des Vorgehens des »Runden Tisches« separat angefügt wurden. So geschah es.

Februar 1988, Zürich
Eike Barschel handelte sich mit seinem Engagement zur Aufklärung des Todes seines Bruders »eine Periode höchster Spannung« ein. Seine Genfer Pressekonferenz hatte im Wirtschaftsleben »wie eine Bombe eingeschlagen, weil es nicht üblich ist, dass ein Vorstandsmitglied sich mit seinen Privatangelegenheiten der Öffentlichkeit stellt«, erinnert er sich. »Mir ist diese Brisanz meines Auftretens bewusst gewesen. Ich habe sie vielleicht trotzdem etwas unterschätzt.«

Nach dem Tod seines Bruders war Eike Barschel vierzehn Tage lang nicht in sein Büro beim Optik-Konzern Wild-Leitz gekommen. Unentwegt war er unterwegs, um familiäre Angelegenheiten zu klären und nach Hintergründen des Todes zu suchen. Dabei fühlte er sich mehrfach verfolgt, hatte das Gefühl, beobachtet zu werden. Er musste dies den Sicherheitsleuten in seinem Konzern mitteilen. »Der Aufsichtsrat des Konzerns hat als allererstes beschlossen, eine Gegenobservation anzusetzen, um zu sehen, ob ich verfolgt werde und von wem ich beschattet werde.«

In seinem Arbeitsleben war nichts mehr wie vor dem Tod seines Bruders. »Ich musste aufgrund der Beschattung sämtliche Sitzungen, die ich organisiert hatte oder an denen ich teilnehmen musste, dauernd verlegen«, erzählt der Manager. Die Sitzungsorte für den Vorstand mussten kurzfristig geändert werden, von einem Hotel ins andere, auch um Journalisten zu entkommen. Auf Reisen übernachtete er im Hotel nicht mehr ohne einen der Bewacher, die ihn rund um die Uhr betreuten. Fast drei Monate dauerte dieses Leben im Schlepptau von Spionen und Gegenspionen.

Sehr schnell hatte er bemerkt, dass nicht nur Journalisten auf seiner Spur waren. Von den Sicherheitsleuten, die der Konzern eingeschaltet hatte, wollte er wissen, welche Erkenntnisse sie über die Personen gewonnen hätten, die ihn observierten. »Das Merkwürdige an dieser ganzen Sache ist, dass man mir dann nicht mitgeteilt hat, wer mich beschattet hat«, erinnert sich Eike Barschel.

Anfang 1988 bemerkte er an den Verhaltensweisen seiner Managerkollegen, mit denen er regelmäßig geschäftlich zu tun hatte, dass etwas gegen ihn laufen musste. Das kollegiale Verhalten war plötzlich verflogen. Beiläufig wurde er von Kollegen darauf angesprochen, dass er seinen Bruder doch schon am Freitag vor dessen Tod in Genf getroffen habe. »Ich habe erst mal meine Herrschaften darauf hingewiesen, dass das wohl nicht stimmen könne«, erzählt Eike Barschel. Sein Bruder Uwe war erst am Samstag in Genf eingetroffen. Die Reaktion: »Schweigen im Walde.« Doch die Unterstellungen rissen nicht ab. Er habe mit seinem Bruder gemeinsam Waffengeschäfte gemacht, wurde ihm dann nachgesagt.

»Es war so kolossal, dass ich fragte, wo denn diese ganzen Informationen herkämen«, erinnert sich Eike Barschel. »Daraufhin wurde mir mitgeteilt, dass diese Informationen aus Geheimdiensten Deutschlands kommen, dass diese über Bern und Zürich lanciert wurden. Und von Zürich ist es dann beim Aufsichtsrat und bei den Hauptaktionären des Konzerns gelandet.«

Er bekam die Denunziantengeschichten nicht mehr in den Griff, es gab für ihn nur noch eine Lösung: aus dem Konzern auszuscheiden. Vier Monate nach dem Tod seines Bruders sah er sich gezwungen, von seinem Vorstandsposten zurückzutreten.[10] Aus dem Kreis der Firmeneigentümer hatte man ihm mitgeteilt, der BND habe über einen Mittelsmann ausrichten lassen, dass seine weitere Beschäftigung für die Geschäfte des Unternehmens nicht förderlich sei. Wild-Leitz belieferte nicht nur das Militär in der Schweiz und Österreich, sondern auch die Bundeswehr. Auch Südafrika gehörte zu den Kunden.[11]

Eike Barschel traf es hart. Der erfolgreiche Finanzmanager bekam nie wieder einen führenden Posten in einem namhaften Konzern. Sein finanztechnisches Know-how setzt er seitdem international als Unternehmensberater ein. Das Gefühl der Bedrohung tauchte seither immer wieder auf, wenn der Fall seines Bruders zum Thema wurde. Nach einem Auftritt in einer Fernsehsendung, in der er seine Thesen zum Mord an seinem Bruder vertreten hatte, wurde er von einem Unbekannten am Hamburger Hauptbahnhof verfolgt, bis er diesen zum Gespräch in ein Café bat. »Hören Sie zu, Herr Barschel«, habe der Mann ihm gesagt, »Ihr Goodwill ist abgelaufen.«[12]

1. März 1988, Kiel
Reiner Pfeiffer wurde wegen Fälschung seines Abiturzeugnisses, das er der Kieler Landesregierung mit seinen Bewerbungsunterlagen eingereicht hatte, vom Kieler Amtsgericht mit einem Strafbefehl bedacht. In dem Verfahren war ein weiteres Fälschungsdelikt bewiesen worden – eine von ihm und seiner Schreibkraft gebastelte Presseerklärung der Grünen, die er in Umlauf gebracht hatte. Ein Jahr später wurde er vom Landgericht Oldenburg wegen falscher uneidlicher Aussage bestraft. Er hatte Dienstapparate anderer Mitarbeiter der Landesregierung benutzt, um unter falschen Namen und Anrufkennungen seine Aktionen anzuzetteln. »Er ließ bespitzeln, fälschte, legte falsche Spuren, denunzierte, versuchte, andere in Mißkredit zu bringen«, resümierte der Autor Werner Kalinka. »Er ist – ohne jeden Zweifel – Täter.«[13]

1993 enthüllte der *Stern* schließlich, dass Pfeiffer nach der Affäre von SPD-Mann Klaus Nilius insgesamt 50 000 Mark zugesteckt bekommen hatte. Nach der Konfrontation durch *Stern*-Redakteure offenbarte sich der SPD-Minister Günther Jansen in einer Pressekonferenz als mitleidiger Spender für den verarmten Pfeiffer. Er habe das Geld in seiner Schreibtischschublade in kleinen Scheinen angesammelt, erzählte Jansen. Der SPD-Minister machte aber falsche Angaben über die Höhe der gezahlten Beträge. Er gab nur 40 000 Mark zu. Jansen wusste nicht, dass das Geld auf Konten von Pfeiffers damaliger Lebensgefährtin eingezahlt worden war und der Zufluss von 50 000 Mark zweifelsfrei belegt war. Bis heute bestehen erhebliche Zweifel, ob das Geld aus der Schubladen-Sparkasse Jansens stammt. Die *Stern*-Enthüllung versetzte die Kieler SPD-Führung in Panik. In der Landtagsfraktion herrschte blankes Entsetzen. Engholms Glaubwürdigkeit war ruiniert, sein Pressesprecher Klaus Nilius hatte den heimlichen Geldboten zwischen Jansen und Pfeiffer gespielt.

Als sogenannte Schubladenaffäre löste der Fall schließlich den Rücktritt Jansens und Engholms aus. Der SPD-Spitzenmann, der Kanzlerkandidat seiner Partei werden sollte, trat von allen Ämtern zurück und spielt seitdem im politischen Leben keine Rolle mehr.

13. Juli 1988, Essen
»Finanzamt Lübeck, Behördenhaus 1, Possehlstr. 4«, schrieb der Unbekannte in Druckbuchstaben auf das Briefcouvert und warf es in irgendeinen Briefkasten der Stadt Essen. Am 14. Juli, einen Tag später,

knallte ein Beamter in der Poststelle des Lübecker Finanzamtes seinen Eingangsstempel auf das Schreiben, und tags drauf landete das Dokument in der Steuerfahndungsstelle, so wie es sich der Anonymus gewünscht hatte.

Der unbekannte Schreiber wusste offenbar, wie die Dinge in der Finanzverwaltung laufen. Oben auf seine zweiseitige Steueranzeige schrieb er zusätzlich die Steuerfahndungsstelle als Adressat, damit es gleich den richtigen Beamten auf den Tisch gelegt wurde.

In gestelztem Amtsdeutsch notierte er einen Betreff: »Ermittlungssache Freya Barschel, Mölln, wegen Verdachts auf Steuerhinterziehung in der Erbschaftssteuersache Uwe Barschel, daselbst.« Der »Erblasser Uwe Barschel« habe verschiedene Konten und Depots in der Schweiz und in Österreich unterhalten: »Es besteht dringender Tatverdacht auf Steuerhinterziehung an Erbschaftssteuer bzw. auch Hinterziehung von Einkommenssteuer früherer Jahre durch Nichtangabe dieser Zinseinkünfte durch die Eheleute Barschel.«

Diese Zeilen lasen sich wie die albernen Anschuldigungen, die den Steuerfahndern täglich im Dutzend auf den Tisch flattern und daher in der Ablage wertloser Hinweise verschwinden. Doch der anonyme Anzeigenerstatter wurde konkreter: »Die Vermögenswerte in der Schweiz betragen 1,3 Millionen Schweizer Franken, dazu noch die österreichischen Werte auf Anonymkonten in Höhe von schätzungsweise 2 Millionen Schilling.«

»Nähere Auskünfte über die Schweizer Werte« könne ein Zürcher Vermögensverwalter geben, den er mit Namen und Adresse an der Bahnhofstrasse nannte. Dieser habe bis zum 30. Juni 1987 »Barschels Interessen in der Schweiz wahrgenommen«. Dann habe Barschel dem Vermögensverwalter das Mandat entzogen.[14]

Der genannte Vermögensverwalter existierte tatsächlich, er war eine große Nummer in seinem Gewerbe, wenn auch so diskret, dass er nur unter den Eingeweihten des Zürcher Finanzplatzes bekannt war. Sein Name fand sich in keiner Zeitung. Dieser Vermögensverwalter betreute und managte das Vermögen der Eigentümerfamilie des traditionsreichen Schweizer Rüstungsunternehmens Oerlikon-Bührle, das schon zu Hitlers Lieferanten gehört hatte und auch in der Nachkriegszeit nicht mit politischen Skrupeln auffiel. Der Konzern, dem der Vermögensverwalter auch in Bank- und Finanzgesellschaften diente, war auch ein treuer Partner der südafrikanischen Apartheid-Regierung.

War der Geldverwalter womöglich Barschels heimlicher Treuhänder gewesen? Oder enthielt die Steueranzeige eine böse, falsche Anschuldigung? Die späteren Ermittlungen in dieser Sache verliefen im Sande. Barschels Ehefrau und seine Familie, soviel ist klar, kannten keine Schweizer Konten. Sie unterstützten Recherchen der Behörden nach möglichen Bankverbindungen in der Schweiz. So wurden auf dem Weg der Rechtshilfe einige Banken in Zürich und Basel befragt, ob sie für Uwe Barschel ein Depot führten – ein ziemlich sinnloses Unterfangen. Denn Geldanleger waren und sind bei Schweizer Banken vielfältig vor solchen Nachforschungen geschützt. Eine flächendeckende Abfrage nach einer Bankverbindung war nicht möglich. Die Konten können auf die Namen von Treuhändern, Anwälten oder anderen Strohleuten angelegt werden, sie können als Nummernkonten im Auftrag von liechtensteinischen Stiftungen oder britischen Trusts geführt werden. Und nicht selten werden die Zürcher Geldverstecke auch vor Familienangehörigen geheim gehalten – als eiserne Reserve für alle Fälle. Wer nicht weiß, wie man dort sucht, der findet nichts.

Im Juni 1995 wurde der Vermögensverwalter schließlich von einer Zürcher Staatsanwältin auf dem Weg der Rechtshilfe vernommen. Ihr Vorgehen war nicht von großer kriminalistischer Finesse geprägt. Sie erläuterte zunächst dem Vermögensverwalter den Inhalt der anonymen Steueranzeige, den politischen und strafrechtlichen Hintergrund des Falles. Anschließend fragte sie, ob er Geld für Uwe Barschel verwaltete.

Die Antwort war wenig überraschend. Der Zeuge »bestritt, ein Bankkonto für Uwe Barschel verwaltet zu haben«. Er versicherte, »niemals in direktem oder indirektem Kontakt mit Uwe Barschel oder einem Angehörigen seiner Familie gestanden zu haben«. »Er kann sich nicht erklären, wieso sein Name erwähnt werden konnte«, schrieb die Staatsanwältin in das Protokoll.

Die Genfer Kriminalinspektoren, die das Verfahren betreuten, kritisierten die freundliche Vorgehensweise der Staatsanwältin in ihrem Abschlussbericht, weil der Zeuge so umfassend informiert war, dass eine unbefangene Antwort nicht mehr zu erwarten war: »Mithin konnte er sich ganz bequem seine Antworten zurechtlegen.«[15]

Wenig Glück hatten die Steuerfahnder auch, als sie versuchten, den Verbleib der Provisionsgelder aus dem U-Boot-Geschäft nachzuvollziehen. In diesem Fall hatten sie nicht einmal die Chance auf eine

Hilfe der Schweizer Justiz, weil diese, anders als bei Mordermittlungen, im Verdachtsfall der einfachen Steuerhinterziehung keinerlei Hilfe anbietet. Die Ermittler waren also auf die wenigen Aktenstücke angewiesen, die sie von den beteiligten Firmen IKL und HDW selbst zur Verfügung gestellt bekamen.

Sie entdeckten nicht mehr und nicht weniger als ein professionelles Versteckspiel der Treuhänder, wie es beim Schmiergeldfluss internationaler Waffengeschäfte üblich ist. Dokumentiert waren nur die Zahlungsabläufe über Provisionen in Höhe von zwei Millionen Mark, die über den Zürcher Wirtschaftsanwalt Peter Alther, den südafrikanischen Vermittler Karl Friedrich Albrecht und einen ominösen »Schwager« von Albrecht namens Albert mit der schlichten Adresse »Mexico City, Pirinaeus 640« abgewickelt worden waren.

So war im Mai 1985 ein erster Scheck über 300 000 Mark vom IKL an Anwalt Alther in Zürich gesandt worden, der ihn zur Gutschrift auf einem Konto bei der Schweizerischen Bankgesellschaft (SBG) in Zürich eingereicht hatte. Der Inhaber dieses Kontos war der Südafrikaner Albrecht. Aber der tatsächliche Eigentümer der Vermögenswerte dieses Kontos war damit noch nicht klar. Denn in der Vermögensverwaltung der schweizerischen Banken ist es üblich, dass Treuhänder auf ihren Namen Konten für ihre Mandanten führen, ohne dass deren Identität bekannt wird. Der Name dieser »wirtschaftlich Berechtigten« an den Vermögenswerten auf einem solchen Konto wird nur bei der Bank in einem Formular notiert, das zu den bestgehüteten Geheimnissen jedes Geldhauses gehört.

Genauso lief es mit einer Schmiergeldzahlung vom Juli 1985: ein Scheck über 300 000 Mark über Alther à conto Albrecht bei der SBG.

Im November 1985 wurde ein anderer Weg gewählt – 500 000 Mark über den »Schwager« F. E. Albert zugunsten Karl F. Albrechts. Der Scheck wurde Albrecht persönlich ausgehändigt und diesmal zugunsten eines Kontos bei der kleinen Hamburger Privatbank Berenberg eingereicht. Über dieses Konto von Albert bei der Hamburger Berenberg-Bank hatte Vermittler Albrecht Verfügungsmacht. Aber wer der Endempfänger dieser Zahlung war, konnte nie ermittelt werden.

Am 20. Juni 1986 wurde nochmals ein Scheck in Höhe von 500 000 Mark an den Zürcher Anwalt Alther transferiert. Und im Oktober 1986 konnte eine Zahlung in Höhe von 983 000 Mark an Vermittler Albrecht registriert werden.[16]

Es war wie ein Hütchen-Spiel. Die Gelder wurden unter den Konten von drei Mittelsmännern zwischen Zürich, Johannesburg und Mexiko-City verschoben. Eine geradezu musterhafte Lösung im Rüstungsgeschäft. Aber wer die Moneten am Ende wirklich einsteckte, das wurde – beinahe ebenso typisch für diese Grauzone – nie aufgeklärt. Die Oberfinanzdirektion Kiel mit dem Stoltenberg-Spezi Hansen hatte das nicht aufgeklärt, und im Untersuchungsausschuss in Bonn hatten die Unionsparteien samt FDP mit ihrer Mehrheit die Nachforschungen unterbunden. Offenbar hatten sie gute Gründe dafür. Die damals aufgedeckten Zahlungen waren wohl nur die Brosamen eines viel gewaltigeren Schmiergeld-Kuchens, der im Zuge dieses Geschäfts verteilt wurde.

Hintergrund waren die Beziehungen, die von der Friedrichshafener MTU seit den siebziger Jahren zum zivilen und militärischen Beschaffungswesen der südafrikanischen Regierung gepflegt wurden. MTU hatte zum Beispiel die Wartung der Schiffsmotoren der Marine in der Hand, wie der damalige Statthalter des Konzerns am Kap sagte. MTU lieferte auch die Motoren für Schnellboote. Deren Export, erklärte einer der MTU-Verkäufer, sei nicht genehmigungspflichtig gewesen. Denn die großen Maschinen seien nicht speziell für den militärischen Einsatz konstruiert gewesen. Das klingt bekannt: Hatten nicht auch die Herren von IKL bezüglich der Blaupausen für die U-Boote am Ende argumentiert, die Zeichnungen seien für ein ziviles Tauchboot geeignet und nicht militärisch nutzbar gewesen?

Nicht speziell konstruiert – in Simonstown, wo die Schnellboote gebaut wurden, bestimmten die Südafrikaner, in welcher Art von Schiffen die deutschen Motoren benutzt wurden. »Natürlich«, sagte der MTU-Mann bei einem Gespräch in einem Hotel, in dem auch stets die südafrikanischen Emissäre abgestiegen waren, »hatten die Südafrikaner Waffen, die sie auf den Schiffen montieren konnten.« Bis etwa Mitte der achtziger Jahre zog sich das Schnellbootgeschäft hin, erinnert sich der Fachmann.

»Ich habe gehört, dass da unten auch Motoren für U-Boote rumgelegen haben sollen«, sagte der Verkäufer. Die Diesel-Aggregate waren beim »Mosselbay Gas- und Öl-Explorations-Projekt« aufgetaucht. Das war aber nichts anderes als eine geschickt gewählte Tarnung für die Weiterführung des illegalen U-Boot-Geschäfts – alles von den Südafrikanern mit den deutschen Firmen abgesprochen. Die Tarnung war nicht schwer zu bewerkstelligen, denn die von MTU gelieferten Motoren waren vielseitig einsetzbar. Sie konnten tatsächlich auch Pumpen bei Öl- und Gasbohrungen antreiben. Wie vorteilhaft: Da sie nicht eigens für den U-Boot-Betrieb konstruiert waren, brauchte man zum Export auch in diesem Fall keine Genehmigung. Mit ein wenig Ingenieurskunst konnten sie aber auch für U-Boote fit gemacht werden, sagte der MTU-Mann. Warum wohl hatte Schiffbauer HDW seinen Oberingenieur Rademann ausgerechnet für das Mosselbay-Projekt ausgeliehen? Man ahnt schon die offizielle Antwort: Um die Öl- und Gas-Bohrungen voranzubringen, sagte Rademann. Und dann auch noch dieser Zufall: Rademann wurde aus Südafrika abgezogen, als der U-Boot-Deal endgültig geplatzt war. Ein MTU-Mann aus Kapstadt: »Die Motoren wurden dann eingemottet.«

Dafür floss umso kräftiger die Schmiere. Als das U-Boot-Geschäft lief, wurden etwa 100 Millionen Mark aus Anlass der Motorenlieferungen von MTU aus dem südafrikanischen Haushalt herausoperiert und über die Schweiz zu einer Firma »Marine Services« am verschwiegenen britischen Finanzplatz Jersey weitergeleitet, sagte Armscor-Mann C. F. Von dort, so der hochrangige Rüstungsmanager, sei ein Millionenbetrag auf Konten von liechtensteinischen Stiftungen transferiert worden, die der CDU gehörten.

Die CDU verfügte unter dem Schatzmeister Walter Leisler Kiep über etliche Geldverstecke, darunter die liechtensteinischen Stiftungen »Norfolk« und »Zaunkönig«, deren wirkliche Geldquellen bei der Aufarbeitung der CDU-Spenden-Affäre in den Jahren 2000/2002 nicht geklärt werden konnten.

MTU hatte zur Regierung Kohl eine gute Beziehung. Wohlgelitten waren die Vertreter der Firma auch in der Schatzmeisterei der CDU. Auch zur CSU bestand ein enger Kontakt. MTU-Chef Zimmermann war mit Franz Josef Strauß befreundet.

Oktober 1988, Bonn
Schmiergelder laufen nur selten über die ordentliche Buchhaltung. Falls es in den Büros der am U-Boot-Geschäft beteiligten Unternehmen überhaupt verfängliche Papiere über Schmiergeldempfänger gegeben hat, wäre den Managern genügend Zeit geblieben, die Dokumente verschwinden zu lassen. Auch in den Regierungsstuben in Bonn und Kiel sowie in den Parteibüros hätte man belastendes Ma-

terial wohl nicht in den Ordnern abgelegt, die jedem Mitarbeiter zugänglich waren.

Keines der deutschen Unternehmen, die als Lieferanten an dem U-Boot-Geschäft mit verdienten, trat 1987 offiziell als Spender bei der CDU in Erscheinung. Damals waren nach dem Parteiengesetz »Großspenden« ab 20 000 Mark in den Rechenschaftsberichten der Parteien zu deklarieren – und wurden deshalb auch dem Finanzamt als Parteienspenden angezeigt. Doch die in den Parteibilanzen der CDU für das Jahr 1987 berichteten Beträge, die im Oktober 1988 veröffentlicht wurden, stellten nur einen Bruchteil dessen dar, was die Politiker in Wahrheit kassierten. Millionen lenkten sie an den offiziellen Büchern vorbei über Schwarzgeldkonten in Zürich oder Vaduz direkt an ihre Wahlkampfhelfer, deren Rechnungen für Werbeaufträge und Inserate-Kampagnen aus der Schweiz und Liechtenstein bezahlt wurden.[17]

Die Spitzenkräfte der deutschen Politik ließen über Jahrzehnte hinweg an der Zürcher Bahnhofstrasse ihre diskreten Geldgeschäfte abwickeln: Ex-Bundeskanzler Helmut Kohl, der nach seinem Ausscheiden aus dem Regierungsamt als Berater im »Internationalen Beirat« der Großbank Credit Suisse diente; Kohls Parteischatzmeister Walther Leisler Kiep (Großes Bundesverdienstkreuz mit Stern und Schulterband), der 21 Jahre lang amtierte und die Kassen der CDU aus heimlichen Zürcher wie auch Liechtensteiner Gelddepots auffüllte; Ex-CDU-Parteichef und Bundesinnenminister Wolfgang Schäuble, der Treffen mit dem Rüstungslobbyisten Karlheinz Schreiber zugeben musste und sich 100 000 Mark zustecken ließ; Manfred Kanther, der Vater des deutschen Geldwäsche-Gesetzes, der seine hessische CDU über 16 Jahre lang mit knapp 21 Millionen Mark alimentieren ließ, die auf Zürcher Geheimkonten gelagert waren, während er straffe Steuerregeln verabschiedete; die FDP-Politiker Hans-Dietrich Genscher und Otto Graf Lambsdorff, die sich in Untersuchungsausschüssen und Gerichtsverhandlungen gegen den Vorwurf der Steuerhinterziehung bei der Parteienfinanzierung verteidigten, während ihr Schatzmeister Hans H. Gattermann in Zürich ein neues Nummernkonto eröffnete, um dort wieder heimlich Parteispenden zu bunkern.[18]

Als Karlheinz Schreiber Namen der Politiker nannte, die er mit illegalen Spenden bedacht hatte, beging ein Parteikassierer der CDU

Selbstmord. Und Schatzmeisterin Brigitte Baumeister stritt sich anschließend öffentlich mit dem ehemaligen Parteivorsitzenden Wolfgang Schäuble um die Übergabemodalitäten eines 100 000-Mark-Geschenkes aus Schreibers Schatulle. Schäuble bestritt zunächst, diese Zahlung erhalten zu haben. Als er die Zuwendung Schreibers später zugeben musste, sagte er: »Da wurde ein unglaubliches Spiel gespielt, was eigentlich nur mit diesem unseligen Herrn Pfeiffer aus der Barschel-Engholm-Geschichte zu vergleichen ist.«[19]

Bis zu siebzehn schwarze Konten hatte Parteibuchhalter Horst Weyrauch für die CDU angelegt. Wie viel darüber floss, blieb unbekannt. Vermutet wurde mindestens ein zweistelliger Millionenbetrag. Als nach Schreibers Enthüllungen eine Wirtschaftsprüfungsgesellschaft Kohls geheime Kassen durchleuchten sollte, waren keine relevante Belege zu finden. Zweistellige Millionensummen konnten sie nicht zuordnen. Die Prüfer fragten die Geldverwalter der Partei: »Können Sie Angaben zur Herkunft der Einzahlungen machen?«

Uwe Lüthje, Generalbevollmächtigter von Schatzmeister Walther Leisler Kiep, gefielen diese Fragen nicht. »Was haben sich Ihre Wirtschaftsprüfer bei diesem Fragebogen eigentlich gedacht?«, entrüstete er sich in einem Schreiben an den damaligen Partei-Chef Schäuble. »Ich will und kann nicht ausschließen«, erklärte Lüthje, »dass es noch ein weiteres Konto gegeben hat ... Mit Rücksicht auf die internationalen Verbindungen der CDU-Bundespartei, aber auch mit Rücksicht auf außenpolitische Interessen der Bundesrepublik Deutschland sehe ich mich außerstande, Einzelheiten zu diesem Konto zu erläutern.«[20]

Bis heute weigert sich Kohl beharrlich, die Herkunft von Millionenzahlungen offenzulegen.[21] Damit lebte der frühere Regierungschef seinen Bürgern vor, dass die Befolgung der Gesetze individuelle Ansichtssache ist – nicht anders als in Argentinien, Nigeria oder Italien.

25. Februar 1991, Bonn
Die Manager des Ingenieurkontors Lübeck konnten aufatmen. Am 16. Januar war der Golfkrieg ausgebrochen, und plötzlich gab es für Bundeskanzler Helmut Kohl gute Gründe, ein besonderes U-Boot-Geschäft, das schon tot war, in neuer Form auferstehen zu lassen.

Das IKL hatte mit Israel – parallel zur Lieferung an dessen südafrikanischen Verbündeten – über eine U-Boot-Lieferung verhandelt. Ein Vertrag zur Erstellung eines Konzeptes war mit Israel am 22. November 1984 abgeschlossen worden – neun Tage nach einem Treffen der IKL- und HDW-Manager mit Helmut Kohls Spitzenmann Horst Teltschik im Bundeskanzleramt, bei dem die Möglichkeiten der U-Boot-Lieferung nach Südafrika über ein Drittland erörtert worden war.

Zum Bau der Boote für Israel war es jedoch nicht gekommen. Der Israel-Deal war in den achtziger Jahren »parallelgeschaltet« worden, erklärte ein südafrikanischer Rüstungsmanager, der an den Verhandlungen teilgenommen hatte. Dies war ein Ergebnis der Rüstungsallianz von Israel und Südafrika, und es hätte den Südafrikanern problemlos die Gelegenheit für Umweglieferungen über den verbündeten Staat bieten können.[22]

Am 30. November 1990, dem letzten Tag der Laufzeit einer vertraglich vereinbarten Ausstiegsklausel, machte Israel von der Rücktrittsmöglichkeit Gebrauch, weil die Finanzierung nicht gesichert war. Die USA, die einen Teil der Kosten hätten übernehmen sollen, waren abgesprungen. »Sehr zum Erschrecken des IKL«, sagt Lutz Nohse. Doch das Erschrecken währte nur kurz. »Glücklicherweise«, erinnert sich der damalige IKL-Chef, »gab es dann Anfang des Jahres 1991 die ebenso überraschende, für das IKL aber erfreuliche Meldung, dass Deutschland die gesamten Kosten in Höhe von 880 Millionen Mark zum Bau der beiden Boote übernehmen würde.« Am 25. Februar wurde eine deutsch-israelische Regierungsvereinbarung über das Geschäft unterschrieben, das aus dem Bundeshaushalt bezahlt wurde.[23]

Hintergrund der Entscheidung war ein Ereignis, dessen Folgen seit zwölf Jahren die deutsche Justiz beschäftigt und das zunächst keinen Zusammenhang mit diesen U-Booten erkennen lässt. Es geht um die Lieferung von 36 Panzer-Fahrzeugen des von der Kasseler Firma Thyssen-Henschel hergestellten Typs »Fuchs« an Saudi-Arabien. Der Vertrag wurde am 27. Februar 1991 vom Bundessicherheitsrat genehmigt. Es war Helmut Kohl, der im Jahr 2005 als Zeuge vor dem Augsburger Landgericht im Schmiergeld-Prozess gegen seinen ehemaligen Rüstungsstaatssekretär Holger Pfahls die Verbindung zu den U-Booten herstellte. Pfahls hatte gestanden, von Karlheinz Schreiber neben anderen Zuwendungen 800 000 Mark für das U-Boot-Geschäft mit Israel kassiert und nicht versteuert zu haben. In Augsburg behauptete Kohl, das U-Boot-Geschenk an Israel sei die »Kompensierung« für die Fuchs-Panzer-Lieferung an Saudi-Arabien gewesen. Es ist seit Jahrzehnten ein Grundsatz deutscher Außenpolitik, bei

Rüstungsgeschäften mit arabischen Staaten Israel einen Ausgleich zu verschaffen.

Da es bei Rüstungsgeschäften dieser Art immer auch ums Schmieren geht, ist es schon als normal zu betrachten, dass es beim Fuchs-Panzer-Deal nicht anders war. Nicht weniger als 220 Millionen Mark Schmiergeld wurden verteilt. Kohls Schatzmeister Walther Leisler Kiep hatte von Schreiber sogar eine Million Mark bar im Koffer erhalten. Eine schöne Bescherung für die CDU.

Die Aufdeckung dieser Zahlung hatte 1999 die große CDU-Schwarzgeld-Affäre ausgelöst, in deren Folge Kohl sein Amt als Ehrenvorsitzender der CDU aufgeben und seine Partei eine Millionenstrafe wegen illegaler Finanzierung zahlen musste. Kohl persönlich übernahm damals die Verantwortung für etwa zwei Millionen Mark von »Spendern, die nicht genannt werden wollen« – in den Jahren 1993 bis 1998. Bis heute weigert er sich, dieses beunruhigende dunkle Kapitel von gekaufter Politik aufzuhellen.

Ein Gewährsmann der südafrikanischen Regierung, der damals wegen gemeinsamer Navy-Projekte direkte Kontakte zum israelischen Kabinett unterhielt, erklärte, dass im Zusammenhang mit dem U-Boot-»Kompensations-Geschäft« Schwarzgeld-Millionen mit israelischer Hilfe an die CDU geflossen seien. Genau genommen habe das Geld vom deutschen Steuerzahler gestammt. Das verberge sich hinter Kohls »Spendern, die nicht genannt werden wollen«. Die Südafrikaner verhandelten damals mit den Israelis darüber, wie man mit Hilfe ihrer Regierung sensibles Rüstungsmaterial aus Deutschland herausschaffen könne.

Die Rüstungs-Akquisiteure des südafrikanischen Armscor-Konzerns fühlten sich in Deutschland wie zu Hause. Nicht wenige von ihnen waren Auswanderer und sprachen Deutsch. Unter Kanzler Helmut Schmidt waren die Verhältnisse für sie kaum komplizierter als unter seinem Nachfolger Helmut Kohl, wenngleich Kohls Regierung für Geschäfte mit Südafrika mehr Unterstützung gab. Die Reisenden in Sachen Waffen pflegten gern den direkten Kontakt zu Unions-Politikern und versuchten oft erfolgreich, mit deutschen Waffenschmieden Geschäfte abzuschließen. Die Südafrikaner waren beliebt, weil sie zuverlässige Zahler waren. Mit ihren vertrauten deutschen Kollegen saßen sie mittags beim Lunch oder abends an den Hotelbars zusammen. Man sprach über Politik und Privates, und im Herbst 1987 war eines der Themen Uwe Barschel, den zumindest einer von ihnen auch persönlich kennengelernt hatte.

Wir haben uns in einem Hotel verabredet. »Wie sind Sie auf meinen Namen gekommen«, fragt der deutsche Manager, der früher in einem Rüstungsbetrieb eine Spitzenposition innehatte und zwischen den USA, Südafrika, Israel und Deutschland pendelte.

Wir erklären ihm, dass wir das U-Boot-Geschäft mit Südafrika recherchieren und durch den Hinweis einer früheren Kontaktperson von ihm auf seine Spur gekommen seien. »Wenn er Ihnen etwas sagt, dann müssen Sie ihn nach dem Fall Barschel fragen«, hatte uns die Frau empfohlen. Das Gespräch ist freundlich distanziert. »Uwe Barschel ist tot«, sagt der Mann, »was soll das alles noch?«

»Aber keiner weiß, was wirklich passierte«, halten wir dagegen.

Wir sprechen lange über Kiel und Südafrika, über die Regierung Kohl und Franz Josef Strauß, über Schmiergeld und Off-Shore-Firmen. Der Mann kennt sich aus. »Ich will es mir überlegen, ob ich Ihnen zu Ihrer Frage nach Barschel etwas sage«, meint er zum Abschied. Wir lassen unsere Visitenkarten zurück und warten.

Einige Wochen später ein Anruf. »Wir können über die Sache sprechen. Ich werde allerdings einen Anwalt konsultieren, den Kollegen aus Südafrika früher öfter besuchten. Bevor ich etwas sage, muss sichergestellt werden, dass mein Name nicht in die Öffentlichkeit kommt. Sobald das geklärt ist, können wir uns in Gegenwart des Anwalts unterhalten.« Wir stimmen zu und treffen uns mit dem Rüstungs-Experten in der Anwaltskanzlei. Nach längerer Diskussion verlangt unser Gesprächspartner, zu seiner eigenen Sicherheit seine Darstellung schriftlich zu fixieren.

Der Anwalt notiert mit: »Aufgrund meiner beruflichen Tätigkeit hatte ich in den achtziger Jahren vielfach Kontakt mit Delegationen südafrikanischer Unternehmen aus dem Bereich Wehrtechnik. Die Südafrikaner waren häufig auf Geschäftsreise in Deutschland. Sie besuchten Rüstungsunternehmen in Düsseldorf, Emden, Kassel, Kiel und München.« Mit einem der Südafrikaner, dem Vertreter des südafrikanischen Rüstungskonzerns Armscor, C. F., habe er selbst »Verträge ausgehandelt«.

»Aus meinen Kontakten zu … wusste ich, dass es den Südafrikanern in Deutschland auch um U-Boote ging. Dabei hatte ich auch erfahren, dass Blaupausen für U-Boote nach Südafrika geliefert worden sind. Hin und wieder waren bei den Delegationen auch Angehörige der südafrikanischen Botschaft. Konkret erinnere ich mich an den Diplomaten Steenkamp. Aus meinen geschäftlichen Kontakten wusste ich auch, dass die südafrikanischen Diplomaten häufiger Unterlagen wie z. B. Konstruktionszeichnungen und Maschinenbauteile im Diplomaten-Gepäck aus Deutschland heraustransportierten.«

In vielen vertraulichen Gesprächen, die beim Mittag- oder Abendessen geführt wurden, hätten die südafrikanischen Geschäftsleute, darunter einige mit Kontakten zu ihrem Geheimdienst, »immer wieder mal davon gesprochen, dass Gerhard Stoltenberg und Uwe Barschel mit dem U-Boot-Geschäft zwischen HDW, IKL und Südafrika zu tun hatten«. Einer habe sogar gesagt, dass er auch schon »bei Stoltenberg und Barschel gewesen sei«.

»Da vorher schon über Barschel geredet wurde, war er nach seinem Tod natürlich auch Gesprächsgegenstand ...« Selbstmord oder Mord, sei nun die Frage gewesen. »Alle kamen übereinstimmend zu dem Ergebnis, dass Uwe Barschel umgebracht worden war.«

»Die Aussagen der Südafrikaner liefen darauf hinaus, dass Barschel vom südafrikanischen Geheimdienst umgebracht worden war«, erinnert sich der deutsche Manager. »Es wurde gesagt, dass die Untersuchungsmethoden der Gerichtsmediziner in der Schweiz so unzulänglich gewesen seien, dass sie keine Hinweise auf einen Mord hätten finden können.«[24]

Seine südafrikanischen Kollegen seien sehr konkret geworden: »Barschel sei Gift in die Fußsohlen gespritzt worden, was nicht entdeckt worden sei.«[25]

Auch über das Motiv der Mordtat äußerten sich die Leute vom Kap: »Die südafrikanischen Gesprächspartner sagten, dass Uwe Barschel von Südafrika für den Wahlkampf Geld erhalten habe gegen das Versprechen, dass er für eine Genehmigung des Geschäftes sorgen werde. Nach der verlorenen Wahl konnte er die eingegangenen Verpflichtungen nicht mehr einhalten.«

»Die Gesprächspartner aus Südafrika sagten, Barschel sei in Genf zur Rede gestellt worden, wie es denn jetzt weitergehe. Da das Geld für den Wahlkampf ausgegeben war, konnte er es nicht zurückzahlen. Er habe Zusagen nicht einhalten können und sei deshalb liquidiert worden. Die Südafrikaner, die aus sicherheitspolitischen Gründen unbedingt U-Boote haben wollten, fühlten sich von Barschel verraten.«[26]

Der Deutsche kannte die rabiaten Usancen bei den heiklen Geschäften sehr gut.
»Es gab Handschlag-Vereinbarungen«, sagte der Mann. »Aber es war klar, wenn Sie das nicht einhalten und nicht liefern, dann sind Sie tot.«[27]
Zur Erinnerung: Nach dem Embargobeschluss der Vereinten Nationen waren die Südafrikaner zunächst von den Franzosen im Stich gelassen worden, die ihnen eine Erneuerung ihrer U-Boote der Daphne-Klasse verweigerten. Dann hatten sie ihre Hoffnung auf die Deutschen gesetzt. Und gezahlt. Und genauso wie die beteiligten Firmen jahrelang mit deutschen Politikern weiterverhandelt, um »grünes Licht« für den Deal zu bekommen. Sie fühlten sich am Ende betrogen, und das zu Recht. Legal und vor allem illegal hatten sie viel bekommen, aber es reichte letztendlich nicht. Das viele Geld war weg, und einiges davon in den schwarzen Kanälen der Korruption versickert.

Südafrika war unter Pieter Willem Botha ein Staat der Desinformation, Tarnung und Verschleierung geworden. Mit einem gewaltigen Propaganda-Apparat wurde ein zivilisierter Anschein erweckt, doch im Hintergrund herrschte Krieg, »in diesem schon immer gewalttätigen Land«, wie der burische Schriftsteller Breyten Breytenbach aus dem Pariser Exil über seine Heimat schrieb. »Das weiße Südafrika ist das Kind des Deutschlands der dreißiger Jahre.«[28]
»Hart, aber gerecht« sei das weiße Regime in Südafrika gewesen, so lautete vielfach das Urteil über die Zeit der Apartheid am Kap. Und Korruption gäbe es dort erst, seit die Schwarzen an der Macht sind. Es ist die verklärte Sicht, wie sie so oft auf Diktaturen fällt – solange die wahren Verhältnisse nicht erhellt werden. Eine Studie über die Korruption in Südafrika kam zu dem Ergebnis, dass die repressivste Periode auch die korrupteste war. Der Bericht äußerte die Vermutung, dass der Parlamentarier Robert Smit 1978 zusammen mit seiner Ehefrau umgebracht worden sei, weil er zu viel gewusst habe. Smit habe geplant, Einzelheiten über ein Tarnkonto des Staates in der Schweiz zu veröffentlichen.

Zahlreiche belastende Dokumente seien vernichtet worden, um die Verwicklung prominenter Politiker in illegale Operationen zu vertuschen.[29] Die Aktenschränke der Nachrichtendienste wurden natürlich gesäubert, bevor die Macht in demokratische Hände übergeben wurde. Als Nelson Mandela am 9. Mai 1994 nach 27 Jahren als politischer Häftling zum ersten schwarzen Präsidenten des Landes gewählt wurde, waren die Archive geräumt.

Die Akte »Uwe Barschel«, die zu Beginn der intensiven Verhandlungen über die geheimen U-Boot-Lieferungen vom südafrikanischen Geheimdienst angelegt worden war, wurde zwei Jahre nach Barschels Tod geschlossen, wie ein Mittelsmann aus dem früheren Regierungslager heute offenbart.[30]

Es war das Jahr 1989, das in Südafrika eine kleine Wende gebracht hatte. Staatspräsident Pieter Willem Botha war im August 1989 nach einem Schlaganfall zurückgetreten. Unter seiner Regie hatte Südafrika eine ambitionierte Außenpolitik verfolgt. Die Beziehungen zu europäischen Staaten, gerade auch zu Deutschland, waren ausgebaut worden. Botha gelang es, mit Israel so stabile Kontakte herzustellen, dass ein gemeinsames Atomprogramm entwickelt werden konnte. Von Israel kauften die Südafrikaner umfrisierte Marine-Schnellboote der Klasse S 143. Ein Direktverkauf aus Deutschland wäre wegen des UN-Embargos praktisch ausgeschlossen gewesen. Geheime Geschäftsbeziehungen zu Moskau und Ost-Berlin gediehen prächtig, sagten Berater und Provisionsschleuser in der Schweiz und Deutschland. Handelsschiffe aus der Sowjetunion luden in bundesdeutschen Häfen Container mit falsch deklariertem Inhalt ein. Als offizielle Ziele waren Mozambique oder Angola angegeben. In Wirklichkeit legten sie in Südafrikas Häfen an und hatten Rüstungsmaterial an Bord. Moskau und Pretoria hatten ein lebenswichtiges gemeinsames Interesse für den politisch unkorrekten Schulterschluss: die Kontrolle des Weltmarktpreises für Gold. Die Sowjetunion und Südafrika waren die größten Goldförderländer der Welt.

Bei allem Terror, der in Südafrika unter Botha gegen Schwarze und weiße Abweichler herrschte – Bothas Innenpolitik war gespalten. Er weichte die strengen Gesetze der Rassentrennung auf, ließ Ehen zwischen Weißen und Schwarzen zu, gab Schwarzen Wohnrecht in weißen Siedlungsgebieten und ließ erste Kontakte zum ANC knüpfen. Die weiße Minderheit spaltete sich zusehends politisch auf.

Anfang der neunziger Jahre, vor dem Übergang des Apartheidregimes in einen demokratischen Staat, häuften sich in Südafrika indes mysteriöse Todesfälle, Morde und als Selbstmord getarnte Tötungen unter ehemaligen Geheimdienstagenten und Rüstungshändlern. Der Terror machte nicht mehr vor den eigenen Leuten Halt.

So wurde der südafrikanische Rüstungsmanager Alan Kidger im November 1991 tot im Kofferraum eines Wagens gefunden, der am Flughafen Johannesburg gestohlen worden war. Arme und Beine waren vom Leichnam abgetrennt worden, der Körper war mit einer schwarzen, öligen Substanz eingeschmiert. Wenige Tage zuvor hatte Kidger dem Geheimlabor der militärischen Tarnfirma Delta G Scientific Chemikalien geliefert.[31]

Statt in den Reihen der eigenen Geheimorganisationen zu suchen, beschuldigte die ermittelnde südafrikanische Polizeieinheit Agenten des israelischen Geheimdienstes Mossad. Ein Täter wurde natürlich nie gefunden. Nach diesem Muster wurden auch im Fall weiterer Morde im Rüstungshändler-Milieu pauschal israelische Agenten beschuldigt. So im Mordfall Wynand Van Wyk, eines hochqualifizierten Chemikers, der in einem Hotelzimmer in Kapstadt tot aufgefunden wurde. Wie Kidger war auch Van Wyk durch einen Telefonanruf in die Falle gelockt worden.

Der Exporthändler Don Lange wurde im Juni 1994 mit einem Plastiksack über dem Kopf aufgefunden, der mit dem Auspuff seines Wagens verbunden war. Alles sah zunächst nach einem Selbstmord aus, aber es war ein Mord. Auch er war in die geheimen Chemikaliengeschäfte verwickelt.

Nun wurden Erinnerungen an einen angeblichen Doppel-Selbstmord wach, der sich ebenfalls im November 1991 ereignete, als auch Kidger getötet wurde. Damals war die Familie des Chemiemanagers John Scott leblos in ihrem Einfamilienhaus gefunden worden. Er selbst wurde in seinem Auto entdeckt, erstickt an den Abgasen. Scott hinterließ einen kleinen Zettel mit den Worten »Zehn Minuten Verantwortungslosigkeit«.[32]

Die deutschen Militärs gingen in diesen Jahren immer noch nicht auf Distanz zu den südafrikanischen Spezialkräften. Zum Beispiel luden sie Douw Steyn, ein Mitglied einer Terrortruppe, die schwarze Siedlungen verunsicherte, zu einer Veranstaltung mit Fallschirmkämpfern in Iserlohn ein, an der auch ehemalige Mitglieder der Spezialeinsatzgruppen aus der DDR teilnahmen.[33] Douw Steyn, so stellte sich bald heraus, war kein harmloser Soldat. Die Untersuchungen der südafrikanischen Wahrheits- und Versöhnungskommission förderten mehrere Aktionen zu Tage, die auf seine Instruktionen zurückzuführen waren, darunter Bombenanschläge auf Schulen. In einem Fall starb ein Hausmeister dabei.[34]

Über einen gewissen Dirk Stoffberg wurde erstmals im September 1989 berichtet. Er war ein Kämpfer des südafrikanischen Militärgeheimdienstes, der verdächtigt wurde, an der Ermordung von Anton Lubowski, einem Mitglied der Widerstandsorganisation SWAPO in Namibia, mitgewirkt zu haben.[35] In dieser Zeit bewegte sich Stoffberg noch ohne Einschränkung in Deutschland ebenso wie in der Schweiz.

Der Bure Dirk F. Stoffberg war ein südafrikanischer Geheimdienstmann aus ganz besonderem Schrot und Korn. Immer wieder wurde er mit verschiedensten Operationen in Zusammenhang gebracht, als Waffenhändler und als Mitglied von Killerteams bezeichnet. Fest steht, dass er tatsächlich in einer südafrikanischen Spezialeinheit das lautlose Töten gelernt hat, wie ein heute im Exil lebender Exkamerad bezeugt.[36] Belegt ist auch, dass er auch mit Rüstungsgeschäften des Armscor-Konzerns zu tun hatte. Soweit man eine Telefonnotiz Stoffbergs entziffern kann, hat er zumindest einmal aus einem Frankfurter Hotel heraus einen »Primslov« angerufen. Dabei hat es sich wohl um den Attaché Primslov gehandelt, der an der südafrikanischen Botschaft in Bonn-Bad Godesberg stationiert war. Primslov war nicht irgendein Mitarbeiter in der Visa-Stelle, sondern in die Tarnoperationen der Südafrikaner involviert. Wie sein Kollege Jan Albertus Steenkamp war er im nachrichtendienstlichen Geschäft und wirkte dabei mit, die Blaupausen für die U-Boote im Diplomatengepäck nach Pretoria zu schaffen. Mehrfach wurde Stoffberg mit dem Mord an der ANC-Repräsentantin Dulcie September in Paris in Verbindung gebracht, die im März 1988 mit sechs Schüssen regelrecht hingerichtet worden war. Es war der Höhepunkt einer Serie von Anschlägen gegen Anti-Apartheid-Repräsentanten.[37]

Was auch immer der offizielle Job von Dirk Stoffberg war, er war ganz sicher ein Schwindler, Lügner und Hochstapler. Ein kräftiger Typ, ein zernarbtes, verlebtes Gesicht, eine Goldkette um den Hals.

Und immer musste Wein oder Whisky auf dem Tisch stehen, am liebsten in gepflegtem, luxuriösem Ambiente.

Zwischen August 1988 und April 1989 bewohnte er eine Suite im Hotel »National« in Luzern, einem der teuersten Hotels der Schweiz, um Journalisten zu empfangen. Dann erzählte er, er sei Generalbevollmächtigter einer CIA-Tarnfirma mit Sitz in Atlanta. Und er berichtete ganz salopp, dass er als Mitglied des südafrikanischen Nationalen Sicherheitsdienstes verschiedene Aktionen durchgeführt habe, unter anderem die Ermordung von Ruth First, der ANC-Vertreterin in Mosambik.[38] Seit Dezember 1987 hielt er sich in Deutschland und der Schweiz auf und scheute sich nicht, Journalisten zu erzählen, dass er ein Killer sei. War der Mann verrückt?

Es lohnt sich wohl, genauer zu untersuchen, was diesen Mann antrieb. Begleitet wurde er in dieser Zeit von der Deutschen Susanne Tanzer, die aus einer Schwarzwälder Unternehmerfamilie stammte und sich bereits eine Weile im Waffenhändler-Milieu tummelte, bevor sie Stoffberg in Paris kennen und lieben lernte. Ihr erster Mann, ein erfolgreicher Zahnarzt, war Ende der sechziger Jahre auf abenteuerliche Weise mit einem Boot aus der DDR in den Westen geflüchtet.

Dirk Stoffberg und Susanne Tanzer schlugen sich eine Zeitlang in der Schweiz mehr schlecht als recht durch, hin und wieder wurde der Agent auch von der Polizei für ein paar Tage eingesperrt und schließlich nach Südafrika abgeschoben. Die beiden waren knapp bei Kasse. Stoffberg blieb mehrfach in seinen noblen Absteigen die Hotelrechnung schuldig.

Was auch immer er in seinem frühen Agentenleben oder als Soldat getrieben hat – spätestens seit Ende Dezember 1987 hat sich der abgebrannte Stoffberg als Desinformationsagent bei der südafrikanischen National Intelligence Agency verdingt. Er war auf Journalisten angesetzt, sollte Lügengeschichten erzählen, nach altem Geheimdienstlerrezept stets mit ein paar Teilwahrheiten vermischt, aber völlig falsch zusammengemixt. Auf dass die Redakteure sich in diesem wirren Netzwerk aus richtigen und falschen, aber nie ganz zueinander passenden Informationsfragmenten verfangen. Der Südafrikaner und die Deutsche waren ein Agentenpaar, das seinen Desinformationsauftrag gut erledigte. Selbst Kriminalpsychologen hielten ihre Aussagen für glaubwürdig.[39]

Im Jahr 1994 kam das Ende für die Apartheid in Südafrika und für das Ehepaar Stoffberg. Die beiden hatten fast kein Geld mehr, und Stoffberg trank immer mehr. In dem kleinen Ort Hartbeespoort Dam unweit von Pretoria, nicht weit weg von der riesigen Atomwaffenanlage »Pelindaba«, richteten sie sich in einer Landhausvilla mit Pool ein, und bald empfingen sie wieder Journalisten. Diesmal machte Stoffberg die Hintergründe des Mordes an Uwe Barschel zum Thema. Er sei am Todestag, zusammen mit vielen anderen Agenten, in Genf gewesen, und er ließ mit vielsagender Mimik durchblicken, dass er genau wisse, was gespielt worden sei.

In der Tat war Genf in der Zeit des Kalten Krieges für viele Waffenhandelsgeschäfte ein wichtiger Verhandlungsort. Und auch in den Tagen vor und während des Barschel-Aufenthaltes waren wichtige Figuren aus diesem Milieu dort zusammengetroffen, um ihren schwarzen Geschäften nachzugehen.

Stoffbergs Barschel-Geschichte hatte einen gravierenden Nachteil: Sie war, wie vieles, was er auch sonst erzählte, erdichtet, wobei man ihm zugestehen musste, dass er ein guter Geschichtenerzähler war. Aber es lief alles nach dem gleichen Strickmuster. Es ging meist um internationale Verschwörungen, wobei die Täter immer die anderen waren: die Agenten vom israelischen Geheimdienst Mossad, die Killer von der amerikanischen CIA, die Revolutionsgardisten aus dem Iran. In Stoffbergs Erzählungen über Barschels Tod waren es die Killer von der CIA. Nur seine Buren-Kameraden von den südafrikanischen Spezialeinheiten kamen natürlich stets ungeschoren davon. Sie hatten in seinen Erzählungen eine Nebenrolle, als Observierungskräfte zum Beispiel, die genau beobachtet haben sollen, was im Hotelzimmer Nummer 317 vor sich ging.

Zeitlebens diente Stoffberg den südafrikanischen Geheimdiensten, niemandem sonst.[40] Seine Führungsoffiziere hatten offensichtlich ein starkes Motiv zur Verschleierung von Tatsachen, die nicht an die Öffentlichkeit gelangen sollten.

Zwei Monate nachdem Nelson Mandela zum Präsidenten Südafrikas gewählt worden war, rief Susanne Stoffberg fast täglich zu Hause im Badischen an, um ihre Söhne zu sprechen. Sie hatte Heimweh. Dann erzählte sie, dass sie bald zurückkehren werde. Sie wolle sich scheiden lassen.

Am 21. Juli 1994 war sie wieder am Apparat. Ihr jüngster Sohn, vierzehn Jahre alt, nahm das Gespräch entgegen. Sie weinte, ein paar verzweifelte Worte sprach sie in den Hörer. Dann ein lauter Knall. Aufgeregt reichte der Junge den Hörer an seinen drei Jahre älteren Bruder weiter, der einen weiteren Knall hörte. Dann wurde der Hörer in Hartbeesport fast geräuschlos auf die Gabel gelegt.

Der 58-jährige Dirk Stoffberg wurde am nächsten Tag, auf seiner 9-mm-Pistole liegend, in einer Villa in Hartbeespoort gefunden. Die Kugel war unter dem Kinn eingedrungen und hatte das Hirn zerschmettert. In einem Nebenzimmer lag seine Ehefrau Susanne. Mit drei Schüssen niedergestreckt.[41]

November 1994, Lübeck

Im Herbst 1994 lud der Lübecker Leitende Oberstaatsanwalt Heinrich Wille die Spitzen der deutschen Geheimdienste zu einem »Runden Tisch« für den Januar 1995 ein. Sie sollten ihre Erkenntnisse offenlegen. Zu viel war spekuliert worden über nachrichtendienstliche Verwicklungen und Beobachtungen. Und es war kaum vorstellbar, dass Barschels merkwürdige DDR-Touren nur den östlichen Geheimdienstlern bekannt waren. Denn die Späher des Westens hatten in den Jahren des Kalten Krieges ihre Ohren und Augen auch auf die DDR-Grenzübergänge gerichtet. War es möglich, doch noch Aufschluss über Barschels Ost-Kontakte zu bekommen, eine Spur zu finden, die vielleicht Richtung Genf deutet? Barschels Stasi-Akte endet 1985. Weiteres Material ist bis heute verschwunden. Selbst einige DDR-Besuche, zu denen Barschel vor 1985 aufgebrochen war, finden sich nicht in den bekannten Akten. War Barschel für die DDR eine Ausnahmeerscheinung? Die Geheimdienstchefs und ihre Aufsichtsbeamten waren über Willes Plan wenig begeistert. August Hanning, damals im Bundeskanzleramt für die Kontrolle des Bundesnachrichtendienstes (BND) verantwortlich, antwortete Wille: »Ich muss Sie um Verständnis dafür bitten, dass es Staatsminister Schmidbauer und dem Bundeskanzleramt leider nicht möglich ist, einen ›Experten‹ zu dem Gespräch zu entsenden, weil hier zu dem Todesermittlungsverfahren keine eigenen Erkenntnisse vorliegen.«

Aus Bonn war also niemand zu erwarten. Hanning leitete die Einladung an den BND-Chef weiter – »mit der Bitte, die Entsendung eines Mitarbeiters zu prüfen«.

Hanning verteidigte das Kanzleramt auch gegenüber dem Hamburger Rechtsanwalt Justus Warburg, der die Familie seit dem Tod Uwe

Barschels vertritt. Warburg warf der Regierung vor, dass der BND durch das Zurückhalten von Erkenntnissen die Ermittlungen blockiere. »Ich kann Ihnen versichern«, erklärte Hanning, »dass auch die Bundesregierung an einer lückenlosen Aufklärung der tragischen Ereignisse in Genf ein nachhaltiges Interesse hat.« Der BND sei angewiesen, die »anfallenden Erkenntnisse, die für die Ermittlungen relevant sein könnten, an die zuständige Staatsanwaltschaft zu übermitteln«.[42]

Da durften die Ermittler also gespannt sein, was ihnen die Beamtenkollegen vom Bundesnachrichtendienst zu liefern hatten. Sie erwarteten vielleicht ein paar Hinweise aus den Agentenmeldungen. Umso verwunderter waren die Ermittler, als sich ihnen dann der Mann vorstellte, der beim Bundesnachrichtendienst die Aufgabe übernommen hatte, das Expertenwissen über den Fall Barschel zu präsentieren: der altgediente BND-Haudegen Volker Foertsch.

Der Spitzenbeamte war seit Februar 1994 Leiter der Sicherheitsabteilung des BND, zuständig für die Abwehr aller feindlichen Angriffe auf den deutschen Auslandsgeheimdienst, verantwortlich für die Sicherheit des eigenen Ladens – also auch für die Überprüfung der eigenen Leute.

Volker Foertsch, der BND-Direktor mit dem Decknamen »Fleming«, ein dunkelhaariger Typ mit sanfter Stimme und dem Auftritt eines Oberstudienrates, galt als »Mister BND«. Er war lange Zeit der mächtigste Mann des Amtes, ein alter Fuchs im Agentengeschäft, *der* Strippenzieher aus Pullach, dem Münchner Vorort, wo der »Dienst« seine Zentrale hatte. Er hielt persönlichen Kontakt in die Regierungszentrale, und Helmut Kohls Aufseher im Kanzleramt wussten, dass sie Foertsch anrufen mussten, wenn sie auf dem kurzen Dienstweg etwas durchsetzen wollten. Kein Präsident des BND kam an Foertsch vorbei – bis er in einer Spionage-Affäre selbst Opfer des Verschwörungswahns wurde und 1998 in den Ruhestand ging. Und seit November 2005 weiß die Öffentlichkeit auch, dass Volker Foertsch reihenweise Journalisten aushorchte und aushorchen ließ sowie Medienleute für Agenteneinsätze rekrutierte.[43]

Die Lübecker Ermittler fragten sich, warum sie ausgerechnet mit dem Auftritt dieses wichtigen Abteilungsleiters beehrt wurden, dessen Auftrag es war, den Nachrichtendienst vor Schaden zu bewahren. Zumindest war damit klar, wie wichtig der Fall Barschel beim BND genommen wurde. Umso überraschender waren für die Staatsanwälte aber die Mitteilungen, die Volker Foertsch zu machen hatte. Der Mann aus Pullach lieferte nämlich ausschliesslich unsinnige Hinweise – Erzählungen von Menschen in seelischen Notlagen und Angaben von Informanten, deren Gehalt bereits bei oberflächlicher Betrachtung als wertlos erschien.

So setzte sich Foertsch für den Hinweisgeber Andreas Holst ein, der sich mit seinen heißen Geschichten hin und wieder als freier Mitarbeiter in den Redaktionsräumen von Fernsehmagazinen anbot. Holst war nämlich Informant des BND mit der Berufsbezeichnung »Journalist«, und Foertsch legte großen Wert darauf, dass diese Beziehung nicht enttarnt würde. Der Fall sei »besonders vertraulich zu behandeln«, schrieb Foertsch den Lübeckern.

Gleichwohl waren die Geschichten von Holst so abstrus, dass sie nur Kopfschütteln zeitigten. Einmal präsentierte er aus seinen geheimnisvollen Quellen ein Phantombild von dem großen Unbekannten mit dem Phantasienamen »Robert Roloff«, den Barschel mutmaßlich in Genf getroffen hatte. Ein anderes Mal lieferte er eine Illustrierten-Story über einen hohen Polizeioffizier aus Saudi-Arabien, der angeblich beobachtet haben wollte, »wie Barschel gegen vier Uhr morgens von zwei Männern in sein Hotelzimmer getragen wurde«. Er versuchte seine Geschichte den Boulevardblättern und Billigmagazinen privater Fernsehstationen anzudienen, und mitunter gelang ihm das Spiel auch. Er fütterte einen Bonner SPD-Politiker mit seinen Geschichten, und er versuchte massiv, über Anwalt Justus Warburg an Barschels Familienangehörige heranzutreten.[44]

»Die Rolle von Holst wirft erhebliche Fragen auf«, schrieb Anwalt Warburg den Ermittlern. »Holst entfaltete zielgerichtete Aktivitäten zu bestimmten Zeitpunkten.«

Warburg zählte auf: »Der BND hat sich Ende 1994 in seinem Schreiben an die Staatsanwaltschaft Lübeck auf Informationen von Holst bezogen. Er wurde als A-Informant klassifiziert. Zweifelsfrei muss es somit Kontakte BND/Holst geben – und von einer Intensität, die es für den BND als ausreichende Grundlage hat erscheinen lassen, sich auf Holst zu beziehen. Holst unternahm Ende 1994 erhebliche Aktivitäten, Informationen in Medien zu platzieren. Dieses kann kaum als Zufall angesehen werden.«

Dem Anwalt war aufgefallen, dass Holst keine feste eigene Anschrift angeben wollte, als er ihn traf. Zu dieser Zeit agierte er von Belgien aus. Warburg erinnerte sich an einen Begleiter von Holst, der sich mit einer Visitenkarte als Korrespondent der *Allgemeinen Zeitung* aus Namibia vorstellte.

Weder Warburg noch die Ermittler wussten, wie tief Holst in die südafrikanischen Propagandafeldzüge verstrickt war. Die *Allgemeine Zeitung* war das deutschsprachige Kampfblatt der »Deutsch-Südwester« in der namibischen Hauptstadt Windhoek, das vom südafrikanischen Apartheidregime politisch geprägt und finanziert worden war. Über seinen Kollegen von der *Allgemeinen Zeitung* lancierte Holst zum Beispiel eine wilde Desinformationskampagne der Südafrikaner gegen den kommunistischen Nachbarstaat Angola, mit dem das Land im Krieg stand. Im Militärfachblatt *Europäische Wehrkunde* publizierte dieser Holst-Kollege einen Hintergrundbeitrag über angebliche Chemiewaffeneinsätze der Angolaner. »Es sieht danach aus, dass Angola ein Labor für chemische Experimente ist.« Die Vielzahl der Fälle und die Dichte der angeführten Beweise sollten beim Leser keinen Raum für Zweifel lassen.

Die Beweise dafür lieferte Andreas Holst selbst, der angeblich Bombenreste mit russischer Aufschrift aus Angola mit nach Hause brachte. Holst behauptete sodann, dass er diese Munitionsfragmente im belgischen Gent von dem Toxikologie-Professor Aubin Heyndrickx habe untersuchen lassen, der hochgiftige Zyanverbindungen entdeckt habe.[45]

Der belgische Wissenschaftler gab den Behauptungen den Anschein unabhängiger Expertise. Doch in Wirklichkeit stand Heyndrickx in den Diensten der Giftmischer des Apartheidregimes. Seine »Untersuchungen« über die angeblichen Chemiewaffeneinsätze der Angolaner waren von dem bereits erwähnten südafrikanischen Geheimdienstmann Wouter Basson geleitet worden, der später als »Dr. Mengele vom Kap« und »Doctor Death« tituliert wurde. Basson war als Schlüsselfigur in der chemischen Kriegführung der Südafrikaner für die Beschaffung und Entwicklung von Giftstoffen verantwortlich, die bei den Killereinsätzen der Geheimdienste zum Einsatz kamen.

Es stellte sich heraus, dass die Untersuchungsergebnisse von Heyndrickx fabriziert waren. Er stand sogar auf der Lohnliste von Basson und belieferte die südafrikanischen Labors mit Geräten zum Aufspüren von Kampfgasen, die nur an Nato-Länder hätten verkauft werden dürfen. Für die Lieferungen ließ er sich privat bezahlen, während er die Instrumente gleichzeitig über das Budget seiner Universität anschaffte.[46] Heyndrickx musste die Universität Anfang der neunziger Jahre verlassen. Er wurde wegen Fälschung, übler Nachrede und der Veruntreuung von Millionensummen aus dem Universitätshaushalt verurteilt.[47]

BND-Informant Holst war also als Desinformant in die südafrikanischen Lügenkampagnen eingebunden. Doch das waren noch nicht alle Schurkenstücke des Nachrichtenschwindlers. Seinen größten Auftritt hatte er vor dem schleswig-holsteinischen Landtag, als Zeuge in einer Sitzung des zweiten Untersuchungsausschusses zur Aufklärung der Kieler Affäre.

»Also, 1987 war ich Kriegsberichterstatter während des Irak-Iran-Krieges«, stammelte der Lügenbold vom Dienst, »und als ich zurückkam, na ja, habe ich mich mehr so mit außenpolitischen Themen beschäftigt und bin durch Zufall im Freien-Mitarbeiter-Zimmer des Bayrischen Fernsehens – habe ich einen Anruf bekommen, der eigentlich für jemanden anders war, aber jemand bot Material an, und dieser Mann nannte sich Roloff.« Dann habe er diesen Herrn in Hannover getroffen, der ihm Dokumente über eine Observation des SPD-Spitzenkandidaten Björn Engholm vorgelegt habe.

Holst wurde gebeten, diesen Mann und die Dokumente zu beschreiben, er wurde nach Details gefragt und nach Ergebnissen. »Könnten Sie denn dem Ausschuss vielleicht Hinweise geben, oder wären Sie bereit, den Ausschuss in geeigneter Form über Ihre Erkenntnisse zu informieren?«, fragte der Abgeordnete Thomas Stritzl.

»Nun, Sie müssen verstehen«, erwiderte Holst, »Recherchen sind mit Kosten verbunden, und ich werde vor den werten Kollegen hier darüber nicht Auskunft erteilen, über das Ergebnis meiner Recherchen.«

Die Öffentlichkeit wurde aus dem Saal gebeten. In vertraulicher Sitzung erzählte Holst weiter. Doch seine Anhörung erwies sich als Flop. Die Beamten des Bundesnachrichtendienstes und sein Mentor Volker Foertsch schauten zu, wie ihr Verwirrungskünstler Andreas Holst das schleswig-holsteinische Parlament zum Narren hielt. Zu fragen bleibt dabei: warum?

26. April 1995, München
Auch der Zeuge Josef Messerer bereitete den Ermittlern einiges Kopfzerbrechen. Arrogant und abweisend fanden sie seinen Auftritt, als er am 26. April 1995 ins Vernehmungszimmer des Münchner Landeskriminalamtes trat. Er nahm auf dem Zeugenstuhl Platz und fragte, warum man ausgerechnet ihn einbestellt habe.

»Fragen Sie doch den Bundesnachrichtendienst«, meckerte Messerer die Ermittler an. Dort sei alles über den Tod von Uwe Barschel bekannt. »Machen Sie sich lieber einen schönen Tag in München.«

Die Ermittler fragten den Starnberger Händler von militärischem Altgerät nach einem mysteriösen Eintrag in seinem Kalender, nach den verzeichneten Namen, die er für den 9. Oktober notiert hatte. Und warum er dort den Namen Barschel aufgeschrieben hatte, mit einem Pfeil auf den folgenden Tag zeigend, wo er »Ende« hinschrieb.

Kommissar Zufall hatte den Ermittlern Messerers Kalendereintrag in die Hände gespielt. Bei ihm war es in den Wochen nach Barschels Tod eine Verwarnung wegen Nichtbeachtung einer auf rot stehenden Ampel in München.

»Dies kann nicht richtig sein«, wehrte sich Messerer in einem Brief an die Polizeidirektion München, »da ich am 9. 10. in Genf weilte, um dort mit Geschäftsfreunden zu verhandeln.« Zum Beweis schickte einer seiner Söhne eine Kopie aus seinem Terminkalender ein. Unter dem 9. Oktober stand dort in einer Reihe untereinander: »Zürich. Genf. Professor Chung Li, Rafiq Dust, Mohajedi, Ahmed Khomeini, Barschel.«

Als Messerer danach vorgeladen wurde, gab er zu Protokoll: »Zürich deshalb, weil ich an diesem Tag dort war. Das gleiche gilt für Genf. Hier habe ich mich geschäftlich mit den vorgenannten Personen, mit Ausnahme Dr. Uwe Barschel, getroffen.« Angeblich dealte er mit den staatlichen Waffeneinkäufern des Iran und einem nordkoreanischen Vermittler. Und warum hatte er Barschels Namen eingetragen? »Eine Gedankenstütze«, antwortete Messerer. Nichts weiter Bedeutsames.[48]

Nun saß er zum zweiten Mal wegen seines Kalendereintrages in einem Vernehmungszimmer. Er blieb bei seiner Haltung: »Eine Gedankenstütze«. Er mochte sich an nichts mehr erinnern. Was er in Genf erledigt habe, wen er getroffen habe, wer die eingetragenen Personen seien – angeblich keine Ahnung.

Die Anhörung des verschroben wirkenden Kaufmannes vom Starnberger See verlief äußerst zäh. Die Beamten hatten das Gefühl, dass der Mann mehr wisse. Einer der Kriminalbeamten verließ das Zeugenzimmer, um mit den Staatsanwälten in Lübeck zu telefonieren. Ob man dem Zeugen Vertraulichkeit zusichern könnte, fragte er den Untersuchungsführer, der eine schnelle Antwort in Aussicht stellte. Zurück im Vernehmungsraum klärte der Beamte Messerer über die Möglichkeit einer solchen Zusicherung auf.

Ohne auf die Antwort aus Lübeck zu warten, sprudelte es plötzlich aus Messerer heraus.[49] Barschel habe zur Zeit des Falklandkrieges den Argentiniern spezielle Zünder für die Torpedos von HDW-U-Booten empfohlen, die sich allerdings als »Blindgänger« herausgestellt hätten, weil sie nicht funktioniert hätten. Barschel habe Waffen nach Surinam, das ehemalige niederländische Guinea, vermittelt, bis sich die Holländer gegen seine Einmischung zur Wehr gesetzt hätten. Und auch über Barschels Tod gab er vor, Bescheid zu wissen. Der Ministerpräsident habe die iranischen Waffenhändler erpressen wollen, mit der Veröffentlichung geheimer Details über ihre Geschäfte mit den Deutschen gedroht. Die persischen Dealer seien dann mit einem Geldkoffer mit zehn Millionen US-Dollar in bar in seinem Zimmer aufgetaucht. Barschel sei »happy« gewesen, und dann hätten sie ihm Gifte in den Wein gekippt, die zunächst wenig Wirkung gezeigt hätten. Schließlich hätten sie ihm einen Stoff in ein Whiskyfläschchen aus dem Zimmerkühlschrank gefüllt, ein so starkes Mittel, dass es »einen Elefanten umhauen« musste. Anschliessend hätten sie ihn in die Badewanne gelegt. Und das Ganze sei von den iranischen Tätern mit einer Schmalfilmkamera gefilmt worden.[50]

Der Mann schien zu viel im Kino gesessen zu haben, dachten sich die Ermittler. Ihnen blieb allerdings nichts anderes übrig, als zu versuchen, diese Mischung aus abstrusen Kombinationen und Tatsachenbehauptungen zu entwirren. Also klärten sie die persönlichen Verhältnisse Messerers ab, versuchten etwas über seine Handelstätigkeit herauszufinden. In ihren Datenbanken fanden sie etliche Einträge von Ermittlungsbehörden, die darauf hindeuteten, dass sich Messerer mit allerhand Schwindel-Geschäften umtat. Mehrfach war er mit gefälschten Bankdokumenten und nachgeahmten Schecks mit Millionenbeträgen aufgefallen, die bei verschiedenen Bankinstituten eingelöst werden sollten. Dann trat er mit einer gefälschten Banklizenz des Bundesaufsichtsamtes für Kreditwesen auf. Oder mit unechten Bankbürgschaften und sogenannten Promissory Notes, banküblichen Eigenwechseln, die gewöhnlich mit mehrjährigen Laufzeiten nur Schuldnern mit ausgezeichnetem Leumund und hoher Bonität gegeben werden. Und danach sah es bei Messerer eigentlich nicht aus.

Bis die Ermittler den Einkommenssteuerbescheid der Eheleute Messerer für das Jahr 1991 in die Hände bekamen. Aufgrund eines Einkommens von 9,2 Millionen Mark wurden 3,85 Millionen Mark Steuern festgesetzt. Freiwillig deklariert hatte Messerer seine Einnahmen nicht.[51]

Zunächst ließ die Staatsanwaltschaft Lübeck nochmals in den Unterlagen der Genfer Kriminalpolizei überprüfen, ob der Inhalt des leeren Whisky-Fläschchens, das in Barschels Hotelzimmer entdeckt wurde, chemisch untersucht worden war. Und zu ihrer Überraschung stellte sich heraus, dass es doch noch Restbestände in dem Fläschchen gab, die nicht untersucht worden waren.

Messerers Märchen lösten dennoch eine nachträgliche toxikologische Analyse aus, die zu einem Volltreffer wurde: Gefunden wurde der gefährliche Wirkstoff Diphenhydramin. Zu fragen blieb allerdings: Was hatte Messerer auf die Idee mit dem Fläschchen gebracht?

Der neue Fund stützte die Mord-Hypothese. Nach den Analysen von Professor Brandenberger hatte man Barschel das Diphenhydramin zugeführt, als er schon von den anderen Giften benebelt war.

18. September 1995, Lübeck

Trotz aller gegenteiligen Erkenntnisse hielt sich in Deutschland noch immer hartnäckig die Legende, dass Barschel sich nach der »Methode Atrott«, das heißt nach den Anleitungen der »Deutschen Gesellschaft für Humanes Sterben«, selbst getötet hatte. Oder vielleicht sollte man sagen, dass die These immer wieder ins Spiel gebracht wurde? An diesem Tag setzte sich Professor Egbert Wenzel, der Anwalt des Agenten Werner Mauss, wieder an den Schreibtisch, um einen Brief an den Leitenden Oberstaatsanwalt in Lübeck, Heinrich Wille, zu schreiben. Vor allem machte er noch einmal ganz deutlich, dass sein Mandant in der Todesnacht vom 10. auf den 11. Oktober 1987 nicht im »Beau Rivage« gewesen sei, sondern sich ausschließlich im Hotel »Richemond« aufgehalten habe und dort in der Bar gewesen sei. Doch dann kam Wenzel mit einer Neuigkeit. Mauss, so der Anwalt, hätte etwas Merkwürdiges beobachtet:

»In der Bar des Hotels Richemond ist ihm auch die sich merkwürdig verhaltende junge Frau aufgefallen, die aufgrund mir zugegangener späterer Informationen möglicherweise etwas mit der Sterbehilfe zu tun hat, die Uwe Barschel geleistet worden sein könnte. Auffällig an dem Verhalten war, daß sie gesungen hat ›Spiel mir das Lied vom Tod‹. Diesen Text hat sie auf Deutsch gesungen. Die Fortsetzung des Textes ist Mauss nicht mehr in Erinnerung.«[52]

So Wenzel. Dann malte er die Legende vom Selbstmord aus:

»Von Bedeutung scheint mir vor allem, daß das bekannte Foto der Leiche Barschels in der Badewanne meiner Ansicht nach den fast sicheren Schluß zuläßt, daß der Tod Barschels nach einer Methode herbeigeführt worden ist, die sich mit einer Beschreibung in der Sterbehilfe-Broschüre findet, die die DGHS zumindest seinerzeit ihren Mitgliedern zur Verfügung gestellt hat. Nach der von der DGHS vorgeschlagenen Methode soll der Suizident sich nach Einnahme einer Überdosis Schlafmittel in eine gefüllte Badewanne legen, damit der Tod, falls etwa zusätzlich eingenommene Gifte unwirksam bleiben, durch Unterkühlung eintritt; er soll sich bekleidet in die Badewanne legen, um keinen unästhetischen Anblick zu bieten; um die rechte Hand soll er sich für den Fall des Erbrechens ein Tuch wickeln. Wie das erwähnte Foto erweist, hat Barschel sich exakt nach dieser DGHS-Methode gerichtet. Daß sich in seinem Körper Gifte gefunden haben, die die DGHS jedenfalls seinerzeit nicht vorgeschlagen und wohl auch nicht verwendet hat, erscheint mir nicht als Gegenbeweis ... Im übrigen ist bekannt, daß die DGHS jedenfalls in der damaligen Zeit Sterbehelfer zu den Suizidenten entsandt hat, die als ›Todesengel‹ bezeichnet worden sind. Ihre Aufgabe ist es gewesen, den Suizidenten eine etwa erforderliche Hilfe zu leisten ... Angesichts dieser jedenfalls seinerzeit üblich gewesenen Praxis der DGHS liegt die Annahme, daß auch Uwe Barschel von Sterbehelfern aufgesucht worden ist, einigermaßen nahe ... Wenn man die mir zugegangenen Informationen im Zusammenhang mit der vorstehend skizzierten ›Methode Atrott‹ sieht, scheint mir der geäußerte Verdacht keineswegs aus der Luft gegriffen zu sein. Ich habe angenommen, die Staatsanwaltschaft werde ihm nachgehen.«[53]

Die Lübecker Ermittler mußten mal wieder Phantasie-Konstrukten hinterherlaufen. Nichts als Zeitverschwendung.

22. November 1995, Lübeck
Eike Barschel saß im Vernehmungszimmer der Staatsanwaltschaft Lübeck, begleitet von seinem Anwalt Justus Warburg. Ihm gegenüber saßen Staatsanwalt Sönke Sela, Staatsanwalt Bernd Kruse und drei Kriminalbeamte der Ermittlungsgruppe Genf. Endlich, wie er meinte.

»Ich höre das Wort Vernehmung«, sagte Eike Barschel. »Das kommt mir ein bisschen vermessen vor, nach acht Jahren.«

Es wurde tatsächlich ein eher intensives Ermittlungsgespräch als eine klassische Vernehmung. Eike Barschel sprach über Spuren, Hinweise und Hypothesen. Er berichtete von seinen eigenen Recherchen, und er versuchte, sich nochmals ganz detailliert an das Geschehen vom 10. Oktober 1987 zu erinnern.

Staatsanwalt Sela kam auf die Telefongespräche mit seinem Bruder zu sprechen, die von der Genfer Polizei aufgrund der Einträge des Hotelcomputers verzeichnet worden waren. Inspektor Fleury hatte die Gespräche minutengenau in seinem Bericht vermerkt:

»18.19 Uhr   021–77 43 83
18.28 Uhr   021–77 43 83
19.08 Uhr   021–77 43 83«.[54]

Es gab keinen Zweifel, das war die Rufnummer von Eike Barschel. Aber seit seiner ersten Vernehmung im Genfer Justizpalast leugnete er beharrlich, drei Gespräche mit seinem Bruder geführt zu haben. Es seien nur zwei gewesen, und davon würde er nicht abrücken.

Die Geschichte lastete wie ein schlechtes Alibi auf ihm. Jahrelang stand er auch in der Öffentlichkeit im Verdacht, etwas Entscheidendes zu verheimlichen. Die ungelöste Frage nach dem dritten Telefonat war sein persönliches Drama, und es hatte auch dazu beigetragen, dass er seinen Job verlor.

Also wieder. »Und jetzt eine ganz genaue Nachfrage. Diese Liste, die Herr Fleury von den Telefonaten da hatte ...«

»Die habe ich vor Augen«, fuhr Eike Barschel dazwischen, »wie die aussah, haargenau.«

»Können Sie mir jetzt sagen, dass Sie auf dieser Liste wirklich dreimal Ihre Telefonnummer festgestellt haben?«, fragte Sela.

»Richtig«, sagte Eike Barschel. »Ja. Das kann ich sagen.«

»Wenn ich Ihnen jetzt sage«, erklärte Sela, »dass Ihre Telefonnummer da nicht dreimal, sondern nur zweimal drauf ist, was würden Sie dann antworten?«

Eike Barschel stutzte: »Da bin ich bass erstaunt.«

Staatsanwalt Bernd Kruse legte Eike Barschel nun die Kopie des Computerausdrucks der Telefonanlage des Hotels »Beau Rivage« vom 10. Oktober 1987 vor. Eine Liste mit Zahlenreihen: Uhrzeiten, Gesprächsdauer, Rufnummern.

»Nein, nein, nein«, sagte Eike Barschel. »Das ist überhaupt nicht das ...«

»Das ist aber der Computerausdruck«, erklärte Staatsanwalt Kruse. Er zeigte mit dem Finger auf die Zeile für 18.19 Uhr. Da stand die Rufnummer »21 77 43 83«. »Da fehlt dummerweise etwas, nämlich die Null.«

Uwe Barschel hatte sich verwählt. Sein erster Versuch, den Bruder anzurufen, war bei einem Genfer Anschluss aufgelaufen, weil die Vorwahl-Null fehlte.

»Die Lösung des Rätsels ist gefunden«, sagte Sela.

»Junge, Junge, Mensch nee«, sagte Eike Barschel. Er konnte es kaum begreifen, dass er jahrelang wegen eines dummen Fehlers verdächtigt worden war.

Das Schweigekartell

Ende 1996, Lübeck
»In diesem Raum hat ein Kampf stattgefunden«, sagte Staatsanwalt Sönke Sela. Er zeigte auf eine Skizze des Hotelzimmers Nummer 317, die er mit Tesafilm an einen grauen Aktenschrank geklebt hatte. Um ihn herum standen die Beamten der Ermittlungsgruppe »Genf«, die in die Dachetage des Lübecker Polizeipräsidiums zur Lagebesprechung gekommen waren. Sela zählte die Indizien auf, die dafür sprachen, dass sich in diesem Hotelzimmer in der Nacht auf den 11. Oktober 1987 weitere Personen aufhielten und dass es zu einer Auseinandersetzung mit Uwe Barschel gekommen war. Hier der abgerissene Hemdknopf, dort ein geschnürter Schuh, Meter weiter der andere Schuh – durchnässt und geöffnet; das Handtuch, verschmutzt mit einer Substanz, die nicht aus dem Hotelzimmer stammen konnte; Schleifspuren auf dem Badevorleger; die verschwundene Weinflasche; das Whisky-Fläschchen mit den Resten des Wirkstoffes Diphenhydramin; Barschels Notizen mit Hinweisen auf Treffen mit einem Unbekannten, die offene Zimmertür mit innen steckendem Schlüssel und die rätselhaften Zeugenwahrnehmungen über das mehrfache Umdrehen des Türanhängers von rot auf grün und umgekehrt. Und schließlich die Ergebnisse der Toxikologen.

Staatsanwalt Sela hatte selbst jahrelang an der Mordhypothese gezweifelt. Am 12. Oktober 1987 war er erstmals mit diesem Fall konfrontiert worden. Nun, nach drei Jahren neuer Ermittlungsarbeit, nach neuen wissenschaftlichen Expertisen und Dutzenden neuer Vernehmungen und vertieften Auswertungen der Asservate und Akten aus Genf war er zu einer anderen Einsicht gelangt. Es gab zu viele Spuren und Indizien, die mit einem Selbstmord nicht mehr erklärt werden konnten.

Ein schlüssiges Motiv für eine Täterschaft hatten die Frauen und Männer der Ermittlungsgruppe Genf aber noch nicht. Sie hatten Hinweise gefunden auf den hochfahrenden Politiker und privaten Charmeur Uwe Barschel, den seltsamen Grenzgänger zwischen Ost und West, den Vermittler von dubiosen Geschäften, der Staatsgeheimnisse kannte, mit Enthüllungen gedroht und in Selbstüberschätzung die

Gefahren unterschätzt hatte. Aber noch immer ergab sich kein schlüssiges Gesamtbild dieses Doppellebens. Mühsam mussten sich Polizeibeamte und Staatsanwälte aus den vielen Spurenakten jene Hinweise extrahieren, die glaubwürdig und plausibel in das beweisbare Geschehen zeitlich wie inhaltlich passten. Immens viel Zeit verloren sie dabei mit der Prüfung von Hinweisgebern und ihren Informationen, die auf falsche Fährten führten: Wichtigtuer, Verschwörungstheoretiker oder professionelle Desinformanten.

Uwe Barschels heimliche Verwicklung in das U-Boot-Geschäft mit den Südafrikanern war ihnen nur schemenhaft bekannt. Sein Name tauchte in den Beratungen und Befragungen des Bonner Untersuchungsausschusses über das verbotene Geschäft, die nach seinem Tod begannen, nur am Rande auf. Seine Beteiligung blieb ein gut gehütetes Geheimnis.

Offensichtlich verhedderten sich am Ende die involvierten deutschen Unterhändler. Und das Ausmaß der kriminellen Praktiken der südafrikanischen Apartheid-Regierung lag während der Lübecker Ermittlungen noch im Dunkeln. Die von Nelson Mandela berufene Wahrheits- und Versöhnungskommission schloss ihre Arbeit erst Ende der neunziger Jahre ab, überdies weitgehend ignoriert von der deutschen Öffentlichkeit. Erst daraufhin lieferten gerichtliche Untersuchungsverfahren in Südafrika Erkenntnisse über die Hintergründe von geheimdienstlichen Killereinsätzen im Ausland und die geheimen Giftlabors der Militärs. Das Mördersyndikat vom Kap war während der Ermittlungen in Sachen Barschel noch nicht enthüllt.

Doch auch ohne dieses Wissen verdichtete sich für die Barschel-Ermittler die Mord-Hypothese. Zugleich wuchs ihre Befürchtung, dass sie die Täter wohl nie finden würden: Es konnte sich nicht um die Aktion eines Einzelnen handeln, so viel war klar, es konnte nur die Tat einer geheimdienstlichen oder militärischen Organisation sein, die logistisch und praktisch dazu in der Lage war. Wenn es ein Mord war, dann kam nur ein professionelles Team für die Täterschaft in Frage, das sowohl raffiniert töten als auch professionell täuschen konnte. Ein Killer-Team, das über die Fähigkeit verfügte, das Opfer an den Tatort zu locken; hinter dem ein logistischer Apparat stand, um Gifte zu beschaffen, zu testen und einzusetzen; das aber auch in der Lage war, den Tatort zu kontrollieren.

Zeugen können lügen oder schweigen. Die Umstände jedoch logen nicht – und sie sprachen für Mord. Die Staatsanwälte wollten es beweisen.

3. Januar 1997, Lübeck

Der Leitende Oberstaatsanwalt Heinrich Wille, ein Strafrechtler der 68er-Generation mit sozialdemokratischem Parteibuch, hatte mit dem Anruf von Heribert Ostendorf nicht gerechnet. Das Telefonat dauerte lange, und es verlief sehr unfreundlich, ganz anders, als man es zwischen zwei Parteifreunden vermuten würde. Ostendorf war wie Wille in sozialdemokratischen Juristen-Arbeitsgemeinschaften aktiv, ebenfalls ein Strafrechtler seiner Reformer-Generation und als Uni-Professor eine Koryphäe des Jugendstrafrechts. Wille und Ostendorf waren einmal Freunde, aber das war Vergangenheit. Ostendorf war jetzt sein Oberaufseher, der Generalstaatsanwalt des Gerichtsbezirks Schleswig.

Ostendorf eröffnete Wille an diesem 3. Januar 1997 zunächst ganz moderat, dass er ein »Spitzengespräch« über das Barschel-Verfahren führen wolle, zu dem er auch seinen Stellvertreter Henning Lorenzen hinzuziehen möchte. Es sollte nur um grundsätzliche Fragen gehen, nicht um Einzelheiten. Dann sprach er Klartext:

»Ich dränge auf einen alsbaldigen Abschluss des Verfahrens«, sagte Ostendorf, wie Wille anschließend in einem neunseitigen Vermerk festhielt.[1]

Die beiden einigten sich auf ein Treffen am 21. Januar 1997 um 14 Uhr. Dann hätten sie ganz viel Zeit füreinander, meinte Ostendorf, bis um 18 Uhr, anschließend gehe er zu einem Abendempfang für SPD-Juristen. Das passte Wille gut. Auch er war dort von den Genossen eingeladen.

21. Januar 1997, Starnberg – Schleswig

Die Spurenakte Messerer war noch nicht geschlossen. Am Vormittag des 21. Januar war Staatsanwalt Bernd Kruse an den Starnberger See unterwegs zur abschließenden Vernehmung des Zeugen Josef Messerer. Der Mann gab den Ermittlern zu denken, obwohl er als nicht besonders glaubwürdig eingeschätzt wurde. Seine Geschichte von den iranischen Waffenhändlern stand im Raum. Die Staatsanwälte hatten sich mit ihrer »Ermittlungsgruppe Genf« darauf geeinigt, Messerer ein letztes Mal zu vernehmen, zur Sicherheit vor einem Richter.

Staatsanwalt Kruse und ein Richter nahmen gerade die Antworten Messerers zu Protokoll, als eine Hilfskraft ins Vernehmungszimmer trat. Kruse sollte dringend ans Telefon. Am Apparat im Nebenzimmer meldete sich Oberstaatsanwalt Wolfgang Zepter von der Generalstaatsanwaltschaft. Der Vorgesetzte wollte einen Zwischenbericht über die gerade laufende Messerer-Vernehmung. Kruse stutzte erst. So etwas passiert einem Staatsanwalt in einem Ermittlerleben nicht allzu häufig. Er gab Auskunft, wie ihm befohlen war, und ging kopfschüttelnd wieder ins Vernehmungszimmer zurück.

Er konnte nicht ahnen, dass die Umstände dieser Zeugenvernehmung sich bald als Sargnagel des Ermittlungsverfahrens entpuppen sollten.

Am Nachmittag dieses Tages trat der Leitende Oberstaatsanwalt Wille zum »Spitzengespräch« bei »General« Ostendorf an. Der Rechtsprofessor machte gleich zu Beginn klar, dass er anders als angekündigt nur bis 16 Uhr Zeit habe. Die Stimmung wurde noch frostiger, als Wille darum bat, dass ihm Vermerke über dieses Gespräch, soweit diese von der Generalstaatsanwaltschaft gefertigt würden, zur Autorisierung vorgelegt werden – »damit es hinsichtlich des Ergebnisses zu keinen Missverständnissen komme«.

Ostendorf lehnte das ab mit der Bemerkung, es handele sich »um interne Vermerke, die nicht für mich bestimmt wären«, notierte sich Wille.[2]

Ihm war nichts anderes übrig geblieben, als seine eigenen Notizen über das Gesagte zu machen. Wille hielt fest, dass sich die Hälfte des Gespräches mit dem Thema »Öffentlichkeitsarbeit« beschäftigte. Ostendorf störte sich an den vielen Presseberichten, die das Ermittlungsverfahren ausgelöst hatte. Ganz besonders störte ihn eine »Kontroverse mit dem Präsidenten des Bundesnachrichtendienstes«. Als Beleg seiner Kritik legte der »General« ihm eine Kopie eines *Spiegel*-Artikels vor, der fast eineinhalb Jahre zuvor erschienen war: »Neue Spuren in Blut und Urin.« Und weitere Artikel, die unmittelbar danach als Reaktion in der Tagespresse erschienen waren.

Der *Spiegel*-Beitrag befasste sich mit neuen Erkenntnissen der Münchner Toxikologen Ludwig von Meyer und Wolfgang Eisenmenger. »Mord oder Sterbehilfe scheint nach den neuen Erkenntnissen möglich«, schrieb das Nachrichtenmagazin. Und zur Mitwirkung der BND-Leute an der Aufklärung des Falles Barschel wurde Heinrich

Wille mit einem deutlichen Satz zitiert, mit dem er sich über die Mitteilungen der deutschen Geheimdienste allgemein beklagt hatte: »Die Dienste haben uns belogen.« Anderntags hatte Ostendorf in der *Süddeutschen Zeitung* korrigiert: »Wir müssen das Gutachten erst selbst richtig verstehen. Wir sind ja keine Mediziner.« Es gäbe noch eine Menge »Erörterungsbedarf«.

Wille, so verlangte es Ostendorf, solle sich beim BND-Chef für seine kritischen Bemerkungen entschuldigen, schriftlich und in aller Form. Und der Entwurf des Entschuldigungsschreibens sollte ihm, bitteschön, vorgelegt werden, bevor das Schreiben an den Herrn Präsidenten des deutschen Auslandsgeheimdienstes abgeschickt würde.

Ostendorf warnte Wille nun, dass der BND-Präsident über ausgezeichnete Rechtsanwälte verfüge.

Dann kam der »General« auf die gerade im Amtsgericht Starnberg laufende Vernehmung des Zeugen Messerer zu sprechen. Wille warf ein, dass man doch erst einmal das Resultat abwarten solle. Dann werde man sehen, was dabei herauskommt.

Nun meldete sich auch Ostendorfs Stellvertreter Henning Lorenzen zu Wort. Oberstaatsanwalt Zepter habe soeben erfahren, dass der Zeuge ein »Spinner« sei. Die Spur sei »gestorben«.

Schließlich kam Ostendorf zur Sache. Das Ermittlungsverfahren wegen des Verdachts des Mordes an Dr. Dr. Uwe Barschel solle innerhalb der nächsten drei Monate beendet werden, und zwar mit einer Einstellungsverfügung. Und wenn Wille sich nicht in der Lage sähe, dafür zu sorgen, dass die Ermittlungen in dieser Frist beendet würden, dann würde der Generalstaatsanwalt das Verfahren an sich ziehen – was ihm nach dem Gesetz möglich ist. Und wenn die Staatsanwaltschaft Lübeck öffentlich mache, dass ihre Ermittlungen abgeschnitten würden, dann werde er ein Disziplinarverfahren einleiten.[3]

Wille hatte verstanden. Ihm blieb nicht mehr viel Spielraum, um das Verfahren zu retten. Der Generalstaatsanwalt, ob aus eigenem Antrieb oder auf Betreiben von anderen Stellen, wollte diese Ermittlungen schnellstmöglich beenden. Und zwar möglichst geräuschlos.

Wille wendete ein, dass die noch offenen Spurenakten wenigstens ordentlich zu Ende ermittelt werden sollten. Er verwies darauf, dass allein das Schreiben der Ergebnisberichte Monate benötige. Dafür bräuchte man vielleicht ein halbes Jahr. Er bat um Bedenkzeit, immerhin müsse er – aus Gründen des Stils – dies mit seinen Staatsanwälten besprechen. Doch Ostendorf war nicht zu erweichen: drei Monate und Schluss.

»Bis spätestens morgen 16 Uhr«, sagte Ostendorf, sollte Wille seine Entscheidung mitteilen, andernfalls werde er das Verfahren an sich ziehen. Das Spitzengespräch war beendet.

Wille informierte am nächsten Tag Staatsanwalt Sönke Sela, den Leiter der Ermittlungsgruppe. Sela, ein drahtiger, agiler Untersuchungsführer und hervorragender Strafrechtler, kannte den Fall seit der Todesnachricht aus Genf, und er wurde ihn seitdem nicht mehr los. Viele Jahre seines Berufslebens war es sein Fall gewesen. Und nun hörte er von seinem Chef, der »General« wolle plötzlich einstellen. Einfach so, während sie gerade dabei waren, wichtige Indizien und Beweismittel zu sammeln, die auf Mord hinweisen konnten.

Heinrich Wille wartete mit seiner Antwort bis 18 Minuten vor Ablauf des Ultimatums. Dann legte seine Assistentin sein Schreiben an den Generalstaatsanwalt auf das Faxgerät. Sechs Monate benötige die Ermittlungsgruppe noch, um das Verfahren ordentlich zu beenden.

Sein Telefon klingelte wenige Minuten später. Ostendorf war am Apparat. Er ziehe das Ermittlungsverfahren an sich, erklärte der Generalstaatsanwalt knapp – »mit sofortiger Wirkung«.

»Eine schriftliche Weisung wird folgen«, erläuterte Ostendorf, aber die mündliche Weisung sei gültig und sofort zu befolgen. Die Durchführung aller weiteren Ermittlungshandlungen würde der Staatsanwaltschaft Lübeck untersagt. Und »keine Presse!«, befehligte Ostendorf. Wille habe sich jeglicher öffentlicher Äußerung zu enthalten.

Wille informierte danach, um 15.55 Uhr, Staatsanwalt Sela. Zynisch sagte er ihm: »Sie können die Akten dann versandfertig vorbereiten.« Sela diktierte sofort einen Vermerk, in dem er festhielt, was er kaum glauben konnte.

»Ich habe daraufhin unverzüglich Herrn Staatsanwalt Kruse, der sich im Rahmen einer Dienstreise in München aufhielt, über sein Handy von der Entscheidung des Herrn Generalstaatsanwaltes unterrichtet.« Anschließend habe er versucht, fünf Kriminalbeamte der Ermittlungsgruppe »Genf« anzurufen, die zum Teil ebenfalls dienstlich unterwegs waren.

Justus Warburg, der Familienanwalt, zweifelte am Rechtsstaat, als er von der Weisung des Generalstaatsanwaltes hörte.

Das war das Ende der Ermittlungen, dachten die Staatsanwälte.

Doch das Gezerre ging noch eine Weile weiter. Tagelang warteten sie auf die avisierte schriftliche Weisung ihres Generalstaatsanwaltes. Doch diese traf nicht ein.

Stattdessen eskalierte das Drama. Ostendorf reichte sein Rücktrittsgesuch ein, weil er sich von Landesjustizminister Walter brüskiert fühlte wegen dessen »maßgeblich politisch motivierten Eingreifens« in seine Entscheidungskompetenz.[4]

Gerd Walter hatte sich dafür eingesetzt, den Ermittlern noch eine Gnadenfrist einzuräumen. Und auch das Landesparlament diskutierte erregt über die Spurenakten im Fall Barschel. Doch quer durch die Parteien waren sich Politiker einig: Das Thema sollte nicht weiter vertieft werden.

Die Staatsanwälte hatten kein Ergebnis. Die letzten drei Monate ihrer Ermittlungsarbeit nach Ostendorfs Weisung beschäftigten sie sich damit, Berichte zu verfassen. Aber auch der Justizminister wollte etwas Schriftliches von ihnen auf dem Tisch haben. Sie mussten ihre Erkenntnisse, Beweisfragmente und Spuren in einem Zwischenbericht vorlegen. Das würde vertraulich bleiben, dachten sie. Denn in dem Dokument waren – falsifizierte – Spuren erwähnt, die ins Mafia-Milieu führten und Zeugen, denen Vertraulichkeit zugesichert worden war.[5]

Justizminister Gerd Walter nahm darauf keine Rücksicht. Er legte der Öffentlichkeit sein eigenes Resultat vor, wonach »weder ein Fremdverschulden belegt ist noch ein Täter bzw. ein Motiv ermittelt werden konnte«. Auch Details aus den Ermittlungsakten setzte er in die Welt. Wohl zur Beruhigung der misstrauischen Öffentlichkeit legte er nach, dass er aber noch »einen gewissen weiteren Ermittlungsbedarf« sehe.

Die Veröffentlichung der Ergebnisse machte freilich jede weitere Ermittlung unmöglich. Mit unbefangenen Zeugenaussagen war nicht mehr zu rechnen. Und die Enthüllung der Mafia-Spur, so wertlos sie auch war, führte zu einer ernstzunehmenden Bedrohung für einen Ermittler, dessen Familie zeitweise durch Personenschützer bewacht werden musste.[6]

Was trieb Walter zu dem Eingriff in das Verfahren? Ausgerechnet ein SPD-Politiker spielte sich plötzlich zum Ehrenretter Barschels auf. Walter ließ verlauten, dass ihm ganz besonders »die Verpflichtung« am Herzen läge, »Spekulationen über illegale Verstrickungen des früheren Ministerpräsidenten durch Beendigung der Ermittlungen begrenzen zu helfen, wenn diese Ermittlungen absehbar nicht zu gerichtsverwertbaren Ergebnissen führen. Immerhin unterstellen alle von der Lübecker Staatsanwaltschaft berichteten Hinweise Verwicklungen von Dr. Barschel in Waffengeschäfte.« So viel Mitleid mit dem zuvor heftig bekämpften Gegner macht misstrauisch. Gab es ein heimliches Einverständnis zwischen Schwarz und Rot?

Man hätte gewarnt sein können. Ein Blick zurück nach Bonn: Dort hatte sich bei aller Streiterei im Untersuchungsausschuss U-Boote eine geradezu komische Konstellation ergeben. Die SPD, die Verwicklungen von Bundesregierung und Barschel in das Südafrika-Geschäft aufklären wollte, stimmte in einer besonders brisanten Lage gemeinsam mit den Unions-Parteien und der FDP gegen die Grünen: Das war, als der Antrag zur Abstimmung stand, die Akten der HDW beizuziehen.

Warum wollten die Aufklärer plötzlich vertuschen? »Ganz einfach«, kommentierte ein HDW-Mitarbeiter, »das Unternehmen ist ein mitbestimmter Betrieb, und die SPD-Genossen, die als Gewerkschafter im Aufsichtsrat saßen, hatten gegen das Südafrika-Geschäft genauso wenig Einwände wie die anderen von der Eigentümerseite.« Mehr noch: Der Betriebsratsvorsitzende der HDW hatte sich sogar bei den Genossen in Bonn dafür eingesetzt, bei ihrem Aufklärungsdrang nicht zu vergessen, dass Arbeitsplätze auf dem Spiel stünden und HDW durch die Offenlegung allzuvieler Details aus dem U-Boot-Deal bei der künftigen Auftrags-Akquisition im Ausland mit Nachteilen zu rechnen habe.

Hatte Minister Walter Sorge, dass die Staatsanwälte bei weiteren Ermittlungen auch in Sachen U-Booten auf Fakten stoßen könnten, die für die SPD unangenehm werden könnten? Wie sagte doch Franz Josef Strauß nach dem wohl letzten Telefon-Gespräch mit Barschel kurz vor dessen Tod: »Die Roten haben mehr Dreck am Stecken als die Unseren.«[7]

Ob Rot oder Schwarz, auch 20 Jahre nach dem Tod Uwe Barschels bleiben die damaligen Akteure wortkarg. Heute bestreitet Horst Teltschik, der frühere Spitzenbeamte im Kanzleramt, etwas von Schmiergeldern erfahren zu haben. Und die Politiker Wolfgang Schäuble, Walther Leisler Kiep und Helmut Kohl beantworten Autorenanfragen zur Rolle Uwe Barschels beim U-Boot-Geschäft nicht, auch nicht Fragen nach Zahlungen an die CDU.[8]

Die Vertreter der Firmen IKL und HDW, heute Teil des Thyssen-Konzerns, sehen sich aufgrund des Eigentümerwechsels nicht mehr in der Lage, Fragen nach diesen Geschäften zu beantworten: »Von den seinerzeit Verantwortlichen befindet sich seit langem niemand mehr auf der Werft.«[9] MTU antwortete ebenfalls nicht.

Am Ende war es die Aufgabe der Kieler Sozialdemokraten, die Aufklärungsarbeit im Fall Barschel zu beenden. Justizminister Walter schickte seinen Staatssekretär Wulf Jöhnk in den Rechts- und Innenausschuss des Landtags, um die Abgeordneten der CDU dazu zu bewegen, gemeinsam mit den Kollegen der SPD der Einstellung des Ermittlungsverfahrens im Fall Barschel zuzustimmen. Der Beschluss wurde gefasst. Das schwarz-rote Schweigekartell hatte gesiegt.

Epilog: Der Mord

Etwa zwei Wochen vor Barschels Tod bekam die Auswerterin der Hauptabteilung III der DDR-Staatssicherheit, Marion Herrmann, einen Abhörbericht auf den Tisch, der sie alarmierte. Es handelte sich um das Protokoll eines Autotelefongesprächs des ehemaligen Ministerpräsidenten. Frau Herrmann wusste genau, wer Uwe Barschel war, und sie kannte sich auch aus in seinen Umtrieben, denn ihre Aufgabe war es, Erkenntnisse der Telefon-Spionage über die schleswig-holsteinische Landespolitik auszuwerten. Diesmal war Barschels Gesprächspartner ein Mitglied der schleswig-holsteinischen CDU, an dessen Namen sich die Stasi-Fachkraft später nicht mehr erinnern konnte. Frau Herrmann, der zuvor schon aufgefallen war, dass Barschel nach der Landtagswahl nervös und beunruhigt wirkte, blieb beim Lesen des Protokolls an einem Satz hängen, den sie nicht mehr vergaß. In seiner verzweifelten Lage hatte Barschel gedroht:
»Wenn die Bonner mich fallenlassen, lernen die mich kennen.«
Marion Herrmann hatte verstanden: »Für mich hörte es sich so an, als wenn er etwas auszupacken hätte.«[1]

Uwe Barschel spielte mit dem Feuer. Seine Gespräche wurden abgehört, und nicht nur von *einem* Nachrichtendienst. Das wusste er. Sollen es doch alle hören, dass er sie in die Enge treiben konnte! Brach hier noch einmal der alte Uwe Barschel durch, der in seiner Anmaßung zur Blindheit gegenüber den Folgen neigte? Eins war klar: Geheimnisträger Barschel war ein Risiko. Er stand unter nachrichtendienstlicher Beobachtung, wie Stoltenberg signalisiert hatte. Das lag im Staats- und Partei-Interesse.

Für seine endgültige Destabilisierung hatte Barschel selbst gesorgt. Sein treuer Vasall Herwig Ahrendsen war erschrocken, als Barschel vor die Kameras trat und sein Ehrenwort gab, untermauert mit teilweise falschen eidesstattlichen Versicherungen, die er seinen Getreuen abverlangt hatte. Hätte er sich gegen Pfeiffer und den *Spiegel* noch juristisch durchsetzen können – jetzt hatte Barschel alles zerbrochen, er war wegen des Ehrenwortes nicht nur politisch, sondern auch moralisch am Ende. Er hatte sich ehrlos gemacht.

Ahrendsen dachte später, wenn einer, der Barschel hätte umbringen wollen, auf eine günstige Gelegenheit wartete, dann war sie genau jetzt gekommen. Wenn man geschickt ein Todes-Szenario mit Selbstmord-Elementen konstruierte, dann würde es alle Welt für bare Münze nehmen. Ein raffiniertes Manöver, das auch die Köpfe von Ermittlern blockieren würde. Und die der Vordenker der veröffentlichten Meinung allemal. Ein Uwe Barschel, ohne Ehre und Zukunft – was hätte der anderes tun können, als Selbstmord zu begehen? »Bilanz-Selbstmord« hieß es. Und das war's. Viele Jahre lang hielt diese passende Legende.

Aber die Staatsanwälte und Kriminalbeamten der »Ermittlungsgruppe Genf« konnten die Augen nicht mehr verschließen vor der Erkenntnis: Zu viele Spuren und Indizien sprachen gegen einen Selbstmord. Es sah nach Mord aus, das lag selbst für den lange zweifelnden Staatsanwalt Sönke Sela, den Leiter der Ermittlungsgruppe, auf der Hand. Was die Beamten gefunden hatten, ließ sich nicht mehr anders erklären, als dass sich im Hotelzimmer Nr. 317 in der Nacht zum 11. Oktober 1987 weitere Personen aufgehalten hatten und es zu einem Handgemenge mit Barschel gekommen war.

Allerdings war es schwer, die Öffentlichkeit davon zu überzeugen, fehlten doch Motiv und Täter. Nach den politisch abgewürgten Ermittlungen hatten die Staatsanwälte zwar einige Fäden in der Hand, aber ihre Bedeutung erschloss sich ihnen nicht.

Zu den vielen Rätseln gehörte auch das U-Boot-Geschäft mit Südafrika. Es gab lediglich einige vage, zum Teil widersprüchliche Hinweise. Barschels Name tauchte in den Akten des Bonner Untersuchungsausschusses über das verbotene Geschäft nur am Rande auf, nachdem die Regierungskoalition aus CDU/CSU und FDP seine rechtzeitige Vernehmung verhindert hatte. Seine Beteiligung blieb ein gut gehütetes Geheimnis.

Das Geschäft mit dem Apartheidregime hatte ein größeres Ausmaß und war viel komplexer, als die Ermittler der Oberfinanzdirektion und die Mitglieder des parlamentarischen Untersuchungssausschusses je herausfanden. Sie hatten sich mit selektierten Unterlagen zufriedengegeben und konnten wichtige Zeugen nicht befragen. Die wahren Schmiergeldempfänger waren nicht gesucht worden. Die Opposition im Bundestag hatte zwar Verdacht geschöpft, aber ihre entsprechenden Bemühungen, vor allem die der Grünen, liefen ins Leere. Ministerialdirektor Horst Teltschik aus dem Kanzleramt etwa überstand ohne Blessuren ein Verfahren der Bonner Staatsanwaltschaft wegen Verwahrungsbruchs (Aktenbeseitigung) durch Einstellung.

Und die Zulieferer des vom IKL und der HDW eingefädelten Deals wurden – bis auf zwei unbedeutende Ausnahmen – nie in die Untersuchungen einbezogen. Auch nicht MTU, die Weltfirma. Niemand kümmerte sich um ihre Südafrika-Geschäfte.

Uwe Barschel kannte sich aus. Heute wissen wir mehr über seine Verstrickung in das Südafrika-Geschäft. So sagt etwa Max Strauß, der Sohn des verstorbenen bayerischen Ministerpräsidenten, eines rührigen Förderers des U-Boot-Deals: »Sie können sicher davon ausgehen, dass Uwe Barschel und mein Vater in der U-Boot-Sache Kontakt hatten.«[2]

Und mit einer Legende ist aufzuräumen: Dass Stoltenberg von Barschel in der U-Boot-Sache illegale Aktivitäten verlangt habe, die der Saubermann Barschel nicht hätte verantworten wollen. Barschel war von Anfang an in das illegale Geschäft involviert. Es entsprach auch nicht dem Naturell Stoltenbergs, Druck auszuüben. Der Pfarrerssohn Stoltenberg war kein Kämpfer. Der mit dem U-Boot-Geschäft befasste Ex-Staatssekretär Carl Hermann Schleifer sagte in einem Gespräch am 23. Juli 2007 auf eine entsprechende Frage: »Ich habe nie erlebt, dass Stoltenberg Uwe Barschel in der U-Boot-Sache unter Druck setzte.« Barschels Streit mit Stoltenberg hatte andere Gründe.

Barschel wollte das Geschäft, das hatte er seinem Wirtschaftsminister Westphal mit auf den Weg nach Südafrika gegeben. Und er hatte wie die Partei – auch nach Darstellung eines hochrangigen deutschen Rüstungsmanagers gegenüber den Autoren – Schmiergeld aus dem Deal kassiert.

Zeugen bestätigen heute, dass Barschel Kontakt zu den südafrikanischen Verhandlungsführern hatte. Recherchen in Passagierlisten belegen, wie oft er in heißen Phasen des Deals in die Schweiz flog – an den Ort der Geheimverhandlungen. Barschel wehrte sich gegen die Entlassung des für das U-Boot-Geschäft verantwortlichen HDW-Vorstandsvorsitzenden Klaus Ahlers, als dieser von der Bundesregierung geopfert werden sollte und schließlich auch gegen Barschels Willen gehen musste. Er machte Stoltenberg deshalb heftige Vorwürfe, weil über seinen Kopf hinweg gehandelt wurde. Offenbar wollte er das

Geschäft weiter betreiben, für dessen Gelingen er sich gegenüber den Südafrikanern nach den Worten eines Zeugen aus der Rüstungswirtschaft verbürgt hatte. *Mein Wort gegen euer Geld!* Das passt zu Barschel. Zum letzten Mal: *Ich zeige es allen.* Dann drohte er.

Aber mit der möglichen Offenbarung geheimer Zahlungen ist Barschels Drohung auszupacken nur schwer zu erklären. Er konnte die Verhandlungs- und Geschäftspartner sowie ihre politischen Helfer in Bedrängnis bringen. Schlimm genug. Aber er hätte sich dabei selbst belastet und wegen des Verstoßes gegen das Gesetz zur Parteienfinanzierung sogar strafrechtliche Konsequenzen auslösen können. Für die Aktion Genf war mehr erforderlich gewesen.

Der Kreis schließt sich in Südafrika: Das Apartheidregime hatte viel bekommen, aber kein U-Boot. Die bei den Südafrikanern geweckten Erwartungen wurden, gemessen an den gigantischen finanziellen Vorleistungen, nicht erfüllt. Die Regierung am Kap konnte sich betrogen fühlen. Insbesondere die bundes- und landeseigene Werft HDW zum Beispiel hatte offiziell mehr als 30 Millionen Mark bekommen, dafür aber nur geringe Leistungen erbracht. Wofür wurde das Geld überhaupt wirklich gezahlt? Es »war für die Bemühungen der betroffenen Unternehmen, sich für die Realisierung des Geschäfts einzusetzen – geschäftlich, technisch, politisch«, sagte der frühere HDW-Finanzvorstand Jochen Rohde am 24. Juli 2007. Doch das Geld war in den Sand gesetzt, die Absahner saßen in ihren Villen tief unten in Afrika und ganz oben in Deutschland. Eine nicht eingehaltene Selbstverpflichtung, wie sie Barschel eingegangen war, konnte in dieser Branche tödlich sein.[3]

Das Ausmaß der kriminellen Praktiken des südafrikanischen Apartheidregimes – auch bei viel geringfügigeren Anlässen – lag lange im Dunkeln. Erste Ende der neunziger Jahre lieferten gerichtliche Untersuchungsverfahren Erkenntnisse über die Hintergründe von geheimdienstlichen Killereinsätzen im Ausland und die versteckten Giftlabors der Militärs. Das Mördersyndikat vom Kap war 1987 noch nicht enthüllt.

Neben dem Wortbruch musste Barschel mit seiner Drohung bei den Beteiligten, vor allem in Südafrika, Panik ausgelöst haben. Mit einem einzigen Satz über die politischen Hintergründe des Geschäfts hätte der schon gestürzte Barschel nicht nur die Bundesregierung aus den Angeln heben können – er hätte vor allem durch die Offenbarung der geheimen Kooperation zwischen Bonn, Ost-Berlin, Tel Aviv und Pretoria eine internationale politische Krise mit ungeahnten Folgen ausgelöst. Dem südafrikanischen Regime wären überlebenswichtige und über Jahre mühsam aufgebaute Handels- und Lieferwege mit einem Schlag verloren gegangen. Der abgehalfterte und entehrte Ministerpräsident war für alle Beteiligten, aber jetzt gerade für die Südafrikaner, zu einer ungeheuren Bedrohung geworden. Wer lässt einen, der jederzeit für eine Erpressung gut sein kann, ja sogar schon droht, ungeschoren davonkommen?

Der Fall war für die Lübecker Staatsanwaltschaft von Anfang an mehrere Nummern zu groß. Weshalb wurden die Ermittlungen nicht schon 1987 dem Bundeskriminalamt übertragen? Das BKA hätte es sein müssen, weil es über die nötige Erfahrung und Zugänge in internationalen Rechtshilfesachen verfügt, weil es sich mit internationalen Rüstungsgeschäften, Korruption und Geldwäsche auskennt.

In Lübeck begann schließlich 1993 ein kleines Team, engagiert und fleißig den Todesfall neu zu ermitteln. Am Ende waren sich die Lübecker Ermittler sicher, dass die Täter aus einer geheimdienstlichen oder militärischen Organisation kommen mussten, die über den erforderlichen logistischen Apparat verfügte und zu deren Praxis der Einsatz von Killer-Kommandos gehörte. Für einen solchen Mord kam nur ein professionelles Team in Frage, das sowohl raffiniert töten als auch Täuschungsmanöver in die Welt setzen konnte, um sein Werk zu vertuschen.

Auf dem Höhepunkt ihrer Ermittlungsarbeit mussten sich die Staatsanwälte mit einer weitgehend ignoranten Öffentlichkeit und einer verlogenen politischen Klasse auseinandersetzen. Für die Aufklärungsarbeit fanden sie kaum noch Zeit. Die Lübecker Ermittler hatten keine echte Chance.

Anmerkungen

Prolog: Der Fall

1 Interview mit Eberhard Dall'Asta, Kiel, 24.5.2007, im Archiv der Autoren.
2 Barschel (2006).
3 Zurückgetreten im weiteren Zusammenhang des Falles sind unter anderem:
UWE BARSCHEL als Ministerpräsident des Landes Schleswig-Holstein zum 2.10.1987: Er übernahm damit die politische Verantwortung in der »Affäre Pfeiffer«.
GERT BÖRNSEN, Fraktionsvorsitzender der SPD-Fraktion im Kieler Landtag (1988–1993): Im November 1993 war Börnsens Glaubwürdigkeit als Fraktionschef in Zweifel gezogen worden, nachdem durch eine Zeugenaussage vor dem Kieler Untersuchungsausschuss der Verdacht aufkam, er habe entgegen seiner bisherigen Aussage noch vor der Landtagswahl an einem Treffen führender SPD-Politiker teilgenommen und dort über die Pfeiffer-Affäre mitdebattiert. Politisch schwer angeschlagen gab Börnsen 1995 nach mehreren Abstimmungsniederlagen seine Kandidatur für den Landtag auf. Er sprach von »öffentlicher Hinrichtung«.
BJÖRN ENGHOLM, SPD, schleswig-holsteinischer Ministerpräsident (1988–1993), Kanzlerkandidat und Parteivorsitzender der SPD: Am 3. 5. 1993 musste er seine Ämter in Schleswig-Holstein und der Bundes-SPD niederlegen, nachdem sich seine Darstellungen in der Schubladen-Affäre als unwahr erwiesen hatten.
URSULA VON GRÄFIN BROCKDORFF, Sozialministerin im Barschel-Kabinett, wurde im Mai 1988 entlassen.
NORBERT GANSEL, prominenter Kieler SPD-Politiker und Bundestagsabgeordneter, trat 1993 nach Bekanntwerden der »Schubladenaffäre« und nach dem Rücktritt von Engholm von allen politischen Ämtern ab. Gansel hatte von einer Falschaussage Engholms vor dem Parlamentarischen Untersuchungsausschuss des Jahres 1987 gewusst. Da Engholm die uneidliche Falschaussage weiter zu verbergen und seine Ämter zu behalten versuchte, kam es im März 1993 zum Bruch zwischen Gansel und Engholm.
GÜNTHER JANSEN, SPD, schleswig-holsteinischer Sozialminister (1988 bis 1993): Einer bereits angekündigten Veröffentlichung des Nachrich-

tenmagazins *Stern* zuvorkommend, legte er am 1. 3. 1993 zur allgemeinen Verblüffung das Bekenntnis ab, Anfang 1989 und Mitte 1990 an Reiner Pfeiffer Beträge in Höhe von insgesamt 40 000 Mark gezahlt zu haben, die er fürsorglich in seiner heimischen Schreibtischschublade für den arbeitslosen Journalisten angesammelt habe. Es waren tatsächlich 50 000 Mark. Ein Untersuchungsausschuss widerlegte »im Kern« seine Aussagen und bezeichnete in einem Abschlussbericht seine Zahlung als Schweigegeld. Ministerpräsident Engholm entband ihn Anfang März 1993 von seiner Funktion als stellvertretender Regierungschef. Am 23. 3. 1993 trat Jansen schliesslich wegen der »Schubladenaffäre« auch als Landesminister zurück.

KLAUS KLINGNER, SPD, schleswig-holsteinischer Justizminister (1988–1996): Seine Karriere wurde bereits 1995 wegen seiner Haltung zum Lübecker Todesermittlungsverfahren Barschel und das gespannte Verhältnis zu einem Teil der Staatsanwälte und Richter des Landes schwer belastet. Noch vor der Landtagswahl am 25. 3. 1996 kündigte er seinen Rückzug aus der Landesregierung an.

KLAUS NILIUS, Referent des schleswig-holsteinischen Ministerpräsidenten Engholm in der SPD-Fraktion des Kieler Landtages (1988–1993): Am 15.3.1993 gab Klaus Nilius zu, vor der ersten *Spiegel*-Veröffentlichung zur Barschel-Affäre Kontakt mit Pfeiffer gehabt zu haben. Dies hatte Nilius sechs Jahre zuvor vor dem zuständigen parlamentarischen Untersuchungsausschuss bestritten. Er wurde am 5.3.1993 als Referent der SPD-Fraktion entlassen.

STEFAN PELNY, SPD, ehemaliger Vizepräsident des Bundesamtes für Verfassungsschutz; Leiter der Kieler Staatskanzlei unter Ministerpräsident Engholm (1988–1993): Pelny wurde nach dem Rücktritt Engholms von der neuen Ministerpräsidentin Heide Simonis zum Staatssekretär im Justizministerium ernannt. Sein Nachfolger als Leiter der Staatskanzlei wurde der bisherige Finanzstaatssekretär Klaus Gärtner (FDP). Er schied schliesslich nach der Landtagswahl am 24.3.1996 aus der Landesregierung aus und trat in eine Anwaltskanzlei ein. Das Verwaltungsgericht Schleswig lehnte Pelnys Antrag gegen den schleswig-holsteinischen Landtag bzw. Teile des Berichts des »Schubladen-Untersuchungsausschusses« ab, der Zweifel an Pelnys Glaubwürdigkeit äußerte.

REINER PFEIFFER, Journalist und Medienreferent in der Staatskanzlei, wurde nach seinen Wahlkampfaktionen im schleswig-holsteinischen Wahlkampf nicht mehr im Springer-Verlag aufgenommen, der ihn kurzzeitig als Wahlkampfhelfer an Barschel »ausgeliehen« hatte. Er bekam nie wieder eine namhafte Position in einem Medienunternehmen.

HERIBERT OSTENDORF, der schleswig-holsteinische Generalstaatsanwalt, reichte am 14.4.1997 ein Rücktrittsgesuch ein. Er sprach von einem »maßgeblich politisch motivierten Eingreifen« des Landesjustizministers Gerd Walter (SPD) in seine Entscheidungskompetenz. Ostendorf wurde schließlich zum 15.5.1997 in den einstweiligen Ruhestand versetzt. CARL-HERMANN SCHLEIFER, Finanzstaatssekretär unter Barschel, wurde im Mai 1988 in den Ruhestand versetzt.

4   Es sind dies, alphabetisch aufgeführt: Baentsch, Wolfram: Der Doppelmord an Uwe Barschel: Die Fakten und Hintergründe, München 2006; Barschel, Freya:»Es war Mord«, *Cicero*, Heft 10, 2006; Boll, Uwe: German Fried Movie & Barschel-Mord in Genf oder wie man in Deutschland Filme drehen muß, Leverkusen 1992; Bölsche, Jochen (Hrsg.): Waterkantgate. Die Kieler Affäre: Eine *Spiegel*-Dokumentation, Göttingen 1987; Green-Meschke, Sylvia: Gegendarstellung zum Fall Barschel. Die Beschreibung eines verdeckten Skandals, Böblingen 1993; Halling, Torsten: Das Spannungsverhältnis zwischen Pressefreiheit und Persönlichkeitsrecht am Beispiel der Presseberichterstattung zum Fall Barschel, [Berlin] 2000; Hellenbroich, Anno: Mordfall Barschel. Ad-hoc-Dossier über den größten internationalen Verbrechensskandal der letzten 20 Jahre. Executive Intelligence Review, Wiesbaden 1995; Kalinka, Werner: Der Fall B.: Der Tod, der kein Mord sein darf. Frankfurt am Main/ Berlin 1993; Kalinka, Werner: Opfer Barschel. Deutschlands größte Politaffäre in neuem Licht, Berlin 1993; Mergen, Armand: Tod in Genf. Ermittlungsfehler im Fall Barschel: Mordthese vernachlässigt, Heidelberg 1988; Pötzl, Norbert E.: Der Fall Barschel. Anatomie einer deutschen Karriere. War es Mord?, Reinbek 1989; Quaj, Abdel-Jamil: Die Barschel-Affäre im *Spiegel*. Eine mediensoziologische Untersuchung, Frankfurt am Main 1995; Schäfer, Herbert: Pfeiffer contra Barschel. Zur Anatomie einer Beweisführung, Bremen 1991; Schmid-Ospach, Michael: Tatort Staatskanzlei. Der Fall Barschel zwei Jahre danach, Wuppertal 1989; Schnibben, Cordt, und Skierka, Volker: Macht und Machenschaften. Die Wahrheitsfindung in der Barschel-Affäre. Ein Lehrstück, Hamburg 1988; Siegerist, Joachim: Das Testament des Uwe Barschel. Und andere faszinierende Reportagen, Hamburg 1988; Siegerist, Joachim: Freya Barschel – mein Leben, Hamburg 1990; Wessels, Herbert: Ein politischer Fall. Uwe Barschel – Die Hintergründe der Affäre, Hamburg 1988; Wiebe, Hans-Hermann (Hrsg.): Die Kieler Affäre und kirchliches Handeln. Politische Kultur – politische Moral, Bad Segeberg 1988.

5   Schreiben des Leitenden Oberstaatsanwalts in Lübeck an den Generalbundesanwalt zum Todesermittlungsverfahren z.N. Dr. Dr. Uwe Barschel

(VS-Vertraulich) Az. 705 Js 33247/87, Lübeck, 15.12.1994; Munzinger Archiv, 21.12.1994.
6 »Le mystère parfait«, *L'Hebdo*, 5.11.1987.
7 Vermerk Kriminalpolizei BvD – KFI 7, Hannover, 20.10.1987; Vermerk KFI 7 – B.v.D., Hannover, 21.10.1987; Bild, 17.10.1987.
8 Schreiben des Abteilungsleiters Sicherheit/Abwehr des Bundesnachrichtendienstes an die Staatsanwaltschaft Lübeck zum »Vorgang Dr. Uwe Barschel, hier beim Bundesnachrichtendienst zugegangene Informationen«, VS-Vertraulich, amtlich geheim gehalten, Pullach, 15.11.1994; Zeugenaussage Andreas Holst, Schleswig-Holsteinischer Landtag, Protokoll der 129. Sitzung des 1. Untersuchungsausschusses der 13. WP, 27.6.1994.
9 Schreiben von Dr. Hannelore M. (Name den Autoren bekannt) an den Präsidenten des Bundesnachrichtendienstes, München, 16.11.1994 und 27.12.1994, sowie an einen der Autoren, 8.1.1995.
10 »Schuld und Barschel«, *Spiegel* Nr.19, 1997; diverse Rechercheberichte von Christina Wilkening, im Archiv der Autoren.
11 Rudolf Lambrecht und Leo Müller: »Drehkreuz der Waffenschieber?«, *Stern* 8.12.1994; Ostrovski (1994); Originalausgabe: The Other Side of Deception: A Rogue Agent Exposes the Mossad's Secret Agenda, New York 1994.
12 Gefälschte Telexe und Gutachten im Archiv der Autoren; Dementi des CIA-Sprechers Mark Mansfield, dpa 6.1.1995.
13 Baentsch (2006).
14 Schreiben Leitender Oberstaatsanwalt Dr. Schmidt an den Vorsitzenden des Parlamentarischen Untersuchungsausschusses des Schleswig-Holsteinischen Landtages, Kiel, 3.1.1995.
15 Gerd Walter, Minister für Justiz: Erklärung zu den Berichten der Staatsanwaltschaften zum »Ermittlungsverfahren Todesfall Barschel«, Kiel, 11.4.1997; Generalstaatsanwalt Prof. Dr. Ostendorf: Bericht zum Verfahrensstand in dem Ermittlungsverfahren gegen Unbekannt wegen Verdachts des Mordes an Dr. Dr. Uwe Barschel; Staatsanwalt Sönke Sela, Vermerk 23.1.1997 (Az 705 Js 33247/87).
16 *Frankfurter Allgemeine Zeitung*, 9.2.2004.
17 Interview Eberhard Dall'Asta, Kiel, 24.5.2007. Abgeordnetenkollegen haben dieses Gespräch am Rande einer Parteisitzung ebenfalls wahrgenommen.

Der Absturz

1 Wetterdaten des Wetterbeobachtungsarchives des Deutschen Wetterdienstes, 31.5.1987; Cessna 501, Citation, der Travel Air, Foto Eduard Marmet, Basle-Mulhouse 1982, publiziert in: www.airliners.net.
2 Bundesstelle (1987), S. 2; Teegen, Heiko: Auswertung: Der Barschel-Unfall in Lübeck, *Pilot und Flugzeug*, Heft 9, 1988; Vermerk zum Flugunfall, Staatsanwaltschaft Lübeck, 9.9.07 und Flugunfallbericht, Auswertung K 24, Lübeck, 22.6.87.
3 Terminplan laut Aufzeichnungen des Ministeriums für Staatssicherheit (MfS), Ost-Berlin, und des MfS Magdeburg, Abteilung III, Archiv der Autoren.
4 *Die Zeit*, 15.5.1987.
5 Ebenda.
6 Kohl (2005), S. 532f.
7 Vernehmung Tjan (1988); Uwe Barschel (1980), S. 55ff.; Vernehmung Friedersen (1996).
8 Staatssekretär Schleifer bestätigte, dass Barschel seit 1983 über das U-Boot-Geschäft informiert war: Interview Schleifer (1987).
9 *Spiegel*, 8.6.1987, S. 24.
10 Ebenda, S. 12.
11 Interview Antje Klein, Lübeck, 21.12.2006 und 3.3.2007.
12 Bundesstelle (1987).
13 Ebenda, S. 20.
14 Gerichtsmedizinische Ergebnisse nach: Klose/Pribilla (1990); Klose (1990).
15 *Hamburger Morgenpost*, 2.6.1987.
16 Flugunfallbericht, Auswertung K 24, Staatsanwaltschaft Lübeck, Lübeck, 22.6.87.
17 Die Schilderung von Barschels Erlebnissen nach Klose (1990), S. 535.
18 *Hamburger Morgenpost*, 2.6.1987.

Der Patient

1 Flugunfallbericht, Auswertung K 24, Lübeck, 22.6.87.
2 *Hamburger Morgenpost*, 2.6.1987.
3 Terminplan laut Aufzeichnungen des Ministeriums für Staatssicherheit (MfS) Magdeburg, Abteilung III, Archiv der Autoren.
4 Bundesstelle (1987), S. 26. Interview Antje Klein, 21.12.2006; Experten-

runde mit Antje Klein, Ex-Flughafenleiter Harry Kleinschmidt., Lübeck, 3.3.2007, im Archiv der Autoren.
5 Bundesstelle (1987), S. 26; Klose (1990), S. 545; *Spiegel*, 29.7.87, S. 24. Davon abweichend erbrachte lediglich die Auswertung der Kriminalpolizei einen merkwürdigen Hinweis. Demnach hatte ein Feuerwehrmann zuvor am Nachmittag des 31. Mai, als die Citation in Lübeck-Blankensee eintraf, um Barschel abzuholen, bereits festgestellt, dass die Maschine »in sehr geringer Höhe eingeflogen wurde«. Der Mann von der Flughafenfeuerwehr erinnerte sich: »Ich stand von meinem Stuhl im Büro auf und schaute, ob da noch etwas passieren könnte.« Flugunfallbericht, Auswertung K 24, Lübeck, 22.6.87, S. 18.
6 Interview Antje Klein, 21.12.2006.
7 Munzinger-Archiv; Interview Eberhard Dall'Asta, Kiel, 24.5.2007.
8 Bundesstelle (1987), S. 5.
9 Es ging um den Lübecker Baulöwen Jürgen Lange, der seitdem nicht mehr aufgetaucht ist; Rudolf Lambrecht: »Schmutzige Wäsche im Hafenamt«, *Stern*, 3.6.1987; Munzinger Archiv.
10 Munzinger Archiv.
11 *Kieler Nachrichten*, 27.11.1986, *Tages-Anzeiger*, 28.11.1986.
12 Der Kieler Wirtschafts-Staatssekretär Carl Hermann Schleifer sagte in einem Interview mit dem Fernsehmagazin Report Baden-Baden, dass er bereits1983 Barschels Bürochef, Staatssekretär Hanns-Günter Hebbeln, über den geplanten U-Boot-Deal informiert habe. Schleifer saß für die Landesregierung im HDW-Aufsichtsrat. Interview Schleifer (1987); vgl. auch Beschlußempfehlung (1990), S. 163; sowie Entwurf (1989), S. 78.
13 Vermerk Dipl.-Ing. Hansen-Wester vom 25. Januar 1984, Beschlußempfehlung (1990), S. 113.
14 Zeugenaussage Gerhard Stoltenberg, zitiert nach Beschlußempfehlung (1990), S. 112.
15 Entwurf (1989), S. 92.
16 Vernehmung Tjan (1988).
17 Ebenda.
18 Vernehmung Heise/Gruppe (1987).
19 Zum Curriculum Vitae Pfeiffers siehe eine Synopse seiner sehr unterschiedlichen Lebensläufe, erstellt von Prof. Erich Samson, veröffentlicht in: Kalinka (1993), S. 108f.; sowie über Pfeiffers Selbstbild: Pötzl (1989), S. 19; Vernehmung Schumacher (1987).
20 Vernehmung Schumacher (1987).
21 Vernehmung Friedersen (1996).
22 Ebenda.

23 Ebenda.
24 Vermerk über ein Gespräch mit der Zeugin Ingeborg Gärtner, Staatsanwaltschaft Lübeck, EG Genf, 12.1.1996 (Az 705 Js 33247/87).
25 Ebenda.
26 Vernehmung F. Junker (1995).
27 Ebenda.
28 Vernehmung Ahrendsen (1987).
29 Vernehmung Heise/Gruppe (1987); Telefonkontaktliste des Apparates von Reiner Pfeiffer, Anlage vom Schreiben der OPD Hamburg vom 23.9.1987; Irmgard Heise verleugnete den Anruf: Vernehmung Heise/Gruppe (1987); Vernehmung Schumacher (1987).
30 Herwig Ahrendsen erinnerte sich abweichend von Frau Heise so, dass er bereits im ersten Gespräch um einen Besuch bat: Vernehmung Ahrendsen (1987).
31 Wie der Kontakt zustande kam, ist nicht geklärt.
32 Zeugenbefragung Klaus Nilius im ersten Parlamentarischen Untersuchungsausschuss des Landtages Schleswig-Holstein.
33 Vernehmung Klaus Nilius, Staatsanwaltschaft Lübeck, ohne Deckblatt und Datum; *Spiegel*, 22.3.1993.
34 CDU (o.J.), S. 50.
35 Zeugenbefragung Klaus Nilius im ersten Parlamentarischen Untersuchungsausschuss des Landtages Schleswig-Holstein.
36 Schreiben Oberpostdirektion Hamburg, Telefonkontaktlisten Reiner Pfeiffer, 23.9.1987.
37 Pfeiffer offenbarte in einem späteren Gerichtsverfahren sein Strickmuster, das im Urteilstext so wiedergegeben wurde; zitiert nach: Rudolf Lambrecht und Leo Müller: »Er wurde Opfer einer gesteuerten Aktion«, *Stern*, Nr. 52/1995.
38 Interview Rudolf Augstein, WDR 2, *Mittagsmagazin*, 24.9.1987; Interview Richard Rickelmann, Zürich, 30.7.2007.
39 Vernehmung Schumacher (1987).
40 Vernehmung Tjan (1988).

Der Aufsteiger

1 Uwe Barschel wurde am 13.5.1944 in Glienicke bei Berlin geboren.
2 Eike Barschel wurde am 28.7.1940 in Glienicke geboren.
3 Weiss, Hermann (Hrsg.): Biographisches Lexikon zum Dritten Reich, Frankfurt a.M. 1999, S. 97.

4 *Stern*, 15.1.1998.
5 Pötzl (1989), S. 8.
6 Heinrich Jaenecke: »Ihre Lüge heißt Treue«, *Stern*, 20.5.1998.
7 Barschel (1975).
8 Barschel (1980).
9 Barschel (1970); Barschel (1971); Pötzl (1989), S. 10; Barschel (1980).
10 Zitiert nach: Pötzl (1980), S. 10.
11 Interviews mit dem MfS-Mitarbeiter L, Berlin 1991 bis 1993; Erklärung Dieter-Joachim Haase, Hannover o.J.
12 Justizminister Henning Schwarz, Ernennungsurkunde, Kiel, 29.9.1976.
13 Vermerk zur Befragung Freya Barschel zur Beurkundung von Geschäften mit Staaten aus dem Nahen Osten, Staatsanwaltschaft Lübeck, Lübeck, 28.5.1997.
14 Urkunde Nr. 34/1977, Notar Dr. Uwe Barschel, 26.5.1977. Ein früherer Ölhändler und CDU-Lokalpolitiker im Kreis Herzogtum Lauenburg berichtete über ein persönliches Gespräch mit Landesfinanzminister Barschel, in dem dieser offenbart haben soll, dass er vor seinem Eintritt in die Landesregierung als Anwalt bei der »Vergabe libyscher Öl-Claims« mitgewirkt habe und dabei mehr verdient habe, als er nun als Minister erhalte; Schreiben F.K. G. an die Staatsanwaltschaft Lübeck, Wentdorf, 28.4.1997.
15 Vermerk zur Befragung Freya Barschel zur Beurkundung.
16 *Die Zeit*, 28.9.2006.
17 Joseph Kardinal Ratzinger in seinem Pontifikalamt für den verstorbenen Franz Josef Strauß, zitiert nach: *Die Zeit*, 28.9.2006.
18 *Die Zeit*, 17.2.1978.
19 Vernehmung E. Barschel (1995), S. 264.
20 Barschel (1980).
21 Vermerk »Erstinformation Oberst Wilke«, HA VI des MfS, Berlin, 2.2.1992.
22 Barschel (1980).

Der Politiker

1 Ministerium für Staatssicherheit, Anlage zum Beobachtungsbericht Reg. Nr. 362/85. Die Personenbeschreibung der Staatssicherheit ist in Beobachtungsberichten aus dem Jahr 1985 dokumentiert, sie wurde aber schon Jahre zuvor angelegt.
2 Dilling/Dittmann (1987), S. 10.
3 Ebenda, Anlage A, S. 1.

4 Pfizer, Packungsbeilage Demetrin®.
5 Interviews mit damaligen Kabinettsmitgliedern, Kiel, April bis Juni 2007.
6 Wyeth, Gebrauchsinformation Tavor®, »Zur Abschirmung des psychischen Stresses«.
7 Dilling/Dittmann (1987), S. 22f., Anlage A, S. 1.
8 Barschel (1980), S. 56.
9 Munzinger Archiv, Gerhard Stoltenberg, 10/2002.
10 Telefoninterview Heiko Hoffmann, Bad Schwartau, 24.7.2007.
11 Vermerk Kriminalpolizeiinspektion 1, Stuttgart, 4.9.1991; Notiz »Lebensversicherungen des Dr. Dr. Uwe Barschel«, Allianz Versicherung, Rechtsabteilung, Stuttgart, 27.10.87.
12 Nohse/Rössler (1992), S. 21f., S. 161; S. 4.
13 Nohse/Rössler (1992), S. 21f., S. 177.
14 Nohse/Rössler (1992), S. 32.
15 Leo Müller: »Der Ferrostaal-Chef erzählte: Besuch beim Diktator«, Cash, 30.11.2006.
16 Nohse/Rössler (1992), S. 74.
17 Nohse/Rössler (1992), S. 130ff.
18 Internationales Biographisches Archiv 11/1981 vom 2.3.1981.
19 Heinrich Jaenecke: »Ihre Lüge heißt Treue«, Stern, 20.5.1998.
20 Pötzl (1989), S. 10; Telefoninterview Heiko Hoffmannn, Bad Schwartau, 15.5.2007.
21 Dilling/Dittmann (1987), Anlage A, S. 1f.
22 Who's Who of Southern Africa 1990–91, Johannesburg 1990, S. 118.
23 Interview C. F., im Archiv der Autoren.
24 Republic of South Africa, Department of Defence, SA Navy: History of the SA Navy (http://www.navy.mil.za); Adams (1984), S. 123f.
25 Beit-Hallami (1989), S. 151.
26 UN Resolution 418.
27 Beschlußempfehlung (1990), S. 109.
28 Adams (1984), S. 120ff.
29 Beit-Hallami (1989), S. 144.
30 Vernehmung Dietrich Laaß, Staatsanwaltschaft Lübeck, 30.4.1996.
31 Stern, 29.9.1983.
32 Wetterbeobachtungsarchiv des Deutschen Wetterdienstes, 24.8.1981.
33 Interview Jürgen Westphal, Hamburg, 5.6.2007.
34 Uwe Barschel, Handschriftliches Testament, 24.8.1981; Aktenvermerk Justus Warburg über ein Telefongespräch mit Freya Barschel, 19.11.1997.
35 Vernehmung Tjan (1988).
36 Gould/Folb (2002), S. 10ff.

37 Die Projekte wurden erst nach dem Ende des Apartheidregimes öffentlich und in zahlreichen Medienberichten, wissenschaftlichen Analysen und Gerichtsfällen behandelt, unter anderem: Centre for Conflict Resolution (1999–2002); Gerrans (1999), S. 71–77; Gould/Folb (2002), S. 60–67; Hounam/McQuillan (1993), S. 157–161; Truth and Reconciliation Commission (1988).

38 Die Bundesbeauftragte für die Unterlagen des Staatssicherheitsdienstes der ehemaligen Deutschen Demokratischen Republik (im folgenden BStU): Struktur und Aufgaben des MfS, Wer war wer im MfS, in: Website www.bstu.bund.de.

39 Vernehmung Peter Feuchtenberger, Bezirkskriminalinspektion Lübeck, Berlin, 6.1.1995.

40 Vernehmung Wolfgang Kotz, Staatsanwaltschaft Lübeck, Lübeck, Gesprächsvermerk 7.1.1995; Vernehmung Wolfgang Kotz, Staatsanwaltschaft Lübeck, Berlin, 21.2.1996.

41 Ebenda.

42 Die Praktiken der »Ost-West-Transaktionen« beschreiben übereinstimmend mehrere führende, involvierte Offiziere des MfS, u.a.: Vernehmung Peter Feuchtenberger, Bezirkskriminalinspektion Lübeck, Berlin, 6.1.1995; Vernehmung Peter Feuchtenberger, Staatsanwaltschaft Lübeck, Berlin, 22.2.1996; Vernehmung Wolfgang Kotz, Staatsanwaltschaft Lübeck, Lübeck, Gesprächsvermerk 7.1.1995.

43 BStU, MfS, HA VIII/4, BV Rostock, Oberstleutnant Krase: Beobachtungsbericht betr. »Ebene II«, Rostock, 17.5.82.

44 Bezirksverwaltung für Staatssicherheit Rostock, Abteilung VI, Abschlussinformation, Rostock, 15.5.1982.

45 IM-Bericht »zum Aufenthalt in der Russischen Stube am 13.5.1982«, Warnemünde, 14.5.1982.

46 BStU, MfS, HA IV, Oberst Erhard Wilke: Nachinformation, Berlin, 20.5.1982.

47 BStU, MfS, HA IV, Oberst Erhard Wilke, Information und Anlagen, 19.8.1983.

48 Interview Rißmann (2007).

49 Vernehmung Rißmann (1996).

50 Ebenda.

51 Interview Rißmann (2007).

52 Vernehmung Rißmann (1996); Interview Rißmann (2007).

53 Vernehmung Rißmann (1996); Interview Rißmann (2007).

54 Ebenda.

55 Ebenda.

56 Purkitt/Burgess (2002), S. 229–253; Centre for Conflict Resolution (1999–2002), Erklärung Theron.
57 Wetterdaten des Wetterbeobachtungsarchives des Deutschen Wetterdienstes, 17.1.1983.
58 Reisedaten laut ARD-Recherchen, Bayerischer Rundfunk, *Report München*, 20.8.1991.
59 *Stern*, 29.3.1990.
60 Die Produktionserlaubnis wurde erst 1986 nach heftigen Interventionen von Franz Josef Strauß entzogen, der mit dem Iran-Geschäft nichts zu tun hatte; Vertrauliche Information eines Anwaltes, im Archiv der Autoren.
61 Interview Jürgen Westphal, Hamburg, 14.6.2007.
62 Interview Carl-Hermann Schleifer, Hamburg, 5.4.2007.
63 Voss (2000), S. 247f.
64 Barth (1995), S. 628.
65 Zitiert nach: Koch (1992), S. 161.
66 Voss (2000), S. 249.
67 Dilling/Dittmann (1987).

Der Deal

1 »Japst und springt«, *Spiegel*, 6.6.1983. Der *Spiegel* berichtete wenige Tage später über die Elefantenrunde, dass über das Thema Afrika, die »Herzensangelegenheit des bayrischen Weltpolitikers«, nicht gesprochen worden sei. Dies muss aufgrund eines Briefes von Strauß an Helmut Kohl aus dem Jahr 1984 bezweifelt werden (siehe S. 114f.).
2 Krämer (1987), S. 71.
3 Zitiert nach: Sönnichsen (1989), S. 11.
4 Zitiert nach: »Zweiter Haushalt«, *Spiegel*, 21.8.1989.
5 *Bayerischer Rundfunk, Report München*, 20.8.1991.
6 Besprechungsprotokoll vom 27.6.1983, zitiert in: *Spiegel*, 14.12.1987.
7 Bundestag, 10. Wahlperiode: Stenographisches Protokoll über die 10. Sitzung des 4. Untersuchungsausschusses am 3.2.1987, Aussage Tietmeyer, S. 13.
8 Bundestag, 10. Wahlperiode: Stenographisches Protokoll über die 15. Sitzung des 4. Untersuchungsausschusses am 16.2.1987, Aussage Stoltenberg, S. 112f. u. S. 119.
9 Vorstandsprotokoll HDW, 27.6.1983, zitiert nach: Beschlußempfehlung (1990), S. 58.

10 Podewin (2002), S. 302f., Hirsch (1989).
11 Bundestag, 10. Wahlperiode: Stenographisches Protokoll über die 15. Sitzung des 4. Untersuchungsausschusses am 16.2.1987, Aussage Genscher, S. 194.
12 Ebenda, S. 212.
13 Zoglmann in einem Schreiben an Verteidigungsminister Wörner, *taz*, 23.1.1987, hier zitiert nach Beschlußempfehlung (1990), S. 111.
14 Interview Schleifer (1987).
15 Vorstandsprotokoll Salzgitter AG, Nr.19, 1983, zitiert nach: Beschlußempfehlung (1990), S. 58.
16 BStU, MfS, HA VI und BV Rostock: Verschiedene Berichte, Protokolle und Maßnahmepläne zur Reise vom 8. bis 11. September 1983.
17 Bericht Oberstleutnant Baaske, Rostock, 9.1.1986.
18 Vermerk Staatsanwalt S. Sela, Staatsanwaltschaft Lübeck, Lübeck, 25.7.1996. Die Ermittler hegten Zweifel am angegebenen Termin dieser Reise, an den sich der Zeuge Karl-Heinz Prosch erinnerte, weil im offiziellen Reiseprogramm keine Zeit für diese Tour frei gewesen war. Daher müsste sich Uwe Barschel für diese Fahrt von der Reisegruppe absentiert haben, oder sie könnte zu einem anderen Termin stattgefunden haben. Die Staatsanwaltschaft vermerkte dazu: »Da aber auch keine Anhaltspunkte dafür vorhanden sind, daß der Zeuge Prosch bzgl. dieser Fahrt mit Dr. Uwe Barschel zu einem Lager die Unwahrheit gesagt hat, besteht auch hier die Möglichkeit, daß diese Fahrt während einer Reise stattgefunden hat, bezüglich der von der Gauck-Behörde keine Unterlagen nach hier übersandt wurden. Dieses wäre dann schon der zweite Fall einer DDR-Reise von Dr. Uwe Barschel mit einem ungewöhnlichen Ereignis in der damaligen DDR, bezüglich dessen weitere Ermittlungen erforderlich sind.«
19 Vernehmung Hans-Joachim Siewert, Landeskriminalamt Kiel, Rostock 9.2.1995, S. 4f.
20 Vermerk Staatsanwaltschaft Lübeck über Vernehmung des Zeugen Prosch, Lübeck, 25.7.1996.
21 Voss (2000), S. 255.
22 Bundestag, 10. Wahlperiode: Stenographisches Protokoll über die 10. Sitzung des 4. Untersuchungsausschusses am 3.2.1987, Aussage Tietmeyer, S. 110; zum Gespräch mit Malan: Interview Jürgen Westphal, Hamburg, 14.6.2007.
23 Nohse/Rössler (1992), S. 127f.
24 Vertrauliche Notiz des IKL »Argumente IK 97, 6.10.1983«, zitiert nach: Beschlußempfehlung (1990), S. 59.
25 Ebenda, S. 112.

26 Brief Ernst Pieper an Gerhard Stoltenberg, 28.10.1983, zitiert nach: Beschlußempfehlung (1990), S. 112.
27 Dilling/Dittmann (1987), S. 9.
28 Grill, Bartholomäus: »Der Giftmischer der Apartheid«, Dossier, *Die Zeit*, 10.1.2002. Siehe oben S. 79.
29 Hooggeregshof, Die Staat teen Wouter Basson, Akte van Beskulding [Anklage] (1999), S. 189, 227f.; Centre for Conflict Resolution (1999–2002), Woche 25, Aussage Kobus Bothma.
30 Grill, Bartholomäus: »Der Giftmischer der Apartheid«, Dossier, *Die Zeit*, 10.1.2002.
31 Hooggeregshof, Die Staat teen Wouter Basson, Akte van Beskulding [Indictment] (1999), pp. 189, 227f.; Centre for Conflict Resolution (1999–2002), Woche 25, Aussage Kobus Bothma.
32 Beschlußempfehlung (1990), S. 113; Krämer (1987), S. 6ff. u. S. 71; Sönnichsen (1989), S. 13.
33 Vorstands-Protokoll 23/1983, HDW, zitiert nach: Beschlußempfehlung (1990), S. 59.
34 Vgl. dazu u.a.: Kilz/Preuss (1983), S. 325f.
35 Bayerischer Rundfunk, *Report München*, 20.8.1991.
36 Gesprächsprotokoll mit dem Rüstungsmanager A. V. (Name den Autoren bekannt), v. 1.6.2007.
37 Bundestag, 10. Wahlperiode: Stenographisches Protokoll über die 10. Sitzung des 4. Untersuchungsausschusses am 3.2.1987, Aussage Tietmeyer, S. 14f. u. S. 70f.
38 Staatsanwaltschaft Lübeck, Zeugenvernehmung Rolf Lechner, Berlin, 26.11.1987, S. 2.

Die Tarnung

1 Adams (1984), S. 124; Hersh (1991).
2 Zitiert nach: Beschlußempfehlung (1990), S. 59.
3 *Stern*, 21.1.1984, 26.1.1984, 2.2.1984, 9.2.1984.
4 Staatsanwaltschaft Lübeck, Vermerk zur Befragung von Horst Schmidt, 4.9.1996.
5 Leyendecker u.a. (2000), S. 70ff.
6 Zitiert nach: Sönnichsen (1989), S. 14.
7 Sönnichsen (1989), S. 14.
8 Beschlußempfehlung (1990), S. 59; Krämer (1989), S. 71f.
9 Beschlußempfehlung (1990), S. 59f.

10 Zitiert nach: Krämer (1989), S. 72, und Sönnichsen (1989), S. 14.
11 Dilling/Dittmann (1987), S. 5, 7ff.
12 Information über die beabsichtigte Einreise in die DDR durch den Ministerpräsidenten des BRD-Landes Schleswig-Holstein, Dr. Dr. BARSCHEL, BstU, MfS, HA VI, Objektsicherung und Tourismus, Berlin, 6. April 1984, S. 2, BStU, MfS, Akte Uwe Barschel.
13 Ebenda, S. 3.
14 Information über den Aufenthalt..., Bezirksverwaltung für Staatssicherheit, Abteilung VI, Dresden, 27.4.1984, S. 3, BstU, MfS, Akte Uwe Barschel.
15 Ebenda.
16 Ebenda, S. 3f.
17 Ebenda, S. 4f.
18 »Vom Balkon aus sahen die beiden Männer den Wagen der Stasi«, *Ostthüringer Zeitung*, Januar 1995. Zur Vita Bernd Barschels: Barschel (1980), S. 66.
19 Döbert, Frank: »Barschel-Besuche in Jena bestätigt«, *Ostthüringer Zeitung*, 16.1.1995. Über den Inhalt der Gespräche sind heute keine Unterlagen mehr vorhanden. Der Journalist Frank Döbert von der *Ostthüringer Zeitung* hatte bei seinen Recherchen den Eindruck, als seien die entsprechenden Akten in der Kreisverwaltung Gera bereits vor 1989 getilgt worden. Vgl. Vermerk des Leitenden Oberstaatsanwalts, Staatsanwaltschaft Lübeck, 15.04.1997.
20 Handschriftlicher Bericht des IM »Schreiber« über zwei Zusammentreffen mit Uwe Barschel am 25. und 26.4.1984, BstU, MfS, Akte Uwe Barschel.
21 Zitiert nach: Krämer (1989), a.a.O., S. 73, und Sönnichsen (1989), S. 15.
22 Beschlußempfehlung (1990), S. 113.
23 Beschlußempfehlung (1990), S. 114.
24 Sönnichsen (1989), S. 15.
25 Beschlußempfehlung (1990), S. 114; Krämer (1989), S. 68 u. S. 74.
26 Aussage Teltschik (1987), S. 13f.
27 Aussage Teltschik (1987), S. 114ff.
28 Zitiert nach: Beschlußempfehlung (1990), S. 114.
29 Die wörtliche Rede ist rekonstruiert nach den Schilderungen Horst Teltschiks vor dem Untersuchungsausschuss auf der Grundlage seiner persönlichen Unterlage. Aussage Teltschik (1987), S. 53–57.
30 Ebenda.
31 Ebenda, S. 57.
32 Beschlußempfehlung (1990), S. 61 u. S. 115; Sönnichsen (1989), S. 17.
33 Zitiert nach: Beschlußempfehlung (1990), S. 115.

34 Beschlußempfehlung (1990), S. 61.
35 Zitiert nach: Krämer (1989), S. 78.
36 Zitiert nach: Sönnichsen (1989), S. 19.

Die Vertuschung

1 Interview C.F., 13.6.2007.
2 Zitiert nach: Beschlußempfehlung (1990), S. 62.
3 Brief Franz Josef Strauß an Helmut Kohl, 31. Juli 1984, zitiert nach: Beschlußempfehlung (1990), S. 62; abgedruckt in: Krämer (1989), Dok. 14.
4 Beschlußempfehlung (1990), S. 58 u. S. 110.
5 Zitiert nach: Beschlußempfehlung (1990), S. 62.
6 Telefonnotiz IKL, 31.7.1984: IK 97/GF Anruf von Staatssekretär Prof. Dr. Waldemar Schreckenberger, Chef des Bundeskanzleramts am 31.07. 1984, um 12.30 Uhr, zitiert nach: Beschlußempfehlung (1990), S. 62 f.; abgedruckt in: Krämer (1989), Dok. 15.
7 Ebenda.
8 Zitiert nach Sönnichsen (1989), S. 21.
9 Vgl. die Aussagen Schreckenbergers vor dem 4. Untersuchungsausschuss der 10. Wahlperiode und vor dem 1. Untersuchungssausschuss der 11. Wahlperiode, wo er durchaus zugab, dass IKL-Chef Nohse ihn hatte missverstehen können, dass er sich durchaus positiv zu einer wohlwollenden Prüfung geäußert hatte und dass die Passage über die Schadensersatzpflicht der Bundesregierung von Nohse wohl »nicht völlig aus der Luft gegriffen war«. Hierzu: Beschlußempfehlung (1990), S. 63 u. S. 118.
10 Dieses und die folgenden Zitate: Aktennotiz HDW: Anruf von Herrn Staatssekretär Dr. Schreckenberger, Bundeskanzleramt, am 31. Juli 1984, 13 Uhr, zitiert nach: Beschlußempfehlung (1990), S. 63; abgedruckt in: Krämer (1989), Dok. 16.
11 Krämer (1989), Dok. 16.
12 Rekonstruiert nach: Staatsanwaltschaft Lübeck, Vernehmung E. Barschel (1995), S. 8 f.
13 Ebenda, S. 20.
14 Ebenda, S. 22.
15 Ebenda, S. 28.
16 Rekonstruiert nach: Ebenda, S. 30.
17 Im Original: »Such approval ... now is at hand in a sufficient manner.«
18 Krämer (1989), S. 82.

19 Zitiert nach: Sönnichsen (1989), S.22.
20 Aussage Teltschik (1987), S. 82.
21 Zitiert nach: Krämer (1989), S. 84.
22 Beschlußempfehlung (1990), S. 65 u. S.119.
23 Zitiert nach: Beschlußempfehlung (1990), S. 120.
24 Zitiert nach: Sönnichsen (1989), S. 22; vgl. auch Krämer (1989), S. 85.
25 Zitiert nach: Sönnichsen (1989), S. 22; vgl. auch Krämer (1989), S. 86.
26 Krämer (1989), S. 86.
27 Krämer (1989), S. 87.
28 Krämer (1989), S. 87f.; vgl. auch Sönnichsen (1989), S. 23.
29 Beschlußempfehlung (1990), S. 66.
30 Zitiert nach: Krämer (1989), S. 88.
31 Vorstandsprotokoll HDW 18/1884, 15.10.1984, zitiert nach: Beschlußempfehlung (1990), S. 66.
32 Aussage Teltschik (1987), S. 88.
33 Aussage Teltschik (1987), S. 128.
34 Krämer (1989), S. 90.
35 Interview C. F., 13.6.2007.
36 Zitiert nach Krämer (1989), S. 91f.
37 Krämer (1989), S. 91.
38 Beschlußempfehlung (1990), S. 122.
39 Zitiert nach Beschlußempfehlung (1990), Anlage 35, S. 528f.
40 Barber (1999), S. 243.
41 van Vuuren (2006), 63ff.
42 Ebenda.
43 van Vuuren (2006), S. 144.
44 Aussage Teltschik (1987), S. 88f.
45 Aussage Teltschik (1987), S. 103f.
46 Beschlußempfehlung (1990), S. 123.
47 Zitiert nach: Beschlußempfehlung (1990), S. 123.
48 Zwei U-Boote dieser Klasse wurden erst Jahre später tatsächlich gebaut, nachdem die deutsche Regierung 1991 ihre Bereitschaft erklärte, die gesamten Kosten für die beiden Boote in Höhe von 880 Millionen Mark zu übernehmen; Nohse/Rössler (1992), S. 130ff.
49 Darstellung nach: Leiterinformation zur Person Silvia R., VPKA Eisenach, Abt. Kriminalpolizei, AG 1-, Eisenach, 24.11.1984.
50 Interview Winfried Haastert, 19.7.2007.
51 Haastert wurde nach einem Prozess vor dem Landgericht Augsburg im Januar 2007 wegen Steuerhinterziehung und Untreue rechtskräftig zu einer Bewährungsstrafe von einem Jahr und sechs Monaten verurteilt;

Bundesgerichtshof, Beschluß in der Revisionssache Haastert, Leipzig, 10.1. 2007 (Az 5 StR 305/06).
52 Vernehmung Siegfried Lohse, Staatsanwaltschaft Lübeck, Lübeck, 24.6.1996.
53 Dilling/Dittmann (1987), S. 9.
54 Auswertung Friedersen (1997).
55 Zitiert nach: Sönnichsen (1989), S. 26.
56 Krämer (1989), S. 97.
57 Krämer (1989), S. 98; Sönnichsen (1989), S. 26.
58 Zitiert nach: Beschlußempfehlung (1990), S. 68.
59 *Africa Confidential*, 18.3.1988.
60 Schreiben Uwe Barschel, Mölln, 20.9.1985.
61 Schreiben Landesministerium der Finanzen, Peter Däuber, Kiel, vom 28.8.1991.
62 *Kieler Nachrichten*, 19.7.1985.
63 *Spiegel*, 23.12.1991, S. 76.
64 Schreiben Landesministerium der Finanzen, Peter Däuber, Kiel, vom 28.8.1991.
65 *Die Zeit*, 24.4.1992.
66 *Spiegel*, 19.8.1991.
67 Vermerk: Betr.: Gespräch BM mit Herrn Zoglmann und Herrn Nohse, Bonn, 1.7.1985, zitiert nach: Beschlußempfehlung (1990), S. 124, abgedruckt in: Krämer (1989), Dok. 19.
68 Vermerk: Betr.: Gespräch BM mit Herrn Zoglmann und Herrn Nohse, Bonn, 1.7.1985; Beschlußempfehlung (1990), S. 124.
69 Krämer (1989), S. 100.
70 Handelsregister Zürich, Firmennummer CH-020.3.927.230–7, ab 23.7.1947 sowie diverse weitere Eintragungen.
71 Zitiert nach: Krämer (1989), S. 100, mit Verweis auf die Berichterstattung des *Stern* am 29.12.1987 und des *Spiegel* in Nr. 34/1987.
72 Krämer (1989), S. 100.
73 Mehrere Interviews mit Treuhänder S. und dem Händler L., im Archiv der Autoren.
74 Mehrere Interviews Leonhard M., München, Zürich 1996 und 1997.
75 Eidesstattliche Versicherung W.R., Warnemünde, 12.2.1992, im Archiv der Autoren.
76 Ebenda.
77 Schreiben Dr. Claus-Dieter Junge, Rostock, 21.2.1992.
78 Befragung Alexander Schalck-Golodkowski, Deutscher Bundestag, 11. Wahlperiode, Drucksache 11/189, 25.9.1991.

79 Vernehmung Claus-Dieter Junge, Rostock, 4.12.1989.
80 Beschlußempfehlung (1990), S. 68 u. S. 125.
81 Nach: Beschlußempfehlung (1990), S. 125, u. Krämer (1989), S. 28.
82 Zitiert nach: Krämer (1989), S. 101.
83 Bundestag, 10. Wahlperiode: Stenographisches Protokoll über die 11. Sitzung des 4. Untersuchungsausschusses am 5.2.1987, Aussage Ruhfus, S. 143f.; Krämer (1989), S. 102.
84 Bundestag, 10. Wahlperiode: Stenographisches Protokoll über die 11. Sitzung des 4. Untersuchungsausschusses am 5.2.1987, Aussage Ruhfus, S. 144.
85 Zitiert nach: Krämer (1989), S. 102.
86 Bundestag, 10. Wahlperiode: Stenographisches Protokoll über die 15. Sitzung des 4. Untersuchungsausschusses am 16.2.1987, Aussage Genscher, S. 195.
87 Beschlußempfehlung (1990), S. 69 u. S. 126.
88 Ebenda.
89 Beschlußempfehlung (1990), S. 70.
90 Zitiert nach: Beschlußempfehlung (1990), S. 125.
91 Zitiert nach: Beschlußempfehlung (1990), S. 126.
92 Beschlußempfehlung (1990), S. 126; Krämer (1989), S. 102.
93 Zitiert nach: Beschlußempfehlung (1990), S. 70.
94 Ebenda.
95 Krämer (1989), S. 103.
96 Beschlußempfehlung (1990), S. 129.
97 Beschlußempfehlung (1990), S.127.
98 Dilling/Dittmann (1987), S. 10.
99 Hooggeregshof, Die Staat teen Wouter Basson, Akte van Beskulding [Anklage], 1999, S. 190, 229f.
100 Alle Zitate nach: Beschlußempfehlung (1990), S. 128, hier wiederum mit Verweis auf die Berichterstattung in *Spiegel* (30.4.1990) und *Panorama* (3.4.1990).
101 Beschlußempfehlung (1990), S. 128.
102 Krämer (1989), S. 103; Sönnichsen (1989), S. 27.
103 Sönnichsen (1989), S. 27.
104 Mitteilung der Staatsanwaltschaft Kiel an die Kieler Gruppe der Anti-Apartheid-Bewegung über die Einstellung des Ermittlungsverfahrens gegen Amtsträger der OFD Kiel wegen des Verdachts der Rechtsbeugung vom 22. August 1990, in: Beschlußempfehlung (1990), Anlage 44, S. 598 f. u. S. 127.
105 Beschlußempfehlung (1990), S. 70 u. S. 127.

106 Beschlußempfehlung (1990), S. 71; Krämer (1989), S. 103.
107 Auswertung Friedersen (1997).
108 *Spiegel*, 19.8.1991.
109 Zitiert nach: Krämer (1989), S. 103.
110 Landesregierung Schleswig-Holstein, Kabinettslisten 6. und 10. Wahlperiode, Kiel o.J.

Die Krise

1 Handschriftlicher Vermerk (IKL) über ein Gespräch zwischen Teltschik und Zoglmann am 7.1.1986, zitiert nach: Beschlußempfehlung (1990), S. 71.
2 Ebenda.
3 Handschriftlicher Vermerk (IKL) über ein Gespräch zwischen Teltschik und Zoglmann am 7.1.1986, zitiert nach: Beschlußempfehlung (1990), S. 71.
4 Beschlußempfehlung (1990), S. 128 f.
5 Reisebericht Wewel zur OFD Kiel 8.–10.7.1987, in: Beschlußempfehlung (1990), Anlage 40, S. 567–573, hier S. 569 f. u. S. 129.
6 Zitiert nach: Beschlußempfehlung (1990), Anlage 40, S. 567–573, hier S. 569 f. u. S. 129, mit Bezug auf die Berichterstattung des *Spiegel* vom 30.4.1990.
7 Interview C.F. und B. E. , Kapstadt, 26. und 28.2.2007.
8 Beschlußempfehlung (1990), S. 129.
9 Dilling/Dittmann (1987), S. 8; Vernehmung Karl-Heinz Prosch, LKA Kiel, 15.12.1993, S. 4.
10 Beschlußempfehlung (1990), S. 72.
11 Ebenda.
12 »Wie ein Rasenmäher quer durchs ganze Land«, in: *Spiegel*, 10.3.1986.
13 Ebenda.
14 Ebenda.
15 Ebenda.
16 Ebenda.
17 Zitiert nach Pötzl (1989), S. 14.
18 Zitiert nach: Ebenda.
19 Krämer (1989), S. 104; Sönnichsen (1989), S. 28.
20 Auswertung Friedersen (1997); Vernehmung Friedersen (1996).
21 Beschlußempfehlung (1990), S. 130; Krämer (1989), S. 105; Sönnichsen (1989), S. 28.

22 Hooggeregshof, Die Staat teen Wouter Basson, Akte van Beskulding [Anklage], 1999, S. 192, 232f.; The South African Chemical and Biological Warfare Programme: http://www.geocities.com/project_coast/20.html.
23 Beschlußempfehlung (1990), S. 130.
24 Terminkalender Uwe Barschel 1986, Akten der Staatsanwaltschaft.
25 Krankenakten Uwe Barschel, Staatsanwaltschaft Lübeck, Verfügung vom 13.11.1987 mit Anlagen.
26 Beschlußempfehlung (1990), S. 72 u. S. 131.
27 Terminkalender Uwe Barschel, Akten der Staatsanwaltschaft.
28 *The Star*, 19.8.1986, abgedruckt in: Krämer (1989), Dok. 4.
29 Zitiert nach: Pötzl (1989), S. 7.
30 Vernehmung Friedersen (1996), S. 6f.
31 Terminkalender Uwe Barschel 1986, Akten der Staatsanwaltschaft Kiel.
32 Nohse/Rössler (1992), S. 7ff.
33 Zitiert nach: Beschlußempfehlung (1990), S. 132.
34 BStU, MfS, HA III, Ergänzungsbericht (G/015790/29/04/27/02) zu Dossier Ahlers (G/41397/15/12/86/02), Berlin, 30.4.1987.
35 Ebenda.
36 Ebenda.
37 Untersuchungsausschuss I (1988), S. 116.
38 Beschlußempfehlung (1990), S. 131.
39 William B. Doerner: »South Africa Pullout Parade«, *Time*, 3.11.1986.
40 Zitiert nach: Beschlußempfehlung (1990), S. 131f., und Krämer (1989), S. 105f.
41 Zitiert nach: Beschlußempfehlung (1990), S. 73.
42 Die Schilderungen dieses Abschnitts zur Einstellung Pfeiffers nach: Untersuchungsausschuss I (1988), S. 118–125.
43 Zitiert nach: Untersuchungsausschuss I (1988), S. 125.
44 Untersuchungsausschuss I (1988), S. 126.
45 Untersuchungsausschuss I (1988), S. 119f.
46 Zitiert nach: Untersuchungsausschuss I (1988), S. 130, zum Vorhergehenden S. 126–129.
47 Dilling/Dittmann (1987), S. 12.
48 *Kieler Nachrichten*, 26.11.1986, S. 1, abgedruckt in: Krämer (1989), Dok. 2.
49 *Kieler Nachrichten*, 26.11.1986, S. 4, abgedruckt in: Krämer (1989), Dok. 2.
50 Ebenda.
51 Terminkalender Uwe Barschel 1986, Akten der Staatsanwaltschaft.
52 Telefoninterview Klaus Ahlers, März 2007.
53 BStU, Mfs, HA III, Dossier Ahlers (G/41397/15/12/86/02), Berlin, 16.12.1986, S. 5.

54 Ebenda.
55 Ebenda.
56 Ebenda.
57 Telefoninterview Klaus Ahlers, März 2007.
58 Interview Jochen Rohde, Kiel, 24.7.2007.
59 Zitiert nach: Beschlußempfehlung (1990), S. 132.
60 Ebenda.
61 Beschlußempfehlung (1990), S. 73.
62 »Strauß: So war es mit dem U-Boot-Geschäft«, Bild, 28.11.1986, abgedruckt in: Krämer (1989), Dok. 13.
63 Krämer (1989), S. 107.
64 Carl-Hermann Schleifer, Hamburg, 5.5.2007; Vernehmung F. Junker (1995), S. 12 ff.; Terminkalender Uwe Barschel 1986, Akten der Staatsanwaltschaft.
65 Schleifer trat erst später in die CDU ein; Interview Carl-Hermann Schleifer, Hamburg, 5.5.2007.
66 Krämer (1989), S. 107.
67 Beschlußempfehlung (1990), S. 133 f.; Sönnichsen (1989), S. 29.
68 Beschlußempfehlung (1990), S. 74.
69 Bundestag, 10. Wahlperiode: Stenographisches Protokoll über die 1. (konstituierende) Sitzung des 4. Untersuchungsausschusses am 18.12.1986; vgl. auch: Krämer (1989), S. 108.
70 *Africa Confidential*, 18.3.1988.
71 Meldung in: *Spiegel*, 29.12.1986.
72 Zitiert nach: Untersuchungsausschuss I (1988), S. 120.
73 Zitiert nach: »Es ging um Psychologische Kriegführung. Reiner Pfeiffer vor dem Kieler Untersuchungssausschuß/Eine Dokumentation«, in: *Die Zeit*, Dossier, 30.10.1987.

Die Falle

1 Krämer (1987), S. 109.
2 Dilling/Dittmann (1987), S. 12; Vernehmung F. Barschel (1987), S. 6.
3 Zur Bewertung der Aktivitäten Pfeiffers und der Beteiligung Barschels vgl. die Feststellungen des 2. Kieler Untersuchungsausschusses: Untersuchungsausschuss II (1996), der zu völlig anderen Bewertungen kam als der 1. Untersuchungsausschuss. Die Abfolge der Handlungen Pfeiffers ist der umfangreichen Zeitleiste ab S. 24 zu entnehmen, in der auch seine Äußerung gegenüber dem Hotelgast am 15.1.1987 verzeichnet ist. Die

Aktionen Pfeiffers im Rahmen dieses Buches noch einmal minutiös nachzuvollziehen, würde eben diesen Rahmen sprengen. Wir stellen diese punktuell dar, wo deutlich wird, dass Pfeiffer von Beginn an bewusst gegen Barschel agierte und diesen in ein Geflecht falscher Spuren, fingierter Beweise und Unterstellungen verstrickte.

4 Zu dieser Begebenheit: Untersuchungsausschuss II (1996), S. 393.
5 Krämer (1987), S. 24.
6 Vielain (1986).
7 Zitiert nach: Beschlußempfehlung (1990), S. 135.
8 Zitiert nach: Vielain (1986), S. 176.
9 Zitiert nach: Beschlußempfehlung (1990), S. 135. Kursive Hervorhebung dort.
10 Krämer (1987), S. 109.
11 Krämer (1987), S. 110.
12 Ebenda.
13 »Vom Minister handschriftlich ergänzt«, in: *Stern*, Nr. 5, 22.1.1987.
14 Agenda Uwe Barschel, 2.2.1987, Akten der Staatsanwaltschaft Lübeck; Dilling/Dittmann (1987), S. 12.
15 Ärztliches Attest vom 18.2.1987, Akten der Staatsanwaltschaft Lübeck. Vernehmung Lechner (1997), S. 15.
16 Untersuchungsausschuss II (1996), S. 391, 393. Das Pseudonym »Dr. Wagner« hatte in den achtziger Jahren auch der damalige Pfeiffer-Freund Gert Postel benutzt. Der Hochstapler und Betrüger war unter diesem Namen als falscher Arzt aufgetreten.
17 Untersuchungsausschuss II (1996), S. 399.
18 Bundestag 13/4 (1987), S. 30.
19 Bundestag 13/4 (1987), S. 29.
20 Bundestag 13/4 (1987), S. 17.
21 Untersuchungsausschuss II (1996), S. 391.
22 Untersuchungsausschuss II (1996), S. 26 f. (Zeitleiste); ausführlich ebd., S. 380–390.
23 Vernehmung Dietrich Laaß, Staatsanwaltschaft Lübeck, 30.4.1996; S. 2.
24 Vernehmung Dietrich Laaß, Staatsanwaltschaft Lübeck, 30.4.1996; S. 3 f. u. S. 10 f.
25 Vernehmung Lechner (1997), S. 16 f.
26 Vernehmung Lechner (1997), S. 16 u. S. 23.
27 Vernehmung Lechner (1997), S. 16.
28 Vernehmung Lechner (1997), S. 17.
29 Ärztliches Attest vom 18.2.1987, Akten der Staatsanwaltschaft Lübeck.
30 Vernehmung Lechner (1997), S. 16.

31 Vernehmung Lechner (1997), S. 20.
32 Krämer (1987), S. 112.
33 Krämer (1987), S. 113 f.

Der Tänzer auf dem Vulkan

1 Krämer (1987), S. 113.
2 Untersuchungsausschuss II (1996), S. 426, S. 437, S. 439.
3 Untersuchungsausschuss I (1988), S. 136.
4 Untersuchungsausschuss I (1988), S. 136 f.
5 Ebenda.
6 Zeugenvernehmung Freya Barschel, Staatsanwaltschaft Lübeck, Lübeck, 20.10.1987, S. 2.
7 Ebenda.
8 Untersuchungsausschuss I (1988), S. 139.

Der Kämpfer und der Verräter

1 Dilling/Dittmann (1987), S. 11.
2 *Hamburger Morgenpost*, 21.9.1987.
3 Rudolf Lambrecht und Leo Müller: »Er wurde Opfer einer gesteuerten Aktion«, *Stern*, Nr. 52/1995.
4 Schreiben Hans Henning Atrott, Präsident der DGSH e.V., an die Staatsanwaltschaft Lübeck, Augsburg, 26.10.1987.
5 Rudolf Lambrecht und Leo Müller: »Er wurde Opfer einer gesteuerten Aktion«, *Stern*, Nr. 52/1995; *Spiegel*, Nr. 3, 1995.
6 Vernehmung Schumacher (1987); Vernehmung Friedersen (1996).
7 Krämer (1987), S. 115.
8 Ebenda.
9 Zitiert nach: Beschlußempfehlung (1990), S. 138.
10 Krämer (1987), S. 116.
11 Zitiert nach: Krämer (1987), S. 116.
12 CDU (o.J.), S. 52.
13 Durchsuchungsbeschluß im Ermittlungsverfahren gegen Reiner Pfeiffer (Günter Klaus Radue, St. Peter Ording), Lübeck, 25.9.1987.
14 Braam (1992); Mangold/Goldberg (1999), S. 227–230; South Africa (1999), S. 116 f.; Klaas de Jonge, »The Chemical Warfare Case,« The (Secret) Truth Commission Files, November 1997, S. 21–27.

15 Kohl (2005), S. 532f.
16 *Spiegel*, 7.9.1997.
17 Vernehmung Friedersen (1996), S. 13.
18 Rudolf Lambrecht und Leo Müller: »Er wurde Opfer einer gesteuerten Aktion«, *Stern*, Nr. 52/1995.
19 Interview Max Strauß, München, 20.7.2007.

Der Geschlagene

1 dpa, 13.9.1987.
2 Internationales Biographisches Archiv 14/1988 vom 28.03.1988; Vernehmung F. Junker (1995).
3 *Bunte*, 24.9.1987.
4 Waterkantgate: »Beschaffen Sie mir eine Wanze«, *Spiegel*, 14.9.1987, im Archiv der Autoren; »Schauma Kamille« und »Moskauer Schule«, *Spiegel*, 14.9.1987.
5 Kohl (2005), S. 530.
6 Gesprächsprotokoll Gerd Behnke, 14.9.87, im Archiv der Autoren.
7 Interview Erich Böhme, 14.9.1987, Mitschrift im Archiv der Autoren.
8 Zwischen dem 13. und 28. September sprach Stoltenberg nach eigenen Angaben viele Stunden mit Uwe Barschel; Bölsche (1987), S. 215.
9 Krämer (1987), S. 119.
10 Ebenda.
11 dpa, 18.9.1987.
12 Ebenda.
13 Ebenda.
14 Zeugenbefragung von Klaus Nilius im ersten Parlamentarischen Untersuchungsausschuss des Landtages Schleswig-Holstein, zitiert in Schnibben/Skierka (1988), S. 211.
15 Terminkalender Uwe Barschel, Eintrag 21.9.1987, Kopie im Archiv der Autoren.
16 dpa, 21.9.1987.
17 Dilling/Dittmann (1987), S. 10.
18 Vernehmung Rolf Lechner, Staatsanwaltschaft Lübeck, Berlin, 26.11.1987, S. 2.
19 Ebenda.
20 *Stern*, 9.4.1992.
21 Vernehmung Freya Barschel, Staatsanwaltschaft Lübeck, Mölln 20.10.1987, S. 2.

22 dpa, 25.9.1987.
23 Faksimiliert in: Werner Kalinka, a.a.O., S. 112.
24 Vernehmung Rolf Lechner, Staatsanwaltschaft Lübeck, Berlin, 26.11.1987; S. 3.
25 Vernehmung Rolf Lechner, Staatsanwaltschaft Lübeck, Lübeck, 10.2.97, S. 5.
26 Vernehmung Tjan (1988), S. 1 u. S. 5.
27 Notizen Uwe Barschel, Genf, 10.10.1987, Kopie im Archiv der Autoren.
28 Interview Freya Barschel mit Werner Kalinka, Tango, 5.1.1995.
29 Schreiben Eike Barschel an Uwe Barschel, Yens, 29.9.1987.
30 *Kieler Nachrichten*, 1.10.1987; Schreiben des Redakteurs Urs Stahl an Eike Barschel, Kiel, 14.12.1992.
31 Dilling/Dittmann (1987).
32 Dilling/Dittmann (1987), Anhang A, S. 1.
33 Vernehmung Tjan (1988), S. 5.
34 Dilling/Dittmann (1987), S. 10 u. S. 16.
35 Vernehmung F. Junker (1987).
36 Vernehmung Rolf Lechner, Staatsanwaltschaft Lübeck, Lübeck, 10.2.97, S. 3.
37 Terminkalender Uwe Barschel, Eintrag 5.10.1987, Kopie im Archiv der Autoren.
38 Dieses Telefonat ist bisher weder den Ermittlungsbehörden noch den Untersuchungsausschüssen bekannt geworden. Bestätigt von Herwig Ahrendsen am 14.8.2007.
39 Schreiben Uwe Barschel an Ingeborg Gärtner, 8.10.1987, Kopie im Archiv der Autoren.
40 Dilling/Dittmann (1987), S. 14.
41 Vermerk Staatsanwalt Sela, Lübeck 13.10.1987.
42 Vernehmung F. Barschel (1987a); Vermerk Staatsanwalt Sela, Staatsanwaltschaft Lübeck, Lübeck, 13.10.1987.
43 Vermerk Staatsanwaltschaft Lübeck über telefonische Befragung von Professor Erich Samson, Lübeck, 13.10.1987.
44 Fernschreiben 1119/87, Uwe Barschel an Roger Asmussen, Gran Canaria, 8.10.1987.
45 Die Befragung der Zeugen in der spanischen Ferienanlage und weiterer Zeugen auf Gran Canaria, auf dem Weg der internationale Rechtshilfe realisiert, war kriminalistisch fehlerhaft, lückenhaft und das Resultat entsprechend untauglich: Kriminalpolizei, Kommissariat Maspalomas, Protokoll der Aussagen von Rena Helene Menke, Oscar Jessen Ramirez,

Manuel Ferreres Gimenez und Björn Rustad, Maspalomas und Las Palmas, 11. und 12.11.1987; *Stern*, 9.4.1992; *Spiegel*, 13.10.1997.
46 Zeugenvernehmung F. Barschel (1987); Vernehmung Rena Menke, Maspalomas, 11.11.1987, S. 1f.
47 Internationales Biographisches Archiv 49/1993 vom 29.11.1993. Letzte Ergänzung durch MA-Journal: 20.08.1996; Vernehmung Klaus Nilius, Staatsanwaltschaft Lübeck, Lübeck, 8.10.1987.
48 Zeugenvernehmung F. Barschel (1987).
49 Vernehmung F. Junker (1987); Vernehmung F. Barschel (1987).
50 Ebenda.
51 Vernehmung F. Barschel (1987a).
52 Ebenda.
53 Fernschreiben 1123/87, Uwe Barschel an Klaus Kribben, Gran Canaria, 8.10.1987.
54 *Stern*, 9.4.1992; *Spiegel*, 13.10.1997.
55 Vernehmung F. Barschel (1987a); Wissenschaftliches Psychiatrisches Gutachten, erstattet über Herrn Dr. Uwe Barschel, Medizinische Universität zu Lübeck, Klinik für Psychiatrie, Lübeck, 3.12.1987, S. 13ff.
56 Dialog und Szene rekonstruiert nach: Vernehmung F. Junker (1987).
57 Dialog und Szene rekonstruiert nach: Ebenda.
58 Vernehmung F. Junker (1987).
59 dpa, 9.10.1987.
60 Rekonstruiert nach Vernehmung Rolf Lechner, Staatsanwaltschaft Lübeck, Lübeck, 26.11.1987.
61 dpa, 9.10.1987.
62 Dialog und Szene rekonstruiert nach Vernehmung F. Junker (1987).

Das Opfer

1 Vernehmung F. Barschel (1987); Vernehmung F. Barschel (1987a).
2 Telex BKA Wiesbaden, EA 31–32 an LKA Kiel und Bundesinnenministerium Bonn, 12.10.1987.
3 Zeichnung und Daten von Interpol Schweiz, Telefax 15.10.1987.
4 Die Abläufe in den Tagen vor seinem Tod sind von den Untersuchungsbehörden weitestgehend nicht ermittelt worden. So wurde nicht geprüft, wo er die Geschenkpuppen gekauft hat, wie es zu der verspäteten Ankunft im Flugzeug kam und wer ihn dorthin chauffierte.
5 *Stern*, 9.4.1992.
6 Vernehmung F. Barschel (1987), S. 5f.

7 Notizen Uwe Barschel, Genf, 10.10.87, Kopie im Archiv der Autoren.
8 Vernehmung F. Barschel (1987a), S. 4.
9 Notizen Uwe Barschel, Genf, 10.10.87, Kopie im Archiv der Autoren.
10 Vernehmung Rolf Lechner, Staatsanwaltschaft Lübeck, Berlin, 26.11.1987; Vernehmung Rolf Lechner, Staatsanwaltschaft Lübeck, Lübeck, 10.2.1997.
11 Vernehmung F. Barschel (1987a), S. 4.
12 Notizen Uwe Barschel, Genf, 10.10.87, Kopie im Archiv der Autoren.
13 Telefoninterview Frank Garbely, Genf, 10.7.2007.
14 Vernehmung Frank Garbely, Staatsanwaltschaft Lübeck, Lübeck 9.5.1996, S. 1f.
15 Vernehmung Frank Garbely, Staatsanwaltschaft Lübeck, Lübeck 9.5.1996, S. 2; Telefoninterview Frank Garbely, Genf, 10.7.2007; Justiz- und Polizeidepartement, Polizeikorps Sûreté, Bericht der Inspektoren Fleury und Mossier an den Herrn Chef der Kriminalpolizei, Genf, 27.10.1987.
16 Bericht der Hauptinspektoren Pedrizat und Fleury und der Inspektoren Junod und Mossier an den Leiter der Kriminalpolizei Genf, Justiz und Polizeidepartement, Polizeikorps Sûreté 105/cb 27. Oktober 1987.
17 Notizen Uwe Barschel, Genf, 10.10.87, Kopie im Archiv der Autoren.
18 *Stern*, 9.4.1992; *Spiegel*, 13.10.1997.
19 Bericht der Hauptinspektoren Pedrizat und Fleury und der Inspektoren Junod und Mossier an den Leiter der Kriminalpolizei Genf, Justiz und Polizeidepartement, Polizeikorps Sûreté 105/cb, Genf, 27. Oktober 1987.
20 Vernehmung F. Barschel (1987).
21 Dieser Vorschlag müsste von seiner Ehefrau gekommen sein, die möglicherweise davon wusste, dass die Familie einen Zirkusbesuch plante. Dazu: Vernehmung E. Barschel (1995), S. 101f.
22 Vernehmung Freya Barschel, Staatsanwaltschaft Lübeck, Mölln, 20.10.87.
23 Telefoninterview Frank Garbely, Genf, 10.7.2007.
24 Notizen Uwe Barschel, Genf, 10.10.87, Kopie im Archiv der Autoren.
25 Justiz- und Polizeidepartement, Polizeikorps, Sûreté, Bericht Inspektoren Fleury und Mossier an den Chef der Kriminalpolizei, Genf, 14.10.1987; Ausdruck der Telefonanlage des Hotels, Kopie im Archiv der Autoren.
26 Vernehmung F. Junker (1987), S. 4. An den Namen des Hotelrestaurants konnte sich Folke Junker nicht mehr erinnern.
27 Vernehmung E. Barschel (1995), S. 138f.
28 Vernehmung F. Junker (1987), S. 5.
29 Justiz- und Polizeidepartement, Polizeikorps, Sûreté 105/mc, Bericht der Inspektoren Fleury und Mossier an den Chef der Kriminalpolizei, Genf,

14.10.1987; Ausdruck der Telefonanlage des Hotels, Kopie im Archiv der Autoren; Vernehmung E. Barschel (1995), S. 62 ff.
30 In seiner ersten Vernehmung am Tag des Leichenfundes erinnerte sich Eike Barschel, dass sein Bruder von einem Treffen am Abend in einem Restaurant des Hilton-Hotels sprach; Vernehmung Eike Barschel, Polizeikorps Genf, 11.10.1987, S. 2.
31 Vernehmung E. Barschel (1995), S. 38 ff.
32 Aussage Jean Pierre Vergori, Polizeikorps Genf, Sûreté, Genf, 12.10.1987.
33 Drei der fünf Restaurants im Hotel »Noga Hilton«, »Le Bistroquet« und »La Grignotiere« und die Lobby-Bar, waren zu diesem Zeitpunkt geöffnet. Serviererinnen und Barkeeper konnten sich später nicht erinnern, Uwe Barschel in dieser Zeit bedient zu haben; Justiz- und Polizeidepartement, Polizeikorps Sûreté, Bericht der Inspektoren Fleury und Mossier an den Herrn Chef der Kriminalpolizei, Genf, 14.10.1987.
34 Justiz- und Polizeidepartement Genf, Polizeikorps, Sûreté – 105 –, Bericht der Kriminalbrigade an den Chef der Sicherheitspolizei, Genf, 11.10.1987.
35 *Spiegel*, 20.10.1997.
36 Vernehmung E. Barschel (1995), S. 56.
37 Telefoninterview Frank Garbely, Genf, 10.7.2007.
38 *Spiegel*, 20.10.1997.
39 Vernehmung E. Barschel (1995), S. 138, 188. In seiner ersten Vernehmung gegenüber der Genfer Polizei hatte Ramadani dieses Erlebnis nicht erwähnt. Auch Di Natale äusserte sich widersprüchlich gegenüber der Justiz und gegenüber Eike Barschel: Justiz- und Polizeidepartement, Polizeikorps, Sureté, Bericht der Inspektoren Fleury und Mossier an den Chef der Kriminalpolizei, Genf, 13.10.1987, S. 3 ff.
40 Aussage Ramush Ramadani, Polizeikorps Genf, Posten der Kriminalbrigade, Genf, 12.10.1987. Er gab später an, sich daran mit Bestimmtheit zu erinnern.
41 *Spiegel*, 20.10.1997.
42 Rekonstruiert nach Vernehmung E. Barschel (1995) und Vernehmung F. Junker (1995).
43 Rekonstruiert nach Vernehmung E. Barschel (1995) und Vernehmung F. Junker (1995); sowie Niederschrift Gespräch der Verfasser mit Eike Barschel, Magdeburg, 4.4.2007.
44 Aussage Freya Barschel, 20.10.1987.
45 Bericht von Fleury, Ipa und Mossier, Insp an den Herrn Chef der Sicherheitspolizei, Polizeikorps Genf, Sûreté, Genf, 13.10.1987, S. 3.
46 Aussage Ludovic Erba, Polizeikorps Genf, Posten der Kriminalbrigade, Genf, 12.10.1987.

47 Zeugenvernehmung Rolf Lechner, Staatsanwaltschaft Lübeck, Lübeck, 26.11.1987.
48 Aussage Sebastian Knauer, Polizeikorps Genf, Sûreté, Genf, 11.10.1987.
49 *Spiegel*, 20.10.1997.
50 Aussage Sebastian Knauer, Polizeikorps Genf, Sûreté, Genf, 11.10.1987.
51 *Spiegel*, 20.10.1997.
52 Ebenda.
53 Vernehmung Frank Garbely, Staatsanwaltschaft Lübeck, Lübeck, 9.5.1996, S. 4f.
54 Bericht der Kriminalpolizei Kanton Genf, 27.4.1996, Aussage Frank Garbely, Staatsanwaltschaft Lübeck, Lübeck, 9.5.1996.
55 Vernehmung E. Barschel (1995).
56 Polizeikorps Genf (1987), S. 1 (Übersetzung); Uhrzeit nach Polizeikorps Genf (1988), S. 4 (Übersetzung). Von diesem Bericht existieren zwei Übersetzungen, die inhaltsgleich, aber nicht seitengleich und nicht immer wortgleich sind. Eine Übersetzung hat 29 Seiten, die zweite satz- und umbruchsbedingt 40 Seiten plus zusätzlich 8 Seiten Anhang. Beide Übersetzungen wurden verglichen. Die folgenden Seitenangaben beziehen sich auf die zweite Version mit Anhang, die am 11.3.1988 in Lübeck beglaubigt wurde.
57 Polizeikorps Genf (1987), S. 1; Polizeikorps Genf (1988), S. 4.
58 Aussage Alain Aupoix, 11.10.1987.

Der Tote

1 Polizeikorps Genf (1987), S. 3.
2 Ebenda.
3 Telex Uwe Barschel an Staatssekretär Hebbeln, 9.10.1987, Akten der Staatsanwaltschaft Lübeck.
4 Polizeikorps Genf (1987), S. 3.
5 Polizeikorps Genf (1988), S. 8f.
6 Polizeikorps Genf (1988), S. 10f.
7 Bericht: Betr.: Ableben des ehem. MP Dr. U. Barschel, hier: Ereignisablauf 11.10.87, Kriminalpolizeiamt Kiel, Kiel, 11.10.1987; Zeugenvernehmung Rolf Lechner, Staatsanwaltschaft Lübeck, Lübeck, 26.11.1987.
8 Vernehmung E. Barschel (1995).
9 Vernehmung Gerhard Boeden, Staatsanwaltschaft Lübeck, Lübeck, 12.5.1997.
10 Theo Saevecke, als Sicherheitschef der SS in Norditalien und als »Henker von Mailand« berüchtigt, wurde 1998 wegen der Erschießung von 15

Geiseln in Italien von einem Militärgericht zum Tode verurteilt. Das Urteil erging in Abwesenheit des Angeklagten, der 2000 verstarb; Schenk (2001), S. 217; Munzinger Archiv.
11 Schenk (1998), S. 302.
12 Munzinger Archiv.
13 Vernehmung Gerhard Boeden, Staatsanwaltschaft Lübeck, Lübeck, 12.5.1997.
14 Vermerk Staatsanwaltschaft Lübeck, Abklärung i.S. Werner Mauss beim BKA Wiesbaden, 29.1.1995.
15 Vernehmung Werner Mauss (1990).
16 Vernehmung Gerhard Boeden, Staatsanwaltschaft Lübeck, Lübeck, 12.5.1997.
17 Ebenda.
18 Polizeikorps Genf (1988), S. 13-16; und »Protokoll über die Sitzung am 16. Oktober 1987 im Rahmen der Sache Uwe Barschel«, vertraulich, Polizeikorps Genf, 20.10.1987.
Aussage Jean-Pierre Vergori, Polizeikorps Genf, Sûreté, Genf, 12.10.1987; Polizeikorps Genf (1988), S. 16.
19 Polizeikorps Genf: Bericht der Kriminalbrigade an den Chef der Sicherheitspolizei, Genf, 11.10.1987, S. 4.
20 Aussage Ramush Ramadani, Polizeikorps Genf, Posten der Kriminalbrigade, Genf, 12.10.1987.
21 Ebenda und Aussage Ludovic Erba, Polizeikorps Genf, Posten der Kriminalbrigade, Genf, 12.10.1987.
22 Polizeikorps Genf (1988), S. 16f.
23 Bericht: Betr.: Ableben des ehem. MP Dr. U. Barschel, hier: Ereignisablauf 11.10.87, Kriminalpolizeiamt Kiel, Kiel, 11.10.1987.
24 Aussage Sebastian Knauer, Polizeikorps Genf, Sûreté, Genf, 11.10.1987.
25 Ebenda. Ramadani wird acht Jahre später aussagen, er habe Knauer und Anders bereits um sechs Uhr morgens die Treppe herunterkommen sehen. Er habe bemerkt, dass beide schwitzten, als sie ein Taxi bestellten. Ramadani habe sich gewundert, dass sie weggehen wollten, weil sie doch erzählt hatten, eine Verabredung mit Barschel zu haben. Dies sagte er zu seinem Kollegen. Als Knauer und Anders dies mitbekamen, hätten sie das Taxi wieder abbestellt.
26 Aussage Sebastian Knauer, Polizeikorps Genf, Sûreté, Genf, 11.10.1987.
27 Ebenda.
28 Ebenda.
29 Ebenda.
30 Ebenda.

31 Ebenda.
32 Vernehmung E. Barschel (1995).
33 Obduktionsprotokoll (1987), S. 2.
34 Obduktionsprotokoll (1987), S. 3.
35 Ebenda.
36 Obduktionsprotokoll (1987), S. 10.
37 Obduktionsprotokoll (1987), S. 13.
38 Ebenda.
39 Bericht: Betr.: Ableben des ehem. MP Dr. U. Barschel, hier: Ereignisablauf 11.10.87, Kriminalpolizeiamt Kiel, Kiel, 11.10.1987.
40 Interview Reiner Pfeiffer mit Dieter Degler, *Stern*, 11.10.1987 (Tonbandmitschnitt).
41 *Stern* Nr. 52/1995.
42 Bericht: Betr.: Ableben des ehem. MP Dr. U. Barschel, hier: Ereignisablauf 11.10. 87, Kriminalpolizeiamt Kiel, Kiel, 11.10.1987.
43 Vernehmung E. Barschel (1995).
44 Ebenda.
45 Ebenda.
46 Ebenda.
47 Ebenda.
48 Ebenda.
49 Bericht: Betr.: Ableben des ehem. MP Dr. U. Barschel, hier: Ereignisablauf 11.10.87, Kriminalpolizeiamt Kiel, Kiel, 11.10.1987.
50 Polizeikorps Genf (1987), S. 3.
51 dpa: Barschels Todesursache weiterhin unklar – Gewalttat wird ausgeschlossen, Morgenzusammenfassung, 12.10.1987, 04.10 Uhr.
52 Alle Zitate nach: Presse- und Informationsamt der Bundesregierung, Nachrichtenspiegel/Inland II, 12.10.1987.
53 dpa: Barschel. Landeskabinett und Untersuchungsausschuss tagen in Kiel, 12.10.1987, 10.19 Uhr.
54 dpa: Barschel. Untersuchungsrichterin: Barschels Herz in »schlechtem Zustand«, 12.10.1987, 10.32 Uhr.
55 dpa: Barschel. Strauß in Peking: »Affäre noch nicht beendet«, 12.10. 1987, 10.50 Uhr.
56 Vernehmung E. Barschel (1995), S. 118.
57 Bericht: Betr.: Ableben des ehem. MP Dr. U. Barschel, hier: Ereignisablauf 11.10.87, Kriminalpolizeiamt Kiel, Kiel, 11.10.1987.
58 Notizbuch (o.J.), S. 5201.
59 dpa: Barschel. Innenministerium: »Natürlicher Tod durch Herzschlag«, 12.10.1987, 11.58 Uhr.

60 dpa: Barschel. Erste Zusammenfassung, 12.10.1987, 12.52 Uhr.
61 dpa: Barschel. FDP-Präsidium äußert Bestürzung, 12.10.1987, 12.52 Uhr.
62 Vernehmung E. Barschel (1995), S. 119f.
63 Fernschreiben Interpol Schweiz, Nr. 042, 12.10.1987, Akten der Staatsanwaltschaft Lübeck.
64 Alle Zitate: *Tribune de Genève*, 13.10.1987.
65 *La Suisse*, 13.10.1987.
66 dpa, Barschel/Familie. Barschels Frau und Bruder sind von Mord überzeugt, 12.10.1987, 20.13 Uhr.
67 Vernehmung E. Barschel (1995), S. 134f.
68 Alle Zitate: *La Suisse*, 13.10. 1987.
69 *Tribune de Genève*, 13.10.1987.
70 Ebenda.
71 dpa: Barschel. Dritte Zusammenfassung, 12.10.1987, 19.44 Uhr.
72 *Tribune de Genève*, 13.10.1987.
73 dpa: Pfeiffer: SPD-Sprecher riet zu »schonendem« Umgang mit Aktionen, 12.10.1987, 17.52 Uhr.
74 Vernehmung Gerhard Boeden, Staatsanwaltschaft Lübeck, Lübeck, 12.5.1997.
75 Vernehmung Werner Mauss (1990).
76 Vernehmung Gerhard Boeden, Staatsanwaltschaft Lübeck, Lübeck, 12.5.1997.
77 Vernehmung Werner Mauss (1990).
78 Ebenda.
79 Vernehmung Werner Mauss (1990). Die Genfer Polizei hat die Meldezettel für mehrere Jahre nach Werner Mauss und seinen Decknamen durchsucht. Für den Zeitraum vom 29.9. bis 31.10.87 gibt es nach diesen Ermittlungen keine Meldungen auf die Namen Heinz Lange, Horst Faber, Peter Richter oder Mauss in Genfer Hotels: Generalkommando der Kriminalpolizei Genf, Bericht an den Generalstaatsanwalt, 12.11.1990). Die von der Lübecker EG Genf ermittelten Hotelmeldungen aufgrund der Buchungsunterlagen des Hotels »Beau Rivage« ergaben später davon abweichend Buchungsdaten für 25.8.87, 28.–30.8.87, 1.–2.9.87, 30.8.–2.9.87, 1.–2.9.87, 3.–4.9.87, 7.9.87, 18.–19.9.87 und 20.9.87; in: Vermerk Staatsanwaltschaft Lübeck, Aufenthalt des Werner Mauss – alias Heinz Lange im Hotel »Beau Rivage« im Jahre 1987, Lübeck, 19.12.1995.
80 Vernehmung Werner Mauss (1990).
81 Interview Werner Mauss mit Stephan Lamby, *Die Zeit*, 14.5.1998 (Nachdruck auf Website von Werner Mauss).

82 Schreiben Prof. Karl Egbert Wenzel an die Staatsanwaltschaft Lübeck, Stuttgart, 18.9.1995.
83 Vernehmung Werner Mauss (1990).
84 Schreiben Prof. Karl Egbert Wenzel an die Staatsanwaltschaft Lübeck, Stuttgart, 18.9.1995..
85 Gegendarstellung Werner Mauss, 15.5.1992, *Stern*, 25.6.1992.
86 Interview mit Eike Barschel, Magdeburg, 4.4.2007.
87 dpa: Barschel: Untersuchungen I, 15.10.1987, 16.24 Uhr.
88 Obduktionsprotokoll (1987), S.11; vgl. auch: Lambrecht, Sandmeyer: »Die Akte Barschel«, *Stern*, 9.4.1992.
89 Obduktionsprotokoll (1987), S.12.
90 Obduktionsprotokoll (1987), S.16 f.
91 Lambrecht, Müller, Sandmeyer: »Die Mörder vom Dienst«, *Stern*, Nr. 7, 1993.

Das Rätsel

1 Felfe (1988).
2 BStU, MfS: Übernahme/Übergabe-Verhandlung, Einnahme Ausgabe-Beleg, diverse Dokumente; Substanzverzeichnis Toxdat1, Dienstsache, Berlin 5/1983; BStU, MfS, Hempel (Ohne Absenderangabe), Erteilung eines Forschungsauftrages, 5.10.87; Kriminalistisch relevante Vergiftungen: Datenkartei Toxdat1, Berlin, 3.6.88.
3 Katzungs Bericht. Diese Übersetzung aus dem Französischen wich teilweise von der übersetzten Version ab, die den deutschen Behörden vorlag. Sie war demnach vermutlich vom französischen Original erstellt worden; vgl. auch: Lambrecht, Müller, Sandmeyer: »Die Mörder vom Dienst«, *Stern*, Nr. 7, 1993.
4 Vernehmung E. Barschel (1995), S.174 ff.
5 Presseerklärung Deutsche Gesellschaft für Humanes Sterben, gez. Hans Henning Atrott, Augsburg, 15.10.1987.
6 dpa: Barschel: Untersuchungen I, 15.10.1987, 16.24 Uhr.
7 dpa: Barschel: Untersuchungen, Ergänzung, 15.10.1987, 17.36 Uhr.
8 Vernehmung E. Barschel (1995), S. 132.
9 Vermerk Staatsanwaltschaft Lübeck, 15.10.1987.
10 Vernehmung E. Barschel (1995), S. 134 ff.
11 Kopien der Dokumente der »Aktion Wahrheit« im Archiv der Autoren; *Neue Presse*, 16.10.87; *Bild*, 17.10.87.
12 Gert Lang war einmal als Polizist in Essen tätig, bevor er selbst straffällig

wurde und ins Gefängnis musste. Anfang der neunziger Jahre dementierte er eine Darstellung im Nachrichtenmagazin *Focus*, dass er aus seiner Essener Zeit mit Werner Mauss bekannt sei und diesen damals – wie weiland Reiner Pfeiffer – getroffen habe. Gert Lang-Rose erklärte in einer Gegendarstellung, dass er »Herrn Mauss weder kannte noch kenne«, *Focus*, 29.5.1993; Gegendarstellung Gert Lang-Rose, *Focus*, 5.7.1993; *Süddeutsche Zeitung*, 4.3.2005; 23.1.2003, 12.4.2001; 24.1.2001; 9.12.2000; *Hannoversche Allgemeine*, 18.5.1988.

13 Protokoll (1987), S. 1.
14 Protokoll (1987), S. 3f.
15 Protokoll (1987), S. 5.
16 Protokoll (1987), S. 6f.
17 Protokoll (1987), S. 7.
18 Protokoll (1987), S. 7f.
19 Notizbuch (o.J.), S. 5214.
20 Notizbuch (o.J.), S. 5216.
21 Notizbuch (o.J.), S. 5214.
22 Protokoll (1987), S. 10.
23 ZeugenVernehmung F. Barschel (1987), S. 6.
24 Protokoll (1987), S. 12.
25 Ebenda.
26 Niederschrift Gespräch der Verfasser mit Eike Barschel, Magdeburg, 4.4.2007.
27 Vernehmung Partz (1997).
28 Vermerk über die Befragung des Andreas Petzold, Staatsanwaltschaft Lübeck, Hamburg, 11.8.1997 (Petzold wurde später Chefredakteur von *HörZu* und danach des Nachrichtenmagazins *Stern*).
29 Vernehmung Partz (1997).
30 Erich Schmidt-Eenboom: Undercover. Der BND und die deutschen Journalisten. Köln 1998, S. 201–206.
31 Vernehmung Partz (1997); Vermerk über die Befragung des Andreas Petzold, Staatsanwaltschaft Lübeck, Hamburg, 11.8.1997.
32 Schreiben Gerhard Boeden, Meckenheim, an Staatsanwalt S. Sela, Lübeck, 19.5.1997.
33 Ebenda.
34 *Quick*, Nr. 44/1987.
35 Schreiben Gerhard Boeden, Meckenheim, an Staatsanwalt S. Sela, Lübeck, 19.5.1997.
36 Vermerk Staatsanwalt Lienshöft, Staatsanwaltschaft Lübeck, 21.10.1987.
37 Ebenda.

38 Interview Wolfgang Koeppen, *Stern*, 22.10.1987.
39 *Westdeutsche Zeitung*, 22.10.1987.
40 *Die Welt*, 13.10.1987.
41 *Stern*, 14.9.1989.

Falsche Spuren

1 Sektionsprotokoll (1987), S. 1.
2 Sektionsprotokoll (1987), S. 4.
3 Sektionsprotokoll (1987), S. 5.
4 Sektionsprotokoll (1987), S. 7.
5 Sektionsprotokoll (1987), S. 10.
6 Sektionsprotokoll (1987), S. 11.
7 Ebenda.
8 Sektionsprotokoll (1987), S. 42f.
9 Sektionsprotokoll (1987), S. 12.
10 Sektionsprotokoll (1987), S. 17.
11 Sektionsprotokoll (1987), S. 13.
12 Sektionsprotokoll (1987), S. 21f.
13 Schreiben Hans Henning Atrott an die Staatsanwaltschaft Lübeck, 26.10.1987.
14 Zitiert nach: Munzinger, Personen-Archiv, Ulrich Wilckens.
15 Vernehmung E. Barschel (1995), S. 266.
16 Barschel (2006), S. 73 ff.
17 Sektionsprotokoll (1987), S. 31.
18 Sektionsprotokoll (1987), S. 30f.
19 Ebenda.
20 Sektionsprotokoll (1987), S. 53.
21 Sektionsprotokoll (1987), S. 51.
22 Walter Katzung: Notiz im Archiv der Autoren.
23 *Le Figaro*, 31.12.2004.
24 Kenneth Timmerman: Iranian link to Barschel murder, *The Iran Brief*, 5.1.1995.
25 Krämer (1989), S. 120 u. Einstellungsverfügung Dok. 23.
26 Krämer (1989), S. 121f.

Das Gift

1 Alle Zitate: Schreiben Professor Hans Brandenberger an Maître Jean-Marie Revaz, Männedorf, 26.1.1988.
2 Zitat und Rekonstruktion der Szene nach Vernehmung E. Barschel (1995), S. 166f.
3 Zitat und Rekonstruktion der Szene nach Vernehmung E. Barschel (1995), S. 167f.
4 Gutachten Professor Hans Brandenberger, 25.5.1994, S. 16.
5 Ebenda.
6 Gutachten Professor Hans Brandenberger, 25.5.1994, S. 19.
7 Briefentwurf des Leitenden Oberstaatsanwalts Heinrich Wille an Professor Dr. H. Wellhöner, Institut für Toxikologie der Medizinischen Hochschule Hannover, Akten der Staatsanwaltschaft Lübeck, 27.2.1997.
8 Ergebnisniederschrift des »Runden Tisches« der Toxikologen in Lübeck am 5. Juni 1997, Akten der Staatsanwaltschaft Lübeck, S. 1.
9 Professor Dr. Hans Brandenberger: Ergänzende Bemerkungen zur Ergebnisniederschrift des »Runden Tisches« der Toxikologen in Lübeck am 5. Juni 1997, S. 1, Akten der Staatsanwaltschaft Lübeck.
10 Vernehmung E. Barschel (1995), S. 140f., u. Vermerk zur Sitzung der Untersuchungsrichterin Carole Barbey (Zeugenvernehmung Eike Barschel, Genf, 28.8.1991).
11 Interview Eike Barschel, März 2007.
12 Vernehmung E. Barschel (1995), S. 160f.
13 Kalinka (1993), S. 116.
14 Anonymus, Schreiben an die Steuerfahndungsstelle Lübeck, 12.6.1988.
15 Justiz- und Polizei- und Verkehrsdepartement, Sûreté, Bericht der Inspektoren Kohler und Sanchez an den Herrn Leiter der Kriminalpolizei, Genf, 13.8.1995, S. 6.
16 Analyse der Steuerverwaltung, im Archiv der Autoren.
17 Deutscher Bundestag, 11. Wahlperiode, Bekanntmachung von Rechenschaftsberichten 1987 der politischen Parteien, 13.10.1988, Drucksache 11/3315, S. 16ff.
18 Müller (2006), S. 9f., 211ff., 232
19 Leyendecker u.a. (2000), S. 20.
20 Leyendecker u.a. (2000), S. 204f., 223.
21 Leyendecker u.a. (2000), S. 204f.
22 Interview C. F., im Archiv der Autoren.
23 Nohse, S. 132ff.

24 Gesprächsprotokoll mit dem Rüstungsmanager A.V. (Name den Autoren bekannt), 1.6.2007.
25 Gesprächsprotokoll A.V., S. 2.
26 Ebenda.
27 Ebenda.
28 Interview Breyten Breytenbach, *Spiegel*, 16.3.1998; Interview Breyten Breytenbach, *taz*, 3.8.1987.
29 *Neue Zürcher Zeitung*, 2.6.2006.
30 Interviews C.F., im Archiv der Autoren.
31 Africa News, 9.7.1998; Purkitt/Burgess (2002), S. 47.
32 The Economist, 28.7.1994.
33 Hinweis von C.S., Potsdam, 19.7.1993.
34 Truth and Reconciliation Commission of South Africa, Report Vol. 6, S. 497 f.
35 Inter Press Service, 15.9.1989.
36 Gespräch mit einem ehemaligen Angehörigen des südafrikanischen Militärgeheimdienstes, Name und Ort den Verfassern bekannt. Zu Stoffberg und den Operationen gegen Apartheid-Gegner, an denen er beteiligt war, vgl. auch die Akten der südafrikanischen Reconciliation and Truth Commission.
37 Telefonvermerk Stoffberg, im Archiv der Autoren.
38 Roth (1990), S. 38 ff.
39 Hermann Wegener: Gutachterliche Stellungnahme zur Video-Aufzeichnung eines Interviews, Kiel, 13.11.1995.
40 Gespräch der Verfasser mit einem ehemaligen Angehörigen des südafrikanischen Militärgeheimdienstes, Name und Ort den Verfassern bekannt. Zu Stoffberg und den Operationen gegen Apartheid-Gegner, an denen er beteiligt war, vgl. auch die Akten der südafrikanischen Reconciliation and Truth Commission.
41 Interviews mit Dirk F. Stoffberg, Susanne Tanzer, Angehörigen der Familie Tanzer, 1993 und 1994, im Archiv der Autoren; *Sonntagszeitung*, Zürich, 2.5.1999; *Tages-Anzeiger*, Zürich, 25.1.1999; IPS, 26.11.1994; *tageszeitung*, Berlin, 1.9.1994; Dossier Stoffberg, im Archiv der Autoren.
42 Schreiben August Hanning, Bundeskanzleramt, an Rechtsanwalt Justus Warburg, Bonn, 20.8.1997.
43 *Der Tagesspiegel*, Berlin, 22.7.2006; *Die Zeit* online, 16.11.2005; *Spiegel*, 6/2001; *Focus*, 29.05.2006; *Stern* online 18.5.2006; *Berliner Zeitung*, 8.11.2005.
44 Schreiben des Abteilungsleiters Sicherheit/Abwehr des Bundesnachrichtendienstes an die Staatsanwaltschaft Lübeck zum »Vorgang Dr. Uwe

Barschel, hier beim Bundesnachrichtendienst zugegangene Informationen«, VS-Vertraulich, amtlich geheim gehalten, Pullach, 15.11.1994; Zeugenaussage Andreas Holst, Schleswig-Holsteinischer Landtag, Protokoll der 129. Sitzung des 1. Untersuchungsausschusses der 13. WP, 27.6.1994.
45 Rolf Hallerbach, Europäische Wehrkunde 7/89, S. 433 ff.
46 Purkitt/Burgess (2002), S. 24 f.; *Spiegel*, 4.10.1999.
47 *NRC Handelsblad*, 20.10.1989, 29.10.89, 9,11.89, 3.3.90, 19.3.90, 19.4.90, 9.11.90; Chandré Gould und Peter Folb: Project Coast, Apartheid's Chemical and Biological Warfare Programme, United Nations Intitute for Disarmament Research, Geneva, 2002. *Dritte Welt*, Nr. 11, 1989; The South African Chemical and Biological Warfare Programme, Trial Report: Forty-Seven, 4.9. bis 8.9.2000.
48 Vernehmung Josef Messerer, Staatsanwaltschaft Lübeck, München 26.4.1995, S. 4.
49 Richterliche Vernehmung Günther Möller, Amtsgericht, Abteilung 101 Lübeck, 11.7.1996, (Az 101 Gs 15/95), S. 2.
50 Richterliche Vernehmung Michael Walter, Amtsgericht, Abteilung 101 Lübeck, 11.7.1996, (Az 101 Gs 15/95), S. 1ff.
51 Finanzamt Starnberg, Bescheid für 1991 über Einkommensteuer, Starnberg, 7.10.1996, Kopie im Archiv der Autoren; Vermerk Oberstaatsanwalt Gosch, Staatsanwaltschaft Lübeck, Lübeck, 31.7.1997.
52 Schreiben Prof. Karl Egbert Wenzel an die Staatsanwaltschaft Lübeck, Stuttgart, 18.9.1995.
53 Ebenda.
54 Justiz- und Polizeidepartement, Polizeicorps, Sûreté, Bericht der Inspektoren Fleury und Mossier an den Herrn Chef der Kriminalpolizei, Genf, 14.10.1987, S. 1; Vernehmung E. Barschel (1995).

Das Schweigekartell

1 Wille (1997).
2 Wille (1997), S. 2.
3 Wille (1997), S. 3 f.
4 Ostendorf wurde schließlich zum 15.5.1997 in den einstweiligen Ruhestand versetzt; Munzinger Archiv, Internationales Handbuch, Zeitarchiv 1997.
5 Berichte über den Stand des Ermittlungsverfahrens im Todesfall Dr. Uwe Barschel des Generalstaatsanwalts Prof. Dr. Ostendorf und des Leitenden Oberstaatsanwalts Wille, Lübeck, 11.4.1997.

6 Vermerk, Staatsanwaltschaft Lübeck, Lübeck, 3.4.1997; Vermerk, Staatsanwaltschaft Lübeck, Lübeck, 3.3.1997.
7 Interview Max Strauß, München, 20.7.2007.
8 Schreiben Büro Dr. Helmut Kohl, Berlin 7.8.2007; Schreiben Büro Dr. Walther Leisler Kiep, Frankfurt 13.8.2007; Mitteilung der Pressestelle des Bundesministeriums des Innern, Berlin 9.8.2007; Schreiben Horst Teltschik, Rottach-Egern, 9.8.2007.
9 Schreiben Thyssen Krupp Marine Systems, Communication, Hamburg 13.8.2007; Mitteilung der Kommunikationsabteilung von MTU, Friedrichshafen, 16.8.2007.

Epilog: Der Mord

1 Schlussbericht zum Ermittlungskomplex »Abhören des Autotelefons von Dr. BARSCHEL's Dienstwagen durch das Ministerium für Staatssicherheit (MfS) der DDR«, LKA – 324 – Soko Genf – P.1201/94, Kiel, 21.09.1995, S. 3–9.
2 Interview Max Strauß, München, 20.7.2007.
3 Interview Jochen Rohde, Kiel, 24.7.2007

Material und Literatur

Interviews

Text jeweils im Archiv der Autoren

div. ehemalige Mitarbeiter des MfS
div. ehemalige Kabinettsmitglieder der Regierung Barschel
div. ehemalige Rüstungsmanager, Treuhänder, Händler
Klaus Ahlers, März 2007
Eike Barschel, März 2007, 4. 4. 2007
Eberhard Dall'Asta, Kiel, 24. 5. 2007
Frank Garbely, Genf 10. 7. 2007
Winfried Haastert, 19. 7. 2007
Heiko Hoffmann, Bad Schwartau 24. 7. 2007
Antje Klein, Lübeck, 21. 12. 2006 und 3. 3. 2007
Richard Rickelmann, Zürich, 30. 7. 2006
Horst Rißmann, Kiel, April und Mai 2007
Jochen Rohde, Kiel, 24. 7. 2007
Carl-Hermann Schleifer, Hamburg 5. 4. 2007
Max Strauß, München 20. 7. 2007
Jürgen Westphal, Hamburg 14. 6. 2007

Agenturen, Fernsehsendungen, Zeitungen und Zeitschriften

Africa Confidential
Bild-Zeitung
Cash
Frankfurter Allgemeine Zeitung
Hamburger Morgenpost
International Herald Tribune
Internationales Biographisches Archiv
Kieler Nachrichten
L'Hebdo
Lübecker Nachrichten
Munzinger Archiv
Neue Zürcher Zeitung

Ostthüringer Zeitung
Pilot und Flugzeug
Bayerischer Rundfunk, *Report München*
Spiegel
Stern
Stuttgarter Zeitung
Tages-Anzeiger
taz
WDR 2, *Mittagsmagazin*
Die Zeit

Amtliche Schriftstücke, Behördenunterlagen, Aktenvermerke, unveröffentlichte Schriften, Interviews und Vernehmungen

Aussage Teltschik (1987): Bundestag, 10. Wahlperiode: Stenographisches Protokoll über die 6. Sitzung des 4. Untersuchungsausschusses am 20. 1. 1987, Aussage Teltschik

Auswertung Friedersen (1997): Staatsanwaltschaft Lübeck, Auswertung Terminplaner Gerd-Harald Friedersen aus den Jahren 1983 bis 1987, Vermerk Lübeck, 27. 5. 1997

Barschel (1980): Barschel, Uwe: Familienchronik, Mölln 1980

Beschlußempfehlung (1990): Deutscher Bundestag, 11. Wahlperiode Drucksache 11/8109, Beschlußempfehlung und Bericht des 1. Untersuchungsausschusses, Bonn 5. 10. 1990 [darin auf Seiten 95–177: Abweichender Bericht der Berichterstatterin der Fraktion DIE GRÜNEN]

Bundesstelle (1987): Bundesstelle für Flugunfalluntersuchung: Bericht über die Untersuchung des Flugunfalls mit dem Flugzeug Cessna 501, Citation, D-IAEC, am 31. Mai 1987 auf dem Verkehrsflughafen Lübeck-Blankensee, Az. 3 X 0129/87

Bundestag 13/4 (1987): Bundestag, 10. Wahlperiode: Stenographisches Protokoll über die 13. Sitzung des 4. Untersuchungsausschusses am 12. 2. 1987

CDU (o. J.): CDU Schleswig-Holstein: Dokumentation zum Abschluß der Schubladenaffäre und zum Wählerbetrug durch die SPD, Kiel (o. J.)

Dilling/Dittmann (1987): Dilling, H., und Dittmann, V., Medizinische Universität zu Lübeck, Klinik für Psychiatrie, Wissenschaftliches Psychiatrisches Gutachten über Dr. Uwe Barschel, Lübeck, 3. 12. 87

Entwurf (1989): Entwurf eines Zwischenberichts der Grünen: »Beschlußempfehlung und Zwischenbericht des 1. Untersuchungsausschusses, Bundestag, 11. Wahlperiode«, ohne Datum, dem Ausschussvorsitzenden Eylmann zugeleitet Bonn, 6. 10. 1989

Interview Rißmann (2007): Interview Horst Rißmann, Kiel, April und Mai 2007, im Archiv der Autoren

Interview Schleifer (1987): Bayerischer Rundfunk, Report München, Interview mit Carl Hermann Schleifer, München, 2. 12. 87

Krämer (1989): Krämer, Reinhard (Bearb.): Dokumentation: Der U-Boot-Skandal. Zwischenbilanz eines schmutzigen Geschäfts mit Südafrika, herausgegeben von der Fraktion der Grünen im Bundestag, Bonn [1989]

Notizbuch (o. J.): Notizbuch Landespolizei Schleswig-Holstein, Akten der Staatsanwaltschaft Lübeck, paginiert, ohne Jahr

Obduktionsprotokoll (1987): Obduktionsprotokoll, Republik und Kanton Genf, Abteilung Sozialfürsorge und Gesundheitswesen, Gerichtsmedizinisches Universitätsinstitut, Genf, 26. 11. 1987 (Übersetzung)

Polizeikorps Genf (1987): Polizeikorps Genf: Bericht der Kriminalbrigade an den Chef der Sicherheitspolizei, 11. 10. 1987

Polizeikorps Genf (1988): Polizeikorps Genf: Bericht des Erkennungsdienstes an den Herrn Leiter der Kriminalpolizei, 26. 1. 1988

Protokoll (1987): Compte-rendu de la séance du 16 octobre 1987, dans le cadre de l'affaire Uwe Barschel, Le chef de section: L. Demartin, Genf, 20. 10. 1987; deutsche Übersetzung: »Protokoll über die Sitzung am 16. Oktober 1987 im Rahmen der Sache Uwe Barschel. Vertraulich. Keine Öffentlichkeit«

Sektionsprotokoll (1987): Sektionsprotokoll, Zusatzuntersuchungen u. Begutachtung zum Todesfall Dr. Dr. Barschel, Institut für Gerichtsmedizin der Universität Hamburg, 4. 12. 1987

Untersuchungsausschuss I (1988): Der Kieler Untersuchungsausschuß. Die Fragen und die Antworten. Oktober 1987 – Januar 1988, Hg.: Schleswig-Holsteinischer Landtag, Kiel 1988

Untersuchungsausschuss II (1996): Der Kieler Untersuchungsausschuss II. Die Fragen und die Antworten. März 1993 – Dezember 1995, Hg.: Schleswig-Holsteinischer Landtag, Kiel 1996

Vernehmung Ahrendsen (1987): Vernehmung Herwig Ahrendsen, Staatsanwaltschaft Lübeck, ohne Deckblatt und Datum (Az 702 Js 28706/87)

Vernehmung E. Barschel (1995): Zeugenvernehmung: Eike Barschel, Staatsanwaltschaft Lübeck, Lübeck, 22. und 23. 11. 1995.

Vernehmung F. Barschel (1987): Vernehmung Freya Barschel durch Untersuchungsrichterin Claude-Nicole Nardin, Genf, 13. 10. 1987

Vernehmung F. Barschel (1987a): Zeugenvernehmung Freya Barschel, Staatsanwaltschaft Lübeck, Mölln, 20. 10. 87

Vernehmung F. Junker (1987): Zeugenvernehmung Folke Junker, Kriminalpolizei Kiel, 12. 10. 1987

Vernehmung F. Junker (1995): Zeugenvernehmung Folke Junker, Staatsanwaltschaft Lübeck, 20. 7. 1995, Az 705 Js 33247/87

Vernehmung Friedersen (1996): Vermerk über die Vernehmung Gerd-Harald Friedersen, Staatsanwaltschaft Lübeck, 23. 1. 1996, Az 705 Js 33247/87

Vernehmung Heise/Gruppe (1987): Vermerk über Zeugenvernehmung Irmgard Heise und Werner Gruppe, Staatsanwaltschaft Lübeck, Pinneberg 8. 10. 1987

Vernehmung Lechner (1997): Zeugenvernehmung Rolf Lechner, Staatsanwaltschaft Lübeck, 10. 2. 1997, S. 16 f.

Vernehmung Partz (1997): Vernehmung Wolfgang Sturmius Partz, Staatsanwaltschaft Lübeck, Düsseldorf, 12. 8. 1997, Az 705 Js 33247/87

Vernehmung Rißmann (1996): Vernehmung Horst Rißmann, Staatsanwaltschaft Lübeck, 20. 8. 1996

Vernehmung Schumacher (1987): Vernehmung Dr. Ulrike Schumacher, Staatsanwaltschaft Lübeck, Kiel, 9. 10. 1987, Az 702 Js 28706/87

Vernehmung Tjan (1988): Vermerk über Vernehmung Dr. med. Thian-Fong Tjan, Staatsanwaltschaft Lübeck, 29. 1. 1988

Vernehmung Werner Mauss (1990): Vernehmung Werner Mauss, Staatsanwaltschaft Stuttgart auf Grund des Rechtshilfeersuchens des Untersuchungsrichteramtes Genf vom 24. 9. 1990, Stuttgart, 5. 12. 1990

Wille (1997): Vermerk des Leitenden Oberstaatsanwaltes Heinrich Wille, Staatsanwaltschaft Lübeck, 28. 1. 1997

Literatur

Adams (1984): Adams, James: Israel and South Africa. The Unnatural Alliance, London 1984

Baentsch (2006): Baentsch, Wolfram: Der Doppelmord an Uwe Barschel: Die Fakten und Hintergründe, München 2006

Barber (1999): Barber, James: South Africa in the Twentieth Century: A Political History – In Search of a Nation State, Oxford 1999

Barschel (1970): Barschel, Uwe: Theoretische Möglichkeiten und Grenzen der Strafrechtspolitik einer politischen Partei. Eine Untersuchung am Beispiel der CDU/CSU, Dissertation, Kiel 1970

Barschel (1971): Barschel, Uwe: Die Stellung des Ministerpräsidenten von Schleswig-Holstein unter besonderer Berücksichtigung der Lehre von der Gewaltenteilung, Dissertation, Kiel 1971

Barschel (1975): Barschel, Eike: Le bureau à espace ouvert, Neuchâtel 1975
Barschel (1980): Barschel, Uwe: Familienchronik, Mölln 1980
Barschel (2006): Barschel, Freya: »Es war Mord«, *Cicero*, Heft 10, 2006; ebenso unter: http://www.cicero.de/97.php?press_id = 4&item = 1363 [05. 06. 2007].
Barth (1995): Barth, Bernd-Rainer u. a.: Wer war Wer in der DDR. Ein biographisches Handbuch, Frankfurt am Main 1995
Beit-Hallami (1988): Beit-Hallami, Benjamin: Schmutzige Allianzen. Die geheimen Geschäfte Israels, München 1988
Boll (1992): Boll, Uwe: German Fried Movie & Barschel-Mord in Genf oder Wie man in Deutschland Filme drehen muß, Leverkusen 1992
Bölsche (1987): Bölsche, Jochen (Hrsg.): Waterkantgate. Die Kieler Affäre: Eine Spiegel-Dokumentation, Göttingen 1987
Braam (1992): Braam, Conny: Operatie Vula: Zuidafrikanen en Nederlanders in de strijd tegen apartheid, Amsterdam 1992
Centre for Conflict Resolution (1999–2002): Centre for Conflict Resolution, Basson Trial: Weekly Summaries of Court Proceedings, October 1999–April 2002
Dietl (1997): Dietl, Wilhelm: Staatsaffäre. Hinter den Kulissen der Geheimdienste, Stuttgart 1997
Felfe (1988): Felfe, Heinz: Im Dienst des Gegners. 10 Jahre Moskaus Mann im BND, Autobiographie, Berlin 1988
Koch (1992): Koch, Peter Ferdinand: Das Schalck-Imperium. Deutschland wird verkauft, München 1992
Gerrans (1999): Gerrans. G. C., »Historical Overview of the South African Chemical Industry, 1896 –1998,« *Chemistry International* 21:3 (May 1999), S. 71–77
Gould/Folb (2002): Gould, Chandré/Folb, Peter: Project Coast. Apartheid's Chemical and Biological Warfare Programme, Geneva: United Nations Institute for Disarmament Research, 2002
Green-Meschke (1993): Green-Meschke, Sylvia: Gegendarstellung zum Fall Barschel. Die Beschreibung eines verdeckten Skandals, Böblingen 1993
Halling (2000): Halling, Torsten: Das Spannungsverhältnis zwischen Pressefreiheit und Persönlichkeitsrecht am Beispiel der Presseberichterstattung zum Fall Barschel, [Berlin] 2000
Hellenbroich (1995): Hellenbroich, Anno: Mordfall Barschel. Ad-hoc-Dossier über den größten internationalen Verbrechensskandal der letzten 20 Jahre, Executive Intelligence Review, Wiesbaden 1995
Hersh (1991): Hersh, Seymour M.: Atommacht Israel. Das geheime Vernichtungspotential im Nahen Osten, München 1991

Hirsch (1989): Hirsch, Kurt: Rechts von der Union. Ein Lexikon, München 1989
Hounam/McQuillan (1993): Hounam, Peter/McQuillan, Steve: The Mini-Nuke Conspiracy. Mandela's Nuclear Nightmare, London 1993
Kalinka (1993): Kalinka, Werner: Der Fall B. Der Tod, der kein Mord sein darf, Frankfurt am Main/Berlin 1993
Kalinka (1993a): Kalinka, Werner: Opfer Barschel. Deutschlands größte Politaffäre in neuem Licht, Berlin 1993
Kilz/Preuss (1983): Kilz, Hans Werner/Preuss, Joachim: Flick – Die gekaufte Republik, Hamburg 1983
Klose (1990): Klose, Wolfgang: Untersuchungen zu Pathomechanik und Rekonstruktion des Flugunfalles von Lübeck-Blankensee, in: Wolfgang Klose und Manfred Oehmichen (Hrsg.): Rechtsmedizinische Forschungsergebnisse. Festschrift zum 70. Lebensjahr für Otto Pribilla, Lübeck 1990, S. 523 bis 547
Klose/Pribilla (1990): Klose, Wolfgang/Pribilla, Otto: Das Wunder von Lübeck. Rekonstruktion eines Flugunfalls, *Kriminalistik* Nr. 3/1990
Koch (1992): Koch, Peter Ferdinand: Das Schalck-Imperium. Deutschland wird verkauft, München 1992
Kohl (2005): Kohl, Helmut: Erinnerungen 1982–1990, München 2005
Leyendecker u. a. (2000): Leyendecker, Hans/Prantl, Heribert/Stiller, Michael: Helmut Kohl, die Macht und das Geld, Göttingen 2000
Mangold/Goldberg (1999): Mangold, Tom/Goldberg, Jeff: Plague Wars. The Terrifying Reality of Biological Warfare, New York 1999
Mergen (1988): Mergen, Armand: Tod in Genf. Ermittlungsfehler im Fall Barschel. Mordthese vernachlässigt, Heidelberg 1988
Müller (2006): Müller, Leo: Tatort Zürich. Einblicke in die Schattenwelt der internationalen Finanzkriminalität, Berlin 2006
Nohse/Rössler (1992): Nohse, Lutz/Rössler, Eberhard: Konstruktionen für die Welt. Geschichte der Gabler-Unternehmen IKL und MG, Herford 1992
Ostrovski (1994): Ostrovski, Victor: Geheimakte Mossad. München 1994 (Originalausgabe: The Other Side of Deception. A Rogue Agent Exposes the Mossad's Secret Agenda, New York 1994)
Podewin (2002): Podewin, Norbert: Braunbuch. Kriegs- und Naziverbrecher in der Bundesrepublik und in Westberlin, Berlin 1968 [Reprint Edition Ost, 2002]
Pötzl (1989): Pötzl, Norbert E.: Der Fall Barschel. Anatomie einer deutschen Karriere. War es Mord?, Reinbek 1989
Purkitt/Burgess (2002): Purkitt, Helen E./Burgess, Stephen: South Africa's Che-

mical and Biological Warfare Programme. A Historical and International Perspective, *Journal of Southern African Studies*, 28 (2002), S. 229–253

Quaj (1995): Quaj, Abdel-Jamil: Die Barschel-Affäre im »Spiegel«. Eine Mediensoziologische Untersuchung, Frankfurt am Main 1995

Roth (1990): Roth, Jürgen: Die Mitternachtsregierung, Hamburg 1990

Schäfer (1991): Schäfer, Herbert: Pfeiffer contra Barschel. Zur Anatomie einer Beweisführung, Bremen 1991

Schalck-Golodkowski (2000): Schalck-Golodkowski, Alexander: Deutsch-deutsche Erinnerungen, Reinbek 2000

Schmid-Ospach (1989): Schmid-Ospach, Michael: Tatort Staatskanzlei. Der Fall Barschel zwei Jahre danach, Wuppertal 1989

Schnibben/Skierka (1988): Schnibben, Cordt/Skierka, Volker: Macht und Machenschaften. Die Wahrheitsfindung in der Barschel-Affäre. Ein Lehrstück, Hamburg 1988

Schenk (2001): Schenk, Dieter: Auf dem rechten Auge blind. Die braunen Wurzeln des BKA, Köln 2001

Schenk (1998): Dieter Schenk: Der Chef. Horst Herold und das BKA, Hamburg 1998

Siegerist (1988): Siegerist, Joachim: Das Testament des Uwe Barschel. Und andere faszinierende Reportagen, Hamburg 1988

Siegerist (1990): Siegerist, Joachim: Freya Barschel – mein Leben, Hamburg 1990

Sönnichsen (1989): Sönnichsen, Nico: »U-Boote für Südafrika«, in: *BRD + Dritte Welt*, Band 38, Kiel 1989, S. 11

South Africa (1999): South Africa, Truth and Reconciliation Commission, Report, Basingstoke 1999, Band 2

Truth and Reconciliation Commission (1988): Truth and Reconciliation Commission of South Africa, Hearings, June-July 1998

van Vuuren (2006): van Vuuren, Hennie: Apartheid Grand Corruption Assessing the scale of crimes of profit in South Africa from 1976 to 1994, Kapstadt 2006

Vielain (1986): Vielain, Heinz: Waffenschmuggel im Staatsauftrag. Was lange in Bonn geheim bleiben mußte, Herford 1986

Voss (2000): Voss, Friedrich: Den Kanzler im Visier. 20 Jahre mit Franz Josef Strauss, Mainz 2000

Weiss (1999): Weiss, Hermann (Hrsg.): Biographisches Lexikon zum Dritten Reich, Frankfurt am Main 1999

Wessels (1988): Wessels, Herbert: Ein politischer Fall. Uwe Barschel, Die Hintergründe der Affäre, Hamburg 1988

Wiebe (1988): Wiebe, Hans-Hermann (Hrsg.): Die Kieler Affäre und kirchliches Handeln. Politische Kultur – politische Moral, Bad Segeberg 1988

Personenegister

Abels, Dr. 121, 218
Ahlers, Klaus 33, 87, 98, 103, 111, 116 f., 120 f., 125, 128, 131, 138, 159, 169, 173, 175, 180 ff., 194, 218, 321 f., 372
Ahrendsen, Herwig 31, 34, 37 f., 40 f., 190, 203 f., 208, 226, 370 f.
Albert, F. E. 303
Albrecht, Ernst 206
Albrecht, Karl-Friedrich 62 f., 65, 93, 138 f., 143 f., 155, 174, 335
Alther, Peter 139, 143 f., 335
Anders, Hanns-Jörg 250 ff., 255 ff., 259, 270
Apfalter, Heribert 13
Asmussen, Roger 31 f., 227 f., 235
Atrott, Hans Henning 206 f., 296 ff., 314, 357 f.
Augstein, Rudolf 20, 42, 264
Aupoix, Alain 258 f.

Baaske, Oberstleutnant 70
Baentsch, Wolfram 16
Ballhaus, Karl Josef 105, 178, 190, 212, 216, 231, 235, 263
Bangemann, Martin 122, 142 f., 147 f., 151, 155, 282
Bani Sadr, Abo I-Hasan 16
Barbey, Carole 326 f.
Barschel, Bernd 107 f., 315 f.
Barschel, Eike 44 ff., 49, 53, 57, 118 ff., 224, 226, 237, 241, 246 ff., 250, 252 ff., 258, 263, 272, 276 ff., 281–286, 291, 295 f., 298 f., 304 f., 311, 315 f., 319, 321, 326 ff., 330 f., 359 f.
Barschel, Freya, geb. von Bismarck 10, 26 f., 49 f., 52, 58, 67 f., 73, 78 ff., 137, 140, 189, 202 f., 220 f., 223, 225 ff., 232 f., 235, 237 f., 241, 244 f., 254 f., 263, 275, 281, 283–286, 291, 298, 303, 316, 333 f.
Barschel, Heinrich 44 f., 57
Barschel, Herbert 54, 57
Barschel, Maria-Elisabeth, geb. Inter 45, 57, 291
Bartels, Werner 136
Basson, Wouter 97, 152 f., 169, 353
Baudin, Kriminalinspektor 259
Baum, Gerhart-Rudolf 30
Baumeister, Brigitte 339
Behnke, Gerd 37, 171, 173, 176–179, 187, 214, 216 f., 280
Beit-Hallami, Benjamin 65
Bernheim, Jacques 308, 327
Bernsmeier, Arnold 56, 84, 96, 103, 138, 163
Bernstein, Leonard 35
Bertossa, Bernard 327
Biermann, Manfred 27, 32, 180, 183
Biermann, Wolfgang 206
Bilges, Hans-Erich 231
Blauth, Prof. 170
Blume, Heinz 299
Boeden, Gerhard 264 ff., 288 ff., 306 f.
Boeden, Paulina 264

Bohl, Friedrich 193
Böhme, Erich 216 f.
Botha, Pieter Willem 69, 97 f., 105, 110, 115, 128 ff., 136, 344 f.
Bothma, J. S. »Kobus« 97, 169
Braam, Conny 210
Brandenberger, Hans 323–330, 357
Brandt, Willy 51 f., 230
Brauchitsch, Eberhard von 99
Bremer, Heiner 309
Breytenbach, Breyten 344
Buback, Siegfried 52

Claussen, Karl Eduard 31, 69
Cordes, Rudolf 266, 320

Dall'Asta, Eberhard 9 f., 19, 31
Degler, Dieter 256 f., 274 ff.
Delon, Alain 291
Demartin, Louis 282, 300 f.
Dieckmann, Ernst 42, 208
Diepgen, Eberhard 22
Dönitz, Karl 45 f., 59, 61, 93
Drogula, Irene 194, 197 f.
Drogula, Karl-Heinz 197
Dror, Tamara 131
Drugmueller, Katja 249
Dust, Rafiq 320, 355

Eichler, Brigitte 226 f.
Eichmann, Adolf 45
Eid, Uschi 185, 192
Eisenmenger, Wolfgang 364
Engholm, Björn 10, 21, 31, 41, 174, 190, 194 ff., 206, 210 ff., 215 f., 218, 223, 227 f., 239, 288, 332, 339, 354
Erba, Ludovic 255, 268
Erhard, Ludwig 51

Esterhazy, Fürst 199
Estevez, Anna Maria 254

Felfe, Heinz 294
Filbinger, Hans 52
First, Ruth 348
Fleury, Paul 259, 277 f., 291, 300–303, 359
Flick, Karl Friedrich 96, 98 f.
Floyd, Trevor 153
Foertsch, Volker 14, 351 f., 354
Fonseca, Victor M. de 168 f.
Forth, Wolfgang 328
Frantz, Justus 35
Friderichs, Hans 99
Friedersen, Gerd-Harald 84, 86, 89, 105, 138, 156, 164, 168, 172, 196, 202, 211 f.
Friedrich, Günter 69
Friske, Elisabeth 20, 24 f.
Fryc, Oldrich 272 f., 292, 300, 308, 327 f.

Gabler, Ulrich 59 f., 62, 93, 131, 154
Gansel, Norbert 34, 193
Garba, Joseph N. 200
Garbely, Frank 240 ff., 245, 251, 257 f., 269
Gärtner, Ingeborg 38, 226
Gattermann, Hans H. 338
Gattuso, Pietro 305, 307
Geißler, Heiner 165, 316
Genscher, Hans-Dietrich 85, 88, 98 f., 122, 129, 147 ff., 155, 200, 204, 338
Gibbon, Rex Trevor 111, 118, 131
Gilleron, Kriminalbeamter 259
Griessen, Jean-Jacques 319 ff.
Groenewald, Evert 171

Grunenberg, Nina 21 f.
Guarino, Angelo 241
Guillaume, Günther 51

Haase, Dieter Joachim 48 f.
Haastert, Winfried 136 f.
Hamadis, Familie 266
Hanning, August 350 f.
Hansen, Bernd 20, 25, 27
Hansen, Svend Olaf 155, 169 f., 183
Hansen-Wester, Peter 33, 93, 101, 110 f., 121 ff., 125, 130, 151, 154, 163, 168 ff., 175 f., 218, 321 f., 336
Hebbeln, Hanns-Günther 27, 32, 40, 83, 179, 193, 227, 231, 260
Heise, Irmgard 35 f., 40 f., 43, 207, 225, 227
Heise, Michael 20, 23 ff.
Hennis, Wilhelm 18
Henze, Legationsrat 103
Herrmann, Marion 370
Heydte, Friedrich August Freiherr von der 48
Heyndrickx, Aubin 353 f.
Hezar-Khani, Fereydun 55 f., 84, 179 f., 189, 193, 225
Hitler, Adolf 44 ff., 52, 59, 62, 88, 257, 333
Hochhuth, Rolf 52
Hoffmann, Heiko 58, 69, 174
Holst, Andreas 14, 352 ff.
Honecker, Erich 106, 108, 135
Huber, Peter 265 f.

Ingwersen, Gerd 109
Inter, Johann 57
Jaenecke, Heinrich 61
Jansen, Günther 234, 288, 332
Janssen, Werner 311 ff.
Jöhnk, Wulf 369
Junge, Claus-Dieter 147 f.
Junker, Folke 39 f., 45, 47, 57, 78, 118, 225, 231, 234, 236, 245 f., 250, 253, 277, 298

Kalangula, Peter Tanyengenge 152 f.
Kalinka, Werner 332
Kanther, Manfred 338
Kapitango, Ndara 130
Karry, Heinz Herbert 66 f.
Kashoggi, Adnan 235
Katzung, Walter 294 f.
Kennedy, John Fitzgerald 11 f.
Khomeini, Ahmed 355
Kidger, Alan 346
Kiesinger, Kurt-Georg 51
Kießling, Günter 101 f., 190, 194
Klein, Antje 23 f., 29
Kleinschmidt, Harry 29
Klengel, Dieter 145
Klerk, Frederik Willem de 129
Klinger, Klaus 280
Knaak, Klaus 93
Knauer, Sebastian 250 ff., 255–259, 269–272
Koeppen, Wolfgang 309
Kohl, Helmut 10, 20 ff., 26, 30 f., 51, 63, 73, 81, 85, 92, 98, 102, 109–118, 121–125, 128, 137, 148 f., 158 f., 164–167, 183, 185, 193, 199 f., 204, 211, 213 f., 216, 219, 265, 280, 282, 316, 337–342, 351, 368
Kohlhaas, Michael 219, 221
Kotz, Wolfgang 145
Krämer, Michael 296, 311

Krase, Oberstleutnant 71 f.
Kribben, Klaus 221, 228, 232, 286, 298
Kruse, Bernd 359 f., 363 f., 366
Küppers, Manfred 29

Laaß, Dietrich 65 f., 195 f., 213
Laharpe, Gerichtsarzt 279
Lambrecht, Jürgen 204
Lambsdorff, Otto Graf 96, 98 f., 338
Lang, Gert 299 f.
Lange, Don 346
LaRouche, Ehepaar 13
Lausen, Gerd 52, 169
Lechner, Rolf 100, 140, 194, 197 ff., 220 ff., 226, 231, 234, 237 f., 255, 263
Leisler-Kiep, Walther 67, 102, 337 ff., 341, 368
Lemke, Helmut 30
Lewandowski, Frau 238
Li, Chung 355
Liebenberg, Andreas Jacobus »Kat« 152
Lienshöft, Staatsanwalt 308 f., 313
Limbach, Paul 305 ff.
Lohse, Siegfried 137
Lorenzen, Henning 363, 365
Lubowski, Anton 347
Lüthje, Uwe 339

Malan, Magnus 93
Mandela, Nelson 163, 345, 349, 362
Margairaz, Christiane 272 f., 279
Marquis, Oberstaatsanwalt 259

März, Josef 83, 162
Mauss, Werner 266, 288–291, 319, 357 f.
Menke, Rena 230
Mertins, Gerhard Georg 191
Messerer, Josef 355 ff., 363 ff.
Meyer, Karl Otto 214
Meyer, Ludwig von 329, 364
Mittag, Generalmajor 90
Mittag, Günter 141, 156
Moll, Hans-Michael 48 f.
Möllemann, Jürgen 18
Monnet, Pierre-André 259
Mossier, Jean-Claude 259, 262, 269 ff., 274, 276–279, 300, 307
Müller, Jo 192

Nardin, Claude Nicole 259, 280, 283, 286 f., 295 f., 300, 303 ff., 326, 328
Natale, Alain di 251, 267
Neiber, Gerhard 70, 90
Neumann, Bernd 187
Nilius, Klaus 41, 206 f., 211 f., 219, 230, 234, 287 f., 332
Nohse, Lutz 60, 62–65, 88 f., 93–96, 103 ff., 110–113, 117 f., 121, 125 f., 128, 130 ff., 138, 142 f., 147, 149 ff., 153–156, 159, 163 f., 169 f., 172, 181 f., 193, 195, 218, 340
North, Oliver 320
Nowatzki, Offizier 132, 134 ff.

Obert, Günter 155
Ostendorf, Heribert 363–367
Ostrovsky, Victor 15
Otte, Karl-Heinz 172

Partz, Wolfgang Sturmius 305 ff.
Pécolat, Gendarm 258
Peillex, Kriminalinspektor 259
Pelny, Stefan 230
Pfahls, Holger 340
Pfeiffer, Reiner 36 ff., 40–43, 176–179, 186–190, 194 ff., 201–208, 210–219, 221 ff., 225 f., 228, 230–234, 236, 238 f., 242 ff., 246, 274 ff., 278, 280, 287 f., 291, 297, 300, 310, 314, 332, 339, 370
Phaal, Danie 169
Piel, Harry, Privatdedektiv 190, 195
Pieper, Ernst 80 f., 87, 89, 94, 96, 99, 321 f.
Ponto, Jürgen 52
Pribilla, Otto 329
Primslov, Attaché 347
Prinz, Günther 37
Prokop, Otto 294
Prosch, Karl-Heinz 24–27, 52, 62, 69, 89, 91 f., 101, 140 ff., 147, 156, 173, 180 ff., 225
Püschel, Klaus 311

Rademann, Gerd 176–179, 187, 321, 337
Radue, Günter Klaus 210
Ramadani, Ramush 251 f., 268
Ramirez, Oscar Jessen 229
Rattmann, Gerd 176–179, 187
Reiter, Arthur 329
Reemtsma, Jan Philipp 20
Revaz, Anwalt 296, 304 f., 323, 326
Reza Pahlewi, Schah von Iran 59, 81
Rheza-Khani, Arzt
Rissmann, Horst 74–79, 96

Robus, Generalmajor 132, 135 f.
Rohde, Jochen 89, 122, 125, 182, 322, 373
Roloff, Robert 14, 227, 229, 231, 233 f., 236 f., 239, 242 f., 245, 278, 284 f., 352, 354
Ruhfus, Jürgen 148 f.
Rühl, Lothar 122
Rühmann, Heinz 208

Saevecke, Theo 265
Samson, Erich 227 f., 231, 235, 243, 298
Sartre, Jean-Paul 233, 260
Schalk-Golodkowski, Alexander 70, 83, 140 ff., 145, 147
Schatzman, Patrick 253 f., 258, 263
Schäuble, Wolfgang 130, 147, 158, 183, 289, 338 f., 368
Scheller, Heinrich 189
Schildberg, Friedrich 27
Schleifer, Carl Hermann 82 f., 183 f., 229, 372
Schleyer, Hanns-Martin 52, 265
Schmidbauer, Bernd 350
Schmidt, Alfred 266
Schmidt, Helmut 63, 341
Schmidt, Horst 102
Schmidt, Susanne 102
Schmoldt, Achim 311, 329
Schomerus, Lorenz 103
Schray, Ralph 320
Schreckenberger, Waldemar 111 f., 116 f., 121, 125, 128, 130, 142, 193
Schreiber, IM Stasi 108, 134
Schreiber, Karlheinz 137, 338–341
Schröder, Gerhard 206
Schröder, Jutta 38, 41, 43, 202, 314

Schulz, Peter 212
Schumacher, Ulrike 37 f., 40, 43, 208
Schuster, Annemarie 69
Schwarz, Henning 31, 49, 96, 221, 223, 238, 262 f., 269
Scott, John 346
Seelig, Klaus-Dieter 37 f., 40, 43
Seifriz, Stefan 69
Sela, Sönke 289, 299, 359 ff., 366, 371
September, Dulcie 347
Siewert, Jans-Joachim 91
Simonis, Heide 215
Smit, Robert 344
Spaeth, Leopold 69
Späth, Lothar 22
Stahl, Urs 225
Staub, Christian 327, 329
Steenkamp, Jan Albertus 143, 159, 347
Steffen, Manfred 69, 72
Stelzer, Hans-Ehrenfried 295
Steyn, Douw 346 f.
Stoffberg, Dirk K. 347–350
Stoffberg, Susanne 349 f.
Stoltenberg, Gerhard 9, 18 f., 21 f., 30 f., 33, 36, 51, 53, 58, 61, 73 ff., 83, 86 f., 96, 99, 119, 155 f., 159 f., 167, 170, 180, 182, 184 f., 193, 213 f., 217 f., 220 f., 228, 280, 282, 286, 321, 336, 343, 370, 372
Straaten, Eberhard von 174
Strauß, Franz Josef 30 ff., 34, 51 f., 61 ff., 83 ff., 88, 92, 96, 106, 114–117, 122, 128 f., 132, 144, 148, 159, 161 f., 180, 183, 185, 189, 201, 204, 213 f., 264, 280 f., 321 f., 337, 342, 368

Strauß, Max 281, 372
Stritzl, Thomas 354
Stülpner, Karl 154

Tamm, Peter 173 f.
Tanzer, Susanne 348 (s. a. Susanne Stoffberg)
Teltschik, Horst 109 ff., 115, 117 f., 120 ff., 125, 128, 130, 142, 158, 340, 368, 372
Theron, Johan 79, 97, 169
Tiedge, Hansjoachim 230
Tietmeyer, Hans 87, 89, 99, 156, 193
Timmermann, Kenneth 319 f.
Timmermann, Manfred 172 f.
Titzck, Rudolf 31
Tjan, Thian-Fong 22, 34, 43, 68, 152, 220, 222 f., 225, 233

Uentzelmann, Dieter 275

Venter, Willem 85 f., 123, 127 f., 138, 159
Vergori, Jean-Pierre 248 f., 267
Vielain, Heinz 191
Voss, Friedrich 83

Waigel, Theo 158
Walter, Gerd 17, 367 ff.
Warburg, Justus 350–353, 359, 366
Weizmann, Ezer 131
Wenzel, Karl Egbert 291, 357 f.
Westphal, Jürgen 31, 33, 80–83, 93, 141, 157, 372
Wewel, Uwe 160
Weyrauch, Horst 339
Wilckens, Ulrich 315
Wilke, Erhard 69, 72

Wilkening, Christina 15
Wille, Heinrich 17, 329, 350, 357, 359, 363–366
Wörner, Manfred 101
Wulser, Robert 259, 300
Würzen, Dieter von 142 f., 147 f., 150
Wyk, Wynand van 346

Zepter, Wolfgang 364 f.
Zimmermann, Ernst 337
Zimmermann, Friedrich 265
Zoglmann, Jörg-Sepp 109 f., 163, 191 ff., 195, 209, 218
Zoglmann, Siegfried 34, 88, 109, 114 f., 121 ff., 125, 130, 142, 147, 158 f., 163, 195, 208 f.

Bildnachweis

ullstein bild   1–3, 6, 8, 9, 11–13, 15, 21–24
picture-alliance   5
keystone   7
stern   10, 16, 17, 20
BStU   14
Ermittlungsakten Genf   18, 19
Nohse, Lutz/Rössler, Eberhard: Konstruktionen für die Welt. Geschichte der Gabler-Unternehmen IKL und MG, Herford 1992   4